U0141969

人文社會科學叢書

季旭昇著

甲骨文字根研究

國立編譯館主編
文史哲出版社印行

國家圖書館出版品預行編目資料

甲骨文字根研究 / 季旭昇著. -- 初版. -- 臺北市：文史哲, 民92

面 ： 公分. -- (人文社會科學叢書 ; 4)

參考書目 ：面

含索引

ISBN 957-549-287-0(平裝)

1.甲骨 - 文字

792.2　　89005863

人文社會科學叢書 ④

甲骨文字根研究

著　　者：季　旭　昇
主 編 者：國 立 編 譯 館
著作財產權人：國 立 編 譯 館
出 版 者：文 史 哲 出 版 社
http://www.lapen.com.tw
登記證字號：行政院新聞局版臺業字五三三七號
發 行 人：彭　正　雄
發 行 所：文 史 哲 出 版 社
印 刷 者：文 史 哲 出 版 社
臺北市羅斯福路一段七十二巷四號
郵政劃撥帳號：一六一八〇一七五
電話 886-2-23511028・傳真 886-2-23965656

定價新臺幣一〇〇〇元

中華民國九十二年(2003)十二月初版

ISBN 957-549-287-0

甲骨文字根研究 目錄

部首表（上排為部首序號，下排為頁碼）

015 225	014 219	013 205	012 166	011 142	010 140	009 136	008 134	007 125	006 121	005 115	004 103	003 088	002 063	001 023
030 320	029 308	028 306	027 303	026 298	025 294	024 273	023 266	022 255	021 251	020 248	019 245	018 241	017 232	016 228
045 364	044 362	043 356	042 352	041 350	040 347	039 342	038 337	037 333	036 330	035 327	034 325	033 323	032 320	031 315
060 404	059 400	058 398	057 396	056 394	055 391	054 388	053 385	052 383	051 380	050 377	049 372	048 370	047 367	046 367
075 483	074 481	073 471	072 469	071 466	070 464	069 452	068 450	067 444	066 441	065 439	064 427	063 415	062 408	061 406
090 531	089 523	088 520	087 518	086 516	085 514	084 512	083 504	082 501	081 499	080 495	079 493	078 489	077 487	076 483
105 583	104 580	103 576	102 572	101 568	100 566	099 563	098 561	097 555	096 550	095 544	094 542	093 539	092 536	091 534
120 647	119 645	118 637	117 635	116 633	115 629	114 627	113 623	112 618	111 603	110 601	109 599	108 596	107 589	106 585
135 707	134 705	133 701	132 699	131 695	130 692	129 687	128 682	127 678	126 671	125 669	124 662	123 658	122 658	121 656
150 757	149 755	148 752	147 750	146 743	145 740	144 738	143 735	142 732	141 729	140 726	139 719	138 715	137 712	136 710
					778	777	冂 776	爾 775	ㄐ 775	七 甲 773	煌 768	十 767	一 767	其他 761

字根索引

編號	字	頁
○七○	臣	一三八
○七一	乩	一三九
自部第一○		一四○
○七二	自	一四一
口部第一一		一四二
○七三	口	一五六
○七四	舌	一五七
○七五	言	一五八
○七六	公	一五九
○七七	只	一六○
○七八	甘	一六○
○七九	曰	一六一
○八○	由	一六二
○八一	口	一六三
又部第一二		一六六
○八二	又	一八八
○八三	爪	一八九
○八四	ナ	一八九
○八五	九	一九○
○八六	肘	一九○
○八七	厷	一九一
○八八	丑	一九二
○八九	关	一九二
○九○	争	一九三
○九一	爰	一九四
○九二	自	一九四
○九三	尋	一九五
○九四	臿	一九六
○九五	叉	一九六
○九六	朮	一九七
○九七	尤	一九九
○九八	尹	二○○
○九九	夂	二○○
一○○	父	二○一
一○一	夬 擊	二○二
一○二	夋	二○四
止部第一三		二○五
一○三	止	二一五
一○四	夊	二一五
一○五	尹	二一六
一○六	足 疋	二一七
一○七	之	二一七
一○八	世	二一八
日部第一四		二一九
一○九	日	二二二
一一○	暈	二二三
一一一	[illegible]	二二四
月部第一五		二二五
一一二	月 夕	二二六
一一三	亙	二二七
土部第一六		二二八
一一四	土	二三一
山部第一七		二三二
一一五	山 火	二三七
一一六	丘	二三九
一一七	岳	二三九
一一八	苜	二四○
阜部第一八		二四一
一一九	阜	二四三
一二○	𠂤	二四四
旬部第一九		二四五
一二一	旬	二四六
一二二	云	二四七
申部第二○		二四八
一二三	申	二四九
一二四	[illegible]	二五○
雨部第二一		二五一
一二五	雨	二五三
一二六	雹	二五四
水部第二二		二五五
一二七	乙	二六二
一二八	水	二六二
一二九	州	二六三
一三○	巛	二六四
一三一	𣶒	二六五
屮部第二三		二六六
一三二	屮	二七○
一三三	芔	二七○
一三四	丰	二七一
一三五	亩	二七一
一三六	生	二七二
木部第二四		二七三
一三七	木	二八一
一三八	者	二八一
一三九	[illegible]	二八二

一四〇	禾	二八二
一四一	桑	二八三
一四二	未	二八三
一四三	秝	二八四
一四四	栗	二八六
一四五	葉枼	二八七
一四六	東	二八八
一四七	垂	二八九
一四八	主	二九〇
一四九	朱	二九〇
一五〇	賁	二九〇
一五一	桼	二九二
一五二	東韗	二九三
禾部第二五		二九四
一五三	禾	二九六
一五四	穆	二九六
一五五	黍	二九七
一五六	穧	二九七
來部第二六		二九八
一五七	來	三〇〇
一五八	來	三〇〇

一五九	𡴀	三〇二
𠦪部第二七		三〇三
一六〇	𠦪	三〇四
一六一	祈	三〇四
一六二	棗	三〇五
求部第二八		三〇六
一六三	求	三〇七
牛部第二九		三〇八
一六四	牛	三〇九
羊部第三〇		三一〇
一六五	羊	三一三
一六六	V	三一三
一六七	丫	三一三
一六八	羋	三一四
一六九	芊	三一四
豕部第三一		三一五
一七〇	豕	三一七
一七一	豪㣇	三一七
一七二	豭	三一八
一七三	豕	三一八
犬部第三二		三二〇

一七四	犬	三二二
一七五	猳	三二二
馬部第三三		三二三
一七六	馬	三二四
兕部第三四		三二五
一七七	兕	三二六
象部第三五		三二七
一七八	象	三二八
一七九	𧰼	三二八
一八〇	蒙	三二九
兔部第三六		三三〇
一八一	兔	三三一
一八二	㲋	三三二
一八三	鼠	三三二
虎部第三七		三三三
一八四	虎	三三五
一八五	虒	三三五
一八六	虍	三三六
鹿部第三八		三三七
一八七	鹿	三三九
一八八	庙	三三九

一八九	鴈	三三九
一九〇	夔	三四〇
一九一	麟	三四一
隹部第三九		三四二
一九二	隹	三四五
一九三	鳳	三四五
一九四	膺	三四六
鳥部第四〇		三四七
一九五	鳥	三四八
一九六	雞	三四八
一九七	燕	三四九
一九八	舄	三四九
魚部第四一		三五〇
一九九	魚	三五一
龍部第四二		三五二
二〇〇	龍	三五三
二〇一	嬴	三五三
二〇二	能	三五四
二〇三	虹	三五五
虫部第四三		三五六
二〇四	虫	三五八

編號	字	頁碼
二六六	盧	四四三
石部第六七		四四四
二六七	石	四四七
二六八	磬	四四七
二六九	辰	四四八
二七〇	[illegible]	四四八
二七一	厂	四四九
牢部第六八		四五〇
二七二	牢	四五一
二七三	泉	四五一
囗部第六九		四五二
二七四	丁	四五七
二七五	圍囗	四五七
二七六	呂	四五八
二七七	宮	四五九
二七八	晶	四五九
二七九	[illegible]	四六〇
二八〇	田	四六〇
二八一	圓	四六一
二八二	ㄅ	四六二
二八三	輪	四六三

編號	字	頁碼
二八四	函	四六三
齊部第七〇		四六四
二八五	齊	四六五
匚部第七一		四六六
二八六	匚	四六七
二八七	曲	四六七
二八八	ㄅ	四六八
亘部第七二		四六九
二八九	亘回	四七〇
田部第七三		四七一
二九〇	田	四七四
二九一	周	四七四
二九二	甾	四七四
二九三	畺	四七五
二九四	箄	四七六
二九五	畐	四七六
二九六	冀	四七七
二九七	禺	四七八
二九八	囟	四七八
二九九	[illegible]	四七九
三〇〇	[illegible]	四七九

編號	字	頁碼
三〇一	由	四七九
三〇二	[illegible]	四八〇
三〇三	[illegible]	四八〇
鹵部第七四		四八一
三〇四	鹵	四八二
繇部第七五		四八三
冎部第七六		四八三
三〇五	繇	四八四
三〇六	冎	四八六
西部第七七		四八七
三〇七	西	四八八
亞部第七八		四八九
三〇八	亞	四九〇
三〇九	[illegible]	四九一
三一〇	旨复	四九一
三一一	良	四九二
〢部第七九		四九三
三一二	〢	四九四
三一三	卯	四九四
凡部第八〇		四九五
三一四	凡	四九七

編號	字	頁碼
三一五	井	四九七
三一六	丹	四九八
三一七	宁	四九八
巾部第八一		四九九
三一八	巾	五〇〇
三一九	㡀	五〇〇
庚部第八二		五〇一
三二〇	庚	五〇二
三二一	[illegible]	五〇三
三二二	南	五〇三
中部第八三		五〇四
三二三	中	五〇五
三二四	中史	五〇七
用部第八四		五一二
三二五	用	五一三
歺部第八五		五一四
三二六	歺	五一五
三二七	厇	五一五
[illegible]部第八六		五一六
三二八	[illegible]	五一七
戶部第八七		五一八

編號	字	頁
三八七	戌	六二〇
三八八	我	六二〇
三八九	鋸	六二二
辛部第一一三		六二三
三九〇	辛	六二五
三九一	䇂	六二六
亐部第一一四		六二七
三九二	乂亐	六二八
不部第一一五		六二九
三九三	不	六三〇
三九四	耑	六三〇
三九五	帀	六三一
三九六	而 鬛	六三二
帝部第一一六		六三三
三九七	帝	六三四
才部第一一七		六三五
三九八	才	六三六
刀部第一一八		六三七
三九九	刀	六三九
四〇〇	㞷	六三九
四〇一	乍	六四〇

編號	字	頁
四〇二	刃	六四二
四〇三	勿	六四二
四〇四	亡	六四三
四〇五	釗	六四四
斤部第一一九		六四五
四〇六	斤	六四六
矢部第一二〇		六四七
四〇七	矢	六五一
四〇八	葡	六五一
四〇九	寅	六五二
四一〇	至	六五二
四一一	臺	六五三
四一二	畀	六五四
四一三	束	六五五
㚔部第一二一		六五六
四一四	㚔	六五七
屯部第一二二		六五八
厃部第一二三		六五八
四一五	屯	六五九
四一六		六六〇
四一七	厃危	六六一

編號	字	頁
弓部第一二四		六六二
四一八	弓	六六四
四一九	引	六六五
四二〇	發	六六七
四二一	彈	六六八
乃部第一二五		六六九
四二二	乃	六七〇
皿部第一二六		六七一
四二三	皿	六七四
四二四	血	六七五
四二五	盅	六七六
四二六	壺	六七七
凵部第一二七		六七八
四二七	凵	六八〇
四二八	兒	六八〇
四二九	臼	六八一
酉部第一二八		六八二
四三〇	酉	六八四
四三一	奠	六八五
四三二	卣	六八五
四三三	酓	六八六

編號	字	頁
甗部第一二九		六八七
四三四	甗	六八九
四三五	鬲	六九〇
四三六	鼎	六九〇
爵部第一三〇		六九二
四三七	爵	六九三
四三八	斝	六九四
𣪘部第一三一		六九五
四三九	𣪘皀	六九七
四四〇	豆	六九八
壴部第一三二		六九九
四四一	壴	七〇〇
斗部第一三三		七〇一
四四二	斗	七〇二
四四三	升	七〇四
豸部第一三四		七〇五
四四四	豸	七〇六
亥部第一三五		七〇七
四四五	亥	七〇八
四四六	方	七〇八
帚部第一三六		七一〇

凡例

一、本書以字根研究爲主，孳乳表之編製僅爲歸納字根之基礎工作，故孳乳表中非字根字之形義，本論文一概不予討論。

二、字根之認定，極爲複雜，尤以僅見於偏旁、未見以單字形式出現者爲然；其僅通行於商代、後世廢而不用之死文字更甚。本論文大多依前賢之說擇定字根，其前賢皆未論及者，間下己意、蓋爲嘗試性質。

三、字根研究以探討本形本義爲主，每一字根下註明其在《甲骨文編》中之文字編號（以 S 代表）、《甲骨文字集釋》中之頁號（以 L 代表）、《甲骨文字詁林》之字號（以 G 代表。孳乳表中以 Y 代表），以備查索異說。孳乳表每字下亦注明《甲骨文編》與《甲骨文字集釋》之序號（未注英文代碼者，上層爲《文編》，下層爲《集釋》），以上兩書皆未收者，則注明《甲骨文字詁林》或《殷虛卜辭綜類》（以 D 代表）之字號。

四、凡《集釋》解說詳盡、已成定論者，本書僅略述其結論，不多徵引，詳其所略、略其所詳，以避冗蕪。

五、文中註明某字見於《甲骨文編》、《金文編》、《金文詁林》、《殷墟甲骨刻辭類纂》者，所註數字皆爲字頭編號，而非頁號。

六、文中所謂上古音，實爲兩周音，而非殷商音，依據資料主要爲陳師新雄之《古音學發微》及周法高先生之《上古音韻表》，所附擬音則依據《上古音韻表》。

七、古文字學家於考釋文字時，常以甲金文合併討論，其何者爲論甲文？何者爲論金文？常不易區分，而亦多不必區分，故本書於徵引成說時，除甲金文字形不同，必須予以區分者外，一般均不予區別。

八、字根及孳乳表之排列順序大體依照《綜類》部首表，然[illegible]部併入木部、鼄部併入龜、蟬部另立、乎部改為丂部、[illegible]部併入日部、䌛([illegible])部之後增列冎部、琮([illegible])部併入玉部、[illegible]部取消、單部改干部、引([illegible])部併入弓部、升部併入斗部、虍部併入虎部、乍部亡部併入刀部、[illegible]部併入酉部、㠯部依其繁體併入人部、弗部改己部、其餘小部均併入「其他」。至於各部所領部首，亦隨文調整，請參各部，此不詳述。

九、孳乳表所收字頭採自《綜類》、《類纂》、《文編》、《集釋》、及其他書刊論文。字頭之認定從分不從合，但凡前述書刊分為不同字頭者，本論文即從之列為不同字頭，而不論其是否實為一字的異體。從分之字誤合為一，失去被認識之機會，如《綜類》合[illegible]、[illegible]、[illegible]為一字，而猳、豕、猳之別泯矣(參[illegible]、[illegible]、[illegible]部)。

十、孳乳表列字，其由二字根以上組成之文字皆於各字根下互見，其同一字根中之二級字以下則不再互見。

十一．孳乳表中所列諸字，如屬不識偏旁者，則於字之右上角注明不識偏旁之序號，孳乳表仍依其可辨識部份收錄，以利檢索。孳乳表諸字需加注說明者，注號標於字之右下角，說明文字則附在每部之後。

十二．合文除不易分解、尚無定論者外，一律不收。

十三．本書對古文字書籍多採通行簡稱，請參參考書目。

十四．古文字排版困難，書寫不易，故於本文敘述中遇古文字重覆之處，採用古代簡省之法，以△代替，其有多字需簡省替代者，則以△[1]、△[2]、△[3]表示。

壹、緒　論

一、甲骨文之名義及其材料範圍

甲骨文初名龜板文字（《鐵雲藏龜》自序謂其書所收「龜板牛骨兩種、牛骨居十之一二」，然序文名此種文字，但稱「龜板文字」。）孫詒讓名爲契文（《契文舉例》）、龜甲文（《名原》自序）、羅振玉名爲殷商貞卜文字（《殷商貞卜文字考》）、殷虛書契（書名）、明義士名爲殷虛卜辭（書名）、林泰輔名爲龜甲獸骨文字（書名）、王國維名爲殷虛甲骨文字（〈殷虛甲骨文字及其文字〉、《學衡》四十五期），名無固宜，其實一也。胡厚宣以爲稱「甲骨文」最爲妥帖（《甲骨學商史論叢》續集四二二頁、〈甲骨文學緒論・一、辨名〉），茲從其說（惟文中或稱卜辭、或稱契文，便文不拘也）。

甲骨文發現之時間有二說，舊說謂清光緒二十五（一八九九）年被發現，新說則以爲清光緒二十四年（一八九八年）發現，二說皆各有依據。姑不論孰是孰非，甲骨發現迄今恰逾一百周年，其初由民間私掘，民國十七年由中央研究院正式進行科學挖掘、大陸淪陷後仍續有挖掘，所得甲骨文陸續見於公私著錄。一九八二年出版之《甲骨文合集》彙集此類著錄，經刪除殘缺過甚，文字普通之小片，又經綴合、去重，共收甲骨四萬一千九百五十六片。一九八八年出版之《殷虛甲骨刻辭摹釋總集》以《甲骨文合集》爲底本，另加《小屯南地甲骨》、《英國所藏甲骨集》、《東京大學東洋文化研究所藏甲骨文字》、《懷特氏等所藏甲骨文集》，所收甲骨共五萬二千四百八十六片。又淪陷後大陸出土之周原甲骨共二百九十三片（參《西周甲骨探論》），與殷商甲骨一脈相承，有因有革。以上所述即本書所稱甲骨文之範圍，本書所引甲骨文皆不出此。

二、甲骨文字研究之回顧

有關甲骨文字之研究，《鐵雲藏龜．序》已試爲釋字，孫詒讓《契文舉例》則分爲月日、貞卜、卜事、鬼神、卜人、官氏、方國、典禮、文字、雜例等十類，從此甲骨之研究者日多、論著日富、研究範圍日益擴展。（胡厚宣《五十年甲骨學論著目》共分三十六類），寖爲學術之一大宗矣。唯本書屬文字學類，以下所述亦僅限文字學類。

劉鶚《鐵雲藏龜》雖旨在著錄拓片，然其自序亦述及所識之契文五十五字。雖其中錯識十三字，正確者爲四十二字，而大輅起于椎輪，劉氏終爲籀識甲骨之第一人。一九〇四年，孫詒讓《契文舉例》出，爲第一部甲骨研究之專書，雖羅振玉評爲「得者十一，而失者十九」（《丙辰日記》），然已釋一百八十五字，開甲骨研究之先河，功不可沒。民國三年，羅振玉《殷虛書契考釋》出，考釋文字五百六十，卜辭文字之基本而重要者大體皆已囊括，所釋亦多可信，卜辭從此可以通讀，甲骨學自此正式奠立並發展，羅氏實居首功。同時之王國維，天資英敏，讀書得間，所釋卜辭字數雖不多，然每下一字，泰山不移，如釋旬、釋西、釋物、說玨朋、釋昱、釋史、釋禮、釋辥、釋天、說耿等，每一說出，皆引徵博贍，學林推服。其次爲郭沫若，亦才思敏銳、博學多聞，能於無字縫中讀書，尤善於引社會科學以印證古代社會，故能發人所未及見，道人所不敢言，其考釋見所著《甲骨文字研究》、《卜辭通纂》、《殷契粹編》等，創獲自多，然挾泥俱下，爭議亦多。自後考釋家繼作，如唐蘭《殷虛文字記》所釋字近百，益以《天壤閣甲骨文存考釋》，所得當在百字以上；于省吾之《甲骨文字釋林》所釋字近三百，二氏於考字幾已超邁羅雪堂矣！他如楊樹達之《積微居甲文說》、《卜辭瑣記》、《耐林廎甲文說》、《卜辭求義》；屈萬里先生之《甲編考釋》；李孝定先生之《甲骨文字集釋》；魯師實先之《殷契新詮》、《卜辭姓氏通釋》；金祥恆先生散見《中國文字》、《新中國文字》及其他刊物之考釋文字等，皆甲骨文研究文字類之重要著作也。至如大陸淪陷後，考古事業一枝獨秀，商周古物年年出土，甲骨文學者參考此類考古成果，結合金文、乃至戰國文字、秦漢魏晉篆隸，所得益爲驚人，其作品見《考古》、《文物》、《古文字研究》等刊物，此亦足見甲骨文字考釋之興而未艾、猶大有可爲也。

甲骨文之考釋雖已經九十年來眾學者之努力鑽鑿，然不識之字仍頗多，以《甲骨文編》爲例，全書所收字頭五三一九個，可識者（含音義不明而僅識字形者）爲二三七一個，雖《文編》附錄中尚有學者已釋而《文編》未采納者，然爲數究竟不多，《文編》以後之新識字當亦不逾百字，是甲骨文字出土迄今，已識字約佔總字數之一半耳。于省吾《釋林·序》云：

> 截至現在為止，已發現的甲骨文字，其不重複者總數約四千五百個左右，其中已被確認的字還不到三分之一。不認識的字中雖有不少是屬於冷僻不常用者，但在常用字中之不認識者，所佔的比重還是相當大的，而且已識之字仍有不少被研契諸家誤解其義訓、通假者。所以說目前在甲骨文字的考釋方面，

較諸羅王時代有發展，但進度有限。

于氏以形音義俱明者爲已識字，故所估算之不識字較多，是甲骨文之考釋仍亟待學者之耕耘沃溉也。

三、甲骨文字考釋方法之檢討

甲骨文之考釋，經九十年來學者之努力，成績斐然。而學者創獲之多少，固繫於其才學之高下與投入時間之多少，亦與其研究方法有絕對之密切關係。是則檢討學者之考釋方法及得失，當有助於甲文考釋之日趨完善，伐柯伐柯，其則不遠，此之謂乎。

唐蘭《古文字學導論》嘗提出四種考釋古文字字形之方法：對照法（或比較法）、推勘法、偏旁的分析、歷史的考證（下編十二葉）。此四種方法大致即學者考釋甲骨文所陸續使用者，茲以唐說爲綱，綴以各家之考釋方法自述、實例，並聊爲分析其得失：

（一）、對照法—或比較法

以後代文字與前代文字對比，其形體近似者，可以後代已知之字推知前代不識之字，此之謂對照法，唐蘭云：

因為周代的銅器文字和小篆相近，所以宋人所釋的文字，普通一些的，大致不差，這種最簡易的對照法，就是古文字學的起點。……對照的範圍逐漸擴大，就不僅限於小篆。吳大澂、孫詒讓都曾用各種古文字互相比較，羅振玉常用隸書和古文字比較，不失為新穎的見解（例如用「戎」和「[illegible]」對照之類）。像三體石經（例如用[illegible]和[illegible]比較，知道應釋免）、西陲木簡、唐寫本古書等，尤其是近時學者所喜歡利用的。」（《導論．下》十六葉）

甲骨文初出土，學者所用以考釋卜文者，即爲此法。劉鶚《鐵雲藏龜．序》云：「以六書之指推求鐘鼎、多不合；再以鐘鼎體推求龜板之文，又多不合。蓋去上古愈遠，文字愈難推求耳。」此明揭其認識卜文之法爲「以六書（《說文》）之恉推求鐘鼎」、「以鐘鼎體勢推求龜板之文」，即對照法是也。故甲骨初出土，劉鶚即能釋讀五十五字，正確無訛者四十有二。厥後孫詒讓、羅振玉考釋卜文，固皆以此法爲主，即近人考字，亦不能不用此法，如于省吾引金文[illegible]以證甲文[illegible]爲屯字（《釋林》一頁）、引金文三以證卜文三爲气字（《釋林》七九頁）等是。蓋文字以形爲主，考釋文字不能捨棄字形而空談其他，故對照法實爲甲骨文字考釋最基本之方法。

唯文字形體隨時衍變，有古今形同而字異者，如十卜辭訓七訓甲、後代訓十；有古今字同而形異者，如古作[illegible]、今作虹之類，故純以對照法釋字，錯誤自不能免，《鐵雲藏龜．序》誤釋[illegible]（巳）爲子、釋[illegible]（[illegible]）爲卜、釋[illegible]（易）爲彤；孫詒讓《契文舉例》誤釋[illegible]（王）爲立（二十二頁）、釋[illegible]（[illegible]）爲㐱（三十四頁）、釋[illegible]（㞢）爲之；羅振玉釋[illegible]（叟、叜）爲兕（《增考．中》三十葉上）、釋[illegible]（繇）爲皿（《增考．中》三九葉上）、釋[illegible]（心）爲貝（《增考．中》四一葉上），皆是也。對照法之限制，此其一。

文字之演化，由象形、指事而變爲形聲，乃其通例。如卜文作[illegible]、小篆作[illegible]；卜辭作[illegible]、小篆作[illegible]之類，其例甚多。由象形指事變爲形聲，本皆有跡可尋，如裘字卜辭作[illegible]（《前》七．六．三），後加聲符「又」

作[字形]（次卣）、[字形]形又逐漸類化爲[字形]作[字形]（衛簋），聲隨時變，「又」聲改爲「求」聲作[字形]（衛盉），遂爲小篆所本。倘中間之[字形]、[字形]形不存，則以小篆[字形]與卜辭[字形]對照，孰信其爲一字？金祥恆先生嘗釋卜辭[字形]爲戚（參戚部），學者疑之，以《說文》戚作[字形]，从戉尗聲，而卜辭[字形]明爲象形字，二者對照，孰信其爲一字？然馬王堆帛書老子出土，戚字正作[字形]（《老子甲後》一九一）、漢隸作[字形]（楊統碑），戚之刃齒與戚柲分離，訛爲[字形]，再變即成小篆之[字形]，然則[字形]釋戚，又決無可疑矣！惟文字訛變萬端，倘因文獻不足，致訛變之跡不明，則對照法亦無用武之地。又倘其字後代不傳，宗祧斷絕，則此法更無從對照矣！葉玉森《前釋．序》慨乎言之：「肇討三千年以上之殘餘文字，若射覆然，又焉能必中！」即此之謂也。對照法之限制，此其二也。

運用對照法，個人之識字能力爲基本條件，然字形典之助益亦爲不可或缺者，《甲骨文編》、《金文編》、《匋文編》、《古璽文編》之便利，學界已有口碑。《漢語古文字字形表》、《古文字類編》跨越時代太長，每一字頭所收字形太少，便於初學者識字，研究考釋之參考功能稍遜，然亦不無裨益。一九八五年出版之《秦漢魏晉篆隸字形表》保存古形甚多，利用價值甚高。是對照法之工具書，已有眾多學者從事之，不虞無人也。

（二）、推勘法

字形難考或不能確定者，以上下文義推勘其當爲某字，此之謂推勘法。唐蘭云：

> 有許多文字是不認識的，但由尋繹文義的結果，就可以認識了。雖然由這一種方法認識的文字不一定可信，但至少這種方法可以幫助我們找出認識的途徑。……甲骨文的『㞢』字，舊時誤釋作『之』，郭沫若才讀成『有』字，也是根據文義而推得的重要發明。」（《導論．下》十九葉下）

以推勘法考釋卜辭而可信者，首推羅振玉，《增考．中》云：

> 卜辭中凡十二枝之巳皆作子，與古金文同，宋以來說古器中乙子、癸子諸文者、異說甚多，殆無一當。今得干支諸表，乃決是疑。然觀卜辭中非無巳字，又汜、妃、祀、改諸字並从巳，而所書甲子則皆作子，唯母巳作子，僅一見，此疑終不能明也。（四葉上）

此以上下文推勘子之當釋巳，因解決宋以來釋巳爲子之一大公案也。又卜辭同文例甚多，以同文例推勘考釋者，首推王國維：

> 𧊒、羅參事釋為它，卜辭云『戊寅子卜又𧊒』、又云『戊寅子卜亡它』（《前編．卷八》第十一頁），二辭同在一條，而一云有𧊒、一云亡它，知𧊒它一字矣！」（《戩考》十三葉上）

王國維釋此字，雖已被今人推翻（此字裘錫圭釋𧉮，而爲災害之害之本字），然其所用之推勘法，自爲文字考釋之典範。自羅王而後，推勘法、同文例幾人人能用、書書必備矣。

然推勘法所釋未必可信，唐蘭已明言之矣！如葉玉森釋屯爲春：「屯之異體作屯……等形，其上多冠以今字，依卜辭今月、今日辭例，今下一字當紀時。……卜辭當象方春之木、枝條抽發、阿儺無力之狀，……其誼當為春字。」（《前釋．卷一》、二二七葉下）按此字劉釗釋「者」（參屯部），可從。是今下未必爲年時月日等詞也。又卜辭文辭簡略，文句相似，加以甲骨易碎，斷片殘辭、比比皆是，以同文例推勘，亦未必正確，如于省吾釋蒙爲蒙，又以爲兕（兕）蒙同字，理由爲《綴合》一〇八「隹（雍）芻于蒙　隹（雍）芻㠯于蒙」、又《乙》七一三七「貞、隹芻於兕」，蒙與兕均作地名用，而上引二條「雍芻於蒙和雍芻於兕的詞例完全相同，因此可見，兂乃蒙的省化字。這和冡之古文也作兇同例」（《釋林》三三二頁）以《說文》冡兇一字推之，蒙兂當亦一字，況《綴合》一〇八與《乙》七一三七文例完全相同！然《綴合》一〇八與《乙》七一三七業經張秉權先生綴合爲《丙》三九六，辭云「①雍芻于□ ②雍芻弓于□ ③貞雍芻于□ ④雍芻弓于□ ⑤貞雍芻于□ ⑥（雍芻弓于□）⑦雍芻于□ ⑧雍芻弓于□」，本片爲卜問是否令雍往蒙、鼀、兂、雇取芻？八句四地、兩兩對貞（①—⑧之數字爲筆者所加，第⑥句適殘，此以意補），蒙、鼀、兂、雇依序卜問，其爲不同之四地可知，而蒙、兂爲不同字亦斷無可疑。然則同文例可以說明某二字「應當相同」，亦可證明某二字「必然不同」。同文例之運用可不愼乎！

運用推勘法須參考大量文例，島邦男之《殷墟卜辭綜類》頗能滿足此一需求。唯其書成於一手，訛誤難免。又此書爲一九五七年始編，故五八年以後之資料均未能收入。一九八九年，由姚孝遂主編之《殷墟甲骨刻辭類纂》出版，所收資料較島氏《綜類》約增加二分之一。卜辭之摹寫亦較《綜類》仔細，能爲推勘法提供更完備之資料，學者稱便（唯此書以《甲骨文合集》爲依據，而《合集》資料來源表迄未發表，學者欲參考各家之說，仍須參考島氏《綜類》，此爲美中之不足。）

（三）、偏旁分析法

分析文字之偏旁，然後加以歸納，方以類聚、物以群分，由已知推未知，同一偏旁之同部字可以同時處理，此之謂偏旁分析法。唐蘭云：

孫詒讓是最能用偏旁分析法的，……他的方法是把已認識的古文字分析做若干單體——就是偏旁，再把每一個單體的各種不同的形式集合起來，看它們的變化。等到遇到大眾所不認識的字，只要把來分析做若干單體，假使各個單體都認識了，再合起來認識那一個字。這種方法雖未必便能認識難字，但由此認識的字，大抵總是顛撲不破的。」（《導論．下》、二二葉上）

按：唐蘭推崇孫氏擅用偏旁分析法，係指孫氏之金文考釋而言。至如甲文考釋，由於資料太少，孫氏尚未能運用偏旁分析法。不獨孫氏如此，即便羅振玉亦然。《增考》既釋□為帚（四八葉上）矣！又釋□（犢）為牧（七〇葉下）。既知□為宣（七二葉下）矣！而仍釋□（亘）為㠯（七八葉上）。既知□為雪矣（五葉下）！而仍釋□（彗）為濯（六八葉上），不獨羅氏如此，羅氏以後之考釋家皆不能免，如丁山《殷商氏族方國志》既釋□為妻（七七頁）、又釋□為□（一五二頁），而不顧□□之不同，俱以為即乂字。《集釋》從柯昌濟釋□為升（四一九頁），又從于省吾釋□為㦰（一〇一頁）。謂□乃由□所孳衍，而不顧□□形體之別。故知偏旁分析法雖人人皆知，然於考釋文字之際未必能字字斟酌之也。

偏旁分析法既由唐氏提出，則當為唐氏用力最勤、收穫最多者。《導論．下》二八頁所舉「冎」、「斤」二偏旁即其創獲。《天壤閣甲骨文存》所附檢字表乃揚棄傳統之排列方式，改採依卜辭偏旁系聯之「自然分類法」，始□終□（島邦男《殷墟卜辭綜類》之部首排列當即倣效唐氏此法），足見唐氏對偏旁分析法極為重視，然《殷虛文字記》釋□（寍）□二形為良（五四頁釋良狼㚬），而不顧□（㚬）、□（娘）、□（狼）、□（悢）諸字所从偏旁良絕無作□形者。是唐氏所提倡之偏旁分析法，即其本人亦未必能行之無失也。

以上甲骨學考釋家所考，以偏旁分析法核之，皆有疏失。原因係由於工具書不足，致令偏旁分析法之施行極爲困難。例如：《文編》一二〇二有□（《餘》一五・五）字，欲考其爲何字，依唐氏之作偏旁分析法，應先將此字爲若干單體，認識其單體分別當釋何字後，再集合此諸單體，視其當釋何字。按此字《文編》釋衺，則是分□爲□、□兩單體也。□釋爲衣，當無可疑。□釋爲火，可乎？《文編》一一九七所收單字火共二十五文，絕無作□者。从火之孳乳字，《綜類》□部所收爲一百一十字（山火不分）、《類纂》所收爲一百三十九字，本書所收爲一百五十三字，以每字包含三條卜辭計，欲遍查所有从火之孳乳字，須檢索約四百餘條卜辭！誰有此能耐？旭昇查遍此四百餘條卜辭，歸納出火字偏旁共有九種形體（與單字火同形者不計）：①□（□《乙》六一一二）；②□（□《乙》四七四一）；③□（□《掇》一・四三五）；④□（□《珠》七七七）；⑤□（□《珠》五三七）；⑥□（□《金》五一一）；⑦□（□《甲》一二五九）；⑧□（□《佚》四三六）；⑨□（《鄴三》・四五・一三（从交从火，交火共筆））。以上偏旁火字九體，並無作□形者，然則□字不得釋衺也。生當今日，有《甲骨文編》、《綜類》等工具書時，偏旁分析法之進行猶困難若此；在昔學者未有《文編》、《類纂》之時，欲運用偏旁分析法考釋文字，談何容易！孫海波手製《甲骨文編》，當嫻於甲骨字形，猶釋□爲衺（按此字當作□，从大从衣，孫氏誤摹爲□，又受小篆影響，誤釋□爲火，致有此失），其它可以無論。

綜上所述，欲以偏旁分析法考釋甲骨文字，目前除《文編》、《續文編》、《綜類》、《類纂》外，別無任何參考工具。而此四書本非專爲偏旁分析法而作，故《文編》、《續文編》皆依《說文》部首列字，同一偏旁諸字散見各卷，檢索頗爲不便。《說文》所無字、及不識字之歸屬則蒐查尤難。收字之不全，猶是餘事。《綜類》、《類纂》以「自然分類法」排字，依偏旁系聯，頗能適合甲骨文之特性。其檢字索引採互見方式，一字可分爲若干偏旁，此諸偏旁所屬之部首皆收錄該字，設想頗佳。然二書之「部首」原爲甲骨文分類而定，既非字根、又非偏旁，有當同部而分者，如[glyph]與[glyph]、[glyph]與[glyph]；有當異部而合者，如[glyph]部包含[glyph]（橐）、[glyph]（束）、[glyph]（系）、[glyph]（必?）；[glyph]部包含[glyph]（壬）、[glyph]（工）、[glyph]（示）、[glyph]（亙）、[glyph]（戉）、[glyph]（戚）、[glyph]（盜）、[glyph]（五）皆非同部之字。故利用此二書僅能獲得一批形近之字，而非同偏旁之字，學者仍需再加處理。且《綜類》檢字索引雖採互見方式，然疏漏太多（《類纂》較佳、然間亦有遺漏），如依之作偏旁分析，恐不夠周全。參考工具欠缺、疏漏，是以偏旁分析法雖人人知之，然鮮有切實施用之者以此。

（四）、歷史考證法

追求文字演變之歷史，以考釋古文字，此之謂歷史考證法，唐蘭云：

> 我們所見的古文字材料，有千餘年的歷史，不獨早期的型式和晚期的型式中間的差異是很大的，就是同一時期的文字也因發生遲早的不同，而有許多的差異。文字是活的，不斷地在演變著，所以我們要研究文字，務必要研究牠的發生和演變。……在這裡，我們須切戒杜撰。（《導論・下》卅三葉）

按唐氏此項「歷史考證法」其實與「對照法」相似，不過「對照法」爲文字史中某兩點之比較，而「歷史考證法」爲文字史之全體之說明。如《釋林》釋卜辭「三」爲气，因舉周初銅器天亡殷作三，東周齊侯壺作[glyph]、[glyph]，至《說文》乃作[glyph]。是气之字形發展史，自甲文至《說文》爲「三—[glyph]—[glyph]—[glyph]」，其演變頗合理，故于說可信（參《釋林》七九頁），此即「歷史考證法」是也。

唯文字之演變史，未必皆能保存完好，唐氏云「切戒杜撰」者，即於此歷史環節有缺之際，不得任意杜撰歷史也。雖然，唐氏於書缺有闕之時，似亦不免杜撰歷史，如唐氏釋□爲彔，以爲即《說文》「髟」之籀文□，从彖首、从尾省：「按《說文》所稱『从尾省』之字，如隶字應作□，而《說文》作□，是其例。然則彔字本應作□，……又以□字古本作□例之，則□字古應作□也。……可以下圖明之：□—□—□—□。」（《文字記》四一葉） 按□當釋衰，（參衰部）。唐氏釋爲髟之籀文□，形體相去並非絕遠，然謂「彔字本應作□」、「□字古應作□」則絕無證據，與杜撰歷史何異？作法犯法，不足爲式。

歷史考證法所需資料與對照法相同，茲不贅述。

於字義之解釋，唐氏提出應注意者有三：（一）字形方面，應找出最古之型式，其演變或訛爲今形，應有詳細可信之理由。（二）字音方面，應有證據。或本字雖失本義。然尚保存於所孳乳之諸聲字中；或本字被假借爲別義，而本義又叚借聲近之別字。（三）字義之歷史（《導論．下》六六葉下）。唐氏所述爲本義之探討，不涉及用義。

於字音之探索方面，唐氏以爲應先找出古音之歷史證據；其次應確定形聲字與非形聲字界限；又由文字之叚借，亦可以推見古音（《導論．下》六八葉下）。

除唐氏所述之考釋方法外，王國維之二重證據法亦頗重要，王氏云：

吾輩生於今日，幸於紙上材料之外，更得地下之新材料。由此種新材料，我輩得據以補正紙上之材料，亦得證明古書之某部份全為實錄，即百家不馴之言亦不無表示一面之事實。此二重證據法，惟在今日始得行之。雖古書之未得證明者，不能加以否定；而其已得證明者，不能不加以肯定。」（《古史新證・總論》）

王氏此法雖不爲考釋文字而發，然自應包含文字之考釋。地下實物與地上文獻可以相補相證，此二重考證法之意義也。

此外，楊樹達、于省吾所自述考釋古文字之方法，多爲綜合考證法，楊氏云：

首求字形之無悟，終期文義之大安，初因字以求義、復因義而定字，義有不合，則活用其字形，借助於文法、乞靈於聲韻，以假讀通之。」（《金文說・序》），此雖發之於金文、然楊氏考甲文實亦此法）

于氏云：

古文字是客觀存在的，有形可識，有音可讀，有義可尋。其形音義之間是相互聯繫的。而且，任何古文字都不是孤立存在的。我們研究古文字，既應注意每一字本身的形音義三方面的相互關係，又應注意每一個字和同時代其它字的橫的關係，以及他們在不同時代的發生、發展和變化的縱的關係。只要深入具體地全面分析這幾種關係，是可以得出符合客觀的認識的。」（《釋林・序》）

甲文之考釋方法發展至此，可謂粲然大備，至於引古代社會（如《甲研・釋祖妣》以石器時代以前之生殖崇拜證明「且」（祖）、「匕」（妣）爲男女生殖器之象形）、異族文化（如《釋林・釋亞》引麼些（納西）文字以證明亞字當釋方隅或角落）以考釋文字，往往易流於比附，故僅為消極輔助手段，不成主流。

四、本論文之撰寫動機

甲骨文之考釋雖其法多端，然合其旨歸，必以字形為主，于省吾云：

> 留存至今的某些古文字的音與義或一時不可確知，然其字形則為確切不移的客觀存在，因而字形是我們實事求是地進行研究的唯一基礎。有的人卻說：『釋文字，含義以就形者，必多窒礙不通；而屈形以就義者，卻往往犁然有當。』這種方法完全是本末倒置，必然導致主觀、望文生義、削足適履地改易客觀存在的字形以遷就一己之見，這和真正科學的方法，是完全背道而馳的。」（《釋林．序》）

字形之考釋則厥為歷史考證法（含對照法）與偏旁分析法二端，而就中實以偏旁分析法為主。何則？遇一不識字，須分析其字形，設偏旁不明，字形不識，則其他考釋均一籌莫展矣！偏旁分析法之重要可知。

雖然，人人皆知偏旁之重要，而迄今則尚未有專為偏旁分析而設之著作。唯《古文字研究》第四輯有高明〈古文字的形旁及其形體演變〉一文，以商代甲骨、兩周金文、戰國文字、秦篆、漢隸為對象，歸納出形旁一百四十餘個，除少數資料貧乏、難以處理者外，共選出一百一十一個形旁，分別列表，附以甲金篆隸之代表字形，其所開列形旁沿革表如下：

戈、儿、大、女、匕、立、卩、丮、尸、子、長、老、欠、疒、歹、身、肉、冎、力、爪、又、𠬞、[illegible]、攴、殳、止、夊、足、走、辵、彳、頁、耳、目、自、臣、心、口、曰、言、音、馬、牛、羊、犬、豕、虎、鹿、龍、魚、虫、黽、貝、鳥、隹、羽、革、角、艸、木、竹、禾、米、食、皀、系、㒸、衣、巾、勹、鼎、豆、岳、皿、酉、壴、㫃、車、舟、厂、广、宀、穴、高、門、戶、刀、斤、网、辰、聿、戈、矢、弓、山、自、土、田、口、邑、水、川、雨、火、日、夕、月、玉、金、鬼、示。

本表之形旁數只有一百一十一個，似極精簡，然深入考察，此形旁只適於楷書檢字分類用，並非全部漢字之形旁，茲分別說明如下：

(一)、形旁之數目，甲金文當多於隸楷書，以鳥類而言，鳳、雞、燕、舄、焉（據小篆推知）、鳥、隹，於甲金文中皆爲獨體象形，則甲金文鳥類形旁至少當有七個。然而高表鳥類形旁只有鳥、隹二個，甲金文之鳳、雞、燕、舄、焉將安歸乎？故知高表實爲選擇性陳列，並非全面蒐羅。且較重隸、楷，較忽略甲、金文。

(二)、即以隸楷而言，高文亦未全面蒐羅。如「規」字从夫从見，則當有夫旁，然而高表有立旁而無夫旁。蓋从夫旁之字皆可以歸入其他形旁，故不列夫字。以結構而言，夫與立皆从大「一」，皆當爲形旁，而高表一收一不收，其選擇標準何在，實不易判知。

高文之外，據林澐〈先秦古文字中待探索的偏旁〉一文所述，林氏亦從事「古文字偏旁譜」之編寫，惟尚未見成書，其偏旁之選定情形無從得知。

偏旁、形旁之定義有不夠明確處，易與部首、字原重疊。以偏旁、形旁之字面意義，似當指構成合體字之各上級文字，無下級孳乳字之獨體文，似即不能名爲偏旁。其次、偏旁之組成可分爲多級，以卜辭「□」字爲例，此字从⿱𢍰米从禾，⿱𢍰米从𢍰从米，𢍰从豆从𠬞，𠬞从又从ナ，然則又ナ豆米禾爲一級偏旁，𠬞爲二級偏旁，𢍰爲三級偏旁，⿱𢍰米爲四級偏旁，偏旁也者，究以何級爲斷？高氏之「形旁沿革表」既有又部，又有𠬞部，其取捨標準何在？⿱𢍰米當入又部或𠬞部？凡此皆極難取捨，易滋爭議者也。唐蘭所謂「偏旁分析法」之偏旁，分析至最後，當即指字根，字根既明，各級偏旁皆有歸屬，一無紛擾。據此，欲進行偏旁分析法，應先進行字根研究，本論文之作即源此一動機。

五、字根之名義

字根一詞，與字原、偏旁意義有同有異。偏旁之定義，前文已有概述，凡構成文字之部份成文單位皆可名爲偏旁，如「照」之偏旁可有昭、召、刀、口、日、火。字原則當指構成文字之最小單位，如「照」之字原僅能有日、刀、口、火；而昭、召不與焉，蓋昭、召仍可再分解，並非最小之成文單位也。此顧名思義，理當如此。唯檢之載籍，則未必皆然。《崇文總目》有唐李騰《說文字原》，惜其書久佚。五代林罕撰《字原偏旁小說》、宋釋夢英撰《偏旁字原》、元周伯琦撰《說文字原》、清蔣和撰《說文字原集註附字原表字原表說》、王筠撰《校正蔣氏說文字原表》、吳照撰《說文偏旁考》（後加以修訂，改稱《說文字原考》），皆自《說文》五百四十部爲說，所論實爲部首，而非最小之文字單位。本論文欲探討組成甲骨文之最小成文單位，爲避免與偏旁、部首等觀念混淆，故改用「字根」一詞，其定義相當於周師一田《中文字根孳乳表稿》凡例說明中之「原始字根」。

甲骨文字根之定義，係指最小單位之成文之甲骨文，如[illegible]从[illegible]从[illegible]，[illegible]从女、[illegible]象簪形而不成文，故[illegible]之字根為[illegible]、[illegible]二個。此一定義似頗簡單，猶其中猶有數事應再加申明者：甲骨文為三千年前之文字，甲骨學之勃興不過九十年，以不滿百歲之功，欲窮究甲骨五千文之奧義，自非易事。故甲骨文之成文與否，極難判定。本論文儘量遵循前賢之說，前賢無說者，間下己意，如[illegible]（函）、[illegible]（箙）同从矢、外象盛矢之器，本論文以[illegible]即函之初字，而以[illegible]為不成文者。蓋金文別有[illegible]（《金文編》一一九〇，釋韔），从[illegible]从弓，[illegible]同[illegible]，中或从矢、或从弓，足證[illegible]當為字根。[illegible]形則除[illegible]外，未有从之者，是以不得立為字根也，此其一。卜辭字體尚未完全凝固，故偏旁組合，時有游移，本論文以形為主，故凡偏旁組合有別者，本書即予分列，如[illegible][illegible]同用，然一从口、一不从口，本書以[illegible]為字根，以[illegible]為从口隹聲。此其二。又甲骨文之研究，時日尚淺，往往前說甫出，不旋踵即為後說所乘；其在同一人者，亦往往不惜以今日之我向昨日之我挑戰，如[illegible]，孫詒讓釋㣇（《舉例．上》二六葉下）、羅振玉改釋求（《增考．中》四二葉下），郭沫若以為釋㣇是，裘錫圭又以為釋求是。按、似以釋求為長（參[illegible]部）。卜辭研究中似此者常見，故本論文於卜辭之研究成果，除非證據確鑿、泰山不移者，否則寧稍保守。如口之形義當與△同，然本論文不逕以口△一字者，本書以形為主，口△形既不同，孳乳字亦不盡相同，故仍暫分為二字。

六、本論文之研究範圍及方法

甲骨文之字數，《合集》五萬片甲骨刻辭共約五十萬字（據《摹釋》抽樣估計），《文編》所收字頭爲五千餘字，本論文分析所得字根近五百字。如此龐大之資料，以一人之力，勢不能面面顧到，故本論文必須選定若干範圍，其餘則留俟他日。本論文選定之範圍爲：（一）字根數目之分析、（二）字根本形本義之探討、（三）字根孳乳表之建立。

本論文之研究方法如下：（一）搜集文字。據《甲骨文編》、《續甲骨文編》、《甲骨文字集釋》、《殷墟卜辭綜類》、《殷墟甲骨刻辭類纂》、及其他論文專著搜集甲骨文字，並與甲骨拓片核對。（二）分別部居、以島邦男《殷墟卜類》之部首爲依據，作小幅度之調整（日併入曰、木 米合併、囚[illegible][illegible]合併、王丰[illegible]合併、[illegible]合併爲弓、[illegible]合併爲斗、[illegible]部併入[illegible]部、[illegible]併入[illegible]部、乍亡併入刀部，新增部首及個別無所附者則併爲其它），將每一文字依其偏旁分別歸入所屬各部，同一字而各家說法不同，則擇其優者而從之。（三）分析偏旁，依偏旁排孳乳表，孳乳表之最後領首字即爲字根。本論文經此分析所得之字根多有不見於卜辭單字，而僅見於孳乳字之偏旁者。（四）字根考釋。每一字根之本形本義，可考者考之，其前人已經考定、鐵案如山，《甲骨集釋》、《金文詁林》又蒐羅齊備者，則擇要略述之；其前人之說尚可補正者，則盡量補充；其難有定論者，則眾說並陳，以供參考。至於引伸、叚借、及在卜辭中之用法，除考釋所必須者外，一概不涉及。又卜辭中不可辨識之字甚夥，其中部份爲商代通行而後世廢而不用，而其形義又較特殊、難以推測之死文字外，其餘多有誤刻、習刻、甲骨泐損、拓本漫漶、摹寫失真等諸原因所造成之不識字，此等文字既不能求得原甲骨以爲校勘、其字形又無從分析，等同雞肋，食之無味。今以有偏旁可識者分別歸入所屬字根條下，其餘完全不可辨識、不能歸類者，《文編》皆已登錄、本論文一概不收，免招濫充篇幅之譏。

七、本論文之成果及展望

本論文分析所得字根共爲四百八十五文，其中不見於卜辭單字，唯見於偏旁中者共五十七文，分別爲：匕、寢、尢、卂、卓、凷、叵、耴、只、口、尹、世、荁、业、丰、朩、林、屮、∨、丫、𢆉、皀、能、巢、會、穴、曰、广、屵、冂、磬、厂、牢、囗、▯、〇（圓）、ㄅ、函、ㄣ、箄、禺、由、㡀、芣、彳、士、耒、聿、尾、缶、殳、矛、鋸、丵、臼、几、[illegible]

以上五十七文於《甲骨文字典》類書中皆無法查獲，唯有偏旁分析法始能析出。又本論文之新釋字共有䣝、卂、烏、畺、㞋、釗、鼠等八文，唯方家正之。

本論文原擬於析出甲骨文之字根，除本形本義之考釋外，另附字根字形表，將每一字根單獨成文之寫法及在偏旁中之寫法，歸納整理，每一寫法選一字爲代表，依其字形之演變製爲字形表，以爲考釋文字之參考（如前文第三節，「偏旁分析法」所述「火」字字形之例）。唯本項工作極爲耗時，旭昇費時一年，尚未能完成一百字，依此速度，僅四百八十五字根之字形表即需五祀之功！古人十年寫就《三都賦》，素爲文壇佳話；《續甲骨文編》、《殷虛卜辭綜類》之編纂亦皆費時十載，故士林推服。本論文限於研究所修業年限，不能踵武前賢，實感慚恧。此則唯有要之來日，戮力從事耳。

貳、字根分析

本編係將五千三百一十九個甲骨文字，析其偏旁至最小單位，共得字根四百八十又七，每一甲骨文字均歸入其所屬字根之下，同一字根所屬諸字依其偏旁孳乳垂直系聯，其不能垂直系聯之同級平行字，則依部首表之次序排列，字形相近之字根彙爲一部，亦依部首表之次序排列，編爲一百五十一部（含其它），每部所收字根大體承襲《綜類》，其有更動，皆於各部孳乳表之後之第一字根後加以說明。

本編之組成係依部首表之次序，先列各部孳乳表，各部孳乳表之第一字原則上即爲該部之部首字。由此部首衍生之一級字均依次排次於部首字之左側第一行，部首字所衍生之一級字有不增加筆畫，僅改易字形者（以□部爲例，如：□、□、□、□）、有附加筆畫不成文者（如□、□、□）、有附加筆畫爲獨體之文者（如：□、□、□）、有附加筆畫爲合體之字者（如：□、□、□）以其皆逕與部首字組合，故均視爲一級字。從一級字衍生者爲二級字，置於第二行；從二級字衍生者爲三級字，置於第三行；以下類推。其三合文以上，不能確知其組合先後者，則儘量依最高級排列，如：□，如釋爲从□从□从□，則爲三級字；如釋爲从□从□、或从□从□，則爲四級字。後說無據，故本表列於三等字。於各級孳乳字中，於偏旁有其字，而於卜辭中未見其字單獨成文出現者，則加（ ）以資識別，如：□、□均从□，而卜辭未見單字□，本表仍予析出，蓋於理當有此字也。孳乳表收字，異部互見、同部獨見，如：□即收入□部、又收入□部；而□字已作爲从□之二級字，則於从□之一級字行中即不再列入，以免篇幅過於膨脹。選字、釋字如與《綜類》及時賢不同者，則於孳乳表後加注說明。孳乳表列諸字右上方標＊者爲字根，右上方標阿拉伯數字，表示此字除部首外，有不可識之偏旁，此類不可辨識之偏旁依序編號，作爲附錄列於書末。右下角所標阿拉伯數字，係孳乳表說明之編號。

各部孳乳表有實不同字根而以形近置於一表者，此蓋承《綜類》之規模，方便讀者使用而已，如[illegible]部第九所收字根三：[illegible]（耳）、[illegible]（耴）與[illegible]（臣），其中[illegible]與[illegible]形近而已，並非[illegible]之孳乳字，此於各字根之文字說明中皆有詳述，故不另外標明。

各字根說明部份，於字根編號、字形下，先註明本字根在《甲骨文編》中之文字編號（以 S 爲代表），以便查索此一字根在甲骨文中有多少種字形寫，《文編》未收之字形則於文字說明中補列，其次註明本字根在《甲骨文字集釋》中之頁號（以 L 爲代表）、在《甲骨文字詁林》中之字號（以 G 爲代表），以便查索此一字根、前賢之解釋、異說如何。字根下無 S、L、G 號碼者，表示《文編》、《集釋》、《詁林》未收此一字根。

每一字根之說明，先列《說文》，《說文》有誤，則略加辨正，目的在引《說文》以資比較，並非以《說文》爲主。其次列舉此一字根之標準字形，次舉首先釋出此字者，甲骨學之開山大師爲羅振玉，羅振玉以前孫詒讓之《契文舉例》雖亦考釋卜辭，然是者十一二、誤者十八九，引其說又須加以辨析，極費筆墨，本論文旨在全面探求字根，不在作集釋工作，故引證斷自羅振玉起。文字說明以探求本形本義爲主，不在網羅眾說；其本形本義難知者，則眾說並陳，間下己意。又既屬字根，則必爲獨體之文，非指事即象形。唯象形、指事之區別，各家說解不同，分類亦異，以《說文》爲基準建立之六書未必合於甲骨，甲骨又非字字可識，其形義尚未盡知，六書自然無從分類，故本論文於字根之六書雖間或論及，然不以之爲主要研究對象。

〔孳乳表〕一

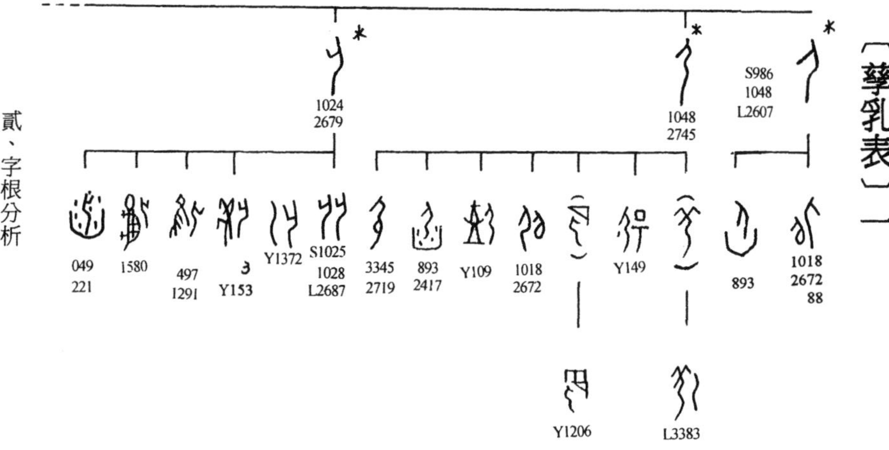
1024
2679
1048
2745
S986
1048
L2607
049
221
1580
497
1291
Y153
Y1372
S1025
1028
L2687
3345
2719
893
2417
Y109
1018
2672
Y149
893
1018
2672
88
Y1206
L3383

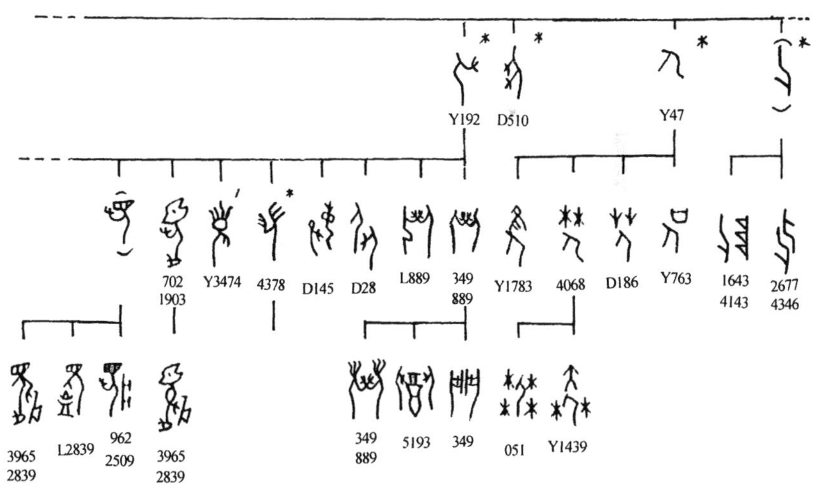
Y192
D510
Y47
702
1903
Y3474
4378
D145
D28
L889
349
889
Y1783
4068
D186
Y763
1643
4143
2677
4346
3965
2839
L2839
962
2509
3965
2839
349
889
5193
349
051
Y1439

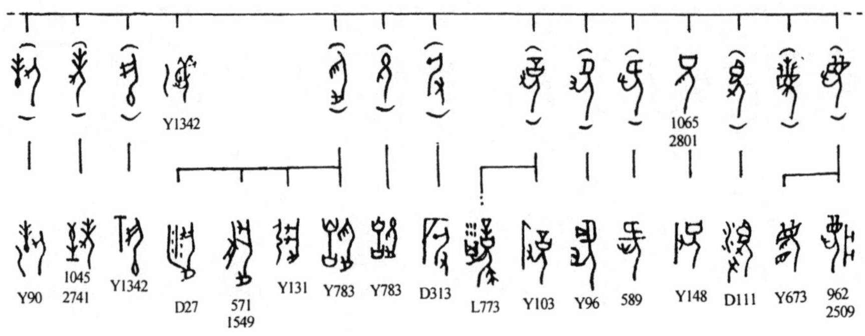
Y1342
1065
2801
Y90
1045
2741
Y1342
D27
571
1549
Y131
Y783
Y783
D313
L773
Y103
Y96
589
Y148
D111
Y673
962
2509

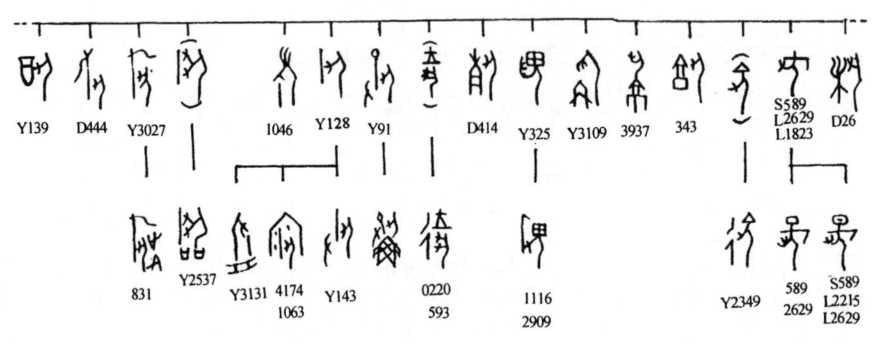
Y139
D444
Y3027
1046
Y128
Y91
D414
Y325
Y3109
3937
343
S589
L2629
L1823
D26
831
Y2537
Y3131
4174
1063
Y143
0220
593
1116
2909
Y2349
589
2629
S589
L2215
L2629

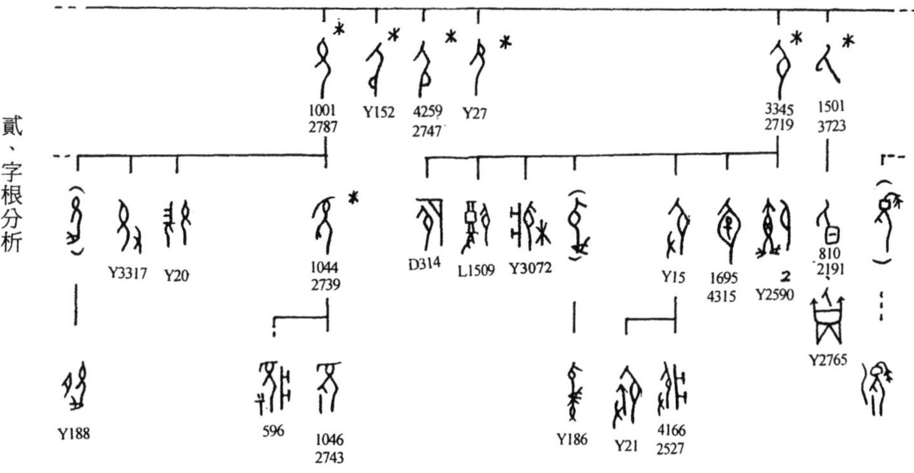
1001
2787
Y152
4259
2747
Y27
3345
2719
1501
3723
Y3317
Y20
1044
2739
D314
L1509
Y3072
Y15
1695
4315
Y2590
810
2191
Y2765
Y188
596
1046
2743
Y186
Y21
4166
2527

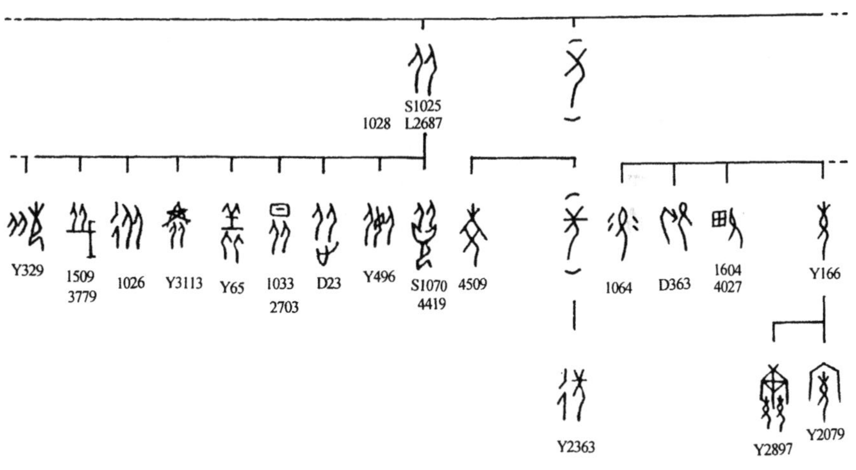
S1025
L2687
1028
Y329
1509
3779
1026
Y3113
Y65
1033
2703
D23
Y496
S1070
4419
4509
1064
D363
1604
4027
Y166
Y2363
Y2897
Y2079

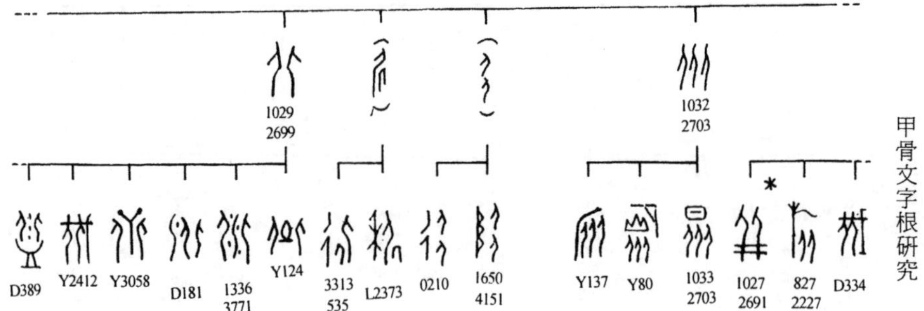
1029
2699
1032
2703
D389
Y2412
Y3058
D181
1336
3771
Y124
3313
535
L2373
0210
1650
4151
Y137
Y80
1033
2703
*
1027
2691
827
2227
D334

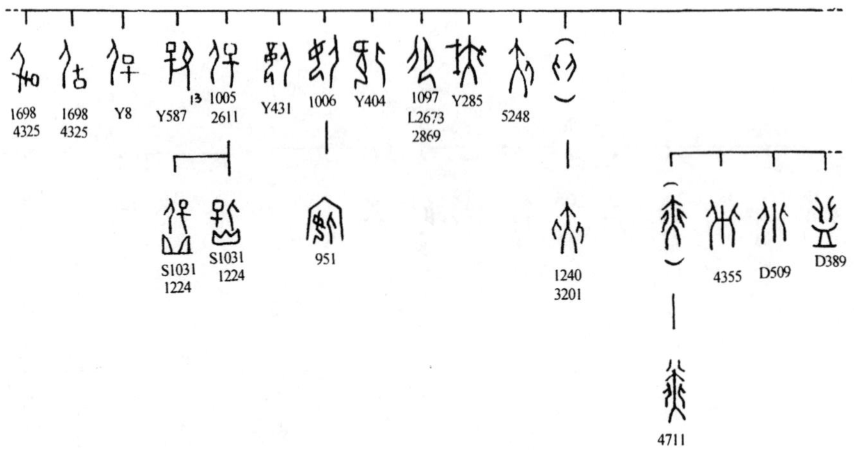
1698
4325
1698
4325
Y8
Y587
13
1005
2611
Y431
1006
Y404
1097
L2673
2869
Y285
5248
S1031
1224
S1031
1224
951
1240
3201
4355
D509
D389
4711

474
1197

1072
2811

509
1307
4936
Y3075
Y630
D468
5
D28
Y672
4
D108
652
Y671
935
2488
1175
Y1724
820
1002
5695
703
Y2513

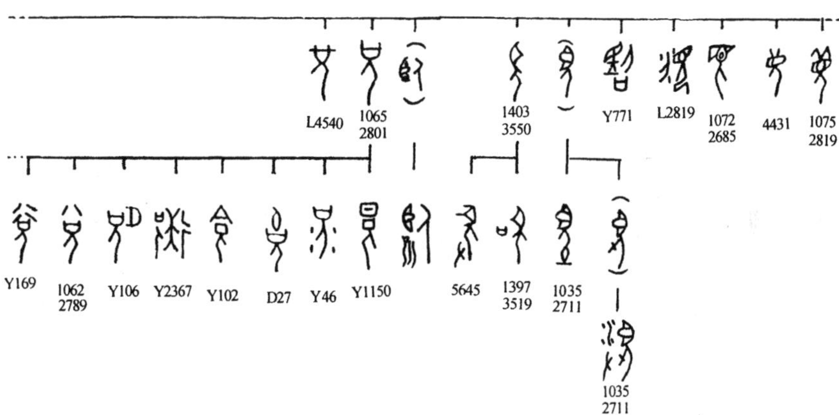

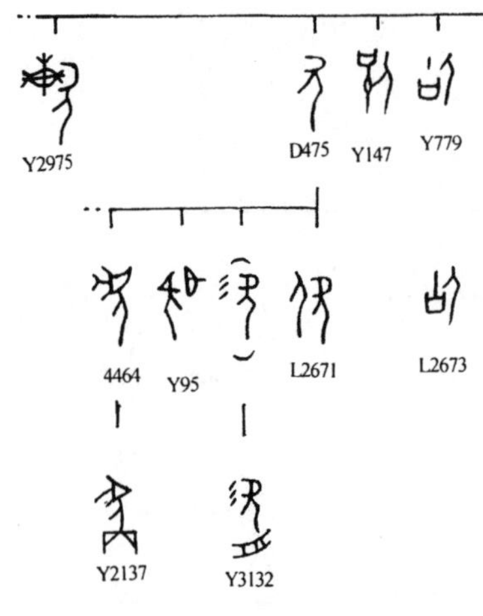

D12
283
4423
2855
L2855
L2671
810
2191
602
Y1643
Y105
603
0224

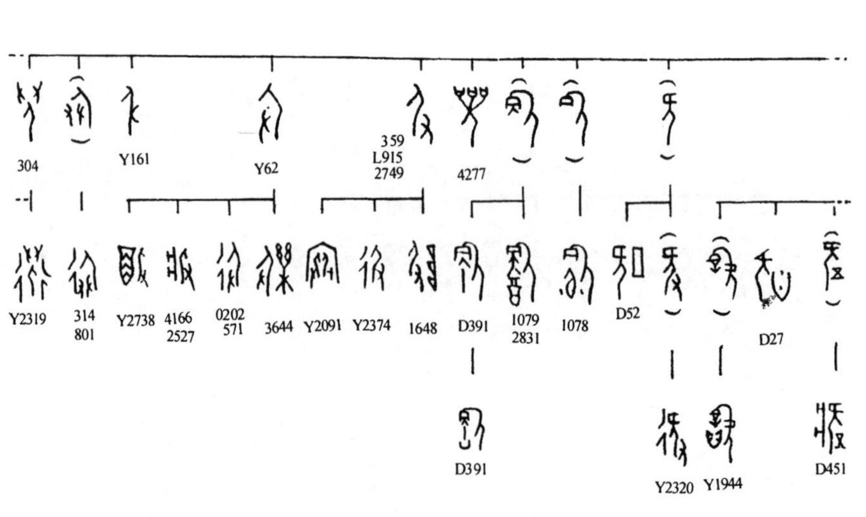

988 2615
0193
Y193
Y167
Y91
407 1027
Y140
422 1055
422 1055
990 2621
304

915 2491
Y195
D266
1655 4153
Y630
703
D474
1371
Y173

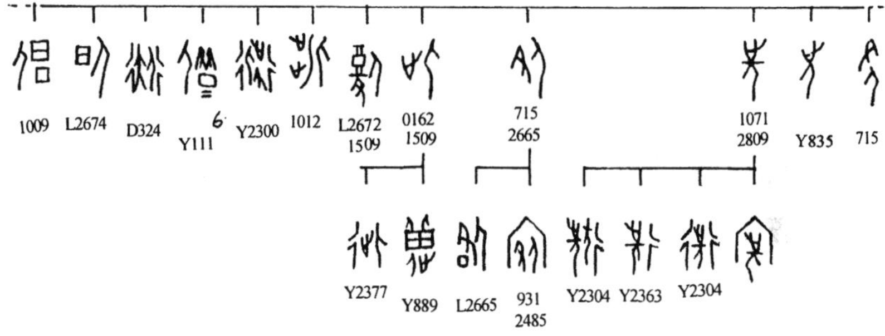

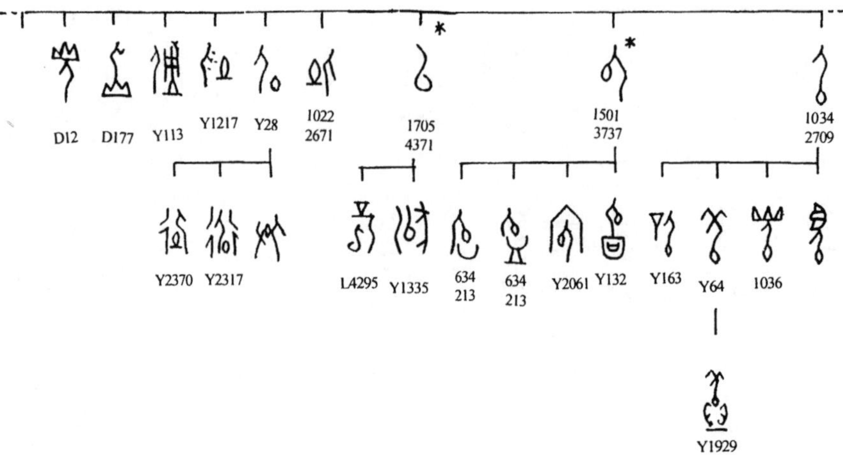
D12
D177
Y113
Y1217
Y28
1022
2671
1705
4371
1501
3737
1034
2709
Y2370
Y2317
L4295
Y1335
634
213
634
213
Y2061
Y132
Y163
Y64
1036
Y1929

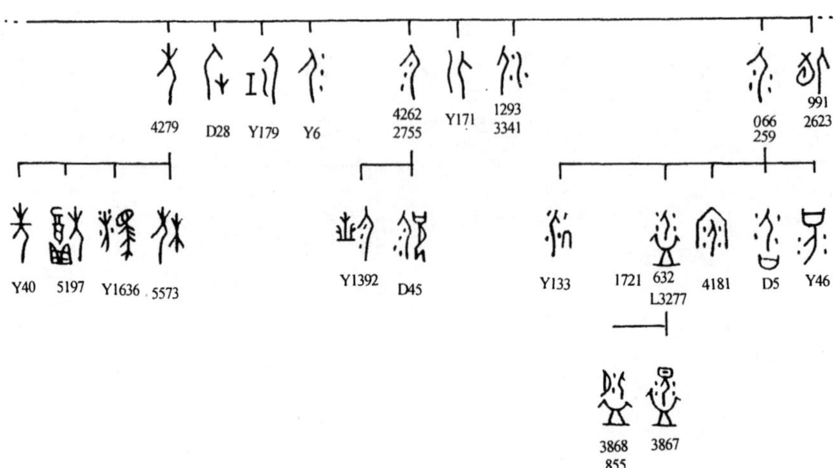
4279
D28
Y179
Y6
4262
2755
Y171
1293
3341
066
259
991
2623
Y40
5197
Y1636
5573
Y1392
D45
Y133
1721
632
L3277
4181
D5
Y46
3868
855
3867

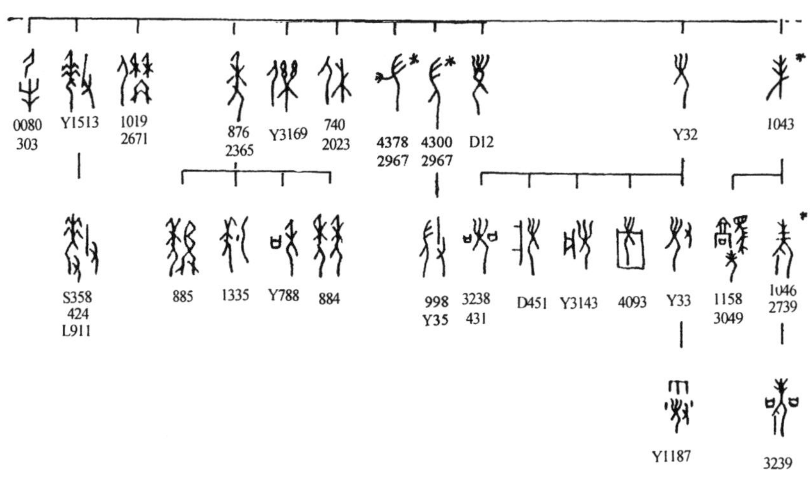
0080
303
Y1513
1019
2671
876
2365
Y3169
740
2023
4378
2967
4300
2967
D12
Y32
1043
S358
424
L911
885
1335
Y788
884
998
Y35
3238
431
D451
Y3143
4093
Y33
1158
3049
1046
2739
Y1187
3239

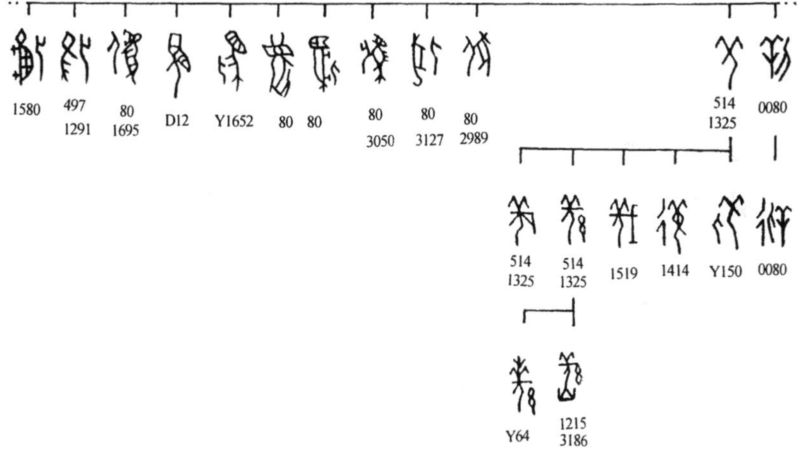
1580
497
1291
80
1695
D12
Y1652
80
80
80
3050
80
3127
80
2989
514
1325
0080
514
1325
514
1325
1519
1414
Y150
0080
Y64
1215
3186

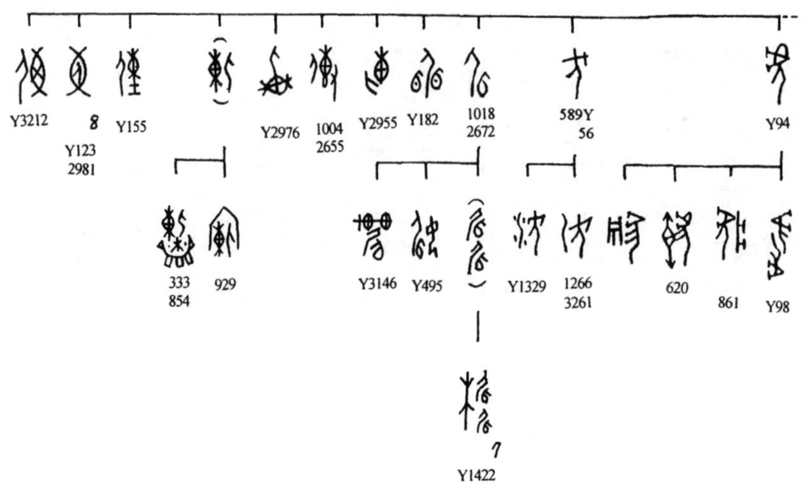
Y3212
8
Y123
2981
Y155
Y2976
1004
2655
Y2955
Y182
1018
2672
589Y
56
Y94
333
854
929
Y3146
Y495
Y1329
1266
3261
620
861
Y98
7
Y1422

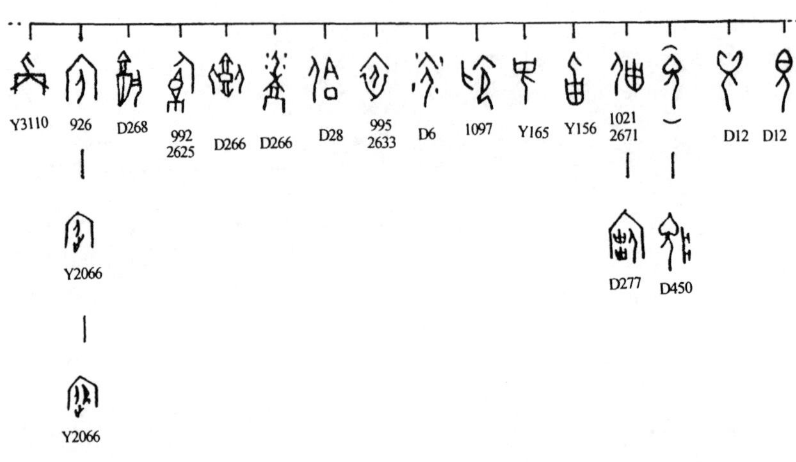
Y3110
926
D268
992
2625
D266
D266
D28
995
2633
D6
1097
Y165
Y156
1021
2671
D12
D12
Y2066
Y2066
D277
D450

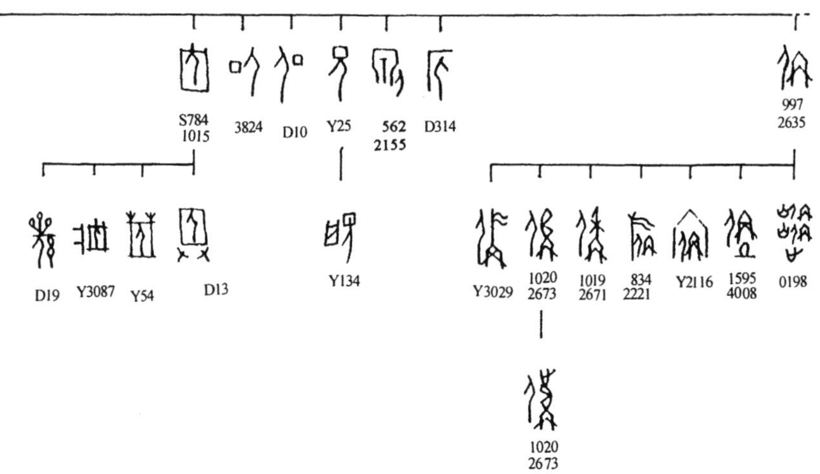
S784 1015
3824
D10
Y25
562 2155
D314
997 2635
D19
Y3087
Y54
D13
Y134
Y3029
1020 2673
1019 2671
834 2221
Y2116
1595 4008
0198
1020 2673

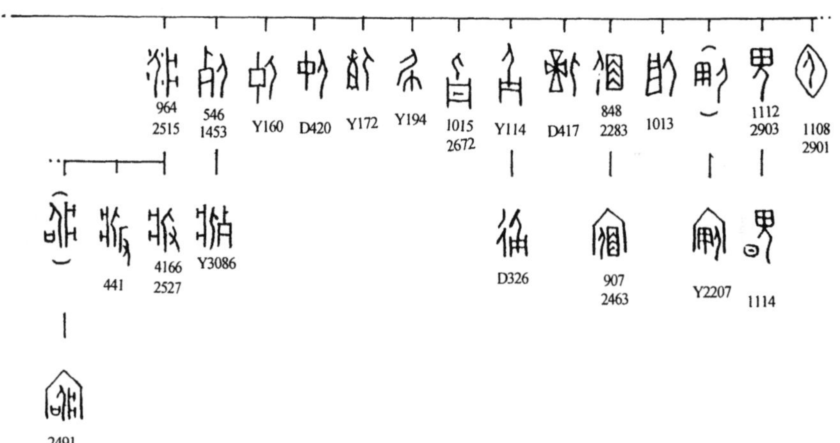
964 2515
546 1453
Y160
D420
Y172
Y194
1015 2672
Y114
D417
848 2283
1013
1112 2903
1108 2901
441
4166 2527
Y3086
D326
907 2463
Y2207
1114
2491

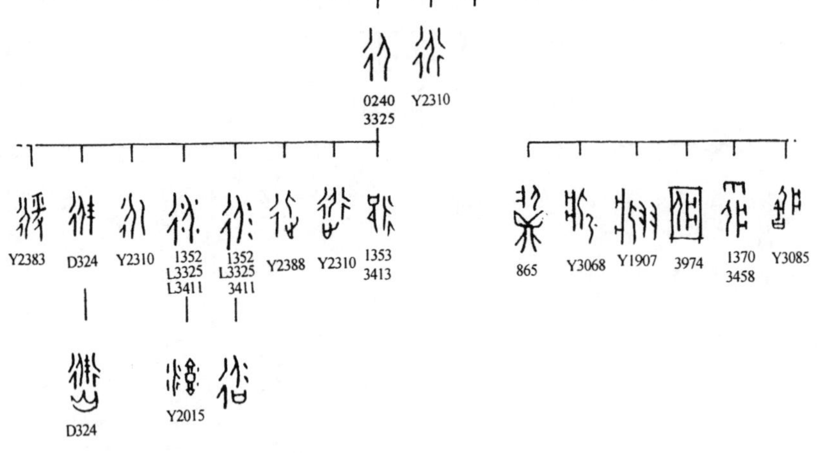
0240
3325
Y2310
Y2383
D324
Y2310
1352
L3325
L3411
1352
L3325
3411
Y2388
Y2310
1353
3413
865
Y3068
Y1907
3974
1370
3458
Y3085
D324
Y2015

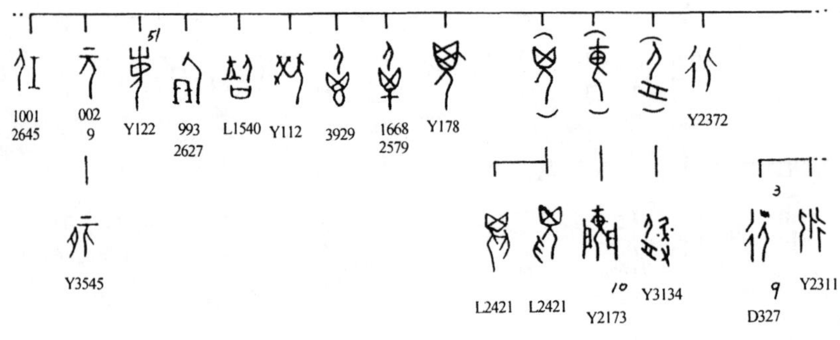
1001
2645
002
9
51
Y122
993
2627
L1540
Y112
3929
1668
2579
Y178
Y2372
Y3545
L2421
L2421
10
Y2173
Y3134
3
9
D327
Y2311

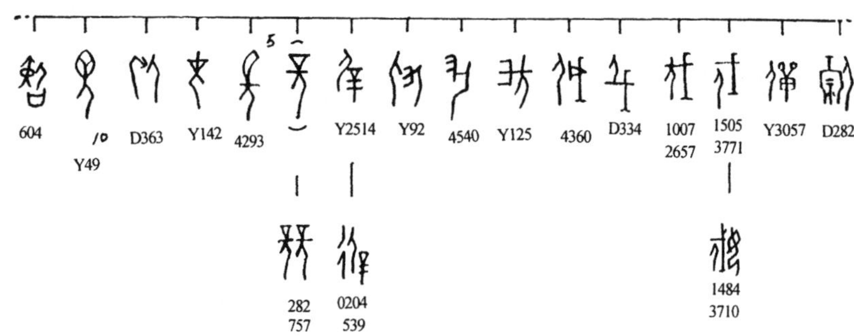
604
10
Y49
D363
Y142
4293
5
Y2514
Y92
4540
Y125
4360
D334
1007
2657
1505
3771
Y3057
D282
282
757
0204
539
1484
3710

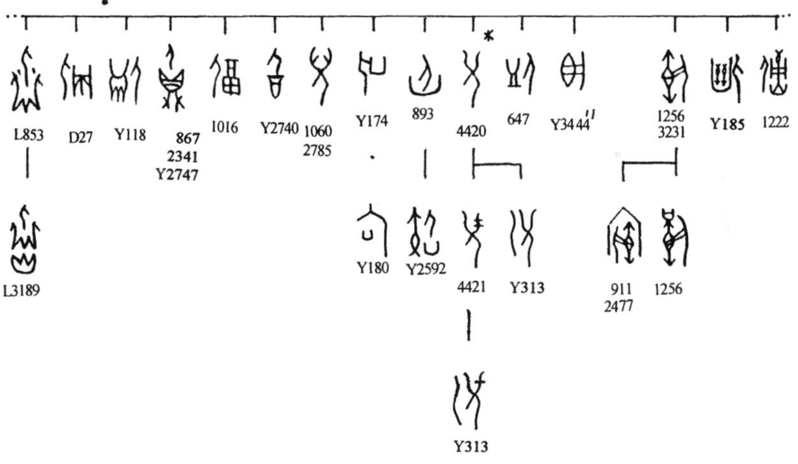
L853
D27
Y118
867
2341
Y2747
1016
Y2740
1060
2785
Y174
893
4420
647
Y3444
11
1256
3231
Y185
1222
L3189
Y180
Y2592
4421
Y313
911
2477
1256
Y313

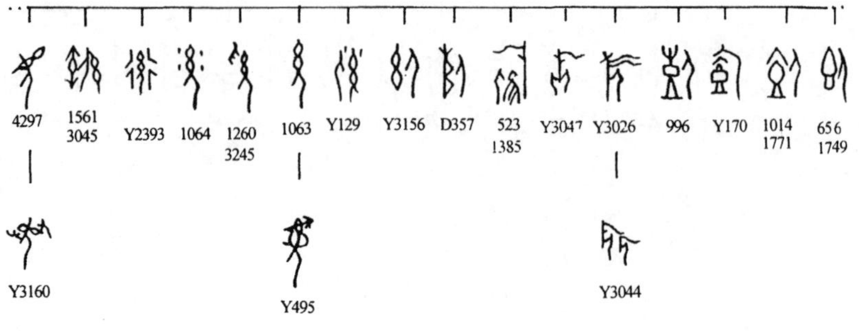
4297
1561 3045
Y2393
1064
1260 3245
1063
Y129
Y3156
D357
523 1385
Y3047
Y3026
996
Y170
1014 1771
656 1749
Y3160
Y495
Y3044

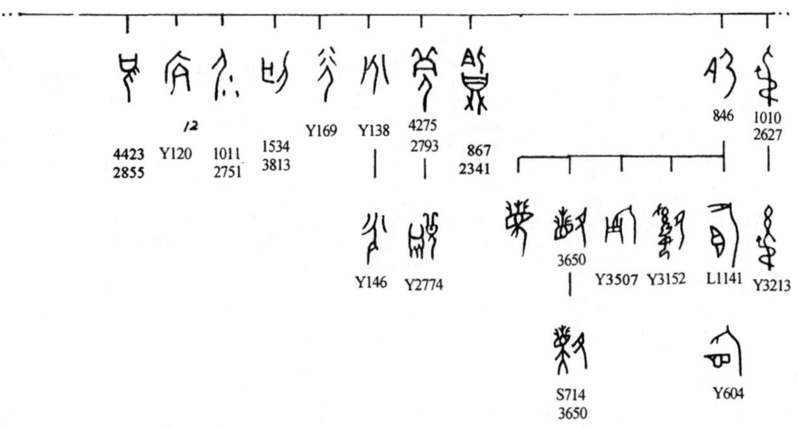
4423 2855
12
Y120
1011 2751
1534 3813
Y169
Y138
4275 2793
867 2341
846
1010 2627
3650
Y3507
Y3152
L1141
Y3213
Y146
Y2774
S714 3650
Y604

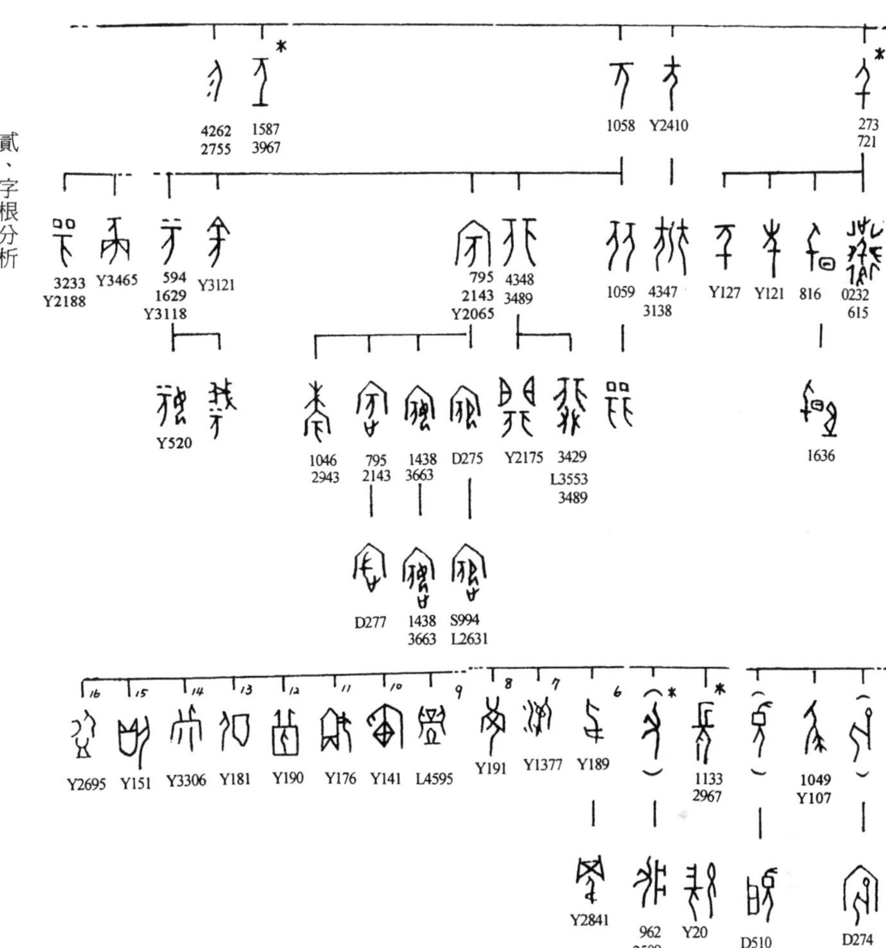
4262
2755
1587
3967
1058
Y2410
273
721
3233
Y2188
Y3465
594
1629
Y3118
Y3121
795
2143
Y2065
4348
3489
1059
4347
3138
Y127
Y121
816
0232
615
Y520
1046
2943
795
2143
1438
3663
D275
Y2175
3429
L3553
3489
1636
D277
1438
3663
S994
L2631
Y2695
Y151
Y3306
Y181
Y190
Y176
Y141
L4595
Y191
Y1377
Y189
1133
2967
1049
Y107
Y2841
962
2509
Y20
D510
D274

說明

一 □，見《甲》三九一三，《綜類》頁四四四作□，右從□，不成字。《甲釋》摹作□，云「字未識」。案本片此字四見，其一明作□，《類纂》三〇一九隸定作旐，可從。

二 □，見《合》四四四九，《類纂》二五九〇號字條摹作□，失二止，當正。此字右旁形近於身，然尚未能確定。

三 □，見《合》二八〇八七，左似從虎、右從匕。《類纂》一五三摹作□，殆誤將右旁□字之左上筆與□字之右旁合而爲一，故以爲從兕，辭云「……貞王其尋□方白□于止若」（參附圖），當爲方白名。

附圖：《合》二八〇八七

四 □，見《拾》一一・二二，《綜類》頁一〇八以爲與□同字。

五 □，《綜類》頁二八作□，案：《續》一・二七・三作□、《後・上》二〇・四作□，似皆不從□。

六 □，見《綴》二一九，《綜類》頁二七作□，不成文字，《類纂》一一一不誤。

七 □，見《前》七・三七・二，《綜類》頁一八九作□，非。

八 □，見《懷》一六二九，，從□從□；□似象囊橐之形，故廁東部後。

九 □，《綜類》頁三二七謂出自《鄴・三》四二・四，惟該書未見此字。

十 [glyph]，見《存》六一六，《外》一〇三，各家均未釋，《字典》云「所象形不明，疑為人牲名」，頁九七五，據字形似可釋爲從人、從畀省。

一一 [glyph]，見《合》二一九三六，僅存單辭，鍾柏生釋釋射（〈釋䠶〉）。

一二 [glyph]，見《合》二五〇二六，從人從[glyph]，[glyph]與[glyph]所從近，似象几案之形。

一三 [glyph]，見《鐵》一〇・一、《掇》一・二六九，從[glyph]從子，[glyph]似允而非允，字從人而手形向後，以揹負幼子，與金文[glyph]（父丁簋）同形，唐蘭先生釋保（《文字記》頁五八），極是。

一四 [glyph]，《綜類》三三二四，當作[glyph]，見《乙》五八六七。

一五 《類纂》字形總表六七七號有[glyph]，字見《合集》一八一五七。左下似从人。實則此字爲[glyph]之殘（參拙作〈說皇〉），左下並不从人，本部不應收錄。

〔字根〕〇〇一　S.986 L.2607 G.0001

《說文》卷八人部：「天地之性㝡貴者也。此籀文，象臂脛之形。」

案：契文人與許書相近，象人側立之形，故唯見軀幹臂脛，爲獨體象形文，羅振玉釋人（《增考・中》十九葉上）是也。

人、尸、匕三字字形相近，以聲韻言，人字上古音屬真部開口三等(*njen)、尸匕皆在脂部開口三等（尸：*st'jier 匕：*pjier），脂真二部爲陰陽對轉，故人尸二字疑同出一源，於卜辭偏旁中二字亦每通用無別，如：（《文編》一〇〇七）或作（《戩》六・一三　从尸）、或作（《燕》八八，从匕）；（《文編》一〇二五）或作（《後》下三八、一）、或作（《鐵》一〇九・二），皆其明證。

〔字根〕〇〇二 尸 S.1024 L.2645 G.0003

《說文》卷八尸部：「尸 陳也，象臥之形。」

案：契文尸與人字形相近，作尸尸尸等形，學者多謂象人屈膝高坐之形。容庚云：「金文作尸，象屈膝之形，意東方之人其狀如此。」（四版《金文編》頁六〇二）《集釋》亦云：「疑象高坐之形，蓋當時東夷之人其坐如此，故即名之曰尸。」（頁二七四五）以上二家皆以東方之人坐姿似尸，故即以尸名之，此實受《說文》「夷、東方之人也」一語之影響，恐未必是，張日昇先生云：「彝銘中除東尸外，尚有南尸、西門尸、淮尸等甚眾，而李氏獨指為東夷之坐姿，恐乃泥於《說文》『夷、東方之人也』一語，然其謂坐姿則是矣！」（《金文詁林．卷八》頁五三〇九），雖張氏所稱乃彝銘之尸，未必可以規範卜辭，然其謂尸不得獨指東夷則是已。更有進者，竊疑卜辭名夷為尸，但為叚借，與夷之坐姿恐未必有若何關連也。卜辭名羌為羌、名鬼為鬼，固不得謂羌人頭似羊，鬼族頭如鬼。人、尸、夷三字上古音極近，人屬真部開口三等(*njien)，尸屬脂部開口三等(*st'jier)，夷亦屬脂部開口三等(*rier)，尸夷同韻部，而與人為陰陽對轉，故夷可以叚尸為之，而人、尸亦恐為一字之分化也，《集釋》云：「人方、夷方，原本一字，人之作尸，僅形體小異。」（頁二六一〇）故尸之作尸形者與人之作人形者極為相似，或以此之故也。

〔字根〕〇〇三　[glyph]　S.1048 L.2745 G.0002

《說文》卷八匕部：「[glyph] 相與比敘也，从反人。匕亦所㠯用比取飯，一名柶。」

案：許氏說匕字，二義並陳，蓋亦游疑不能定也。郭沫若初謂匕象牝器（《甲研．釋祖妣》頁十），後謂匕爲柶匙：「《說文》：『匙、匕也，从匕，是聲。』段注云：『《方言》曰：「匕謂之匙。」蘇林注《漢書》曰：「北方人名匕曰匙。」玄應曰：「匕或謂之匙。」今江蘇人所謂㯃匙、湯匙也，亦謂之調羹，實古人取飯載牲之具，其首銳而薄……』今案段說古匕首銳而薄，甚合實際。《陶齋吉金彔．卷三》（五十、五一）（圖二）銅匕均犀銳如戎器（原誤屬勺）（如左圖）凡此均古匕形，匕之古文作[glyph]（妣辛段）若[glyph]（木工鼎妣戊），即其形象也。匕之上端有枝者乃以掛於鼎脣，以防其墜，試觀下列二文，其插於鼎中之匕有枝之端均向上，可以為證也：

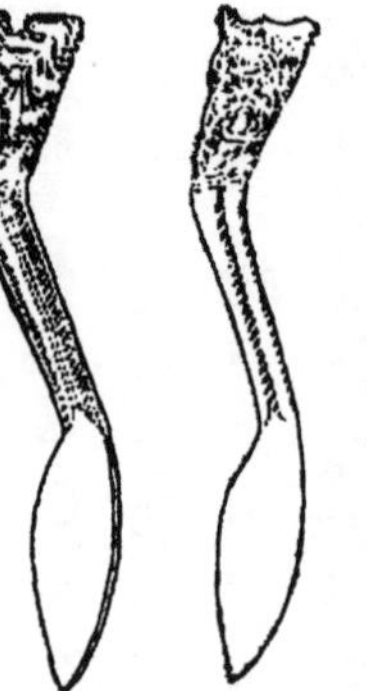

[glyph]（引鼎（《窸》三、一三））

[glyph]（韓鼎（《攈》二之二、卅二））

古氏字形與匕近似……」（《金文餘釋之餘．釋氐氏》）郭氏之說綜合古文字與古器物，二重證據具足，似頗可信。然所舉古器物乃摘自《陶齋》，據圖固未見其匕端有枝也。近年出土殷周銅匕亦未見歧枝，馬承源云：「商代的匕，體呈桃葉形，後有裝木柄的銎（匕一）；西周時期的匕，體呈桃葉形，後有扁條柄，柄尾磬折（匕二）；春秋戰國時期的匕甚少見，傳世的體呈橢圓形，柄扁平，有的細長（匕三）。」（《中國青銅器》頁一七〇—一七一）又《金文總集》（五）頁一九五〇載魚鼎匕之正反側面圖極明白（匕四），凡此皆可以證明匕柶之形制與[glyph]不相肖似也。以字形而言，匕柶之歧枝應作[glyph]始能掛於鼎脣，作[glyph]則無此功能。卜辭匕作[glyph]等形，與人形接近，故徐中舒以爲象人鞠躬或匍伏之形：「象人鞠躬或匍伏之側形，……其初形應作八，為適應豎行排列之故，遂作[glyph]，與[glyph]之作[glyph]同例，妣己爵之匕正作八。」（《字典．卷八》九一三頁）旭昇案：象匍匐形當釋伏，匕無由象匍匐形，徐說不可取。王恩田以爲先秦匕有三義，一爲肉匕；二爲飯匕；三爲匙。古文字之匕字形取象於木質肉匕，匕上歧出爲勾肉或叉肉之用，並非掛於鼎脣者：「匕的用途之一，是從鼎中取肉。其取材或以桑，或以棘—即棗木。由於木質不易保存，故難以發現其實物。但在戰國刻紋銅器圖像中可以看到這類器物的形像。長島王溝戰國墓出土的刻紋銅盤殘片上有一組畫象，鼎右一人一手執匕，一手執豆，像是正要到鼎中去取肉。鼎左二人，其中一人一手執匕，一手執豆，正要把豆交給另一人。畫像中兩人所執匕的形狀略有不同，鼎左一人所執的匕，上端兩歧。鼎右一人所執的匕，上端有勾。滕州滕國故城庄里西新出土的刻紋銅器上也有匕的畫像。刻紋盤殘片上，鼎左一人執豆向鼎走來，準備取肉。鼎右二人執豆背鼎而去。鼎上橫置一匕，匕身彎曲，上端兩歧。……刻紋匜殘片上，屋下二人執匕拾級而上，向鼎走去，匕身彎曲，無

（匕1）

（匕2）

（選自《中國青銅器》頁一九〇）

（匕3）

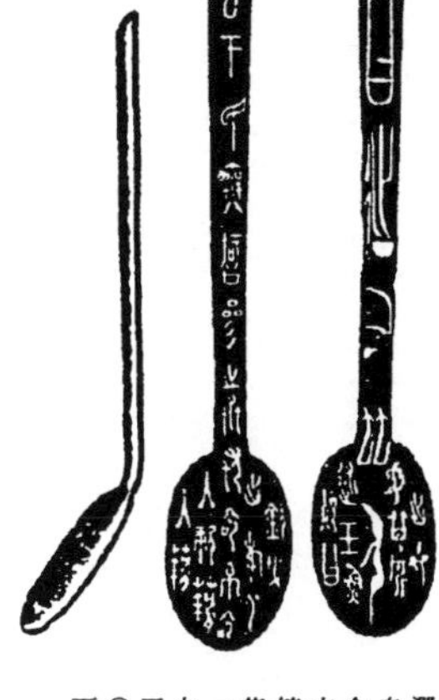

選自金文總集一九五〇頁

歧出。」(〈釋匕氏示〉《第二屆國際中國古文字學研討會論文集》，第一三五頁)，王氏之說有考古器物爲證，協於字形，當較可從。至於郭沫若等所列擧之匕，實爲王氏所稱之第三類匕，此則匕之假借或引申用法，非匕字之初形本義也。

長島王溝戰國墓刻紋銅盤殘片

滕州滕國故城莊里西刻紋盤殘片

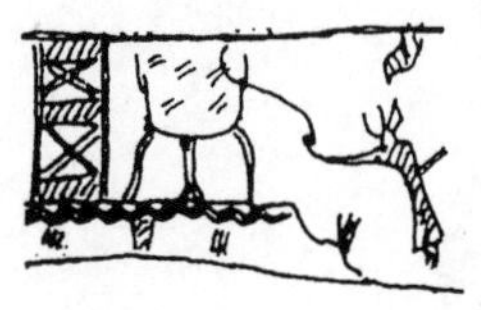

滕州滕國故城莊里西刻紋殘片

〔字根〕〇〇四 □

《說文》卷八匕部：「□ 變也。从到人。」

案：卜辭無單字匕，而有其孳乳字，□（《文編》四三四六）、《續文編》（八卷八葉上）、《釋叢》（一六六頁）均釋化，《說文》：「□ 教行也。从匕人，匕亦聲。」契文□正从□从□，□即到人，當即《說文》變匕之匕。卜辭从匕者尚有□、□二字。□（《文編》一六四三），从自从匕，葉玉森釋隊，謂象人由自顛下隊（《說契》八葉）；郭沫若謂从自从倒人，蓋即古墮字（《卜通》一五八葉上）；唐蘭謂□即《說文》殄之古文□字，□从阜匕聲，讀若顛（《考古》五期〈懷鉛隨錄〉一四八頁）；于省吾謂字从阜从ナ（左）聲，即隓、墮字（《駢三》二十五頁下）。以上四說，于謂字从ナ，□實不从ナ。唐說从殄之古文，除《說文》外別無佐證。葉、郭二說相近，然以聲音言，郭說得之，匕上古音在歌部合口二等(*Xrwa)，墮在合口一等(*t'wa)，二字同韻部。□（《續》三、一、二）、《殷虛書契續編研究》釋𣪠，似非。徐中舒釋雁（《字典》三九六頁），得之。金文雁作□（應弔鼎），與卜辭同，當从隹匕聲，雁上古音在元部開口三等(*ngran)，與匕聲近、韻則爲陰陽對轉。

匕字从人而倒，於六書爲變體象形。

〔字根〕〇〇五　勹　G.0047

《說文》卷八人部：「伏　司也。从人犬、犬司人也。」

案：卜辭勹（《合》一四二九四、一四二九五），于省吾以爲象人側面俯伏之形。于氏曰：「《說文》勹字作勹，並謂：『勹，裹也，象人曲形，有所包裹。』按許氏據小篆之形為說，語義含混，似是而非。自來《說文》學家也均不得其解。甲骨文从勹的字常見，例如芍字（《陳》一四九）从勹作勹；梦字屢見，从勹作勹。勹與勹象人側面俯伏之形，即伏字的初文。……《說文》勹部凡十四字，除去匀、旬二字本應从勹（甲骨文以勹為旬），其餘諸字均應从勹，這就澄清了《說文》勹部的混沌無別，第一期甲骨文稱：『貞，王入于鳧，束　貞，𢎘于鳧，束。』（《乙》五八〇）鳧字作鳧（甲骨文鳧字只三見，《明》一六二一有鳧字，文已殘），舊不識，《甲骨文編》入於附錄。鳧字上从隹，古文从隹从鳥每無別。下从勹，即伏之本字。鳧字後世典籍中作鳧。……甲骨文朋貝之朋作拜或拜，象兩串穿貝形。又匍字作匍或匍，从朋从勹。……《說文》：『倗，輔也，从人朋聲，讀若陪位。』其實，倗的古文本作匍，以勹為聲符。《說文》訛勹為人，文字學家遂不知其非。……關於匍字的甲骨文多已殘缺，只有『乙丑卜，賓貞，令射匍衛。一月。（《續》三、四七、一）』」（《釋林‧釋勹、鳧、匍》頁三七四—三七七）于氏之說釋勹之字形、字義，及鳧字从勹之由來，頗爲明白，惟謂勹即伏之初文，又謂勹即勹，混伏與勹爲一，似有可商，《說文》訓勹爲「裹也，象人曲形有所包裹」，其義與俯伏有別，二者似非一字。且卜辭別有勹字作〇，象有所包裹形（參〇部），則勹但釋伏可也。《說文》釋伏爲「司也。从人犬、犬司人也」，疑爲引伸義，本義當即俯伏也，「从人犬」疑本當作「从犬勹聲」，卜辭未見从人犬之伏，金文一見，作（史伏尊），右从犬，左从，疑即，金文人字多作，與有別。疑即伏之初文，以字與人形近易混，故加形符犬以資區別（犬司人，其狀常伏，故从犬），史伏尊作，左旁猶存伏形，至小篆則已類化為从人矣。于氏又以倗為从朋聲，亦有可商。倗于卜辭作若（《文編》九九三），無从作者，倗象人著朋貝為飾，無俯伏之必要。

《釋林》三〇六頁以為卜辭（《林》二、一八、一七（《前》六、五三、五　《前》六、五三、四））所从亦伏（）字，以字形言，其說可從。

〔字根〕〇〇六　　S.341

《說文》所無。

案：字象人側立丮持之形，手形或一或二，無別。字與近，而手形不同，二者似非一字，且从之孳乳之字亦不在少數，故當可立為部首。其音讀不詳，義當與（丮）相近，然足形不同，二者當亦不同字，字於偏旁中或與通（如（《前》六、四四二）或作（《坊間》四·四一〇））。

〔字根〕〇〇七 S.4378 L.2967 G.0035

《說文・九篇上髟部》：「髟 長髮猋猋也。从長彡。一曰：白黑髮雜曰髟。」

案：甲骨文（以下以△1代表）、（以下△2以代表）等字，各家解釋不同，余永梁釋長，《續文編》、《集釋》、《字典》從之；胡厚宣釋𡵂，《類纂》從之。《集釋》、《字典》皆以△2、同釋長。林澐以爲皆△1、△2二字皆當釋髟。林澐於〈釋史墻盤銘中的「逖虘髟」〉一文中同意陳世輝於《考古》一九八〇年五期〈墻盤銘文解釋〉之說，釋銘中之爲髟：「這史墻盤中的那個字，卻應該是從披長髮的人形符號演變成的。而且這個人形特點，是手部表現分叉的手指。……該字的原始形體確實像人有飄飄長髮之形。該字是髟字的有力證據，是有名的牛肩胛骨上的四方風名刻辭。在這一刻辭中該字是南方風名。舊說多把該字當作微字，與典籍記不能相互印證。……殷墟刻辭中的南方『風曰髟』，也就是《卷阿》『飄風自南』的『飄風』，《禮記・月令》中的『猋風』。」（《陝西歷史博物館館刊》第一輯）其後又於〈說飄風〉中云：和「△1和（以下以△3代表）在字形上有一定的差異。……但是，由於這兩形體在兩版四方風名刻辭中的互作的，而且從髟爲『長髮猋猋』的觀點來看，兩種形體在表現手部上的差異是無關緊要的。……因而，△3雖然可推定即後世𢼸、微中的𡵂之原形，但後代字書並沒有獨體的𡵂字，還是應該把△3和△1都釋爲髟。也就是說，𢼸字本爲從髟從攴的會意字，并不含有聲符。」（《于省吾教授百年誕辰紀念文集》）

案：林澐釋髟，形義兩浹，當可從。惟謂△3與△1皆當釋髟，並無確據，似仍有可商。字書無單獨之𡵂字，並不足以證明𡵂字不當早出。疑髟、𡵂爲同形分化字。否則，二字各有來源，以形義相近，可以互用。真實情況究竟如何，待考。

〔字根〕〇〇八 □ S.4300 L.2967 G.0035

《說文》所無。(《說文》有微、散無光，其釋散从豈省聲，釋豈又从散省，如環無端，自爲矛盾，恐釋散部份有訛誤。)

案：卜辭□字，各家解釋不同，余永梁釋長，《續文編》、《集釋》、《字典》從之；胡厚宣釋光，《類纂》從之。《集釋》云：「**胡氏釋光，光篆作□，上下離析為二，與此異。**」(卷九・頁二九六九)以字形而言，光篆作□，固與□形小異；長篆作□，與□形相去尤遠，然二文相覺，□形近於光而遠於長。以偏旁而言，《字典》釋□爲長，而釋□爲散，云：「从□(長)从□(攴)。《說文》：『**散，妙也。从人从攴，豈省聲**』。《說文》**篆文微之□即□之訛，非从人豈省**」。(頁八八七)夫从長从攴、爲何可以會散妙之義而有散之音聲？《字典》全未解釋。其實□字从□(攴)、□(散)聲，爲形聲字，散从光聲，不从長會意。《集釋》、《字典》皆以□、□同釋長，似未安。□、□字形既不相同，卜辭文例亦異，□於卜辭除用爲四方風名外、餘均作方國人名用(參《綜類》一一頁)，□若□於卜辭共二見，辭云：「其又□子叀□至王受又」(《合》二七六四一、(《後》上一九、六)、「乙未……□……不……」(《合》二八一九五 (《林》二・二六・七)，前句云「長子」，有釋爲長幼義之可能。長與光用法各別，互不相涉。故本論文從胡氏說，以□爲光，字从人，上象人髮微之形(《人》四四四之□字，亦从此)，當爲合體象形文。

光與髟字形極近，用法亦多不分(參髟字條下)；又與□不同字，□从刀、象刀背有䎜子，當釋㞷，參㞷字條下。

〔字根〕〇〇九 人 S.1501 L.3723 G.0022

《說文》卷十二氏部：「氏 巴蜀名山岸脅之自旁箸欲落墮者曰氏，氏崩聲聞數百里，象形，乀聲。楊雄賦：『響若氏隤。』」

案：《說文》引《方言》以釋氏，所釋又與氏之字形不相契，故後人多莫之從。然後世之說又紛紜互歧，難成定論。郭沫若釋爲匙之象形，《集釋》譽爲「發千古之覆，誠不可易」（卷十二、頁三七二八），唯殷周匙柶多見，與氏之字形仍覺不肖（見匕部所附匕柶圖），氏之本義恐仍有待深究也。

氏字於卜辭二見，《後》下二一．六云「[女各]氏」（拓本模糊，此從《集釋》所讀）、《前》七．三九．二云「壬申卜[glyph]」（本片[glyph]字《摹釋》讀爲示，見《摹釋》上冊二二〇八六條。唯與示之字形相去稍遠。）

卜辭从氏之字二見，[glyph]（昏）、《集釋》及《字典》均以爲从日从氏，說當可從。[glyph]見《前》六．三四．五，羅振玉《增考》釋[glyph]（中三十六葉），葉玉森以爲从氏从鼎（《前釋．卷六》、頁三四），茲從葉說。

氏之本義尚待深究，今以其字形近人（尤以昏字所从最明顯），姑置人部。

〔字根〕〇一〇 [glyph] S.3455 L.2719 G.0014

《說文》卷八身部：「[glyph] 躳也，象人之身，从人厂聲。」

案：此大徐本《說文》，段氏改為「[glyph] 躳也，从人申省聲。」段注云：「**大徐作象人之身，从人厂聲。按、此語先後失倫，厂古音在十六部，非聲也，今依《韻會》所據小徐本正。《韻會》从人之上有象人身三字，亦非也。**」段氏注《說文》，夙稱精審，唯於本篆刪「象人之身」句，則未為得。《集釋》云：「契文从人而隆其腹，象人有身之形，當是身之象形初字。辭云『貞㞢身御』（《乙》七五六八），此即王婦有身而行御祭；又云『貞御疾身于父乙』（《乙》6344），言疾身蓋亦孕娠之疾也。」（二七一九葉）其說拘於《說文》，仍釋為「象人有身之形」，以為象懷孕形。其實《合》八二二二正明云：「貞王疾身，隹匕己𡆥？」王不可能懷孕，是身之本義當指人腹，不指身孕也。《集釋》於卷八、第二七一九頁以為[glyph]（厷）、[glyph]（尻）、[glyph]（身）之構造法相同，皆以[glyph]若[glyph]之半圓筆指示部位，其說可從。卜辭[glyph]字實乃从[glyph]而以[glyph]指示人身之所在也，為合體指事文。

〔字根〕○一一 □ S.1061 G.0027

《說文》卷四肉部：「脰 項也，从肉豆聲。」

案：字从人，□以指示部位，以□字例之，其爲脰字乎？段注：「頁部曰：『項、頭後也。』按、頭後即頸後也。《左傳》曰：『兩矢夾脰。』《公羊傳》曰：『宋萬搏閔公，絕其脰。』注：『脰、頸也，齊人語。』」依段注引，脰、項、頸同義。必釋脰者、先秦典籍未見頸字，且《說文》釋頸爲「頭莖也」，與□象人頭後者不同。《詩．小雅》「四牡項領」，毛傳：「項、大也。」其義亦與頭後不同。唯脰字見先秦文獻，且釋頭後，與□之字形合。雖何休注謂爲齊語，然《左傳》亦見此字，則其非獨爲齊人語可知。脰从豆聲，無所取義，意者其初文即□，字當爲合體指事文。

□字《類纂》共收二條，《屯》四六三「…卯卜伐□彭卯…」，當爲方國名。《英》九七「疒□卯于匕己暨匕庚」（《庫》二八三摹作□，从千，非，下橫畫當係泐痕。）云「疾□」，其爲身體部位無疑。此外說契家或誤以爲允，如《粹》一一五五「丁卯卜戌□…□出弗伐彭」（郭釋「丁卯卜戌，允不出，弗伐彭」，《合集》二八〇二九《摹釋》「丁卯卜戌允出弗伐微」，皆非。）　此片上云「戌□」、下云「伐彭」，是□去彭不遠，與上引《屯》四六三之「伐□彭」可以互證。又《甲》七九九云「于翌郊　□隹烄　□隹烄」，本片自于省吾先生讀爲「于翌烄，允隹烄，非隹烄」，釋「非隹烄」爲「不爲烄祭」（《甲骨文字釋林》頁七八〈釋□〉），諸家靡然從之。然卜辭□作否定辭多用於表態句，如「□囚」、「□若」，其用於敘事句述語之上者，似皆當釋爲方名。卜辭卜烄否之辭甚多，它辭皆稱「□烄」、「□烄」，不應此片稱「非隹烄」也。然則此片當讀爲「于翌日烄？　隹□烄？　隹□烄？」□、□皆方名。又《佚》三一「小臣…□…□□」，辭義不完，商承祚先生釋允，據字形，亦當釋脰。以上三例，合《類纂》二例，是卜辭[甲骨文]共五見矣！唯以字形與[甲骨文]（羌）、[甲骨文]（允）近，後遂造脰字以代之歟？

〔字根〕○一二 [甲骨文] S.1034 L.2747 G0026

《說文》卷八尸部：「[篆文] 脽也。从尸九聲。」

案：卜辭[甲骨文]字《集釋》釋𡱂：「絜文作[甲骨文]乃指事字。…『[甲骨文]』訛為几，復增之丌，遂為篆文之𡱂矣。」（卷八，頁二七四七）《詁林》則釋為「尻」：「字當釋尻，不得釋𡱂。…卜辭云：『…寅卜古貞，[甲骨文]其㞢疾。…』[甲骨文]斷非人名，乃疾名。如以[甲骨文]為𡱂，謂臀有疾，此種可能性不大。…尻之疾當為痔。…[甲骨文]本指事字，小篆演而為从『九』聲之形聲字。」以上二說差異不大。《說文》：「臀，髀也。从尸下丌尻几。脽，𡱂或从肉隼。」段注云：「按《釋名》以尻與臀別為二……。尻今俗云溝子是也；脽今俗云屁股是也。析言是二，統言是一。」以其能得疾言之，釋「尻」較精。據此，尻字从尸，以[甲骨文]指尻之部位，為合體指事文。《說文》作尻，為形聲字。

〔字根〕〇一三　[glyph]　S.4259 G.0152

《說文》卷九卪部：「厀　脛頭卪也，从卪桼聲。」

案：字从人，[glyph]以指示部位，以[glyph]字例之，[glyph]似可釋厀，段注：「厀者、在脛之首，股與腳間之卪也，故从卪。」此釋从卪之故，可從；然从桼聲究無所取義，意者其初文即[glyph]，爲合體指事文。辭云「[glyph]」（《合》一三六七〇　《乙》五八三九。此字《綜類》列于[glyph]條下，然二字字形似不相同，《類纂》別爲一字，似較合理）。云「[glyph]」，當爲身體部位無疑，厀部爲股脛連接之鍵牽，是以易致疾病也。唯字與[glyph]近易掍，後遂以厀字代之歟？今字作膝。

〔字根〕〇一四　[glyph]　S.1061 L.2787 G0018

《說文》卷八儿部：「[glyph]　信也，从儿㠯聲。」

案：此大徐本《說文》，段氏改爲从㠯儿，段注云：「大徐作从儿㠯聲，㠯非聲也，今依《韻會》所據小徐本。」允、上古音在文部合口三等（*riwən）；㠯、在之部之開口三等（*riəɣ），二字聲同韻近，可以通叚，段氏謂「㠯非聲」，非是。唯不論「㠯」是否聲，允上實不从㠯。卜辭㠯作[glyph]若[glyph]，首筆作[glyph]形，末筆多不封口；允作[glyph]，未有不封口者，是以近世說契家多不主允从㠯之說。然允之字形結構究竟若何，說者雖多，皆無碻證，難成定說。今以其下部似人，《說文》又有从儿之說，姑次于人部。

字與[glyph]形近，參[glyph]部。

〔字根〕〇一五 幷 S.1027 L.2691 G.0069

《說文》卷八从部：「幷 相從也。从从、幵聲。一曰：从持二爲幷。」（案：「从持二爲幷」，段注改爲「从持二干爲幷」，非。）

案：卜辭幷，羅振玉釋幷，以爲从从从二，與許書後說同（《增考·中》五三葉）字或作幷，《集釋》云：「契文从『从』、从『二』或从『一』，象兩人相并之形，許書後說近之。」（二六九一頁） 謂後說近之者，「二」、「一」乃示二人相并之指事符號，而許云「从从持二」，有語病故也。金文作幷（中山王譽鼎）、漢隸作幷（《老子甲後》三六四），皆从「从」不从「幵」。

〔字根〕〇一六 老 S.1044,1046 L.2739 G.0039

《說文》卷八老部：「老 考也，七十曰老，从人毛匕、言須髮變白也。」

案：卜辭老作老、老、老，頭形不同，其杖扶老之特徵則一，故說契家多以爲皆老字，可從。《說文》訛爲从人毛匕(化)，从人不誤，从毛則第一形之訛，从匕則杖形之訛。《文編》以老（《珠》一〇〇八）、老（《鐵》七六·三）、老（《明》一二〇三）、老（《燕》六五四）四形爲老，其餘諸形爲考。其意似以爲此四形未持杖，故釋老，其餘諸形持杖，故釋考歟（高明《古文字類編》同，而少《珠》一〇〇八一文）。今考此四形中誤摹者二：□（《鐵》七六・三　《前》四・五二・一　《續》五・一・二）、□（《燕》六五四），其杖形極明顯。《珠》一〇〇八杖端與手相連，然筆畫較長，與手形仍能分別。《明》一二〇三爲摹本，較易失真，然其手形之末筆較長，當即杖形。是此四文與彼所列考字並無不同，故《集釋》、《字典》、《類纂》一概以爲老字，說較可取。前二形从人持杖，上象披髮之形，當爲合體象形文。後一形上所象不明。

〔字根〕〇一七　□　S.4420 G.0030

《說文》卷二吅部：「□ 亂也，从爻工交吅，一曰窒𤕦，讀若穰。□ 籀文𤕦。」

案：卜辭□、于省吾先生釋𤕦：「甲骨文習見的□字也作□，《甲骨文編》和《續甲骨文編》均入于附錄。按這個字乃《說文》𤕦字的初文。……𤕦字的初文，甲骨文作□（沉字所从，沉即瀼）。兄字，商器祖辛爵作□，象人赤足之形，上从凵，不知所象，待考。□字春秋時器𦚏（薛）侯盤孳化作□。這和周初金文的敔字，盂鼎作□、大保簋作□，後來孳乳為敔，其例相仿。□形，西周金文變作□（散氏盤），春秋時器變作□（穌甫人匜襄字所从）、或□（弓鎛以為襄公之襄）。列國時陶文又省化作□，漢印作□，《說文》作□。以上所列，就是□字從甲骨文至漢代千餘年間孳乳遞嬗的源委。」（《釋林》，頁一三二—一三三、〈釋兄〉）。于氏以歷史考證法闡明商周秦漢千餘年間𤕦字遞嬗之原委，從而定□、□爲𤕦，證據確鑿，結論可從。惟□、□上部取象若何，尚未能明，此則有待將來新資料問世，或能解決。

又《英》五九三有□，作地名用，當亦□之異體，辭云「貞才□王其先冓□」（參劉釗〈甲骨文字考釋十篇〉說，殷墟甲骨文發現九十周年紀念活動會議論文。）《英》2304有□、辭云「…其田□湄日亡…」，作地名用，竊以爲亦□之異體，从大與从人通。

〔字根〕〇一八 □ S.273 L.721 G.0011

《說文》卷三十部「□ 十百也。从十、人聲。」

案：卜辭□，羅振玉釋千（《增考・中》二葉下）。戴家祥云：「千从一人，猶百从一白。以一加于人為千，猶以一加于白為百也。始則假人為千，繼乃以一為千係數作□，沿用已久，成為科律，人但知千為十百，遂失其初誼矣。」（〈釋千〉，據《集釋》七二二頁引）《釋林》云：「千的造字本義，係在人字的中部附加一個橫畫，作為指事字的標志，以別于人，而仍因人字以為聲。」（四五一頁）契文「百、千、萬」皆假借，二氏說「千」假「人」字爲之，甚是。唯戴氏謂「始則假人為千，繼乃以一為千係數作□」，其意似謂「□」之本義爲「一千」，當非。□从一，當如《釋林》說，爲指事符號。人上古音在真部開口三等（*njien），千在真部開口四等（*ts'en），二字周音猶爲同韻。

〔字根〕〇一九　□□　S. 1501;1705 L.3737; 4371 G.0022

《說文》卷十四巳部：「□ 用也。从反巳。賈侍中說：已、意已實也。象形。」（旭昇案：段注改「已，意已實也」爲「己意己實也」，其說非是）。

案：甲骨□形，孫詒讓以爲似字，讀爲㠯（《舉例》下卅二葉）；王襄引華石斧（學涑）釋氏（《類纂·正》十二第五十五葉）；郭沫若以爲挈之初字，象攣持形（《甲研》上冊〈釋挈〉）；唐蘭釋氏（《天壤文釋》三十六葉上）；丁山釋爲□，訓引取（《甲骨文所見氏族及其制度》）。以上諸說，以孫詒讓之說近之，李旦丘以爲此字即「㠯」，與□同字，說最合理。

卜辭□，徐中舒釋㠯，謂爲梠之象形字（〈耒梠考〉）。周法高先生從之（《金文詁林》八三三三頁）。張與仁謂巳㠯厶皆象蛇形（〈巳己文字與彝器畫紋考釋〉）。李旦丘以□爲□之省，即「以」：「□即以字。……甲骨文之公字亦作□、□，均从八从口，《韓非子》云『背厶為公』……故知環形之口即厶字，亦即□字之所从，為便於契刻計，將口形斜豎耳。□即人字，从人从厶，決為以字無疑。□字又省作□，如『丁酉卜（缺）妣乙□（訓用）羊』（《戩》七·十一），『弜（缺）于且乙□（通與）且丁且甲』（《拾》一·十一），習之既久，後人但知□之為以，反不知□之為以矣！後人既以□為以，及見□字，乃不得不另創一从人从以之似字以釋之。……許書謂□（即□）為以，又將从人从以省之佀為似，而遺失从人从厶之□（厶與㠯之區別甚微，厶作□，㠯作□、極易混淆），是古文有亡於小篆而間存於今隸……」（《鐵雲藏龜零拾考釋》第二至第六葉），金祥恆先生贊成其說，認爲□與□爲一字，□爲□之省體，□（以）即□之分離訛變（〈釋㠯〉、《中國文字》第八冊）田倩君謂象一切生物之胚胎（《中國文字叢釋·釋以》）。徐中舒謂□即梠之象形（〈耒耜考〉）。裘錫圭先生以為[古文字]字確為[古文字]字之省，徐說不可信。以字形言，甲文耒之象形為[古文字]、耜之象形為[古文字]，即力字（裘錫圭《古文字論集・甲骨文中所見商代農業》一六二頁）；自甲骨文例言，[古文字]、[古文字]同用無別；自偏旁言，[古文字]或作[古文字]，是[古文字]、[古文字]可互易，而[古文字]、[古文字]音近，卜辭不乏互用之例。是[古文字]為[古文字]之省，皆當釋「以」，字象人手提挈一物（《古文字論集・說以》）。甲骨、金文、《易》、《書》、《詩》、《春秋》「以」字作「提挈」解，其例甚多（參拙作〈詩三百以字說〉），此不贅引。

今隸之「以」乃「[古文字]」之訛變，其字並不从人从厶，隸書「㠯」作[古文字]（《睡虎地簡》二三、一）、[古文字]（《春秋事語》一〇），猶與甲文相近，唯變豎為橫耳。又作[古文字]（馬王堆一號墓竹簡二四三），[古文字]（定縣竹簡五一）、[古文字]（趙君碑）乃與今體「以」字完全相同（參《篆隸表》一〇六五頁）。自字形言，李說似較不可信。

㠯字象人提挈之形，然所提挈者究為何物，似不易考知。金文父庚[古文字]有字作[古文字]、又有[古文字]銘文作[古文字]，均从大而象人有所提挈之形，所提似㠯似𠤎，从大與从人可以相通，則此字似亦可釋為「㠯」。

〔字根〕〇二〇　亟　S.1587 L.3967 G.0024

《說文》卷十三二部：「亟　敏疾也。从人、口、又、二。二、天地也。」

案：卜辭亟，唐蘭疑爲亟字所从出（《天壤文釋》五八葉下）。《釋林》云：「亟即亟之初文，…班簋『作四方亟』之亟作亟，較甲骨文上部多一橫畫，如正之作正亦作正，辛之作辛亦作辛，是其證。毛公鼎亟字作亟，已由亟形孳乳爲亟，此與周代金文敬字由苟（羌）形孳乳爲敬，其例正相同。《說文》亟字作亟，从又與从攴古每無別。亟古極字、亙又爲亟之初文。亟字中从人，而上下有二橫畫，上極於頂、下極於踵，而極之本義昭然可睹矣！」（九四頁）　于氏釋亟之形義，明眩可從，亟从人，从二所以示兩極，非一二字也。

〔字根〕〇二一　長　S.1133 L.2967 G.0037

《說文》卷九長部：「長　久遠也。从兀从匕、亡聲。兀者、高遠意也；久則變匕；𠀃者、到亡也。長　古文長。　長　亦古文長。」

案：卜辭長、《集釋》、《字典》皆從葉玉森說，以爲與長長同字，象人髮長貌。唯長、長字形、辭例皆不同，已如長部所述，偏旁孳乳復不相通（參孳乳表），故長似當從胡厚宣先生釋光、長則仍舊釋長。字从人持杖，上所象不詳，舊說象髮長貌，恐於字形不像，待考，然不从兀匕到亡可知。

字於卜辭二見（《合》二七六四一、二八一九五），無孳乳字。金文有㞐字，从厂長聲，作□（令簋）、□（□方鼎），所从長形猶與甲文同，第二形所持杖訛作□。

〔字根〕〇二三 □

《說文》卷七㝱部：「□ 寐而覺者也。从宀、从爿、夢聲。《周禮》吕日月星辰占六㝱之吉凶：一曰正㝱、二曰㖾㝱、三曰思㝱、四曰寤㝱、五曰喜㝱、六曰懼㝱。」

案：卜辭無單字□，而有从之之□（《文編》九六二），丁山以與□同釋㝱：「倚者而臥，神有所遇，怳兮忽兮，見其有物則㝱，从爿从冎、冎亦聲，……□即㝱之初形，……辭曰『庚辰卜貞多鬼□不至囚』（《後》下三、十八），……『貞□多鬼□亡疾』（《殷契》四、十八），……□亦作□，此冎之特變，然以卜辭文法比勘，不得謂另是一字。」（《史語所集刊》一本二分二四五頁〈釋□〉）《集釋》云：「契文□、丁山釋㝱、極塙。其作□者、□之省□而稍變者耳。……《甲編》一一二八・一文作□，象一人臥而手舞足蹈、夢魘之狀如繪，从□者正此形之省變也。」（二五一四頁） 按丁氏釋□□為㝱，學者然之，然謂□為□之省，似有可商，□、□二形相去太遠。《集釋》初從丁說，然於《甲》一一二八□又謂「象一人臥而手舞足蹈，夢魘之狀」，則係以□為象形字矣！从□以加強其與寢寐有關。以象意字聲化例推之，□當為从□□聲，而□當即□之初文。

〔字根〕〇二三　S.4423 L.2855 G.0045

《說文》卷九須部：「　頤下毛也。从頁彡。」

卜辭（以下用△1代表）、，金祥恆先生釋須而無說（《續文編》九卷一葉下）；李孝定先生從之：「栔文从兄、从，蓋須字所重在彡，故所从頁字多从省略。金氏釋須，可從。金文作（周貉盨），…並段爲盨，字形則與栔文同。辭云『令須』（《乙》八七二），爲人名；『立須□事其奠。』似亦爲人名。」（《集釋》二八五五頁）于省吾先生云：「甲骨文的字（以下用△2代表）也作，……郭沫若均釋爲兄（一九七二年《考古．安陽新出土的牛胛骨及其刻辭》）。按古文字的兄字習見，從無以上的四種構形。…又甲骨文的△1也作，金祥恆《續甲骨文編》列爲須字，…李孝定《甲骨文字集釋》引《說文》…爲證。又謂△2『疑亦須字』（《金文詁林．附錄》一六四頁和一六五頁）。按李氏不知古文字从天从大从人的互作，故以疑爲言。至於甲骨文須字…下部…象人的側立形，由於人形的側立，所以鬚形不能左右俱備。」（〈釋从天从大从人的一些古文字〉）。

案：卜辭此字，金祥恆先生釋須，可從。字从人，象頤下有須，即今鬚字。爲合體象形字，不从彡。于省吾先生以爲△2亦須字，非是。字當釋髭（參髭部）。

〔孳乳表〕二

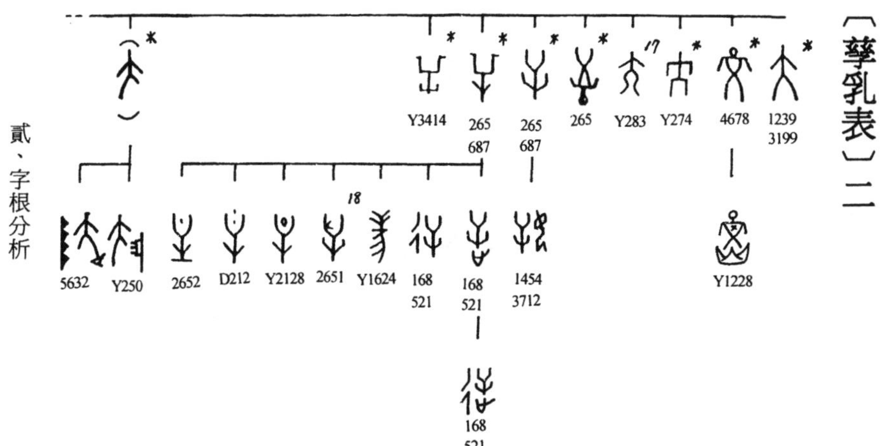
Y3414
265 687
265 687
265
Y283
Y274
4678
1239 3199
17
5632
Y250
2652
D212
Y2128
2651
Y1624
168 521
168 521
1454 3712
Y1228
18
168 521

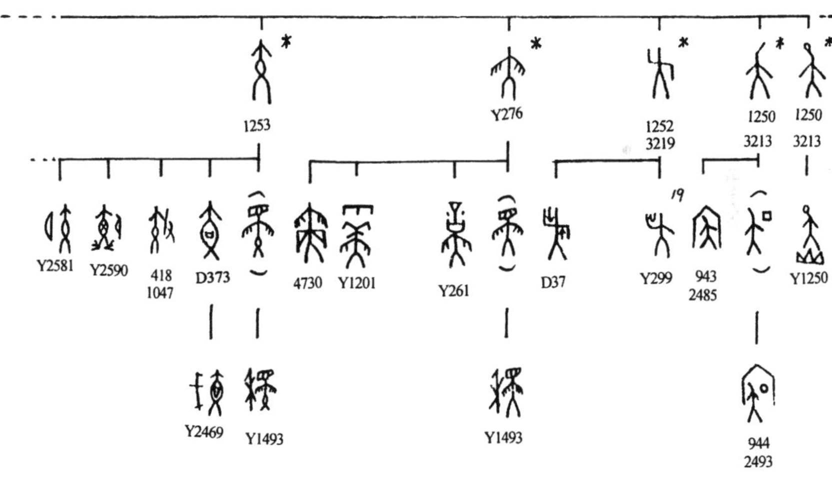
1253
Y276
1252 3219
1250 3213
1250 3213
Y2581
Y2590
418 1047
D373
4730
Y1201
Y261
D37
Y299
19
943 2485
Y1250
Y2469
Y1493
Y1493
944 2493

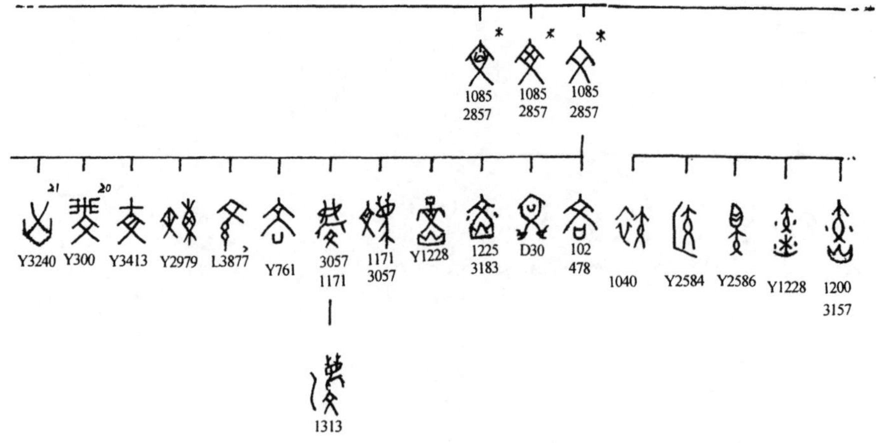
1085
2857
1085
2857
1085
2857
Y3240
Y300
Y3413
Y2979
L3877
Y761
3057
1171
1171
3057
Y1228
1225
3183
D30
102
478
1040
Y2584
Y2586
Y1228
1200
3157
1313

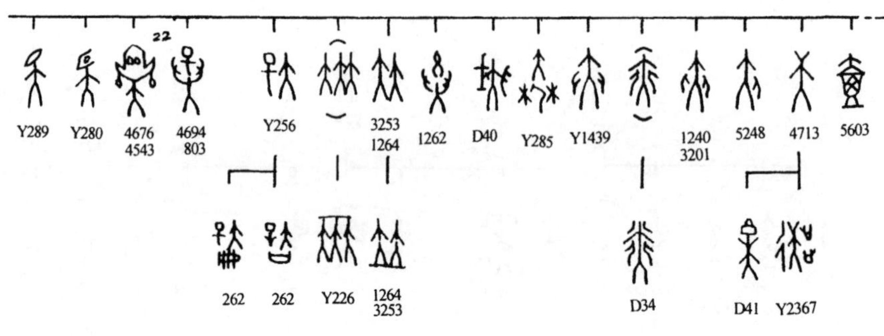
Y289
Y280
4676
4543
4694
803
Y256
3253
1264
1262
D40
Y285
Y1439
1240
3201
5248
4713
5603
262
262
Y226
1264
3253
D34
D41
Y2367

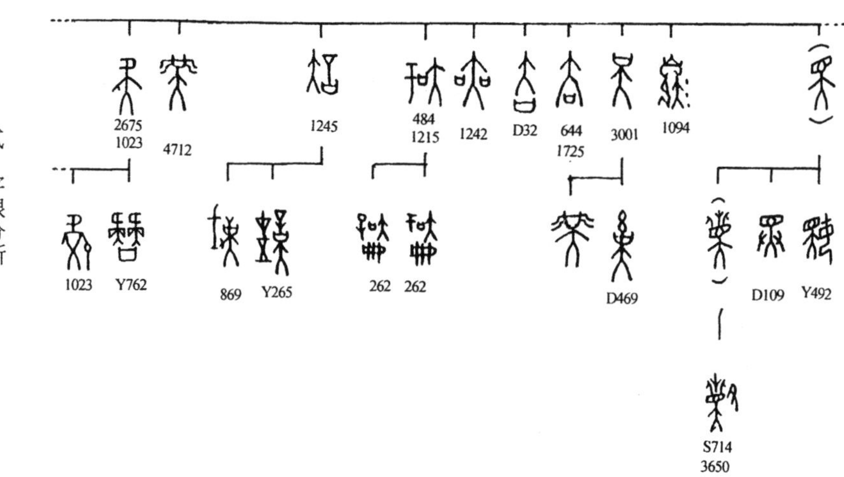
2675
1023
4712
1245
484
1215
1242
D32
644
1725
3001
1094
1023
Y762
869
Y265
262
262
D469
D109
Y492
S714
3650

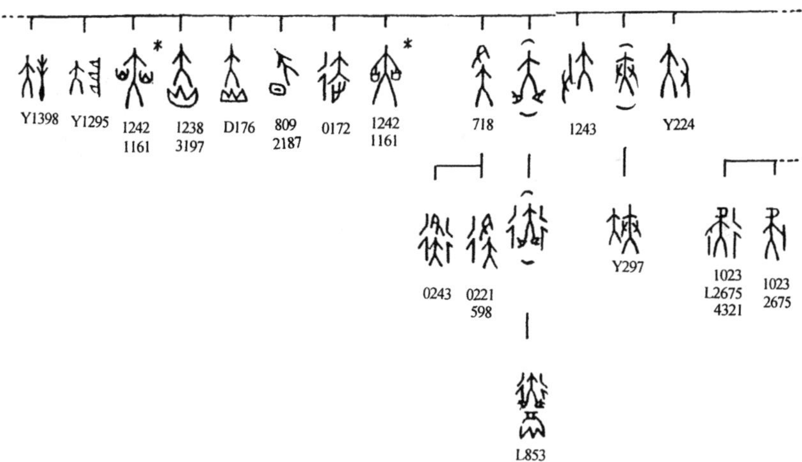
Y1398
Y1295
1242
1161
1238
3197
D176
809
2187
0172
1242
1161
718
1243
Y224
0243
0221
598
Y297
1023
L2675
4321
1023
2675
L853

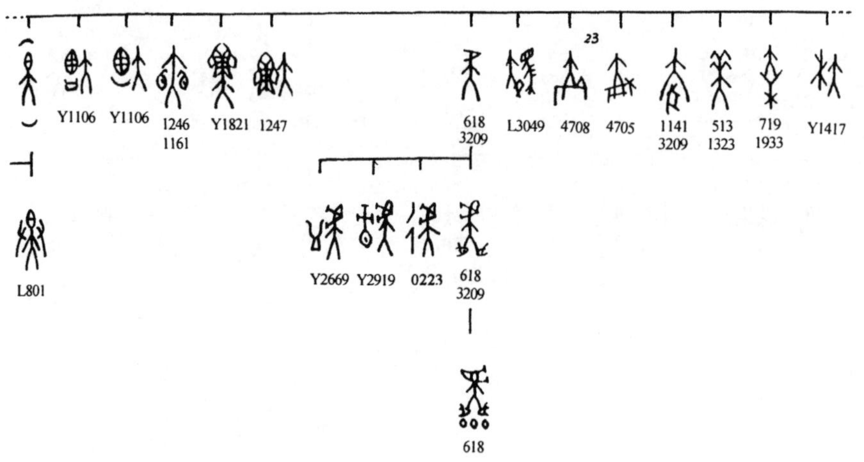

Y1106
Y1106
1246 1161
Y1821
1247
618 3209
L3049
23
4708
4705
1141 3209
513 1323
719 1933
Y1417
L801
Y2669
Y2919
0223
618 3209
618

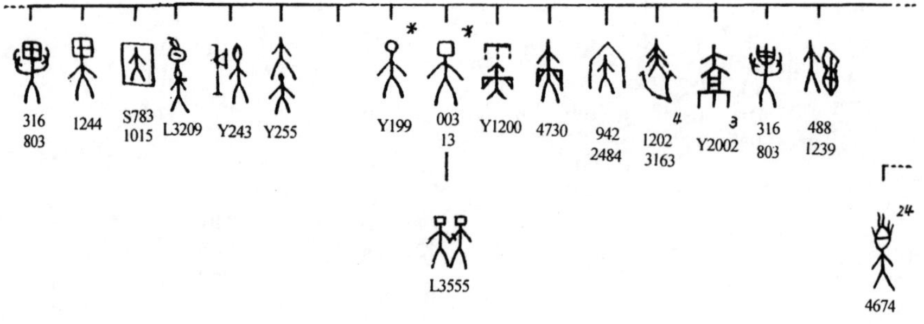

316 803
1244
S783 1015
L3209
Y243
Y255
Y199
003 13
Y1200
4730
942 2484
1202 3163
Y2002
316 803
488 1239
L3555
24
4674

Y295 4697 2039 Y227 708 708 L2039 L4545 Y292 Y271 1241 003 13 3002 1825 4245 2569 D40 0172 5154 3209 1015

L1927 Y230 5822 1368B 3451 D40 262 3712 2579 3315 D324

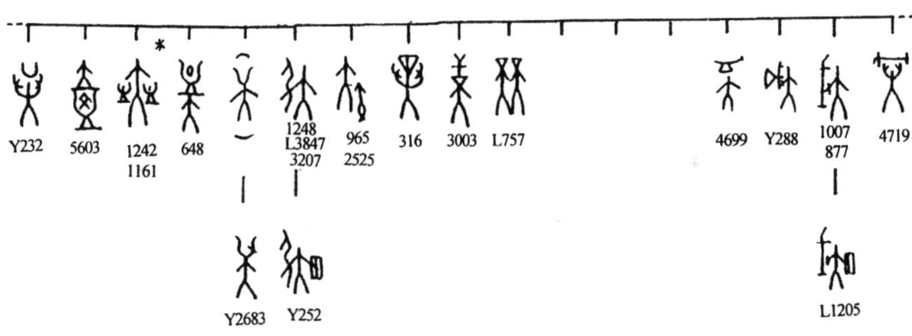

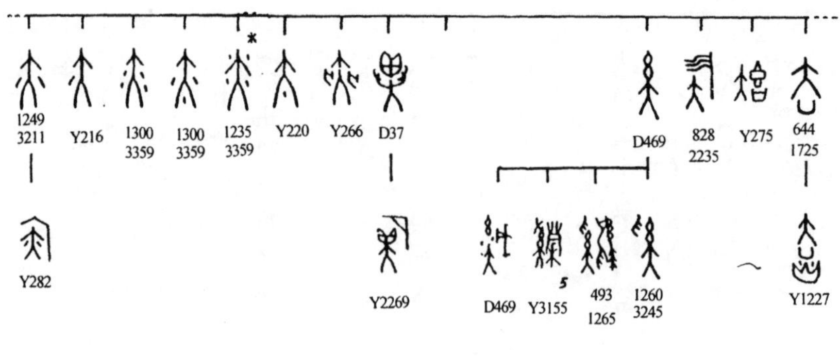
1249
3211
Y216
1300
3359
1300
3359
1235
3359
Y220
Y266
D37
D469
828
2235
Y275
644
1725
Y282
Y2269
D469
Y3155
493
1265
1260
3245
Y1227

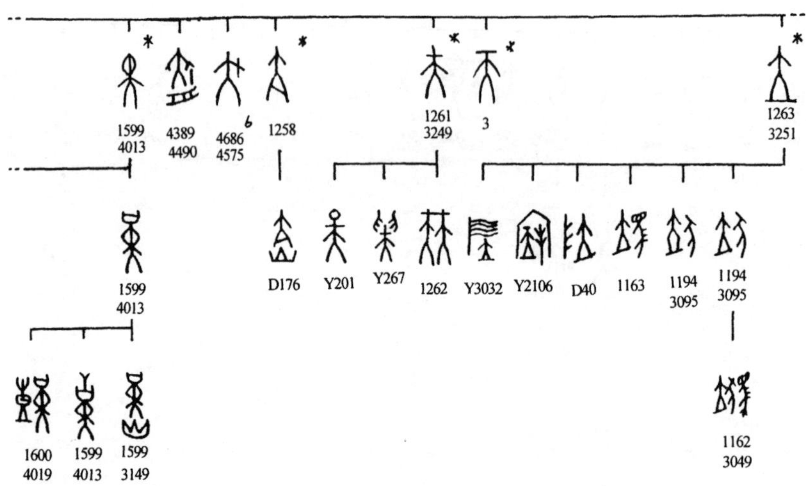
1599
4013
4389
4490
4686
4575
1258
1261
3249
3
1263
3251
1599
4013
D176
Y201
Y267
1262
Y3032
Y2106
D40
1163
1194
3095
1194
3095
1600
4019
1599
4013
1599
3149
1162
3049

Y273 | 4695 195 | Y287 | Y281 | Y281 | Y296 | Y278 | 4687 | Y284 | Y277 | Y298 | 1242 1161 | 1242 1161 | 1242

D30

Y2982 | Y3150 | Y2962

D469

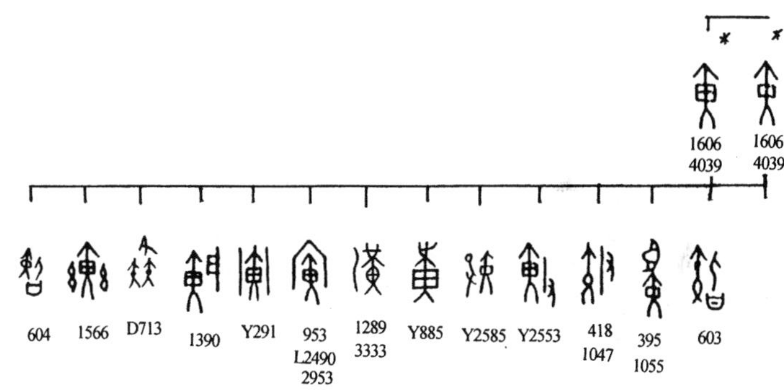

說明

一　，見《懷》一五〇三，辭云：「……卜自貞王弓……　　……」，許進雄先生釋夫，惟字形實近於大。

二　，見《佚》二六六（《合》二七四五六），《集釋》釋紊（頁三八七七），可從唯上所從文字不完。商承祚考釋以此片爲習刻，字形不完，或以此之故歟？

三　，見《人》一九二九（《合》二八二四五），疑從大從京，大京共筆，可隸定作奈。辭云：「其𠦪……阢京」，阢奈當係地名。《綜類》摹爲　，非。

四　，見《餘》一五・三（《續》五・二六・一一、《合》五六五一），《文編》、《續文編》、《類編》、《綜類》、《類纂》皆作　，釋衮。細審原拓，中實從大不从火，卜辭从火之字，其偏旁「火」皆不做此形，請參火部。

五　，見《佚》九九五，商承祚以爲雞之異文。

六　，從大，一手著一豎畫，羅振玉釋夷、王襄釋弔、唐蘭釋位、陳夢家釋扶，均乏確證，《集釋》存疑（頁四五七五），近于省吾先生以爲　之省，當釋弜、弘，即引（見香港中文大學出版，《古文字學初編》頁二，〈釋從天從大從的一些古字〉），亦乏確證（參拙文〈說引〉，《慶祝莆田黃天成先生七秩誕辰論文集》）。

七　，見《綜類》四〇），采自《戩》三三・九，當作　，釋衰（參衰部）。

八　，見《綜類》四〇），采自《鐵》九五・一，當作　，《綜類》誤摹。

九　[illegible]，見《綜類》三二七，采自《乙》四六〇五（《合》九六七一反），當作[illegible]，《類纂》二三六七號摹爲[illegible]、亦誤。

〔字根〕〇二四 [glyph] S.1239 L.3199 G.0197

《說文》卷十大部：「大 天大、地大、人亦大焉，象人形，古文亣也。」

案：卜辭大與《說文》篆文同形，象人正面立形，爲獨體象形文。

卜辭大與矢形本各別，大象人形，手足爲曲筆，頭形出於手形之上；矢象箭形，末筆交叉，箭鏃二筆等高。唯大或有手足變直筆，手形與頭等高作[glyph]形者；矢或有末筆不交叉，變二直筆作[glyph]形者，大矢二字遂混同無別，尤以偏旁爲然。如《集釋》二二三五頁族字條下列[glyph]（《甲》二六四七）、[glyph]（《鄴三》·三九·一〇）、[glyph]（《粹》二五八）、[glyph]（《粹》一一四九）四字，釋云：「从㫃从大（或从人），《說文》所無，《粹》一一四九辭云『癸巳卜王其令又[glyph]戌皆☐』，[glyph]似[glyph]字之漏刻橫畫者，若然，則字當釋族。」是此字究爲从矢或从大，猶未易論定也。

大與火、粦亦易致誤，《續》五·二六·一一[glyph]字，从衣从大，當釋奆。《綜類》二六〇、《類纂》一九六六皆摹作[glyph]，《文編》一二〇二、《集釋》三一六三、《類編》二五二皆釋衮，非是。又《後》上一三·五[glyph]字，當釋爲粦，《綜類》一七七摹作[glyph]，《文編》一二三五、《集釋》三一八九、《類編》五〇四皆釋炎，非是（此皆承羅振玉之誤釋，《集釋》云「此與契文習見之火字形異，閱字从火作[glyph]，與此略近，姑從羅說收之於此。二辭辭意均不明，釋炎亦難通讀」，是李先生固已疑之矣。）卜辭火不作[glyph]形，本不應與大混淆，此殆受小篆字形之影響也。

〔字根〕〇二五　S.265 L.687 G.0270,2328

《說文》卷三干部：「屰　不順也，从干下凵屰之也。」

案：卜辭、羅振玉釋屰，說契家咸從之無異議。字象倒人形，不从「干下凵」，爲變體象形文。字於偏旁中與牛形近，如（《師》一．一八八），上所从與牛形近，唯本片僅存一字，又係摹本（《合集》亦未收此片之原拓），原字形不可確知，《文編》一六八釋逆，恐未必是。

〔字根〕〇二六　S.5726

《說文》卷十尢部：「尢　尪也，曲脛人也。从大、象偏曲之形。尪　篆文从㞷。」

案：卜辭尢，見《乙》八九三八，另有从尢之、、（《綜類》四〇頁），胡厚宣釋尪，謂象鋸形（參鋸部），即尢：「甲骨文字，省去鋸形偏旁，即《說文》尢字。《說文》：『尢、尪也……。』尪即跛，《繫傳》、《韻會》、《玉篇》及今之經傳尪都作跛。……《說文》：『跛、行不正也。』……《說文》尢从大而一脛偏曲，正像斷去一足而跛行不正之意。這與甲骨文字省去鋸形的偏旁，象一足長一足短，或長足有止（）短足無止之形象，正相吻合。」（《文史論叢》七九頁，〈殷代的刖刑〉）、等字，張政烺釋俄（《中國語文》一九六五年四期二九六頁，〈釋甲骨文俄、隸、蘊三字〉），上古音尪在陽部合口一等（*ʔwang），俄在歌部開口一等（*nga），二字聲韻俱近，人尢同類、鋸（）我（）形似（參我部），《說文》訓俄爲「頃也」，訓頃爲「頭不正也」，則俄有「頃而不正」之義，與「尪」形音義俱近，二字似有同源關係。然卜辭此字究爲从，則胡氏釋尢最可從。《說文》釋爲「曲脛人」，宜改爲「象人斷一足之形」。

〔字根〕〇二七　S.1250 L.3213 G.0203

《說文》卷十矢部：「　傾頭也。从大象形。」

案：卜辭、等形，羅振玉釋矢，與《說文》形義吻合，可從。字从大而矢其頭，爲變體象形文。

〔字根〕〇二八　S.1252 L.3219 G.0260

《說文》卷十夭部：「　屈也。从大象形。」

案：卜辭字，羅振玉釋夭：「夭屈之夭，許書作，與古文傾頭之矢形頗相混。此作，石鼓文从走諸字皆作，與此正同。古金文亦然，無作者。」（《增考・中》五十五葉下）羅說辨矢夭二形，以傾頭之爲矢、擺手之爲夭，與後世金文、石鼓之字形相合，可從。字象人奔走之形，當即「走」之象形初文，故甲文「夭」或同後世之「走」，《甲》二八一〇：「庚申貞：其令亞夭馬□。」「夭馬」即後世之「走馬」。惟周代音「夭」在影紐宵部開口三等，「走」在精紐侯部合口一等，聲韻稍有距離。此商代語音與周代語音有別，或商代一字多音之現象耳。《甲骨文字詁林》以爲此字應釋「走」，不得釋「夭」，似泥。《說文》篆形稍訛，字从大，象人奔走時掉臂之形，爲變體象形文。

〔字根〕〇二九

字不識。

案：卜辭一見，辭云「庚戌…貞王心若其隹孽三…」（《拾》・九一〇（《合》五二九七）），似爲人名。字當从大，惟兩手末端所象不明，姑立爲部首。从之孳乳之字共有、、諸字。偏旁中與、、、等形通，如（《粹》五三七）或作（《前》四・二三・三）、（《甲》一〇八三）、（《燕》六五一），（《存》一七六七）或作（《摭續》一三七）等。

〔字根〕三〇　S.1253　G.0269

《說文》卷十交部：「　交脛也。从大象交形。」

案：卜辭若字，當即《說文》交字。字象人交脛正面立形，當爲變體象形文。字與矢相近，如（《甲》八〇六）、（《甲》七八六），尤以第二形所从，以形而言，直爲矢字，字於卜辭爲「子效」之名，卜辭多見，他片大體作，釋效當不誤。以孳乳字、而言，後世作效、烄（郊），皆从交聲，不从矢（矢與交聲韻畢異），故文字學家雖或以爲交象矢形（吳其昌〈金文名象疏證〉、《武大文哲季刊》六卷一期），然證據尚嫌不足。交矢形近，然卜辭从交之字不多，義亦與从矢者不相涉，故殷人當無混淆之虞。

字於卜辭與大、通作。又卜辭別有字，从火从文，義與烄字完全相同。蓋「文」亦从大之合體象形文，與交字形義俱近，故於偏旁可以通作，《人》三〇八一「」，一事二辭，而烄炆互見，足證烄炆同字。

〔字根〕三一　S.1085 L.2857 G.3236

《說文》卷九文部：「 錯畫也。象交文。」

案：卜辭文作、、、等形，實从大，象人文身之形，不象交文，朱芳圃云：「文、即文身之文，象人正立形，胸前之即刻畫之文飾也。《禮記．王制》：『東方曰夷，被髮文身，有不火食者矣。』……考文身為初民普遍之習俗，吾族祖先，自無例外，由於進化較鄰族為早，故不見諸傳記。」（《殷周文字釋叢》頁六七～六八）自字形言，朱說頗爲合理。自偏旁言，卜辭烄字或从文作（《綜類》三七四）、或作（《前》六．二一．五），足證文與交同類，皆从大象形。从火从，即大，其文飾，此尤足證爲从大之增體象形文。

〔字根〕〇三一 [glyph] S.4676 L.4543 G.264

《說文》卷九頁部：「䰠 醜也。从頁、其聲。今逐疫有䰠頭。」

案：卜辭 [glyph]（以△代表），葉玉原釋鬼之奇字（《殷契鉤沉》），後引聞宥之說，以爲亦可能爲假面、倛、方相之類（《前編集釋》七卷廿五葉）；余永梁釋兜（《殷虛文字考》）；郭沫若云：「△字葉玉森釋鬼。按，係象人戴面具之形，當是䰠之初文。《周官・夏官『方相氏掌蒙熊皮，黃金四目。』鄭注云：『如今魌頭也。』孫詒讓曰：『云「如今魌頭也」者，《御覽・禮儀部》引《風俗通》云：「俗說亡人魂氣飛揚，故作魌頭以存之，言頭體魌魌然盛大也。或謂魌頭爲觸壙，殊方語也。」案：魌正字當作䰠，《說文》……《淮南子・精神訓》：「視毛嬙、西施猶䰠醜也。」……字又作倛，《荀子・非相篇》：「仲尼之狀，面如蒙倛。」楊注云：「倛，方相也。」又引韓侍郎云：「四目爲方相，兩目爲倛。」……蓋周時謂方相所蒙熊皮黃金四目爲皮倛，漢魌頭即周之皮倛，故鄭援以爲證也。』（見《周禮正義・方相氏》疏）此說魌至詳，眩覆尤合，決爲魌之初文無疑。魌、䰠、倛等均後起之形聲字也。得此字可知魌頭之俗實自殷代以來矣。（兩耳所下垂者珥形也）。》（《卜辭通纂》一〇八頁）

李孝定先生云：「字象一人戴假面具之形。本所殷虛發掘獲一假面具，銅製兩目爲耳，各有一穴，目上之穴所以視物，耳上之穴則所懸　形之飾者也，當即爲此字所戴之物。聞說是也。郭說其意亦是，然無以證其必爲䰠字，說宜存疑。」（《集釋・存疑》四五四四頁）字於卜辭一見，辭云：「允㞢來艱自西，𢀛告曰：……△夾方𣅀二邑。十三月。」辭殘，義不詳。郭說雖不中，亦不遠，姑依郭說隸定爲䰠，字从大，上象䰠頭。

〔字根〕〇三三　S.4712 G.0258

《說文》卷九須部：「　口上須也。从須，此聲。」

卜辭　（以下用△1代表），于省吾先生釋鬚：「甲骨文的△1字也作　，……郭沫若均釋爲兄（一九七二年《考古・安陽新出土的牛胛骨及其刻辭》）。按古文字的兄字習見，從無以上的四種構形。……又甲骨文的　也作　，金祥恆《續甲骨文編》列爲須字，……李孝定《甲骨文字集釋》引《說文》……爲證。又謂△1『疑亦須字』（《金文詁林・附錄》一六四頁和一六五頁）。按李氏不知古文字从天从大从人的互作，故以疑爲言。」（〈釋从天从大从人的一些古文字〉）裘錫圭先生釋髭：「這個字也見於卜辭：叀　△令監凡。（《摭續》一九〇）……郭沫若同志說這個字象人『口旁有鬚』，甚是。……盂鼎有　字，當是在△字上加注『此』聲而成。……所以這個字應該是髭的象形初文。」（〈讀安陽新出土的牛胛骨及其刻辭〉）

案：李、于說合髭、鬚爲一，非是。裘釋△1爲髭，有金文盂鼎字爲證，當可從。字从大，象口上有髭之形，爲合體象形文。依《說文》隸定當作頿，今通作髭。

〔字根〕〇三四 □ S.1242 L.1161 G.0225

《說文》卷四㸚部：「□ 明也。从㸚大。□ 篆文爽。」

案：卜辭□、□、□、□、□、□等形，各家解釋歧異極大，羅振玉釋奭、□、赫，郭沫若釋母，葉玉森釋夾，唐蘭釋夾，于省吾釋爽，張政烺釋奭、仇。以字形言，釋奭、夾、夾、奭，均與卜辭不盡吻合。惟于省吾釋爽，於字形演變較有依據，《釋林．釋爽》云：「□即爽之初文，大象人形，左右从火。……甲骨文爽字後期多變為从□、……□、□等形，與商周金文之變而从爽，迹亦相接。因為从與从，共是單雙別，在古文字中，晝之單雙，每無別也。近年來安陽出土之切其卣銘文，有『遘于匕丙彡日大乙爽，隹王二祀』之語，爽字作□，與散氏盤爽字作□形同。得此確證，則甲骨文中晚期之爽字，雖然歧形異構，變化無方，已失其朔，但終於得到劃一。爽字最後之變作爽，乃無可辯駁之事實。……爽為匹配之義，……應讀為相，……典籍中多訓相為輔助、為佐助，與匹配之義正相符。」（四五~四七頁） 于氏指出切其卣（當作邲其卣）與散盤之爽字即甲骨文此字，其說可從。蓋甲骨文此字从大，象人腋下夾二物，所夾為何物可以不定，然必為二物，故有匹配、佐輔之義。邲其卣文例與甲骨文全同；散盤謂「余有爽䜌」，爽為差錯之義，與後世「爽」字形義相符，而邲其卣與散盤字形全同，故知甲骨文此字當釋為「爽」。至於《說文》釋義為「明也」，當為假借義，此義於兔簋作□，从日、喪聲，此當為周代義，甲文未見。字從大，腋下夾二物，為合體象形文。

〔字根〕〇三五

《說文》卷一一部：「S.3 L.13 G.0198 顛也。至高無上，从一大。」

案：卜辭、、羅振玉釋天，謂人所戴爲天，天在人上也（《增考．中》五葉上）。王國維以爲天本象人顛頂，卜辭、盂鼎之二字所以獨墳其首者，特著其所象之處也。卜辭及齊侯壺又作，別以一畫記其所象之處，故爲象形字，爲指事字（《觀堂集林．六卷》十～十一頁，〈釋天〉），高鴻縉先生以爲天字最初作口或●，即頂字，後加爲意符，成爲貌似形聲字（《毛公鼎集釋》七四頁）、《文編》初版謂天象人顛頂之形，孳乳爲大（一卷一頁）、修訂版謂天義與大同（一卷一葉下）。《集釋》謂天之與大、其始當本爲一字。天之初形當作若，省而爲，又增一畫而爲，其實一也。王國維謂爲象形、爲指事，實失之鑿（二〇～二一頁）。以上諸說大體皆謂天象人顛，可從。王國維象形、指事說指出文字隨時演變，書體亦隨之而變，亦頗有見地。

卜辭另有作形者，各家皆闕而弗釋，字於卜辭四見（《綜類》三〇、《類纂》二〇五）、皆方名（如「己子(巳)卜不其吕」（《鐵》一八七．三）），以字形言，當亦天字。金文天或作，象形意味尤濃。卜辭別有字（《綜類》三〇）、《字典》釋屰（頁二二〇），可從。

天與大於甲文或通用，如大邑商可作天邑商（《甲》三六九〇）、大牢可作天牢（《前》四．一六．四），然二字音義究竟有別，終非一字。字從大，特別突出其頭部，爲變體象形文。

〔字根〕〇三六　S.45,411 L.4545

《說文》卷三衣部：「　艸雨衣。秦謂之萆。从衣象形。　古文衰。」

案：卜辭（《戩》三三・九，《綜類》四〇頁摹作，非是。以下以△代表。），王國維《戩考》未釋。容庚《金文編》釋金文爲蔡，唐蘭《殷虛文字記》釋髟，《集釋》存疑（參《集釋》頁四五四五—四五五〇）。裘錫圭先生云：「**石經『蔡』字的寫法跟《說文》『㣇』字古文全同。『蔡』、『㣇』古音相近，近人大都認為金文和三體石經叚借『㣇』字為蔡國之『蔡』，這應該是正確的。**」（《古文字研究》第十五輯頁一九三，〈釋求〉）案：「㣇」字古文似當作「『殺』之古文『㣇』」。爲此，舊說或以△即「殺」字之古文。然甲骨文另有「殺」字（參殺部），是△不得釋爲「殺」之古文「㣇」。

何琳儀釋爲「衰」：「甲骨文作△，从大，从倒毛，象毛下垂之形。西周金文作……。戰國文字承襲春秋金文。齊系文字作，橫豎平直，略有變異。晉系文字作……，大與倒毛脫離。或省變作，與殺字三體石經《僖公》作、《說文》古文作，一脈相承。傳鈔古文以△爲殺，殺又與蔡音近，故古文字中凡國名、地名，姓氏之△均讀。蔡國文字△或兩下肢均有倒毛作，……。參照△或作，亦可作，則與衰字作（《包山簡》）、（《汗簡》中二・二五）、（《集韻》）形體吻合。因疑△、衰一字分化。傳鈔古文以△爲殺，殺與衰均屬心紐，關係密切。」何說以歷史考證法，主張△與衰爲一字之分化，其說可從。惟此字初形本義爲何，終不可知。姑隸定作「衰」，然其本義當非「艸雨衣」，待考。

〔字根〕○三七 □ S.708 L.1927,2039 G.0226

《說文》卷六林部：「□豐也。从林𡘬、𡘬、或說規模字，从大卌，卌、數之積也，林者、木之多也。無與庶同意，《商書》曰：『庶草繁無。』」

案：卜辭□、□字，王襄以爲即古舞字，象人執牛尾而舞之形，甚是，唯所執不必爲牛尾。字於《說文》作□，字从大从□，□即舞者所執，不可拆爲卌林。釋豐亦非，字後世隸變爲無，借爲有無字，遂造「舞」以承本義。字从大，爲合體象形文。

王固曰其㞢雨甲辰字或作□，《前》七．三五．二「貞弓乎多□□ 癸卯卜□貞乎多□（□）王固曰其㞢雨甲辰…丙午亦雨多」，此□而求雨，蓋亦「無」字可知。卜辭又有□医、或作□医（《乙》五三九四），《綜類》以爲同一人（三六頁），當可信，柯昌濟以爲□医即鄦医、後世作許侯（《前釋．卷五》四四葉上引）是也。綜之，無字於卜辭之演變可如下表：

□（《甲》2858）—□（《甲》2858
- □（《粹》744）—□（《前》7.35.2）
- □（《乙》2181）—□（《合》28461）—□（《合》455）

〔字根〕〇三八 □ S.4697 L.2039 G.0227

《說文》卷十四下叕部：「□ 綴聯也。象形。」

案：甲骨文□字，《綜類》置於第三十六頁；《集釋》第六第二〇三九頁釋爲無字，《甲骨文字典》同（見第六三〇頁）。甲骨文□字多用爲侯名、地名，並無證據可以證明與□同字。《類纂》□與□同釋無，而□爲別字，闕而未釋，較爲矜慎。秦簡有□字，與甲文□字同形，湯餘惠釋爲叕字：「雲夢睡虎地秦基竹簡出土簡策日書，有兩個結體相同的字寫作□、□（第一〇四〇號簡），睡虎地秦墓整理小組釋為『叕』。…案之簡文文意，這兩個字釋為『叕』，確不可易。由秦簡『叕』字的寫法，可以進一步推考它的構形和本義。《說文》：『綴聯也。象形。』從地下出土未經後人改篡的秦簡寫法看，叕字本該是从大的。手足處加八八，疑象有所繫縛之形，字義引申則有連綴之義。小篆作□；傳世字書《汗簡》作□（下之二）；《六書通》下入聲屑引《義雲章》作□（裰字所从），都是簡文的變體，訛外的跡象不難尋繹。…齊國陶文：『紹遷□易南里□』（《舂錄》附編一一頁），末尾陶工名應即叕字。…《三代》一〇．一一．三和一〇．一二．一著錄有交君子簠銘文：『交君子□（蓋銘作□）肇乍寶簠，其釁壽萬年永寶用。』簠銘第四字从大而平肩，與金文矩字作□（矩尊）、□（伯矩卣）者同，顯然也是綴字。《三代》一一．三二．六著錄的銅尊銘文云：『□休于乍季，受貝二朋，易乓休用。』首字左从叕，右為欠之繁文，金文懿字从欠每如是作，因知當是欼字的古寫，細味尊銘，欼是被賞賜者，也是作器者，所以此尊理應名之為欼尊。」（〈略論戰國文字形體研究中的幾個問題〉，《古文字研究》第十五輯第六十一頁）杜忠誥補充其說云：「《甲骨文編》附錄中有三個被當作未識之字的『□』字，應即『叕』之本形。字本从大，於手足處加『八八』，象有所綴飾之形，當是『綴』之初文。」又云：「湯氏於『叕』字構形，釋云：『疑象有所繫縛之形。』拙見以為『繫縛』當作『綴飾』為切。」（〈古文字形體研究五則〉，《國文學報》第二十期，一九九一年六月）旭昇案：二氏說當是，甲骨文叕字作[illegible]，字从大，象手足有所綴，惟其義當爲綴縛或綴飾，並無證據可以判定，自引申義而言，綴縛、綴飾一也。金文叕字見交君子叕匿，《金文編》收在附錄下第四五六號；其餘从叕之字，除湯氏所舉敚尊之敚字外，濾盂有[illegible]字，右上从叕，當可釋「⿰阝叕」；又鑄客鼎有[illegible]字（《金文總集》七三二一號）劉釗釋腏（見〈金文編附錄存疑字考釋〉，中國古文字研究會第八屆年會論文，一九九〇年十一月．江蘇太倉），字皆从大，與甲骨文叕字字形之關係猶可覘見。

〔字根〕〇三九 □ S.1300 G.0219

《說文》十篇上炎部：「粦 兵死及牛馬之自爲粦。粦、鬼火也。从炎舛。」

案：甲骨文粦字作□（《乙》八八一六）、□（《後》一・一三・五）、□（《後》二・九・四），《文編》一二三五號釋炎，《集釋》卷十第三一八九頁釋炎，其實皆當爲粦字；而卷十一第三三五九頁釋汏，其第六形實爲粦字。字从大，上下四小點象鬼火之形。龍宇純先生云：「**甲骨文□字，凡二見：…分析此字形狀，當从大，外有四點，應釋為粦。…古人以粦為鬼火，故其字从大，而以四小點示意為粦火。**」（《中國文字學》一七四頁）說當可從。

《文編》一三〇一號收有从水从粦之字，釋淡（《後》一・一〇・八＝《合》三六五八七），惟細案原拓，實爲𣲵字之誤。

金文粦字作□（尹姞鼎），上从大，中有四點，下从舛。其演變與甲文舞作□，金文加舛作□同例。又史墻盤有□字，唐蘭、徐中舒、李學勤、裘錫圭諸先生均讀爲粦是已（《金文詁林補》一三三四號收集頗全，此不具引），其上所从與甲骨文粦字全同，《金文編》〇一四八號收作啖，當正。又師𩰫鼎有□，依形隸定當作隣，其右上亦與甲骨文粦字全同。《金文編》一三四二號收作隣，亦誤。

〔字根〕〇四〇　𠫔　S.1263 L.3251 G.0213

《說文》卷十立部：「𠫔　佨也。从大在一之上。」

案：卜辭𠫔、羅振玉釋立（《增考．中》五三葉上）。《集釋》以爲契文與小篆同（三二五一頁）。字當从大、立于一上，一或象地，不成文，故𠫔當爲字根。

〔字根〕〇四一　夫　S.1261 L.3249 G.0202

《說文》卷十夫部：「夫　丈夫也。从大一，一吕象先。周制八寸爲尺、十尺爲丈，人長八尺，故曰丈夫。」

案：卜辭夫、羅振玉釋夫（《增考．中》二三葉下）。林義光云：「古作夫（邾公華鐘），或以大為之（大鼎「善大」即「膳夫」），秦刻石大夫作夫＝。蓋夫與大初皆作大，象人正立形，其後分為兩音兩義，乃加一為夫，以別於大。古女或作𡚤（夫父乙器婦字偏旁）、母或作𡚤（母父丁器），則一非象大夫之簪也。」（《文始》）孫海波亦以爲與大通用（《文編》夫字條下注）。意者，大本象成人之形，丈夫亦謂成人，因借大字之形，加區別符號「一」以別於大字。大、夫二字形近義通，故音雖不同，然可以互用。

〔字根〕〇四二　S.1258 G.0249

《說文》卷十九部：「人頸也。从大省，象頸脈形。亢或从頁。」

案：卜辭、《文編》一二五八、《類纂》二四九釋亢。字於金文作、等形（《金文編》一六九一）。高鴻縉先生云：「字原象人立高處形，應為高亢之意。《易》曰：『亢龍有悔。』朱子《本義》曰：『亢者，過於上而不能下之意也。』是為確詁。立高處而不能下，甲金文形與義合，為高處之通象。小篆形變而義不可說，《說文》云『人頸也』，乃項字訓，誤著於此。」（《中國字例．三篇》一一頁）李孝定先生云：「……諸家釋亢者是也。……此字象人正立形，而於兩股之間著一斜畫，其本義不知何指。」（《金文詁林附錄》頁二一七八）卜辭亦从大而於兩股之間著一斜畫，本義不詳，姑從諸家釋亢。

〔字根〕〇四三 S.1599 L.4013 G.0235

說文卷十黑部：「 北方色也，火所熏之色也。从炎上出囪。」

案：卜辭、字，于省吾釋黑：「甲骨文黑字作、、或、等形，其作、者，郭沫若釋黃（《粹考》七六八），按甲骨文潢字（《前》二·五·七）从黃作，與黑字迥別。唐蘭釋爲莫。…按艱字（《鄴》初三九·三）偏旁本作，非从。其實，黑字上部本不从，黑與莫的構形判然有別。甲骨文言黑牛黑羊黑豕均作，又甲骨文黑字的異構也作，爲舊所不識，這和周器師害簋的「文」字作、買簋的黃字作，下部兩叉變爲三叉，其例正同。周器旓嫼簋的嫼字从黑作、鑄子簋的黑字作，較甲骨文只增加數點，說文則訛變作，并謂『从炎上出囪』。黑字的本義雖須待考，但許說臆測無據。」（《釋林》頁二二七）于說考證黑字之字形演變，信而有徵，當可從。至於黑字之初形本義，龍宇純先生云：「金文黑字作若，或亦作…，此字下端分明與（粦）同形，其作者，省點而已；上端據金文當是說文說爲鬼頭的字，而亦有四小點。然則其字所以義爲黑色，便可不言而喻了。」（《中國文字學》第三章第二三七頁）味其說，當以爲此字从由从粦，象磷火飄飄、鬼影幢幢之黑暗。然就甲骨文而言，黑字似未見从粦者；其上部亦不似由（甲骨文由字請參本書由部。唐蘭云：「黑字鄘伯馭簋作，本象正面人形，而面部被墨刑的人，鑄子叔黑臣簠作，則在兩臂上下均有裝飾的點，《說文》就認爲是从炎，是錯了。」（《文物》一九七六·五〈陝西岐山縣董家村新出西周重要銅器銘辭的譯文和注釋〉）二家說雖不同，然皆主張字从大。其餘則不妨待考。

〔字根〕〇四四　□　S.1606 L.4039 G.2550

《說文》卷十三黃部：「□ 地之色也。从田炗聲，炗、古文光。□ 古文黃。」案：卜辭□、□，王襄疑爲古黃字異文（《簠考．地望》四葉下）。郭沫若以黃於金文作□、□、□、□，因謂黃爲璜、珩之初文，爲古佩玉之象形，中有環狀之物，當係佩之體，下所垂爲衝牙、璜（《金文叢考》一六二~一七四頁）。唐蘭謂「**黃字古文象人仰面向天、腹部膨大，是《禮記．檀弓下》『吾欲暴尪而奚若』的『尪』字的本字**」（《光明日報》一九六一年五月九日〈毛公鼎朱韍蔥衡玉環玉瑹新解〉）。裘錫圭從之，並舉《丙》157「鼎(貞)：丙戌□，㞢(有)从雨」，□作□；黃尹之黃或作□（《合》三〇九六、三〇九七、三〇九八），以證□與多數之□爲一字，象突胸凸肚、身體粗短之殘廢人，即尪之本字。其字形演變如下：

（《甲骨文與殷商史初集》二一~三五頁，〈說卜辭的焚巫尪與作土龍〉）

唐裘二氏說□爲尪，形義俱可從，據此，黃字从大，象人仰面向天，腹部膨大之形，爲合體象形文。

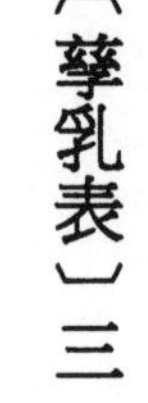
〔孳乳表〕三

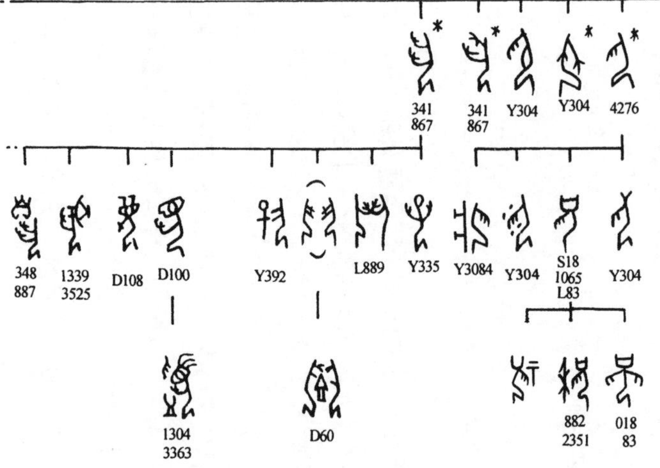
341
867
341
867
Y304
Y304
4276
1089
2865
348
887
1339
3525
D108
D100
Y392
L889
Y335
Y3084
Y304
S18
1065
L83
Y304
1304
3363
D60
882
2351
018
83

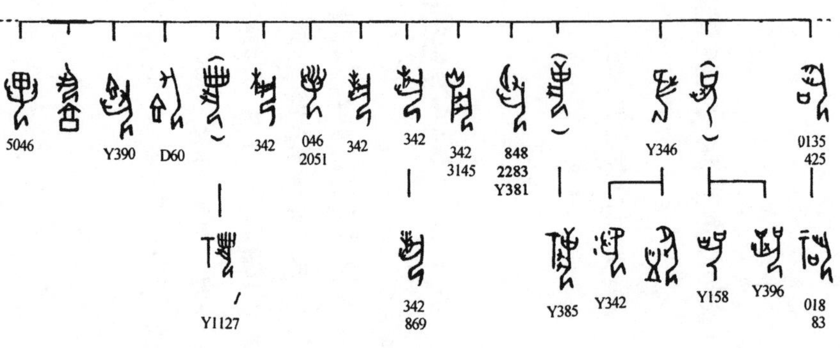
5046
Y390
D60
342
046
2051
342
342
342
3145
848
2283
Y381
Y346
0135
425
Y1127
342
869
Y385
Y342
Y158
Y396
018
83

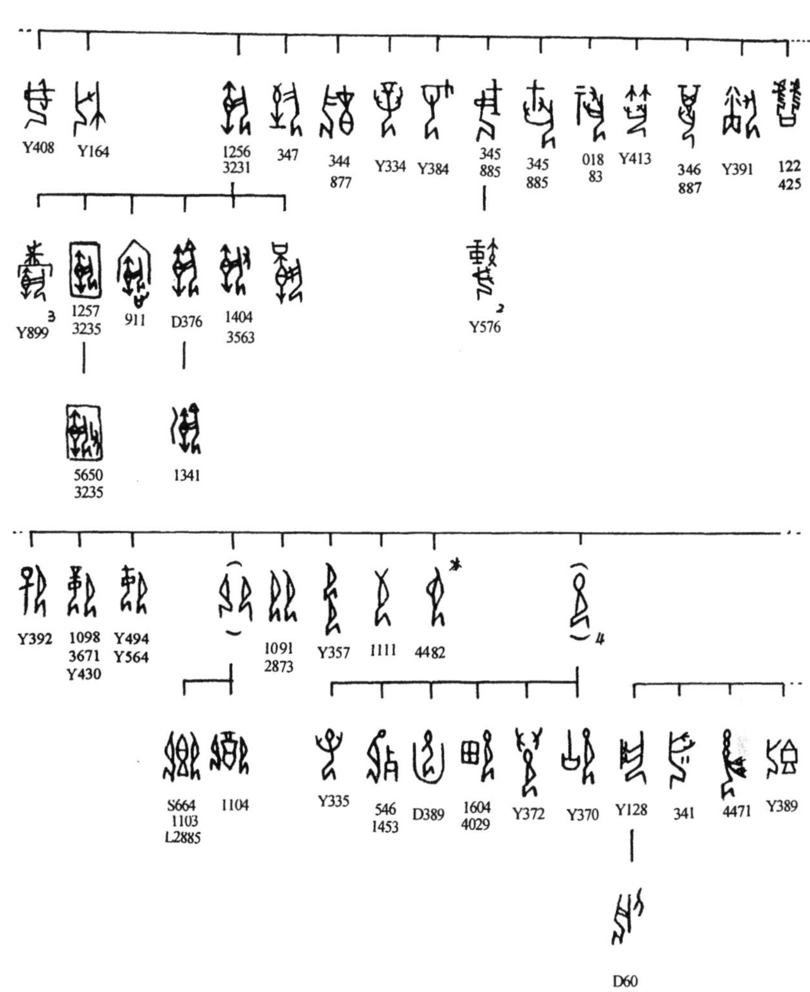
Y408
Y164
1256
3231
347
344
877
Y334
Y384
345
885
345
885
018
83
Y413
346
887
Y391
122
425
Y899
3
1257
3235
911
D376
1404
3563
Y576
2
5650
3235
1341
Y392
1098
3671
Y430
Y494
Y564
1091
2873
Y357
1111
4482
4
S664
1103
L2885
1104
Y335
546
1453
D389
1604
4029
Y372
Y370
Y128
341
4471
Y389
D60

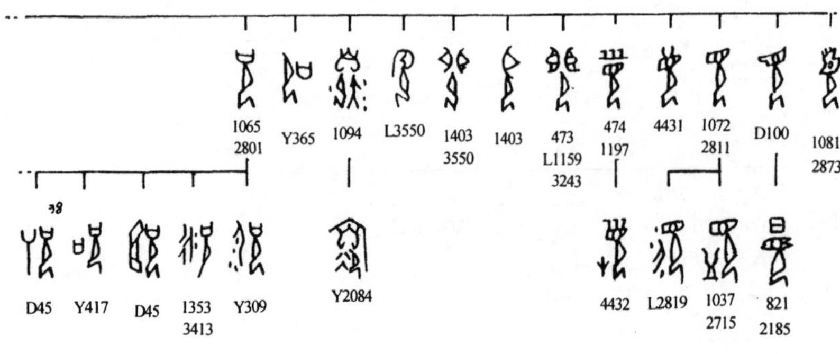
38
1065 2801
Y365
1094
L3550
1403 3550
1403
473 L1159 3243
474 1197
4431
1072 2811
D100
1081 2873
D45
Y417
D45
1353 3413
Y309
Y2084
4432
L2819
1037 2715
821 2185

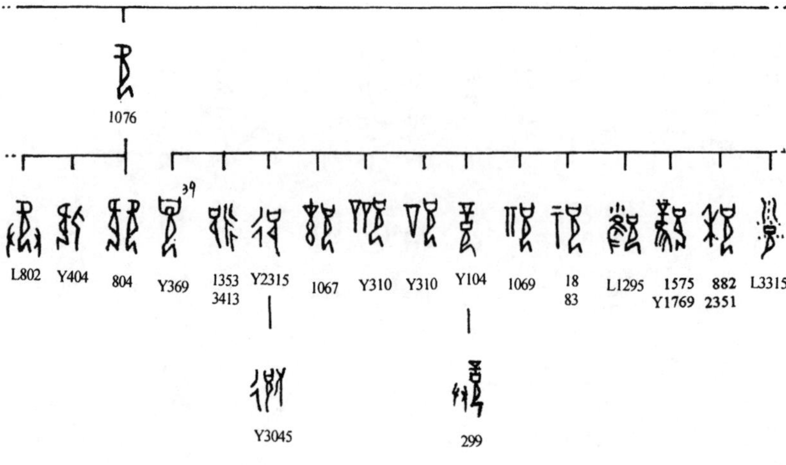
1076
L802
Y404
804
39
Y369
1353 3413
Y2315
1067
Y310
Y310
Y104
1069
18 83
L1295
1575 Y1769
882 2351
L3315
Y3045
299

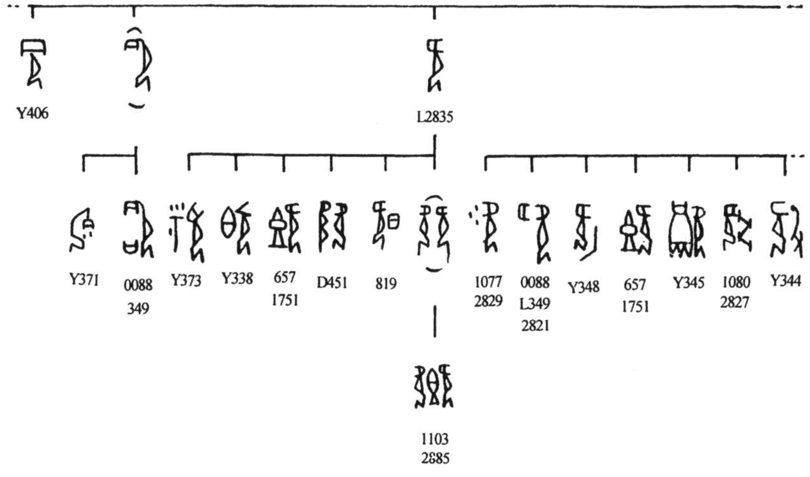
Y406
L2835
Y371
0088
349
Y373
Y338
657
1751
D451
819
1077
2829
0088
L349
2821
Y348
657
1751
Y345
1080
2827
Y344
1103
2885

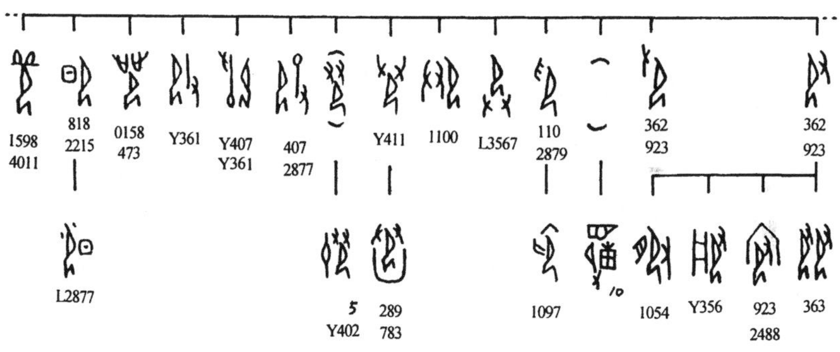
1598
4011
818
2215
0158
473
Y361
Y407
Y361
407
2877
Y411
1100
L3567
110
2879
362
923
362
923
L2877
5
Y402
289
783
1097
10
1054
Y356
923
2488
363

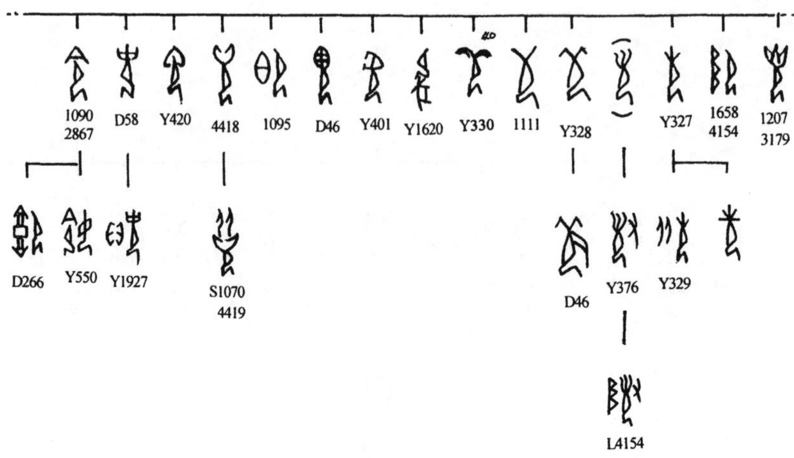
1090
2867
D58
Y420
4418
1095
D46
Y401
Y1620
Y330
1111
Y328
Y327
1658
4154
1207
3179
D266
Y550
Y1927
S1070
4419
D46
Y376
Y329
L4154

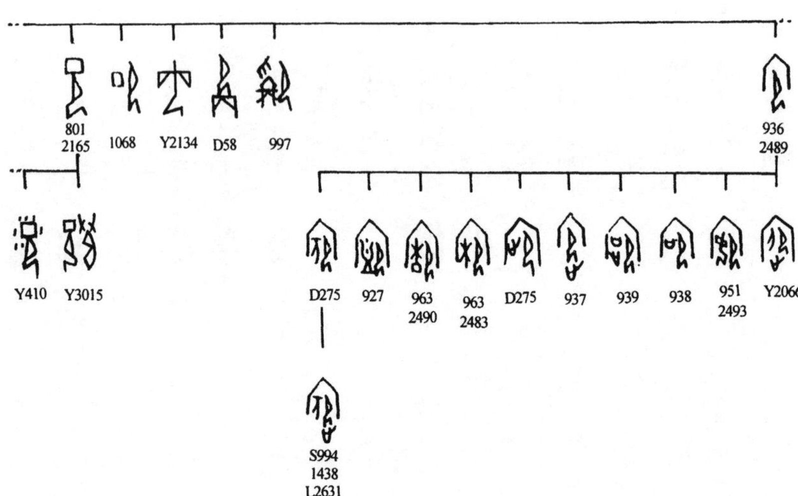
801
2165
1068
Y2134
D58
997
936
2489
Y410
Y3015
D275
927
963
2490
963
2483
D275
937
939
938
951
2493
Y2066
S994
1438
L2631

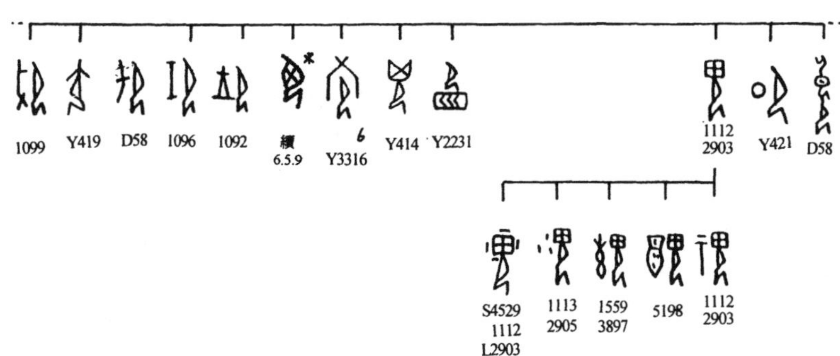
1099
Y419
D58
1096
1092
續
6.5.9
Y3316
Y414
Y2231
1112
2903
Y421
D58
S4529
1112
L2903
1113
2905
1559
3897
5198
1112
2903

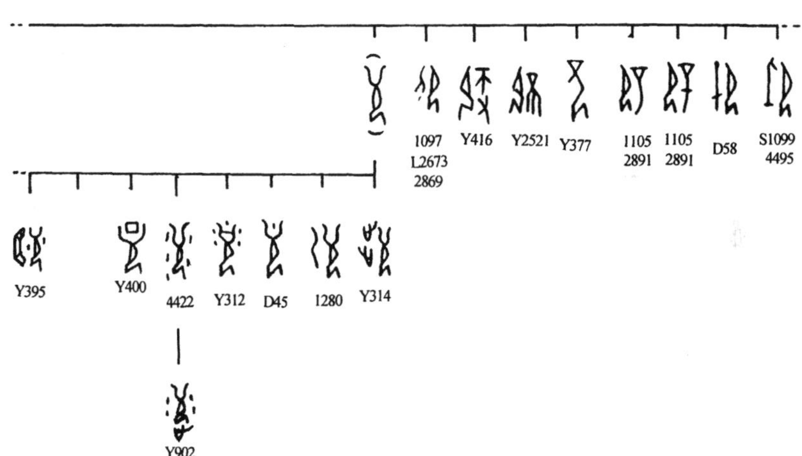
1097
L2673
2869
Y416
Y2521
Y377
1105
2891
1105
2891
D58
S1099
4495
Y395
Y400
4422
Y312
D45
1280
Y314
Y902

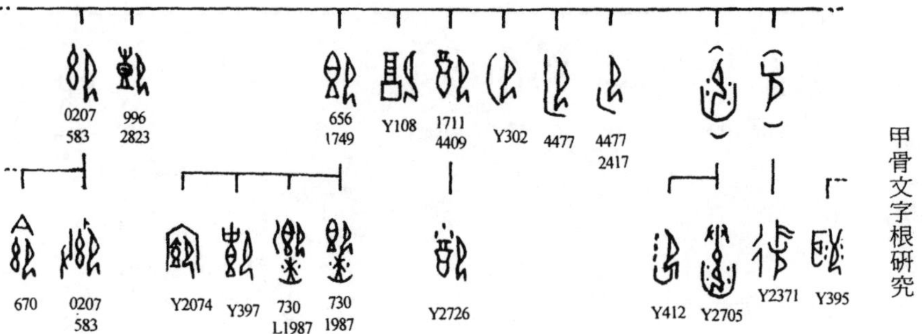
0207
583
996
2823
656
1749
Y108
1711
4409
Y302
4477
4477
2417
670
0207
583
Y2074
Y397
730
L1987
3385
730
1987
Y2726
Y412
Y2705
Y2371
Y395

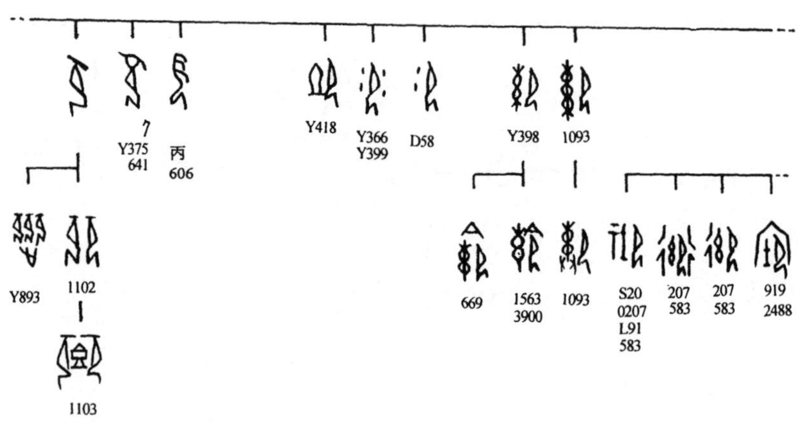
7
Y375
641
丙
606
Y418
Y366
Y399
D58
Y398
1093
Y893
1102
1103
669
1563
3900
1093
S20
0207
L91
583
207
583
207
583
919
2488

Y405 Y403 Y3083 Y374 0207 583

D56

說明

一　[glyph]，右從廾、上戴[glyph]，疑象冊。

二　[glyph]，見《丙》五一九。《丙釋》釋嫛、《摹釋》於《合》九七三條釋嫛。

三　[glyph]，《類纂》釋䕺。

四　[glyph]，[glyph]字從此，各家釋吮、即畯，是以[glyph]為[glyph]之異構。

五　[glyph]，見《懷》一六一，許進雄先生以為與執當係一字。

六　[glyph]，見《乙》五四二八，從卩、從[glyph]，與《京》六四三[glyph]所從近似，疑皆[glyph]字，[glyph]共筆。若然本字似可釋學，從卩與從子同義。

七　[glyph]，與[glyph]（老）同義，疑老之異構。

八　[glyph]，《綜類》五八有[glyph]字，當為[glyph]（反）之誤，所引各條及辨正如下：《人》二三〇七：「己子（巳）卜來己卯酌王[glyph]」，[glyph]字貝塚釋御，細審原拓，確當作[glyph]。《合》二八一：「丙寅卜我貞乎[glyph]取𦎫麋」，（本版[glyph]字共三見，此不全引），本版即《丙》六一一、《合》二一五八六。[glyph]字張秉權先生皆釋「及」，可從。《前》五．三九．二：「气日丙……[glyph]弗其……[glyph]……蔑缶」，字當作[glyph]。又《文編》一〇九二所收从[glyph]之字有[glyph]，所注出處為《庫》六一六，然該書該號未見此字，是[glyph]字似可取消。

九　[glyph]，《綜類》五八所引，字見《前》一．五一．一，當釋「才巴」二字。

十　[glyph]，見《類纂》六六五，又《六七七》收有[glyph]。二字皆為[glyph]字之殘，當正（參拙作〈說皇〉）。

〔字根〕〇四五　S.1089 L.2865 G.0301

《說文》卷九卩部：「卩　瑞信也。守邦國者用玉卩、守都鄙者用角卩、使山邦者用虎卩、土邦者用人卩、澤邦者用龍卩、門關者用符卩、貨賄用璽卩、道路用旌卩。象相合之形。」

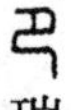

案：卜辭 　、羅振玉以為象人跽形，並以之當《說文》卩字，可從。卜辭 　象人跽形，為獨體象形文。

字與人、女、大每於偏旁中互通，如 　、　、　、　皆釋𣪘，　、　、　、　皆釋鬼。又从 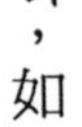　之字亦或从 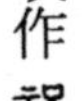　，如 　或作　（《文編》一八）、 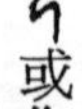　或作 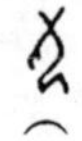　（《文編》一一一一）。《文編》謂古人尸卩為一字（一〇八九卩字條下注），以說義近相通則可，逕謂為一字則不可。上古韻尸、卩、人分在脂、質、真部，聲音相通，或為同一語源之分化，然「人」象立形、「尸」象高坐形、「卩」象跽形，取義不同，不得混為一談。

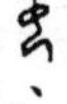

〔字根〕〇四六　S.3484 4276 G.0304

《說文》卷十四巴部：「　蟲也，或曰食象它。象形。」

案：傳世文獻無用巴爲蟲者，巴蛇見《山海經．第十．海內南經》：「巴蛇食象，三歲而出其骨，君子服之，無心腹之疾。」事涉神話，中土無徵，是《說文》巴字之訓確實可疑。卜辭字，郭沫若釋卂（《粹》一二三〇考釋），與之字形不相似，且後世从卂之字，卜辭多从，鮮有从者（如作、作、唯祝所从之又作，然此形近通用耳，不足證即小篆之。）王襄氏釋卂（《簠徵》三十釋文），唯卜辭別有、釋卂，與之構形、用例均不同。唐蘭釋巴：「卜辭有方，舊不識，余以為即巴方。」（《天壤文釋》五十四頁下）張秉權先生云：「是巴字，《說文》：…（中略）。是把一個象人形的字，誤認為蛇的象形字。」（《丙》二二一考釋）以字形言。、頗爲接近，唯之形義究竟如何，尚有待深入探究，此姑從唐說釋巴，字當从卩。如以唐蘭象意字聲化例推之，此字似可釋爲「把」之初文。

、似从而隆其腹，《類纂》亦釋巴。以於偏旁可通作例之，此說亦不無可能，惟於卜辭能爲蚩，如「貞于匕…」（《合》4478）、「貞不隹匕己蚩」（《合》2431），當爲巴方之人。

〔字根〕〇四七　□　S.342 L.867 G.0379

《說文》卷三丮部：「□　持也，象手有所丮據也，讀若戟。」

案：卜辭□正象人有所丮據之形，《說文》不誤，惟當足之爲「持也。从卩、象手有所丮據也。」字从卩而特別強調其手部丮據之形。

丮於偏旁中或作二手、或作一手，並無不同。其手形之前端或有指爪、或無指爪，亦無不同。其作二手者易與女字混淆，如《乙》8896□、當从母乳子，《續文編》釋乳。《綜類》60、《類纂》392 皆廁於丮部中，分部顯然不當。又如《丙》519□，从□从□从丮，據拓本、照片，从丮當無可疑，然《丙釋》隸定作嫛、《合集》九七三《摹釋》隸定作嫛，誤爲从女。辭云「□」，義不詳。《文編》分□爲二字，釋其下半爲丮（三四二）。分爲二字，非，然釋丮則得之。

〔字根〕〇四八

說文卷九上勹部：「 膺也。从勹、凶聲。 匈或从肉。」

案：甲骨文字（以下用△代表），見《續》五・六・九，舊不識。陳漢平釋匈、胸：「甲骨文有字作△，卜辭曰：『己酉卜穷貞㞢疒△出。』（《續編》五・六・九）此字从勹，从×，从×即从凶。《說文》：『凶，惡也。象地穿交陷其中也。凡凶之屬皆从凶。』……『匈，聲（旭昇案：當爲膺字之誤）也。从勹，凶聲。……』字今書作胸或𦙄。△字从勹，从×，當釋爲匈、胸。」（《屠龍絕緒》第四一頁）旭昇案：陳氏釋△爲匈字，可從。惟說从×即从凶，似有可商。甲骨文未見凶字，其作×者，一般以爲五之較早形體（參五部條下說明），陳漢平謂从×即从凶，無據。甲骨文△字从勹，从×，从×當爲指事符號，指示人胸部所在。小篆从勹、凶聲，當係聲化現象。漢隸作匈（《篆隸表》六四五頁・西陲簡一四・二五），與小篆同。甲文此字从勹、从㐅，爲合體指事文。

〔字根〕〇四九　S.4418,5502 5503 G.1946,1934,3294

《說文》卷五夊部：「　治稼畟畟進也。从田儿，从夊。詩曰：『畟畟良耜。』」

案：卜辭　（以△1代表），羅振玉釋兇；朱芳圃釋禼；吳其昌釋兒；唐蘭原釋頁，後釋光；董作賓以爲殷之先祖契；魯師實先釋兆；張秉權以爲殷先祖之一；陳夢家釋爲兇，亦即叜，其作　（以△2代表）者爲从「从」聲；吳匡、蔡哲茂承陳夢家之說，以爲即畟，以爲△2（《粹》五三四）、　　（《綴合》一六二 《乙》五六〇〇）亦當釋囟：「甲骨文有△1字，此字又可从比聲寫作△2，或簡其形，只寫出上部的　，因此又可寫作　，或从匕聲作　。……兩年前李瑾教授提出△1即《說文》囟之本字。……按卜辭的△1或从比聲作△2，即囟字，也應是《說文》中解釋作『孺子也，从儿，象小兒頭囟未合』的兒字。也是後來字形轉變為兇、叜二字，叜畟上古一字，後來加示旁表示神明，最後示為禾所取代成『稷』字，因此△1即『稷』字。《說文》：『　，頭會𡿺蓋也。……』段注：『〈內則〉正義引此云：「囟、其字象小兒腦不合也。」按、人部兒下亦云：「从儿、上象小兒頭腦未合也。」《九經字樣》曰：「《說文》作　。」隸變作囟，𩕄、腦等字从之，細、思等字亦从之。考夢英書偏旁石刻作　，宋刻書本皆作囟，今人楷字訛囱，又改篆體作　，所謂象小兒腦不合者、不可見矣！』△1字上半部之　如前所述又可作　、　、　等形，正象小兒囟門未合之形，由於圓筆不好刻畫，所以又演變成直筆的　形，《佚》三三七『辛卯卜：燎于△1？　辛卯卜：燎于　？』兩條卜辭，干支相同、燎祭相同，祭祀對象一作△1、一作　，可知　即△1之省變。」（〈釋稷〉未刊稿）此說釋畟，即稷，當於舊說。唯謂字上所从爲囟，並無證據。卜辭自有囟字（參囟部）。字从卩，上所从不詳。

〔孳乳表〕四

1412

Y547

S1412 1420 L3587

Y1044 Y557 D141 S1698 1086 L4325 Y17

5695 D138 469

1436 745

Y544 451

5203 1457 3245

Y3152 1457 3245 279 745

Y3153

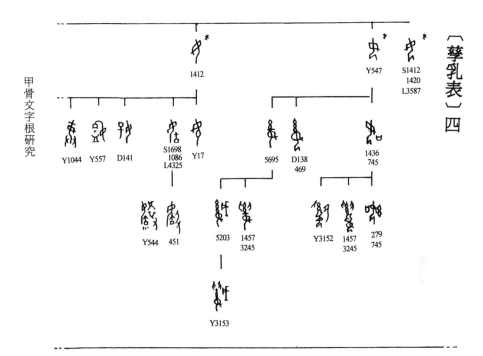

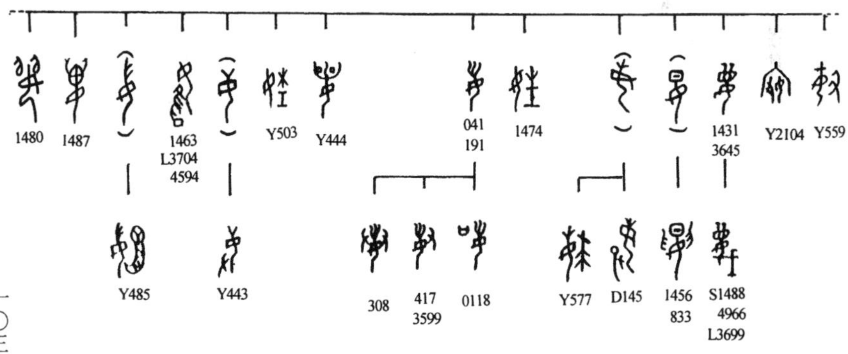

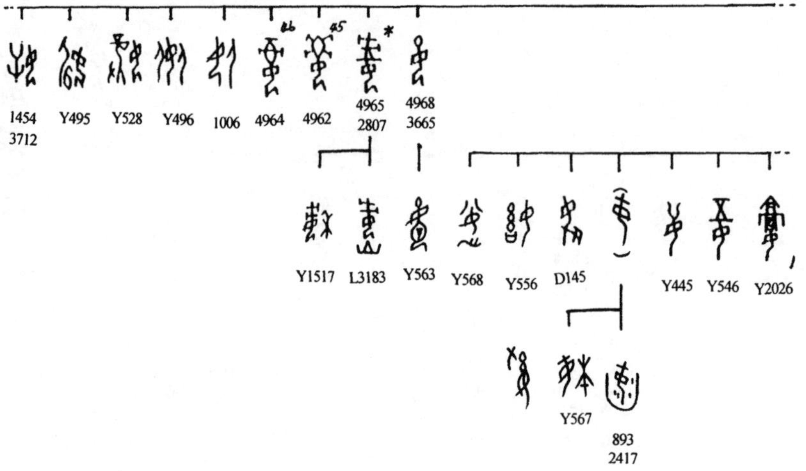
1454 3712
Y495
Y528
Y496
1006
4964
4962
4965 2807
4968 3665
Y1517
L3183
Y563
Y568
Y556
D145
Y445
Y546
Y2026
Y567
893 2417

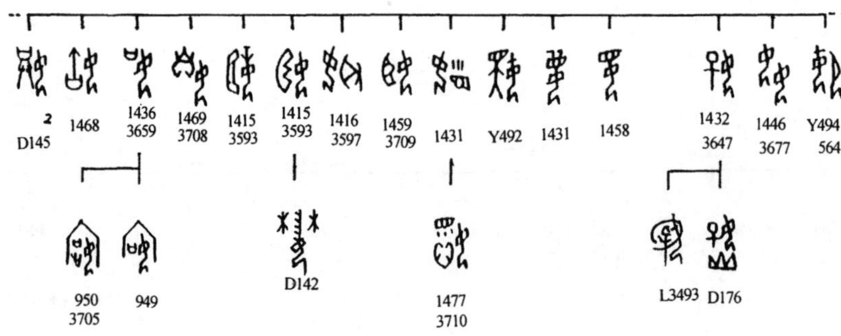
D145
1468
1436 3659
1469 3708
1415 3593
1415 3593
1416 3597
1459 3709
1431
Y492
1431
1458
1432 3647
1446 3677
Y494 564
950 3705
949
D142
1477 3710
L3493
D176

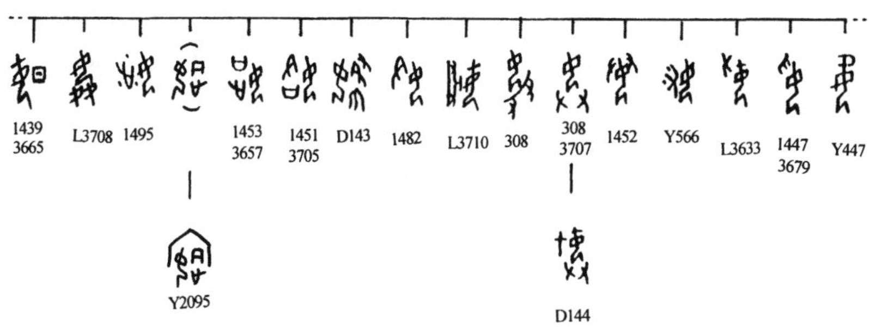
1439 3665
L3708
1495
1453 3657
1451 3705
D143
1482
L3710
308
308 3707
1452
Y566
L3633
1447 3679
Y447
Y2095
D144

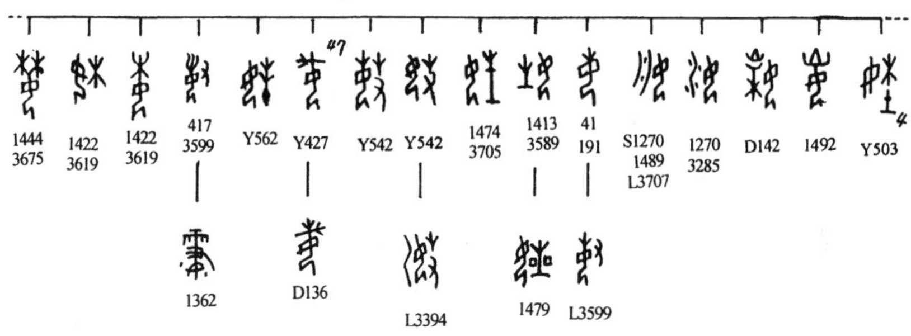
1444 3675
1422 3619
1422 3619
417 3599
Y562
Y427
Y542
Y542
1474 3705
1413 3589
41 191
S1270 1489 L3707
1270 3285
D142
1492
Y503
1362
D136
L3394
1479
L3599

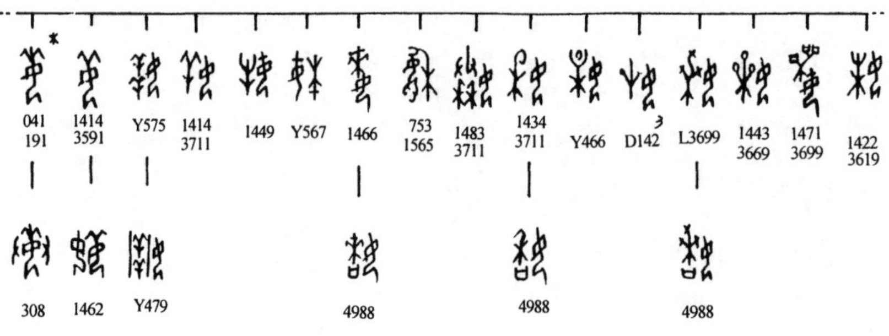
041
191
1414
3591
Y575
1414
3711
1449
Y567
1466
753
1565
1483
3711
1434
3711
Y466
D142
L3699
1443
3669
1471
3699
1422
3619
308
1462
Y479
4988
4988
4988

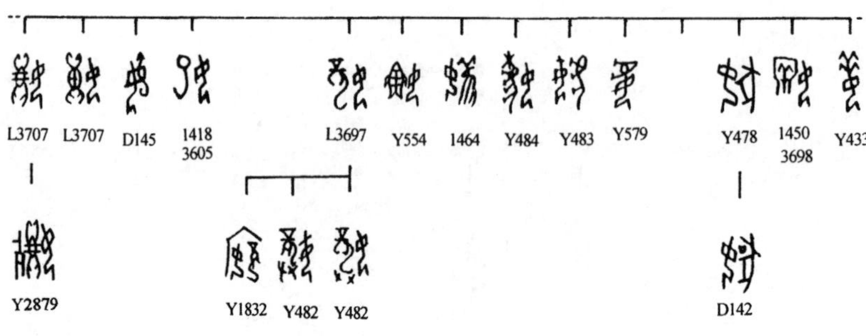
L3707
L3707
D145
1418
3605
L3697
Y554
1464
Y484
Y483
Y579
Y478
1450
3698
Y433
Y2879
Y1832
Y482
Y482
D142

L3595 1430 3643 Y535 1433 Y558 796 1475 D145 Y541 Y538 1429 3641 Y481 Y2879

1476 952 2491 D46

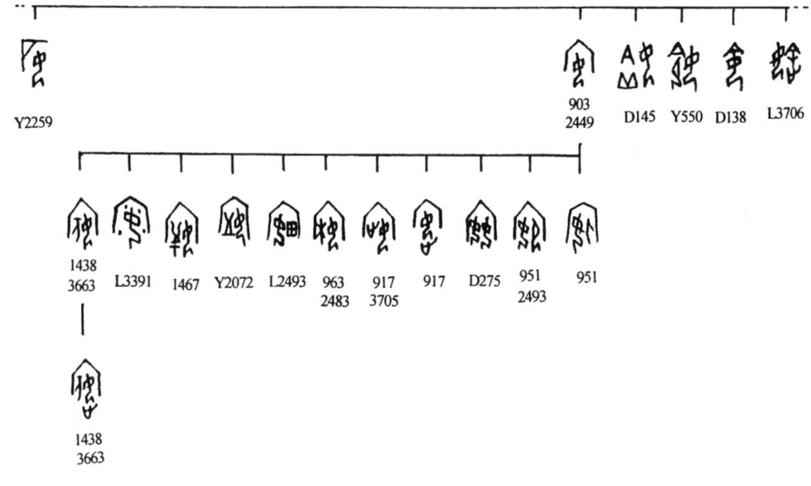

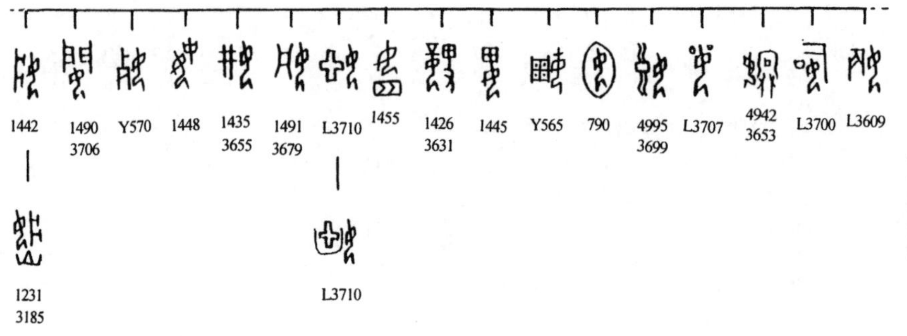
1442
1490 3706
Y570
1448
1435 3655
1491 3679
L3710
1455
1426 3631
1445
Y565
790
4995 3699
L3707
4942 3653
L3700
L3609
1231 3185
L3710

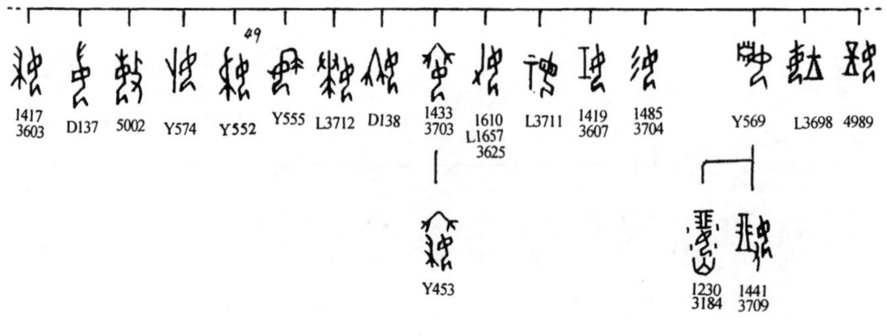
1417 3603
D137
5002
Y574
Y552
Y555
L3712
D138
1433 3703
1610 L1657 3625
L3711
1419 3607
1485 3704
Y569
L3698
4989
Y453
1230 3184
1441 3709

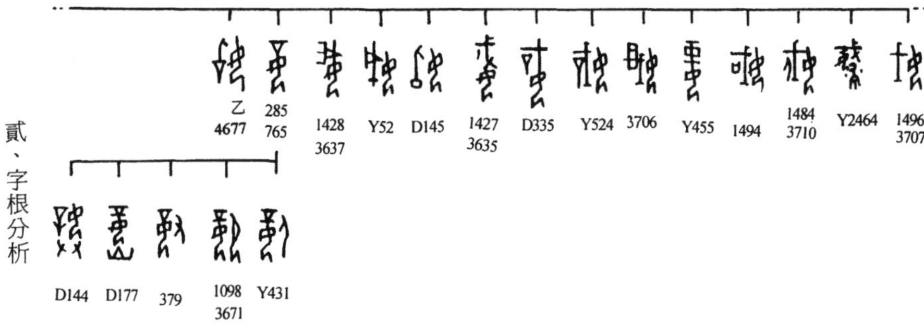
乙
4677
285
765
1428
3637
Y52
D145
1427
3635
D335
Y524
3706
Y455
1494
1484
3710
Y2464
1496
3707
D144
D177
379
1098
3671
Y431

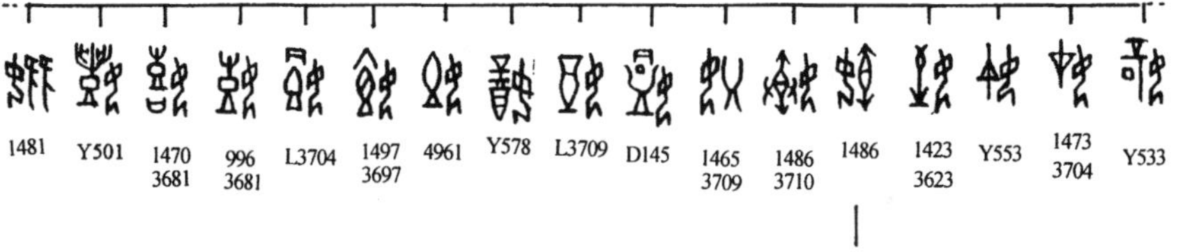
1481
Y501
1470
3681
996
3681
L3704
1497
3697
4961
Y578
L3709
D145
1465
3709
1486
3710
1486
1423
3623
Y553
1473
3704
Y533
1257

Y520 1460 L3712 L3709 D138—1457 1493 3708 1498 3708 Y506 Y1296 Y3153 1437 3661 1478

41 191* 1420* Y534 1424 3629 Y424 1420 3611*—L3493 Y449 Y502[50] D145 Y540 Y122[51] Y2445[52]

說明

一　[glyph]，見《明》六四二（《合》二四三七九），[glyph]之間拓本模糊，《類纂》作[glyph]、從丙。

二　[glyph]，見《乙》六四。《綜類》一四五摹作[glyph]，左旁不成字，非。

三　[glyph]，見《佚》二三七。《類摹》作[glyph]，似非。

四　[glyph]，見《前》四·三七·五，《綜類》摹作[glyph]，非。

〔字根〕〇五〇 □ S.1412 1420 L.3587 G.0422

《說文》卷十二女部：「□ 婦人也。象形，王育說。」

案：卜辭□字象人斂手而跪之側面形，羅振玉釋女是也。爲獨體象形文。

字與□相似，然□象人雙手反翦而跪之形，从□之字多爲俘虜奚奴之屬（參孳乳表），與女字無關。□字《類纂》釋奴（五四七。）

字又與□字字形稍異，□、說契諸家皆未論及，殆以爲即女字歟？以字形言，□象跪形、□象立形，其構形不同，意義當亦有別，此猶□□之爲二字也。惟卜辭偏旁从□與从□似無不同，且後世女旁所从皆僅一形，故以□爲□之異構，不復區別。

又卜辭从女之字或从□、□、□、□、故孳乳表一律不加區別。此與从□之字或从□、□，並無區別、亦無法區別之現象相同。

□形與□形近，金文女部或作□，如：□（齊侯盤）、□（鄦子固）、□（仲姞鬲），故《文編》1414姜字條下收有□（《甲》182），《文編》附錄 4937□字條下又注云「疑女字」。然卜辭女實不做□形，《甲釋》以□爲羊用二字，是□爲用字也（參《釋林》頁三五九～三六一〈釋用〉）。

〔字根〕〇五一　□　G.0547

《說文》卷十一卂部：「□　疾飛也。从飛而羽不見。」

案：卜辭□，象人雙手反剪而跪之側面形，字見《英》六四六，骨崩辭殘，僅存一字，文義不詳。于省吾釋爲「奴」：「卜辭中有△字，多習見于偏旁中，象反縛其兩手以跪形。……卜辭『如』字多从反縛女形，含有俘虜之義；但『如』字作為婦名而稱『如妨』者則……不从反縛形。……因此，我斷定△字系『奴』字的初文。施反縛于戰俘，是『奴』字的造字本義。」（《考古》一九六二年第九期〈釋奴婢〉）。唯此說證據並不足，所釋字亦多有可商者。卜辭从△者有□字，唐蘭釋吆，以爲訊籀之專字；又有□字，《集釋》云：「从△从口，乃象人面縛而跪之形，非女字也。……□實即□之省體，省□作□，訊籀之誼仍顯。……从△者一誤為□，再誤為卂，遂誤以為从卂聲矣：然則□若□即訊之古文，訊則其訛變之體也。」（頁七四六～七五〇）《詩．皇矣》「執訊連連」、《出車》「執訊獲醜」，則訊當有名詞義，即俘虜，以唐蘭象意字聲化例推之，□有「从口、△聲」之可能，是△或即卂字。《說文》釋卂、形義俱可疑，金文訊作□、□、□、□（《金文編》〇三四二），其所从疑即△若□之訛（跪立無別），《說文》□或即由此再訛。

此字與「女」無關，然以其字形與「女」接近，故仍《綜類》舊貫，以△之孳乳表附於女部之中。卜辭偏旁中又有从□之字，如：□、□、□（俱見《綜類》四六九頁），□亦象人雙手後縛之形，以卜辭□□不分例之，△□當亦無別。卜辭訊作□，从△；金文訊作□、从□（□當即□），似亦可證△□不分。字象人跪而反縛雙手之形，爲獨體象形文。

〔字根〕〇五二　先　S.4965 L.2807 G.0434

《說文》卷八先部：「先　首笄也。从儿、匕象形。簪　俗先。」

案：卜辭先字，郭沫若以爲先之異，象女頭著簪之形（《粹考》四十葉下）。今考古所得之先飾甚多，其形狀正如[glyph]（如圖）。卜辭未見从人之先，从人从女，偏旁互通。字从女、上象簪飾，爲合體象形文。

圖例	1	2	3
長度	9.5cm	16.4cm	11cm
文化時期	新石器早期	龍山文化時期	仰韶文化馬廠型
出土地點	浙江杭州灣河姆渡遺址	陝西商縣紫荊遺址	甘肅永昌鴛鴦池新石器時代墓地
	4	5	6
長度	15.2cm	（不詳）	殘長 5.2cm
文化時期	仰韶文化時期	約鄭州二里崗文化時期	鄭州二里崗文化時期
出土地點	陝西商縣紫荊遺址	北京房山琉璃河劉李店遺址	山東濟南大辛莊遺址

（採自《中國歷代婦女妝飾》頁七〇，香港三聯）

〔字根〕〇五三　□　S.41 L.191 G.0432

《說文》卷一中部：「□　艸盛上出也。从中母聲。」

案：卜辭□、□、□、□即《說文》每字，葉玉森以爲象人髮分披，上加笄形飾物（《前釋》二卷三頁）是也。

字或从母，與从女無別。其作□形者，《字典》釋女（一二九九頁），以字形言，每象頭上有笄飾，母則胸前著乳形，而□有笄飾無乳形，當釋爲每。

〔字根〕〇五四　□　S.1420 L.3611 G.0423

《說文》卷十二女部：「□　牧也。从女、象裹子形。一曰象乳子也。」

案：卜辭□、□等字，从女，上著兩點或一點、象乳形。羅振玉釋母是也（《增考．中》二二葉上）。《乙》八八九六□、《續文編》釋乳（十二卷一葉上），可從。字从□从子，象乳子形，□胸前著一點以示乳，當亦可釋母。字爲合體象形文。

〔孳乳表〕五

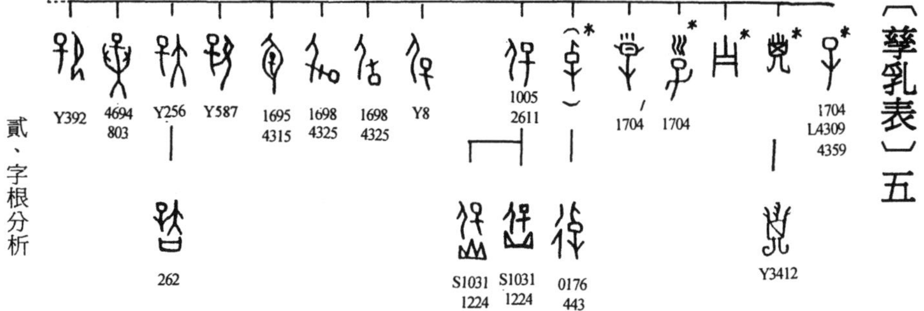

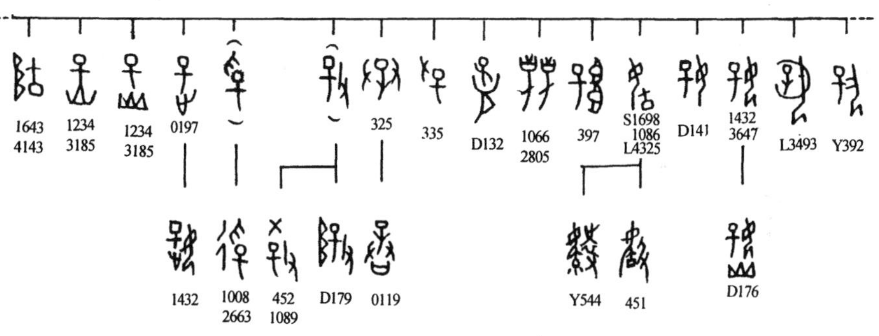

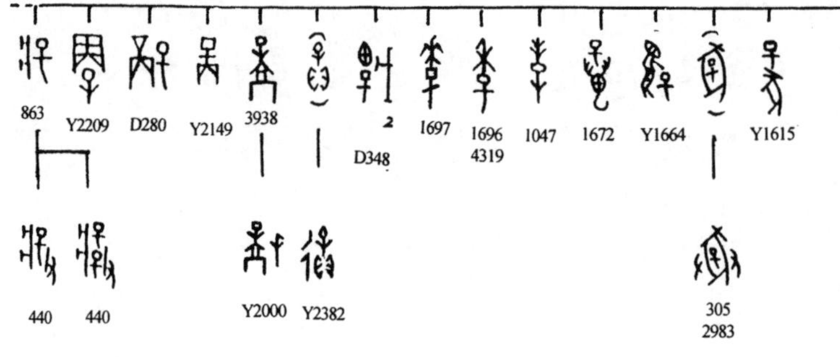
863
Y2209
D280
Y2149
3938
D348
1697
1696
4319
1047
1672
Y1664
Y1615
1698
1291
3339
440
440
Y2000
Y2382
305
2983

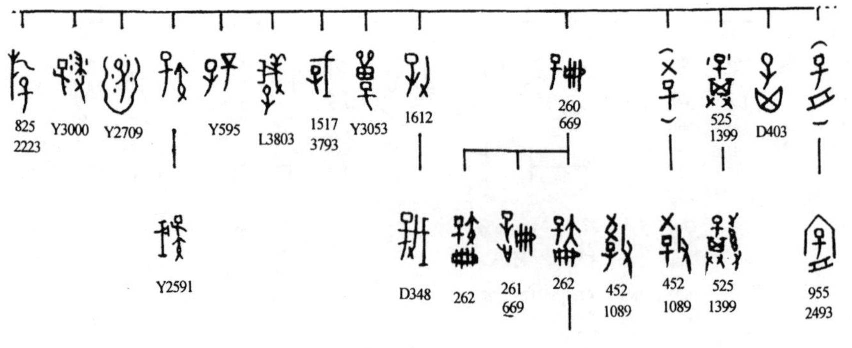
825
2223
Y3000
Y2709
Y595
L3803
1517
3793
Y3053
1612
260
669
525
1399
D403
Y2591
D348
262
261
669
262
452
1089
452
1089
525
1399
955
2493
262

說明

一　□，見《乙》四四八八，《字典》疑爲子之異體（頁一五七六）。

二　□，見《合》一三四〇四，《綜類》三四八據《存》二·九五摹作□，非，字左之一乃界劃。《摹釋》作□，是。

三　□，見《綜類》一四九，采自《後》下七·一三（《綜類》注誤爲七·一四），原拓作□，《綜類》四〇三亦有此字，不誤。《綜類》一四九本條當取消。

四　□見《綜類》一四九，采自《前》五·八·一。查原拓作□，與《綜類》四七八□同字。《綜類》一四九本條當取消。

〔字根〕○五五　□　□　S.1704 L.4309,4359 G.0580

《說文》卷十四子部：「□　十一月昜氣動萬物滋，人吕爲偁，象形。□　古文子。从巛，象髮也。□　籀文字。囟，有髮，臂，脛，在几上也。」

案：古文字中甲子之「子」、乙巳之「巳」、子女之「子」、祭祀所从之「巳」四形，自甲骨以迄小篆，頗有糾葛。卜辭之□、□，象幼兒髮、囟、脛之形，與《說文》籀文同形，卜辭用爲甲「子」字。又有□、□、象□，與上述二子形截然有別，金文與甲文同。迄於小篆，甲「子」字與「子」女字同形，乙「巳」字與祭「祀」字同形。子、巳皆之部開口三等字，可以通假，且甲「子」、乙「巳」皆無本字，必須假借，借□借□，罄無不宜，約定俗成（亦用爲乙「巳」字）。此外，祭祀之「巳」、巳然之「巳」作□則可。甲金篆文之子巳字形演變，參見附表。

字頭	甲骨	金文	說文
甲「子」	□	□	□□
「子」女	□	□	□
乙「巳」	□	□	□
偏旁「巳」字	□	□	□

〔字根〕〇五六

《說文》卷八匕部：「 高也。早匕爲卓、匕卪爲卬，皆同意。 古文卓。」

案：卜辭未見單字卓，然有从卓之，于省吾先生云：「𢔆从彳卓聲。卓即卓，金文卓林父鼎卓作，蔡姞簋𩏂字从卓作，石鼓文淖字从卓作，其中間有點，為後來乘隙所加，乃古文字之常例。《說文》：『㫕，高也，早匕為卓。』按卓字初文本不从早匕，許說誤矣！甲骨文𢔆字从，下从子，上象子之頭頂有某種標識之形，故有高義。」（《釋林》頁九一—九二，〈釋𢔆〉）于氏此說自甲骨、金文、石鼓、小篆，釋卓之源委演派，極爲明晰，當可從。據此，卓从子、上象某種標識，當爲合體象形文。

〔字根〕〇五七　𠫓　G.0737

說文卷十四𠫓部：「𠫓　不順忽出也。从到子。《易》曰：『突如其來。』如不孝子突出，不容於內也，𠫓即易突字也。㐬　或从到古文子。」

案：卜辭𠫓，象到子之形，與《說文》古同，《類纂》釋𠫓，可从。字於卜辭七見，辭云「乙卯卜宁貞王穷亙𤔲𠫓多亡尤」（《甲》二六九三，《綴合》四九反，《合》二七〇四二反），《甲釋》以爲𠫓係毓之省，毓多者、多后也。（具餘六見均與此同例）从𠫓之字五，皆取「到子」之義，無用「不順忽出」之義者，是𠫓當以「到子」爲本義（毓象人產子形，子頭部先出，故作𠫓形，毓从毓，𠫓則毓之簡形），不順忽出乃引伸義。爲變體象形文。

〔孳乳表〕六

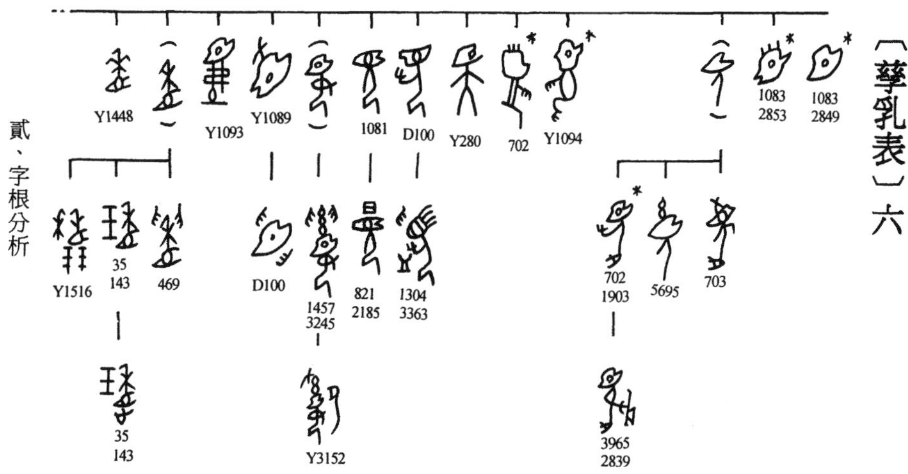
Y1448
Y1093
Y1089
1081
D100
Y280
702
Y1094
1083
2853
1083
2849
Y1516
35
143
469
D100
1457
3245
821
2185
1304
3363
702
1903
5695
703
35
143
Y3152
3965
2839

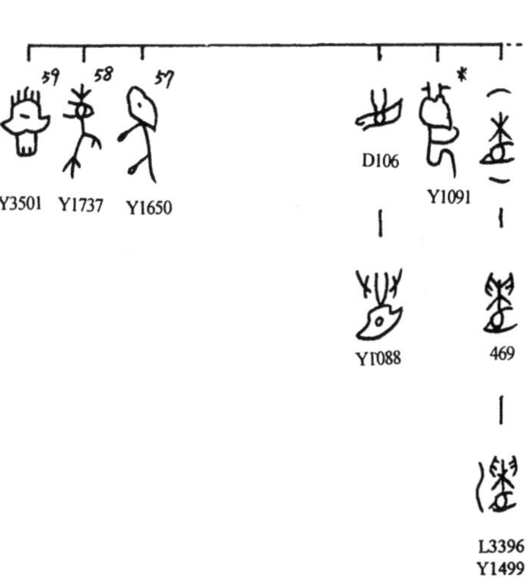
59
58
57
Y3501
Y1737
Y1650
D106
Y1091
Y1088
469
L3396
Y1499

〔字根〕〇五八　、　S.1083 L.2849,2853 G.1086

《說文》卷九𦣻部：「𦣻　頭也。象形。」又首部：「𩠐　古文𦣻也。巛象髮，髮謂之鬊，鬊即巛也。」

案：卜辭有字，《續文編》九．一釋𦣻，是。字象頭之外廓及目形。又有字，朱芳圃釋首（《文字編．九卷》一葉上），亦是，字與同形，惟上加髮鬊微異耳。字之變化極多，於偏旁中或與目相似，故於偏旁中可與目通，如（《燕》75）又作（《後》上 24.9）。又猿猴與人形貌相似，猴頭經類化作用後亦與𦣻相近，如當爲獨體象形，然其上實與𦣻無異。字爲獨體象形文。

〔字根〕〇五九　S.702 L.1903 G.1094

《說文》卷五夊部：「　貪獸也，一曰母猴。似人，从頁，巳、止、夊，其手足。」

案：卜辭　、　等形，各家異說極多，以形而言，字實爲猿猱之象，後字形漸訛，小篆作　，然《說文》猶知所从「巳、止、夊，其手足」，而「一曰母猴（獮猴）」當爲此字本義。卜辭中此字之異體極多，大別之可得兩類：一類爲猿猴之全體象形（如　），一類則足部類化爲从止、首部類化爲从頁若目（如　），字形雖小異，其實當爲一字之演化。或以爲釋「高且」之　（夒）手掌向上，釋「母猴」之　（猱）手掌向下，趙誠云：「夒和猱形體相近，常被人混而為一，其實，從卜辭來看，這兩個字有一個很主要的區別，即夒的手掌向上，猱的手掌向下，又夒字大多站著。」（《簡明詞典》頁六）按之卜辭，此說恐難成立，《續》一・一・一「甲子卜占𠦪于　」，其字手掌向下，然釋夒無疑。是此類區別尚未完全成立，無法較然甄別也。字爲獨體象形文。

〔字根〕〇六〇　G.1091

《說文》卷五夊部：「　即魖也，如龍一足。从夊，象有角、手、人面之形。」

案：《合》一一九七一有「」字，形近於夒而有角，稽之《說文》，似即夔字。《說文》釋夔一足，見《山海經．大荒東經》，恐不足信，《呂氏春秋．察傳》：「魯哀公問於孔子曰：『樂正夔一足，信乎？』孔子曰：『昔者舜欲以樂傳教於天下，乃令重黎舉夔於草莽之中而進之，舜以為樂正。重黎又欲益求人，舜曰：「若夔者，一而足矣」！故曰夔一足，非一足也。』」是夔一足之說，當不可信。〈魯語．下〉：「木石之怪夔蝄蜽。」韋注：「或云：夔一足，越人謂之山繅，音騷，或作猱，富陽有之，人面猴身，能言。」人面猴身，與、夔之字形吻合。比許、韋二家說，「夔」之字形為「人面猴身，象有角、手之形」，似可以當之，字當為獨體象形文。《文編》以（《鐵》一〇〇．二）為夔，此字上从又，不象角形，似非夔字（二五四頁七〇三號）。

〔孳乳表〕七

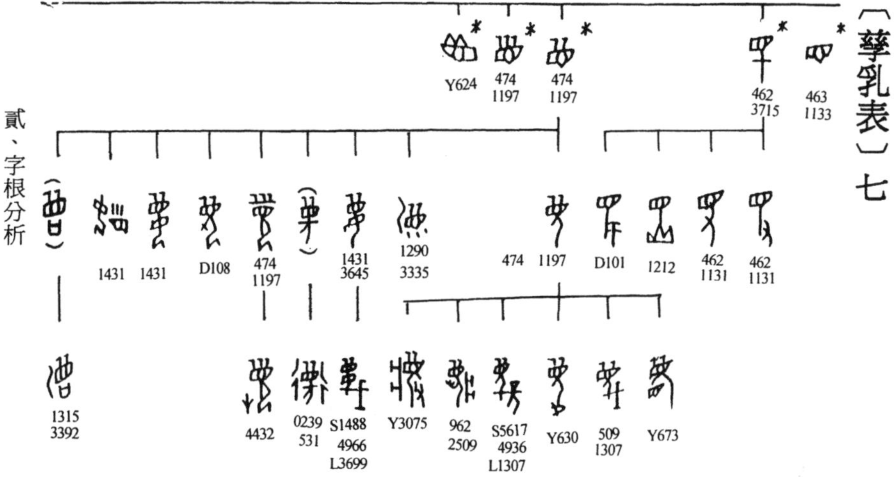
Y624
474 1197
474 1197
462 3715
463 1133
1431
1431
D108
474 1197
1431 3645
1290 3335
474 1197
D101
1212
462 1131
462 1131
1315 3392
4432
0239 531
S1488 4966 L3699
Y3075
962 2509
S5617 4936 L1307
Y630
509 1307
Y673

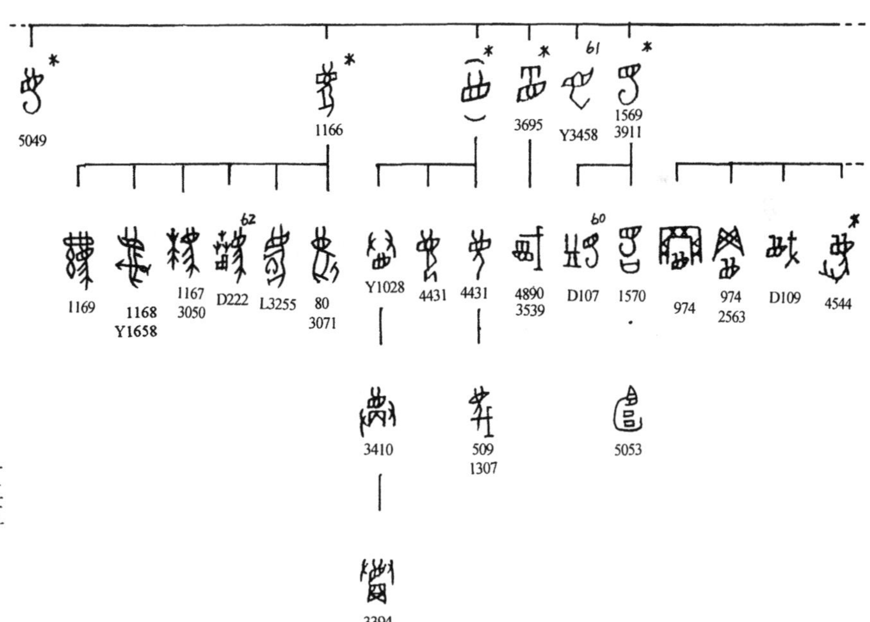
5049
1166
3695
61
Y3458
1569 3911
1169
1168 Y1658
1167 3050
62
D222
L3255
80 3071
Y1028
4431
4431
4890 3539
60
D107
1570
974
974 2563
D109
4544
3410
509 1307
5053
3394

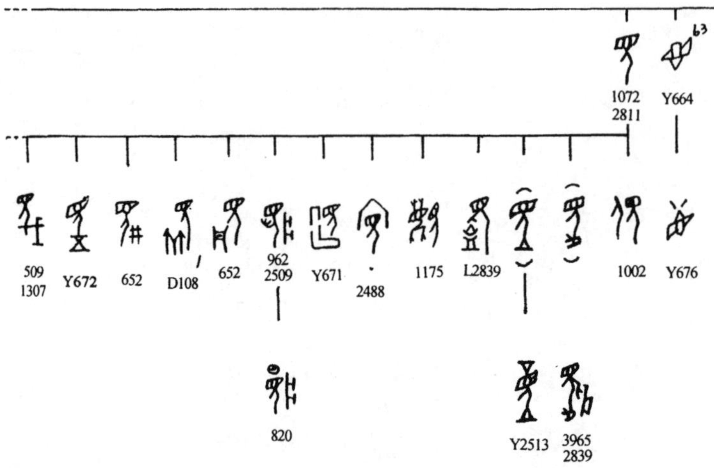
1072
2811
Y664
509
1307
Y672
652
D108
652
962
2509
Y671
2488
1175
L2839
1002
Y676
820
Y2513
3965
2839

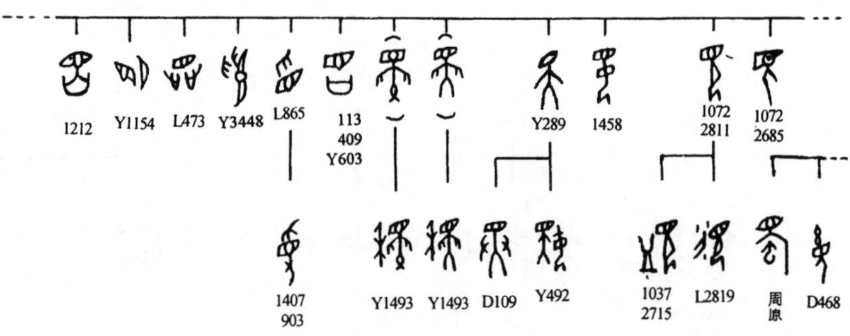
1212
Y1154
L473
Y3448
L865
113
409
Y603
Y289
1458
1072
2811
1072
2685
1407
903
Y1493
Y1493
D109
Y492
1037
2715
L2819
周原
D468

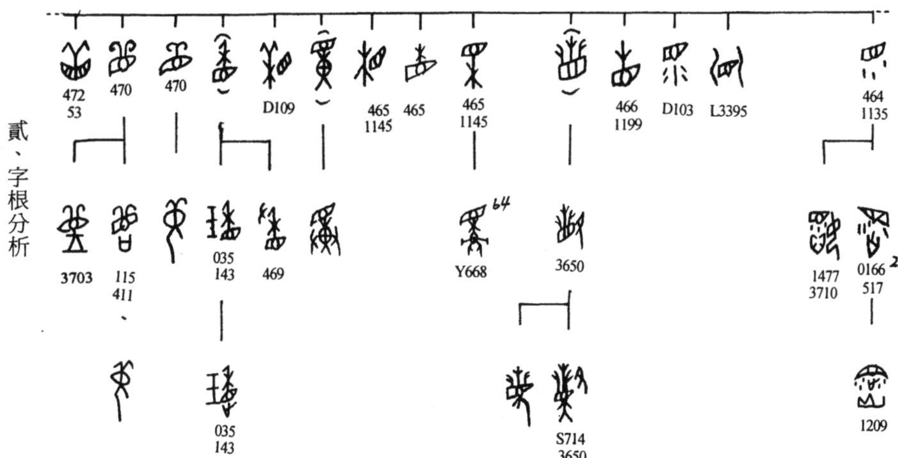
472
53
470
470
D109
465
1145
465
465
1145
466
1199
D103
L3395
464
1135
3703
115
411
035
143
469
Y668
3650
1477
3710
0166
517
035
143
S714
3650
1209

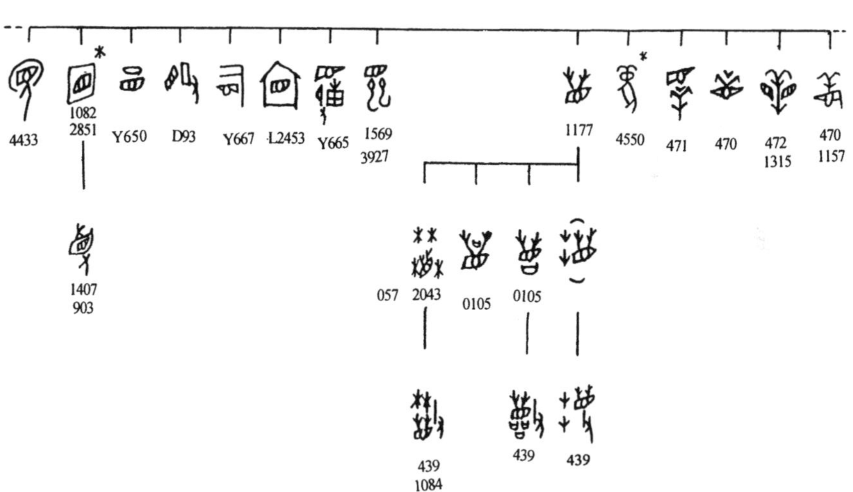
4433
1082
2851
Y650
D93
Y667
L2453
Y665
1569
3927
1177
4550
471
470
472
1315
470
1157
1407
903
057
2043
0105
0105
439
1084
439
439

說明

一　□，見《拾》一一・一二。《綜類》一〇八以為與□一字。

二　□，見《前》五・二一・三。從罘從止，《綜類》一〇三摹作□，下不成文。

三　□，見《綜類》四七四，采自《存》二・五九八。按本片又見《合》四二，辭云：「……□王□」，胡氏摹本失真。

四　□，此字當與《合》一八一五七之□同字，二者皆殘，全形皆當作□。

〔字根〕○六一 [glyph] S.463 L.1133 G.0601

《說文》卷四目部：「[glyph] 人眼也。象形，重童子也。[glyph] 古文目。」

案：卜辭[glyph]若[glyph]字，象人眼之形，《說文》可從。惟釋形云「重童子」則非，虞舜、項羽重童子，人世鮮遘，不能象目之常，許氏蓋據訛變之字形立說耳。段注讀爲「重、童子也」，似非《說文》本義，若段意是、依許書通例當作「二、童子也」。蓋小篆目字豎寫，與眼形稍異，故許氏有此說也，字爲獨體象形文。

〔字根〕○六二 [glyph] S.462 L.3715 G.0608

《說文》卷十二民部：「[glyph] 眾萌也。从古文之象。[glyph] 古文民。」

案：卜辭[glyph]，李孝定先生釋民：「按、《說文》：『[glyph] 眾萌也。从古文之象。[glyph] 古文民。』段氏注云：『仿佛古文之體少整齊之也。』因改古文作[glyph]，朱駿聲《通訓定聲》曰：『按古文从母、取蕃育也。』段氏亦謂『古文民蓋象萌生緐廡之形』。按从母、則其餘數畫無義，萌生緐廡之形亦無由可象，益許君已不知其義，故模稜說之云『从古文之象』，然則古文又何所取義乎？段朱之說是又郢書而燕說之也。契文民作上出諸形，金文略同，……。辭云『萛王民克　貞民十月』(《乙》一一八)、『其萛王卯民　祉卯民𨸏䖒』(《乙》四五五)，首辭之義不詳，次辭首云『奠王』，奠者、以酒為祭也。『卯民』之辭與卯牛、卯羊同等，此以民為人牲之實證也。郭氏撰〈臣宰〉一文時於《乙編》尚未及見，故曰殷文無民字，今其說但需略作修正，固仍能成立也，……三體石經民古文作□，與契文、金文並同，是則許書古文殆傳寫致訛矣！」（《集釋》三七一六頁）

郭沫若《甲骨文字研究》〈釋臣宰〉一文，以爲卜辭無民字，而金文民作□、□等形，象以刃物刺人眼、致盲一目以爲奴隸（六十六頁）。《集釋》從其意，以爲卜辭□亦象以刃物刺人眼致盲，當釋民。旭昇案：□於卜辭偏旁中作□，从之者有□（《文編》四六二），羅振玉釋旻（《增考．中》五十七葉），甲骨學者咸從之，似非。《金文編》508 有□、□，釋敃，當即卜辭□字；《金文編》570 另有旻字，作□，與敃不同，卜辭□近於□而遠於□，故恐不當釋旻。□（《林》二．五．五），徐中舒以□爲目之異構，釋盱（《字典》三六八頁），以字形言，□所从□象刃物刺目之形極明顯，釋□爲目之異構，似有可商。□（《文編》一二一二），以字形言，亦當爲从□从□。□（《文編》四六二），□形扠入目中，當爲从□从□之共筆字。以上四字如從《集釋》說，似可隸定爲敃、盱、岷、敃。

金文民字作□（何尊）、□（盂鼎）、□（曾子斿鼎）、□（洹子孟姜壺）、□（王孫鐘）、□（蚉壺）（以上見《金文編》二〇二一）、□（《攈古》二之三、六十六頁郾侯彝（又名郾侯庫彝、郾侯庫𣪕、橋祀𣪕）），目形稍有訛變，然何尊一文所从目形極爲明顯。郭氏謂民字象刺盲一目以爲奴隸，於文獻雖無確徵，然於字形似頗切合。《史記．刺客列傳》載秦始皇召高漸離擊筑，善其技，乃重赦之，矐其目，使擊筑。矐目使盲，雖旨在防其行刺，然或亦爲刺目爲奴之遺俗歟！

〔字根〕〇六三 [glyph] S.474 L.1197 G.619

《說文》卷四眉部：「[glyph] 目上毛也。从目、象眉之形，上象頟理也。」

卜辭[glyph]、从目上象眉形，《說文》可從，惟《說文》謂「上象頟理」者，頟理實爲眉毛之訛。此字余永梁釋眉（《殷虛文字考》），可從。

〔字根〕〇六四 [glyph] S.1569 L.3911 G.627

案：卜辭[glyph]字，上目象頭形，下象蜎蜎之身，孫詒讓以爲蜀字省虫（《舉例》下九）；商承祚釋蜀（《類編．十三卷》三葉上）；陳夢家釋旬，謂即蝒，今之蚰蜒（《綜述》二九五葉）。案：《周》64 蜀字作[glyph]，从目从虫，則甲文此字恐非蜀字。唯蚰蜒加目形亦費解，待考。

字或从臣作[glyph]，《文編》一五六九以爲亦⿱罒丂，當可從，从目从臣無別，䍜或作[glyph]、或作[glyph]（《文編》一五七〇），可證，《鄴》四〇.四 [glyph]、《甲》二五六三 [glyph]等形，《綜類》一〇六以爲與⿱罒丂同字，茲從其說。唯卜辭[glyph]僅《林》二．三〇．六 一字，其餘各片皆「[glyph]」連文，《綜類》以爲[glyph]二字，《文編》五〇五〇以爲一字，茲從《綜類》。

〔字根〕〇六五 [glyph] S.3695 G.614

《說文》無。

卜辭[glyph]、（以下用△代替）从目从[glyph]，字不識，从之孳乳者唯一[glyph]字，孫詒讓釋戠（《契文舉例．下》八葉下），是以△爲百。葉玉森釋戭（《擧例．下》七葉上），是以△爲盾。然卜辭百盾多見（盾字作[glyph]，隸定爲毌爲干），未有作△形者。唐蘭釋△爲害若𡩋之本字（《天壤閣文釋》五一葉下～五二葉上），然金文害作[glyph]（《金文編》一二一五）、𡩋作[glyph]（《金文編》一七一九），所从[glyph]與△所从絕不相同（卜辭未見害字、𡩋字，唯《類纂》一三八八釋[glyph]爲𡩋，所从[glyph]亦與△所从不同），是△不當釋害若𡩋也。《集釋》釋[glyph]爲聝（三五四四頁），以爲象取首繫於戈之形，析字爲从[glyph]从[glyph]，然卜辭此字多見，皆从戈从△，[glyph]與目相接，不與戈相接，是此說亦不足信。裘錫圭云：「賓組卜辭裏常見的『沚戠』與歷組卜辭裏常見的『沚或』，實際上也應該是同一個人名。歷組『沚或』，《安明》二四三二作『沚戈』。『或』、『戠』大概都从『戈』聲，所以可以通用。歷組《掇一》四五二『沚或』的『或』，仔細審視，似不从『口』而从『目』，字形與『戠』接近。」（〈論歷組卜辭的時代〉，《古文字研究》第六輯，二八〇至二八一頁）。旭昇案：此說有理，如以音理而言，戠字从戈聲，△即戠之初文。《玉篇》有「睋」字，訓「望也」，字當从目我聲，我（歌部開口一等，*nga）聲與戈（歌部合口一等，*kwa）聲近韻同，戠或即睋之古字，其初文作△。

〔字根〕〇六六 [oracle-bone glyph]

《說文》所無，卜辭二見，《後》下三〇・一「……[glyph]……[glyph]……」、《庫》五五三反「𢎘……[glyph]……」，義不詳。以字形言，下似从百，上爲獸角。於偏旁中或从目，如[glyph]（《合》八二三二）或作[glyph]，當爲一字。徐中舒先生釋[glyph]云：「从攴从[glyph]从冈，[glyph]為牲首。」（《字典》頁二四四）說當可從，惟[glyph]究爲若何牲首乎？愚以爲[glyph]爲[glyph]省、[glyph]爲[glyph]省、[glyph]爲[glyph]省，然則[glyph]似爲[glyph]省，[glyph]似鹿類而與鹿似又不同（參[glyph]部）。

〔字根〕〇六七 [glyph] S.1082 L.2851 Y.610

《說文》卷九面部：「[glyph] 顏前也。从百、象人面也。」

案：卜辭[glyph]，从目，外象人面輪廓，余永梁釋面是也（〈新穫卜辭寫本跋〉）《後》下一五・五[glyph]从臣，《集釋》仍釋面。从目與从臣通。字爲合體象形文。

字於偏旁中或與目通，如[glyph]、[glyph]，《綜類》九五以爲一字，當可從。

〔孳乳表〕八

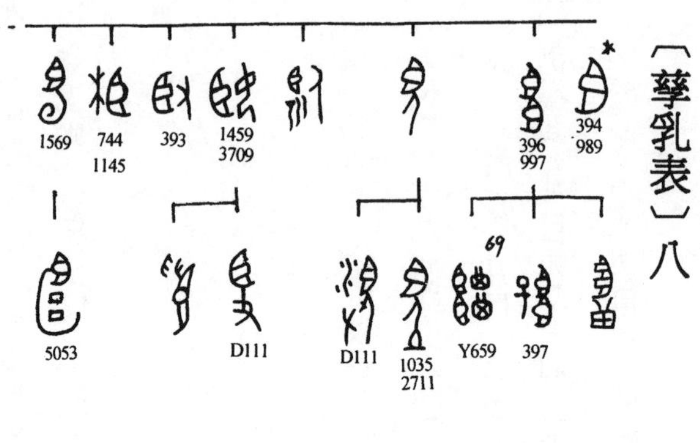

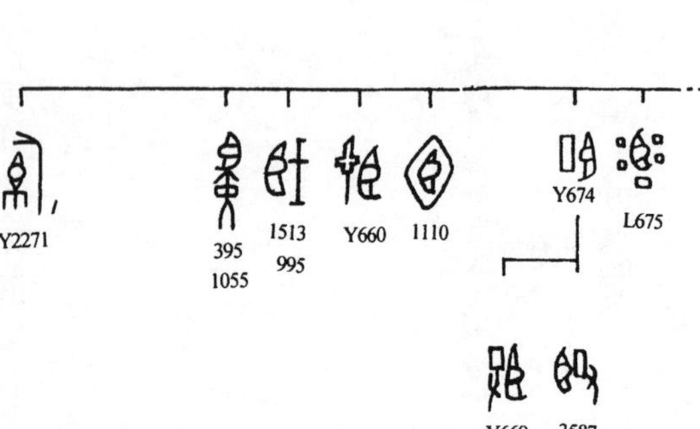

說明

一　，見《甲》三九三九。《殷歷譜》釋倞。《綜類》三一四摹作　。

二　，見《甲》二八三〇。《續文編》三·二四、《字典》三三一皆以爲臣。《甲釋》釋小臣，說較合理。

〔字根〕○六八 S.394 L.989 Y.651

《說文》卷三臣部：「 牽也，事君者，象屈服之形。」

案：《說文》謂象屈服之形，歷代說者雖多，皆難洽人意。卜辭臣目同形，惟臣豎目橫，故郭沫若云：「臣民均古之奴隸也……字於卜辭作若，……均象一豎目之形，人首俯則目豎，所以『象屈服之形』者，殆以此也。」（《甲研》頁六一～七二）此說既出，學者多翕然從之。然此中猶多有不可解者：臣象豎目之形，人首俯則目豎之說，實不可通。人目形本橫，首俯目形仍橫，首豎目橫，首橫目豎，與俯仰無關，此其一。臣目同形，目有作豎筆者，如《戩》八．六眔作；臣亦有橫書者，如《京都》一三五九小臣作，故葉玉森云：「卜辭臣字有橫豎兩形，豎目之說仍未融洽。」（《前釋．卷二》頁十九下）此其二。趙誠云：「臣，象豎目形。甲骨文的目作，象橫目形。豎目和橫目這兩種形體區別甚嚴，如甲骨文看見的見作，因為是一般地看，所以从橫目（眼睛在自然狀況下的形象）；張望、遠望的望作，因為張望、遠望要極力睜目，所以从人从豎目（眼睛在變化狀況下的形象）。……甲骨文的臣似與字的構形之意相近，有監視之義，而卜辭的臣為協助君主管理國家的各級官員，故以豎目之形表示，似為一種較為抽象的象形會意字。」（《簡明詞典》頁五八—五九）趙氏之說較郭說爲合理，臣借目字表示目之某些特殊狀態，故稍稍變化目之字形，以示非目字。

以上諸說，以郭說爲佳，然說解不夠明白。蓋「臣」字實節取象人俯時之目形，金文「臨」字作「」（《金文編》一三八二號盂鼎），其目形與「臣」字全同。節取目形者，目形可以代表全體也。此變形表意，爲指事字，古文字多見，故臣从豎目，而《新》一二二〇从倒目（「方人其商」《文編》釋臣，可從），非真有豎目、倒目也。

〔孳乳表〕九

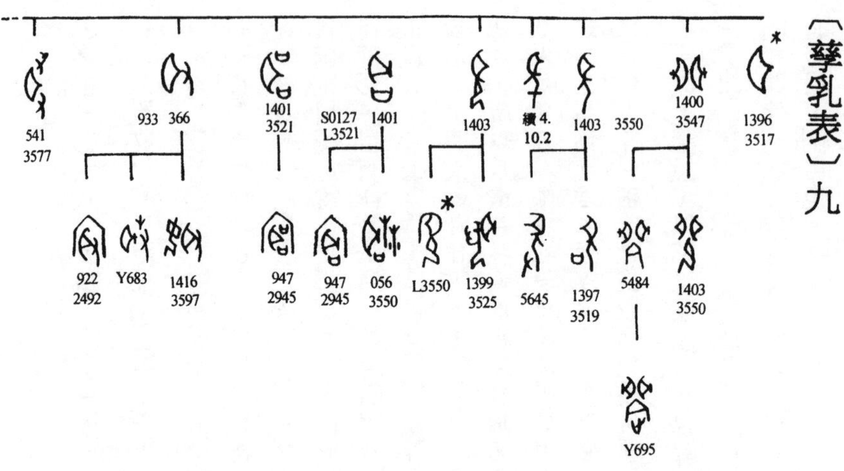

1396
3517
1400
3547
3550
1403
續 4.
10.2
1403
S0127
L3521
1401
1401
3521
933 366
541
3577
1403
3550
5484
Y695
1397
3519
5645
1399
3525
L3550
056
3550
947
2945
947
2945
922
2492
Y683
1416
3597

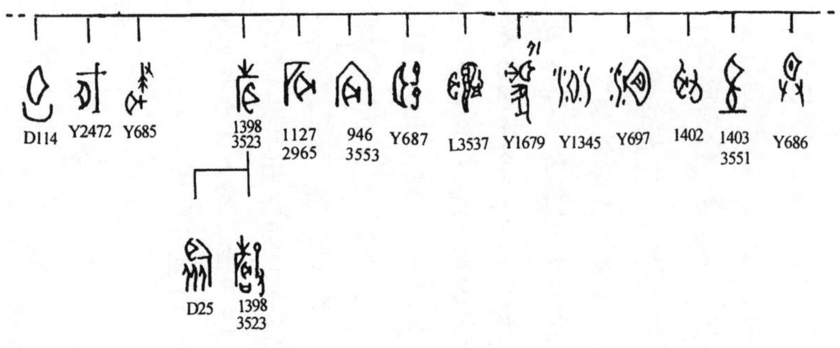

Y686
1403
3551
1402
Y697
Y1345
Y1679
L3537
Y687
946
3553
1127
2965
1398
3523
Y685
Y2472
D114
D25
1398
3523

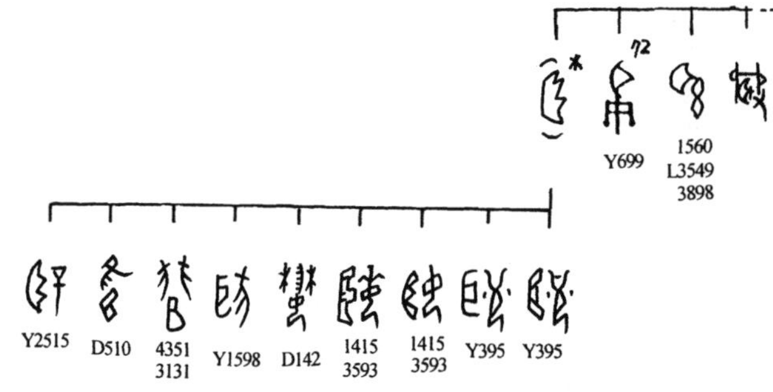
Y699
1560
L3549
3898
Y2515
D510
4351
3131
Y1598
D142
1415
3593
1415
3593
Y395
Y395

〔字根〕○六九　[glyph]　S.1396 L.3517　Y.680

《說文》卷十二耳部：「[glyph] 主聽者也，象形。」

案：契文耳爲獨體象形，王襄釋耳（《類纂・正編十二》五三頁下），可從。

[glyph]（《乙》五二九六），《文編》一三九六釋耳；[glyph]（《粹》一○○○）、《文編》一五九七釋𦔻。于省吾皆釋爲斧（參《釋林》頁三四二、〈釋斧〉），皆非是。[glyph]當釋戉，[glyph]當爲从士戉聲，士、王皆象斧鉞形之字（參士部）。卜辭又有[glyph]字（《合》六九六○、《文編》五二八七），从戉煌聲，即皇字（參皇部）。

〔字根〕○七○　[glyph]

《說文》卷十二𦣞部：「[glyph] 顄也。象形。[glyph] 篆文𦣞。[glyph] 籀文从𩠐。」

案：卜辭無𦣞字，然偏旁中有之，《釋林》：「甲骨文無𦣞字，而有从𦣞之字，例如：姬字所从𦣞作[glyph]（《京都》二五八四），亦作[glyph]（《鄴三》下三九、一），嬖字所从𦣞作[glyph]（《餘》一六、三）。按、𦣞本象梳比之形，《說文》：『笸、櫛也。』《說文》：『櫛、梳比之總名也。』《史記・匈奴傳》索隱引《倉頡篇》：『靡者為比、麤者為梳。』

羅氏《殷虛古器物圖錄》第二十三圖為骨製之梳比，作形，其中一齒已折，羅氏謂：『狀略如櫛髮之梳，上有四穿，不知何物？』按，此即古之梳比，乃臣之初形，其有四穿者，貫繩以便懸佩也。商器父丁卣獄字从臣作，與上一形相仿。要之，以古文字古器物證之，知臣本象梳比之形。」（頁六六－六七） 于氏從古文字古器物考知臣之形義為梳比，可從。从臣之字，卜辭一共七字，除姬、嫛外，尚有（《字典》一〇〇七）、（《類纂》一五九八）（《類纂》二五一五）、（《集釋》三一三一）、（《綜類》五一〇）等。

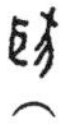

〔字根〕〇七一

《說文》卷十二耳部：「 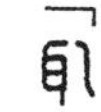 耳垂也。从耳、下垂，象形。《春秋傳》曰『秦公子耴者，其耳垂也，故㠯為名』。」

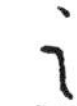

案：卜辭無耴字，惟《乙》六二七三有，《集釋》三五五〇云「从耴从卩，《說文》所無。」以字形言，从耳，象下垂狀，與《說文》訓「耳垂」之耴形近，釋為从耴，當可從。《綜類》一一四，《類纂》六九一皆摹作。

〔孳乳表〕十

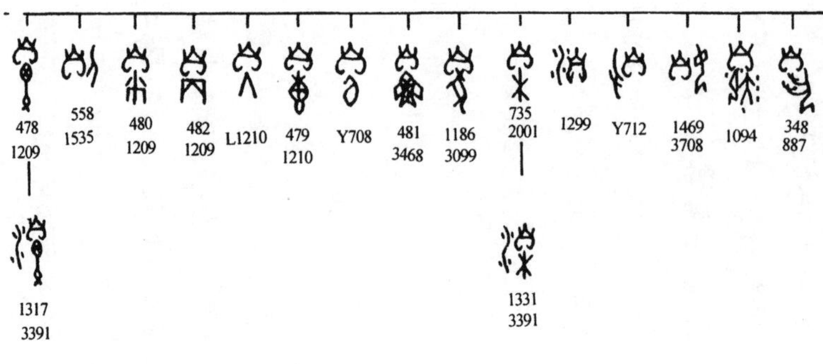
476
1207
348
887
1094
1469
3708
Y712
1299
735
2001
1331
3391
1186
3099
481
3468
Y708
479
1210
L1210
482
1209
480
1209
558
1535
478
1209
1317
3391

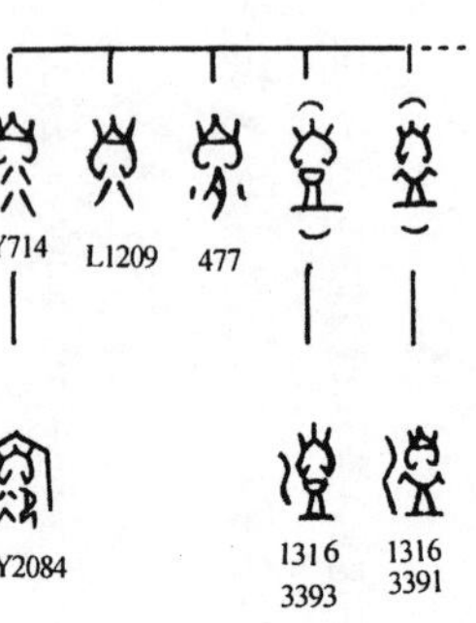
1316
3391
1316
3393
477
L1209
Y714
Y2084

〔字根〕〇七二 [glyph] S.476 L.1207 G.0700

《說文》卷四自部：「[glyph] 鼻也。象形。[glyph] 古文自。」又白部：「[glyph] 此亦自字也。省自者、詞言之气从鼻出，與口相助。」

案：卜辭[glyph]、[glyph]等形，象鼻之形，羅振玉釋爲《說文》之[glyph][glyph]，可從（《增考・中》二十四葉下），字爲獨體象形文。

《綜類》一一七有[glyph]，采自《後》下二二・一七，經查拓本，實作[glyph]，字下適殘，然當與同列之[glyph]同字，字不从犬。又同頁之[glyph]，采自《乙》三二八一，細審拓本，當作[glyph]，《字典》381 疑爲[glyph]（《綜類》二四〇頁），當可從。

〔孳乳表〕十一

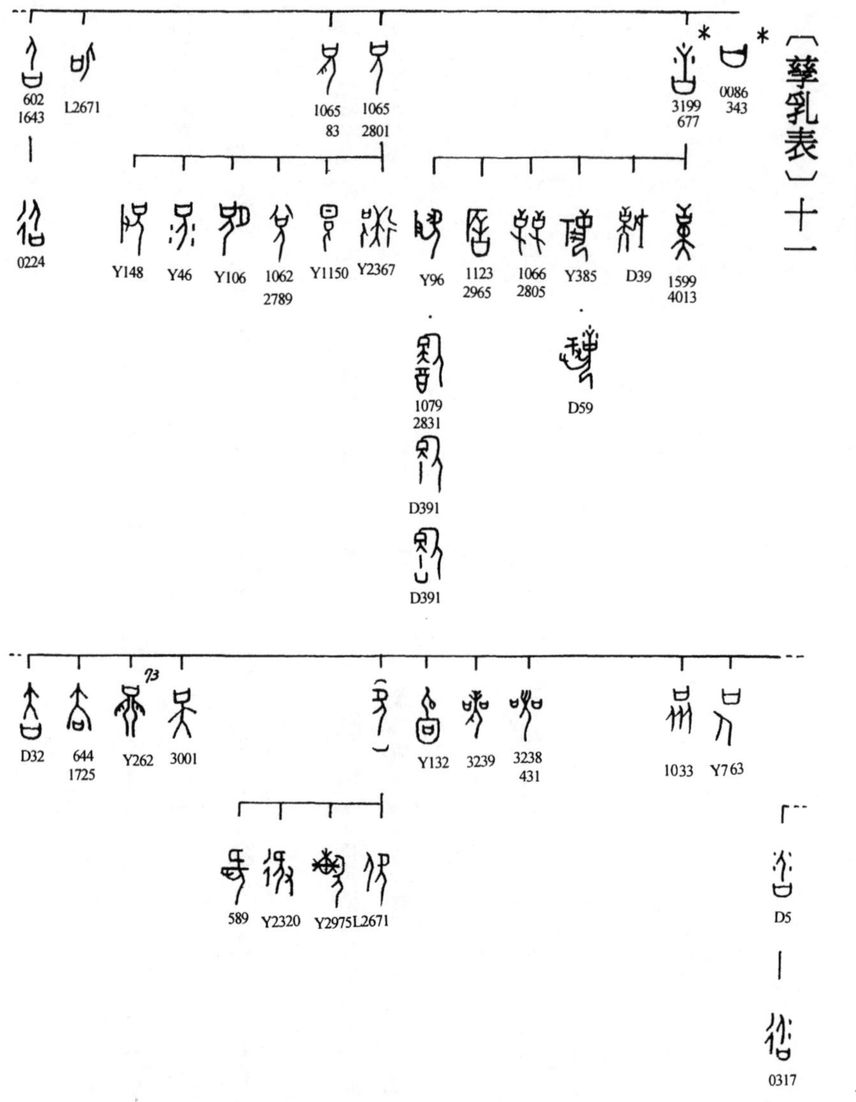
602
1643
L2671
1065
83
1065
2801
3199
677
0086
343
0224
Y148
Y46
Y106
1062
2789
Y1150
Y2367
Y96
1123
2965
1066
2805
Y385
D39
1599
4013
1079
2831
D59
D391
D391
D32
644
1725
Y262
3001
Y132
3239
3238
431
1033
Y763
589
Y2320
Y2975
L2671
D5
0317

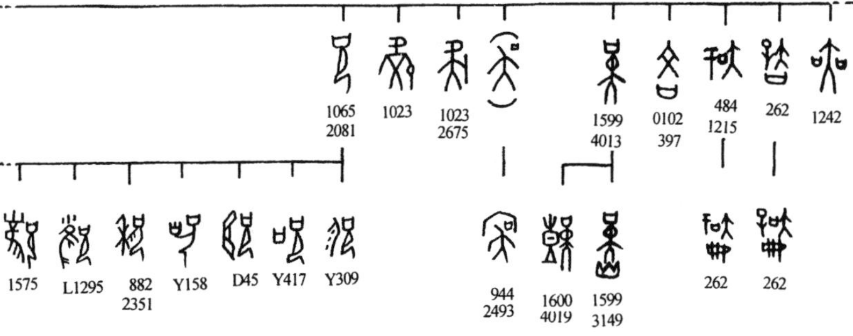
1065
2081
1023
1023
2675
1599
4013
0102
397
484
1215
262
1242
1575
L1295
882
2351
Y158
D45
Y417
Y309
944
2493
1600
4019
1599
3149
262
262

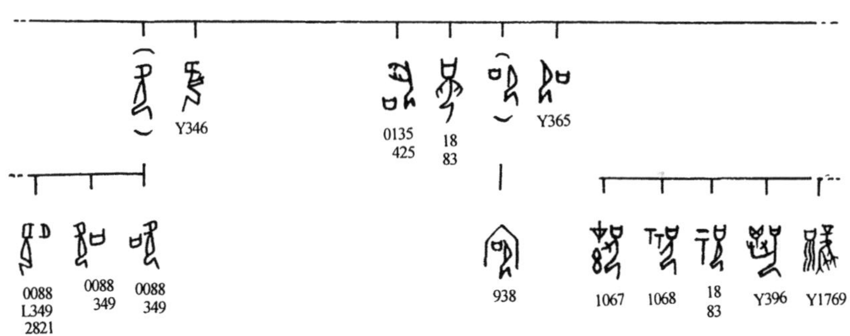
Y346
0135
425
18
83
Y365
0088
L349
2821
0088
349
0088
349
938
1067
1068
18
83
Y396
Y1769

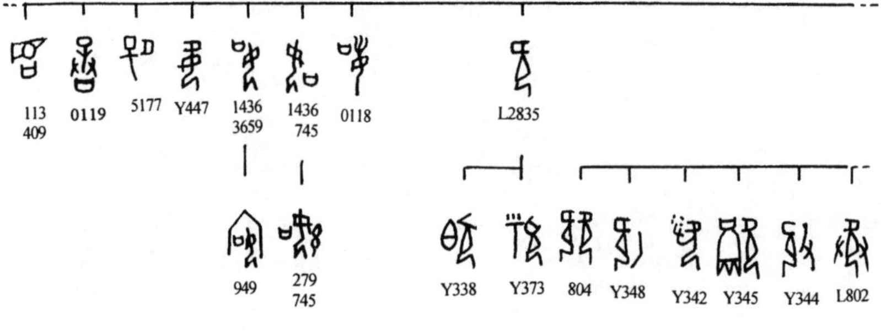
113
409
0119
5177
Y447
1436
3659
1436
745
0118
L2835
949
279
745
Y338
Y373
804
Y348
Y342
Y345
Y344
L802

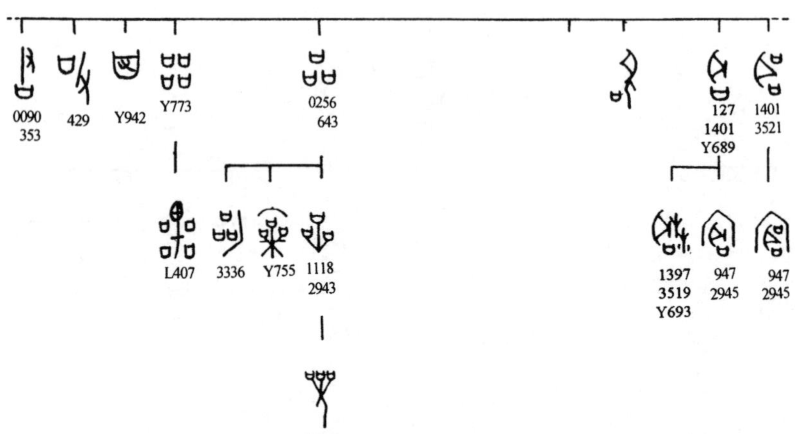
0090
353
429
Y942
Y773
0256
643
127
1401
Y689
1401
3521
L407
3336
Y755
1118
2943
1397
3519
Y693
947
2945
947
2945
4277

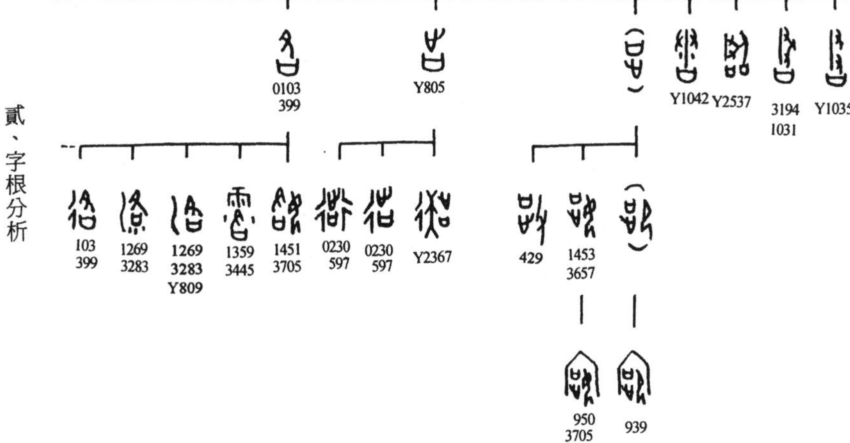
0103 399
Y805
Y1042
Y2537
3194 1031
Y1035
103 399
1269 3283
1269 3283 Y809
1359 3445
1451 3705
0230 597
0230 597
Y2367
429
1453 3657
950 3705
939

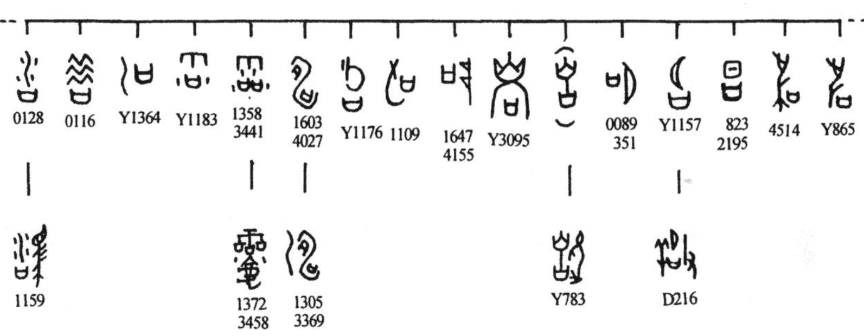
0128
0116
Y1364
Y1183
1358 3441
1603 4027
Y1176
1109
1647 4155
Y3095
0089 351
Y1157
823 2195
4514
Y865
1159
1372 3458
1305 3369
Y783
D216

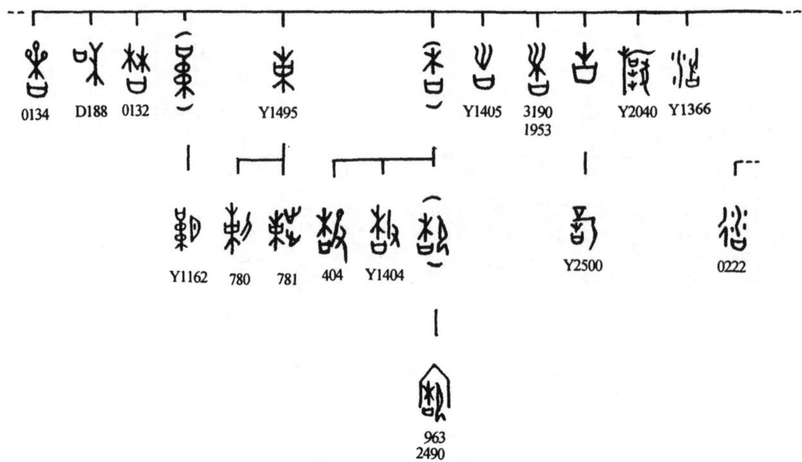
0134
D188
0132
Y1495
Y1405
3190
1953
Y2040
Y1366
Y1162
780
781
404
Y1404
Y2500
0222
963
2490

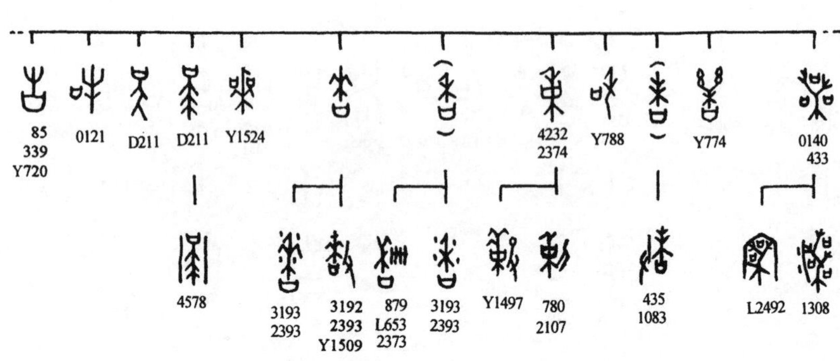
85
339
Y720
0121
D211
D211
Y1524
4232
2374
Y788
Y774
0140
433
4578
3193
2393
3192
2393
Y1509
879
L653
2373
3193
2393
Y1497
780
2107
435
1083
L2492
1308

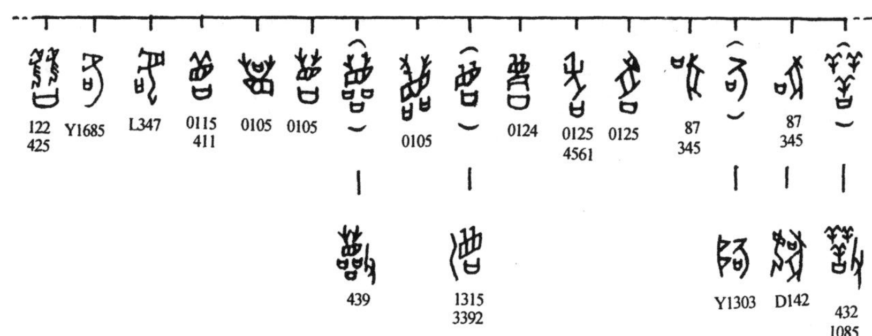
122
425
Y1685
L347
0115
411
0105
0105
0105
0124
0125
4561
0125
87
345
87
345
439
1315
3392
Y1303
D142
432
1085

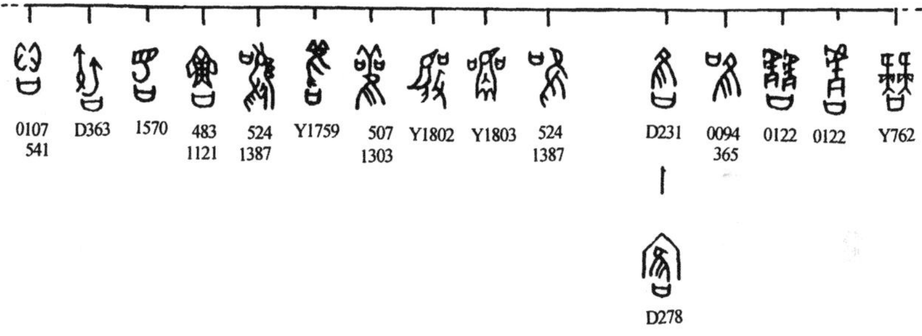
0107
541
D363
1570
483
1121
524
1387
Y1759
507
1303
Y1802
Y1803
524
1387
D231
0094
365
0122
0122
Y762
D278

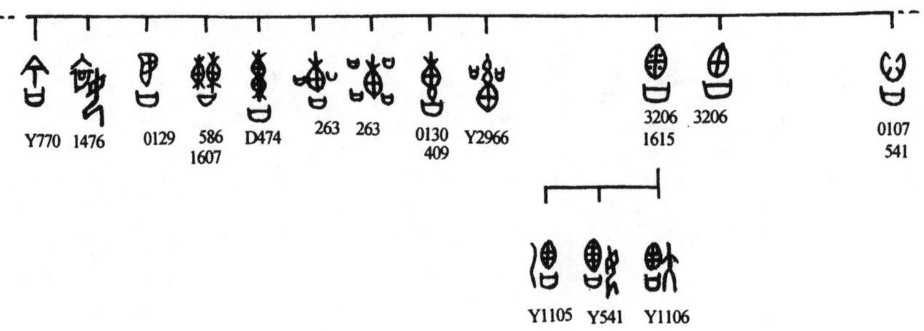
Y770
1476
0129
586 1607
D474
263
263
0130 409
Y2966
3206 1615
3206
0107 541
Y1105
Y541
Y1106

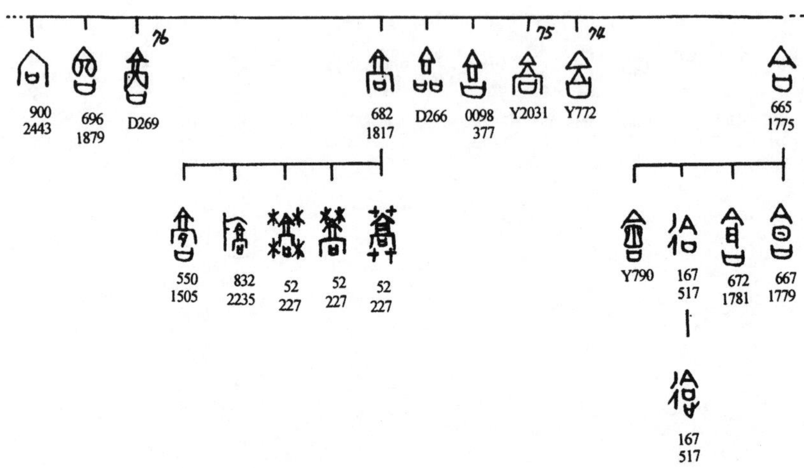
76
900 2443
696 1879
D269
682 1817
D266
0098 377
75
Y2031
74
Y772
665 1775
550 1505
832 2235
52 227
52 227
52 227
Y790
167 517
672 1781
667 1779
167 517

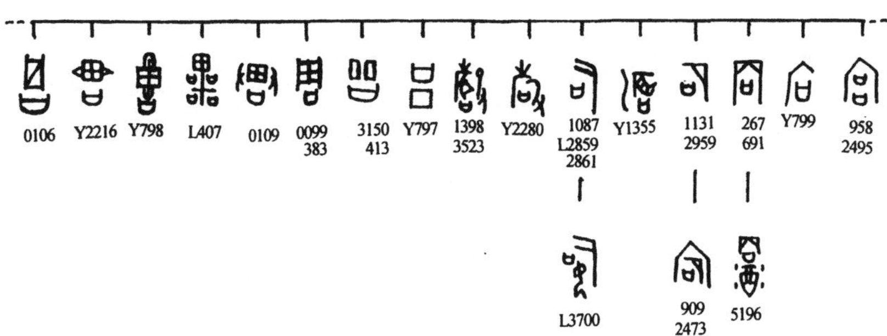
0106
Y2216
Y798
L407
0109
0099
383
3150
413
Y797
1398
3523
Y2280
1087
L2859
2861
Y1355
1131
2959
267
691
Y799
958
2495
L3700
909
2473
5196

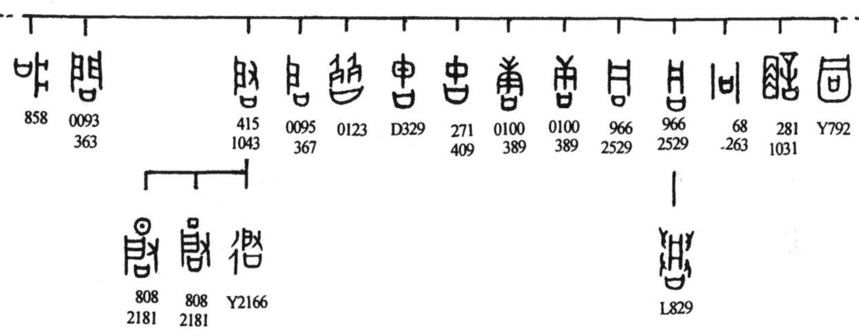
858
0093
363
415
1043
0095
367
0123
D329
271
409
0100
389
0100
389
966
2529
966
2529
68
263
281
1031
Y792
808
2181
808
2181
Y2166
L829

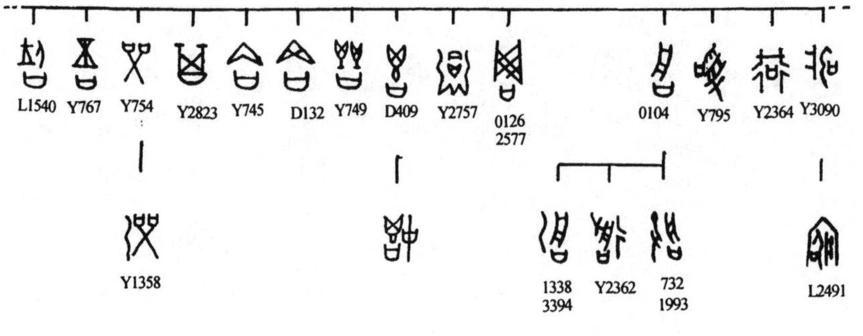
L1540
Y767
Y754
Y2823
Y745
D132
Y749
D409
Y2757
0126
2577
0104
Y795
Y2364
Y3090
Y1358
1338
3394
Y2362
732
1993
L2491

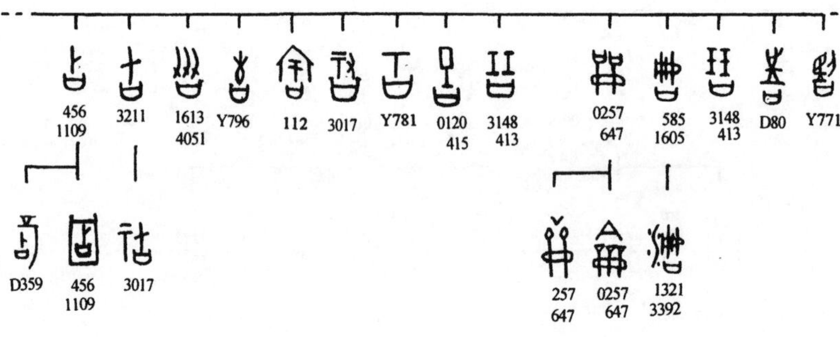
456
1109
3211
1613
4051
Y796
112
3017
Y781
0120
415
3148
413
0257
647
585
1605
3148
413
D80
Y771
D359
456
1109
3017
257
647
0257
647
1321
3392

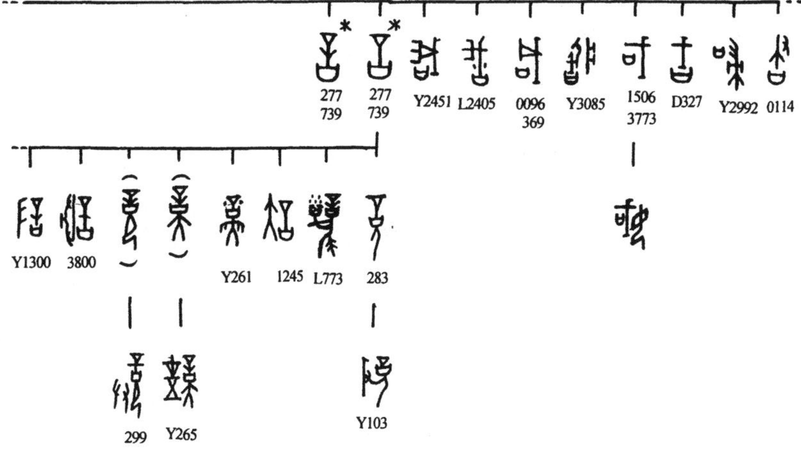
277
739
277
739
Y2451
L2405
0096
369
Y3085
1506
3773
D327
Y2992
0114
Y1300
3800
Y261
1245
L773
283
299
Y265
Y103

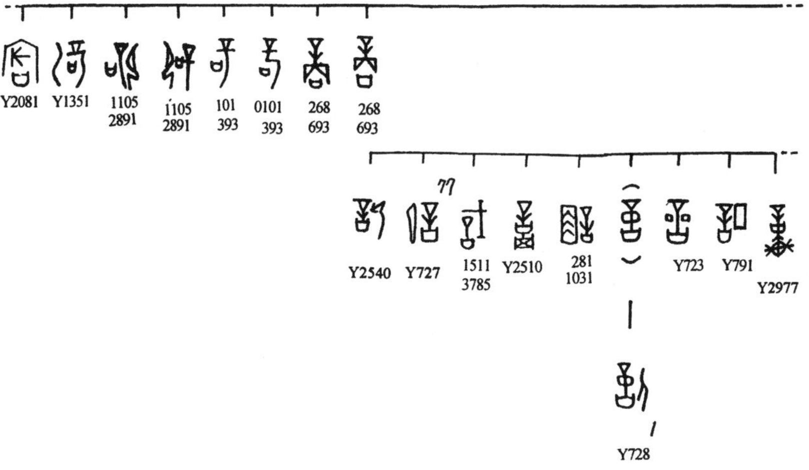
Y2081
Y1351
1105
2891
1105
2891
101
393
0101
393
268
693
268
693
Y2540
Y727
1511
3785
Y2510
281
1031
Y723
Y791
Y2977
Y728

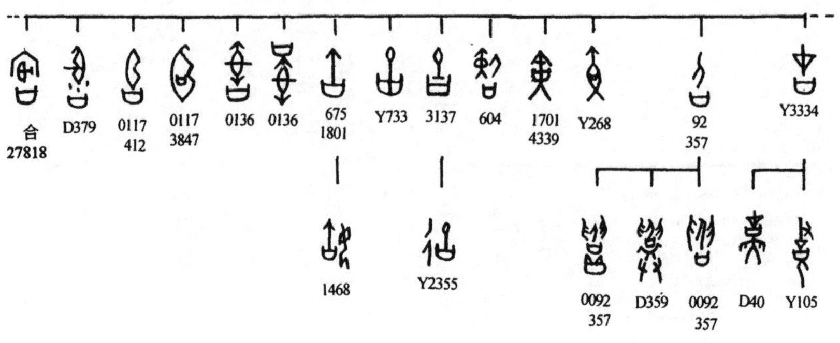
合 27818
D379
0117 412
0117 3847
0136
0136
675 1801
Y733
3137
604
1701 4339
Y268
92 357
Y3334
1468
Y2355
0092 357
D359
0092 357
D40
Y105

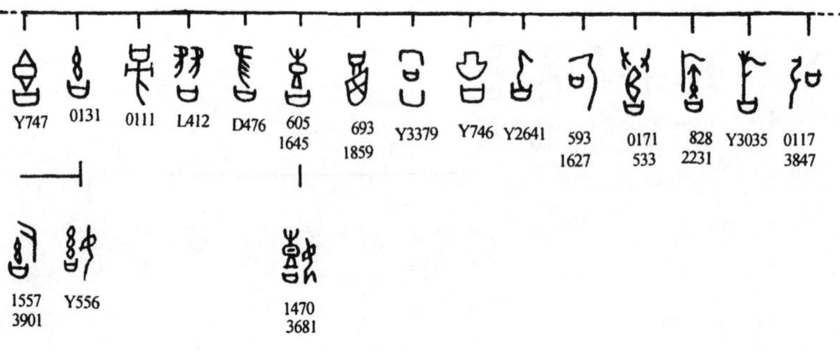
Y747
0131
0111
L412
D476
605 1645
693 1859
Y3379
Y746
Y2641
593 1627
0171 533
828 2231
Y3035
0117 3847
1557 3901
Y556
1470 3681

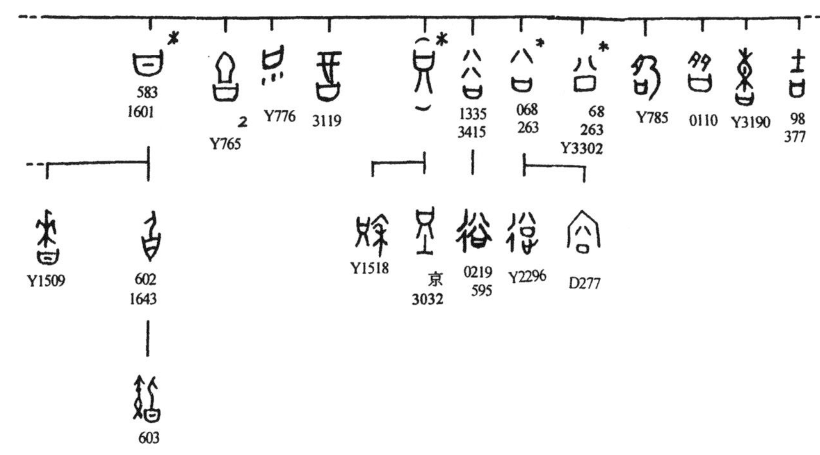
583 1601
2 Y765
Y776
3119
1335 3415
068 263
68 263 Y3302
Y785
0110
Y3190
98 377
Y1509
602 1643
Y1518
京 3032
0219 595
Y2296
D277
603

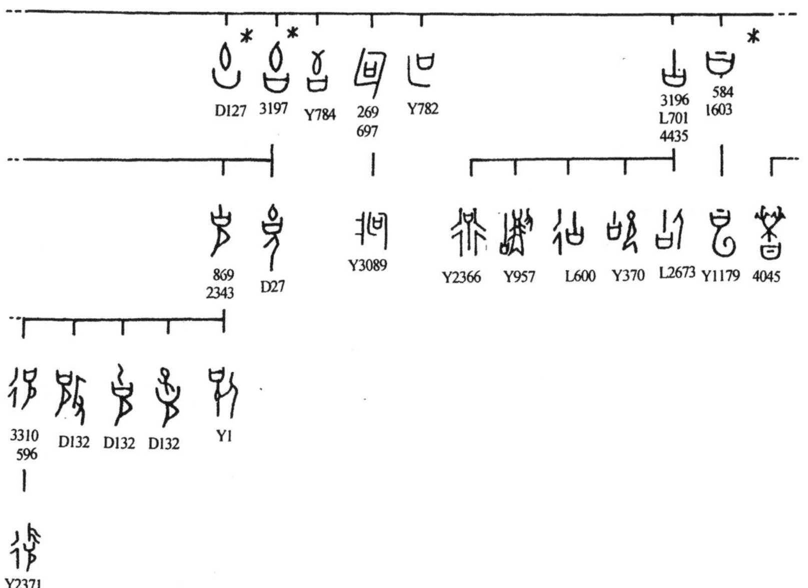
D127
3197
Y784
269 697
Y782
3196 L701 4435
584 1603
869 2343
D27
Y3089
Y2366
Y957
L600
Y370
L2673
Y1179
4045
3310 596
D132
D132
D132
Y1
Y2371

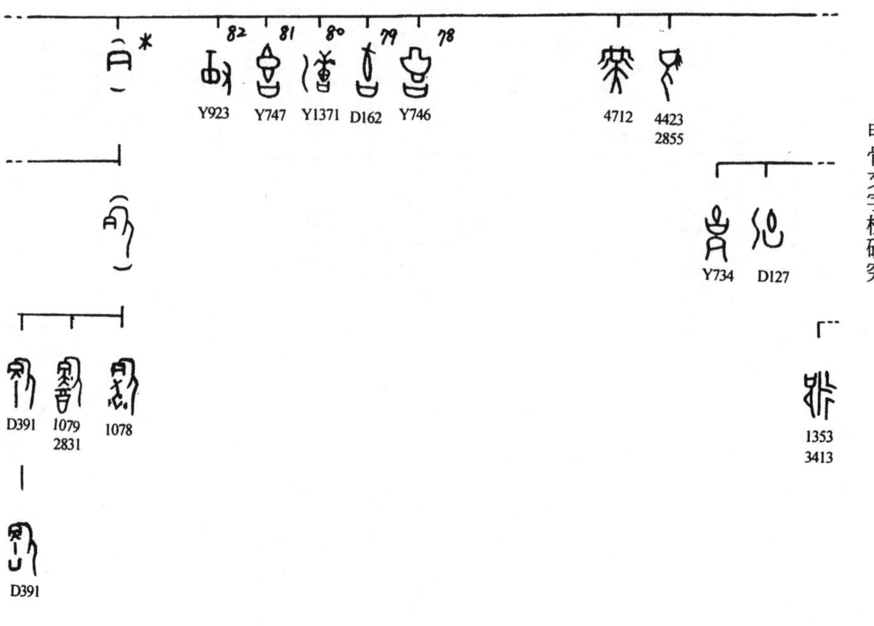
82
81
80
79
78
Y923
Y747
Y1371
D162
Y746
4712
4423
2855
Y734
D127
D391
1079
2831
1078
1353
3413
D391

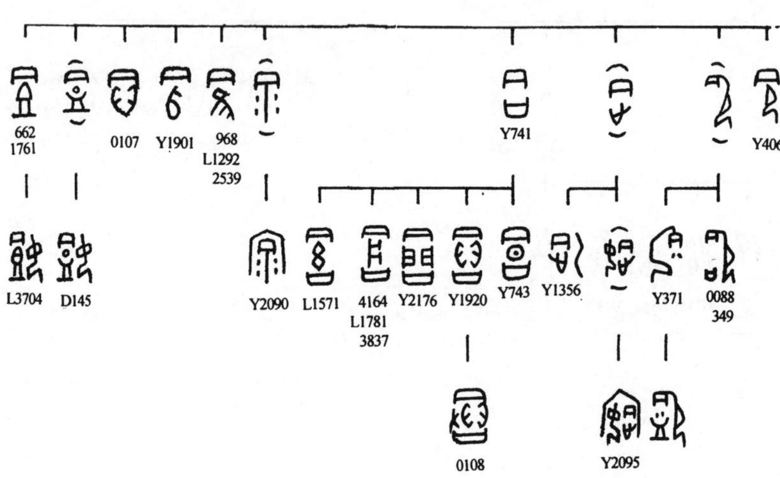
662
1761
0107
Y1901
968
L1292
2539
Y741
Y406
L3704
D145
Y2090
L1571
4164
L1781
3837
Y2176
Y1920
Y743
Y1356
Y371
0088
349
0108
Y2095

說明

一　[illegible]，見《人》三〇一六，貝塚考釋云不識。以形考之，其左旁所从與《說文》啇字同，《說文》卷三：「啇，快也。从言中。」故卜辭此字左旁亦从言中，合文共筆之啇。若是，卜辭此字可釋[illegible]。

二　[illegible]，見《合》二二〇五四、《懷》一五一八，上所从近於且。又可能為「圭」之象形，圭本自戈演變而來。卜辭此字似皆用為人地國族之名，其義不詳。

〔字根〕〇七三　𠙵　S.86 L.343 G.0717

《說文》卷二口部：「𠙵　人所𠃋言食也。象形。」

案：卜辭𠙵，象人口形，與《說文》同，釋爲口可從。爲獨體象形文。

口於卜辭通作𠙵，然隨文字形義所須，或作𠙵作𠙵，則與𠙵（肉）形近。其口形向下作爲亼者，後世或作亼若今，今以作亼者別爲一部，以探索其音義之發展。

姚孝遂以爲卜辭偏旁所从口，或象人口、或示禽獸口（鳴）、或表器物口（[glyph]）、或表笶盧（言）、或爲區別符號（周），不一而足，然字形皆同作𠙵，恐商人意識中𠙵之意義已然擴大爲包涵以上所述諸項，而非僅限爲人口矣（姚孝遂說，見《古文字學論集初編》頁七七、〈古文字的符號化問題〉）！其說可從，惟謂表笶盧一點似可商，此說創自唐蘭，然其說以爲象笶盧諸字實皆不象笶盧（如㢴即弘，从口爲指事符號。吉字下从口亦爲指事符號），此點可刪。

〔字根〕〇七四　□　S.3199 L.677 G.0721

《說文》卷三舌部：「□　在口所𠇂言、別味者也。从干口，干亦聲。」

案：卜辭□字，余永梁釋舌而無說，于省吾先生以為字从口，小點象瑒物之殘靡、上端歧出者象舌形，海外有岐舌國。《集釋》以為岐舌國非實有，舌之枝歧或取象於蛇信（頁六八一）。按岐舌國出《山海經》，姑不論其今世無徵，即便上古海外有之，先哲亦不應取彼海外岐信、象我華冑舌形也。舌之歧出，或係省略之故，《英》二六七四有□、又作□，是□象口舌之形無疑，準此，舌似本當作□，然又嫌與□形同，故略而作□歟！其作□、□者，則係□之異體，而為小篆□所本。

〔字根〕〇七五　□　S.277 L.739 G.0722

《說文》卷三言部：「□　直言曰言，論難曰語。从口辛聲。」

案：卜辭□、羅振玉釋言（《增考．中》五八葉上）。郭沫若以為象以口吹簫之形：「《爾雅》云：『大簫謂之言。』案此當為言之本義。……《墨子．非樂上篇》引古逸書云：『舞佯佯，黃言孔章。』黃乃簧之省，黃言猶言笙簫也。……免簋之『錫戠衣』……格伯簋亦有此字，曰『書史戠武』，或作□、或作□、或作□、或作[glyph]、或作[glyph]、或作[glyph]，……觀此所从之言字並不从辛作，此乃言之[glyph]若[glyph]，即簫管也；从口以吹之。」（《甲研．釋龢言》）葉玉森云：「有人類即有語言，先哲造字，似應先造言語之言，《釋文》本『大簫謂之言』之言作管，則言其省段。曰象吹簫，必非朔誼，且口在[glyph]下，何能象吹？……疑卜辭吉字作[glyph]，乃从倒辛从口；[glyph]字則从辛从口，……先哲造言字即主慎言，出諸口即獲愆、乃言字本誼；納諸口即無愆，乃吉字本誼。」（《前釋．五卷》二四葉）葉氏釋形雖不可從，然其評郭說，所言甚是。唐以前所謂簫、皆指排簫，《周禮．春官．小師》鄭注「簫、編小竹管，如今賣飴糖所吹者」，其吹口簡單。宋以後名洞簫者、唐代名尺八、晉代名笛（參《中國音樂史論述稿》一〇二、一三〇、一三五頁）。郭氏所謂言所从之[glyph]若[glyph]，象今簫之吹口，晉以前名笛不名簫，是郭謂言象簫形，實不可從。

姚孝遂謂言从舌：「甲文、金文『言』大部作『[glyph]』……『言』字當从『舌』，『言』是無形可象的，古人以言自舌出，『言』从舌从一，按照許慎的體例，乃指事字。」（《古文字研究》四輯三二頁〈古漢字的形體結構及其發展階段〉）　卜辭舌作[glyph]、[glyph]等形（參舌部），言作[glyph]、[glyph]，正从舌。蓋「言」無形可象，故借「舌」字，上加區別符號「一」作「[glyph]」，亦因「舌」以為聲。上古音舌在月部開口三等(*zdjiat)、言在元部開口三等(*ngjat)，韻部猶為陽入對轉。金文从言之字間或从舌，如：諱或作[glyph]（厡敖簋）、戠或作[glyph]（格伯簋），可證言、舌二字相近，可以通作。

〔字根〕〇七六　S.0068 L.0263 G.3302,3303

《說文》二篇上八部：「　平分也，从八厶。韓非曰：『背厶爲公。』」

案：卜辭公字有三形：其一从口，作（《甲》一三七八）、作（《粹》四〇五）；其二从口，作（《甲》一七七八，以上二形參《文編》第六八號）；其三爲獨體象形文，作（《周甲》H一一．九八）。金文未見第一形，第二形作（卯簋）、或重口形作（穌公簋）；第三形作（禽簋）。其第一形郭沫若釋㕣，假爲君（《粹考》六三頁）；楊樹達則釋公（《積微居甲文說》六八頁）；李孝定先以爲一、二形皆當釋公（《集釋》二六五頁）。至其初形本義，朱芳圃以爲「象侈口深腹圜底之器，當為瓮之初文。《說文》瓦部：『瓮、大罌也。从瓦、公聲。』……、大罌也，象形。自後世一假為背私之公，再假為尊號之名，因別造从瓦、公聲之瓮以代本字。學者惑於韓非之說，深信不疑，之初形本義淹晦不得傳者歷二千餘年，至余始發其覆，其愉快為何如也。」（《釋叢》九十四頁）依朱說，公字之字當以第三形爲正體，象侈口深腹之大瓮；後漸訛爲第二形，瓮口與提耳已然分離；又其後也，則訛爲第一形之从口。至若穌公簋作，則或聲化爲从○○（雝）得聲之訛體也。

此字本不從口，然以自然分類法而言，亦無部可歸。以甲骨文仍从口形，姑置口部。

〔字根〕○七七　◻

《說文》卷三只部：「◻　語已詞也。从口、象气下引之形。」

案：卜辭無單字只，而於偏旁中或有之，《合》二二五○七「令官◻」，◻从只从入从禾。◻从口，與《說文》◻同形，當可釋只。又《京》三○三二「戊寅……◻令……白」，◻下从土，上似亦从只。

西周金文未見只字。戰國文字中，秦系文字「只」字作◻（廣衍戈），與甲骨文構形相同，似可爲甲骨文此形釋爲「只」之證明。然楚系文字「只」字作◻（與只字俱參《戰國古文字典》七四六頁），與甲骨文、秦系文字又不相同，究竟孰爲本形，難以確知。兼之「只」字形構難知，《說文》釋「語已詞也」、「象气下引之形。」，過於抽象，不可信。然甲骨文此字是否的爲「只」字，實亦無確證，以其與秦系文字「只」字相同，姑隸定爲「只」。

〔字根〕○七八　◻　S.583 L.601 G.0718

《說文》卷五甘部：「◻　美也。从口含一，一、道也。」

案：卜辭◻，从口含一，羅振玉釋甘是也（《增考．上》十八葉下）。所含之一非一二三之一字，不象實物之形，亦不成文，許云「一、道也」者，當亦不以為實物可含者。段注：「食物不一而道則一，所謂味道之腴也。」最得許氏之意。

《釋林》云：「**甘的造字本義，係于口字中附加一劃，作為指事字的標誌，以別于口，而仍因口字以為聲（口甘雙聲）**。」（四五四頁）以口甘形近、及偏旁可以通作言，于說宜若可從。唯上古音口在侯部合口一等（*k'ew）、甘在談部開口一等（*kam），韻部相去稍遠，典籍亦未見通叚之例，則于說似可再商也。

字與口於偏旁可以通作，故 （《綜類》一九〇）或作 （《甲》三五一三）。

〔字根〕〇七九　 S.584 L.1603 G.0719

《說文》卷五曰部：「 詞也。从口、乚象口气出也。」

案：卜辭 ，从口、上箸 以示詞自口出，羅振玉釋曰是也（《增考・中》五十八葉上）。

〔字根〕〇八〇 由 S.3197 G.0732

段注本《說文》卷十二系部：「繇 隨從也。从系䍃聲。由 或繇字。」

案：《說文》無「由」字，段注以由為繇之或體，釋云：「其象形會意今不可知，或當从田有路可入也。」考《說文》从由之字有冑，卷七冃部：「兜鍪也。从冃由聲。䩜 《司馬法》冑从革。」以象意字聲化例推之，由或即冑之初文，即兜鍪也。故魯師實先以為由即冑之初文（〈《說文》正補〉一、頁六）。卜辭有由（《綜類》一二六），唐蘭釋由、即冑之初文（《天壤閣考釋》頁五〇—五二），當可從。考古挖掘殷冑（如下圖），與由形頗接近，字从凵（非口齒字）象冑體、上从◇象冑頂銅管，所以著纓飾處。

字於偏旁中或省略作由（與古同形）、凵（與口同形）、或省略作凵（與凵同形），與古、口、凵無別矣！

安陽出土商代銅冑（《中國古兵器論叢》頁10）

〔字根〕〇八一　冃

《說文》無，卜辭亦無單字之冃，而於偏旁中有之，說契家多未之識，故卜辭从冃孳乳之字計二十有四，諸家或闕而弗釋、或釋而異辭，如：（《綜類》四五二）、孫詒讓疑為「庸」、丁山疑為「冢」、郭沫若釋「匡」、王國維初釋「庸」、後疑「舍」、唐蘭釋「倉」，《集釋》從之，紛歧若是，吾誰適從？以偏旁分析法視之，《集釋》釋「合」（一七七五頁）、郭沫若釋「會」（《粹考》七〇葉四六六片），郭沫若釋「倉」（《卜通・別二》十四葉下）、《文編》釋「食」（六六二）、葉玉森釋「歛」（《說契》八葉），是冃即亼若今也。林義光以為亼係「口」之倒文（《文源》一・九上，六、二二下～二三上）當可從。然則作冃作亼、一也。其作「今」者，「今」、「亼」音相近（今上古音在侵部開口三等(*kiəm)、亼在緝部開口三等(*tsjiəp)，二部陽入對轉），形相似、義相通（裘錫圭先生謂今為倒「曰」之形，義為口噤閉不開，參今部說解），故可以相通。若此說成立，則从冃諸字可隸定如下：

[illegible]　（見《菁》二、《綜類》三九一摹作，原拓口形下稍泐，依拓本似較近）

[illegible]（㱃）

㱃

欦（㱃）

欦（㱃）

欱（㱃）

令

欽

𡪢（从[glyph]，隸定作企，《說文》卷十廌部灋古文作[glyph]，二者或係一字。）

淦

合

會

會

𠱐

閤

跲

給

𣵀（《說文》卷八㱃部㱃古文作[glyph]，从今水，其原形當即[glyph]，从[glyph]水，故有㱃義）

雂（《釋林》一一二頁釋雂爲陰，裘錫圭〈說字小記·說去今〉以爲罹雂一字。）

畣

念（裘錫圭〈說字小記〉釋）

食

飲

㱃

口雖或即亼，然口亼字形不同，二者有否區別，尚難斷言，今仍分隸二部，不予合併。

〔孳乳表〕十二

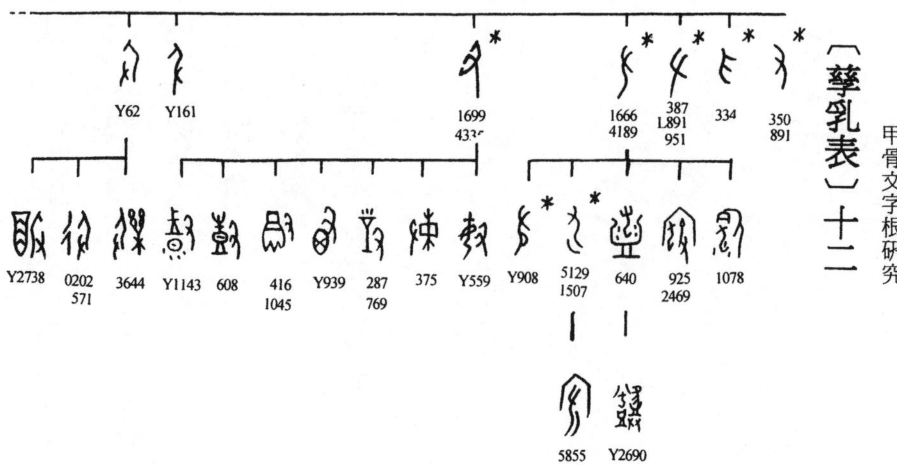
Y62
Y161
1699
4335
1666
4189
387
L891
951
334
350
891
Y2738
0202
571
3644
Y1143
608
416
1045
Y939
287
769
375
Y559
Y908
5129
1507
640
925
2469
1078
5855
Y2690

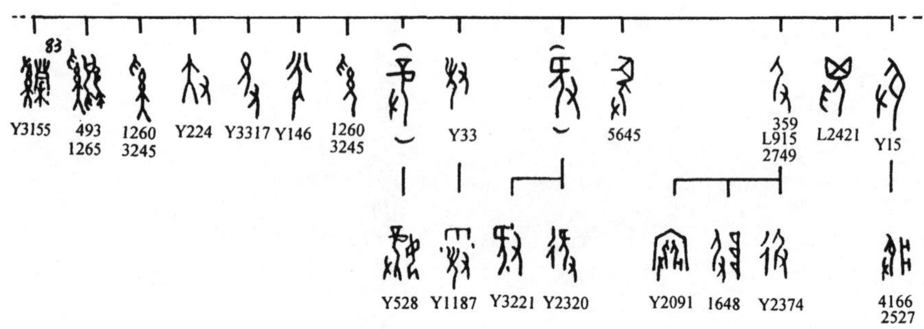
83
Y3155
493
1265
1260
3245
Y224
Y3317
Y146
1260
3245
Y33
5645
359
L915
2749
L2421
Y15
Y528
Y1187
Y3221
Y2320
Y2091
1648
Y2374
4166
2527

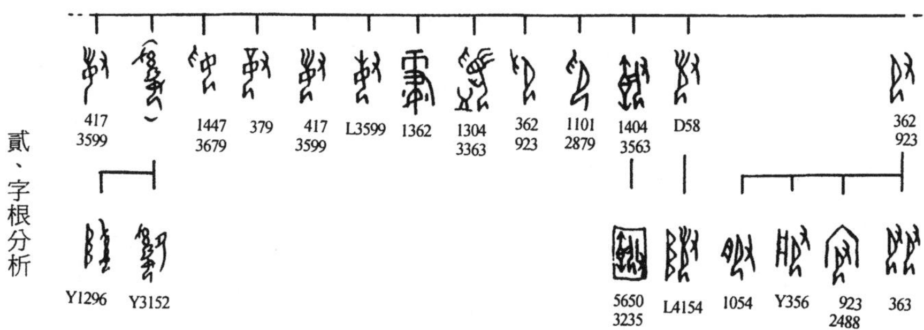
417
3599
1447
3679
379
417
3599
L3599
1362
1304
3363
362
923
1101
2879
1404
3563
D58
362
923
Y1296
Y3152
5650
3235
L4154
1054
Y356
923
2488
363

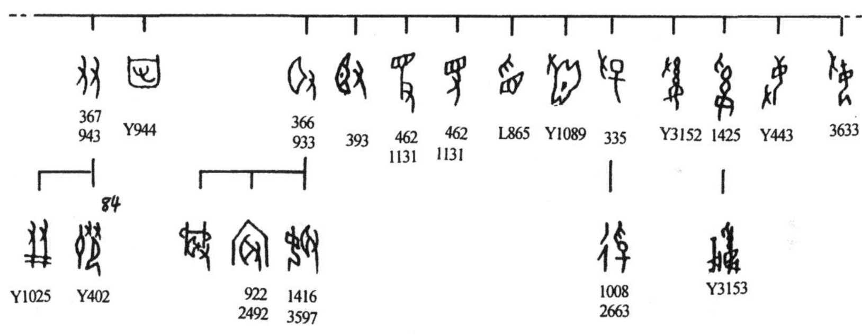
367
943
Y944
366
933
393
462
1131
462
1131
L865
Y1089
335
Y3152
1425
Y443
3633
Y1025
Y402
922
2492
1416
3597
1008
2663
Y3153

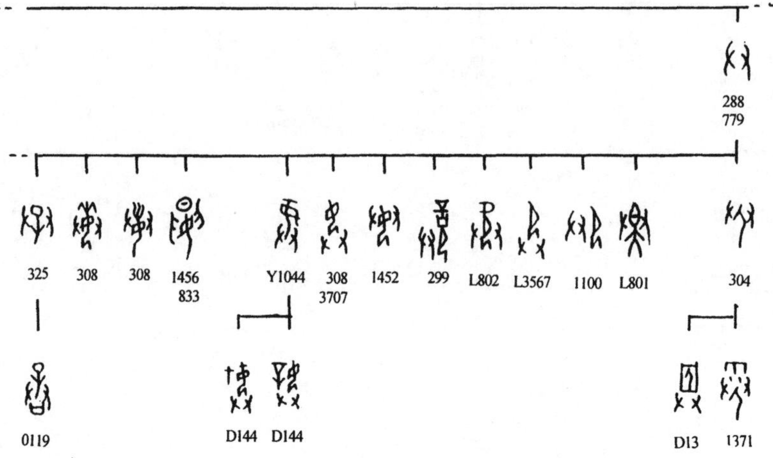
288
779
325
308
308
1456
833
Y1044
308
3707
1452
299
L802
L3567
1100
L801
304
0119
D144
D144
D13
1371

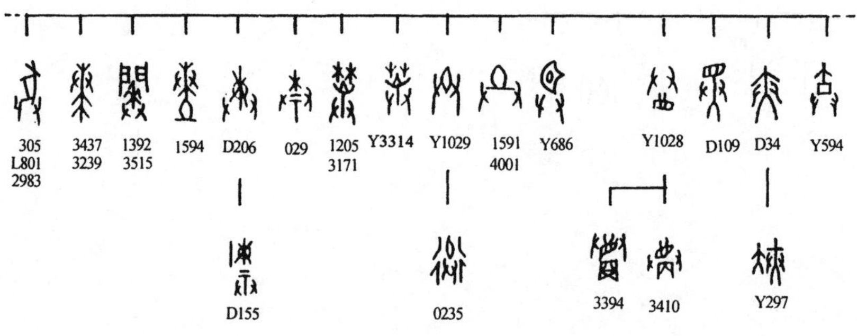
305
L801
2983
3437
3239
1392
3515
1594
D206
029
1205
3171
Y3314
Y1029
1591
4001
Y686
Y1028
D109
D34
Y594
D155
0235
3394
3410
Y297

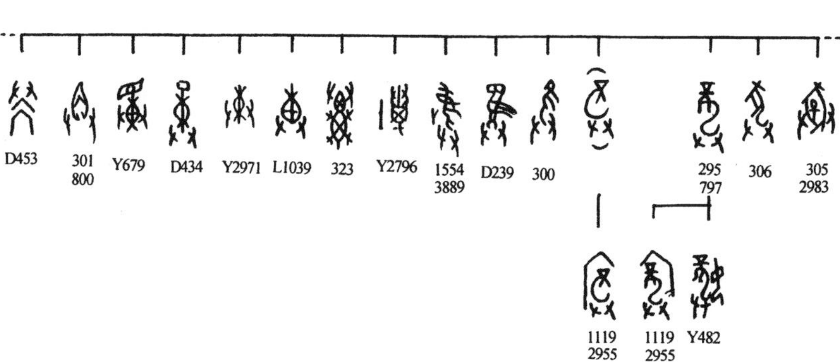
D453
301
800
Y679
D434
Y2971
L1039
323
Y2796
1554
3889
D239
300
295
797
306
305
2983
1119
2955
1119
2955
Y482

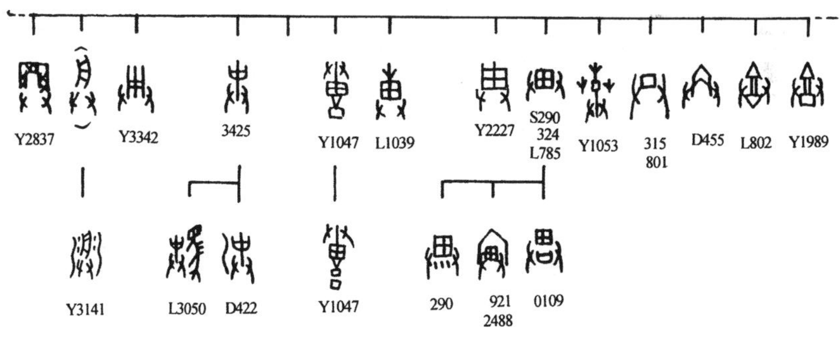
Y2837
Y3342
3425
Y1047
L1039
Y2227
S290
324
L785
Y1053
315
801
D455
L802
Y1989
Y3141
L3050
D422
Y1047
290
921
2488
0109

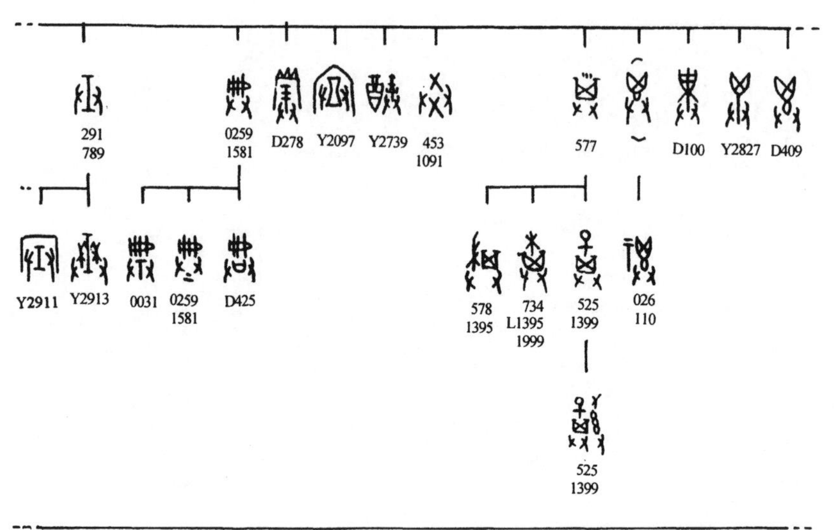
291
789
0259
1581
D278
Y2097
Y2739
453
1091
577
D100
Y2827
D409
Y2911
Y2913
0031
0259
1581
D425
578
1395
734
L1395
1999
525
1399
026
110
525
1399

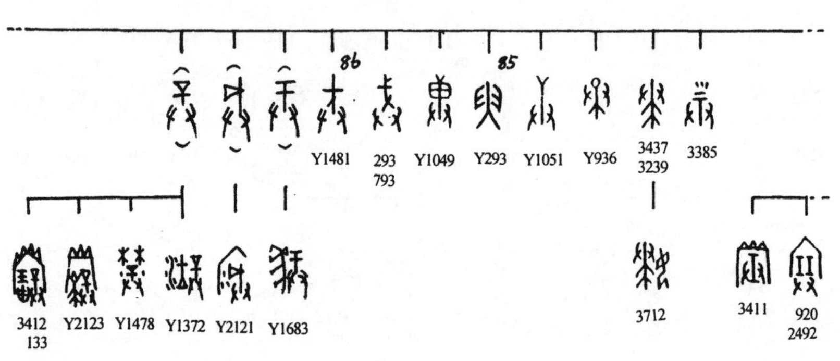
86
85
Y1481
293
793
Y1049
Y293
Y1051
Y936
3437
3239
3385
3412
133
Y2123
Y1478
Y1372
Y2121
Y1683
3712
3411
920
2492

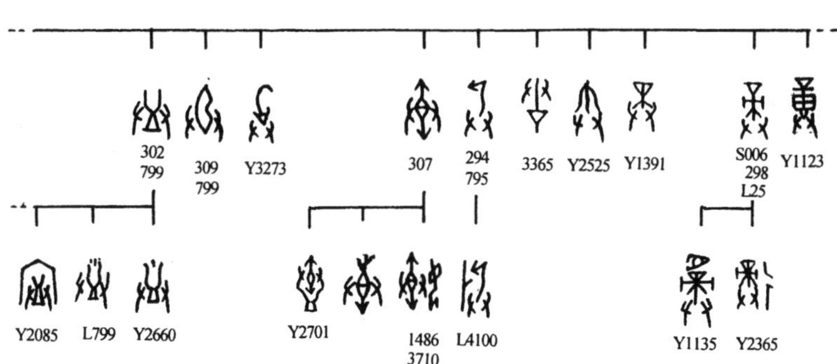
302
799
309
799
Y3273
307
294
795
3365
Y2525
Y1391
S006
298
L25
Y1123
Y2085
L799
Y2660
Y2701
1486
3710
L4100
Y1135
Y2365

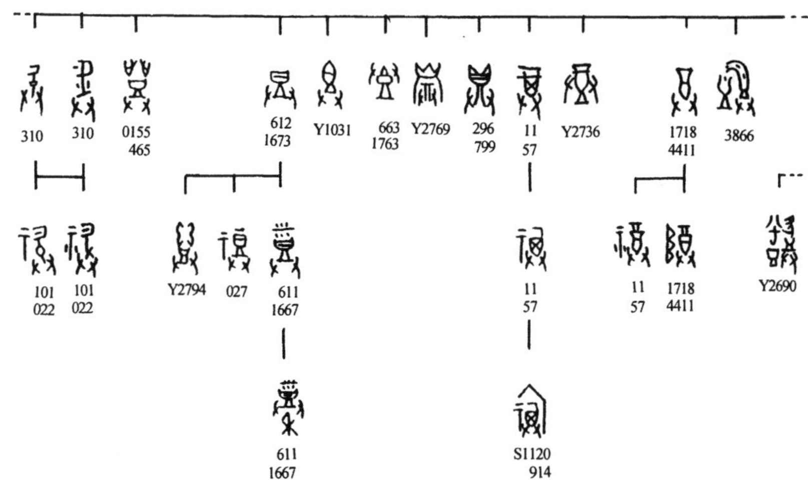
310
310
0155
465
612
1673
Y1031
663
1763
Y2769
296
799
11
57
Y2736
1718
4411
3866
101
022
101
022
Y2794
027
611
1667
11
57
11
57
1718
4411
Y2690
611
1667
S1120
914

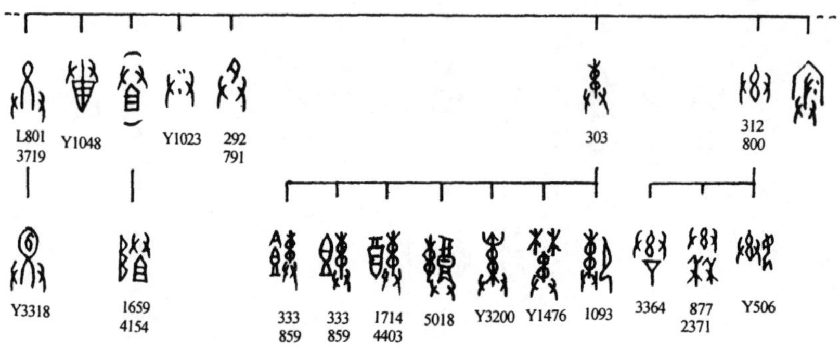
L801
3719
Y1048
Y1023
292
791
303
312
800
Y3318
1659
4154
333
859
333
859
1714
4403
5018
Y3200
Y1476
1093
3364
877
2371
Y506

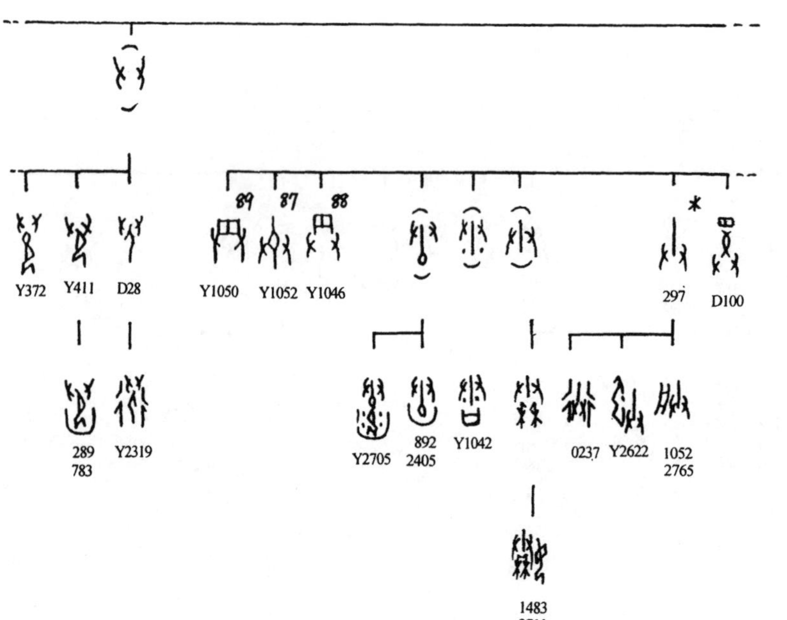
89
87
88
*
Y372
Y411
D28
Y1050
Y1052
Y1046
297
D100
289
783
Y2319
Y2705
892
2405
Y1042
0237
Y2622
1052
2765
1483
3711

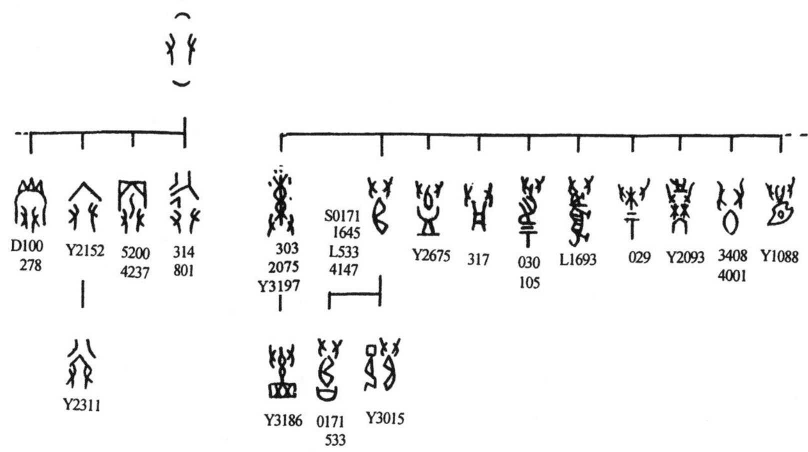
D100
278
Y2152
5200
4237
314
801
Y2311
303
2075
Y3197
S0171
1645
L533
4147
Y2675
317
030
105
L1693
029
Y2093
3408
4001
Y1088
Y3186
0171
533
Y3015

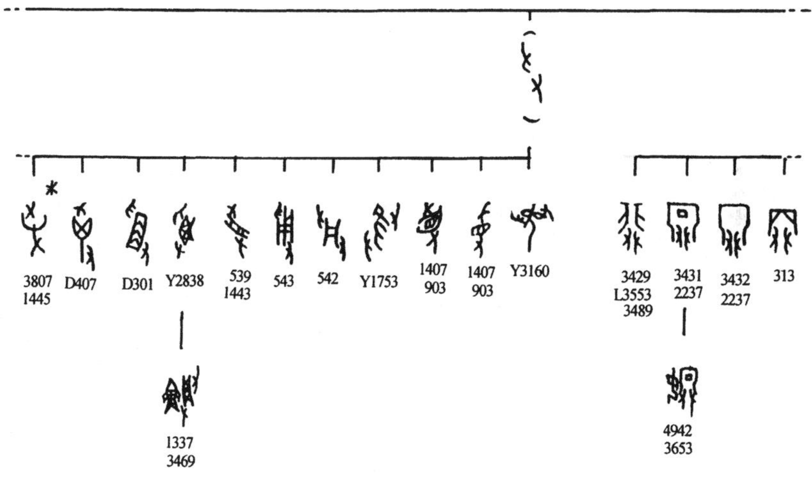
*
3807
1445
D407
D301
Y2838
539
1443
543
542
Y1753
1407
903
1407
903
Y3160
3429
L3553
3489
3431
2237
3432
2237
313
1337
3469
4942
3653

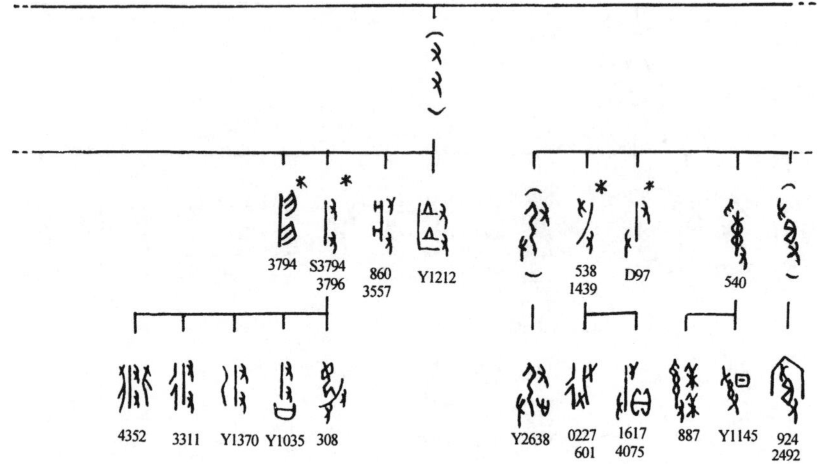
3794
S3794 3796
860 3557
Y1212
538 1439
D97
540
4352
3311
Y1370
Y1035
308
Y2638
0227 601
1617 4075
887
Y1145
924 2492

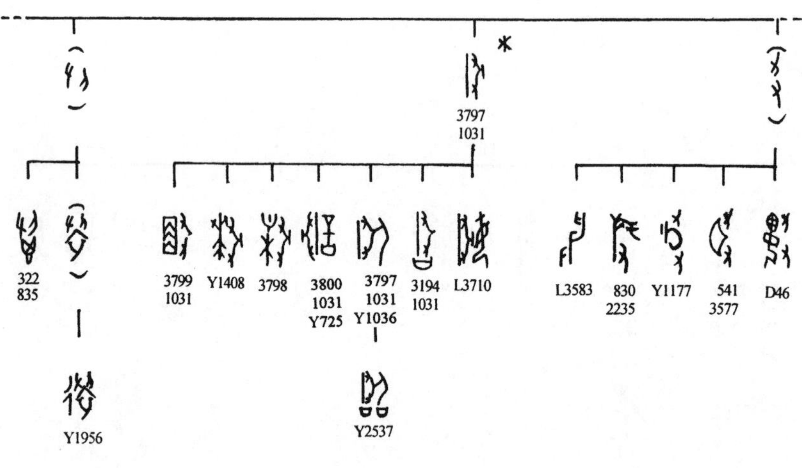
322 835
Y1956
3797 1031
3799 1031
Y1408
3798
3800 1031 Y725
3797 1031 Y1036
3194 1031
L3710
Y2537
L3583
830 2235
Y1177
541 3577
D46

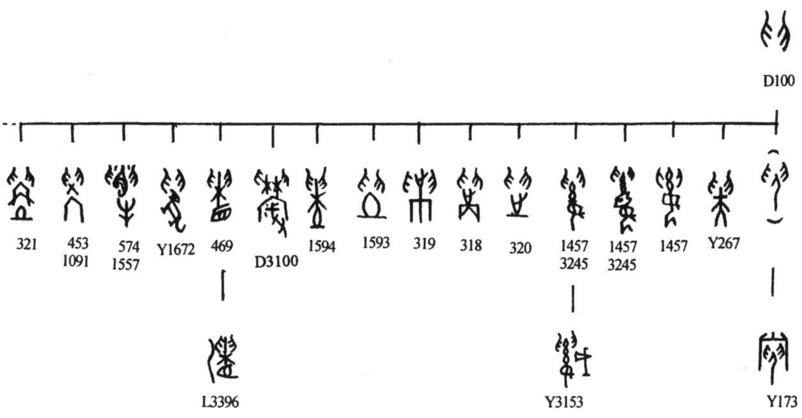
D100
321
453
1091
574
1557
Y1672
469
D3100
1594
1593
319
318
320
1457
3245
1457
3245
1457
Y267
L3396
Y3153
Y173

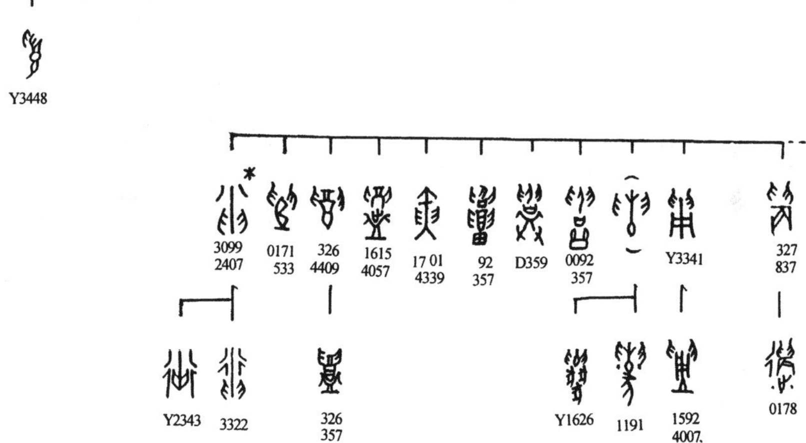
Y3448
3099
2407
0171
533
326
4409
1615
4057
17 01
4339
92
357
D359
0092
357
Y3341
327
837
Y2343
3322
326
357
Y1626
1191
1592
4007.
0178

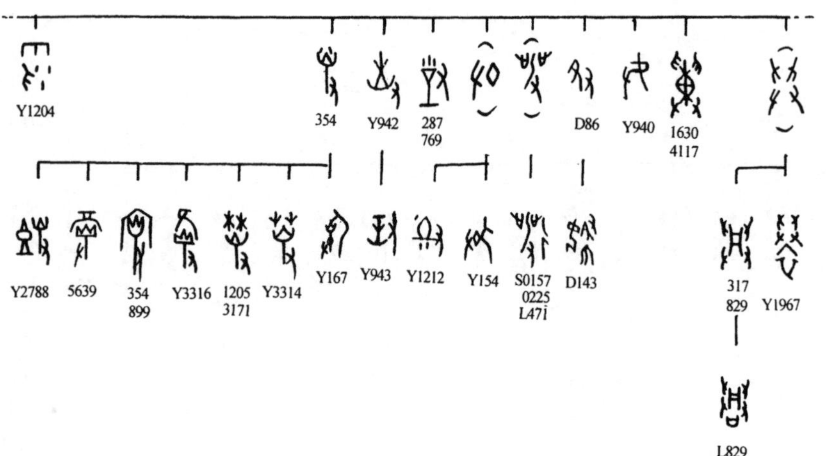
Y1204
354
Y942
287
769
D86
Y940
1630
4117
Y2788
5639
354
899
Y3316
1205
3171
Y3314
Y167
Y943
Y1212
Y154
S0157
0225
L471
D143
317
829
Y1967
L829

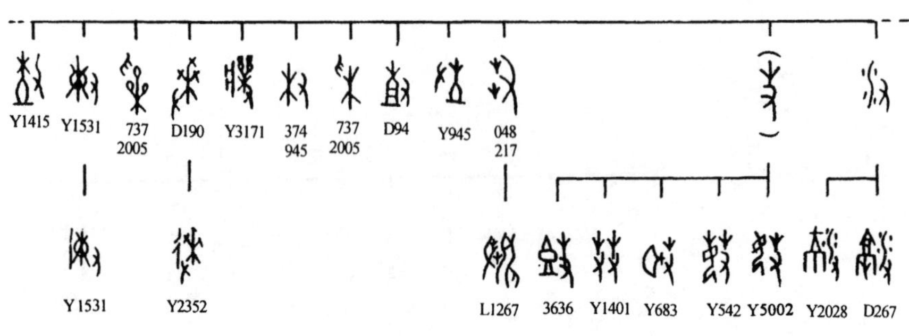
Y1415
Y1531
737
2005
D190
Y3171
374
945
737
2005
D94
Y945
048
217
Y1531
Y2352
L1267
3636
Y1401
Y683
Y542
Y5002
Y2028
D267
3394

490 1253 | 390 973 | 357 909 | 336 861 | 339 | D510 | Y1629 | Y1576 | 1700 4337 | Y1583 | D202 | 753 1565 | Y1487 | 469 | 374 945

504 | 047 235 | 047 235 | 873 1515

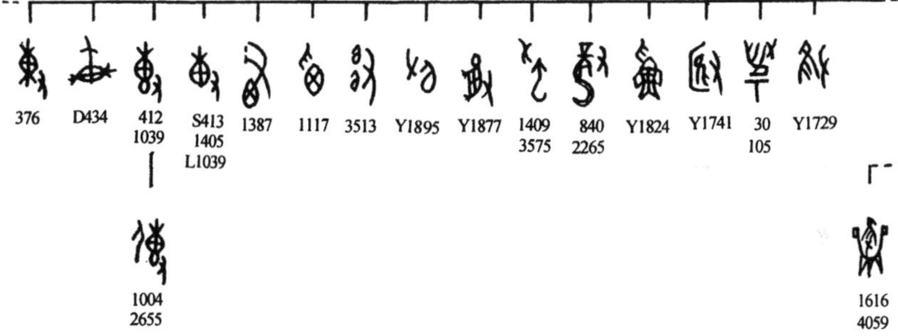

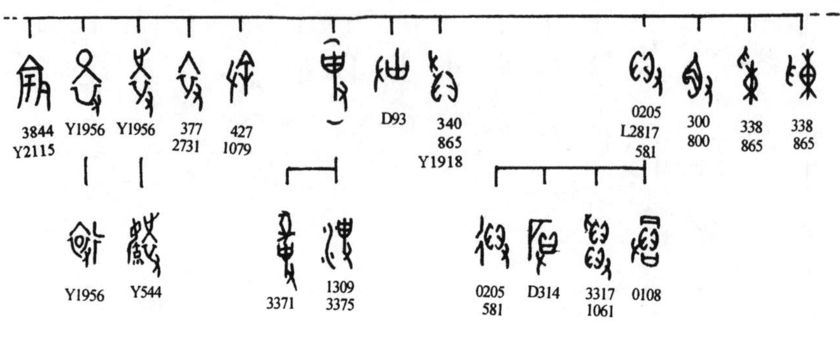

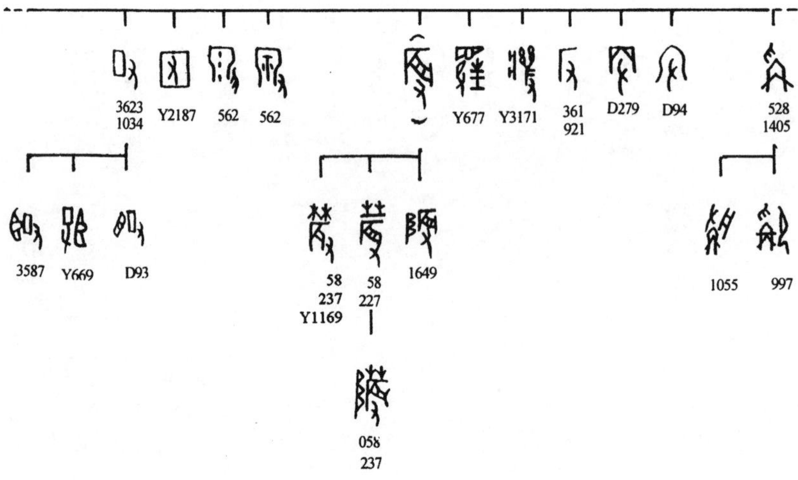

3894 971 | 388 953 | 3038 | Y2927 | Y2867 | Y2895 | 381 946 | Y933 | Y2887 | Y2214 | Y2227 | 3787 4454 | 337 Y946 | 372

Y1353 | 024 109 | 1646 4149 | 1426 3631 | Y2687

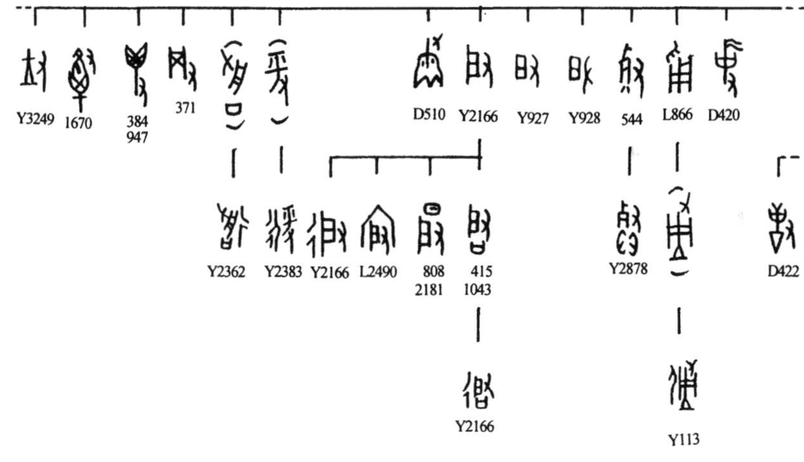

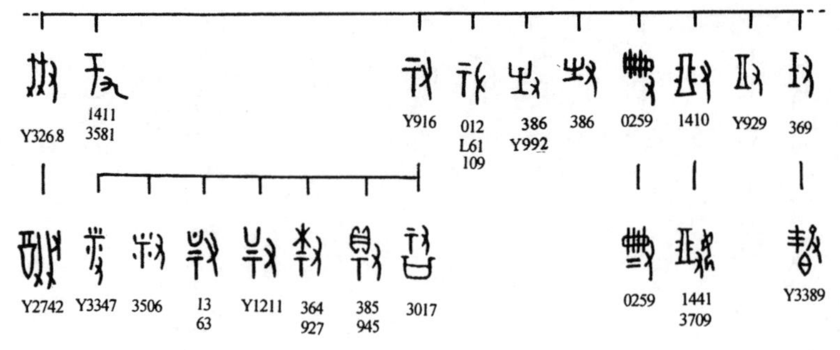
Y3268
1411 3581
Y916
012 L61 109
386 Y992
386
0259
1410
Y929
369
Y2742
Y3347
3506
13 63
Y1211
364 927
385 945
3017
0259
1441 3709
Y3389

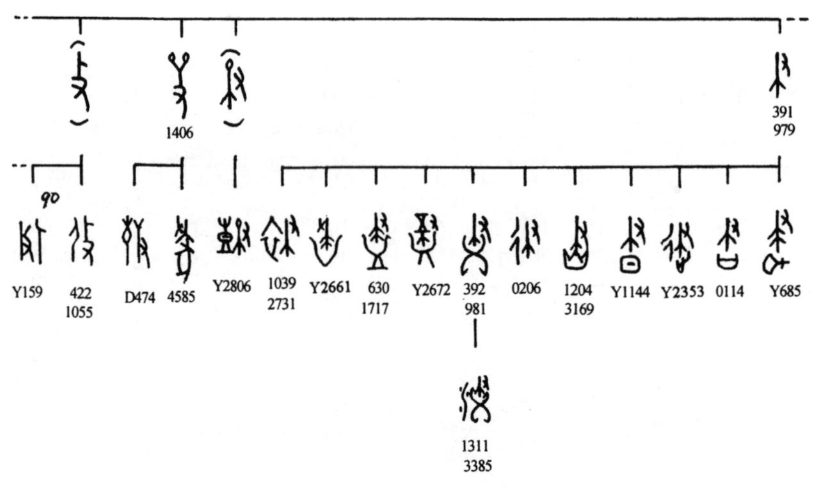
1406
391 979
Y159
422 1055
D474
4585
Y2806
1039 2731
Y2661
630 1717
Y2672
392 981
0206
1204 3169
Y1144
Y2353
0114
Y685
1311 3385

378 945 D93 355 3191 1211 Y2399 380

1229 0195 L4409 0226 595 D399 Y1692 D202 Y1498 426 1077 428 1081 D132

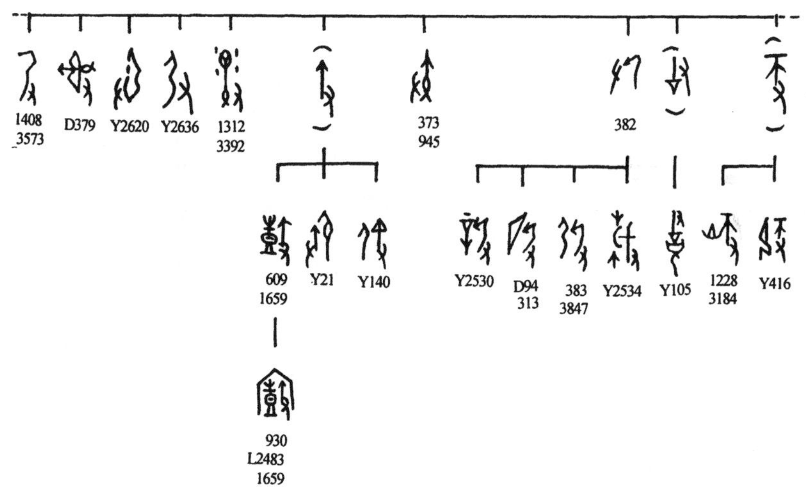

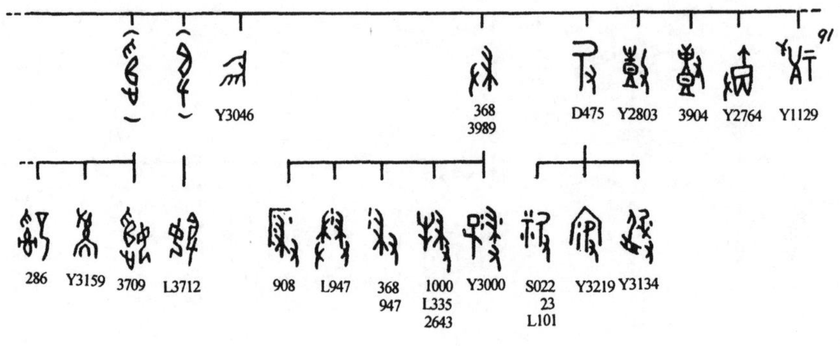
Y3046
368
3989
D475
Y2803
3904
Y2764
Y1129
286
Y3159
3709
L3712
908
L947
368
947
1000
L335
2643
Y3000
S022
23
L101
Y3219
Y3134

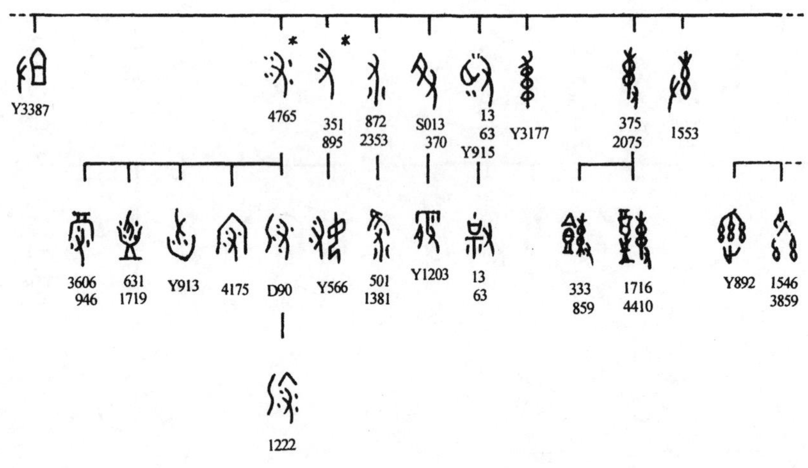
Y3387
4765
351
895
872
2353
S013
370
13
63
Y915
Y3177
375
2075
1553
3606
946
631
1719
Y913
4175
D90
Y566
501
1381
Y1203
13
63
333
859
1716
4410
Y892
1546
3859
1222

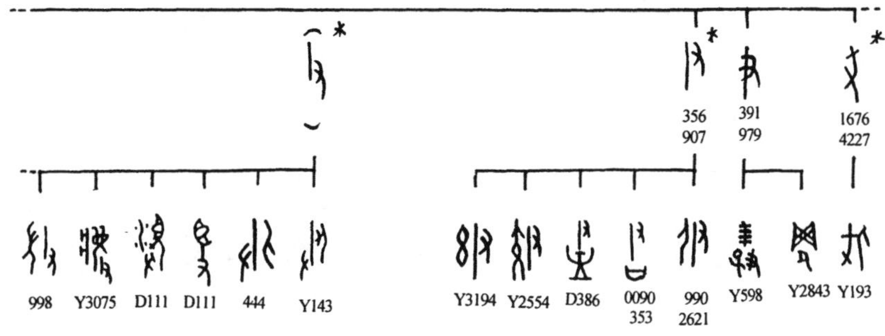
356
907
391
979
1676
4227
998
Y3075
D111
D111
444
Y143
Y3194
Y2554
D386
0090
353
990
2621
Y598
Y2843
Y193

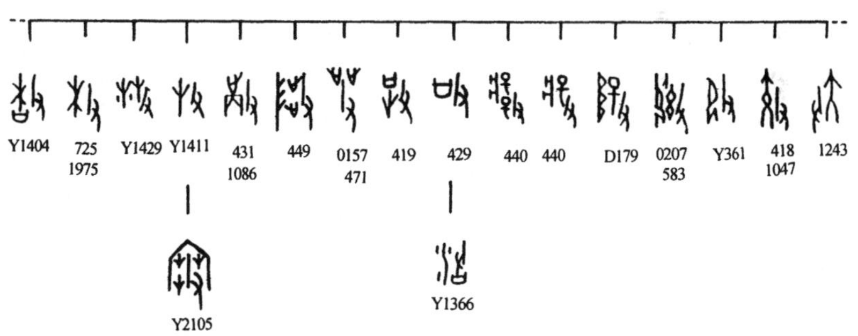
Y1404
725
1975
Y1429
Y1411
431
1086
449
0157
471
419
429
440
440
D179
0207
583
Y361
418
1047
1243
Y2105
Y1366

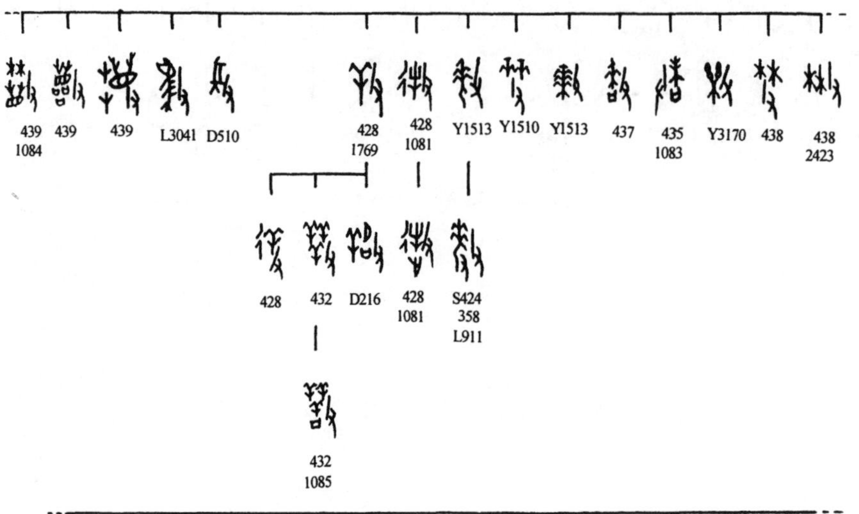
439
1084
439
439
L3041
D510
428
1769
428
1081
Y1513
Y1510
Y1513
437
435
1083
Y3170
438
438
2423
428
432
D216
428
1081
S424
358
L911
432
1085

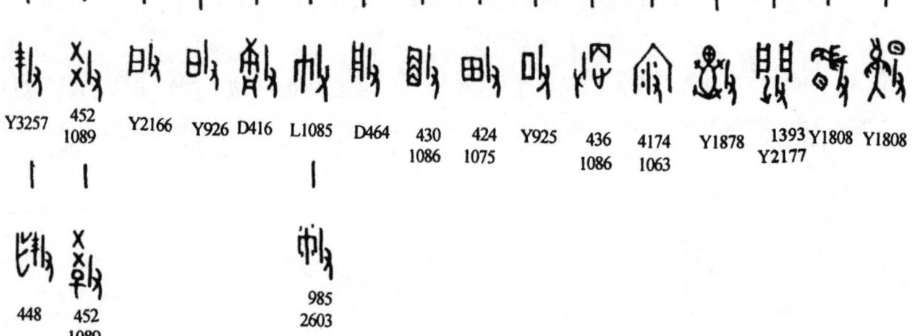
Y3257
452
1089
Y2166
Y926
D416
L1085
D464
430
1086
424
1075
Y925
436
1086
4174
1063
Y1878
1393
Y2177
Y1808
Y1808
448
452
1089
985
2603

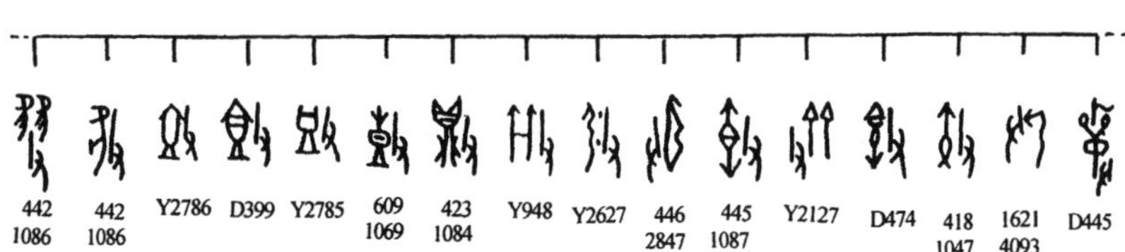
442
1086
442
1086
Y2786
D399
Y2785
609
1069
423
1084
Y948
Y2627
446
2847
445
1087
Y2127
D474
418
1047
1621
4093
D445

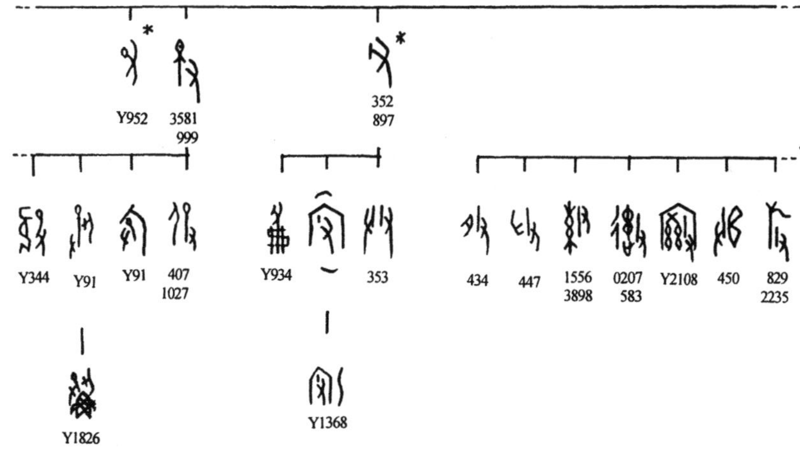
Y952
3581
999
352
897
Y344
Y91
Y91
407
1027
Y934
353
434
447
1556
3898
0207
583
Y2108
450
829
2235
Y1826
Y1368

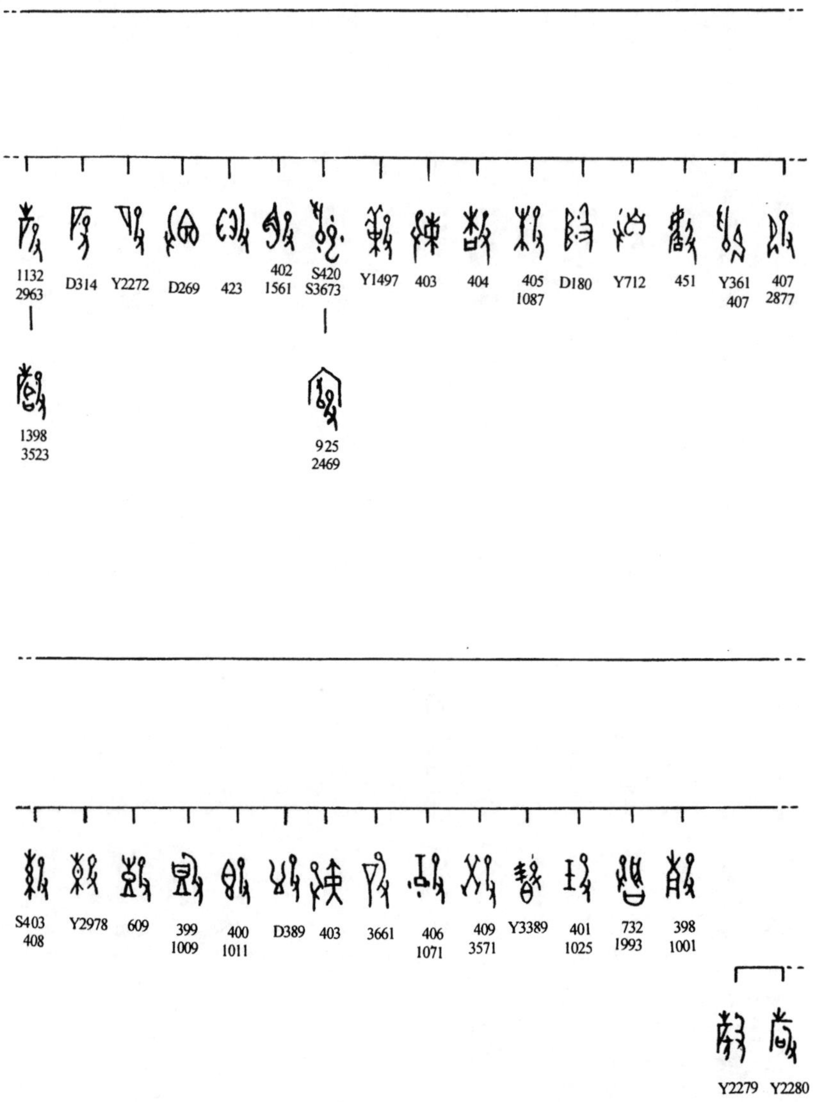

1132 2963 | D314 | Y2272 | D269 | 423 | 402 1561 | S420 S3673 | Y1497 | 403 | 404 | 405 1087 | D180 | Y712 | 451 | Y361 407 | 407 2877

1398 3523 | 925 2469

S403 408 | Y2978 | 609 | 399 1009 | 400 1011 | D389 | 403 | 3661 | 406 1071 | 409 3571 | Y3389 | 401 1025 | 732 1993 | 398 1001

Y2279 | Y2280

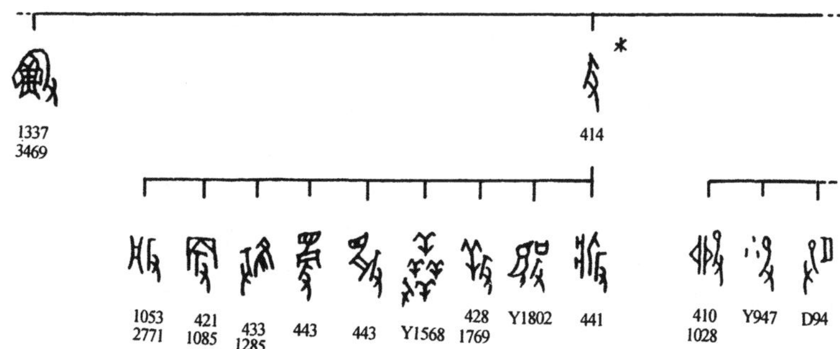
1337
3469
414
1053
2771
421
1085
433
1285
443
443
Y1568
428
1769
Y1802
441
410
1028
Y947
D94

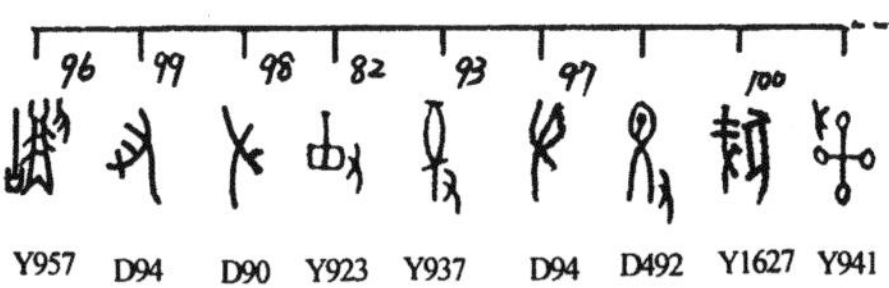
96
99
98
82
93
97
100
Y957
D94
D90
Y923
Y937
D94
D492
Y1627
Y941

〔字根〕〇八二　S.350 L.891 G.0905

《說文》卷三又部：「　手也。象形。三指者，手之列多，略不過三也。」

案：卜辭　、與小篆　同，羅振玉釋又（《增考．中》十九葉上）。卜辭書寫形式未完全凝固，故　或亦作　，與左字無別，如《甲》三八四「　囚」、《甲考》釋「又囚」是也。　釋左，其釋「又」者、《集釋》列有四條（頁八九二—八九三），此亦同形異字之一例也。

字與爪、丑於偏旁中可通，如　或作　（《寧》一．一九九），　或作　（《後》上一〇．一六）。又「又」與「爪」形義俱近，於偏旁中不易區別，如　（《新》二八一八）右旁所从似又似爪，甚難判定。

〔字根〕〇八三　S.334 G.0956

《說文》卷三爪部：「爪　丮也。覆手曰爪。」

案：卜辭　、　字，象以手　抓之形，當即《說文》爪字。字於卜辭單字二見，　（《乙》三四七一從《文編》釋），　（《乙》五四二二，《字典》云：「疑即爪字」。）

字於偏旁中或作等形、如（《續》三．三五．一〇）或作（《新》二三〇〇），與人刀二形極易混淆。又卜辭从若之字，或因書法好尚之故，每喜作，如：（《明藏》四九五）或作（《新》二八四〇）。準此（《戬》三九．八）當釋（《戬考》釋、是。姚孝遂以為當為二字、上所从亦非臼（《古文字研究》三、〈《殷虛卜辭綜類》簡評〉，頁一八五），非也。（《懷》一六四八），《類纂》一九五六釋「遠」。

〔字根〕〇八四　𠂇　S.387 L.951 G0906

《說文》卷三ナ部：「𠂇　左手也。象形。」

案：卜辭𠂇，象左手形，即《說文》𠂇字。《集釋》云：「古文正反每無別，唯又象右手，𠂇象左手，則劃分甚明，然亦有少數例外，如《乙》六八七九辭云『☒𠂇（有）若』『貞王𠂇（侑）三羌于且乙不𠂇（侑）若』、《乙》七三〇七『壬子卜爭貞我其□□□弗𠂇（有）若』、《甲編》三八四辭云『𠂇（有）禍』、《甲編》二〇一二辭云『☒賓貞宰𠂇（又）一牛』……凡此四例，以『𠂇』為『又』者，其義均為『侑』、為『又』、為『有』，固無以『𠂇』為左右之『右』者，蓋左右二字，形義較然甚明，不可亂也。」（八九二—八九三頁）

此說辨𠂇假為侑、有、又，而不叚借為右，衎論精闢，故具錄之。

〔字根〕〇八五 □ S.1666 L.4189 G.3682

《說文》卷十四九部：「□ 昜之變也。象其屈曲究盡之形。」

案：卜辭□，象肘形，即《說文》□，後叚借爲數字義，遂又造□，於□形旁加指示符號□，以示肘之所在（《集釋》說，見四一八九頁），後世作肘，从寸乃□之訛。字爲獨體象形文。

〔字根〕〇八六 □ S.5129 L.1507 G.0953

《說文》卷四肉部：「□ 臂節也。从月寸，寸、手寸口。」

案：卜辭□、从□（肘），□以指示肘之部位，即後世肘字，《集釋》云：「小篆从寸，許既云寸為寸口，則肘字从之無義，又不可以為寸聲。蓋□本為肘之古象形字，徒以叚為數字之九，叚借之義專行而本義湮，故更於本字加□以示肘之所在，於是本為象形者，轉而為指事矣！至小篆更加肉字偏旁，於形益複。許君復不曉□乃肘之指事字，遂以寸字解之，从肉从寸，以說肘字，於六書不知居於何等（□形與□易混）也。」（頁一五〇七）此說辨肘之字形演變，明晰可從，肘字上古音在幽部開口三等（*tiəw），與九同韻（九：*kjəw），是《集釋》謂□本爲肘之古象形字，以叚爲九字，因於□旁加□作□以示肘之所在，形音洽適，說不可易。以字形言，□係於□旁添加指示符號，以別於□，而仍因□字以爲聲，亦「附畫因聲指事字」之一例也。

〔字根〕〇八七 S.3492 G.0908

《說文》卷三又部：「 臂上也。从又、从古文厷。 古文厷、象形。 左或从肉。」

案：卜辭、从又，以指示肱之部位，《集釋》以爲當釋厷：「友人張秉權兄見告《乙編》有字，前此未見著錄。張氏疑寸字。竊謂字當釋厷，此與契文肘作、身作，其構造法均相同也」（卷八，第二七一九頁）。《釋林》亦釋爲厷，而說解較詳：「甲骨文厷字作或，舊不識。……《說文》厷字作，並謂：『厷、臂也。从又……。』按《說文》既訛為，又誤認為古文厷。……今以甲骨文驗之，則厷字作或，既非从又、也不从。其从、尾劃上彎，象曲肱形，與又之作迥別。其从、後來訛變作。商器鼎文和父乙器亞中均有字，與甲骨文厷字形同。古璽文厷字作，已經分化為二體，為小篆所本。按厷為肱之初文……總之，甲骨文厷字作或，於肱之曲處加，以示厷之所在，于六書為指事字。」（頁三九〇—三九一，〈釋厷〉）于說釋爲厷，當可從，惟謂象曲肱形，似可商榷。當釋九，爲肘之初文（詳部說明），以指示厷之部位在肘前耳。字爲合體指事文。

〔字根〕〇八八 S.1699 L.4335 G.3688

《說文》卷十四丑部：「 紐也，十二月萬物動用事，象手之形，日加丑、亦舉手時也。」

案：卜辭、象手之形，即《說文》。《集釋》云：「丑之古文作。屈其指者，正以別於又字。」（頁四三三六）是丑、又皆象手形，以其用有別，構形因亦小異爾。然於偏旁中丑、又通用，如：（《前》四．三六．四）或作（《林》二．二五．一〇），是知丑、又義本相近。字爲獨體象形文。

〔字根〕〇八九 S.297

《說文》無。

案：《說文》無关，而有从关之朕、佚、勝、騰、滕、縢、黱等字，《說文》卷八舟部：「 我也。闕。」段注：「此說解既闕，而妄人補我也二字，未知許說字之例也。朕在舟部，其解當曰『舟縫也，从舟关聲』，…《考工記．函人》曰『視其朕，欲其直也』，戴先生曰：『舟之縫理曰朕，故札續之縫亦謂之朕。』所以補許書之佚文也。本訓舟縫，引申為凡縫之稱。」卜辭有、羅振玉釋朕，《集釋》云：「象兩手奉器纍舟之形。」（頁二七六八）說與戴段解《考工記》合，當可從。朕从舟关聲，以象意字聲化例推之，关或即朕之初文。卜辭关作，象兩手奉物之形，當即奉物札續舟縫也。

卜辭从关之字有、二字。此外，字左上所从雖亦近於关，然實爲、之簡化，非从关也。

〔字根〕〇九〇 S.3807 L.1445 G.1045

《說文》卷四𠬪部：「爭 引也。从𠬪厂。」

案：卜辭、釋者多家，劉鶚釋𢦏、孫詒讓釋戈、胡光煒釋爭、葉玉森疑殺之初文、唐蘭釋爭、魯師實先釋爭、柯昌濟釋爰、于省吾初釋曳、後釋爭、《集釋》綜覈諸說，而以釋爭爲最（頁一四四八）。近《甲骨文字典》出，又以爲从凵象玦形，从象兩手扶玦，當釋夬、即玦之本字（頁二八五）。今按以上諸說似仍以釋爭爲是，《釋林》：「周代金文無爭字，靜字所从之爭，如靜卣作，靜弔鼎作，靜𣪘作，……之與，只是凵形變為向左下迤作丿形而已。……爭字後世孳乳為綪……《一切經音義‧卷十五》引《說文》：『綪、縈繩也。』今本《說文》作『綪、紆未縈繩』，當有傳訛。《小爾雅‧廣器》：『大者謂之索，小者謂之繩、詘而戾之之謂綪。』按用繩索之縈繞與曲戾以釋綪，符合於初文爭字之構形。至於訓爭為鬥爭，乃引伸義。」（頁九〇—九一、〈釋爭〉）于說以金文靜字所从爭之字形以證成胡光煒氏釋爲爭之說，當可從。惟謂爭象繩索之縈繞與戾曲，仍乏確證。卜辭从系之字皆作、，未有作凵者，象糾纏縈繞之字有、釋丩，亦不作凵。从𠬪从凵實不足以示縈繞之義。至於徐中舒釋爲从𠬪扶玦，凵象玦形，亦乏確證，商周出土之玦皆作◎（參《商周考古》五二頁，一七三頁），爭所从凵與之相去太遠。且所从二又一上一下，與類似，若謂象兩手持玦，爲玦之本字，則不審此相對之二如何持玦也。是仍以胡、魯、于釋爭爲是，字从𠬪，示兩又相爭引，从凵以示爭引之中介。

〔字根〕〇九一　S.538 L.1439 G.1033

《說文》卷四𠬪部:「　引也。从𠬪从亏。籀文㠯爲車轅字。」

案:卜辭　、羅振玉釋爰(《增考・中》四一葉),以爲即《說文》訓「大孔璧,人君上除階以相引」之瑗,《集釋》云:「契文正象相爰引之形,羅氏引許書瑗下說解『人君上除陛以相引』以證契文　字,謂即君臣相引之象,說殊迂曲。」(頁一四四〇)據此,　从𠬪,而以丿象相爰引之形。

〔字根〕〇九二　S.3794 3796 G.1034

《說文》所無。

案:卜辭　、　字,《釋林》釋　、以爲即帥之初文:「甲骨文　字象兩手執席形,其席紋從二層以至五層,多少無定,這是從正面看。如從側面看,則作|形。金文帥字習見,左旁都从　或　。　是帥的初文,其演化規律是由　變作　,再變則作　或　,周代金文加上形符的巾旁,才變成形聲字之帥。漢隸的帥字从𠂤與从𠂤互見,六朝以後帥字行而帥字廢。又甲骨文和早期金文的師字都作𠂤,較晚則加帀旁作師,足徵古文字的𠂤和𠂤迥然有別。」(頁二八一,〈釋　〉)于說以金文、漢隸證明　　即帥之初文,當可從。《說文》卷七巾部:「　佩巾也。从巾𠂤聲。　帥或从兌聲。」小篆帥所从𠂤即　之訛,其義則爲佩巾,高鴻縉先生云:「(帥)字意原為拭用之巾,故倚　(兩手)畫|(巾之垂)形。」(《中國字例・二篇》二四四頁)釋　爲雙手執巾之形,說當可從。又《釋林》以　、　亦帥之初文,　爲執席、　爲佩巾,二者似不相同,不必強爲一字。(　從唐蘭說釋尋,詳尋部)

〔字根〕〇九三　□　□　S.3797 3799 G.0136

《說文》卷三寸部：「□　繹理也。从工口、从又寸—工口、亂也；又寸、分理之也—彡聲。此與𤔔同意。度人之兩臂爲尋、八尺也。」

案：卜辭□（以△1爲代表）若□（以△2爲代表）、唐蘭釋尋：「……余謂△1若△2實尋之古文，由字形言，八尺為尋。……《小爾雅》云：『尋、舒兩肱也。』按度廣曰尋，古尺短，伸兩臂為度，約得八尺，卜辭偏旁之□、正象伸兩臂之形。其作—者、丈形。……卜辭作□、則伸兩臂與杖齊長，可證其當為尋丈之尋也。卜辭或作△2者、《公食禮・記》『加萑席尋』，注：『丈六尺曰常、半常曰尋』是席長亦八尺，故伸臂與之等長也。卜辭又有□字……余謂當是从口△1聲，……又有□字…余謂□即△1之變體，此□及□當即今隸之尋字，蓋古文—或作□，故△2與△1可併為一字。□或變□，故△1或可變為从□，則作□形者可變為□，稍易其形即為□矣！卜辭又有□若□…余謂此即小篆㝷字所从出。蓋□字小篆作□，與彡相混，故小篆尋作㝷也。」（《天壤文釋》頁四二—四三）唐氏釋□爲象伸兩臂之形，頗爲合理，其釋尋、㝷字形之演進，則稍有可議，漢隸尋或作□（《老子乙》二二九上），所从□當即□之訛，㕛則猶存□之二又，下从寸所以示其爲度名，蓋△2本象伸兩臂爲度，形象鮮明，視而可識。然既訛爲□，形義漸晦，視而不識，因加寸以彰明之。然則今隸之尋似爲从△2从寸，而非由□形演化。且□从二又並列，無度量意，與△1當非一字（于省吾釋□爲□、即帥，說較可從，參□部。）△1△2於偏旁中或僅作□，如□、□等，仍是伸臂度尋之意。

〔字根〕〇九四 □ S.3099 L.2407 G.1038

《說文》卷七臼部：「□ 舂去麥皮也。从臼干聲，一曰干所以臿之。」

卜辭□、張秉權先生釋臿：「此字象兩手捧錐插刺之狀，當是臿字。……《釋名．釋用器》：『鍤、插也，插地起土也。』《漢書．王莽傳》：『負籠荷鍤。』注：『鍤、鍬也。』王先謙補注：『鍤或作臿。』……《說文．十四上．金部》：『鍤、郭衣鍼也。』……《史記．史皇紀》：『身自持築臿。』《正義》：『臿、鍬也。』《漢書．溝洫志》：『舉臿如雲。』注：『鍬也，所以開渠者也。』又《說文》於木部之梠說是『臿也』，於金部之銛鈂鍦說是臿屬，可見臿是幾種田器的總名。……臿字象兩手捧錐向上或向前刺插。」（〈卜辭臿正化說〉，《史語所集刊》三九本，七七七～七七九頁）張說於臿之意義訓解詳明，於字形亦合，當可從。□象雙手捧物插刺之狀，从八象刺分之形。□之孳乳字一，作□若□，从行从□，行之上部與□之上部共筆。

〔字根〕〇九五 □ S.351 L.895 G.0909

《說文》卷三又部：「□ 手足甲也。从又、象叉形。」

案：卜辭□，从又象叉形，羅振玉釋叉是也。《說文》以為「手足甲也」，以字形言，僅有「手甲」義，「足甲」義當為連類引伸。字為合體象形文，或視為从又，小點指示手甲之部位，則為合體指事文。

〔字根〕〇九六 [glyph] S.0872,4765 L.2353 G.0932

《說文》七篇上禾部：「[glyph]、稷之黏者。从禾、[glyph]象形。[glyph] 秫或省禾。」

案：卜辭[glyph]、[glyph]字，唐蘭先生釋朮：「按《說文》朮字正作[glyph]，金文盂鼎『我聞殷述令』之述从[glyph]（舊誤釋為遂，非是，述令借為墜命）。魚鼎匕述字[glyph]，均可證。《說文》：『秫、稷之黏者。从禾、[glyph]象形。[glyph]、秫或省禾。』小徐本作『从禾朮聲』。徐鍇謂：『言聲、轉寫誤加之。』今按：徐說非，秫字當从禾朮聲。朮字或叚作穀名（如弭仲簠云：朮稻糕粱），後人加禾作秫耳。朮字本作[glyph]，从又，又者手形。其本義未詳。然要非秫之省也。卜辭云：『王其朮。』疑叚為述。《說文》：『述、循也。』惟辭意未足，無以決之。」（《殷虛文字記》第三十二葉下）李孝定先生以爲唐說可從，其本義不可知（《集釋》第二三五三頁）。金文朮字作[glyph]（弭仲簠，《總集》第二九八三號），於述字偏旁作[glyph]（盂鼎，《總集》第一三二八號）、[glyph]（中山王譽壺，《總集》第五〇八五號），《金文編》收在第〇二三四號，字从又，又旁佈滿小點，朱芳圃云：「《說文》：『秫、稷之黏者。……』……考朮為初文，秫為後起字，金文作[glyph]，象稷黏手之形。」（《釋叢》第一三一頁）張日昇云：「朮實象以手爬梳禾穛之形，乃穌之象形字。《說文》云：『穌、把取禾若也。从禾魚聲。』朱駿聲謂稈皮散亂，把而梳取之，其言是也。」（《金文詁林》第九三八頁）以上二說，張氏後出，謂「朮實象以手爬梳禾穛之形，乃穌之象形字。」然《說文》謂穌爲「把取禾若」，而朮字明明从手，未見杷形，何以證明其必爲穌之初文？朱說謂象稷黏手之形，與《說文》義近，字形優有可說，似較可信。

以金文字形推甲文，金文朮字作[glyph]、而甲文作[glyph]，二者似不甚相似，甲文[glyph]字亦不得說爲象稷黏手之形（魚鼎匕爲較晚之字形，不得據以說甲文），以辭例而言，甲文□字六見：

《合》二九四〇　丙戌卜爭貞父乙□多子

《合》三二三八正　貞父乙弗弗　多子□二告

《合》三二三八正　丁丑卜𡧊貞父乙允□多子

《合》一六二六七　……寅卜……王其……□……

《合》一八四〇六　……□……　二告

三、四條，徐中舒先生《甲骨文辭典》云「義不詳」，自字形言之，□亦未必是朮字。頗疑此字當存疑，而卜辭朮字當作□（《前》四・二五・八）、□（《鄴三》下・四三・一一），《甲骨文編》收在附錄上第四七六五號，與□同字（旭昇案：當爲不同字），以爲不識字。案：此字从又，指間綴以小點，正象稷黏手之形，似可釋朮。辭云：

《合》一三九三七　……卑至于……允□隹……妾卒……㞢子

《合》一八三四六　……□……□……

《合》三五二四六　乙……又□又……

文義待考。《合》一八三四六一條之□字，《甲骨文字典》釋叉，《說文》三篇下：「叉、手足甲也。从又、象叉形。」段注：「叉、爪古今字。」卜辭丑字作□，郭沫若以爲象爪之形，當即爪字，徐中舒《甲骨文字典》從之（見《甲骨文字典》一五八四頁），□字从又，綴以小點，不像手爪之形，似不得釋爲叉字。

〔字根〕○九七 □ S.1676 L.4227 G.3353

《說文》卷十四乙部：「□ 異也。从乙又聲。」

案：卜辭□、胡光煒釋尤（《文例》下二五葉），丁山同時亦釋尤，謂字象手欲上伸而礙於一，猶𡿧之从一雝川、□之从□而橫上以一也（《史語所集刊》一本一分〈殷契亡□說〉）。丁氏釋□爲尤，可從。唯說形似小誤，□从□，一乃指事符號，非「手欲上伸而礙於一」也，必欲如丁說，字當作□，否則如□、手已出於「一」矣，尚有何礙乎？卜辭指事符號「一」多爲區別意義，並無「礙於一」，「一以止之」等用法。丁氏所舉「𡿧」於卜辭作□、□、□、□、□（《文編》一三四九），其作□者乃「从巛（𡿧）□（才）聲」之□之簡寫，並非「从一雝川」。竊以爲卜辭「亡求」、「亡囚」、「亡□」之求、囚、□皆當爲叚借，蓋「尤異」義屬抽象，無由造字，故叚同音之「□」爲之，爲區別此叚借義，故於其上加註指事符號「一」作「□」。尤、又上古音同在之部，聲韻全同，《說文》謂尤从又聲，尚保存尤叚又爲之之痕跡也。據此，「尤」之造字本義，當係於「又」之上端附加一橫劃以爲指事標志、以別於「又」，而仍因「又」字以爲聲，此即于省吾所謂之「附劃因聲指事字」（《釋林》四四五頁）也。

〔字根〕〇九八　S.356 L.907 G.0919

《說文》卷三又部：「　治也。从又丿，握事者也。　古文尹。」

案：卜辭、羅振玉釋尹（《增考．中》十九葉下）。王國維云：「尹字从又持丨，象筆形。《說文》所載尹之古文作，雖傳寫訛舛，未可盡信，然其下猶為聿形，可互證也。」（《觀堂集林．卷六．釋史》）。《集釋》云：「竊疑尹之初誼當為官尹，字殆象以手執筆之形，蓋官尹治事必秉簿書，故引伸得訓治也。筆字作，以其意主於筆，故特象其形作；尹之意主於治事，故於筆形略而作丨也。」（九〇八頁）裘錫圭則進一步指出尹聿字形同出一源，聲音亦然，二字上古聲同屬喻四、韻則爲文物對轉，故二者於卜辭可以互作，如：伊尹或作伊聿（《鄴三》三．九七．七）君或作（《存》下七二五），皆其例也（〈說字小記〉）。以上三氏釋尹聿同源，可從。唯此二字形音義皆已分化，當視爲二字，而所从丨去筆形已遠，趨於抽象化，故本文以尹爲字根。

〔字根〕〇九九　S.414 G.0992

《說文》卷三攴部：「　小擊也。从又卜聲。」

案：卜辭未見單字攴，唯見於偏旁中，作（攵）、（攴）二形。從攵攴形，如：敚、敹、楙等。從攴者如：攸、牧、改等。攵形从手持丨，其後聲化爲卜，遂作，而爲《說文》攴所本。以六書言，爲合體象形文，爲形聲字。攴攵與（攴，鞭之初文）形近而不同，可參看「攴（鞭）」部。

〔字根〕一〇〇　S.352 L.897

《說文》卷三又部：「　巨也，家長率教者。从又舉杖。」

案：卜辭父甲、父乙等父字極多，皆作　形，與小篆接近。字从又，所持者，劉心源謂　（主）、羅振玉疑炬形、郭沫若謂斧之初字（參《集釋》八九七、《詁林》三五八），皆乏確證。高鴻縉先生謂父與尹同構，从又把物，而爲把之本字（《中國字例・三篇》一三～一四頁），說較通達，然亦乏確證，皆不足破許說。父之所持，姑仍存疑。

〔字根〕一〇一　S.5480 G.952

《說文》卷三又部：「　分決也。从又，　象決形。」

《廣韻・上平・二十八山》：「掔，《爾雅》云：『固也。』」音苦閑切。又《下平・一先》：「掔，固也。厚也。持也。」音苦堅切。

《說文》卷十二手部：「　固也。从手臤聲。讀若《詩》『赤舄掔掔』。」

案：甲骨文□字（以下用△1代表），舊不識。丁山疑爲㕚之初文（《甲骨文所見氏族及制度》一三二頁）。曾侯乙編鐘中・一・三至一・六，二・一至二・六皆有「鴃」字，裘錫圭、李家浩《曾侯乙墓》釋文注二四云：「鴃字右旁有□（鐘一・三）、□（鐘一・四）、□（磬上・三）、□（磬上・四）等寫法。今暫據第三形釋鴃。」（《曾侯乙墓》五五九頁）何琳儀：「自曾侯墓音律編鐘銘文中『鴃』被認出來後，上溯下推古文字的『夬』以及从『夬』的字皆可冰釋。茲僅舉幾例不同時代的『夬』字：A・□（《類纂》三五八）、B・□（《貨系》五三一）□（宜桐盂「鈌」）、C・□（《仰天》一五）□（《包山》二六〇）、D・□、□（《秦漢》一九五）……『夬』字本象右手指套『扳指』之形，以便引弦開弓。」（《古幣叢考・空首布選釋・夬》五七頁）近年發現之柞伯簋有□（以下用△2代表）字，陳劍以爲當釋搴若掔：「銘文敘述王在宗周舉行大射禮，并陳列赤金十鈑作為獎品，謂『小子、小臣，敬又△2獲則取』，……其中的△2字現在有『又』和『夬』兩種釋法。我們受到新出的郭店楚簡的啟發，認為此字應該釋讀為賢。在新出郭店楚墓竹簡的《唐虞之道》篇中，與△2寫法相同的一個字多次出現，……在簡文中此字都表示賢這個詞。……殷虛甲骨文自組卜辭中有一個寫作△1形的字（看《甲骨文編》第九二六頁、《殷墟甲骨刻辭類纂》第三五八頁），大多用作貞人名。……△1字字形表示的本義是用手持取、引取一物，……我們認為它應該是『搴』與『掔』共同的表意初文。『搴』與『掔』聲韻皆近，古書中常訓為『手取』、『拔取』，它應該是為△1字本義造的後起字。持取、引取義可以很自然地引伸出『牽引』義。……郭店簡中除用△2字表示賢這個詞外，還使用賢所从的聲符『臤』字。簡文中『臤』字有兩類法，……大多數作如下之形：『□』。這類寫法的臤字在以前看到的戰國和秦漢文字中也曾作為偏旁屢次出現。……其特徵是所从的『又』上面還有一筆。……中山王器銘文中變作一斜撇，見《金文編》第四二九頁；戰國璽印文字中多變為一小點、兩小點、兩短横或兩斜横，見《古璽文編》六・九上、九・六下、《故宮博物院藏古璽印選》一五〇、《印典》第一二二八、一二三一頁等；漢碑隸書中變作一點，并有寫入『又』中作『叉』者，見禮器碑側『賢』、費鳳碑陰、西狹頌『堅』等。……我們認為這類寫法除掉『臣』之後剩下的『又』和多出來的部分就是△2字的變形。」(《柞伯簋銘補釋》)

案：以上二家之說皆持之有故，言之成理。以辭例言，曾侯乙編鐘之「缺」似不得釋爲从鳥从⿱夬手掔、柞伯簋之「賢」亦不得釋爲「夬」，然則二說何者爲是？竊以爲二者皆是。蓋「夬」與「⿱夬手掔」或是一字之分化。以字形言，陳劍以爲此字象「用手持取、引取一物」，然所持取究爲何物，則並未明言，何琳儀以爲「象右手指套『扳指』之形」則頗爲具體。自其手持取物之狀態而言，可以釋爲「⿱夬手掔」字；自其所持者爲「夬」而言，則可以釋爲「夬」。以音理而言，「夬」字上古有二音，其一在祭部合口二等，擬音爲*krwar，其一在月部合口四等，擬音爲*kewat；「⿱夬手」字上古音在元部開口三等，擬音爲*kian；「掔」字亦有二音，一在真部開口二等，擬音爲*k'ren，一在真部開口四等，擬音爲*k'en。是「⿱夬手」與「夬」爲陽入對轉，聲音至近。「⿱夬手」與「掔」則爲元真旁轉，音亦頗近。然則此三字或本即同源，當亦不誣。

以偏旁而言，《郭店楚墓竹簡・性自命出》有「快」字，其所从之「夬」作□形，與何琳儀所指出之各種夬形顯然爲一脈相承，其爲「夬」形無疑，而不得釋爲⿱夬手若掔。意者夬分化爲⿱夬手、掔後，「⿱夬手」、「掔」作「又」形加撇、點，「夬」則保留原形歟！

〔字根〕一〇二 [illegible] S.414

《說文》卷三 部：「鞭，毆也。从革，便聲。[illegible]，古文鞭。」

案：卜辭[illegible]（以△代表），从之者有㪅，于省吾云：「甲骨文㪅字屢見，……《甲骨文編》釋為更。按㪅即古文鞭字。……就古音言之，鞭從便聲，丙攴從丙聲。丙雙聲。㪅字變作更，丙更疊韻。《周禮．考古記》輪人的『眂其綆』，鄭司農謂『綆讀為關東言餅之餅』。按綆從更聲，更本作㪅，从丙聲。是丙更古通之證。西周金文馭字均作駿，右从夋，乃古文鞭字，用鞭以驅馬。石鼓文馭字作駿，猶存古形。」（《甲骨文字釋林・釋㪅》三九一頁）劉釗申其說，釋卜辭△為鞭：「甲骨文鞭字作△，又加丙聲作[illegible]，從而分化出『更』字。金文便字作[illegible]，从人从更（鞭），[illegible]字从攴从[illegible]。按[illegible]即免字，亦即冕字初文，便字從免應為聲符。」（《古文字構形研究》一三七頁）據此說，卜辭△字象人手持鞭，除又形外之部分當即鞭之象形初文，然此部分無單獨成文者，且此形必託於手，其義始顯，故本書以△為字根。

△與攴、丂字形義俱近，故於偏旁中常互用，如：牧、𢼸字（《文編四二八號》）、般字（《文編》一〇五三），極不易判斷其為从△？从攴？抑从丂也。孳乳表姑不細分。

〔孳乳表〕十三

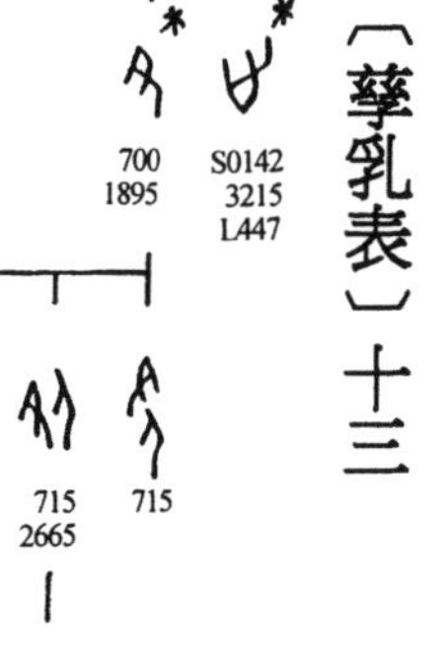
700
1895
S0142
3215
L447

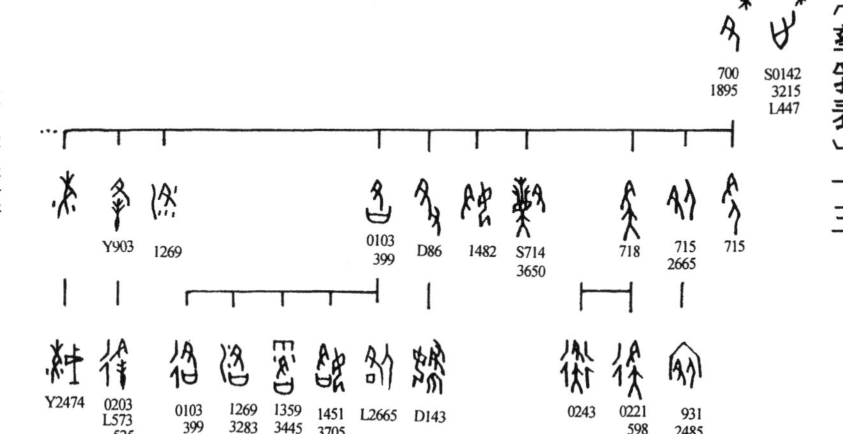
Y903
1269
0103
399
D86
1482
S714
3650
718
715
2665
715
Y2474
0203
L573
525
0103
399
1269
3283
1359
3445
1451
3705
L2665
D143
0243
0221
598
931
2485

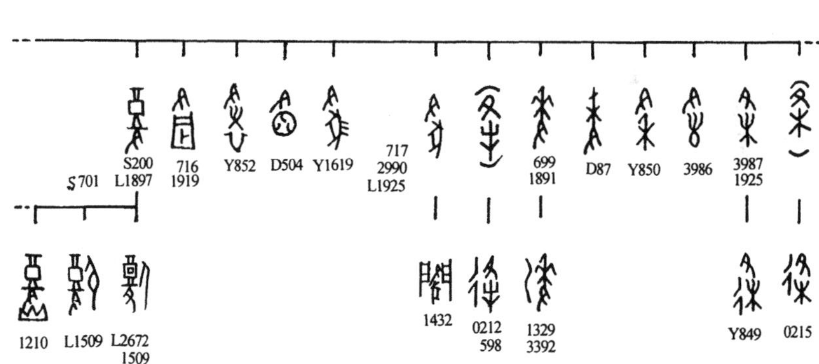
S200
L1897
716
1919
Y852
D504
Y1619
717
2990
L1925
699
1891
D87
Y850
3986
3987
1925
S701
1210
L1509
L2672
1509
1432
0212
598
1329
3392
Y849
0215

D87	Y834	Y2305	704	705	707	D87	0103	713	713	Y894	D85	Y1906	Y3247	0230	706
				L1925			399								
				1723											

1715　Y833

Y1852	1576	0145	1639	Y630	702	988
	3933		4131		1903	2615

Y848	1576	Y2841	3965	3965	703	3965	D27	Y131	571	Y783	D266	Y195	1655	D510
	3933		2839	2839		2839			1549				4153	

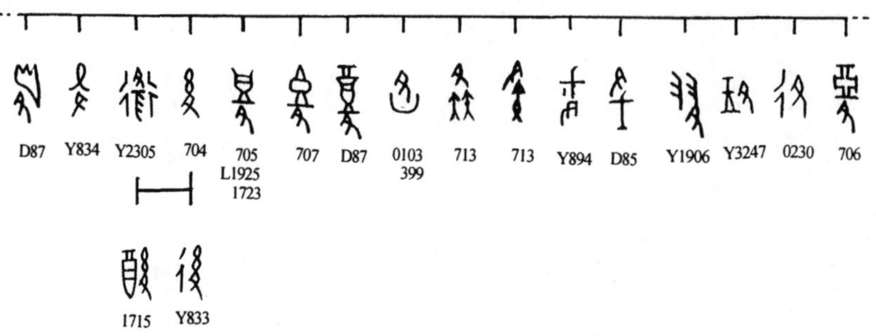

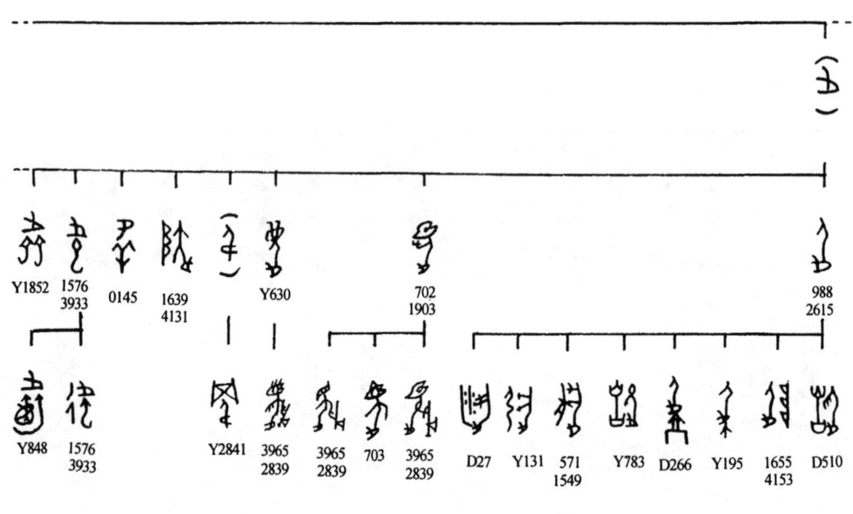

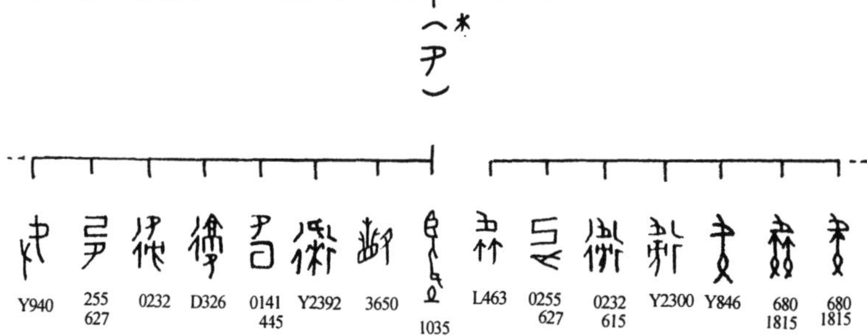
Y940
255 627
0232
D326
0141 445
Y2392
3650
1035
L463
0255 627
0232 615
Y2300
Y846
680 1815
680 1815

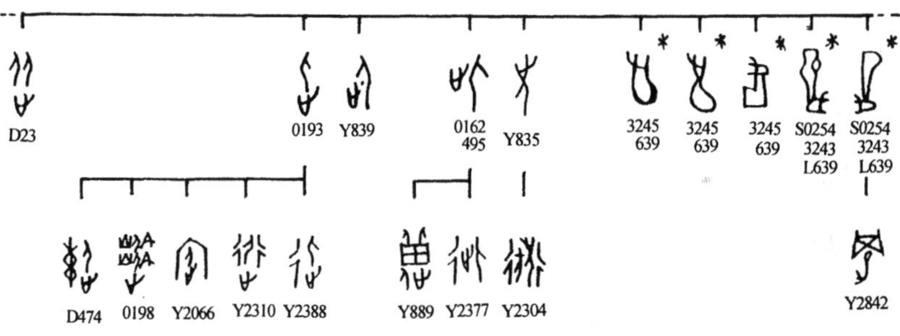
D23
0193
Y839
0162 495
Y835
3245 639
3245 639
3245 639
S0254 3243 L639
S0254 3243 L639
D474
0198
Y2066
Y2310
Y2388
Y889
Y2377
Y2304
Y2842

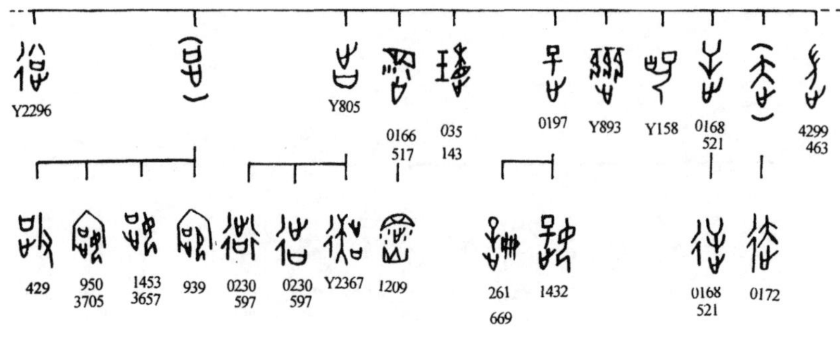
Y2296
Y805
0166 517
035 143
0197
Y893
Y158
0168 521
4299 463
429
950 3705
1453 3657
939
0230 597
0230 597
Y2367
1209
261 669
1432
0168 521
0172

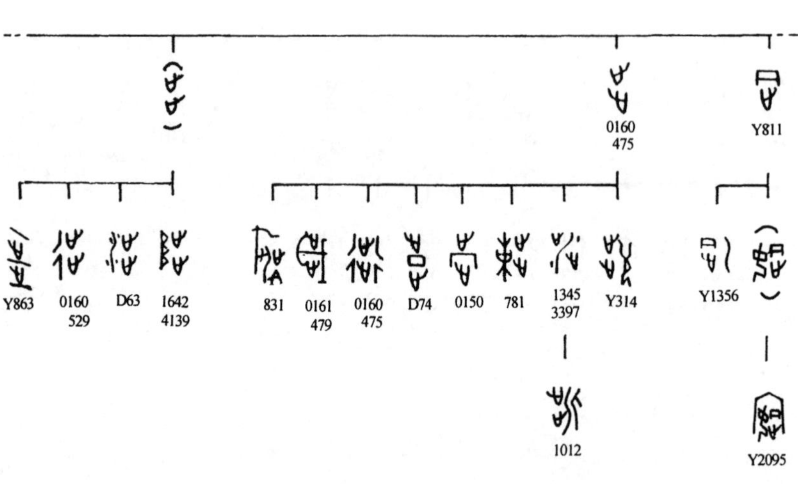
0160 475
Y811
Y863
0160 529
D63
1642 4139
831
0161 479
0160 475
D74
0150
781
1345 3397
Y314
Y1356
1012
Y2095

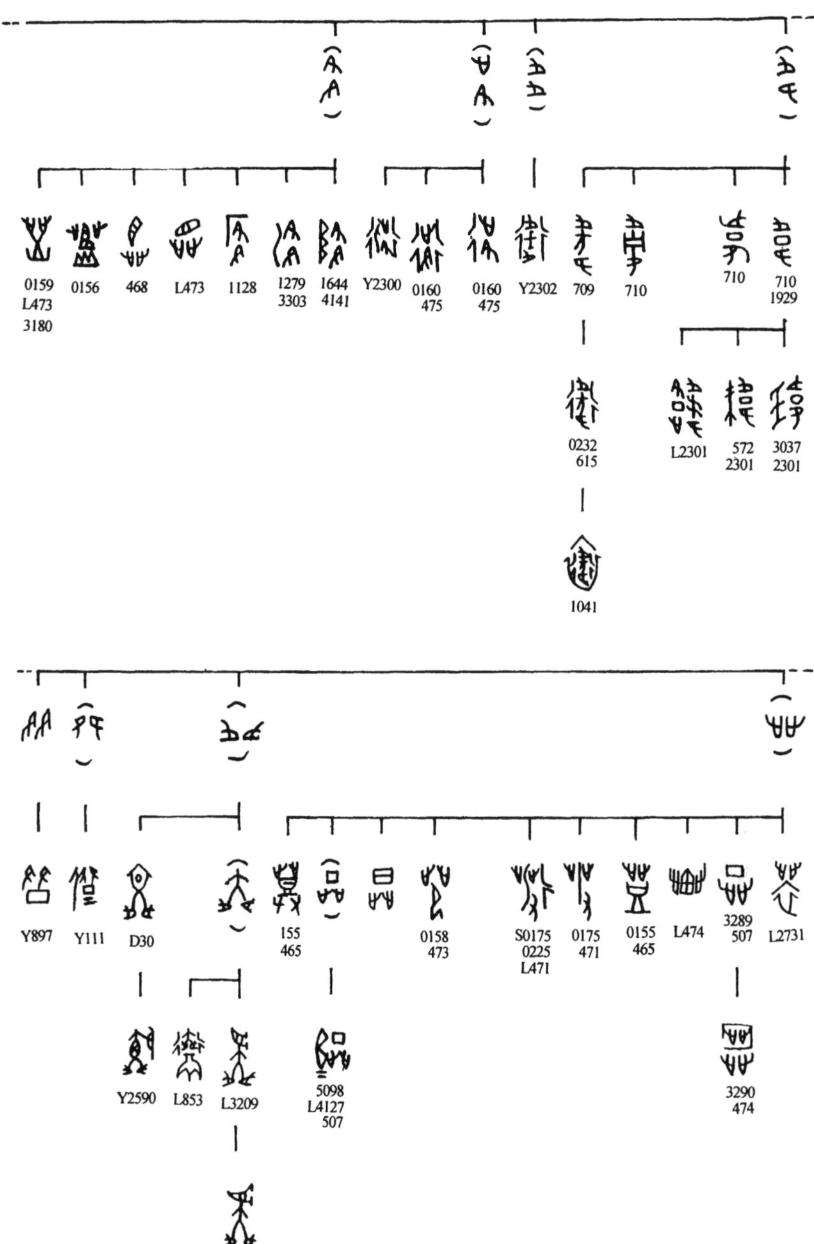
0159
L473
3180
0156
468
L473
1128
1279
3303
1644
4141
Y2300
0160
475
0160
475
Y2302
709
710
710
710
1929
0232
615
L2301
572
2301
3037
2301
1041
Y897
Y111
D30
155
465
0158
473
S0175
0225
L471
0175
471
0155
465
L474
3289
507
L2731
Y2590
L853
L3209
5098
L4127
507
3290
474
618

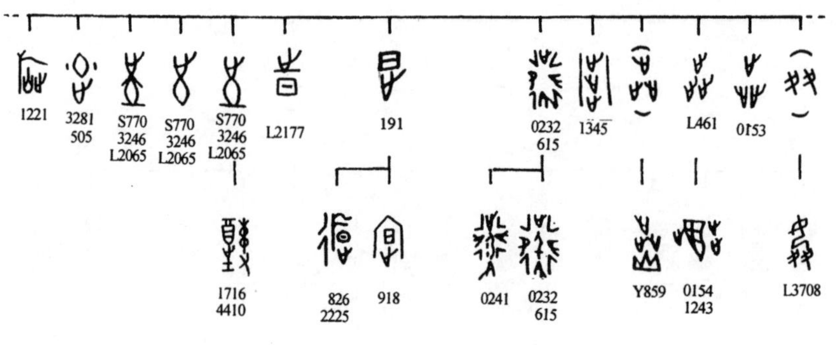
1221
3281
505
S770
3246
L2065
S770
3246
L2065
S770
3246
L2065
L2177
191
0232
615
1345
L461
0153
1716
4410
826
2225
918
0241
0232
615
Y859
0154
1243
L3708

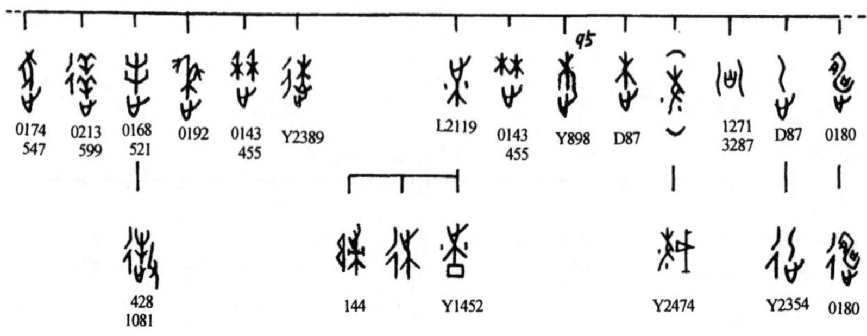
0174
547
0213
599
0168
521
0192
0143
455
Y2389
L2119
0143
455
95
Y898
D87
1271
3287
D87
0180
428
1081
144
Y1452
Y2474
Y2354
0180

0169 523
530
0190
0189
Y888
101 Y831
101 Y830
Y1886
0187 515
S0146 712 L1389
0174
0174 552
0174 3085

0169 523
0169 523
Y2385
0181
Y890
3725
0174

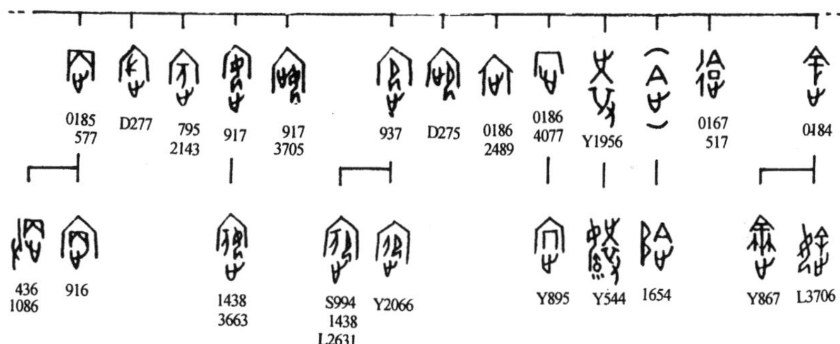

3285
Y891 2387
536 1435
Y2186
0163 497
Y856
L2965
0147 463

3320 451
L4009
826 2225
D509
0165 Y2295
0165
902 2447
757 2041
743 2026
Y1427
4514
318
431 1086

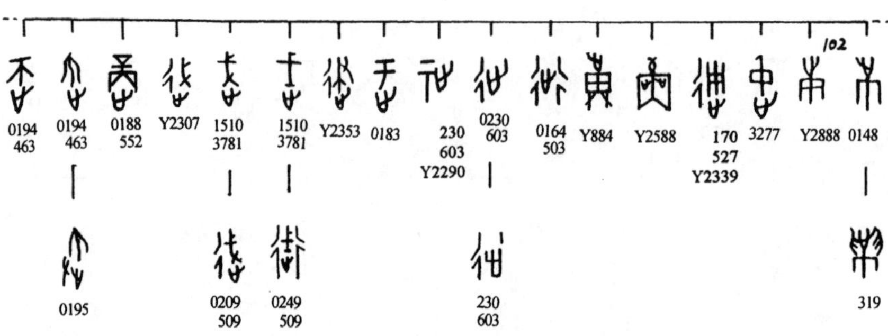

826 2225
Y2300
0179 554
775 2071
636 1723
Y2638
Y899
911
0149 629
D88
0175 549
Y885
Y900
0182
0175
Y846
1615 4057
0247 620
311 629
0175 549

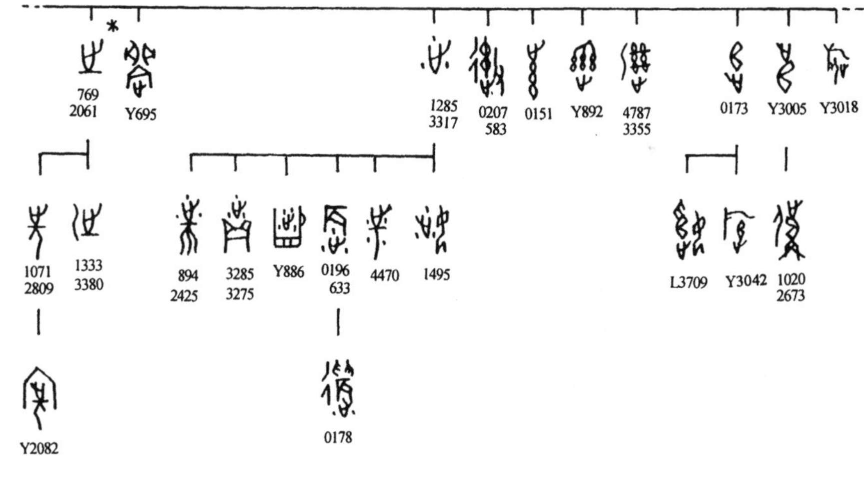

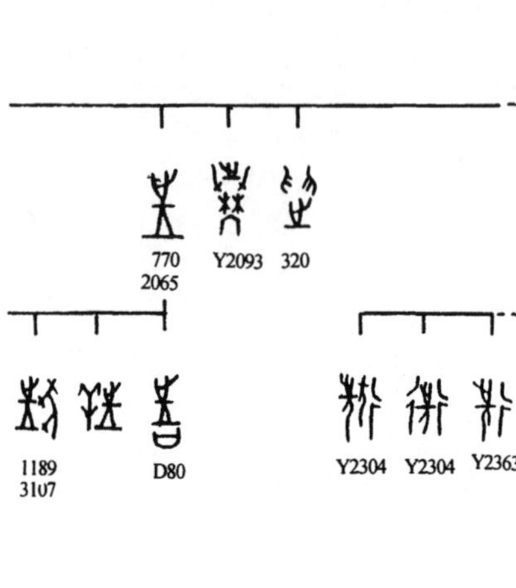

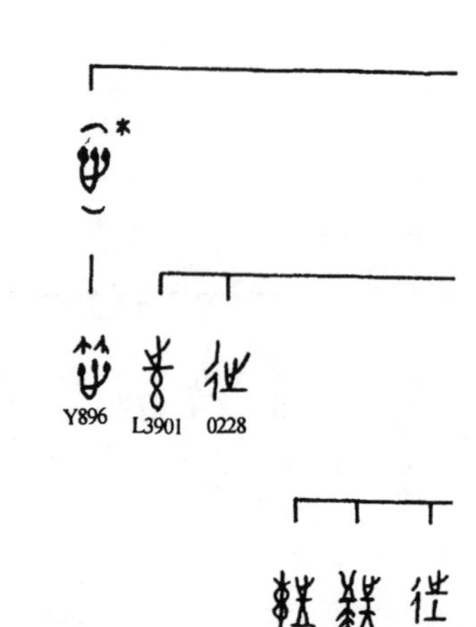

說明

一　□，見《綜類》六五，采自《金》五四四，經查原書，當作□，下橫畫當爲兆序，隸定作沚。

二　□，見《綜類》八〇，采自《人》三一三一，當釋「米止」二字。又，《鐵》九二·四「……卯卜……□」，字實作□，即「乎」字，拓本漫漶致誤耳。

三　□，《綜類》八六，采自《鐵》八九·四，原拓作□，當即□（[illegible]、害）。

四　□，《類纂》九〇一，見《粹》一五三九，下不成文。《綜類》一七六作□，從㞢從□，是。

〔字根〕一〇三 S.142 3215 L.447 G.0800

《說文》卷二止部：「 下基也。象艸木出有阯，故㠯止爲足。」

案：卜辭、字，象人足趾形，孫詒讓釋止（《契文舉例》下二頁上）是也。字作形者最像足形，然稍變其形作則與火、山無別矣。

止字依正反之不同可作、、、、、、、等八形，其實皆足形，然、後世多作止，今定爲止部；、後世多作夂，今定爲夂部；、多作㐄（部份作夂），今訂爲㐄部。唯、後世或作止（如作企）、或作夂（如《說文》以爲从舛口聲），並未獨立爲偏旁，故不立部。

〔字根〕一〇四 S.700 L.1895

夂部：「 行遲曳夂夂也。象人兩脛有所躧也。」

案：卜辭，象倒止形，《文編》七〇〇釋夂（思隹切），無說，《集釋》從之。屈萬里先生云：「當即《說文》訓為『從後至也』之夊字，亦即各、降等字所从者」。（《甲釋》二七）二說不同。以偏旁孳乳言，在上者小篆多作，如：即（各）、即（夆）、即（夅），在下者小篆多作，如：即

□（麥）、□即□（复）、□即□（後），所从其實皆夊字（音雖）。而「致」字右旁，《說文》以爲从「夂」（音致）者，其實亦當从「夊」（音雖）。「致」字先秦未見，《秦文字類編》所收四形，除「秦封宗邑瓦書」訛爲从至从夂外，其餘三形皆从到从夊，如《睡虎地簡》一〇・一一作「□」。（「到」字於金文作「□」（《金文編》一八九八號），从人至聲，《金文編》注云：「人至爲到，會意。《說文》从至刀聲，非。」）漢文字「致」字除《馬王堆・老子甲》一五作「□」一形外（疑其右上當有人形，然原帛模糊不可辨，姑存以待考），其餘與秦文字結構相同。若《老子甲》一五字形可信，則「致」字爲漢初訛變爲从至从夊，而夊形《說文》聲化以爲音「致」耳。否則「致」字竟爲《說文》小篆之訛矣。據此，「從後至也」之「夊」字當不可能出現於甲骨文。卜辭本字似當从李釋。

〔字根〕一〇五　□

《說文》卷五夊部：「□　跨步也。从反夊。」

案：卜辭□□，象足形，皆見於偏旁，如□、□、□，於小篆中或作□，音苦瓦切。字或作□，如□（《新》一六〇九），《集釋》三七〇八釋舛，當可從。準此，□（《戩》三七・六）似可釋爲从又从㐄。

〔字根〕一〇六 S.254 3245 L.639 G.0823,0883

《說文》卷二足部：「 人之足也。在體下，从口止。」

《說文》卷二疋部：「 足也。上象腓腸，下从止。《弟子職》曰：『問疋何止。』古文㠯爲《詩・大雅》字，亦㠯爲足字，或曰胥字，一曰：『疋、記也。』」

案：卜辭、等形，从止、象腓腸之形，與《說文》疋字合，《集釋》釋疋若足（疋足同字、六〇四頁）是也。

〔字根〕一〇七 㞢 S.769 L.2061 G.0803

《說文》卷六之部：「㞢 出也。象艸過中，枝葉漸益大，有所之也，一者，地也。」

案：卜辭㞢，羅振玉釋之，从止从一，人所之也（《增考・中》六十三葉下）。《說文》謂象枝葉漸益大，當非。卜辭𡳿作（《後》下七・三），上與「之」同形，《說文》釋𡳿爲「物初生之題也。上象生形」。《集釋》云：「卜辭恒言之（㞢）幾月、間亦作生（）幾月，……豈古文『生』、『之』同源邪？」（二四二五頁）

《文編》「之」字條下收有㞢（《甲》一七〇）一文，按《甲》一七〇爲殘片，《甲考》釋此字爲戋，則當以爲之殘字，可從。「之」不當有㞢形。

〔字根〕一〇八

《說文》卷三卅部：「 三十年爲一世。从卅而曳長之，亦取其聲。」

案：卜辭無單字世，而有从世之笹，《釋林》：「甲骨文笹字只一見，作形（《續存》上一二三七），舊不識。按笹字从竹世聲，世字作。……《說文》……。周代金文有的以止為世（伯尊），有的以枻（从止聲，見樻簋）為世，可見止與世有時通用。又世字師晨鼎和師遽簋作，寧簋作，在止字上部加一點或三點，以表示和止字的區別。石鼓文世字作，變三點為三横，為《說文》所本。此外，最引人注意的是，周器祖日庚簋『用笹亯孝』的笹字作，和甲骨文的字完全相同，只是其三點有虛實之別而已。笹字雖然不見於後世字書，但簋文以笹為世，也證明了笹从世聲，與世同用。因此可知，世字的造字本義，係於止字上部附加一點或三點，以別於止，而仍因止字以為聲（止世雙聲）。」（頁四六一～四六二，〈釋古文字中附畫因聲指事字的一例〉）于氏析辨世之字形演變，明晰可從。《說文》謂世从卅，卜辭卅作、等形（《文編》275），與所从有別。世當爲从止而附畫之增體指事文。

劉釗以爲金文世作、、、葉字作，世爲截取葉字上部而成的分化字，讀音仍同葉（《古文字構形研究》，第二一四頁）。旭昇案：甲骨文葉字作，參葉字條，从木，上象葉形。金文葉字上半从世，而世字又从止，不象樹葉形。是世字似仍以于省吾之說爲是。金文葉从世聲，乃係聲化。不得倒果爲因，謂世爲葉之分化字也。

〔孳乳表〕十四

806 2173 *
L2674
810 2191
819
Y1150
589 L2215 2629
114
816
1033 2703
1033 2703
809 2187
L2877

3867
820
1636

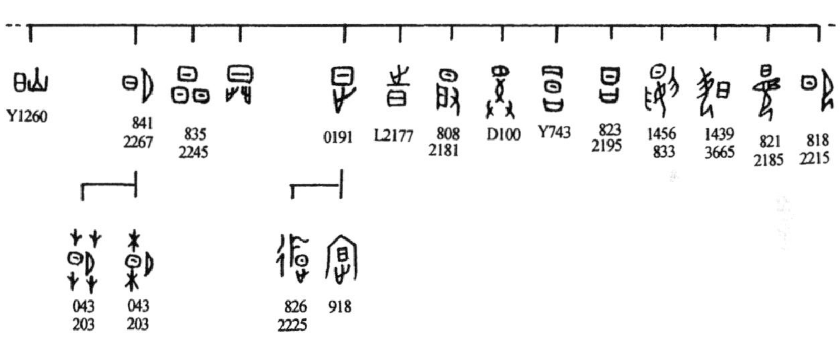

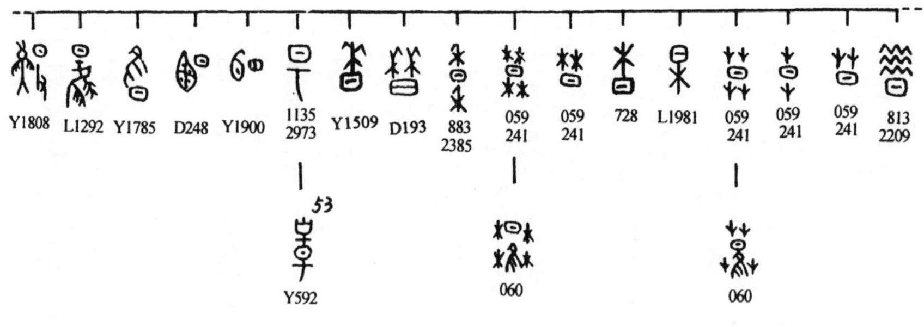
Y1808
L1292
Y1785
D248
Y1900
1135 2973
Y1509
D193
883 2385
059 241
059 241
728
L1981
059 241
059 241
059 241
813 2209
53
Y592
060
060

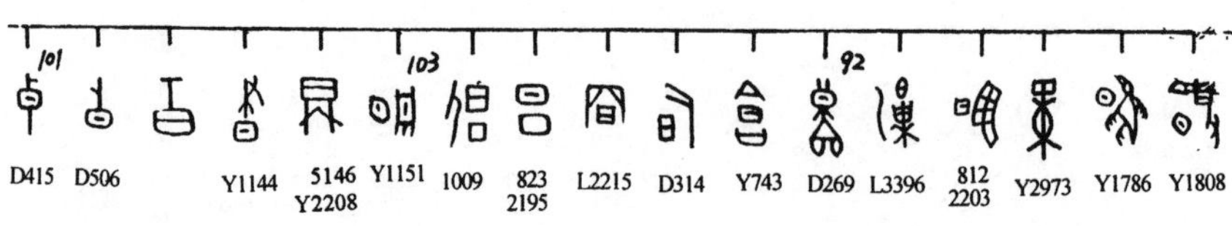
101
103
92
D415
D506
Y1144
5146 Y2208
Y1151
1009
823 2195
L2215
D314
Y743
D269
L3396
812 2203
Y2973
Y1786
Y1808

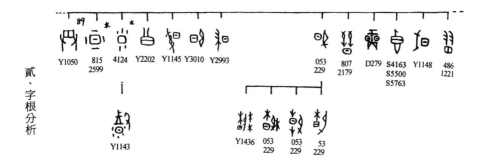

89

Y1050 | 815 2599 | 4124 | Y2202 | Y1145 | Y3010 | Y2993 | 053 229 | 807 2179 | D279 | S4163 S5500 S5763 | Y1148 | 486 1221

Y1143

Y1436 | 053 229 | 053 229 | 53 229

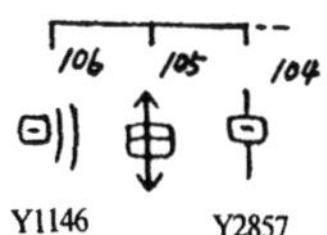

〔字根〕一〇九　日　S.806 L.2173 G.1136

《說文》卷七日部：「日　實也，大昜之精不虧。从〇，一象形。」

案：卜辭日、⊖、⊙，象日形，羅振玉釋日是也（《增考．中》五葉上）。

字或作口，嫌與丁混淆，故以中有點者較多。

《綜類》所列部首，日（日）部之外又有日部，所屬二條，辭云「叀尸犬乎日」（《乙》六四〇二＝《丙》三一六＝《合》一一〇〇〇），日當作田，《丙》三一六清晰可辨。「乙酉卜卯□于父戊日豭」（《乙》4603）、□當作□、日當釋白（《合》二二〇七三《摹釋》隸定白，當可從），是卜辭本無日字。日部所統諸字多與日部重複，其餘亦可歸入他部。今將日部取消，貝入盧部，曲原已收在田部，餘均併入日部。

又日部錄回一文，注采自《人》二二六〇，經查並無此字，貝塚《考釋》二二六〇條亦無此文，似當取消。

〔字根〕一一〇 □ S.815 L.2599 G.1137

《說文》卷七日部：「□ 光也。从日軍聲。」

案：段注云：「光也二字當作日光氣也四字，篆體暉當作暈，《周禮》暈作煇，……眡祲『掌十煇之法，以觀妖祥、辨吉凶：一曰祲、二曰象、三曰鑴、四曰監、五曰闇、六曰瞢、七曰彌、八曰敘、九曰隮、十曰想』，鄭司農云：『煇、謂日光炁也。』按日光氣謂日光捲結之氣。《釋名》曰：『暈、捲也，氣在外捲結之也，日月皆然。』」卜辭□，葉玉森釋暈若煇，字从日，□象日光氣在外捲結之，與暈之古訓正合。卜辭另有□訓賞。于省吾先生釋□及□所从爲賞（《駢續》卅三～卅五頁），然《釋林》不收，或已棄其舊說歟。葉釋□爲暈，雖於後世文字乏徵，然以釋卜辭，皆可通讀，故《甲考》云：「□、羅振玉釋晝；葉玉森疑是煇字，謂乃暈之古文；于省吾釋賞……按諸卜辭，則葉氏之說近是。」（四一頁）□又作□，與□形近易淆，後因改爲从日軍聲之暈歟。

〔字根〕一一一　□　S.4124 G.1138

《說文》卷七白部：「□　際見之白也。从白、上下小見。」

案：于省吾先生嘗釋□爲𡭴，後雖棄其舊說，然以之說□，適可以契合，《駢續》：「《說文》：『𡭴、……』徐灝《段注箋》云：『𡭴隙古今字，際見之白，孔隙漏光也。明吳元滿《六書總要》曰「从日、上下指光芒之狀」是也』按徐引吳說最為精塙。……《說文古籀補》七・十二引古璽文𡭴作□，金文虢字所从之𡭴，毛公鼎作□、秦公毀作□、弓鎛作□，均不从白。……《前》六・五五・四『□祖乙』，□字从𡭴作□（昇案：本片乙𡭴酉三形並列，釋讀可商，然□為𡭴則當無疑義。）……《粹》四九九『叀□酌』，□字从𡭴作□。……𡭴之本形象日光四射，後世假灼焯爍為之，容光必照，故𡭴之引伸義為隙孔、空閒。」（三四頁—三五頁）于氏爲此說時似尚未見《合》三三八七一之□，故其論證皆以□爲𡭴，後或見□字，故《釋林》遂棄此以□爲𡭴之說。然其說引甲、金文以論𡭴於偏旁之形構，仍不可易。《類纂》一一三七以□爲暈、一一三八以□爲𡭴，當即于氏後說。依于說，字从日，小點象日光四射，爲增體象形文。

又于文引《前》二・一八・三□以爲从𡭴之氵𡭴（《文編》一三三四，《集釋》三三八七收錄），姚孝遂以爲當作□，从水从甾釋淄（即《綜類》二四九之□）。據拓本，姚說是也（姚文見《古文字研究》一輯一八一葉，〈契文攷釋辨正舉例〉）。

〔孳乳表〕十五

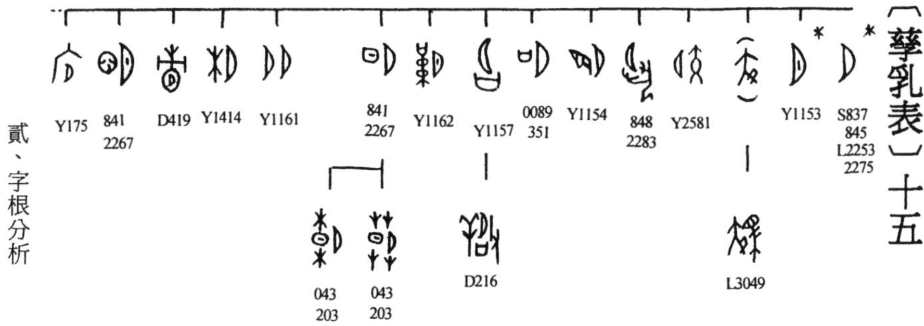

Y175
841 2267
D419
Y1414
Y1161
841 2267
Y1162
Y1157
0089 351
Y1154
848 2283
Y2581
Y1153
S837 845 L2253 2275
043 203
043 203
D216
L3049

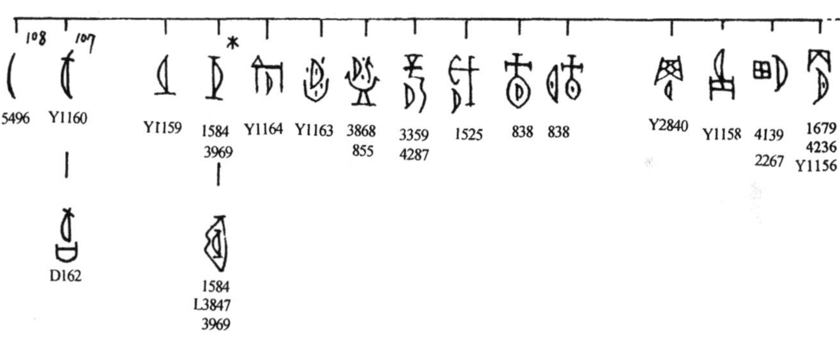

108
107
5496
Y1160
Y1159
1584 3969
Y1164
Y1163
3868 855
3359 4287
1525
838
838
Y2840
Y1158
4139 2267
1679 4236 Y1156
D162
1584 L3847 3969

〔字根〕一一二　S.837 L.2253 G.1152

《說文》卷七月部：「闕也，大侌之精。象形。」又夕部：「莫也。从月半見。」

案：卜辭(△₁)、(△₂)等形，象月半見，月以闕爲常也。卜辭用爲月、夕字。卜辭月夕之別，論者多家，郭沫若以爲大抵有點者爲月、無點者爲夕；董彥堂先生以爲月前期作△₂、後期作△₁；夕前期作△₁、後期作△₂。姚孝遂以爲「卜辭月與夕是有嚴格區別的……在時代相同、或書寫者相同的情況下，當月作△₂時、則夕作△₁；反之，當月作△₁時，則夕作△₂，這兩個形體是相對的」（香港中大，《古文字學論集初編》頁一〇九、〈古文字的符號化問題〉），以上諸說皆以爲卜辭月夕有嚴格區別，然實不盡然，以一期卜辭爲例，其夕作者△₂如：《合》三九四〇、一二一六〇、一三三五一、二〇〇三八等，皆與月同形。又《前》二・三・五月字三見，二作△₁、一作△₂，是月夕未必嚴格區別也。上古音月字屬月部合口三等(*ngjwat)，夕字屬鐸部開口三等(*rjiak)，可以旁轉。故孫海波謂月夕同文（《文錄》八頁下），《集釋》謂「夕之初義同於夜，故即段月字以見義，月夕固為同字也。後以其用有別，遂歧為二字，而音義亦各殊矣」（二二五七頁）。△₁△₂一字、猶（日）無別也。

字作形者，與肉、口形近，如：（《綜類》一四二从肉、《文編》一四七八从夕），（《文編》八八从口）。

〔字根〕一一三 S.1584 L.3969 G.1159

《說文》卷十三二部：「 常也。从心舟在二之閒上下。 古文恆、从月。《詩》曰：如月之恆。」

案：卜辭（△1），王國維釋恆：「△1即恆字，……古从月之字，後或變而从舟，殷虛卜辭朝莫之朝作，从日月在茻間，……篆文作𠦝舟，不从月而从舟，以此例之，（△2）本當作，曶鼎有字，从心从，與篆文之恆从舟者同，即恆之初字。可知△2△1一字，卜辭△1字从二从，其為舟亙二字、或恆之省無疑。其作者，《詩・小雅》『如月之恆』，毛傳：『恆、弦也。』弦本弓上物，故字又从弓，然則△1、二字確為恆字。」（《集林・九卷》五葉下）王氏釋△1為恆之初文，當可從，字从弦月出於二之間（二當示天地，《說文》「亟」下云：「二、天地也」），月少圓而常缺，故△1有恆常義，毛傳謂「恆、弦也」者，謂月以弦狀為恆常也。王氏又謂亦恆字，是。唯謂「弦本弓上物，故字又从弓」，實誤解毛傳，又從而附會之，乃从△1弓聲之形聲字，上古音亙在蒸部開口一等（*kəng），弓在蒸部合口三等（*kjwəng），除介韻稍異外，聲韻畢同，則从弓聲，斷無可疑也。

〔孳乳表〕十六

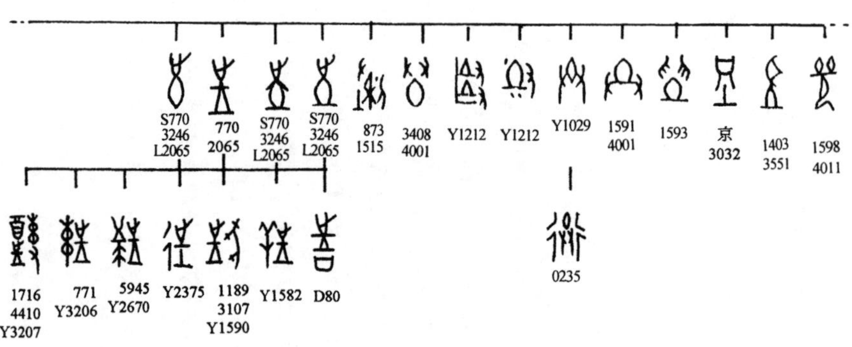

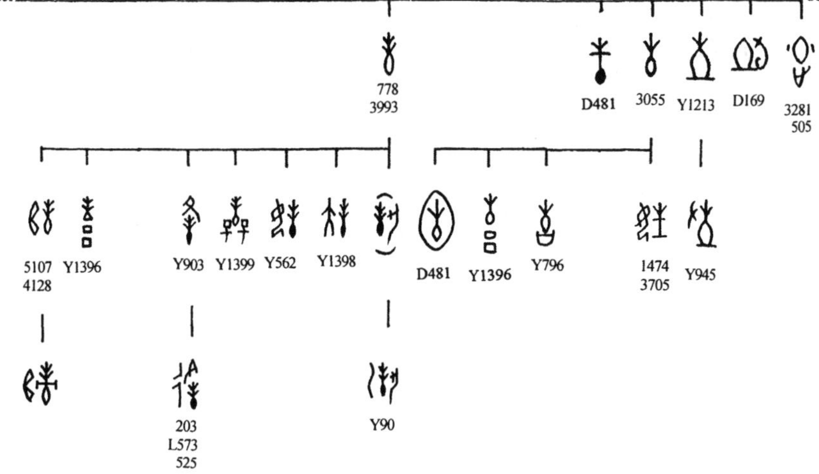
778
3993
D481
3055
Y1213
D169
3281
505
5107
4128
Y1396
Y903
Y1399
Y562
Y1398
D481
Y1396
Y796
1474
3705
Y945
203
L573
525
Y90

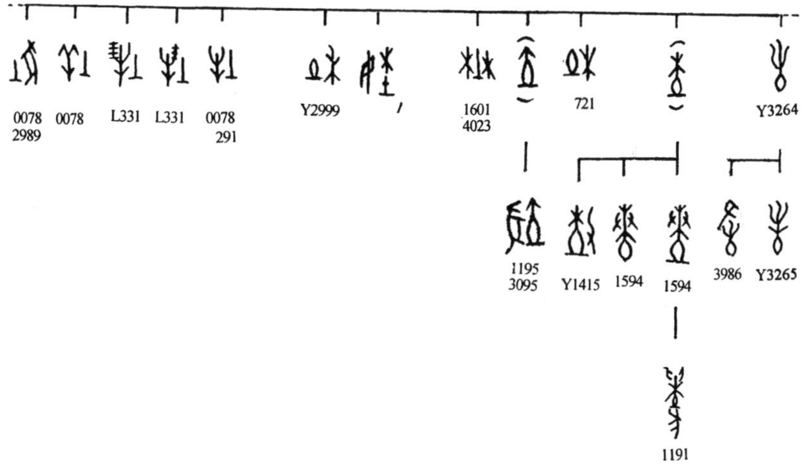
0078
2989
0078
L331
L331
0078
291
Y2999
1601
4023
721
Y3264
1195
3095
Y1415
1594
1594
3986
Y3265
1191

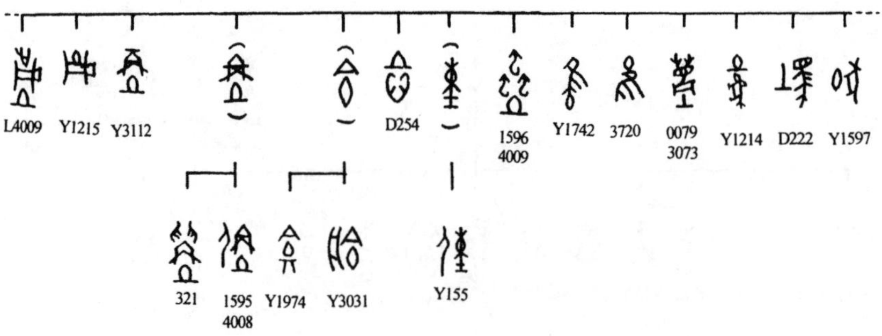

109
Y2696
Y1093
4112 2235
287 769
3835 1395
1592 4007
Y113

〔土部孳乳表說明〕

1. □見前4.37.5，綜類摹作□，非是。

〔字根〕一一四 S.1589 L.3983 G.1211

《說文》卷十三土部：「土 地之吐生萬物者也。二象地之上、地之中，丨物出形也。」

案：卜辭、、、⊥，即《說文》土字，以最常見，《集釋》以為象土塊、一即地（《集釋》三九八七頁）。唯其以象土塊，故亦土字。其作⊥者，《集釋》從屈萬里先生《甲考》之說釋士（《集釋》一六〇頁），然所舉諸例皆謂「借為牡字」。《粹》九〇七「東⊥受年　南⊥受年吉　西⊥受年吉　北⊥受年吉」，⊥郭釋土，，當是。蓋字之土形自雙鉤漸窄，終而略作單筆，即成⊥矣！⊥之豎筆或加圓點，即成形。後世圓點變橫筆，即成土，而為小篆所本。

甲文偏旁有作者，與土、午形近易訛，其實並非土、午字。如《粹》一〇〇〇，郭釋𡉺；于省吾以為上象斧形，下从午聲（《釋林》三四二頁〈釋斧〉）。皆各得一體，此字上从戉，下从士，隸定作𡉺，當釋戉，从士為義符，士、王皆斧鉞類之象形字，請參士字條下。

〔孳乳表〕十七

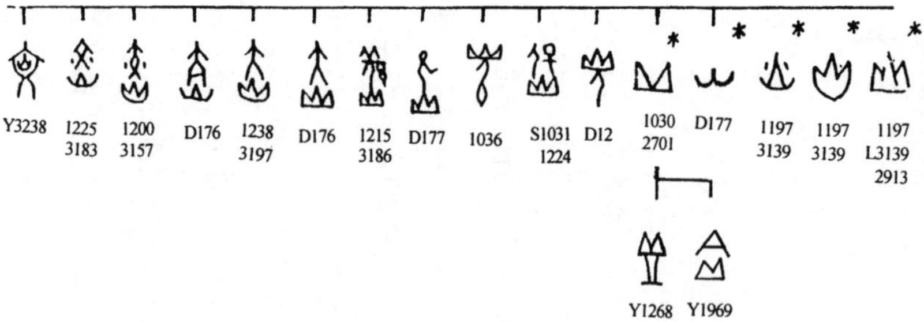

Y3238 | 1225 3183 | 1200 3157 | D176 | 1238 3197 | D176 | 1215 3186 | D177 | 1036 | S1031 1224 | D12 | 1030 2701 | D177 | 1197 3139 | 1197 3139 | 1197 L3139 2913

Y1268 | Y1969

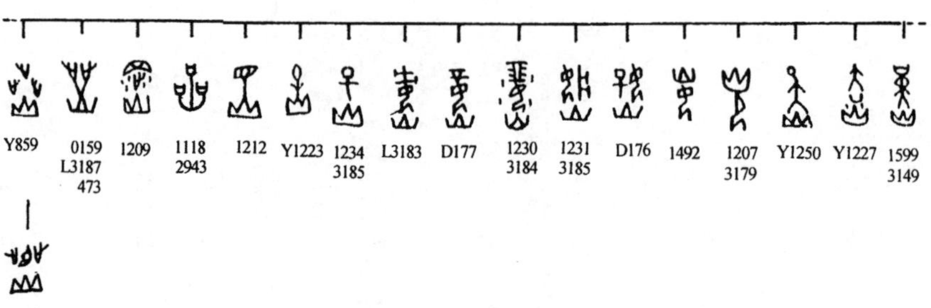

1205 3171 | 1205 | Y1241 | 1233 | Y1222 | 1205 | Y1361 | Y1267 | 1236 3195 | 4364 2729 | 1242 1161 | Y1247 | 1227 3186 | 1235 3189 | 1226 3186 | Y1260

Y942 | 355 3191 | 1237

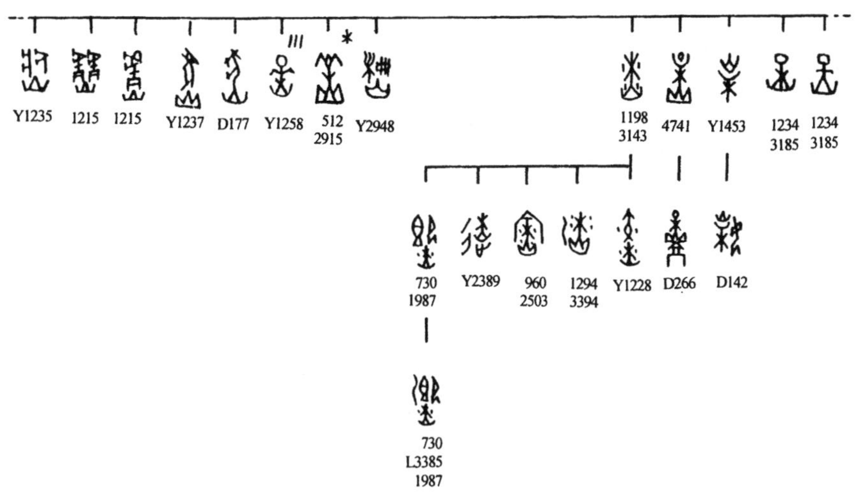

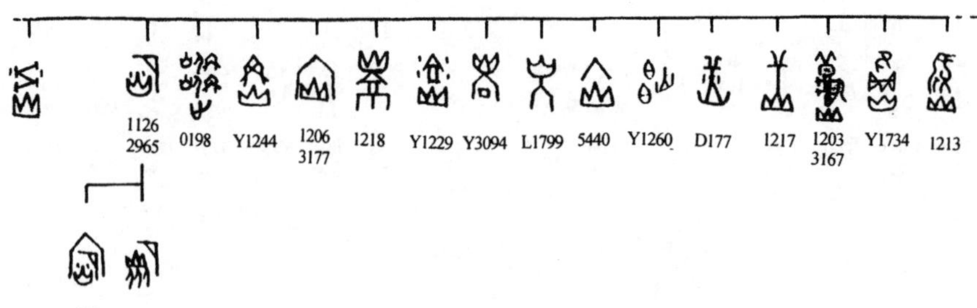
1126
2965
0198
Y1244
1206
3177
1218
Y1229
Y3094
L1799
5440
Y1260
D177
1217
1203
3167
Y1734
1213
945
Y80

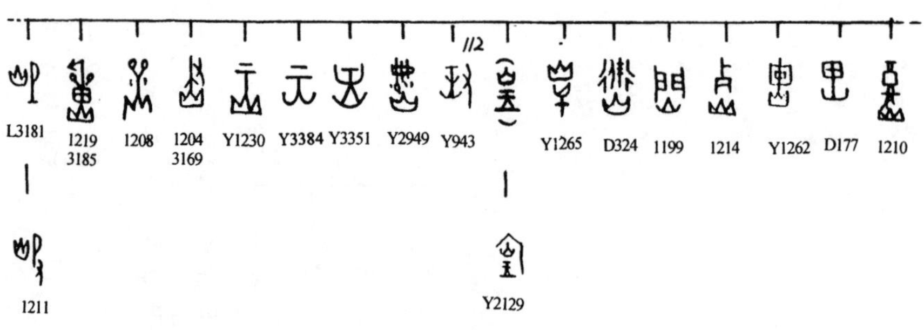
L3181
1219
3185
1208
1204
3169
Y1230
Y3384
Y3351
Y2949
Y943
Y1265
D324
1199
1214
Y1262
D177
1210
1211
Y2129

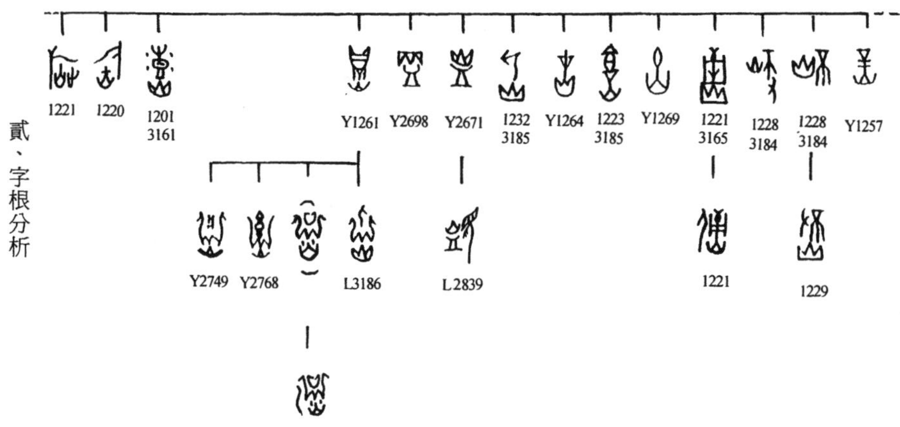
1221
1220
1201
3161
Y1261
Y2698
Y2671
1232
3185
Y1264
1223
3185
Y1269
1221
3165
1228
3184
1228
3184
Y1257
Y2749
Y2768
L3186
L2839
1221
1229

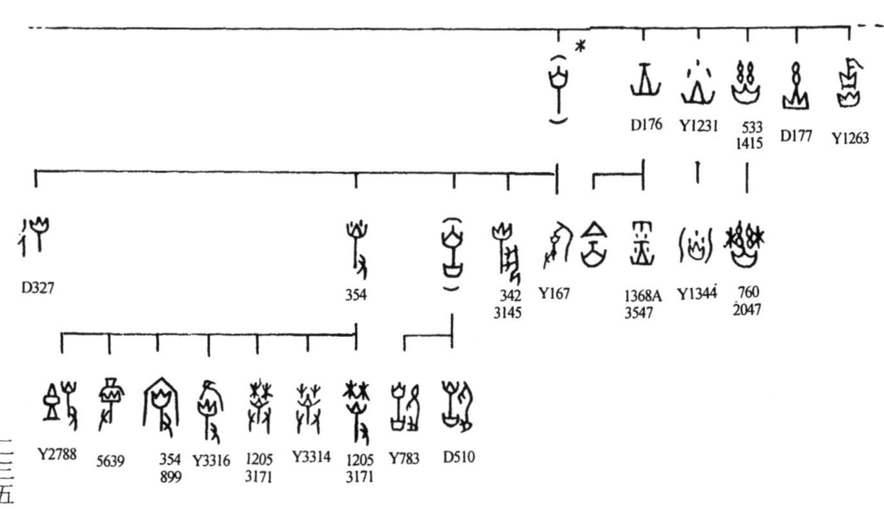
*
D176
Y1231
533
1415
D177
Y1263
D327
354
342
3145
Y167
1368A
3547
Y1344
760
2047
Y2788
5639
354
899
Y3316
1205
3171
Y3314
1205
3171
Y783
D510

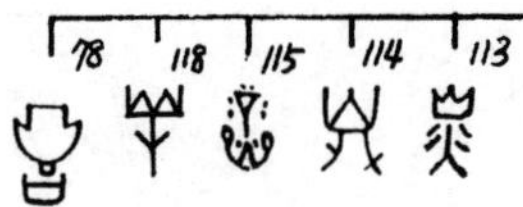

Y746 Y1395 Y2509 Y3471 Y1266

Y2951 5640

〔字根〕一一五 □ □ S.1197 L.3139 G.1218

《說文》卷九山部：「□ 宣也，謂能宣散气、生萬物也，有石而高、象形。」

又卷十火部：「□ 焜也，南方之行炎而上。象形。」

案：卜辭□、□字，象山峰並峙之形、亦象炎火上騰之形，或釋山、或釋火，須於文義別之。陳夢家云：「卜辭的山和火不容易分別，混淆得很。大致說來，山應該是平底的，而一定不能有火焰之點；火應該是圜底的，如元寶形，應該有火焰之點。……我們只能把一切無火焰之點的認作山字，而不以為火字。」（《綜述》三四二頁）此說以底劃之平圜及火點之有無區分山火，僅能視為大原則；而將一切無火點之字皆視為山，則失之武斷，《粹》一四二八「旬亡□」，既無火點、底劃又平直如切，然其為火字，諸家多無異議。職是之故，卜辭山火二字，除有點者必為火外，其餘皆當以文義別之。

《綜類》一七七□，諸家釋炎，實為□之誤摹（黃波，〈甲骨文字形正誤三十例〉，古文字第七屆年會論文），字當釋粦。又二六〇□，諸家釋衮，細查原拓（《餘》一五・五），亦□之誤摹，皆从大、不从火，甲骨文火字未有作□形者。

卜辭□（《甲》一二五九），□（《金》一八九），□（《佚》四三六）所从山（火）皆作□，故知《綜類》一七七□字、五一〇□（《綜類》誤摹作□、非）字亦當釋山（火）、□（□）。

附・火字字形表

一・單字

A 1 《後》下九・一 2 《寧》一・九〇 3 《粹》一四二八 4 《前》五・一四・六

B 1 《新》四六三四

C 1 《後》下三九・九 2 《南明》五九九 3 甲二三一六

二・偏旁

A 1 （《乙》六一一二） 2 （《乙》四七四一）

B 1 （《掇》一・四三五） 2 （《珠》七七七）

C 1 （《珠》五三七）

D 1 （《金》五二一）

E 1 （《甲》一二五九） 2 （《金》一八九） 3 （《佚》四三六）

F 1 （《鄴》三・四五・一三）交火共筆

〔字根〕一一六　S.1030 L.2701 G.1220

《說文》卷八丘部：「　土之高也，非人所爲也。从北从一，一、地也。人凥在丘南，故从北，中邦之凥在昆侖東南。一曰：四方高中央下爲丘。象形，　古文从土。」

案：卜辭　，象二峰並峙之形，與　同意，商承祚釋丘（《佚考》八六葉上）是也。《說文》釋形誤。

〔字根〕一一七　S.512 L.2915 G.1221

《說文》卷九山部：「　東岱、南靃、西華、北恆、中大室，王者之所巳巡狩所至。从山獄聲。　古文、象高形。」

案：卜辭　、形體變化頗多，歷來釋者亦夥，《集釋》所引已有十六家二十餘頁（二九一五～二九四一頁）。以字形言，可分爲从羊从火之釋羔派、與从山之釋岳派，二派釋形皆可成立。唯釋岳於禮制上較有文獻依據，與卜辭祀岳之禮相當，又有《說文》之　與之形體相近，此於屈萬里先生〈岳義稽古〉一文中論之綦詳，《集釋》然之，茲從其說。字从山，象層巒疊嶂、山外有山之形，爲增體象形文。

〔字根〕一一八

《說文》卷一艸部：「苣 束葦燒也。从艸、巨聲。」

案：卜辭無單字、惟偏旁中有之。、羅振玉釋苣：「此从丮執火，或从象爇木形，與奐同意，殆苣之本字。」（《增考．中》五十葉上）唐蘭釋爇，謂其本義爲人持屮木爲火炬（《天壤文釋》四五葉下）。《集釋》謂象秉苣之形。又字（《文編》一二〇五），《集釋》云：「異體作若，仍祇是形體之繁衍，蓋下象一手或二手秉苣之形。許書苣訓束葦燒，正象束葦之屬，丨則其省體耳。」（三一七四頁）

案：上述字形應分二種，其象手持屮木植藝者當釋「藝」之初文；其象手持火苣爇燃者當釋「爇」之初文，二者形似而實不同，後世字形混同，皆作「埶」（陳昭容〈說〉，《中國文字》新十八期，頁一三九－一七二）。綜上諸說，象艸木束葦之炬，上从火以示燃燒也。《說文》作苣，聲不兼義。《後漢書．張衡傳》作炬，即今所通用者，亦聲不兼義。

〔孳乳表〕十八

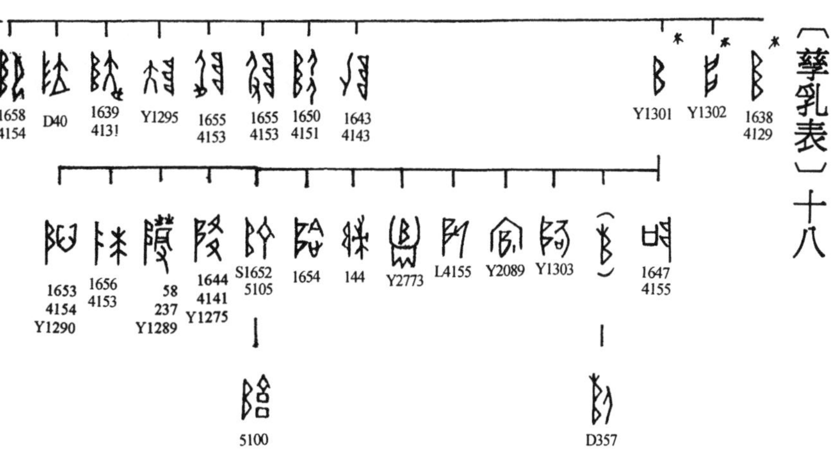
1658 4154
D40
1639 4131
Y1295
1655 4153
1655 4153
1650 4151
1643 4143
Y1301
Y1302
1638 4129
1653 4154 Y1290
1656 4153
58 237 Y1289
1644 4141 Y1275
S1652 5105
1654
144
Y2773
L4155
Y2089
Y1303
1647 4155
5100
D357

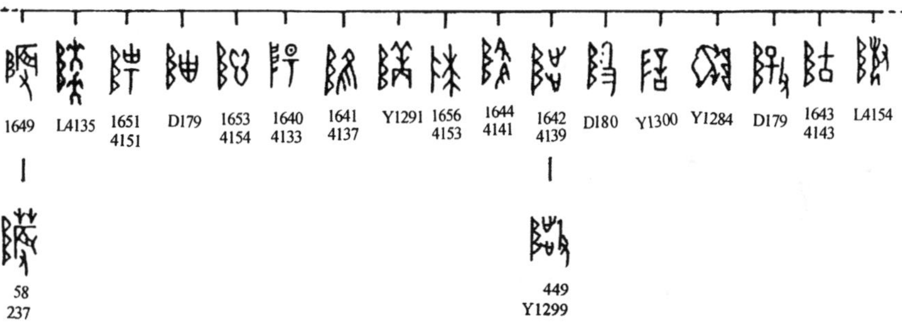
1649
L4135
1651 4151
D179
1653 4154
1640 4133
1641 4137
Y1291
1656 4153
1644 4141
1642 4139
D180
Y1300
Y1284
D179
1643 4143
L4154
58 237
449 Y1299

Y1297	1659 4154 Y1293	Y1296	1718 4411 Y1286 Y2719	1657 4151 Y1287	1657 4152 Y1288	L4155

〔字根〕一一九　S.1638 L.4129 G.1273

《說文》卷十四𠂤部：「大陸也，山無石者。象形。古文。」

案：卜辭，羅振玉釋𠂤（《增考．中》九葉上）。孫詒讓云：「《釋名》云『土山曰阜』，則阜亦山也。自𠂤蓋象土山陂陀衺側之形，與山丘字從橫相變。……金文散氏盤陟降字竝从，則正以形直書之。」（《名原．上》二十葉）葉玉森云：「契文作，其陟降諸字之偏旁作，从丨象土山高峭，从三象阪級，故陟降諸字从之。」（朱芳圃《甲骨學文字編．十四卷》四葉上引）以上二家，孫氏以爲（𠂤）（𠂤）乃（山）（丘）之直書，於字形雖頗肖似，於理則實窒礙難通，山丘直書，音義應無不同（如虎馬直書仍爲虎馬），今與與音既不同，意亦小異，則不知其胡爲乎取形於之直書也。葉氏謂所从象阪級，雖似無據，然實與殷代生活環境相吻合。殷代居室多爲半穴居，民國二二年安陽殷虛發現大量窖穴，胡厚宣云：「大而淺者為穴、小而深者為窖，都是挖入地下的遺存。……窖則以長方形者為多，圓者次之。……小而深的窖，兩邊有腳窩可以上下；大而淺的穴，間或有台階。」（《殷墟發掘》一〇三～一〇五頁）卜辭正象此腳窩之形，徐中舒云：「古代穴居，於豎穴側壁挖有形之腳窩以便出入登降，甲骨文自字作等形，正象腳窩之形，作者乃其省體。……穴居必擇土層高厚之處，故引申之而有厚、大、盛等義。」（《字典》一五〇七頁）以陟降等字从自言，此說似較合理。

〔字根〕一二〇　G.1302

《說文》卷十四𠂤部：「　小𠂤也。象形。」

案：卜辭　，與自形近，而變三歧爲二，《說文》訓𠂤爲小𠂤，則　釋𠂤當無可疑。唯卜辭　、　、　後世皆隸定爲𠂤，而此三形於卜辭之形義似皆不同，　象佩巾之形，後世師字从此（參　部）；　爲　之省，當即《說文》之𠂤；　之形構不詳，然爲師之初文無疑（參　部），此三形及其孳乳字於甲、金文、秦漢篆隸、《說文》之形體如下：

甲骨文	金文	秦漢篆隸	說文
《佚》五七七	五祀衛鼎	耿勳碑	
《佚七六》　《佚》七一三	蔡侯𬺈盤	孫臏一〇八　睡虎地簡二九·三五	
《甲》一九二九　《乙》四八三二	召尊　趞簋	睡虎地簡二三·二	

據此，　於卜辭不同，而後世皆作𠂤，其演化之迹極爲明白。《說文》𠂤部孳乳字有二：「　危高也。从𠂤中聲」，此當从「小阜」之「𠂤」，故有危高義；又「　吏事君也。从宀𠂤，𠂤猶衆也，此與師同意」，是「官」所从之「𠂤」當即「師」之初文也。然則《說文》　、　雖同作𠂤，然於孳乳字之說解中猶可分辨其不同也。

〔孳乳表〕十九

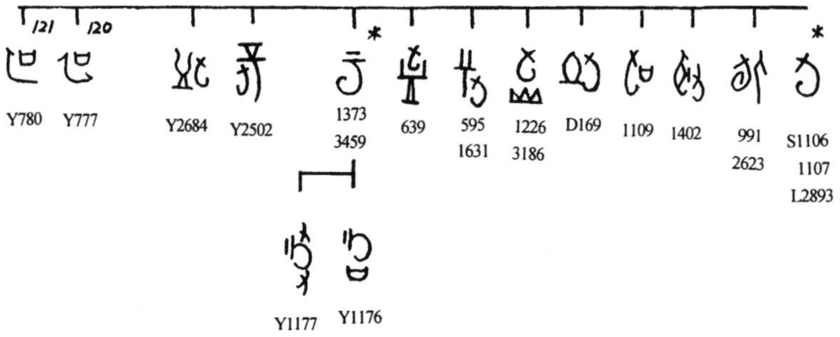

121 120

Y780 Y777 Y2684 Y2502 1373 3459 639 595 1631 1226 3186 D169 1109 1402 991 2623 S1106 1107 L2893

Y1177 Y1176

〔字根〕一二一　[甲骨文字形]　S.1106 1107 L.2893

《說文》卷九勹部：「[古文字形]　徧也，十日爲旬。从勹日。[古文字形]　古文。」

案：卜辭[字形]、王國維釋旬（《戩考》四九葉上）。《說文》旬从勹日，而古文从日勻聲（段注以爲从日勻會意），金文勻彝勻作[字形]、小臣守敦鈞作[字形]，所从[字形]皆與卜辭旬同，是[字形]即旬之初文（王襄說），殆無可疑。唯[字形]之構形取義若何，說者雖多，皆乏確據。唐蘭云：「[字形]或[字形]象龍蛇之類，而非龍或蛇字。又變作[字形]、更變而爲[字形]，則爲云字，雲之本字也。似古人以此爲能興雲，則[字形]當是龍類也。……余謂蝒即[字形]之假借字，……黃龍地蝒即螭，而[字形]實象螭形也。」（《天壤閣考釋》四〇—四一頁）唐氏謂旬雲蝒源於一字，頗爲有見，雲上古昔在文部合口三等（*ɣjwən），勻在真部合口三等（*ɣriwen），蝒在真部開口三等（*rien），三字聲韻俱近，可以相通。蝒龍神物，此姑不論，雲於卜辭作[字形]、[字形]、[字形]等形（《文編》一三七三）、从上，[字形]象雲形，其作[字形]者，與《寧滬》一．四五〇之旬完全相同，是旬本無其字（十日爲一旬，難以文字表示），於是遂假[字形]（雲）爲之，爲表示與雲有別，遂於[字形]端標一短畫，而亦因[字形]之聲，此即于省吾先生所稱之附劃因聲指事字（說見《釋林》四四五頁）也，唯其旬本由雲假，故[字形]所从[字形]亦得从[字形]作。

〔字根〕一二三 [glyph] S.1373 L.3459 G.1175

《說文》卷十一云部：「雲 山川气也。从雨、云象回轉之形。[glyph] 古文省雨。[glyph] 亦古文雲。」

案：卜辭[glyph]、瞿潤緡釋爲云（《卜釋》二葉上）是也，唯於字形未加詳說，孫海波以爲「从上[glyph]，與《說文》雲之古文同。」其說可從，卜辭[glyph]，从二（上），[glyph]象雲气之形，即《說文》古文[glyph]，此當即雲之初形，後爲旬所假，旬加指事符號作[glyph]，雲則加形符作[glyph]，如此說不誤，則[glyph]爲从上、[glyph]聲之形聲字。唯卜辭未見單字之[glyph]，故仍以[glyph]爲部首。

雲旬同源，故雲可以从旬作[glyph]。此字《粹考》八三八條釋「二云」非，[glyph]又見《乙》一二・四七八（一龜之殘，《合》二一〇二二已綴合）、《甲》二五六，所從「二」皆上短下長，明爲上字，非二字。又可逕作[glyph]，如「貞茲[glyph]其雨」（《六・中》三一）、「貞茲[glyph]不其雨」（《合》13390）、「貞茲[glyph]其雨」（《庫》五九七），是皆雲旬相通之證也。

〔孳乳表〕二〇

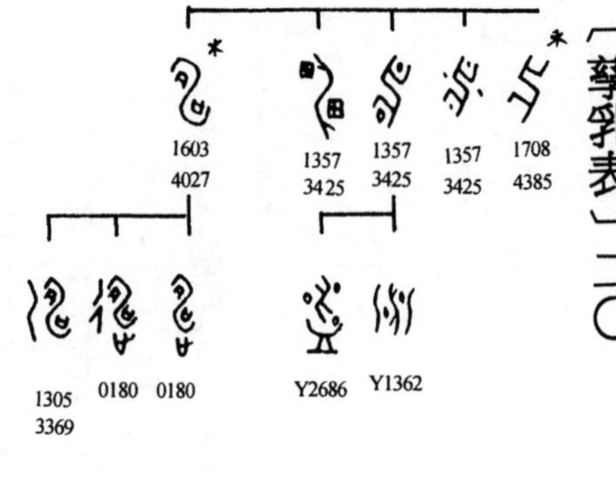
1708
4385
1357
3425
1357
3425
1357
3425
1603
4027
Y1362
Y2686
0180
0180
1305
3369

〔字根〕一二三 S.1708 L.4385 G.1207

《說文》卷十四申部：「神也，七月会气成體自申束。从臼，自持也，吏吕餔時聽事、申旦政也。古文申。籀文申。」

案：卜辭、用於地支第九位，其爲申字無疑。葉玉森以爲象電燿屈折，並引《說文》虹下古文蚺之訓解「申、電也」，以證電爲申之朔誼。其說甚是（《前釋．一卷》十七葉下）。申本電之初文，後吕叚爲地支字，遂又加形符雨以資區別耳。字象電燿屈折形，爲獨體象形文。

〔字根〕一一二四 𠃬 S.1603 L.4207 G.1209

《說文》卷十三田部：「疇 耕治之田也。从田、𠷎象耕田溝詰詘也。𠃬 疇或省。」

案：卜辭𠃬、與《說文》疇之或體𠷎同形，故羅振玉釋疇（《增考．中》八葉上）是也，然𠃬何以象耕田溝詰詘，所从二凵爲何，終莫能明。近徐中舒先生釋𠃬爲鑄：「甲骨文之[glyph]與金文鑄字作[glyph]（守簋）形近。金文之[glyph]象臼持倒皿（冶煉坩鍋），其下部之𠃬所从之[glyph]形等象水流，亦借用表示凡屬流動之液體如銅液等，凵為陶範之通氣孔，銅液經通孔於陶範中流動即為鑄造，皿則為鑄成之器。……𠃬實為金文鑄字重要組成部份，故可為鑄之省形字而單獨使用。《說文》：『鑄，銷金也。从金、壽聲。』」（《字典》一四八三頁）吳匡先生則謂𠃬爲禱文初文，字从二夕（肉），乙象苞苴之形，《禮記．曲禮上》：「凡以弓箭苞苴簞笥問人。」注：「苞苴、裹魚肉，或以韋、或以茅。」然則禱肉之有苞苴，理當然也（未刊稿）。徐吳二說皆有孳乳字爲證，釋形亦皆可通，然此外別無確證可以推翻《說文》，姑存此以備考。

〔孳乳表〕二一

1368A 3457
1368A
1359 3445
1358 3441
1372 3458
Y1183
L3351
Y1203
Y1204
3695
1362
Y1200
1368B 3451
1370 3458
Y1187
1371
1356 3423

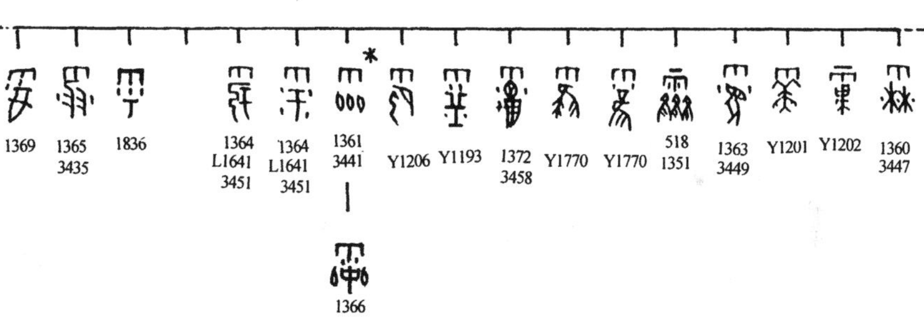

Y1205 Y1198 4822 4821

〔字根〕一二五　S.1356 L.3423 G.1180

《說文》卷十一雨部：「　水從雲下也。一象天、冂象雲、水霝其間也。 　古文。」

案：卜辭　、　从一象天，　象雨，其上半漸與橫筆相連作　，又變作　，遂與小篆形近，其實冂形不象雲也，羅振玉釋雨（《增考・中》五葉上）是也。

〔字根〕一二六 S.1361 L.3441 G.1181

《說文》卷十一雨部：「 雨仌也。从雨包聲。 古文雹如此。」

案：卜辭，舊釋霽、靁（參《集釋》三四四一—三四四四頁），不確，當釋雹，沈建華云：「甲骨文字或作、等形，……乃雹字古文。……字从乃象所下雹子之形，下雹子總伴隨著雨，所以从。卜辭雹字用本義，最能說明問題的是《殷虛文字丙編》六十一、即兩條對貞的卜辭：『癸未卜穷貞，兹雹隹降囚？癸未卜穷貞，兹雹不隹降囚？』與災咎聯系的，當然絕不會是雨止的霽。甲骨文雹字作，从雨从，乃會意字，《說文》雹字古文作，形體雖略有改易，但尚基本保留構形原意。……長沙子彈庫帛書摹本伏犧之伏作（《文物》六四年第九期）……字所从之即由到進一步發展的變易形體。所加的，即聲符包之所从，上古輕重唇不分，包與伏同聲。由再進一步演變成了《說文》从雨包聲之雹。從至雹的發展線索十分清楚，卜辭即《說文》之雹自無問題。」（《古文字研究》六輯〈甲骨文釋文二則〉・二〇八頁・釋雹）沈說引帛書以證明即《說文》雹之古文，論析詳明，其說可從。唯謂為會意，則有可商，未單獨成文，不可謂會意。字从、象雹形，當為合體象形文。

〔孳乳表〕二三

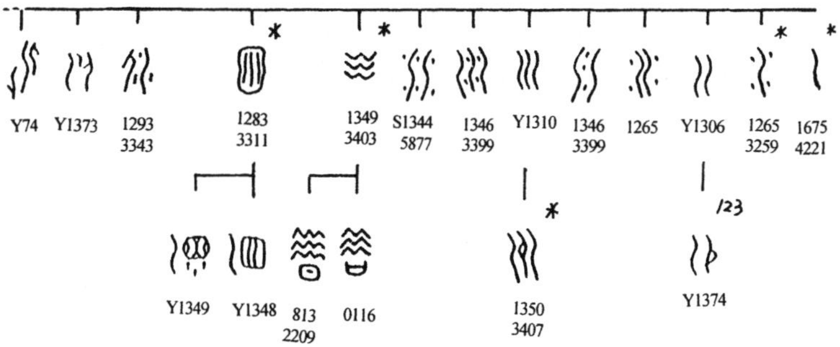

Y74 Y1373 1293 3343 1283 3311 1349 3403 S1344 5877 1346 3399 Y1310 1346 3399 1265 Y1306 1265 3259 1675 4221

Y1349 Y1348 813 2209 0116 1350 3407 123 Y1374

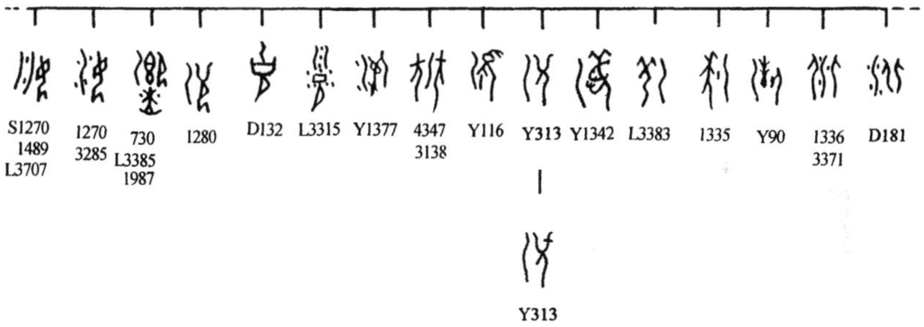

S1270 1489 L3707 1270 3285 730 L3385 1987 1280 D132 L3315 Y1377 4347 3138 Y116 Y313 Y1342 L3383 1335 Y90 1336 3371 D181

Y313

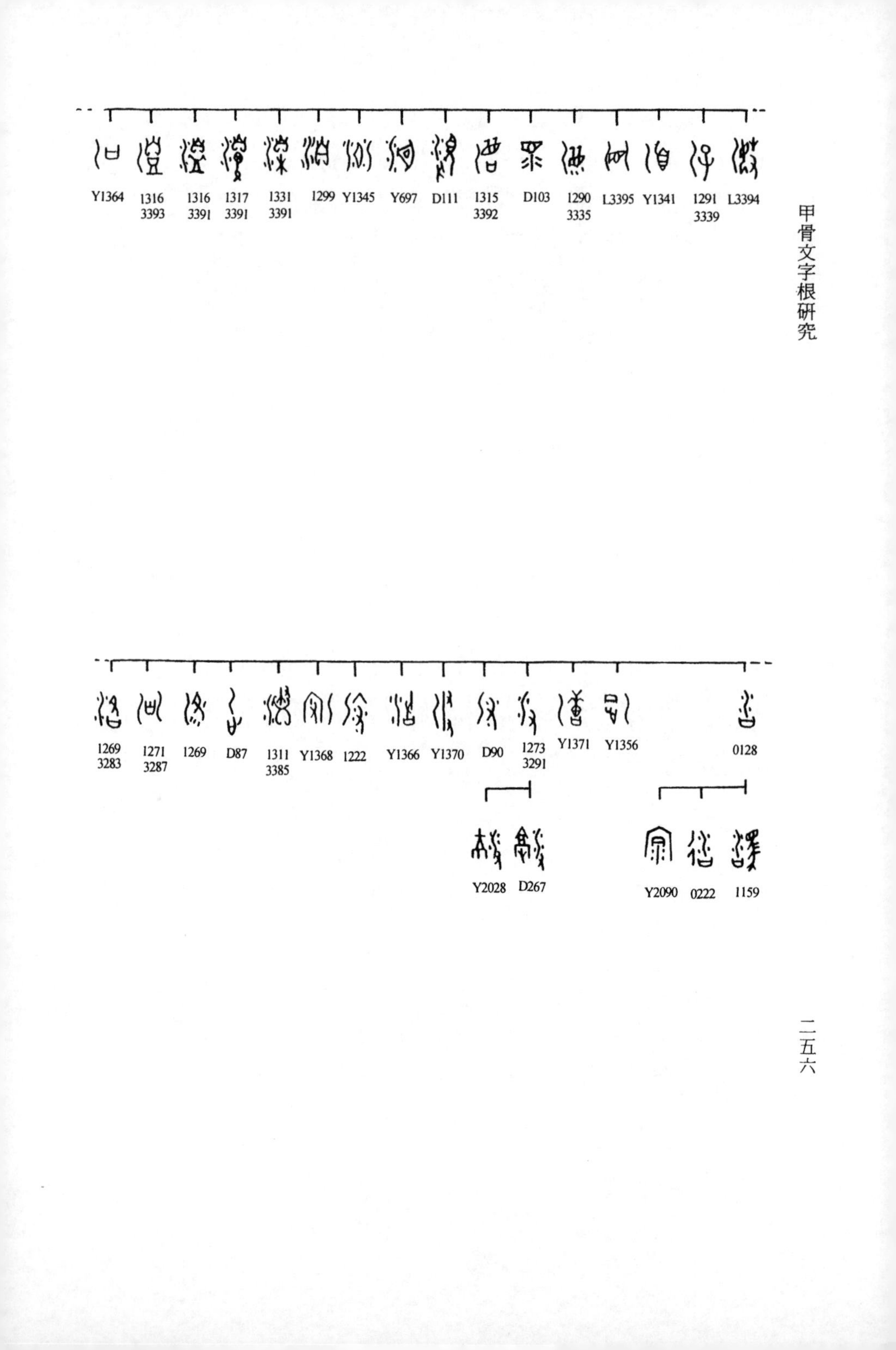

Y1364 1316 3393 1316 3391 1317 3391 1331 3391 1299 Y1345 Y697 D111 1315 3392 D103 1290 3335 L3395 Y1341 1291 3339 L3394

1269 3283 1271 3287 1269 D87 1311 3385 Y1368 1222 Y1366 Y1370 D90 1273 3291 Y1371 Y1356 0128

Y2028 D267 Y2090 0222 1159

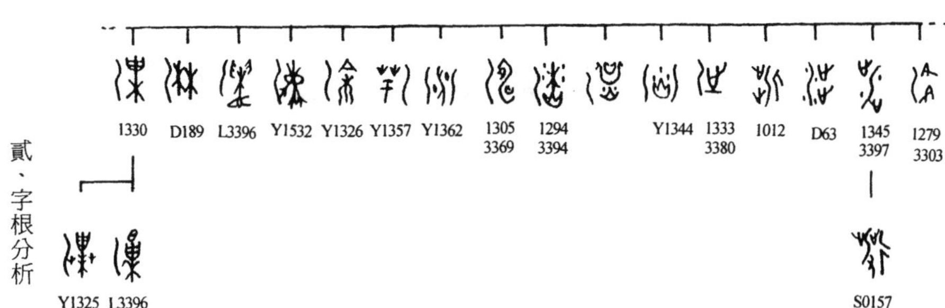
1330
D189
L3396
Y1532
Y1326
Y1357
Y1362
1305
3369
1294
3394
Y1344
1333
3380
1012
D63
1345
3397
1279
3303
Y1325
L3396
S0157
0225
L471

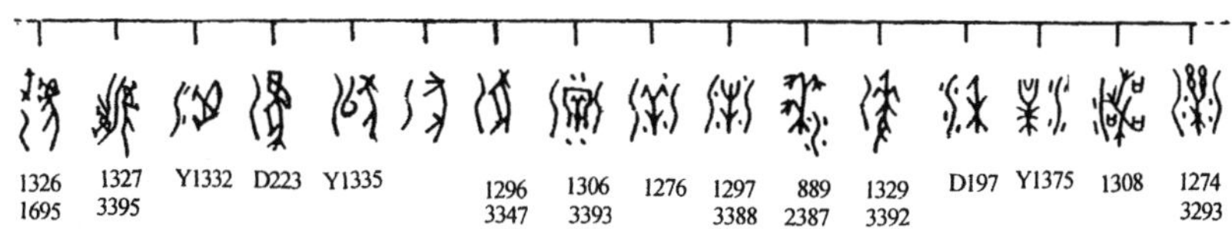
1326
1695
1327
3395
Y1332
D223
Y1335
1296
3347
1306
3393
1276
1297
3388
889
2387
1329
3392
D197
Y1375
1308
1274
3293

	1292 3341	L3395	1286 3329	Y1834	L3349	1377 3469	1377 3469	1377 3469	L3395	494 1277	Y1361	1272 3289	Y1714	1340	1313	Y1701

1271 3287	Y1363	1278 3301	Y1360	1334 3387	Y1359	Y1354	Y1347	D180	Y1105	1302 3361	Y1329	3261 1266	S1318 1266	S1266 1318 L3261	1342 3386	1292 3341

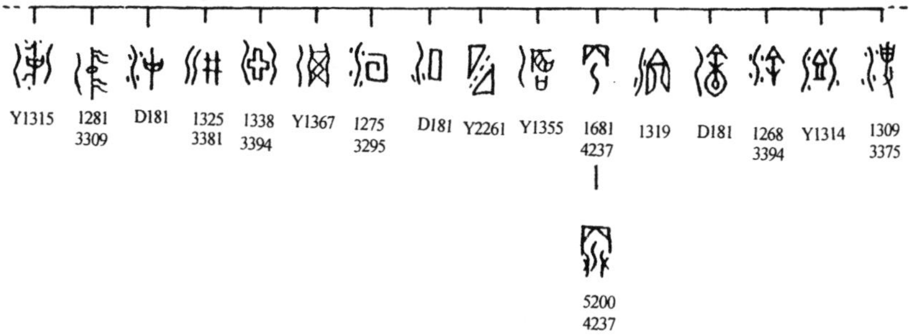

Y1315 1281 3309 D181 1325 3381 1338 3394 Y1367 1275 3295 D181 Y2261 Y1355 1681 4237 1319 D181 1268 3394 Y1314 1309 3375

5200 4237

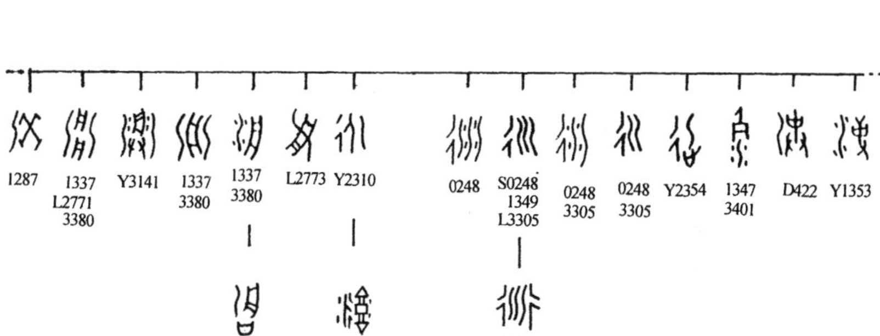

1298 3353　1289 3333　1301 3307　Y2480　1349 3403　1332 3394　1310 3382　1310 3382　Y1372　Y1351　1344　Y179　1307　1321 3392　屯南 2322　L3386　Y1358

1325 3381　1282　1328 3393　Y1339　1710　1710　Y1365　D127　1323 3393　Y1337　Y1336　628 1715　D482　1341　1312 3392

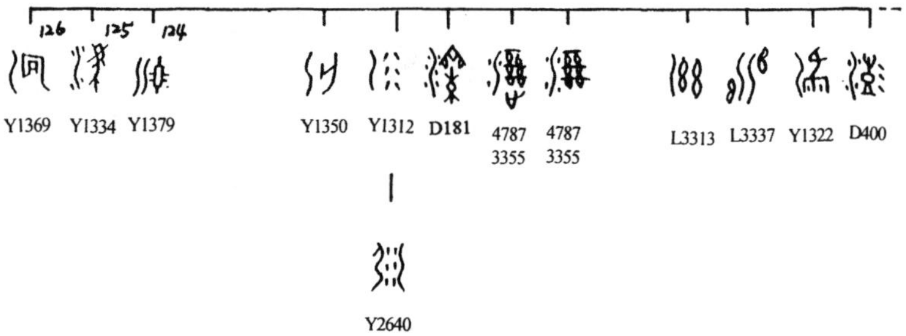

126 125 124

Y1369 Y1334 Y1379 Y1350 Y1312 D181 4787 3355 4787 3355 L3313 L3337 Y1322 D400

Y2640

〔字根〕一一二七 乙 S.1675 L.4221 G.1210

《說文》卷十四乙部：「乙 象春艸木冤曲而出，侌气尚彊，其出乙乙也。與丨同意。乙承甲，象人頸。」

案：卜辭乙，爲天干之第二位，確爲乙字，然其字形何所取象，說者雖多，皆難愜人意。《集釋》云：「乙之朔誼，當於許書形體與乙疑似諸篆求之。……十一卷之乚及十二卷之乁，前者訓水小流、後者訓流，形誼並同，惟音讀各別，其始當為一字。訓水小流者專有甽澮一義，遂別為音讀耳。其訓流者，形體既與甲乙字全同，讀弋支切亦與乙音略近。且契文从水諸字類多从乚若乙，亦與甲乙字全同。因疑甲乙字與許書訓流之乁實為一字，以乙假為干名，遂歧為二字而別隸之乁部耳。」（四二二一—四二二三頁）李說雖無確證，然以字形言、則頗有可能。依此說，則卜辭之乙即《說文》乁字，假爲乙字。又卜辭水所从與乙同形，於偏旁亦多逕作乙形，足證乙、乁、水三字同源，乙古音在質部、乁依段注當在支部，水在微部，三部可以旁對轉（參《古音學發微》一〇八〇頁），故可以相假。

《綜類》本部所收[illegible]（五〇四頁），當作[illegible]。[illegible]（《續》三・二七・六（《合》三六七五三）），當作[illegible]。

〔字根〕一一二八 水 S.1265 L.3259 G.1305

《說文》卷十一：「水 準也，北方之行。象眾水竝流，中有微陽之氣也。」

案：卜辭⺀、从𡿨象水流，⺀象水滴，羅振玉釋雨是也（《增考．中》九葉上）。卜辭與⺀構形相似及从水之偏旁變化極多，如：𡿨、巛、巛、⺀、⺀、⺀、⺀、⺀。金祖同以為⺀、𡿨、巛、巛皆水字，《集釋》則以為𡿨為今文之畎（旭昇案：乙𠃉同）；⺀為今文之澮，巛為今文之川（《集釋》三三六〇頁）。此外，⺀、⺀釋川、⺀釋林。揆其厥初，或由一字所分化，然字形既有不同，後世又分別有繼承字，則自當從分不從合。是故本文從《集釋》說，唯以从一𡿨並附點者為水，偏旁中則或略𡿨，亦視為从水。其餘諸形與⺀通用者，一概視為形近義通而相叚。

卜辭⺀所附之小點，變化最多，數目、位置皆不固定，於偏旁中往往趁隙而加，莫有定準。故本部字形表於⺀之附點之變化不能盡備，舉其大要而已。

〔字根〕一二九　州　S.1350 L.3407 G.1311

《說文》卷十一巛部：「州　水中可凥者曰州，水匊繞其旁。从重川。昔堯遭洪水，民凥水中高土，故曰九州。《詩》曰：『在河之州。』一曰：州、疇也。各疇其土而生也。州　古文州。」

案：卜辭州，羅振玉釋州：「**《說文解字》州古文作州，與此同。散氏盤亦作州，今許書作州者，傳寫訛也。州為水中可居者，故此字旁象川流，中象土地。**」（《增考．中》十葉上）魯師實先云：「**考州於州戈作州**

（見《三代・十九卷》二頁），中著●形，以示川中有地可凥，於文為从川之合體象形。通檢卜辭金文，凡字之填實者，並可虛鉤。故州於卜辭作州（《粹編》二六二片）……皆虛中以象川中有地之形，與《說文》所載古文相合。州於師訇𣪘作州（見《薛氏款識・卷十四》），則與篆文虛中之州同體，川中著三●者，乃以州渚非一，故以象其多，〈小雅・鼓鐘〉所謂『淮有三洲』是也。」（《大陸雜誌》第三十八卷第十期三一七頁、〈說文正補〉之五、州）

據此，州於古文或作州、或作州，字从川，中象可居之渚，或象一渚、或象三渚，字義並無不同。《說文》小篆象三渚，字不从重川；古文象一渚，與卜辭同。

〔字根〕一三〇　≋　S.1349 L.3403 G.1330

《說文》卷十一巛部：「𡿧　害也。从一雝川。《春秋傳》曰：『川雝爲澤凶。』」

案：卜辭巛作≋、巛、𡿧等形。羅振玉曰：「象水壅之形，川壅則為巛也。其作≋≋等狀者，象橫流氾濫也。」（《增考・中》十葉上）卜辭一期作≋，正象橫流氾濫；二、三期≋、巛並作，又慮其與水形相近，故四期後增才（才）爲聲符，於是變象形爲形聲。从才聲者或作𡿧（《京津》五三〇二），至《說文》遂作𡿧，而謂「从一雝川」，又變形聲爲會意矣！

〔字根〕一三一 □ S.1283 L.3311 G.1348

《說文》卷十一水部：「□ 回水也。从水象形，左右岸也，中象水皃。□ 淵或省水。□ 古文从口水。」

案：卜辭淵作□（《後》上一五・二），二見，商承祚釋淵（《類編・十一卷》三葉上），以爲與許書之古文同。可從。字从□，象瀦水之淵岸，中象回水皃。卜辭又有从水之淵：□（《屯》七二二），中畫存二筆，仍是回水之象。□（《合》二九四〇一），此字《類纂》未釋，而次於淵後，以字形言，釋淵應無疑義。辭云「今日壬王其田才□北涓日亡𢦔　吉」（《屯》七二二）、「……王其田才□北涓……」（《合》二九四〇一），皆地名，詞例全同，足證爲一字，而右旁作□，與《說文》□相近。

〔孳乳表〕二三

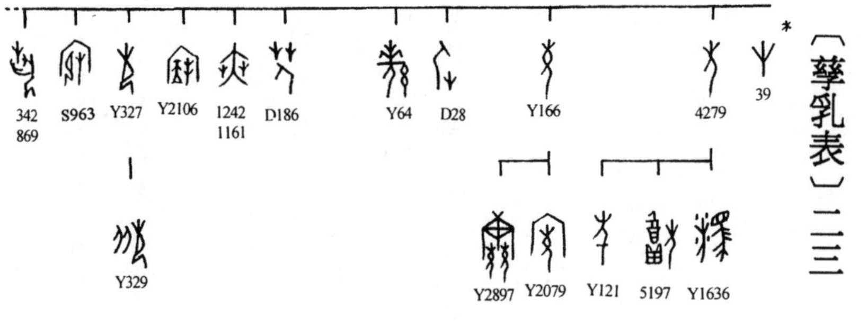

342
869
S963
Y327
Y2106
1242
1161
D186
Y64
D28
Y166
4279
39
Y329
Y2897
Y2079
Y121
5197
Y1636

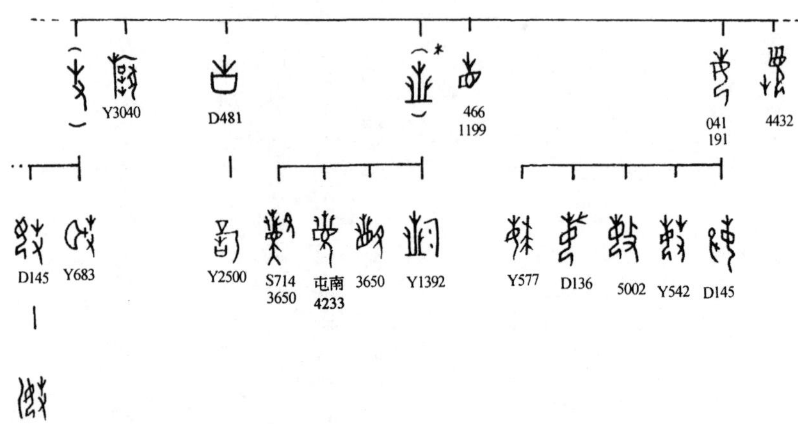

Y3040
D481
466
1199
041
191
4432
D145
Y683
Y2500
S714
3650
屯南
4233
3650
Y1392
Y577
D136
5002
Y542
D145
L3394

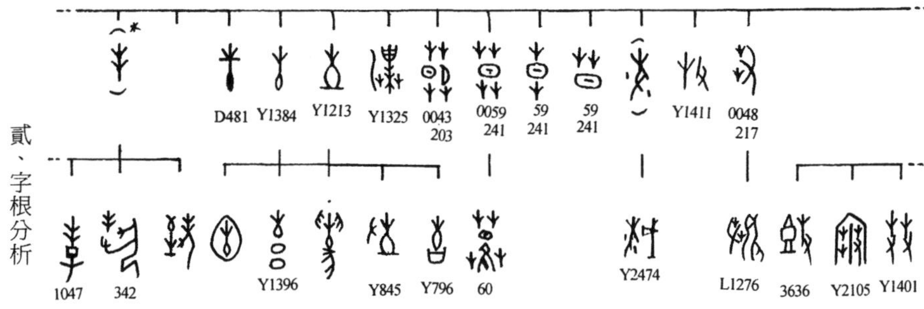
D481
Y1384
Y1213
Y1325
0043
203
0059
241
59
241
59
241
Y1411
0048
217
1047
342
Y1396
Y845
Y796
60
Y2474
L1276
3636
Y2105
Y1401

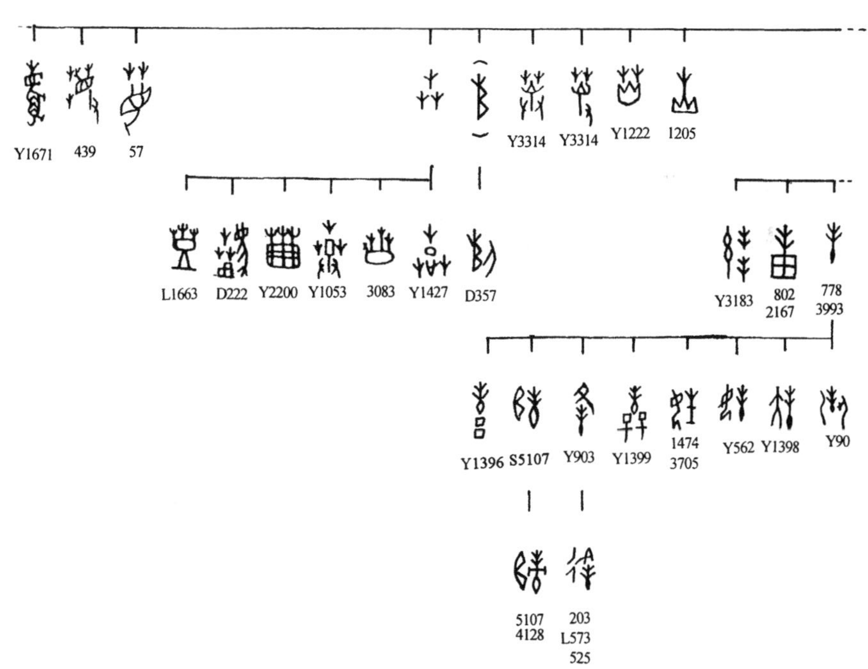
Y1671
439
57
Y3314
Y3314
Y1222
1205
L1663
D222
Y2200
Y1053
3083
Y1427
D357
Y3183
802
2167
778
3993
Y1396
S5107
Y903
Y1399
1474
3705
Y562
Y1398
Y90
5107
4128
203
L573
525

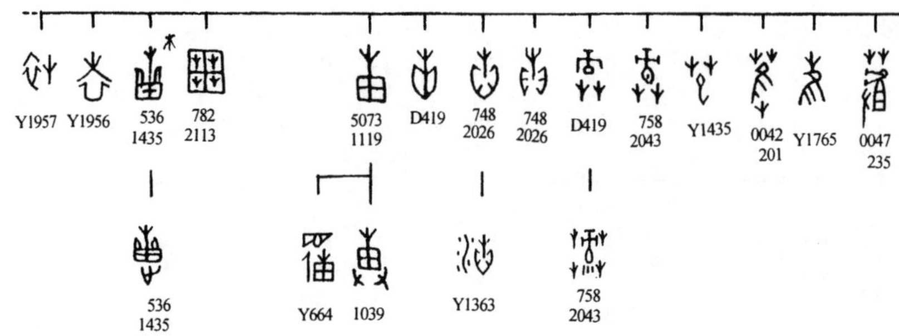
Y1957
Y1956
536 1435
782 2113
5073 1119
D419
748 2026
748 2026
D419
758 2043
Y1435
0042 201
Y1765
0047 235
0047 235
536 1435
Y664
1039
Y1363
758 2043

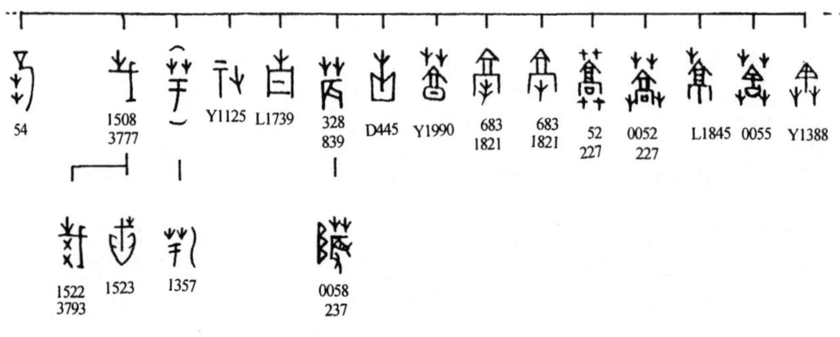
54
1508 3777
Y1125
L1739
328 839
D445
Y1990
683 1821
683 1821
52 227
0052 227
L1845
0055
Y1388
1522 3793
1523
1357
0058 237

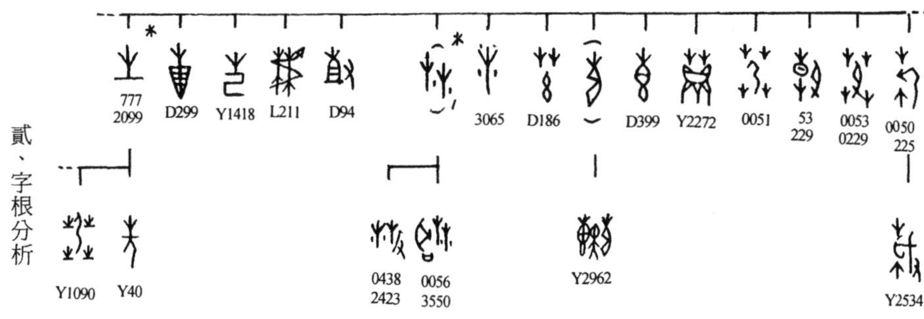

777 2099
D299
Y1418
L211
D94
3065
D186
D399
Y2272
0051
53 229
0053 0229
0050 225
Y1090
Y40
0438 2423
0056 3550
Y2962
Y2534

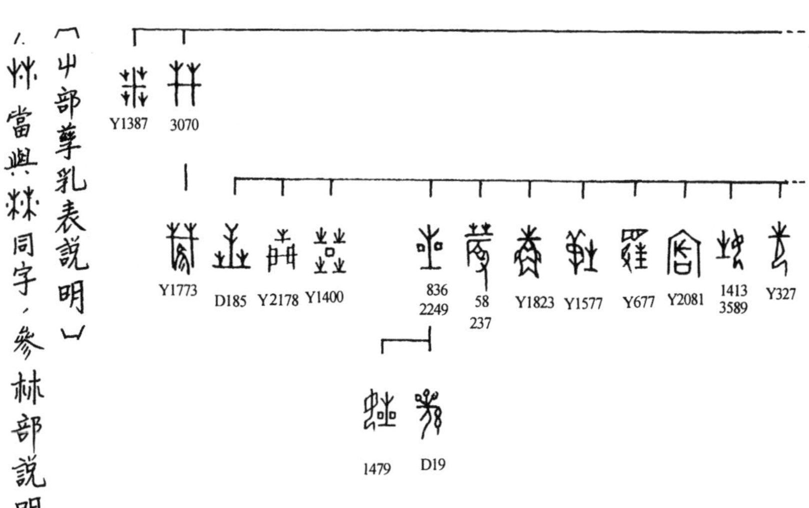

Y1387
3070
Y1773
D185
Y2178
Y1400
836 2249
58 237
Y1823
Y1577
Y677
Y2081
1413 3589
Y327
1479
D19

〔屮部孳乳表說明〕

1. 𣏟當與林同字，參林部說明。

〔字根〕一三二　屮　S.39 G.1380

《說文》卷一中部：「屮　艸木初生也。象丨出形有枝莖也。古文或㠯爲艸字，讀若徹，尹彤說。」

案：卜辭屮，《文編》三九釋屮，注云：「用爲在。」以字形言，屮與《說文》屮同，卜辭从艸之字亦皆作艸，則屮爲屮字無疑。卜辭或用爲在，《粹》一九三「……月屮亘方」，郭釋在。或疑爲祭名，《合》二七二一八「新鬯屮且乙」。或爲方名，《合》三〇二二反「自屮十」。

〔字根〕一三三　□

《說文》無。

案：卜辭亦無此單字，唯偏旁中有之。□（《綜類》一八六）字从此，右从□。又□（《綜類》一〇九）、□（仝上）、□（《屯》四二三三）諸字所从之□，目上當亦从□（其下端橫筆與目上共筆）。唯此諸文皆不識，故□之形義暫付闕如。

〔字根〕一三四

《說文》卷六生部：「 艸盛丰丰也。从生上下達也。」

案：卜辭無丰，而有从丰之字，（《前》四．一七．三）、郭沫若以為从丰从田，即邦字（《甲研．釋封》，改訂版刪去此篇）；《集釋》以為从丰从土（三九九七頁）；、《釋林》釋⿰糸丰、即絆（一四八頁），是卜辭偏旁之即《說文》丰字。字不从，其形構與相似而重其莖葉，以示艸盛丰丰。金文封作（中山王嚳鼎）、（封孫宅盤），後一文所从丰與小篆幾同。

〔字根〕一三五 S.536 L.1435

《說文》卷四叀部：「 礙不行也。从叀、引而止之也。叀者、如叀馬之鼻；从冂、此與牽同義。《詩》曰：『載疐其尾。』」

案：卜辭，羅振玉釋疐，並以金文疐作（疐卣）為證（《增考．中》七），諸家從之。字从从。、各家皆以為與疐同，而於其形構皆無人論及。《說文》謂疐从叀，而卜辭與（叀）字形相去絕遠，不从叀也。且卜辭疐之上部變化極多，如：（《前》二．三十．一，上不从屮）、（《前》二．三十．六）、

（《前》二・三九・七、中不从田）、（《菁》九・一五，下不从止）。張亞初云：「疐字早期作，是『脫華新花』後的象形字。後來才在下面加意符作，『止』表示『疐』爲花的下基、底座。《禮記・曲禮》：『士疐之。』疏云：『疐謂脫華處。』該字初文作（這種較古的形保存在金文的族氏符號中），下部的田、⊗、○，都是花的底座即花托之象形。」（《金文常用字典》四五三頁）其說有舊注依據，字形亦頗接近，可參。

〔字根〕一三六　S.777 L.2099 G.1381

《說文》卷六生部：「　進也。象艸木生出土上。」

案：卜辭、郭沫若釋生（《粹考》六二葉）。《集釋》云：「从屮、从一，一、地也。象艸木生出地上。篆文从土者，……古文垂直長畫，多於中間加點，復由點演變為橫畫，此通例也。」（二二〇〇頁）。按卜辭土亦作⊥（參土部）、之下部似之，則謂象艸木生出土上亦無不可。

〔孳乳表〕二四

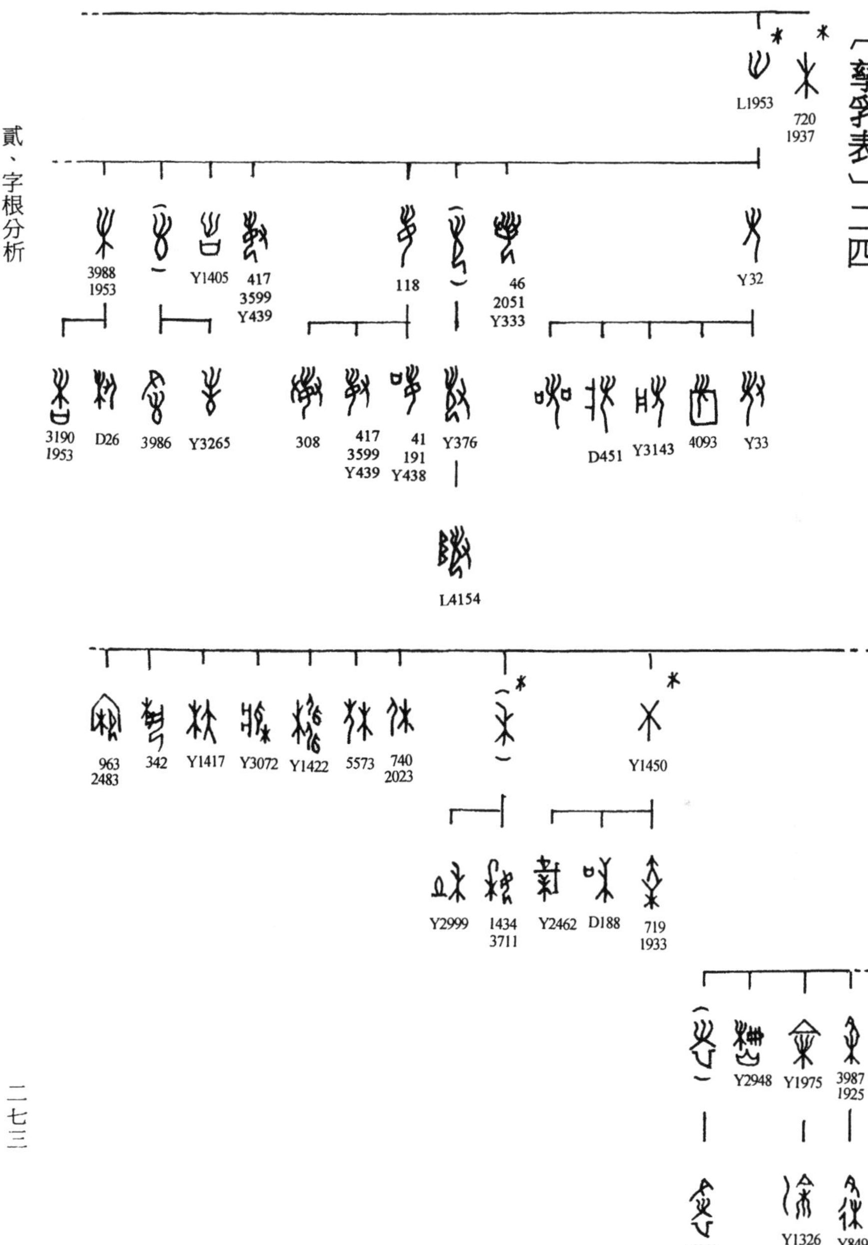
L1953
720
1937
3988
1953
Y1405
417
3599
Y439
118
46
2051
Y333
Y32
3190
1953
D26
3986
Y3265
308
417
3599
Y439
41
191
Y438
Y376
D451
Y3143
4093
Y33
L4154
963
2483
342
Y1417
Y3072
Y1422
5573
740
2023
Y1450
Y2999
1434
3711
Y2462
D188
719
1933
Y2948
Y1975
3987
1925
Y852
Y1326
Y849

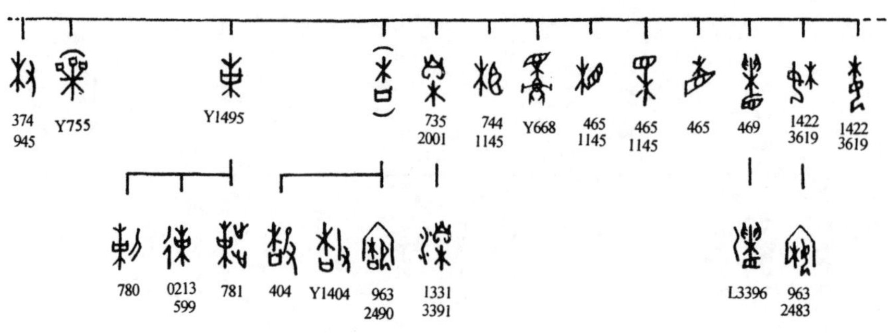
374 945
Y755
Y1495
735 2001
744 1145
Y668
465 1145
465 1145
465
469
1422 3619
1422 3619
780
0213 599
781
404
Y1404
963 2490
1331 3391
L3396
963 2483

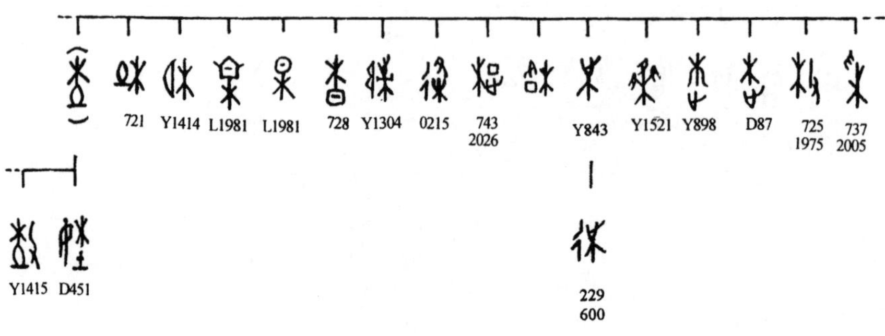
721
Y1414
L1981
L1981
728
Y1304
0215
743 2026
Y843
Y1521
Y898
D87
725 1975
737 2005
Y1415
D451
229 600

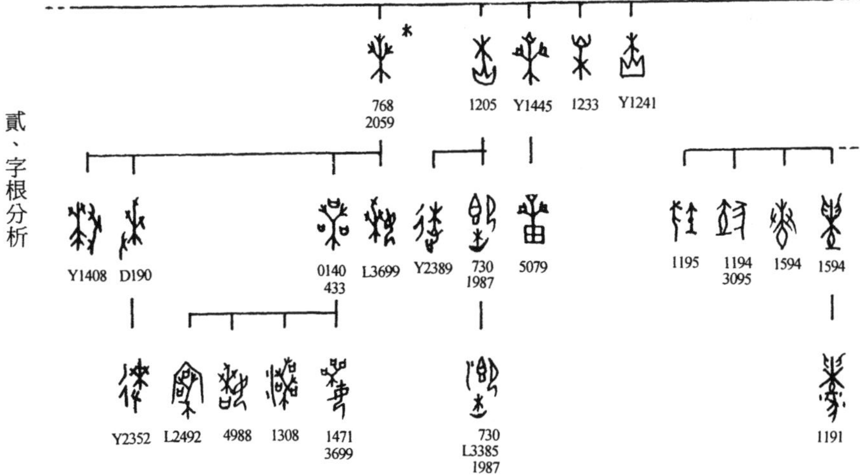
768 2059
1205
Y1445
1233
Y1241
Y1408
D190
0140 433
L3699
Y2389
730 1987
5079
1195
1194 3095
1594
1594
Y2352
L2492
4988
1308
1471 3699
730 L3385 1987
1191

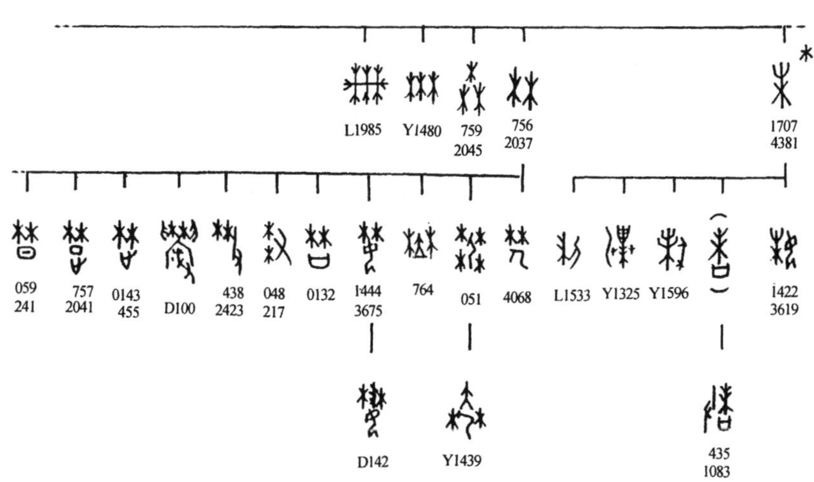
L1985
Y1480
759 2045
756 2037
1707 4381
059 241
757 2041
0143 455
D100
438 2423
048 217
0132
1444 3675
764
051
4068
L1533
Y1325
Y1596
1422 3619
D142
Y1439
435 1083

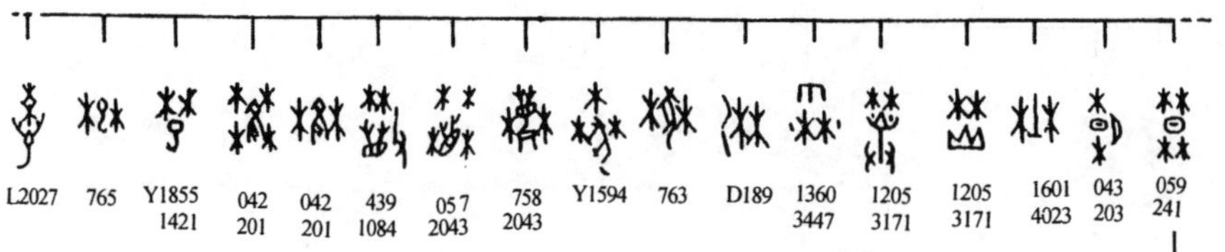

L2027
765
Y1855 1421
042 201
042 201
439 1084
057 2043
758 2043
Y1594
763
D189
1360 3447
1205 3171
1205 3171
1601 4023
043 203
059 241
060

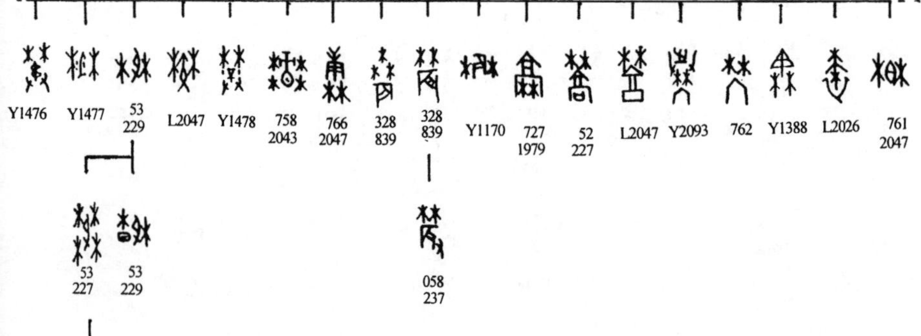

Y1476
Y1477
53 229
L2047
Y1478
758 2043
766 2047
328 839
328 839
Y1170
727 1979
52 227
L2047
Y2093
762
Y1388
L2026
761 2047
53 227
53 229
058 237
Y1436

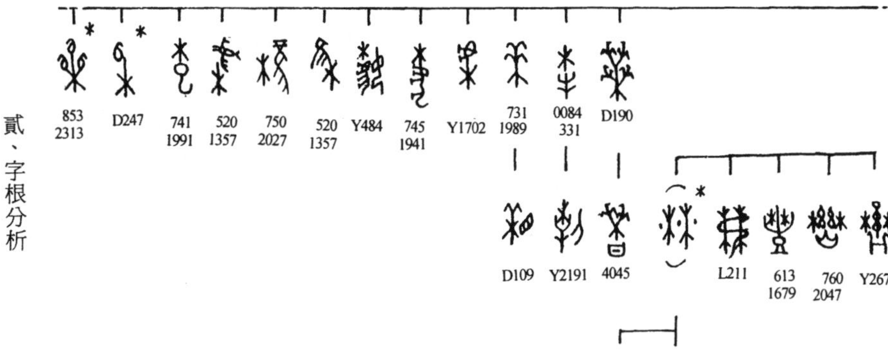
853
2313
D247
741
1991
520
1357
750
2027
520
1357
Y484
745
1941
Y1702
731
1989
0084
331
D190
D109
Y2191
4045
L211
613
1679
760
2047
Y2678
438
2423
Y1429
1360
3447
Y1195

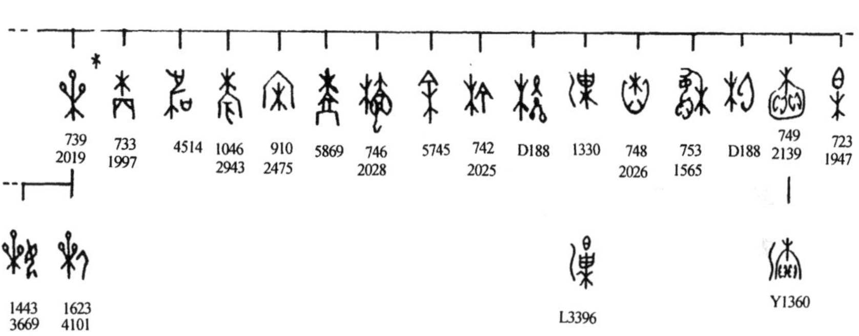
739
2019
733
1997
4514
1046
2943
910
2475
5869
746
2028
5745
742
2025
D188
1330
748
2026
753
1565
D188
749
2139
723
1947
1443
3669
1623
4101
L3396
Y1360

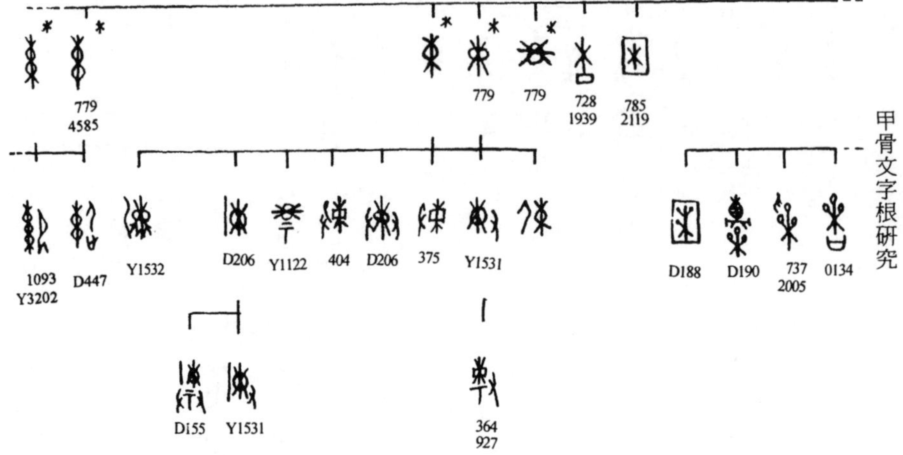
779 4585
779
779
728 1939
785 2119
1093 Y3202
D447
Y1532
D206
Y1122
404
D206
375
Y1531
D188
D190
737 2005
0134
D155
Y1531
364 927

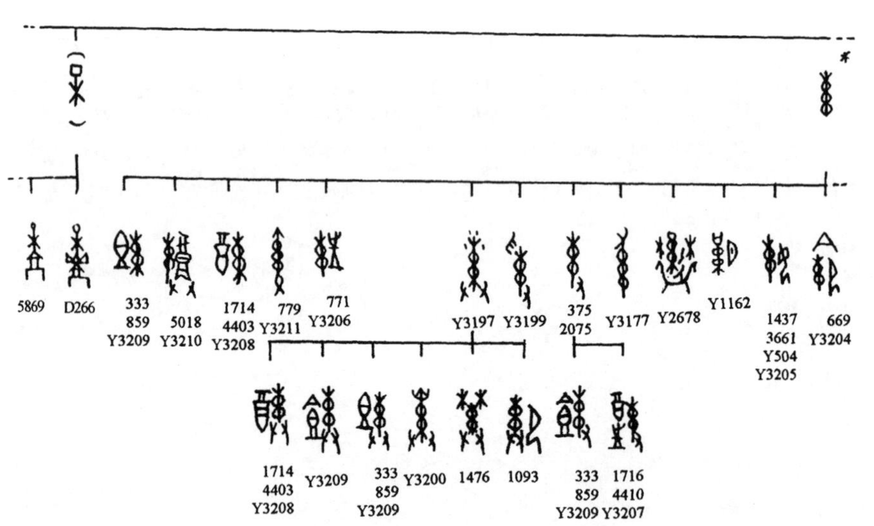
5869
D266
333 859 Y3209
5018 Y3210
1714 4403 Y3208
779 Y3211
771 Y3206
Y3197
Y3199
375 2075
Y3177
Y2678
Y1162
1437 3661 Y504 Y3205
669 Y3204
1714 4403 Y3208
Y3209
333 859 Y3209
Y3200
1476
1093
333 859 Y3209
1716 4410 Y3207

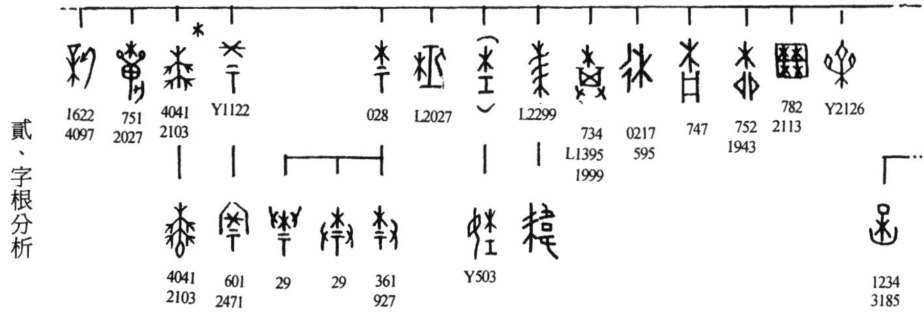
1622
4097
751
2027
4041
2103
Y1122
028
L2027
L2299
734
L1395
1999
0217
595
747
752
1943
782
2113
Y2126
4041
2103
601
2471
29
29
361
927
Y503
1234
3185

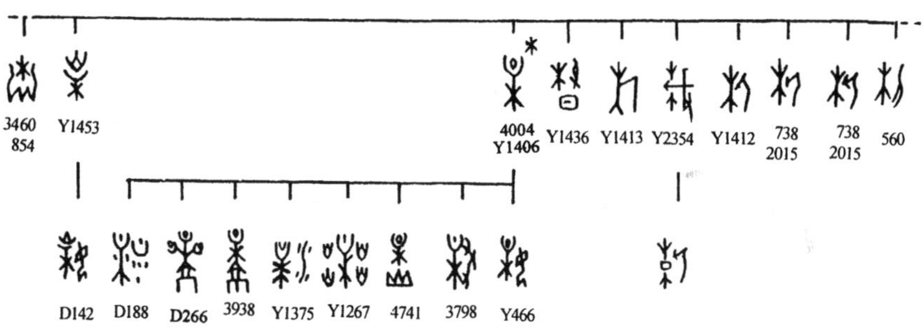
3460
854
Y1453
4004
Y1406
Y1436
Y1413
Y2354
Y1412
738
2015
738
2015
560
D142
D188
D266
3938
Y1375
Y1267
4741
3798
Y466

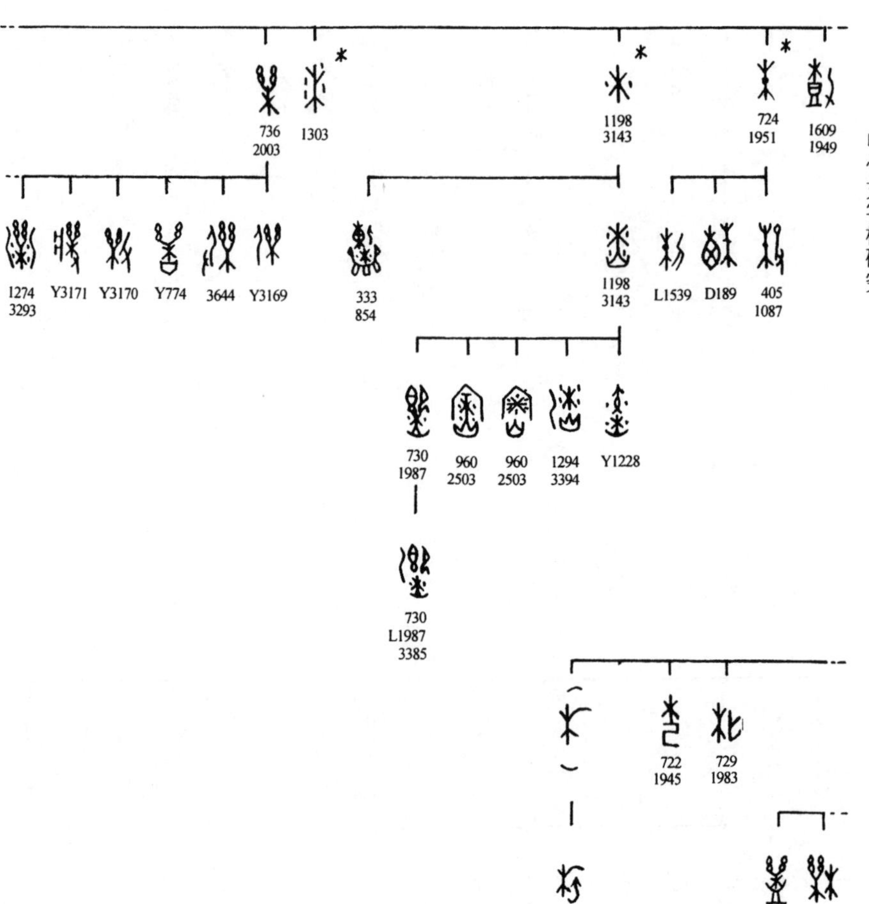
*
736
2003
1303
1198
3143
724
1951
1609
1949
1274
3293
Y3171
Y3170
Y774
3644
Y3169
333
854
L1539
D189
405
1087
730
1987
960
2503
1294
3394
Y1228
L1987
3385
722
1945
729
1983
5874
Y3168

〔字根〕一三七　□　S.720 L.1937 G.1402

《說文》卷六木部：「□　冒也，冒地而生，東方之形。从中、下象其根。」

案：卜辭□、上象枝葉、中象榦、下象根，不从中。其省體或作□，如：□（朱，从止从木、參《集釋》二二一九頁）、□（尌，从木土犬，讀爲邇，裘錫圭說，《古文字研究》十二輯八五頁）。

〔字根〕一三八　□　S.3988 L.1953

《說文》卷四白部：「□　別事詞也。从白□聲，□、古文旅。」

案：卜辭□（《藏》一五一・二　《前》一・四六・四），葉玉森以爲象春天枝條抽發，阿儺無力之狀（《前釋・一卷》一二八頁），唐蘭以爲屯（《殷虛文字記》一—六頁、一一〇頁），于省吾釋條（《駢枝》五—八頁）、陳夢家釋世（《綜述》二二七—二二八頁），楊樹達釋才（《積微居甲文說》三九頁），劉釗以爲以上皆非，字當釋「者」，與□、□、□爲同字，且謂「通過比較可以發現，『□』字與金文『者』字存在著形體近似的關係，試舉金文『者』字形體如次：□（堵者尊）□（龖簋）□（猷鍾都字所从）　兩字的區別是：卜辭□字上部多作彎曲狀，而金文者字則不具備這一特徵，但上舉『□』字中的6~9式（劉文原附字形編號）形體（□），其上部也不作彎曲狀，同金文者字形極近，很可能是由甲骨文發展到金文的過渡形態。」（《古文字研究》十五輯二二九—二三一頁、〈釋□〉）劉說釋卜辭「□」之用法，頗爲詳賅，當可從，唯釋形稍簡，於从□之字，如：□、□、□等皆未論及，此則有待深考。

又修訂本《卜辭通纂》二三九頁眉批亦釋□為「者」，謂即煮之初文，象器中有蒸氣上騰之形。

〔字根〕一三九　□　G.1450

《說文》卷六木部：「□　伐木餘也。从木⿰木獻聲。《商書》曰：『若顛木之有甹⿰木獻。』　□　⿰木獻或从木辥聲。　□　古文⿰木獻，从木無頭。　□　亦古文⿰木獻。」

案：卜辭□（《合》二八三八七），《類纂》一四五〇釋⿰木獻，與⿰木獻之古文□同形，可從。□（《存》二·七五五）、□（《屯》三〇二九）所从上與□同，當亦⿰木獻字。

〔字根〕一四〇　□

《說文》卷六禾部：「□　木之曲頭止不能上也。」

案：卜辭無禾，而有从禾之字：□（《懷》六四〇），字从□从□，許進雄先生未釋，按□字當即《說文》禾，可隸定作坏。□（《文編》一四三四）、一般釋妹，然卜辭禾字多見，皆作□（《文編》八七一），未有作□者，疑□所从亦禾。《綜類》一四二　□索引列在木部，不列禾部，當亦有此意。字从木而曲頭，為變體形文。

〔字根〕一四一　S.768 L.2059 G.1444

《說文》卷六叒部：「　蠶所食葉木。从叒木。」

案：卜辭　、　、　，羅振玉釋桑（《增考．中》三五葉下）。字从木，木端末著短畫象桑葉；不从叒。爲合體象形文。

〔字根〕一四二　S.1707 L.4381 G.3689

《說文》卷十四未部：「　味也。六月滋味也，五行木老於未。象木重枝葉也。」

案：卜辭　、　、　，爲地支之第八位，即《說文》之未無疑。《集釋》云：「象木重枝葉之形，或竟作　，疑古文木未同源，許說實不誤。」（四三八三頁）以字形言，未从木不誤，李說可從。木上古音在屋部合口一等（* mewk），未在微部合口三等（*mjwər），二字雙聲，韻雖不同（此周韻也，商韻尚不可知），然未必非同源字，李說甚具參考價值。

〔字根〕一四三　𣏟

《說文》七篇下：「𣏟　葩之總名也。（段注：「各本葩作葩，字之誤也。與《呂覽・季冬紀》注誤同，今正。艸部曰：『葩、枲實也』。……葩本謂麻實，因以為苴麻之名。此句疑尚有奪字，當云『治葩枲之總名』，下文云『𣏟、人所治也』，可證。葩枲則合有實無實言之也。趙岐、劉熙注《孟子》『妻辟纑』，皆云：『緝績其麻曰辟。』按：辟音劈，今俗語緝麻析其絲曰劈，即𣏟也。」）𣏟之爲言微也，（段注：「𣏟、微音相近，《春秋說題辭》曰：『麻之為言微也。』𣏟、麻古蓋同字。」）微纖爲功，象形（段注：「按此二字當作『从二朩』三字。朩謂析其皮於莖，𣏟謂取其皮而細析之也。匹卦切，十六部。」）。」葩爲枲實，是《說文解字》以爲𣏟爲枲麻之總名；據段注，則𣏟爲治葩枲之總名。

《說文》七篇下𣏟部下又有㪔字，《說文解字》釋云：「㪔、分離也。从𣏟、攴。𣏟、分㪔之意也。」

《說文》七篇下麻部云：「麻、枲也。从𣏟、从广。𣏟、人所治也，在屋下。」

據以上資料，𣏟字可有四解：一、葩之總名；二、𣏟之爲言微也（據《春秋說題辭》麻𣏟同字）；三、𣏟，分㪔之意也；四、𣏟，人所治也。其一、二、四解或可視爲同類；而第三解則似較不相同。頗疑𣏟字本有二種，其一爲麻字所从之𣏟，義爲「葩之總名」，或如段注訂正之「治葩枲之總名」；其一則爲㪔字所从之𣏟，其義本即爲㪔（今字用散）。後以二字形近，故混而爲一。

甲骨文無𣏟字，但有从𣏟之㪔字，作（《甲》一三六〇），从攴从𣏟；或作（《佚》二九二），𣏟省爲林（見《文編》第四三八號）。𣏟字从林，中有小點，象散落物，當即㪔之初字：从攴與否，並無不同（甲骨文鼓字左旁所从之壴即鼓之初字、𣪘字左旁所从之皀即𣪘之初字，其例相似）。《集釋》云：「《說文》：『㪔、分離也。从𣏟、攴。

𣏟、分㪔之意也。』又隹部：『𩁹、繳𩁹也。从隹、㪔聲。一曰：飛㪔也。』二者當為一字，而以𩁹為正體，㪔為省文。字當从攴、从林、从隹會意，以『手執杖於林中歐鳥飛㪔（𩁹）也』為其本誼，引申之則為分離。篆體訛林為𣏟，而散遂入𣏟部。𣏟與麻同从二朩，朩訓分枲莖皮，𣏟猶有分㪔之意，然（㪔）字从攴无義，从攴从𣏟無得有分離之義，蓋字本从攴、从林作㪔，而㪔則𩁹之省文，字乃由林中歐鳥取義也。」（卷七第二四二三頁）李說「㪔从攴从林無得有分離之義」，其說最精，然謂㪔爲𩁹之省文，則嫌無據。散、𩁹皆从㪔，則㪔當本自爲一字，不必爲𩁹之省文也。

甲骨文㪔字从𣏟、从攴，𣏟字从林、中有小點象散落之形，即㪔之初字，如此說不誤，則甲骨文另有霰字，《前》四·九·八，作⿱雨𣏟、《前》四·四七·二，作⿱雨𣏟，皆从雨、从𣏟。《文編》收在一三六〇號。《集釋》云：「羅振玉釋霖，無說，見《增考·中》五葉上。按：《說文》：『霖、雨三日已往。从雨、林聲。』契文同，羅說可從。辭云：『王逐霖兕。』（《前》四·四七·一），地名。霖雨字卜辭作霝，霝象雨霤形，久雨之義當霝為初字，後世作霖者，借字也。」（卷十一第三四四七頁）旭昇案：李孝定先生既以霝爲久雨之初字，則無由再借霖字也。且此字釋霖固可，然釋霰似亦無不可，字似从雨从𣏟（㪔之初字），則當爲从雨、𣏟（㪔）聲，後世作霰，《說文解字》十一篇下雨部：「霰、稷雪也。从雨、散聲。⿱雨見、霰或从見。」辭云：「貞：霰豖。」（《前》四·九·八《合》一三〇一〇）霰似爲地名。又：「王逐霰兕。」（《前》四·四七·二　《合》一一〇一〇），霰之右上殘，下似有止形，或釋霆，然其上部殘存之字形似爲雨，不能明也。

𣏟字舊讀匹卦切，若依本文之說，則麻字所从之𣏟讀匹卦切，㪔字所从之𣏟則似可讀蘇旰切。字从林作，然亦可省从艸作，故《屯》一四九之㪔字作 、《粹》九二五有 字，所从𣏟形作 ；金文㪔字作 （㪔車父簋，《金文編》一一七八號），散字作 （散伯簋，《金文編》〇六七八號），所从𣏟皆已訛變，故小篆以爲與麻字所从之𣏟同形。《睡虎地秦墓竹簡·秦律十八種》第一一七簡散字作 （《秦漢魏晉篆隸字形表》第二七四頁）其上猶从林，與甲骨文㪔字第二形同。

〔字根〕一四四　 S.853 L.2313 G.1898

說文卷七卤部：「 栗木也。从卤木，其實下垂，故从卤。 古文栗，从西从二卤，徐巡說：『木至西方戰栗也。』」

案：卜辭 ，與《說文》栗之古文形近，羅振玉釋栗（《增考·中》三六葉上），《集釋》云：「象木實有芒之形，以其形與卤近，故篆文誤从卤。」（二三一三頁）又有 （《綴合》五八）、與小篆形近，《字典》七六〇釋栗，當可從。

〔字根〕一四五 □ S.739 L.2019 G.1441

《說文》卷一下艸部：「葉 艸木之葉也，从艸、枼聲。」

《說文》卷六上木部：「枼 㮎也。枼、薄也。从木、世聲。」

案：卜辭□，羅振玉釋果（《增考．中》三六葉上）。郭沫若氏以爲字當釋枼，象木之枝頭著葉、□（采）言采取樹葉，並舉金文葉作□（陳矦午鏄錞）、□（驫羌鐘），以證□即□，當釋枼，即葉之初文，《集釋》二〇二〇然之。考卜辭世作□（見世部。從于省吾說），从止；金文世作□（《金文編》三二六），亦从止，與卜辭同。金文枼作□（《金文編》九五二），上从世。與卜辭葉之作□者微有不同，蓋卜辭□爲象形字，金文□則上部聲化爲从世，已變而爲形聲字矣。

《文編》七三九、《集釋》二〇一九所引諸字有作□（《乙》五三〇三）者，从木从□，當釋槱，與□不同字。

〔字根〕一四六　S.779 L.2105 G.1495

《說文》卷六束部：「 縛也。从口木。」

案：卜辭，羅振玉釋束（〈雪堂金石文字跋尾〉）是也，唯以爲字象束矢形，則有可商。丁山以爲束象約束囊橐之形：「毛公鼎有字，散氏盤有字，諸家並釋為橐。橐、許君謂从橐省，實則所从之即橐字，《易》爻所謂括囊者也。囊中無物，束其兩端，故亦謂之束。既實以物則形拓大，者、橐之拓大者也，故名曰橐。橐與東為雙聲，故古文借之為東方。」（《說文闕義箋》棘字條）依其說，囊束與橐東之關係如下：

（囊＝束）→（橐＝東（假借））

此說揚棄《說文》舊解，一時從之者綦夥，然推考其實，則多不能成立：當訓橐、卜辭囊作不作（參部），此其一。東當爲束之假，而非囊之假，林義光、唐蘭、于省吾皆有說（參東部），可從，此其二。束當从木，不作，此其三。束于卜辭除作形外，尚作、、、等形（《文編》七七九）。見《甲》四三〇，《甲考》釋束，可從。其作、形者，于省吾初釋索（《駢三》三四葉），後揚其說，由其門生編纂之《摹釋》、《類纂》均釋爲束（《類纂》三一九二），可從。《集釋》、《字典》均從于氏前說釋爲索（《集釋》二〇七五、《字典》六八三），而於从之則釋𨣆（莤）（《集釋》四四〇三、《字典》二六三頁釋　）、則釋（《集釋》八五九、《字典》二六三）、則釋竦（《集釋》三六六一），而不悟其與釋爲索之說互爲鉏鋙也。據此，果象約束囊橐之形，則將何象乎？故知丁說束字象囊形實不足以破《說文》也。束於卜辭作、、、、等形，其共同特徵爲中畫通貫上下，故其構形當爲从木，象繩索束之，其約束或多或少，皆可以示約束之意。其作□形者，省木之下體，此猶□（朱）从止从木而省木之上體（《集釋》二一九頁），□（𤞷（邇））从犬从木从土而省木之上體（《古文字研究》十二輯八五葉裘錫圭說）。金文作□、□、□、□，與卜文同，其作□、□者（《金文編》九八四號），體有訛變，固不得據此二形謂字不从木也。（《鐵》一八二・三餗作□，从系，與束形近通用，如大矢互用，此例卜辭常有，固不得據此謂束亦作□而不从木也。）

〔字根〕一四七　□　S.4041　L.2103

《說文》卷六𠂹部：「𠂹　艸木華葉𠂹。象形。」

案：卜辭□、□、《續文編》釋𠂹，《集釋》申之云：「字从𠂹从木，於小篆當於土部之垂，象華木生土上而華葉下𠂹之形，去土存𠂹，亦足以見意。」（二二〇三頁），可從，字从木象華葉𠂹，疑□之下象果𠂹，不从土，後以形與土同，遂訛爲从土。

〔字根〕一四八　□　S.4004 L.1735 G.1406

案：卜辭□，略之亦作□、□、□等形。《乙》二四四〇作□，商承祚釋主，以爲象燔木爲火。《集釋》申之云：「主即今炷字初文，契文象然木為炷。」（一七三五頁），唯《甲骨文字詁林》以爲「釋『主』可備一說，卜辭皆爲地名，不足以證明其有『火炷』之義。」何琳儀則以爲「未得到學術界公認」（〈句吳王劍補釋〉，香港中文大學主辦「第二屆國際中國古文字學研討會」論文集頁二四九至二六三），何文並詳細舉證甲骨、戰國文字「示」、「主」同字，字形作丅，當可從。是甲文此字究爲何字，應待考。

卜辭又有□（《合》二〇〇〇一），當亦與□同字，而特著其火主形。

〔字根〕一四九　□　S.724 L.1951 G.1449

《說文》卷六木部：「□　赤心木、松柏屬。从木、一在其中。」

案：卜辭□、□，與《說文》朱同形，《集釋》云：「朱實即株之本字。……赤心木一解，當是朱之別義，自別義專行，遂另裝从木朱聲之株字以代之。」商承祚則以爲字象系珠形，兩端象三合繩分張形，古多重赤色珠，故朱得有赤義，爲珠之初文（《史語所集刊》一本一分，〈釋朱〉）。其餘諸說紛紛，皆不可信。其實甲骨文「朱」字乃「朿」字之假借分化字，借朿字字形而將中部圓畫填實耳。然甲金文朱字與朿字於偏旁中猶時可互用。戰國楚文字「速」或作「□」，从二「朱」（參《楚系簡文字編》一五五頁），皆足證明「朱」爲「束」之假借分化字。（參拙作〈說朱〉，《甲骨文發現一百周年學術研討會論文集》）

〔字根〕一五〇 □ S.1198 L.3143 G.1526

《說文》卷十火部：「□ 柴祭天也。从火昚，昚、古文慎字，祭天所㠯慎也。」

案：卜辭□、□、□、□、象交積柴焚尞之形，羅振玉釋尞（《增考．中》十六葉）。所从小點象火焰上騰狀，以字與□（桼）形近易訛，故或加火作□，其上仍从□，不从昚，晚周金文或作□（毛公鼎寮字所从），而爲小篆所从訛。

〔字根〕一五一　□　S.1303　L.3143　G.1526

《說文》卷六桼部：「□　木汁可㠯髹物。从木、象形，桼如水滴而下也。」

案：卜辭□，从木，旁附小點，郭沫若釋沐（《粹考》一一七四號）、陳夢家釋桼（《綜述》一八三頁）。以偏旁分析言，二說皆可成立，然似以後說爲長。字於卜辭二見（《粹》一一七四、《佚》五二），皆貞人名，商代貞人名有人地同名之現象（張秉權先生說、參《甲骨文與甲骨學・第十二章・第一節、甲骨文中人地同名的現象》），而先秦名漆之地多見，莊子即嘗爲漆園吏（漆園、地名，或說在山東、河南，要之、其爲地名無疑），名沐之地則未之見，據此，□以釋桼爲長，字从木、象桼如水滴，爲合體象形文。

〔字根〕一五二 [古文字] S.3036 G.3259,3260

《說文》卷七木部：「東 艸木垂華實也。从木𢎘，𢎘亦聲。」

又：「韓 東也。从東，韋聲。」

案：卜辭[古文字]、《釋林》釋𣏍（三五三～三五九頁〈釋𣏍〉），裘錫圭釋東若韓：「甲骨文和《山海經》裡都有關於四方風名的記載。在甲骨文所記的四方風名裡，跟《山海經．大荒西經》所記西方風名『韋』相當的那個字，作以下諸形：

[古文字] 京津五二〇　[古文字] 乙六五三三　[古文字] 粹一二八一　[古文字] 前四．四二．六

第三、第四兩字顯然都是从[古文字]从韋之字的變體，第四字王國維釋爲『韓』，其說可信。《說文》：『東，木垂華實也。从木、𢎘，𢎘亦聲』，『韓，東也。从東，韋聲』。今按甲骨文[古文字]字象木上有物纏束之形。《說文》从𢎘聲之字如『函』、『範』等，都有包含之意，也與纏束之義相近。所以『東』字的本義應該是纏束包裹一類意思，而不是《說文》所說的『木垂華實也』。……甲骨文東、韓二字都用作西方風名，東字讀音當與韓字相同。（師𩛥）鼎銘二字連文，東字讀音就不可能與韓字沒有區別。《說文》認爲東从𢎘聲，可見柜字有跟『函』、『範』等字相近的一種讀音。據此，鼎銘的『東韓』可以讀爲『範圍』。……很可能商代的東字就跟風字一樣，也有『範』、『圍』兩音。」（《古文字論集．說㲋韓白大師武》，三五七頁）

其說典實有據，當可從。字即東，从木象有纏束之形，加韋聲則作韓。字與𣏍形近而有別，參𣏍字條下。

〔孳乳表〕二五

871 2349 · Y1506 · L2359 · 876 2365 · L2373 · Y1493 · Y1493 · 882 2351 · Y1517 · 1696 4319 · 360 919

753 1565 · Y788 · 1335 · 884 · 885 · 469

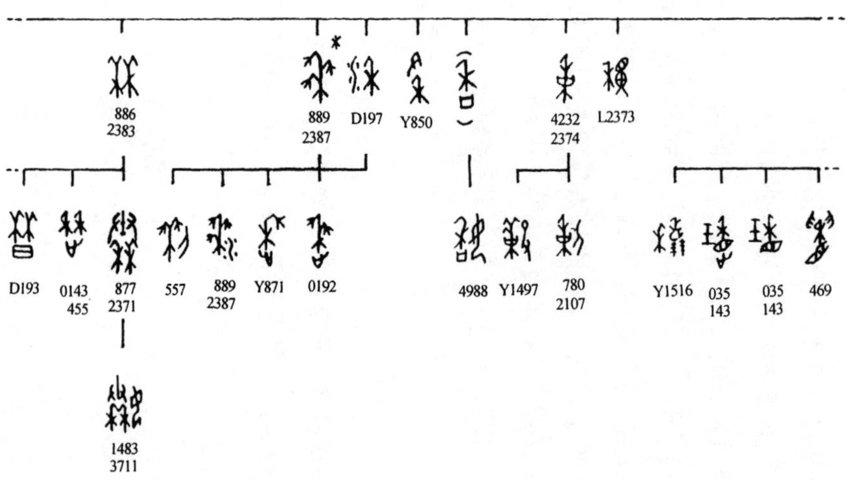

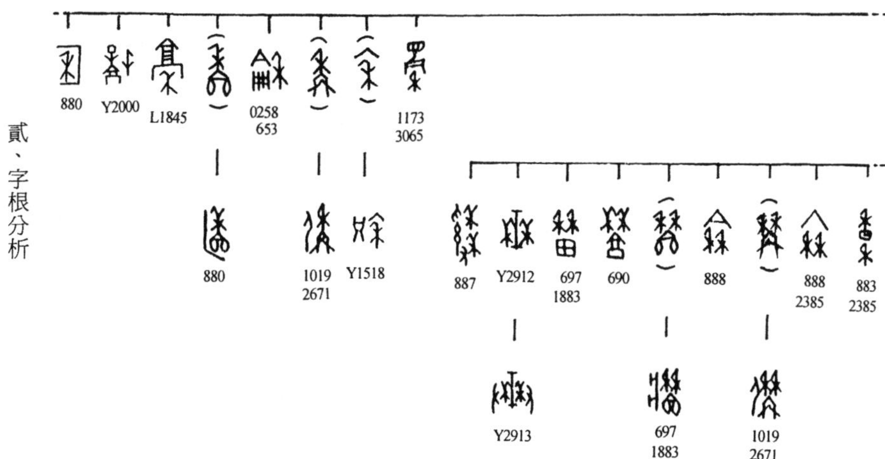
880
Y2000
L1845
0258
653
1173
3065
880
1019
2671
Y1518
887
Y2912
697
1883
690
888
888
2385
883
2385
Y2913
697
1883
1019
2671

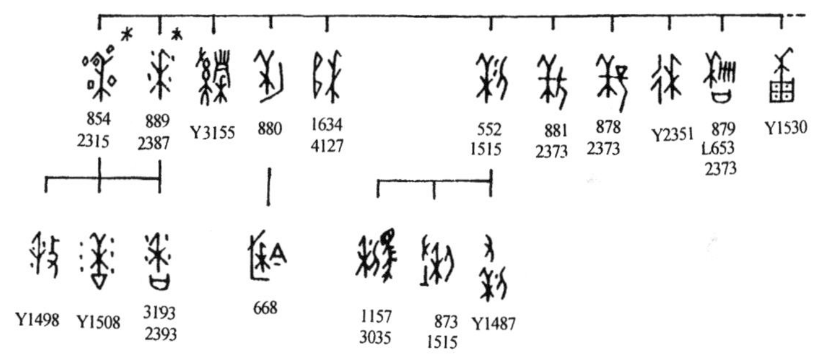
854
2315
889
2387
Y3155
880
1634
4127
552
1515
881
2373
878
2373
Y2351
879
L653
2373
Y1530
Y1498
Y1508
3193
2393
668
1157
3035
873
1515
Y1487

〔字根〕一五三 □　S.871 L.2349 G.1482

《說文》卷七禾部：「□ 嘉穀也。㠯二月始生、八月得熟，得之中和，故謂之禾。禾，木也，木王而生，金王而死。从木，象其穗。」

案：卜辭□、□、□，象禾形，不从木，羅振玉釋禾（《增考．中》三四葉）。第二形穗形明顯，足爲許說「象其穗」之證明。

〔字根〕一五四 □　L.2359 G.1514

《說文》卷七禾部：「□ 禾也。从禾、㣎聲。」

案：卜辭□、《釋林》釋穆：「□與□即古穆字，《說文》……，按許氏謂穆从禾㣎聲，既訓㣎為細文，以為『从彡㱿省聲』，又訓㱿為『際見之白』，隨意割裂穆字，強作解事。西周器穆父鼎的穆字作□，从水从□，不从彡，猶存初文。甲骨文□字本象有芒穎之禾穗下垂形。……《說文》穆字段注：『凡言穆穆、於穆、昭穆，皆取幽微之義。』……由於禾穎微末，故引伸為幽微之義。」（一四五—一四六頁、〈釋穆〉）于說以金證甲，形義俱協，說當可從。

〔字根〕一五五 S.889 L.2387

《說文》卷七黍部：「禾屬而黏者也。㠯大暑而種，故謂之黍。从禾、雨省聲。孔子曰：『黍可爲酒』，故从禾入水也。」

案：卜辭、、、象黍形，羅振玉釋黍（《增考・中》三四頁）。或从水，其从作者即小篆所自昉。又有（《人》五七九），《釋林》以爲亦黍（二四三頁）。

〔字根〕一五六 S.854 889 L.2315 2387 G.1504

《說文》卷七禾部：「稷也。从禾、齊聲。 穧或从次作。」

案：卜辭、字，《釋林》釋穧：「穧即稷的初文，今稱穀子，去皮爲小米。第一至三期甲骨文的穧字均从禾从三點，作、、等形，間有从四至六點者，如、、等形。從第三期開始，點變爲雙鉤，作、形。……禾秀所加的雙鉤或實點，雖數目不一，而都是古文字的齊字。……以上所列、諸形，雖然略有變化，但都是从禾从齊，即穧字的初文。」（二四四—二四五頁）據于說，穧本作，从禾象稷米形，後稷米雙鉤作，小篆聲化遂作穧。

〔孳乳表〕二六

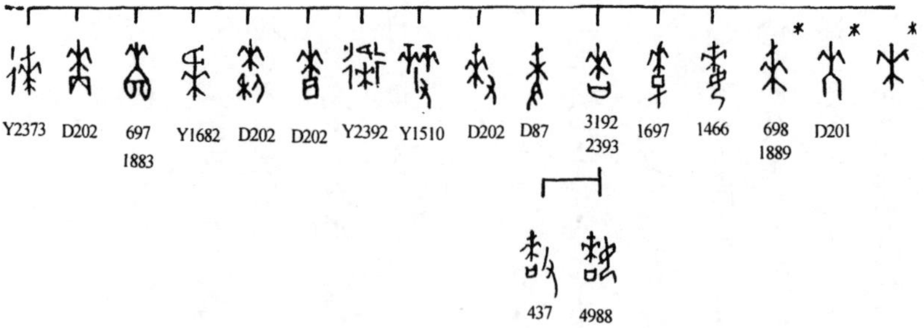

Y2373 D202 697 1883 Y1682 D202 D202 Y2392 Y1510 D202 D87 3192 2393 1697 1466 698 1889 D201

437 4988

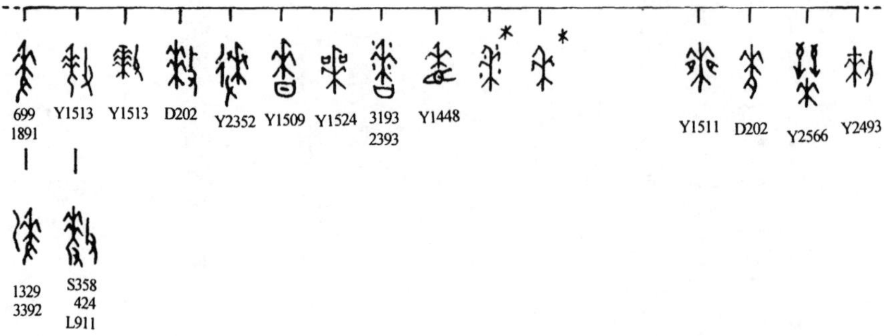

699 1891 Y1513 Y1513 D202 Y2352 Y1509 Y1524 3193 2393 Y1448 Y1511 D202 Y2566 Y2493

1329 3392 S358 424 L911

1392
3515
D298
L4135
1392
3515

〔字根〕一五七 □ S.698 L.1889 G.1507

《說文》卷五來部：「□周所受瑞麥來麰也。二麥一夆，象其芒刺之形。天所來也，故爲行來之來。《詩》曰：『詒我來麰』。」

案：卜辭□□及□□字，舊均釋來，于省吾先生以爲□□當釋來，爲行來之來；□□當釋乘，即䅘，爲來麰之來。《釋林》云：「甲骨文乘字作□、□、□、□、□等形，以左右从兩點者居多，有的从三、四點，有的不从點。羅振玉、王國維、商承祚、胡厚宣、孫海波都釋作往來的來。按此字應隸定作乘，中間豎劃象莖，上端象穎、中部左右象葉之邪垂、下部象根、至於左右之有點者則象麥粒。……甲骨文往來之來（旭昇案：當稱行來之來，二詞不同）作□或□，金文中作□，與乘字截然不同。乘之見于商器者，作冊般甗銘文末尾有乘冊二字，般觥銘文末尾有乘字，父己鼎有□字，从二乘。在金文偏旁有來乘互作之例，如逨字金文習見，商器逨觶从來，周器如交鼎及散氏盤从乘，長囟盉與單作鐘从乘，可見乘與來在初期有別，稍晚在偏旁中則有時互作。《說文》：『來……』、又：『䅘，齊謂麥䅘也。从禾來聲。』……今以甲骨文證之，乘是《說文》䅘的本字，與往來之來字有別。乘是獨體象形字，禾首來身，但來身也標誌著音讀（詳具有部分表音字的獨體象形字），䅘字雖然變為形聲，還沒有完全失掉造字的本義。後人見《詩·思文》稱來麰，遂以來為本字，䅘為俗體，於是來行而䅘廢。」（二四七—二四八頁）

于氏分來乘爲二，極具卓識，然猶未盡善也。彼以乘爲禾首來聲之「具有部份表音的獨體象形字」，然則來之形構爲如何乎？來之形構不明，而以爲乘从來音，恐不足以服人也。又以來爲「往來」之來，亦微誤，卜辭「來」字有「將來」、「往來」二用法，「往來」義造字容易，「將來」義造字困難，故以理言之，「來」當由「禾麥」義假爲「將來」義，由「將來」義再引伸爲「往來」義，《說文》釋來之假借義雖已誤爲往來義，然其所用「行來」一詞之本當爲「行將」，唯許氏或已不知此義矣！卜辭來既當爲「行將」，「行將」義無法造字，勢必出之以叚借一途，愚以爲來即叚來而稍易其形也。來爲獨體象形，于說可從。來者、去□之首作□，或慮其區別不明顯，又加橫畫作□。唯其來叚來爲之，故來來本同音，偏旁中亦得互用，如麥（《文編》六九九）、或作□、或作□是也。

《戩》四二・三作□，王國維釋來，可從，根荄二歧與三歧無別。唯字形與𡴀極近，請參𡴀部。

〔字根〕一五八 □ S.698 L.1889 G.1505

《說文》卷七禾部：「□ 齊人謂麥秣也。从禾來聲。」

案：卜辭□□、《釋林》釋來，以爲即秣之初文（參來部），可從。□嫌與□□近，□嫌與□（齋）近，故加禾作秣歟？其餘請參來部。

〔字根〕一五九 □

《說文》卷一中部：「□ 菌圥、地蕈，叢生田中。从屮、六聲。 □ 籀文圥，从三圥。」

案：卜辭無圥，而有圥之□，王襄釋陸，《集釋》從之，以爲金文陸作□（陸父甲角）、□（陸冊父乙卣）等形，以爲與契文及《說文》籀文□並同（頁四一三五）。據此，□當从阜从二□，□即《說文》圥。□下部雖似从六，然上不从屮。形構不詳，姑立爲部首。

《集釋》既從王襄釋□爲陸，又從唐蘭釋□爲圥（一九五頁，然又謂□象節足動物形）。然□、□形構不同，必有一非。以陸从圥言，似釋□爲圥較優。

〔孳乳表〕二七

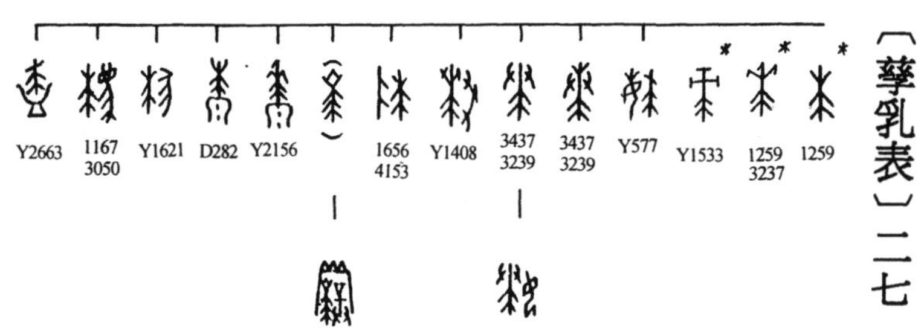
1259
1259
3237
Y1533
Y577
3437
3239
3437
3239
Y1408
1656
4153
Y2156
D282
Y1621
1167
3050
Y2663
L3712
Y2123

4044
D209
Y1128

〔字根〕一六〇　□　S.1259 L.3237 G.1533

《說文》卷十本部：「□　疾也。从本卉聲。」

案：卜辭□、□、□，諸家釋𠦪，以金文捧作□（吳尊）可知。然其形構難知，郭沫若釋捧爲拔草，蓋以𠦪爲盛艸（《金文叢考》二二一頁、〈釋捧〉），《字典》引林義光《文源》說，以爲象華飾之形，謂其說可參（一一七四頁），然並乏塙證。

〔字根〕一六一　□　S.4044 G.1537

《說文》無。

案：卜辭□、張亞初釋云：「□字孫詒讓釋求、陳邦懷釋□、郭沫若把杜國之姓□根據文獻推定為祁、召伯虎簋之□推定為祇，並從石鼓文中找到了這個字的對應關係（《金文叢考》二〇五頁，〈釋𡢁〉）。甲骨文中，祇字第一、二期作□（《林》二、二六、十~十一），第三期在其上部或上下部同時加甾作聲符，變為□（《戩》三七、十一），或簡化為□（《粹》九五四偏旁），由『叀□𠦪』（《戩》三七、十一）等材料可證此字係名詞，是商人祈祝求雨的對象。《粹》九四五此字从示旁，更說明它確為神祇之祇。祇祇古本同字，三體石經君奭以甾為祇，說明甾、祇、祇是同音字，故□字加𠀠作聲符。……此字演變過程可圖示如下：

□—□—□—□

……祇在石鼓文中的用法為祁祁，文獻上祁祁訓盛、多、大和舒徐。從甲骨文看，此字為樹木枝葉茂盛、舒展狀，所以它是祁的本字，祁、祇都是借字、後起字。」（《古文字研究》六輯一六七—一六九頁、〈甲骨文金文零釋〉）

據張說，□象樹木枝葉茂盛、舒展狀，後世或作祁、或作祇，本字不傳。

〔字根〕一六二 □ S.4120 L.4519

《說文》卷七朿部：「□ 羊棗也。从重朿。」

案：卜辭□，王襄釋棗（《簠典》四葉下），《集釋》存疑：「字下似从來，不可必為棗字，宜存疑。」（四五一九頁）考金文棗字作□（宜口之棗戈），字似从來，然中豎通貫上下，與卜辭同。字實从木、象多刺之形，正為棗之特徵。漢隸棗字多見，作：□（《五十二病方》二四二，辭云：「小者、如棗覈（核）」），□（《武威醫簡》六五，辭云：「酸棗」）□（《漢印徵》、辭云：「酸棗右尉」）（《篆隸表》四六九頁），似从二來，然的爲棗字無疑。至《說文》訛作□，从重朿，失其朔矣！卜辭朿作□、金文作□，象刺兵之形（于省吾說，參朿部），與棗字之字形實不相涉。

〔孳乳表〕二八

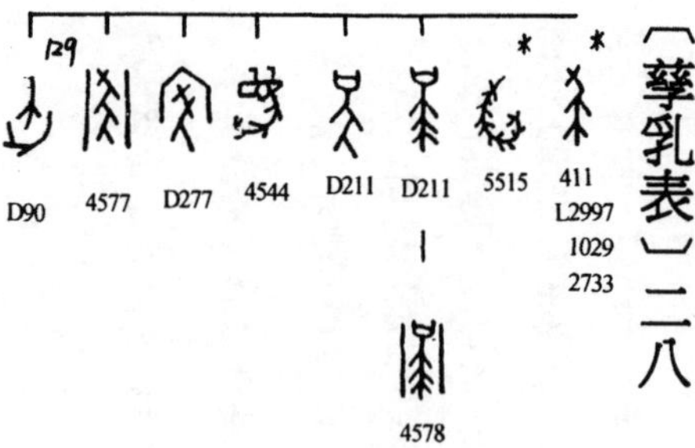

129
D90
4577
D277
4544
D211
D211
5515
411
L2997
1029
2733
4578

〔字根〕一六三　　S.411 5515 L.1029 G.1540

《說文》卷十三䖵部：「𧓍　多足蟲也。从䖵、求聲。　蛷　𧓍、或从虫。」

案：卜辭、裘錫圭先生釋求：「甲骨文△（△代、以便書寫）字還可以寫作（《前》五・四〇・五）、（《續》五・五・六）等形，金文求字作、、等形（《金文編》四六七頁），跟它們很相似。金文又有字，一般都隸定為⿱宀球（《金文編》四二八頁），所从的求跟甲骨文△完全相同。所以我們認為羅、王把△釋作求是可從的。……『求』大概是『蛷』的初文，求索是它的叚假義。《說文》䖵部：『𧓍，……』。或體作『蛷』。隸、楷一般把這個字寫作蛷。甲骨文△字有時寫作（《合》三三九五三）、（《合》三〇一七五）等形，非常像多足蟲。《周禮・秋官・赤犮氏》鄭注：『貍蟲，䗪、肌求之屬。』《釋文》：『求、本或作蛷。』這個求字用的正是本義。甲骨文△字也有寫作的（《甲》一三五六）等，這是省去頭部橫劃的寫法，跟从大的不能混為一談。」（《古文字研究》十五輯一九五—二〇五頁，〈釋求〉）裘說釋爲求，解說詳盡，形義俱優，當可從。裘文又以、、、亦之異體，可從。《說文》以「求」爲「裘」之古文，謂爲皮衣之象形，實不可從。

卜辭又有（《文編》五五一五），亦象多足蟲，或以文例證其與爲一字，而讀爲舅，說亦可從（《史語所集刊》五十八本四分七五五—八〇八頁，〈殷卜辭伊尹鼉氏考—兼論它示〉）。

〔孳乳表〕二九

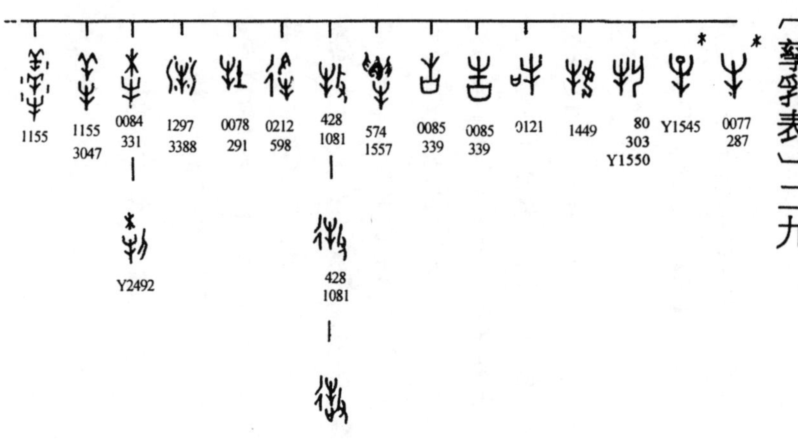
0077 287
Y1545
80 303 Y1550
1449
0121
0085 339
0085 339
574 1557
428 1081
0212 598
0078 291
1297 3388
0084 331
1155 3047
1155
Y2492
428 1081
428 1081

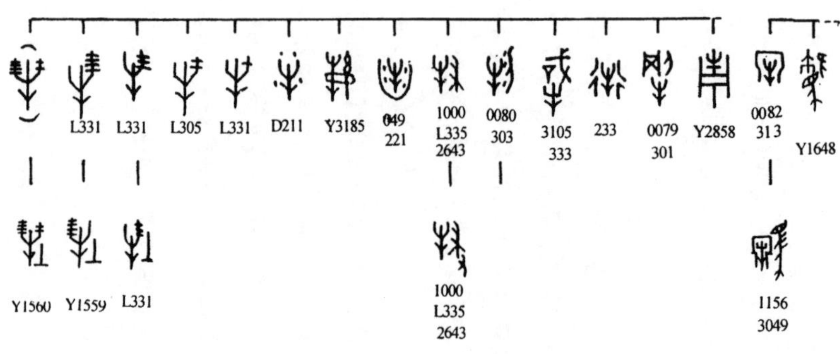
Y1648
0082 313
Y2858
0079 301
233
3105 333
0080 303
1000 L335 2643
049 221
Y3185
D211
L331
L305
L331
L331
1156 3049
1000 L335 2643
L331
Y1559
Y1560

〔字根〕一六四　 S.77 L.287 G.1561

《說文》卷二牛部：「 事也、理也。象角頭三、封、尾之形也。」

案：卜辭、、象牛頭角形，羅振玉釋牛（《增考．中》二六頁）。又有、《字典》八四頁疑爲牛之異文，或然，辭云「……㠯……」（《後》下一五．一五），卜辭㠯牛、㠯馬、㠯龜多見，㠯當與㠯牛同類（《綜類》九㠯牛亦收此條）。

〔孳乳表〕三〇

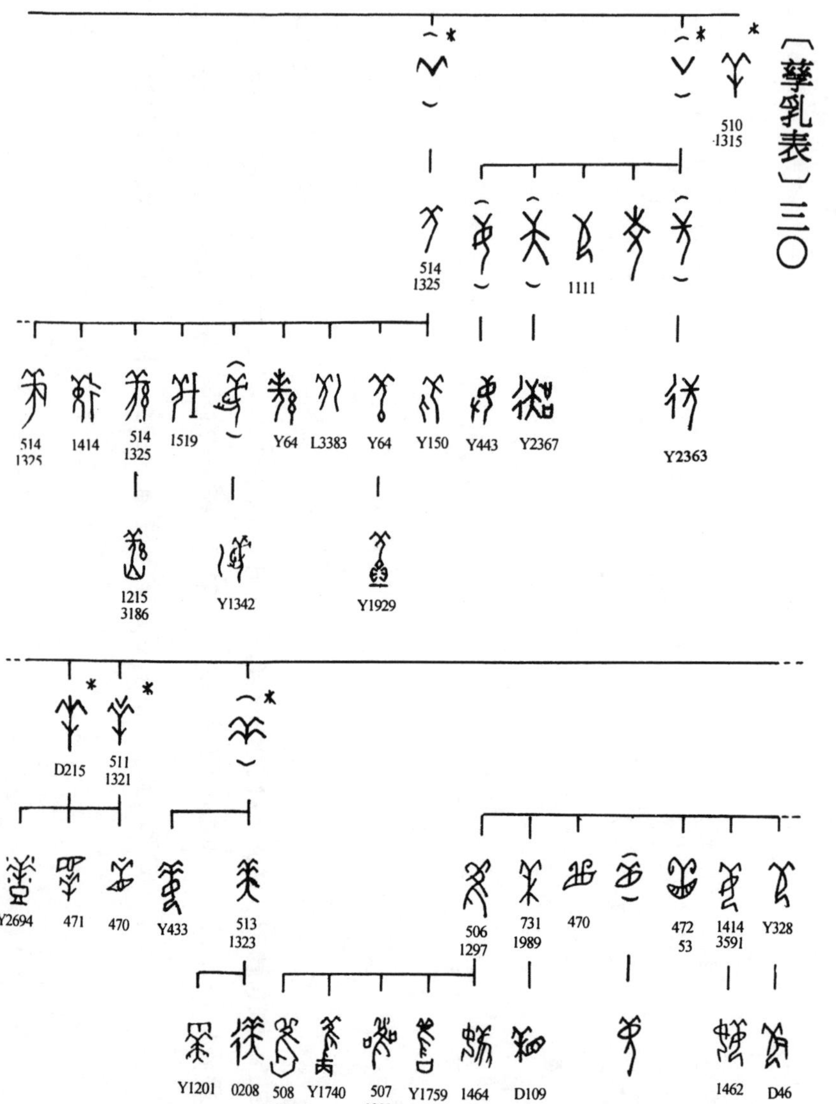
510
1315
514
1325
1111
514
1325
1414
514
1325
1519
Y64
L3383
Y64
Y150
Y443
Y2367
Y2363
1215
3186
Y1342
Y1929
D215
511
1321
Y2694
471
470
Y433
513
1323
506
1297
731
1989
470
472
53
1414
3591
Y328
Y1201
0208
508
1305
Y1740
507
1303
Y1759
1464
D109
1462
D46

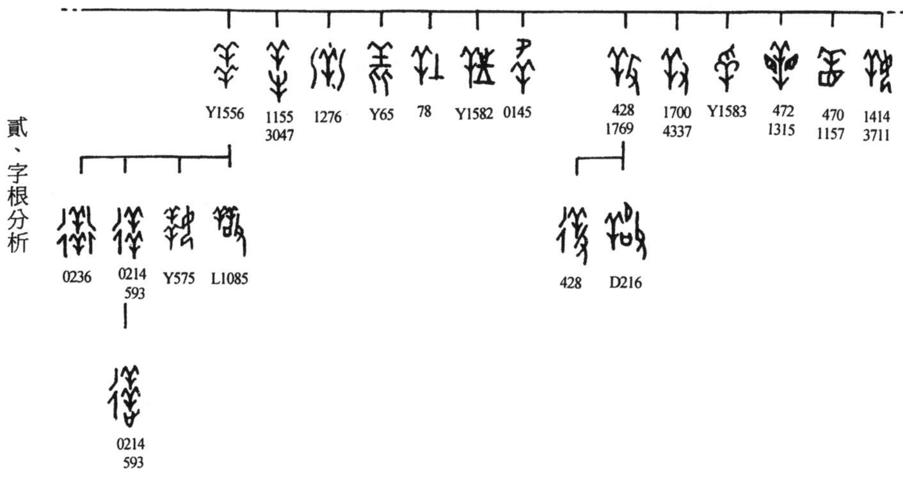
Y1556
1155
3047
1276
Y65
78
Y1582
0145
428
1769
1700
4337
Y1583
472
1315
470
1157
1414
3711
0236
0214
593
Y575
L1085
428
D216
0214
593

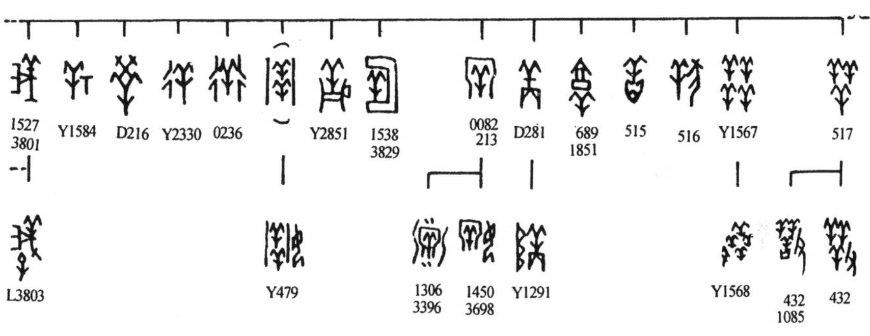
1527
3801
Y1584
D216
Y2330
0236
Y2851
1538
3829
0082
213
D281
689
1851
515
516
Y1567
517
L3803
Y479
1306
3396
1450
3698
Y1291
Y1568
432
1085
432

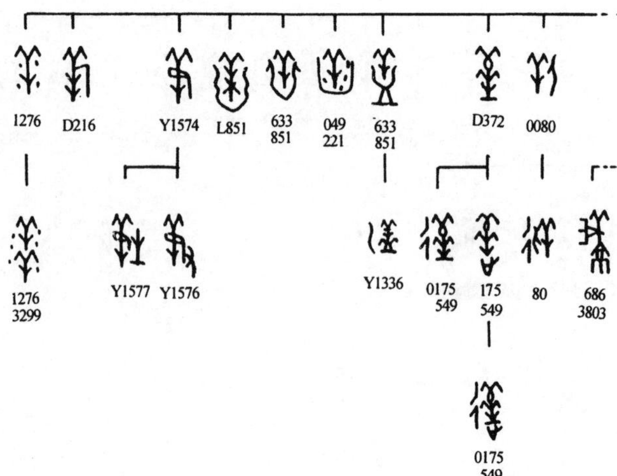

1276
D216
Y1574
L851
633
851
049
221
633
851
D372
0080
1276
3299
Y1577
Y1576
Y1336
0175
549
175
549
80
686
3803
0175
549

〔字根〕一六五 □ S.510 L.1315 G.1561

《說文》卷四羊部：「羊 祥也。从𦍌，象四足、尾之形。孔子曰：『牛羊之字以形舉也』。」

案：卜辭□、象羊頭角之形，身形簡化，羅振玉釋羊是也（《增考．中》二十八葉上）。

〔字根〕一六六 □

《說文》無。

案：卜辭亦無，而於偏旁中有之，从之音有□、□、□、□。《字典》釋□爲，以爲象狗兩耳上聳，蹲踞警惕之形，爲儆（警）之初文（一〇二〇頁）此說釋字爲丂或可從，釋形爲象狗兩耳上聳、乃剿郭沫若舊說（《卜辭通纂》三四─三五葉），實不足取。□於卜辭惟施諸□□□□之上，皆人形也，足證□必不象狗也。□字不可識，疑爲頭飾類，既可施諸□□□□，則當可析爲字根。以字與𦍌近，故列於羊部。

金文有□（□乙觶，《金文編》附錄上五〇一）、□（輂卣，《金文編》附錄上五二三）、□（父甲觶等、《金文編》附錄上五九一），上所从□當與卜辭□同字。

〔字根〕一六七 □

《說文》卷四𦍌部：「𦍌 羊角也。象形。」

案：卜辭無□，而有从□之字，如□（雈）、□（羋），《說文》均以爲从□；□（羌）、□（姜），小篆雖均从羊，然卜辭均从□。此外，卜辭尚有□、□均从□，是卜辭當有□字。字形與羊之上部同，象羊角形，《說文》訓解可從。

〔字根〕一六八　□

《說文》無。

案：卜辭亦無，然有从□之□、□，《集釋》釋美云：「解《說文》者均以會意說美字，謂羊大則肥美……說固可通，契文羊大二字相連，疑象人飾羊首之形。」（一三二三頁）考卜辭美亦作□（《乙》五三二七，从羊）、□（《林》二・一三・九，从□）等形，足證□上所從與羊有關，比□之例，□似亦可析爲字根。

〔字根〕一六九　□　S.511 L.1321 G.1562

《說文》卷四羊部：「□　羊鳴也。从羊、象气上出，與牟同意。」

案：卜辭□、董作賓先生釋羋（見《新獲卜辭寫本後記》十四頁），□□《文編》釋羋，字均从羊，上象气出形，與《說文》合。

貳、字根分析

2983	305	D510	Y1629	0087	0087	305	Y1615	Y478	Y1620	Y1624	4705	1141	80	1137	1137
D510	L801			345	345	2983						3209	2989	2999	2977
												Y238			

Y1619

896	Y1628	4586	Y1610	Y1896	1161	1144		0174	1144	1296	78	717	0174	1191
2429					3049	2987		547	2987	3347	2989	L2990	547	
												1925		

S4585				1162	Y1626	D221	1394	786	896		1395
3371				3049			3515	2125	2429		3515

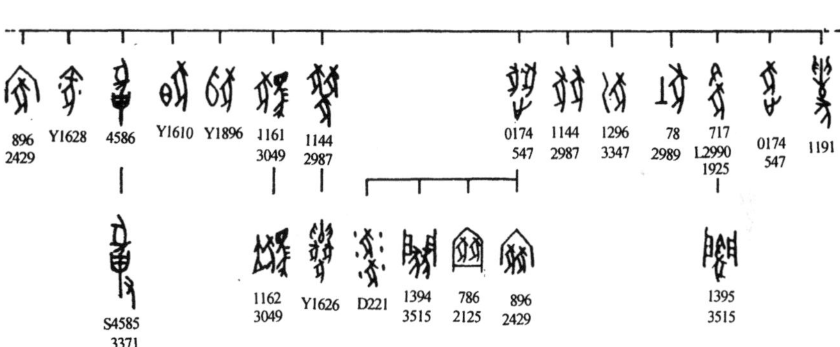

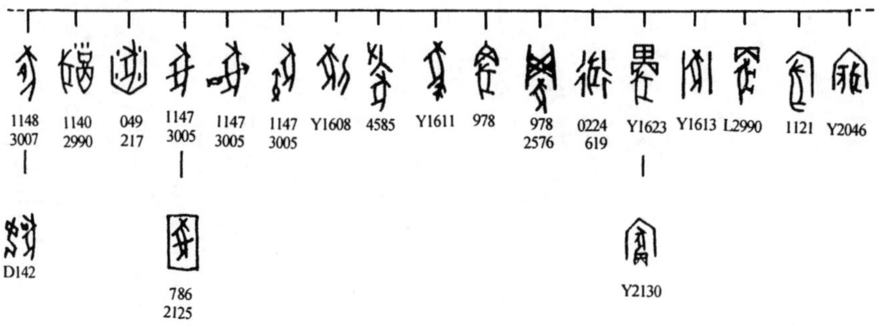
1148 3007
1140 2990
049 217
1147 3005
1147 3005
1147 3005
Y1608
4585
Y1611
978
978 2576
0224 619
Y1623
Y1613
L2990
1121
Y2046
D142
786 2125
Y2130

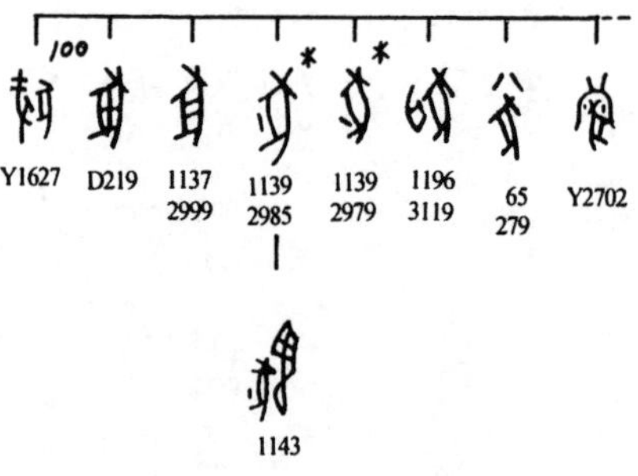
100
Y1627
D219
1137 2999
1139 2985
1139 2979
1196 3119
65 279
Y2702
1143

〔字根〕一七〇 [glyph] S.1163 L.2977 G.1599

《說文》卷九豕部：「[glyph] 彘也，竭其尾，故謂之豕。象毛足而後有尾，讀與豨同。」

案：卜辭[glyph]，象豕形，羅振玉釋豕（《增考．中》二八頁）。[glyph]、《集釋》以爲亦豕。準此，[glyph]當亦豕字。[glyph]、《字典》云：「从豕而有大尾，疑為豕之異體。」（一〇五二頁）。

〔字根〕一七一 [glyph] S.1137 L.2977 G.1600

《說文》卷九希部：「[glyph] 脩豪獸。一曰河內名豕也。从彑、下象毛足。[glyph] 籀文。[glyph] 古文。」

又同部：「[glyph] 豪豕、鬣如筆管者，出南郡，从希、高聲。[glyph] 篆文从豕。」

案：卜辭[glyph]，形近於豕，故羅振玉釋豕（《增考．中》二十八葉上），屈萬里先生釋㣇：「[glyph]字隸定之當作㣇，案《集韻》有㣇字，云『同豕』，《說文》豕云『豕絆足行豕豕也』，《說文》之義雖與卜辭之義不合，而《集韻》之有㣇字要必有所本，疑㣇乃豕之一種，《說文》失收，後世遂誤以為與豕同字也。」（《甲考》一五九片）《集釋》則以爲仍是豕字：「屈氏以為㣇字，說有可商，契文馬字亦多象其鬣，固不能謂是[馬彡]字也。」（二九七八頁）案之鬣長，故卜辭作[glyph]，鬣毛正其特徵，楷字作馬，仍存此特徵，固不必緟複作[馬彡]也。豕之鬃毛雖亦較硬，然外形不明顯，不足以作豕之特徵，故許豕字說解「象毛足而後有尾」句下段注云：「『毛』當作『頭四』二字……豕首畫象其頭、次象其四足、末象其尾。」甚具卓識。卜辭豕字千百見，皆不具剛鬣，而作□者約十文，是與□當有不同。《屯》附二「卸日丙□日丙豕又鼓丁匕□又匕戊□又父乙豚」（附三文句與此同類），同辭用牲有豕、□、豚，是□決非豕也。以字形言，□从豕，象背有脩豪，《說文》近之者有㣇、𧰨二字，㣇之古文□與□形較接近，而𧰨『鬣如筆管』與□義較接近，《文選．長楊賦》「拖豪豬」顏師古注：「豪豬一名㣇。」其說學者爭論猶多，然卜辭□必與㣇或𧰨有關，二者至少當居其一也。此說尚乏確證，留此以俟深考。

〔字根〕一七二　□　S.1139 L.2979 G.1602

《說文》卷九豕部：「豭　牡豕也。从豕叚聲。」

案：卜辭□，从豕而著其勢，唐蘭釋爲豭之本字是也（《天壤閣考釋》三十五頁）。

〔字根〕一七三　□　S.1139 L.2985 G.1601

《說文》卷九豕部：「豖　豕絆足行豖豖也。从豕、繫二足。」

又同部：「豶 㹎豕也。从豕賁聲。」（段注：「㹎、騬羊也。騬、犗馬也。犗、騬牛也。皆去勢之謂也。」）

案：卜辭□，从豕、旁著一而離之，象去勢狀，聞一多釋豕，且謂經傳之椓、劅、斀均與豕音近，而同有破陰之義（《考古社刊》六期一八八—一九四頁，〈釋豕〉），《集釋》然之，云：「馬部馽篆解云『絆馬也，从馬口其足』，然則豕絆足之字固當作豖，亦當別有音讀，以與豖篆形近誤混，而其本字遂亡，並其音讀亦失，乃以豕之音讀讀之，獨存其義（絆足豕），而豕之本義反為所敓。」（二九八六頁）李說解豖敓豕形，雖極合理，然究屬假設，終乏實證。故《字典》不采此說，而釋□爲豶。豕上古音在屋部開口三等（*t'iewk），豶在文部合口三等（*bjwən）聲韻皆異，當非一字。釋豕與□形近，又有椓劅斀等孳乳字爲旁證；釋豶則與《說文》訓解合，二說各有所長。

〔孳乳表〕三二

Y1594 763 Y1596 Y1335 D177 1194 3095 Y1597 1189 3107 306 339 1186 3099 Y1598 1194 3095 1141 3109 80 3127 1182 3091

1184 80 3127 S1185 1673 L3097 4199 4664 3133 1183 3093 4728 3115 D218 1192 3121 D218 4728 3115 Y2284 961 2507 961 2507 941 1142 1193 3121 1144 L3129 3987

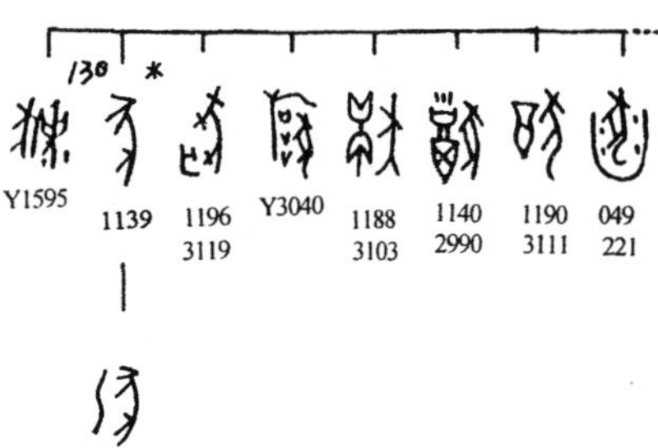
130
*
Y1595
1139
1196
3119
Y3040
1188
3103
1140
2990
1190
3111
049
221

〔字根〕一七四 S.1182 L.3091 G.1585

《說文》卷十犬部「  狗之有懸蹄者也。象形。孔子曰：『視犬之字如畫狗也。』」

案：卜辭、、象犬，其狀瘦腹拳尾、或有懸蹄，羅振玉釋犬是也（《增考．中》二十八葉上）。

〔字根〕一七五 S.1139

《說文》無。

案：卜辭（《粹》三七一 《人》三七一六 《乙》一五五八 《錄》二七一 《粹》三九六 《拾》一．一〇 《後》下一七、七），字形與近，而不著腹形，似犬而著其勢，或釋猳（《古文字研究》一輯一七七頁姚孝遂〈契文考釋辨正舉例〉），說當可從。

〔孳乳表〕三三

1152 3031 *
80 3050
Y1636
1158 3049
1163
L3049
1162 3049
L3041
L3050
D222
1159
1157 3035
Y1648
1161 3049
Y1640

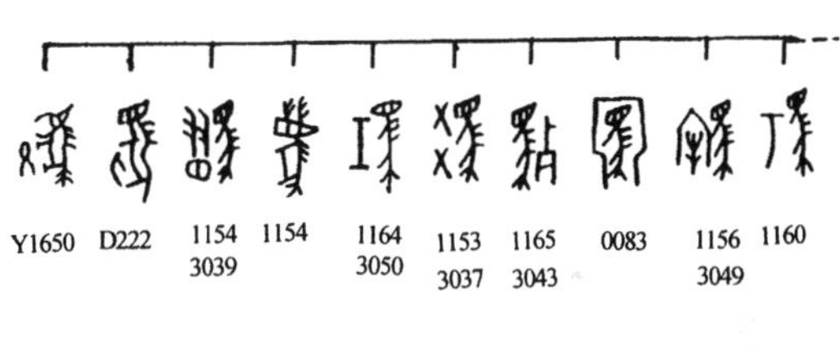

〔馬部孳乳表說明〕

1. 或釋爲媽土合文。

〔字根〕一七六 S.1152 L.3031 G.1630

《說文》卷十馬部：「 怒也、武也。象馬頭髦尾四足之形。 古文。 籀文馬，與影同有髦。」

案：卜辭、、象馬形、項上長髦爲其特徵，羅振玉釋馬（《增考．中》二九葉）。古文、籀文从乃馬頭之訛。

《綜類》馬部收有（二二二、三二六頁），出自《佚》一一一，細查原拓，當作二字。

〔孳乳表〕三四

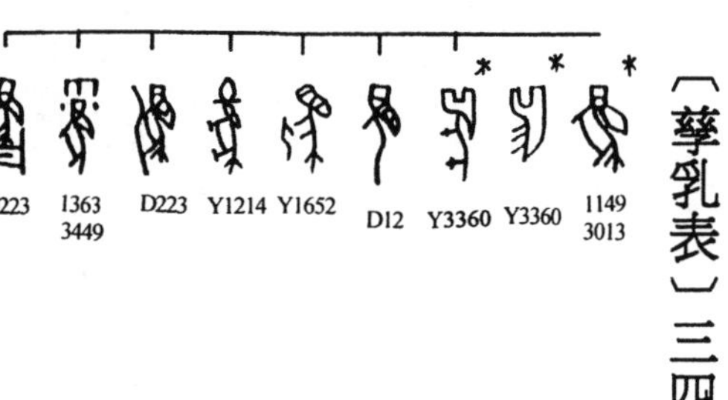

〔字根〕一七七　S.1149 L.3013 G.165i

《說文》卷九兕部：「　如野牛、青色；其皮堅厚可製鎧。象形，兕頭與禽离頭同。　古文从儿。」

案：卜辭　、象角形巨大之獸類，唐蘭釋兕（〈獲白兕考〉一二三頁），學者然之。至於兕之種類，法國甲骨學者雷煥章於《中國文字》新八期〈兕試釋〉一文，據甲、金文及文獻上兕之形音義、及古生物學之骨骼分析、古生物遺址分佈，證明兕爲野水牛，而非犀牛，兩角，角形大而中空有花紋（八四—一一〇頁）。其論證詳贍有據，當可從。

　（《綜類》五〇九），字與　近，徐中舒以爲亦兕字（《字典》一〇六一頁），當可從。又　（《綜類》五〇九），與　、　形近，《甲考》釋兕（三九一六號），玆從之。

〔孳乳表〕三五

1169　1168　L3255　**1167 3050 Y1538**　**D222**　80 3071　1166

〔字根〕一七八　S.1151 L.3029 G.1653

《說文》卷九象部：「　南越大獸，長鼻牙，三年一乳。象耳、牙、四足、尾之形。」

案：卜辭　、象長鼻牙（《說文》「象耳牙」，誤）、足尾之形，羅振玉釋象是也（《增考．中》三十葉下）。《綜類》此部收有　（《存》上七二三），原拓不清，左旁難辨其爲何獸。又《綜類》二二三　（《寧》一．四七〇），目錄亦列在此部，字與馬形近而背無鬣毛，其缺刻歟？

〔字根〕一七九　S.1166 G.1656

案：卜辭　、唐蘭釋廌（《天壤考釋》五九葉下），《集釋》於　下云　與鹿近（三〇七頁），而於鹿下又不收此形。《字典》謂象牛之側形（八〇頁）。《說文》謂廌一角，而此明有二角，當非廌也。卜辭慶作　，从　从心，《說文》謂慶从心从夊鹿省，是此字似近於鹿。究爲何獸，待考。

〔字根〕一八〇 □ S.4550 G.1655

《說文》卷十莧部：「□ 山羊細角者。从兔足、从苜聲。」

案：卜辭□，朱芳圃釋莧：「《說文》……徐鉉曰：『苜、徒結切，非聲，疑象形。』徐鍇曰：『按《本草》注、莧羊似麢羊，角有文。』俗作羱，《爾雅・釋獸》：『羱如羊。』郭注：『似吳羊而大角，角橢，出西方。』郝懿行曰：『按今羱羊出甘肅，有二種，大者重百斤，盤環，郭注所說是也；小者角細長，《說文》所說是也。』一作羦，《廣韻・二十六桓》：『羦，山羊細角而形大也。』按、莧甲文作上揭形，□其角也、□其首也、□其軀也。」（《殷周文字釋叢・上》頁一四）又《釋林》頁三三一「釋萲」亦釋此字爲《說文》之莧，且引《綴合》一〇八：「售芻于萲……」及《乙》7137「貞、售芻于苑」，以爲二者詞例全同，可證萲苑一字。愚案：《綴合》一〇八、《乙》七一三七，張秉權先生已綴合，見《丙》三九六，辭云：「售芻于萲① 售芻勿于萲② 貞售芻于龜③ 售芻勿于龜④ 貞售芻于□⑤ 〔缺〕⑥ 售芻于雇⑦ 勿于雇⑧」，本版卜售（雖）芻，擬芻之地有萲、龜、□、雇四處，每地卜辭二條，⑤辭位於右甲橋，⑥辭當位於左甲橋，該處適殘（①—⑤从《丙編》序號，⑥爲筆者所加）。綜觀全版，①至⑧皆同詞例，然本版①⑤同詞例適足以證明萲□非一地一字，于說不可从。□疑从□（苜）从□。

〔孳乳表〕三六

S1181 4603 L3083 | Y1703 | L4561 | L4561 | 0125 | 0125 4561 | 0174 3085 | 4606 | D474 | Y1663 | Y2157 | Y2157 | D224 | 977 2575 | 977 L3087 2575

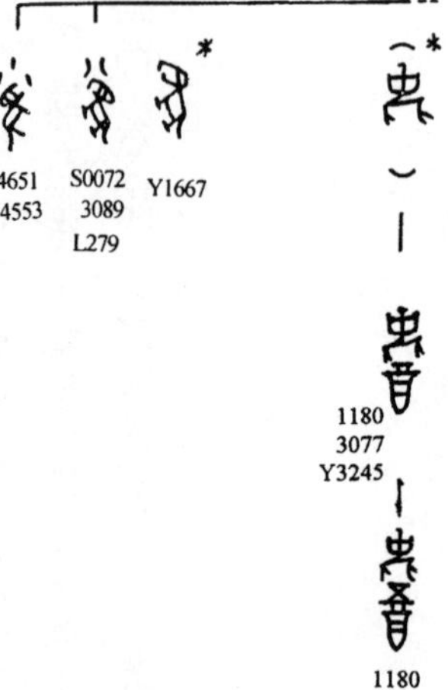

〔字根〕一八一 S.1181 4603 L.3083 4561 G.1659

《說文》卷十兔部：「 兔獸也。象兔踞、後其尾形，兔頭與㲋頭同。」

案：卜辭兔、㲋二字，各家解釋歧異不同，唐蘭以、、爲兔：「……其所作之獸形實習見於早期卜辭，如、、、、、、等（《甲骨文編》附錄四六），前人亦未能識也。余由此獸之長耳厥尾諸特點斷以為兔字。又此字在晚期卜辭中變為、、、（旭昇案：此字謂㲋）諸形，其獸形亦見於田獵之辭，余所見者有三例，一曰『……王卜貞田榆𡉀：王𠧪曰吉兹卸……百卌八二』（《前》二·三三·二），一曰『丁亥卜貞王田叀𡉀來亡巛𢼄隹百□八二離五』（《林》二·一八·一六 《前》二·三〇·一 從《通纂》六四一片綴合）一曰『……卜貞王田𡉀……卸獲犷十……二離六』（《後》上十四·十）以辭例言之，既與隹離同列，又次犷後，必非巨獸；以字形言之，則或作，即雍邑刻石（舊云石鼓）字及小篆字所从出，固甚易知也。更以偏旁考之，則字昔人所誤釋為逐者，當釋為逸。而諸从㲋之字其偏旁作，與絕相類。」（《天壤閣文釋》二九—三十頁），按《說文》，㲋爲兔頭鹿足，卜辭唯所从與《說文》㲋合，其餘諸家釋㲋而不作鹿足者，似皆當從唐氏釋兔。

〔字根〕一八二

《說文》卷十㲋部：「　㲋獸也，佀兔、青色而大。象形，頭與兔同，足與鹿同。　籀文。」

案：卜辭無㲋，而有从㲋之　（《文編》一一八〇），王襄云：「古𦥎字，許書所無。吳愙齋先生云：疑𦥎字古文，許說獸名，从㲋吾聲，讀若寫。」（《類纂·正編十卷》四五頁）此字上　、頭與兔同，足與鹿同，正許書㲋字。

〔字根〕一八三　G.1667

字不識，辭云「……輿其途　方告于丁十一月」（《殸》一九），為方名。　（《文編》七二）字从此，孫詒讓釋彖、郭沫若釋兕、唐蘭釋彖，《集釋》以為待考（二八二頁）。又　（《文編》四六五一）字似亦从此，羅振玉釋鼠、葉玉森釋鼠、郭沫若釋貍，《集釋》以為均無確證（四五五二頁）。

〔孳乳表〕三七

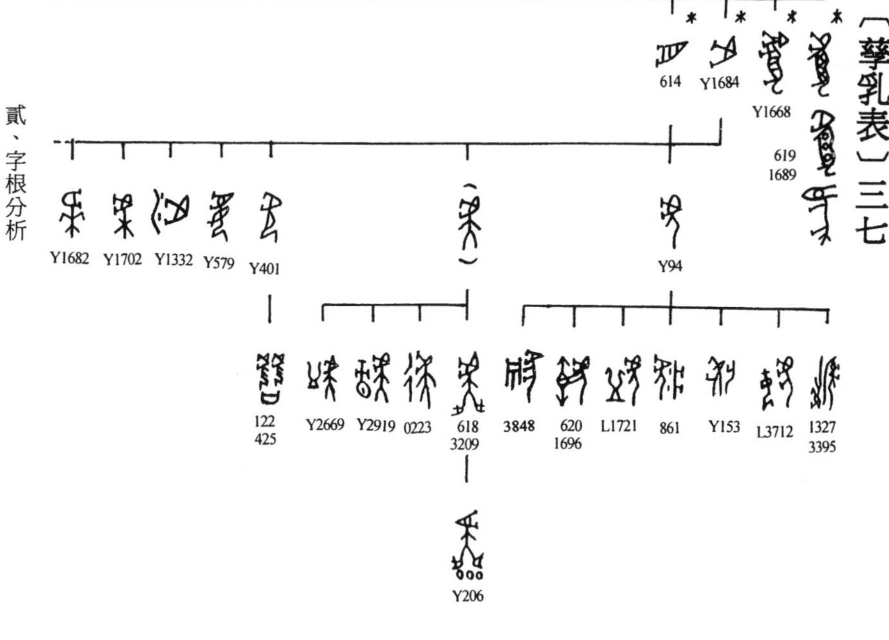
614
Y1684
Y1668
619
1689
Y1682
Y1702
Y1332
Y579
Y401
Y94
122
425
Y2669
Y2919
0223
618
3209
3848
620
1696
L1721
861
Y153
L3712
1327
3395
Y206

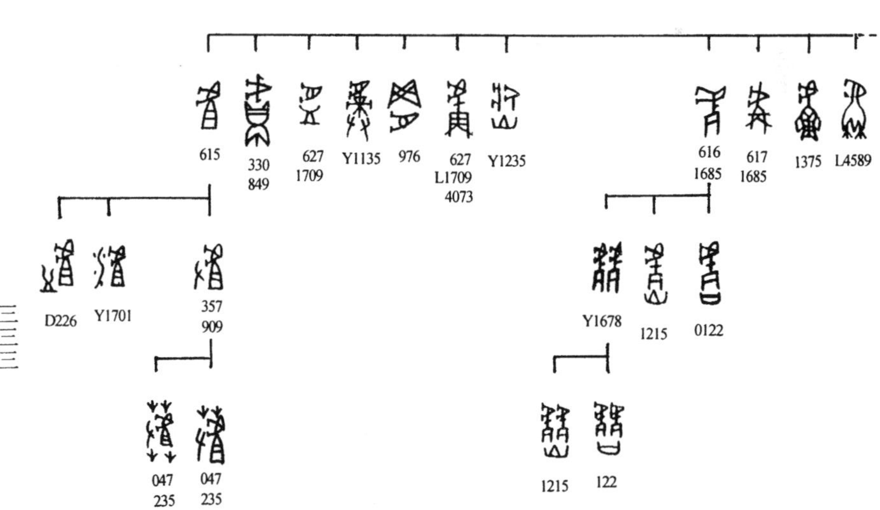
615
330
849
627
1709
Y1135
976
627
L1709
4073
Y1235
616
1685
617
1685
1375
L4589
D226
Y1701
357
909
Y1678
1215
0122
047
235
047
235
1215
122

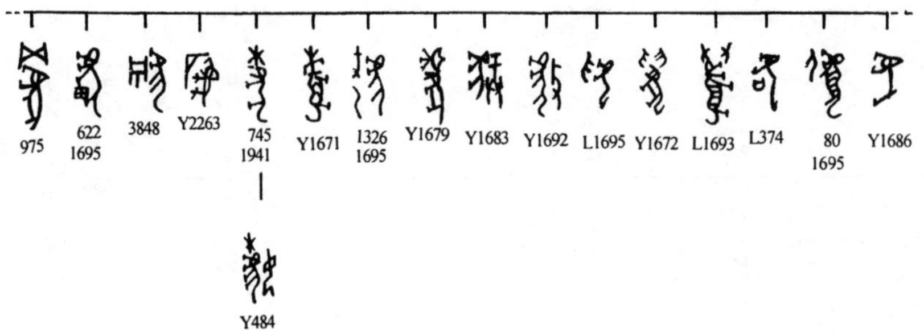
975
622 1695
3848
Y2263
745 1941
Y484
Y1671
1326 1695
Y1679
Y1683
Y1692
L1695
Y1672
L1693
L374
80 1695
Y1686

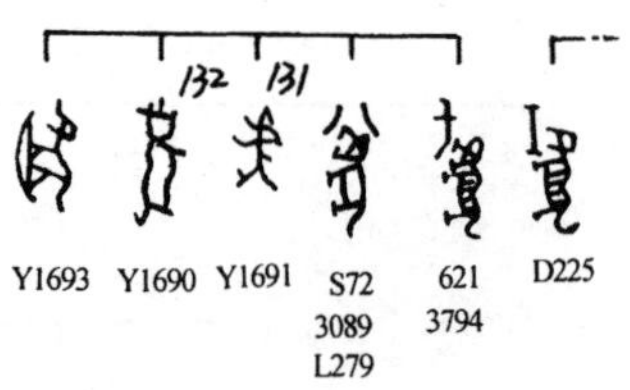
132
131
Y1693
Y1690
Y1691
S72 3089 L279
621 3794
D225

〔字根〕一八四　S.619 L.1689 G.1668

《說文》卷五虎部：「　山獸之君。从虍从儿，虎足象人足也。　古文虎。　亦古文虎。」

案：卜辭、、，象虎形，羅振玉釋虎（《增考・中》三十葉上）。其花紋作圖點者，王襄釋豹，《集釋》云：「『貞令　从　医虎伐　方受㞢又』（《前》四・四四・六）『令　医虎歸』（《珠》四五五）……，此兩辭皆言　医虎，自為一人，而兩虎字一作、一作，後一文从二小點，即圜文之省，從可知作圜文者之必為虎字也。」（一六九〇頁）李說論證確鑿，當可從。

〔字根〕一八五　S.619 L.1689 G.1668

《說文》卷五虎部：「　委虒、虎之有角者也。从虎厂聲。」

案：卜辭、，《文編》、《集釋》皆以為虎字，唯趙誠以為「似為虎類，但不同於上述之虎」（《簡明詞典》二〇三頁），又隸定為⿸虍卩。旭昇案：⿸虍卩不成文字，《說文》有虒，訓虎之有角者，似可當此字。字从虎，上之　象角形。為象形文。字於卜辭為祭牲，如「乙未卜其　于父丁」（《摭續》三六）。

〔字根〕一八六 S.614 G.1684

《說文》卷五虍部：「 虎文也。象形。讀若《春秋傳》曰『虍有餘』。」

案：卜辭、，《文編》六一四、《類纂》一六八四釋虍，可從。字象虎頭，當爲虎省，爲省體象形文。

《綜類》既有虎部、又有虍部，頗爲緟複，今虍部取消，併入虎部。

〔孳乳表〕三八

049 221　Y1726　D228　1178 3075　758 2043　Y1714　78 3073　0174 552　1171 3057　Y1719　1171 3057　1175　1177　D229　1170 3053

0174　1313　439 1084　439

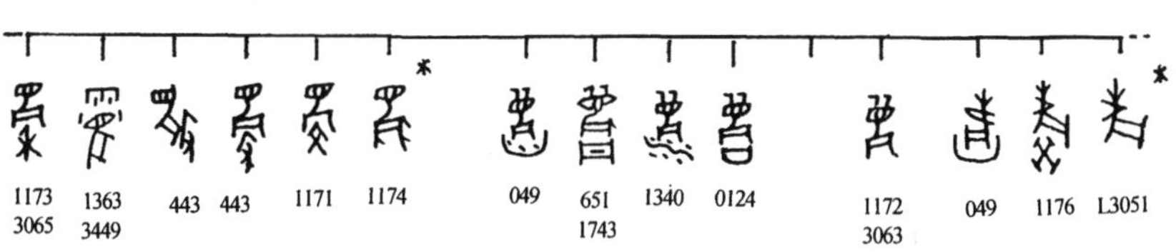

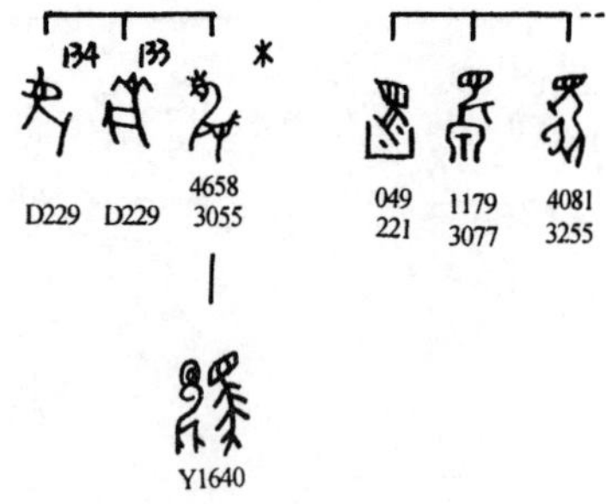
134
133
4658
3055
D229
D229
049
221
1179
3077
4081
3255
Y1640

〔字根〕一八七　S.1170 L.3053 G.1715

《說文》卷十鹿部：「　鹿獸也。象頭角四足之形。鳥足鹿足相比、从比。」

案：卜辭　，兩角多歧，正象鹿形，不从比，羅振玉釋鹿是也（《增考．中》二十九葉下）。

〔字根〕一八八　S.1177

《說文》無。

案：卜辭　、《文編》以爲象鹿首之形是也（一一七七號），後世雖不見庙字，然卜辭　確用爲字根（參孳乳表），猶　从　省、　从　省之例也。

〔字根〕一八九　S.1170 L.3051

《說文》卷十廌部：「　解廌獸也，佀牛一角，古者決訟令觸不直者。象形，从豸省。」

案：卜辭　；《文編》初版釋廌（十卷二頁上），修訂版改釋鹿（一一七〇號），而以　爲廌。自字形言，　二角，　一角，後者與《說文》近。自孳乳字言，卜辭慶作　（《後》上十一．十二），而《說文》謂慶从鹿从心，足證　較近於鹿，而　則仍可釋廌。

〔字根〕一九〇 □ S.1174 L.4559 G.1704

《說文》卷十鹿部：「□ 麞也。从鹿囷省聲。□ 籀文不省。」

案：卜辭□，似鹿而無角，羅振玉釋麑、謂鹿子無角（《增考・中》二九頁下），唐蘭釋麇：「卜辭有□字及覤字，羅氏並釋為麑，其說云：『象鹿子隨母形，殆即許書之麑字……卜辭以有角無角別鹿母子，故卜辭中之□字似鹿無角，緣是亦得知為麑字矣！』羅氏誤認从見之字以為兒字，故有此說，所謂卜辭以有角無角別鹿母子，亦其所臆測也。卜辭又有麇、麌二字，並从□，羅氏於麇下則云『麇殆似鹿而無角者』，是其自為矛盾之證也。……《詩》『野有死麕』《釋文》作麏，云：『本亦作麕，又作麇。』囷與君皆聲，固無可疑，然《說文》以从禾為囷省聲則失之，殷世已有麇字，而麕麏之字發生尚在其後，又安得因而省之哉！余謂麇實从禾从□，稛或穮之本字也。《春秋公羊・哀公十四年傳》云：『有麏而角者』則麇本無角，其證甚明。《說文》『麇、麞也』、『麞、麇（本誤麋、依諸家注訂）屬也』，《考工記》注云『齊人謂麕為獐』，則麞即獐，而今之獐固無角也。則麇之本字以麇鹿例之，實當作□，以無角別於鹿，亦象形字也。……」（〈獲白兕考〉、《史學年報》第四期）

按羅氏釋□為麑，由於誤認□為象鹿子从母形，此外別無證據。唐氏結合卜辭與文獻，證明□即麇之初字，似鹿而無角者。其說甚辯，當可信從。

〔字根〕一九一 □ S.4658 L.3055

《說文》卷十鹿部：「□ 麒麟仁獸也。麇身牛尾一角，从鹿其聲，」又：「□ 牝麒也。从鹿吝聲。」

案：卜辭□，葉玉森疑麟（《鐵雲藏龜拾遺》二六葉上），然《說文》麟訓大牡鹿，而此字與鹿不極類似，故《文編》初亦從葉說釋麟（十卷三葉），修訂本則改列附錄（四六八五號）。以字形考之，此字頸形特長，頭頂戴肉角，疑爲長頸鹿，即麒麟，麒麟爲複音詞，經傳或單稱麟，《春秋公羊傳》「麟者仁獸也」，何注：「狀如麕囷、一角而戴肉。」與許釋麒同。陳子展《詩經直解》云：「據《明史・外國傳》，永樂十三年馬林迪國使者來獻麒麟，實為非洲之長頸鹿。長頸鹿溫馴，與陸疏說麟含仁懷義者有合。近代日本學者或譯長頸鹿為麒麟。據云、非洲索馬里語呼長頸鹿為Geri，與麒麟音近。」（二七頁）凡此皆足說明麒麟即長頸鹿，即卜辭□所象者。此說雖無極堅強之證據，然與字形合，或可聊備參考。複音詞後世多化單稱，故《說文》麐（即麟、二者一字，參段注）訓牝麒。□（《前》四・四七・五　《卜通》七三〇）字疑亦從此。字葉玉森未釋，郭沫若釋麟（一五五葉下）。字既從麒麟作，疑讀騏或驎，說文騏訓「馬青驪，文如博棊」，「文如博棊」亦與長頸鹿相似。

〔孳乳表〕三九

300　Y1753　501 1381　Y1729　490 1253　968 L2539 1292　D231　0094 365　D510　497 1291　L1275　Y1783　Y1745　489 1249　489 1249

1616 4059　1616 4059

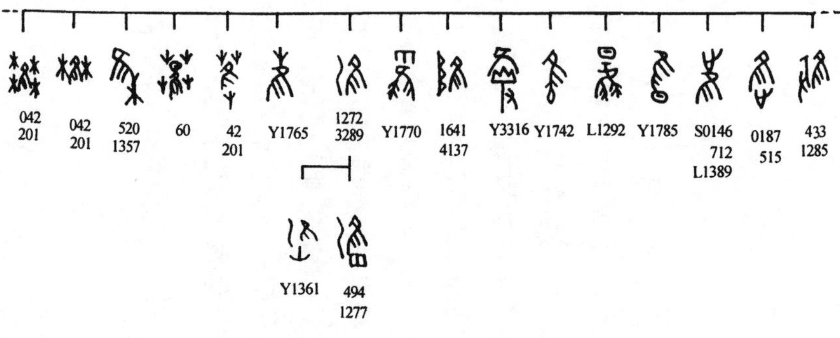

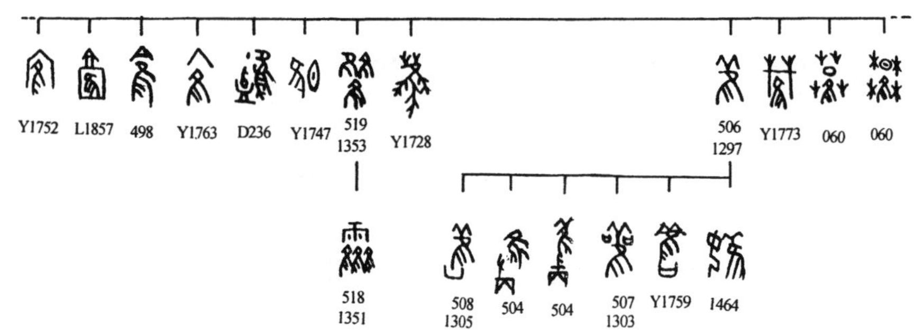
Y1752
L1857
498
Y1763
D236
Y1747
519 1353
Y1728
506 1297
Y1773
060
060
518 1351
508 1305
504
504
507 1303
Y1759
1464

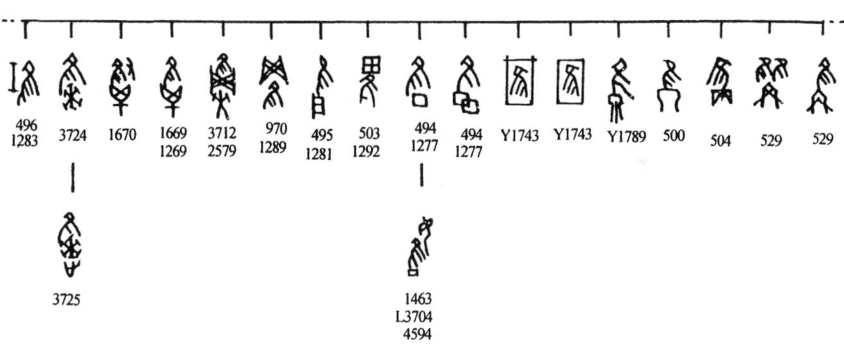
496 1283
3724
1670
1669 1269
3712 2579
970 1289
495 1281
503 1292
494 1277
494 1277
Y1743
Y1743
Y1789
500
504
529
529
3725
1463 L3704 4594

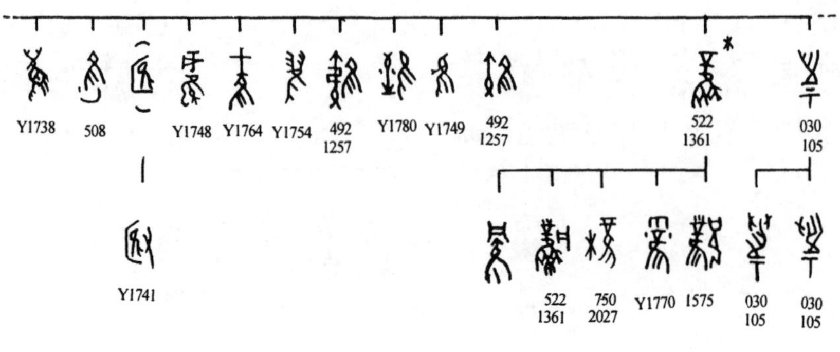
Y1738
508
Y1748
Y1764
Y1754
492 1257
Y1780
Y1749
492 1257
522 1361
030 105
Y1741
522 1361
750 2027
Y1770
1575
030 105
030 105

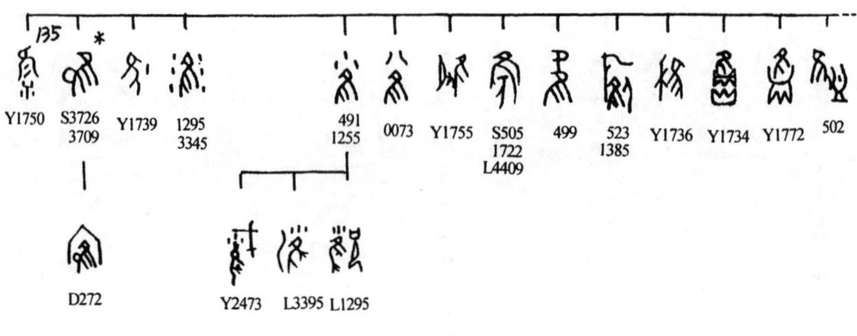
135
Y1750
S3726 3709
Y1739
1295 3345
491 1255
0073
Y1755
S505 1722 L4409
499
523 1385
Y1736
Y1734
Y1772
502
D272
Y2473
L3395
L1295

〔字根〕一九二 □ S.489 L.1249 G.1727

《說文》卷四隹部：「鳥之短尾總名也。象形。」

案：卜辭□，羅振玉釋隹是也，又羅氏評《說文》云：「隹鳥古本一字，筆畫有繁簡耳。許以隹為短尾鳥之總名，鳥為長尾禽之總名，然鳥尾長者莫如雉與雞，而並从隹；尾之短者莫如鶴鷺鳧鴻，而均从鳥，可知強分之未為得矣！」（《增考・中》三二葉下）卜辭雉作□，（《文編》四九二號），从隹，《說文》作□，从隹矢聲，是《說文》隹、鳥之分未爲得也。唯卜辭□形既經簡化，似已作鳥類之共同偏旁，則可獨立爲字根矣。

《綜類》二三三 □，所領二辭：「□……王□」（《佚》七八二），□鳥氏誤摹爲□。「……中卜㱿貞亘□□我□其冬于之」（《續》五・三・三），□上之圓圈實爲泐痕，本片二□同字，細觀拓本自知。是卜辭實無□字也。

〔字根〕一九三 □ S.522 L.1361 G.1769

《說文》卷四鳥部：「□ 神鳥也。天老曰：『鳳之像也，麐前鹿後、蛇頸魚尾、龍文龜背、燕頷雞喙，五色備舉，出於東方君子之國，翱翔四海之外，過崑崙、飲砥柱，濯羽弱水，暮宿風穴，見則天下大安寧。』从鳥凡聲。□ 古文鳳，象形。鳳飛群鳥从㠯萬數，故㠯爲朋黨字。□ 亦古文鳳。」

案：卜辭□、□，象冠首羽毛爪形，羅振玉釋鳳是也。後加聲符凡作□，而爲小篆所本（羅說見《增考・中》三十二葉上）。

〔字根〕一九四 S.3709 3726 G.1776

《說文》:「膺,匈也。从肉雁聲。」

甲骨文字,舊不識,陳漢平釋雁(〈古文字釋叢〉,《出土文獻研究》二三二—二三三頁),無據。劉釗以爲即「膺」字初文:「甲骨文雁字作、,應釋為『雁』,即『膺』字初文,在鳥形胸部用一指事符號表示『胸』這一概念。《說文》:『膺、胸也。』金文作、、,从从,按即甲骨文形演變而成,不過由一個圈變了一點,這與甲骨文(肱)又作相同。乃『人』字,為追加的聲符,後『人』字訛變為『厂』,又訛變為『疒』,《說文》以為『雁』从『人』為聲,很可能是對的。但古音雁在影紐蒸部,人在日紐真部,古音有些距離,其中可能有些音變的因素在內。」(《古文字構形研究》一二四頁)其說有理,可從。蓋動物之中,鳥類之胸部最爲明顯,是以「膺」字取象於鳥類,字於「隹」形之胸部加半圓形之指事符號,以示其爲膺部。

卜辭用爲方名,辭云「入二」(《丙》四二〇),《丙考》隸定作唯,不可從。从此。

〔孳乳表〕四〇

521 1359 · 521 1359 · 524 1387 · Y1803 · Y1802 · D239 · L1267 · 1213 · 520 1357 · 3773 · 3771 · 500 1355 · Y2165 · Y1797 · 3727

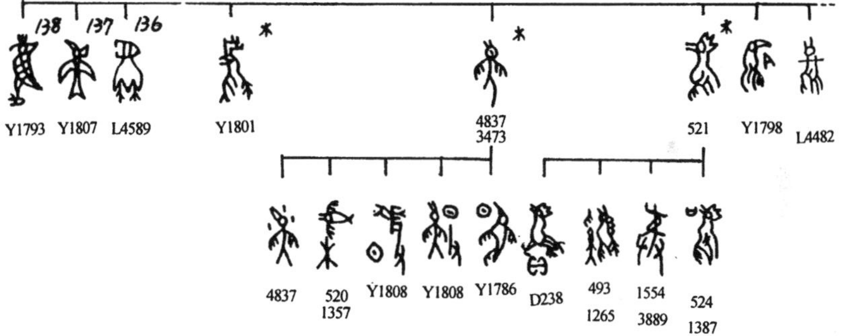

〔字根〕一九五　S.521 L.1359 G.1792

《說文》卷四鳥部：「　長尾禽總名也。象形，鳥之足佀匕，从匕。」

案：卜辭　、　，象鳥形，即《說文》鳥字。《綜類》五一〇有　（《簠文》四〇　《續》一·四五·三），鳥下作　，似木非木。細審拓本，實作　耳。

〔字根〕一九六　S.493 L.1265 G.3154

《說文》卷四隹部：「　知時畜也。从隹奚聲。　籀文雞、从鳥。」

案：卜辭　（《前》四·四三·二）、　（《前》四·四二·五），羅振玉釋雞，《集釋》以爲仍是鳥（一三六〇頁）。《類纂》一二二四頁以　（《合》一三三四二）、　（《合》三三六八六），二文爲雞，又《綜類》二三八有　（《海》一·一），皆象雞高冠長喙彩羽狀，釋雞當可從。以偏旁分析法言，《粹》九七六雞所从作　、《新》四四五五作　、羅振玉以爲雞旁所从仍是雞、非鳥，此可以爲證。又鳴字所从，《簠人》七〇作　、《新》二一七三作　，皆雞狀明顯，是卜辭有獨體象形之雞無疑。

〔字根〕一九七 □ S.4837 L.3473 G.1805

《說文》卷十一燕部：「□ 燕燕玄鳥也。籋口、布翄、枝尾，象形。」

案：卜辭□、象燕籋口布翄枝尾之狀，羅振玉釋燕是也（《增考．中》三十三葉上）。

〔字根〕一九八 □ G.1801

《說文》卷四烏部：「□ 鵲也。象形。 □ 篆文舄，从隹昔。」

案：卜辭□（《外》二〇二），董作賓先生隸定爲鳳，顯然不確。此字象鳥形無疑，上作□，愚以爲即《說文》舄字。舄字金文多見，作□（九年衛鼎）、□（師嫠鼎）、□（師虎簋）、□（師嫠簋），似由卜辭□之上部演化而來，舄之鳥體則簡化爲□，其演化之迹當如下：

□—□—□—□—□—□

此字於卜辭唯一見，辭云「亦……舄……」，辭殘，文義不可知。《說文》焉下云：「凡字：朋者羽蟲之長、烏者日中之禽，舄者知大歲之所在，燕者請子之候、作巢避戊己，所貴者，故皆象形。」此義必古所相傳，卜辭鳳、燕、金文烏皆象形，則釋□爲舄、象舄形，當亦不無可能。

〔孳乳表〕四一

* 1374 3465 | Y1826 | 1247 | Y1821 | Y554 | 481 3468 | 483 1211 | Y1824 | 1377 3469 | 1377 3469 | 1377 3469 | Y1823 | 1375 | D241 | 1377 3469

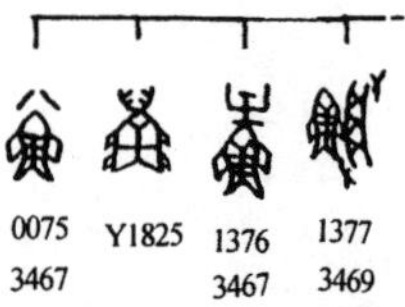

〔字根〕一九九 　S.1374 L.3465 G.1812

《說文》卷十一魚部：「 　水蟲也。象形。魚尾與燕尾相佀。」

案：卜辭 　、象魚形，羅振玉釋魚是也（《增考．中》三十三葉下）。

〔孳乳表〕四二

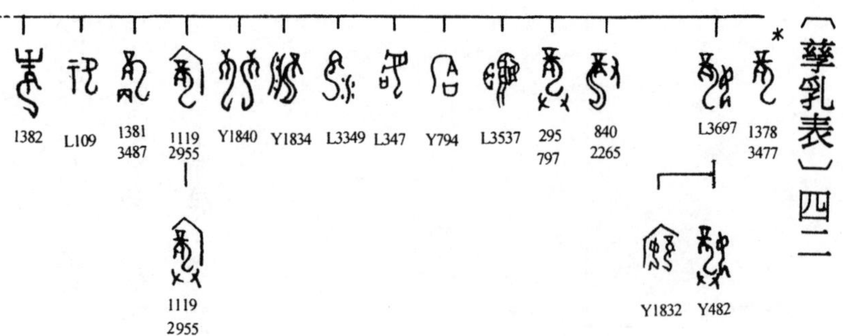
1382
L109
1381
3487
1119
2955
Y1840
Y1834
L3349
L347
Y794
L3537
295
797
840
2265
L3697
1378
3477
1119
2955
Y1832
Y482

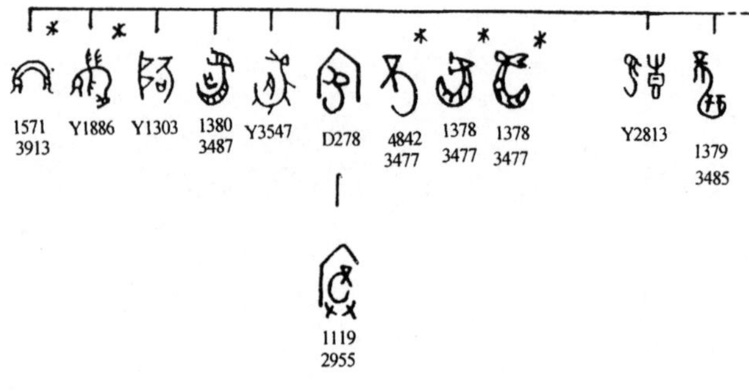
1571
3913
Y1886
Y1303
1380
3487
Y3547
D278
4842
3477
1378
3477
1378
3477
Y2813
1379
3485
1119
2955

〔字根〕二〇〇 S.1378 L.3477 G.1827

《說文》卷十一龍部：「 鱗蟲之長，能幽能明、能細能巨、能短能長，春分而登天，秋分而沈淵。从肉，𦘒、肉飛之形，童省聲。」

案：卜辭 、象龍角首胡身之形，羅振玉釋龍（《增考．中》三十三葉）。卜辭又有 字，羅振玉亦釋龍，唐蘭釋蝘（《天壤閣文釋》四〇~四一葉）、夏淥釋虯（《古文字研究》四輯一四八頁）、姚孝遂釋𦝫（《殷墟甲骨刻辭類纂》一八三八號），以字形而言，似以姚說較優（參𦝫部說）。

〔字根〕二〇一 S.1378 4842 L.1378 G.1838

《說文》卷四肉部：「 或曰嘼名。象形，闕。」

案：卜辭 、 ，舊或釋龍（羅振玉）、旬蝘（唐蘭）、蜎（陳邦懷），夏淥以爲字當釋虯，爲龍子無角者，「病 」讀爲病瘳， 甲即虯角、即芍甲（《古文字研究》四輯一四七~一五二頁〈學習古文字散記—二 釋虯〉）夏說於卜辭可以通讀，唯卜辭與小篆之間，此字如何自 變爲虯，缺少其他古文字之證明。近年出版之《殷墟甲骨刻辭摹釋總集》釋𦝫，《殷墟甲骨刻辭類纂》一八三八亦定 、 、 四形爲𦝫，其說則未聞。考金文𦝫之所从作以下各形： （庚嬴卣） （嬴氏鼎） （鑄弔匜） （子弔嬴芮君盦）以上四形與《類纂》釋𦝫諸形相近，且《說文》謂𦝫爲象形字，則姚說或可從也。

〔字根〕二〇二

《說文》卷十熊部：「 熊獸，佀豕，山凥冬蟄。从能，炎省聲。」

案：卜辭無熊字，而有从熊之（《屯》二二六九），姚孝遂等於《屯南》考釋尚稱不識（一五六頁），而於《摹釋》中則隸定爲熊（下冊一〇〇一頁），《類纂》同（一八八六號），其說可參。考金文能作（沈子簋）、（番生簋）、（毛公鼎）、（能匋尊），與卜辭此字下部極爲接近。古能熊一字（饒宗頤說，《史語所集刊》四十本上二頁，〈楚繒書疏證〉）。卜辭字所从之正象一大口巨頭，身軀龐然之野獸，釋熊（或能）當近之。

鄂君啓舟車節皆有字，朱德熙，李家浩以爲从羽，能聲，與銀雀山簡十問之（从羽、巳聲）同字、皆「翼」之異體（〈鄂君啓節考釋八篇〉，《紀念陳寅恪先生誕辰百年學術論文集》，第六三頁）卜辭字惟見《屯》二二六九，當與鄂君啓節同字。《屯》二二六一九辭云：「其才亩溓。」當爲地名。

〔字根〕二〇三 S.1571 L.3913 G.3358

《說文》卷十三虫部：「虹 螮蝀也，狀似虫。从虫工聲，〈明堂月令〉曰：『虹始見。』 籀文虹。从申，申，電也。」

案：卜辭、郭沫若釋霓，以爲單出曰虹、雙出曰霓，此象雙出，當釋霓（《卜通》又八六～八七葉）。于省吾先生釋虹，以爲古籍相傳虹能飲水，與卜辭歙河合；虹从工有杠橋義，與字形合；又虹似璜，而古玉璜多作兩頭蛇之羊璧形，與之字形合云云（《駢枝》十五～十九葉、文長不引）。案單出爲虹、雙出爲霓，今世猶如此說，卜辭以雙鉤之筆寫虹，觀其兩端首形各僅一，可知其爲單出也。李圃云：「此字上邊的兩道弧形當爲龍身，下邊兩端當是兩隻龍頭，作二龍吸水狀。……說這個字从龍得聲似乎也是可以的。」（《甲骨文選讀．自序》，二葉下）以字形言，此說頗可采，則此字自讀爲虹，而非霓也。

〔孳乳表〕四三

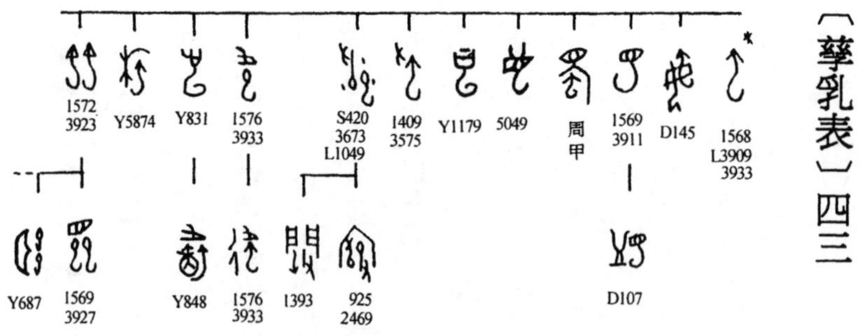
1572 3923
Y5874
Y831
1576 3933
S420 3673 L1049
1409 3575
Y1179
5049
周甲
1569 3911
D145
1568 L3909 3933
Y687
1569 3927
Y848
1576 3933
1393
925 2469
D107

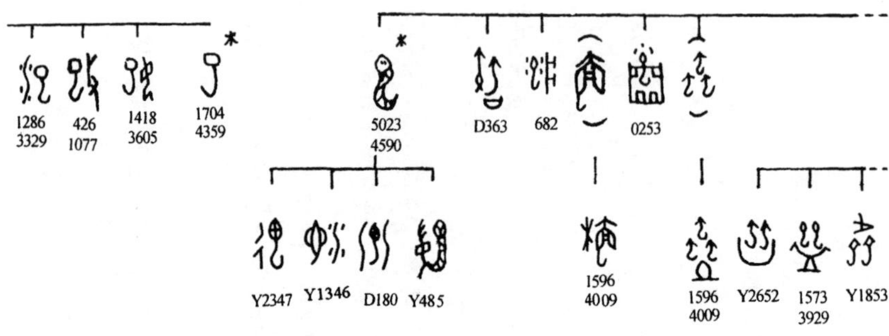
1286 3329
426 1077
1418 3605
1704 4359
5023 4590
D363
682
0253
Y2347
Y1346
D180
Y485
1596 4009
1596 4009
Y2652
1573 3929
Y1853

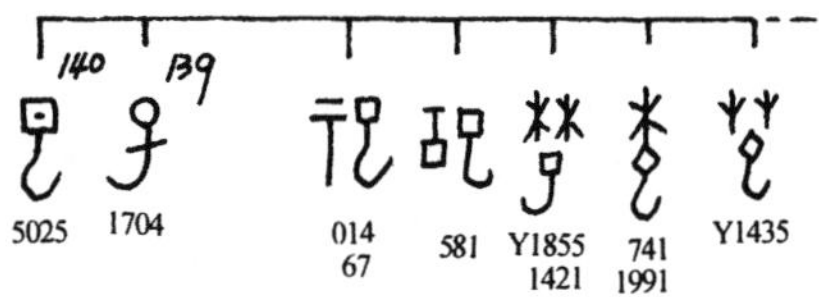
140
139
5025
1704
014
67
581
Y1855
1421
741
1991
Y1435

〔字根〕二〇四　S.1568 L.3909 G.1843

《說文》卷十三虫部：「　一名蝮，博三寸，首大如擘指，象其臥形。物之散細、或行或飛、或毛或蠃、或介或鱗，以虫爲象。」

案：卜辭、羅振玉釋虫是也（《增考·中》三三葉下）。唯羅氏又謂卜辭它虫同字，說非（參字條）。本部有等字，下所从當爲虫形，如，容庚隸定作蚩，以爲與蚩同字（《文物》一九七六年五期五九頁注）、丁山釋蚩（《商周史料考證》五五頁隸定）是已。

〔字根〕二〇五　S.5023 L.3923 G.1841

《說文》卷十三它部：「　虫也，从虫而長，象冤曲垂尾形。上古艸居患它，故相問無它乎？　它或从虫。」

案：羅振玉以卜辭爲它，又謂它與虫殆爲一字，後人誤析爲二，又併二字而爲蛇，尤重複無理（《增考·中》三四葉上）。裘錫圭云：「羅說頗為世人相信，但是實際上並無可靠的依據。金文虫字作、等形，它字作、、等形，二字毫不相混。甲骨文裡頭有一個寫作等形的字，舊或釋作蠶，張政烺先生改釋為它，十分正確。甲骨文和金文的它字有一個共同的特點，就是象身體的中間部份比較粗，金文它字中間的一豎是甲骨它字蛇身花紋的簡化，省去中間一豎的是較晚的寫法。甲骨文的變為金文的虫，

□□則變為金文的它，系統分明。」（香港中文大學、《古文字學論集初編》二一八頁，〈釋䖵〉）裘氏分虫它爲二，辨羅說之誤，清晰明暢，當可從。卜辭□釋它，从它者唯□□□□，餘从□□之字舊誤釋爲从它者，皆當改釋从虫，如□即蚩（義通今之「害」）。

卜辭□（《乙》二一一〇（《丙》一三）），《集釋》釋池，謂从水从也，□與訓女会之□形近（三三九五頁），按、古文它也同字，劉心源云：「古文它也同字，小篆始分為二，隸書它也相掍，未為訛也。」（《奇觚・卷三》二九頁，齊医敦）容庚《金文編》從之，以它也一字：「它與也為一字，形狀相似，誤析為二，後人別構音讀，然从『也』之地、弛、馳、阤、杝、施六字，仍讀它音，而沱字今經典皆作池，可證。徐鉉曰：『沱沼之沱，今別作池，非是。』蓋不知『也』即『它』也。《說文》『也、女会也』，望文生訓，形義俱乖，昔人蓋嘗疑之。」（二二四七號也字條下注）郭沫若謂「也」、「它」有別（《大系考釋》四六，沈子也𣪕），唯未舉任何證據，以金文字形言，仍以劉、容二家說爲是。卜辭□所从□與金文□形近，釋池釋沱皆可，然以字形言，它象虫形較合理（也象女会之說別無旁證，似難成立），故本論文以「它」爲字根。

〔字根〕二〇六 S.1704 L.4359 G.1846

《說文》卷十四巳部：「 巳也，四月昜氣巳出，昜氣巳臧，萬物見，成彣彰，故巳爲它象形。」

案：《說文》釋巳爲它象形，郭沫若以爲全屬子虛，郭氏云：「骨文巳字實象人形，其可斷言者，如祀字作 若 、殆象人於神前跪禱；如改字作 若 ，殆象朴作教刑之意，子跪而執鞭以懲戒之也，故巳實無象蛇之意。巳之為蛇者，其事在十二肖象輸入以後。」（《甲研．釋干支》頁廿七）

高田忠周云：「《說文》 字下曰：『象人裹妊也，巳在中，象子未成形也。』此實巳字本義也，即精蟲化將為子之象也。」（《古籀篇．四十》第一三頁）郭高二氏之說似頗有理，故《集釋》、《字典》皆捨棄《說文》舊訓，以 爲象人形，並以 、 、 爲一字。然此說猶有不可解者，以字形言， 不象人跪禱之形，葉玉森云：「郭氏謂 象人跪形，考卜辭狀跽形之人必作垂足，如 可證。若作 則象跽而翹足，似與造字通例不合。又卜辭 （虫） （它） （蚰）之尾形均上翹，與 同，則許君謂巳為蛇形，或可信也。」（《前釋．卷一》頁三二下） 或作 ，與虫形無別（參虫巳二字之字形表），而與子形相去甚遠。以孳乳字而言，卜辭从 字與从 之字不相通，足證 二字形義皆無可以相通處。卜辭从 之字有 、 、 、 、 、 、 等字，皆無子孫義。而从 之字有 （《佚》384）、 （《前》6.47.8），皆象裹妊之形，然腹中之胎兒作 、不作 ，卜辭之 （十二辰之第六位），小篆作 ，故小篆 所从之 相當於卜辭之 而非 。故卜辭之 雖肖似胎兒之形，然以古文字學之歷史考證法（用《古文字學導論》術語）而言，卜辭之胎兒作□不作□也。以上古韻言，巳屬之部開口三等(*-jiər)，虫屬微部合口三等(*-jiwər)，其韻母僅有開合之不同而已。其聲母則巳中古屬邪紐，虫中古屬曉紐，二字上古聲皆屬舌根音，是巳虫二字之上古音極爲接近，《說文》謂巳爲它（虫）象形，二字或本爲一字之分化，或巳即虫之假借，如旬假雲，乙假□之例是也。

以上所述雖非定論，然□□二字構形不同、用法有別、孳乳字各異，故本論文視之爲二偏旁，分別立爲部首。□與□既已分化，亦視爲二偏旁，分別立部。然卜辭□□有極難區分者，則唯有以文義辭例斷之。如《甲》三九一五「癸卯卜狄貞弜□兄　甲子卜狄貞王㝵□田」，一作□、一作□，似不同字，然推究其文義，二者皆巳字。（《綜類》頁二四三□□不分，當依文義區分巳（祀、巳）、虫（蚩）兩類。）

〔孳乳表〕四四

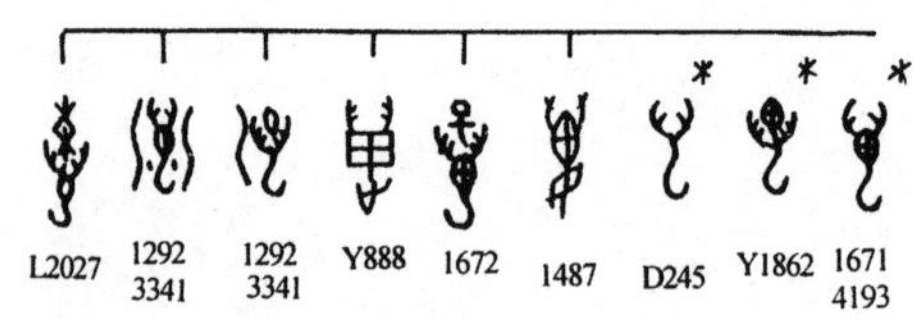

1671
4193
Y1862
D245
1487
1672
Y888
1292
3341
1292
3341
L2027

〔字根〕二〇七 □ S.1671 L.4193 G.1861

《說文》卷十四内部：「□ 蟲也。从内象形。」

案：卜辭□、象蠍子之形，羅振玉釋萬（《增考・中》三葉上）。□與□爪形之高低不同，然各家皆以爲同字，姑從之。又□字，《字典》疑爲□之省，亦姑從之。

〔孳乳表〕四五

*1577 3945　Y481　5039　Y1874　1582 3947　Y3060　Y1868

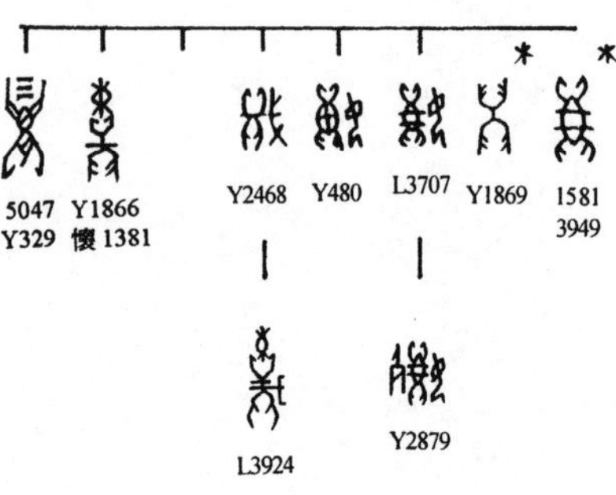

〔字根〕二〇八　S.1577 L.3945 G.1866

《說文》卷十三黽部：「　鼃黽也。从它象形，黽頭與它頭同。　籀文黽。」

案：卜辭　、象鼓腹四足之鼃形，商承祚釋鼃（《類編・十三卷》四葉下）。金文作　（師同鼎）、　（鄂君啓車節），與小篆近。《文編》誤爲龜，《集釋》云：「龜之與黽，契文形近（此就龜之作正視形者言），其別在尾之有無。」其說甚是（三九四五頁）。

〔字根〕二〇九　□　S.1581 L.3949 G.1866

《說文》卷十三黽部：「□　鼅鼄也。从黽朱聲。　□　鼄或从虫。」

案：卜辭□，陳邦福釋鼄是也，而郭沫若釋黽，《集釋》云：「象形之文雖不畢肖，亦當得其仿彿，黽為蛙類，其特徵為突睛碩腹，足有四趾而無鉤爪，契文之□正象此形，而契文□□諸文實無一與蛙形相類。尤可注意者，此象形文之腹部大半橫著『二』或『一』形之標識……此實象蛛在網上之形，『二』若『一』者其緯也。……此字或从『□』，明象蟲之鉤爪，此正蛛之特徵而鼃黽之所必無者也。」（三九六〇～三九六一頁）李說辨析精微，了無可疑。唯鼄黽混淆，實自金文啓之，邾大宰匿鼄作□，身軀已作它形，與黽相近矣（邾公牼鐘作□，所从仍是蛛之象形文）。又卜辭有□（《乙》七〇一七）、□（《乙》四九四八），軀間雖不帶橫畫，然上足作□，仍是鼄之特徵也。此與黽之作□（《京津》二四九六）者極類似，其區別唯在上肢而已。

鼄、黽之象形文形近易混淆，故卜辭鼄字已加「朿」為聲符，《懷》一三八一作□，即鼄之倒書（或聲符在下，非倒書，許進雄釋鼄，似非）。《摭》一〇〇鼄之殘文作□，誅殺之誅《後》下三三．七作□（《集釋》三九二五頁從丁山釋釋鼄，以非。□□形近，偏旁可以通作。），字从戈鼄聲。參劉釗〈甲骨文字考釋十篇〉、《古文字構形研究》第一三六頁。金文鼄字改从朱聲，「朱」字本為「朿」之分化字，二者或有商周音變之別。

〔孳乳表〕四六

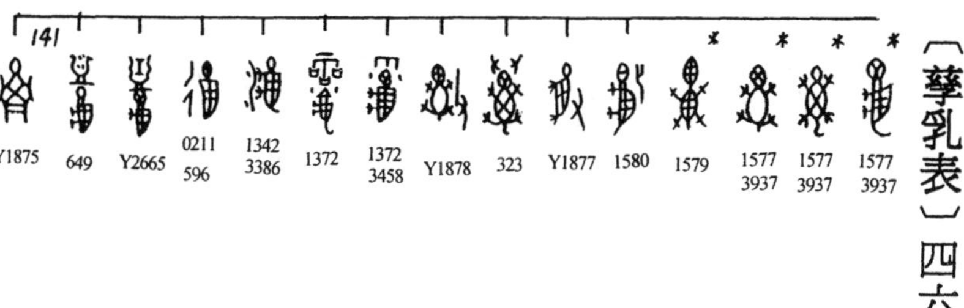
141
Y1875
649
Y2665
0211 596
1342 3386
1372
1372 3458
Y1878
323
Y1877
1580
1579
1577 3937
1577 3937
1577 3937

〔孳乳表〕四七

0074
1203 3167
1578 3939

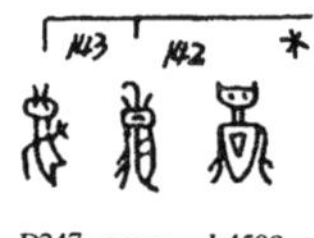
143
142
D247
Y1884
L4588

〔**字根**〕二一〇　□　S.1577 L.3937 G.1875

《說文》卷十三龜部：「□　舊也。外骨內肉者也。从它，龜頭與它頭同，天地之性、廣肩無雄，龜鼈之類㠯它爲雄，□象足甲尾之形。　□　古文龜。」

案：卜辭□、□，象龜之形，羅振玉釋龜（《增考．中》三三葉下）。其第二形易與黽淆，《集釋》以尾之有無區別（三九四五頁），有尾爲龜、無尾爲黽。《綜類》龜部之□、□（二四六頁），均未著尾形，經查核原書，除《南師》二．一一八（《綜類》誤作《南明》）一文外，餘均應有尾，釋龜不誤。而《南師》爲摹本，容或敚尾也。

〔**字根**〕二一一　□　S.1578 L.3939 G.1881

《說文》無。

案：卜辭□，象龜形而有兩角之動物，唐蘭謂即《萬象名義》廿五音奇摎反之𪚮字，卜辭叚爲秋。學者多從其說（《文字記》六葉上~七葉下）。

〔字根〕二一二 L.4588 G.1883

《說文》卷十三虫部：「蟬 㠯旁鳴者。从虫單聲。」

案：卜辭，郭沫若釋蟬（《粹考》二〇五頁下），《續文編》釋蜩（十三卷四葉上），《集釋》存疑（四五八八頁），唐蘭云：「蔔亞角盉內蟬形作（《敬吾心室款識．下．南亞角》），殷虛白陶片上蟬紋作（董氏文中所引，其所摹繪脫上二足）。」（《殷虛文字記》七頁）金文有（丙中角），李孝定先生云：「此實昆蟲類之象形字，彝銘花紋中有所謂蟬文者，與此酷似，疑此為蟬之古文。」（《金文詁林附錄》五〇五頁）卜文此字與丙中角一文酷似，釋蟬當可從。

〔孳乳表〕四八

*890 2395 — Y2092 — Y2378 — D389 — 891 2355 — 601 1667 — 1322

891 2355 — 1140 2990

601 1667 — 601 1667

〔**字根**〕二二一三　𠂹　S.890 L.2395 G.1888

《說文》卷七米部：「米　粟實也。象禾黍之形。」

案：卜辭 𠂹，象米形，一者《集釋》謂象擇米之簏，可從。𥼶，《文編》1322 釋䉽，《綜類》在米部。以字形言，水作氵，中畫不作直筆，《綜類》爲是。又《綜類》本部有米（以下用△代替）（二四七頁）字，非。△爲小甲合文，《粹》一一二云「乙未酌𢆶品上甲十匚乙三匚丙三匚丁三示壬三示癸三大乙十大丁十大甲十大庚十小甲三……三且乙」（如圖），小甲合文作△，而郭釋釆（《卜通》二五九 米（𠦪），郭氏亦釋釆，謂讀如燔），非也。《類纂》已更正此類前賢之失，唯一八八九仍存釆字，辭云「△ 𤰔人」（《英》三八〇反）。此條恐仍應釋小甲。是卜辭當無釆字。

〔孳乳表〕四九

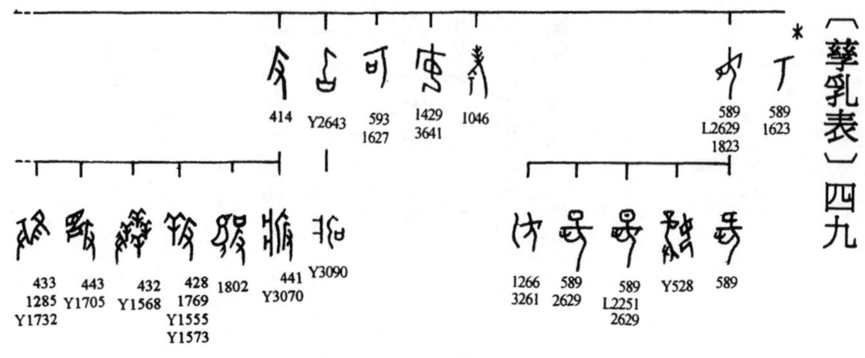
414
Y2643
593
1627
1429
3641
1046
589
L2629
1823
589
1623
433
1285
Y1732
443
Y1705
432
Y1568
428
1769
Y1555
Y1573
1802
441
Y3070
Y3090
1266
3261
589
2629
589
L2251
2629
Y528
589

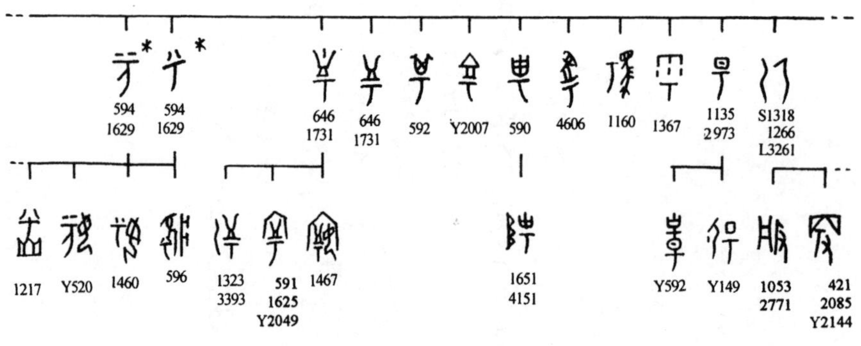
594
1629
594
1629
646
1731
646
1731
592
Y2007
590
4606
1160
1367
1135
2973
S1318
1266
L3261
1217
Y520
1460
596
1323
3393
591
1625
Y2049
1467
1651
4151
Y592
Y149
1053
2771
421
2085
Y2144

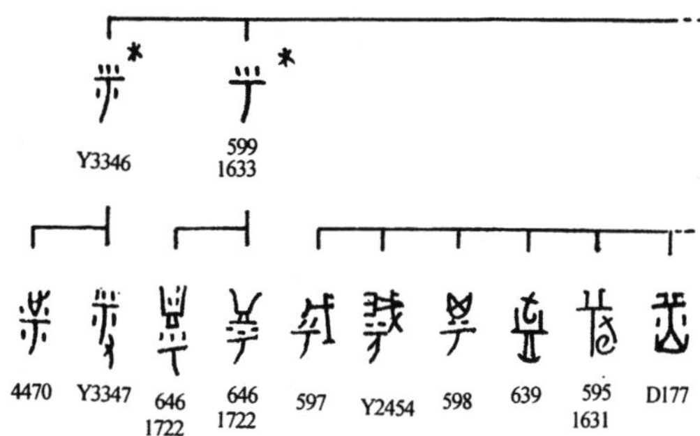
Y3346
599
1633
4470
Y3347
646
1722
646
1722
597
Y2454
598
639
595
1631
D177

〔字根〕二一四　丂　S.589 L.1623 G.3364

《說文》卷五丂部：「丂　气欲舒出、上礙於一也。丂、古文㠯爲亏字，又㠯爲巧字。」

案：卜辭丂，《集釋》從《文編》釋丂：「辭云『乂丂于祖庚』（《前》一．十九．三），丂于連文，則非叚爲于，疑乂丂爲祭名，其義不能詳也。」（一六二三頁）然於可字條下則從屈萬里先生說，謂可字所从之「丂」象枝柯之形，屈云：「（丂）卜辭斤字从之，按其初誼當象斧柯之形。」（《甲考》三九八頁）《集釋》云：「契文可字實象枝柯之形（旭昇案：當指不从口之丂），《詩》云『伐柯伐柯，其則不遠』，卜辭斤字作[glyph]，其柯正作丂可證。」（一六二七頁）屈說斧柯而《集釋》易爲枝柯者，語不誤，柯本有斧柯、枝柯二義，斧柯之訓見《詩．幽風．伐柯》傳及《說文》；訓枝柯者、《廣雅．釋木》「柯、莖也」、《詩．湛露》箋「使物柯葉低垂」，疏「謂枝也」，此義雖晚出，然當有所受，疑柯（即丂）本指枝柯，斧斤之柄以枝柯爲之，故斧柄亦名柯，及其後也，柯漸爲斧柯所專，枝柯之義乃致沈薶，然此義於卜辭猶得見，《文編》414[glyph]（攴）下注云「此似从又从丂，卜辭牧字般字並从此」、《集釋》二九七三頁[glyph]（昜）下釋云「从日在丂（此疑可之異體。可、古柯字），象日初昇之形」，說並可從。柯从可聲，可从口ㄛ聲，ㄛ从反丂，古文字左右倒反不殊，ㄛ即丂也。是可字亦可視爲从口丂聲，以象意聲化例推之，丂當柯之初文，象枝柯之形。

〔字根〕二一五　□　S.594 L.1629 G.3118

《說文》卷五兮部：「□　語所稽也。从丂、八象氣越于也。」

案：卜辭□、□、□，與《說文》□同形，即《說文》兮字。其形義不詳。何琳儀以爲「兮」與「乎」爲一字之分化（《戰國古文字典》八四〇頁），待考。卜辭又有□，劉釗釋兮（見〈甲骨文字考釋—釋羲〉），可從。□即□，猶□即□（方，于省吾說，參方部），□即□（亥，參亥部），乃文字演變所常見。

〔字根〕二一六　□　S.599 L.1633 G.3345

《說文》卷五兮部：「□　語之餘也。从兮、象聲上越揚之形也。」

案：卜辭□多見，大率用爲評，羅振玉釋乎（《增考．中》七七葉下），其形義不詳。近夏淥釋爲「象枝柯在疾風中激發的呼呼聲」（〈釋于丂單㫃等字〉），字从丂，上小點示風聲。雖乏確證，可備一說。

〔字根〕二一七　□

《說文》無。

案：卜辭□，屈萬里先生釋乎（《甲釋》六二二片），恐有可商。从之者有□，胡厚宣釋敉（〈殷代封建制度考〉，《甲骨學商史論叢初集》（一）），陳夢家釋籹（《綜述》三三八頁），屈萬里先生以爲皆有可商（《甲考》一八三片），近夏淥以爲字象以概平米，丁象概，⺌象米（〈釋于丂單卑等字〉），亦乏佐證。

〔孳乳表〕五〇

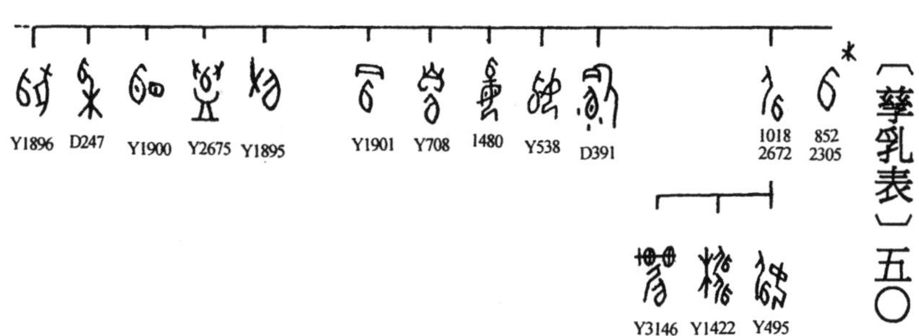
Y1896
D247
Y1900
Y2675
Y1895
Y1901
Y708
1480
Y538
D391
1018 2672
852 2305
Y3146
Y1422
Y495

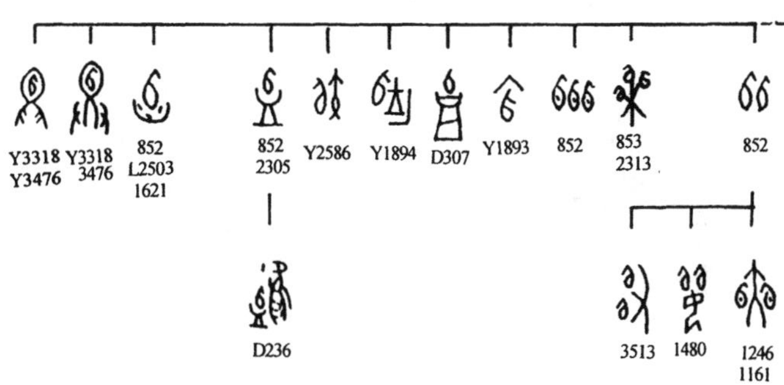
Y3318 Y3476
Y3318 3476
852 L2503 1621
852 2305
Y2586
Y1894
D307
Y1893
852
853 2313
852
D236
3513
1480
1246 1161

〔字根〕二一八　S.852 L.2305

《說文》無。

案：卜辭（以下用△代替）、羅振玉、王國維據金文釋卣是也。《集釋》云：「當象器形圓底，上象提梁、下其座也。」（二三〇九頁）。然銅器從無自名爲卣者，亦無圓底如△1形，必須置於座始能站立之盛酒器。銅器中有瓠壺者，器形與卣頗爲接近（如圖），然甲金文、《詩》《書》皆謂「（秬）鬯X卣」，明是盛鬯之祭器。今稱卣之銅器爲宋人所名，變化甚多，茲附屬於商器之卣形十六種於後，以供參考。其形狀與△1並不接近。白川靜云：「有一種被稱作卣的酒器，被試作成各種形態，甚至於看了都無法想像它們原是從瓠的形狀變化而來的。」（《金文的世界》，中譯本六頁）瓠之形狀與△1極近，白川說頗有可能。《說文》無卣有卤，羅振玉謂卤乃卣之訛（見釋卣）。《說文》卤訓「艸木實垂卤卤然、象形。」瓠實成熟下垂之狀適足以當之。

瓠壺

摘自馬承源《中國青銅器》二三一頁

一・扁圓體卣

卣1

扁圓體圓肩式（商晚期器）

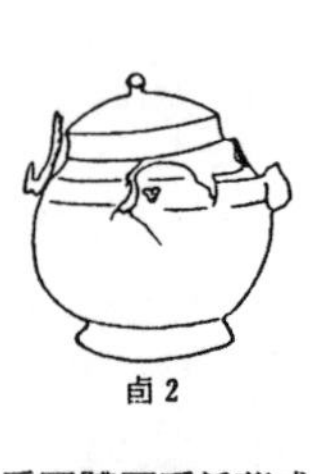

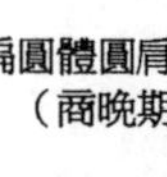

卣2

扁圓體圓肩低蓋式（商晚期器）

卣3

扁圓體斜肩垂腹式（商晚期器）

卣4

扁圓體斂肩垂腹縱向提梁式（商晚期器）

（瓠壺・摘自馬承源《商周青銅器》）

二・圓體式

卣 5

扁圓體斜肩寬垂腹縱向提梁式（商晚期器）

卣 6

扁圓深腹高體式（商晚期器）

卣 7

扁圓甚深腹高體式（商晚期器）

卣 8

圓體束頸平底式（商晚期器）

卣 9

圓體束頸圈足式（商晚期器）

三・筒形卣

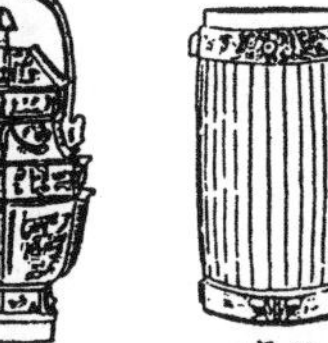

卣 10

直筒式（商晚期器）

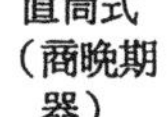

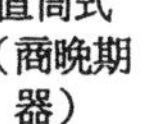

卣 11

直筒斂口式（商晚期器）

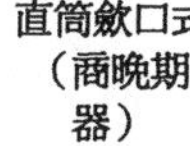

四・方卣

卣 12

高體式（商晚期器）

卣 13

寬肩式（商晚期器）

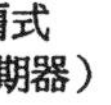

五・鳥獸形卣

卣 28

卷角雙鳥式（商晚期器）

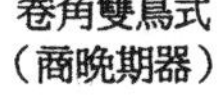

卣 26

豕式（商晚期器）

踞虎式（商晚期器）

〔孳乳表〕五一

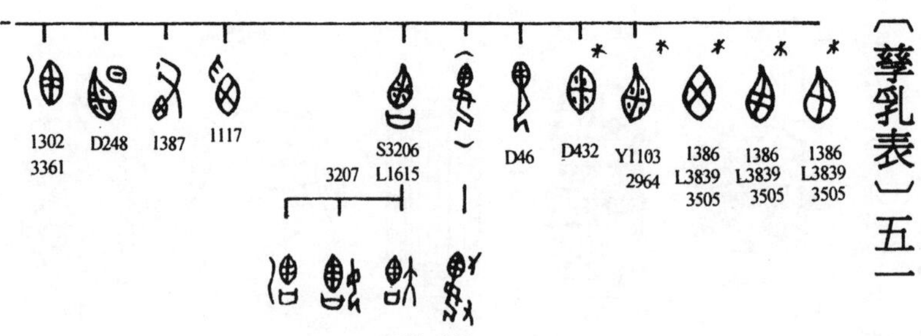
1302 3361
D248
1387
1117
S3206 L1615
3207
D46
D432
Y1103 2964
1386 L3839 3505
1386 L3839 3505
1386 L3839 3505
Y1105
Y541
Y1106
D46

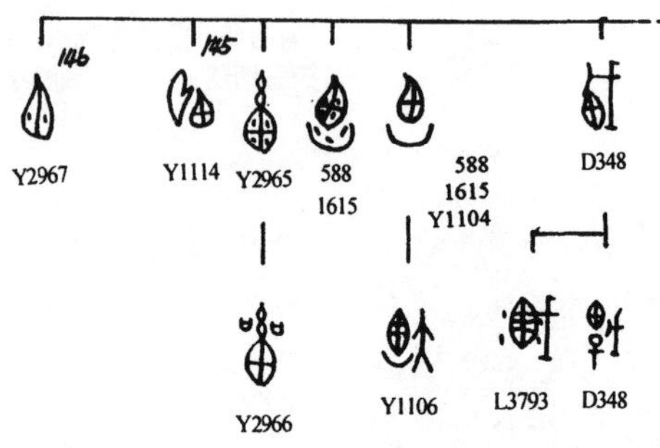
Y2967
Y1114
Y2965
588 1615
588 1615 Y1104
D348
Y2966
Y1106
L3793
D348

〔字根〕二一九　S.1386 L.3839 G.1099,1100,1101

《說文》卷十二西部：「　鳥在巢上也。象形，日在西方而鳥西，故因吕為東西之西。　西或从木妻。　古文西。　籀文西。」

案：卜辭　（以下用△1字代替）、　字，用為西方之西，故羅振玉從王國維說，以與　同釋西（《增考．中》十三葉下），唐蘭則以為△1　（以下用△2代替）實即囟字：「卜辭叚甾為西，不可逕釋為西也。卜辭西方字每作△2　，實即囟字。《說文》誤列西囟為二，實西囟聲近，原只一字。又《說文》囟字古文作　，實即甾字異文，甾囟亦聲近也。」（《考古》（《考古社刊》）四期〈釋四方之名〉）、《集釋》以為△1△2　（以下用△3代替）皆當釋甾：「竊謂　仍是甾字，字與甶之作　者形近。甾為瓦缶，其形製蓋本有類此者，與　之異特其口有侈斂之別耳。」（三五〇八頁），以字形言，△1與△3似頗不同，然以聲音言，西上古讀心母脂部(*ser)、囟讀心母真部(*Sien)、甾讀精母之部(* tsər. *tsiər)，西囟聲同，韻為陰陽對轉，可以通叚；西甾聲近韻遠，較難通叚。囟之篆文作　，似與　近；古文作　，似與△3近，然則卜辭西作　△1△3，似皆囟之叚借而稍易其形者也。

《綜類》四三二　與　同字，而索引列在本部，茲改列　部。

〔字根〕二二〇　□　G.1103

《說文》卷十二鹵部：「□西方鹹地也。从□省，□象鹽形。安定有鹵縣。東方謂之斥、西方謂之鹵。」

案：卜辭□（以下用△代替）□、《字典》釋鹵（一二七八頁）。金文鹵作□（免簋），與甲文同形，徐說可從。△之形義，徐謂□象容器，∴象鹽粒。郭沫若則謂鹵爲櫓之本字，象圓盾之形而上有文飾（《金文叢考》一九八，〈釋干鹵〉）。桉考古所見商盾皆作方形（參田部），與□形毫不相似，郭說不可從。徐說同《說文》，《說文》釋鹵从西，不妨改爲从甾，所以容鹽之器也。其餘小點象形。

卜辭△□於偏旁通作，如□（《簋游》六八）又作□（《寧》一．五〇一），△□間之關係待考。

〔孳乳表〕五二

459 1417

535 1417

535

535

Y2955

Y2962

479 1210

0130 409

263

263

S413 1405 L1039

412 1039

1004 2655

L1039

0189

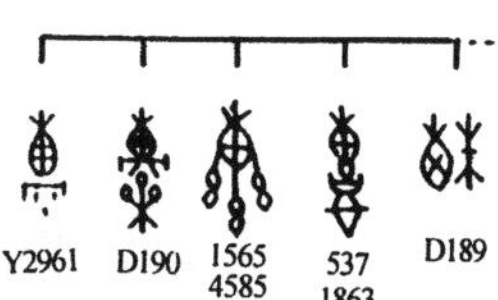

〔字根〕二三一 □ S.459 535 L.1417 G.2953

《說文》卷四叀部：「□ 小謹也。从幺省、从屮。屮、財見也。田象謹形、屮亦聲。□ 古文叀。□亦古文叀。」

案：卜辭□（以下用△[1]代替）、□（以下用△[2]代替），各家異說甚多，羅振玉釋𢍰（《增考．中》三八頁上），唐蘭釋△[1]爲𠧪（圃）、釋△[2]爲叀，而皆得叚爲惟（《天壤文釋》三二~三四頁），《集釋》以△[1]△[2]形同，用法無別，因謂皆象紡專，當釋叀（一四三一~一四三三頁）。卜辭△[1]△[2]與𢍰無論字形、辭例均不同，羅說可以無辨。卜辭田皆方正，無作□者，且金文惠所从，如：□（汈其簋）、□（中山王礜壺），或从叀、或从𠧪，是知唐氏釋△爲圃之不可從。當以《集釋》爲是。叀上古音在元部合口三等(*djwan)、惟在微部合口三等(*dzjiər)，二字聲音接近，當可以通叚。唯李氏謂叀爲紡甎，不過从叀—專—甎之孳乳字推出，並無其他佐證，考古發現之古代紡甎形如⊙（《商周考古》一三一頁），似與△[1]△[2]不甚相似也。待考。

卜辭又有□、□、□，《綜類》四三二列爲一條，唐蘭以爲同△[2]（仝上），《集釋》以□爲𢍰、以□、□與△[2]不同字（仝上），然毛公鼎叀字作□、用爲惠，是□當亦叀字，唯依卜辭文例，其用又似與△[2]不同（《集釋》一四三二頁說之甚詳），其間異同如何尙未能全明，待考。

〔孳乳表〕五三

754 2029 * | Y2976 | Y3212 | Y679 | 338 865 | 376 | D434 | Y2971 | 1630 4117 | 0190 | Y1354 | D434 | Y2975 | 755 2033 | D474

929 | 333 854 | Y2977 | Y890 | 586 1607

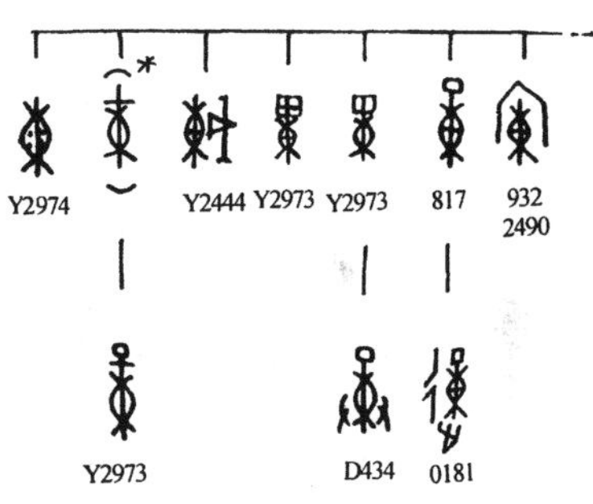
932 2490 | 817 | Y2973 | Y2973 | Y2444 | * | Y2974

0181 | D434 | Y2973

〔字根〕二二三 東 S.753 L.2029 G.2968

《說文》卷六東部：「東 動也。从木。官溥說：『从日在木中』。」

案：卜辭東、東，羅振玉釋東（《增考．中》十三葉下）。徐中舒以爲東爲古櫜字（《集釋》二〇二九引丁山《說文闕義箋》引）；唐蘭以爲東當爲東之異文（《考古》（《考古社刊》）四期二頁〈釋四方之名〉）。《集釋》從徐說（二〇三〇頁）。于省吾云：「甲骨文東與東每互作，例如：東方之東也作東（《南北師》二．五六，此例屢見），量字或从東（《乙》三四七八，此例屢見），是其證。東字的造字本義，係於東字的中部附加一橫，作為指事的標誌，以別於東，而仍因東字以為聲。」（《釋林》〈釋古文字中附劃因聲指事字的一例〉，頁四四八）桉唐徐二氏說甚是，以字形言，東皆从木而櫜（櫜）不从木，以聲音言，東上古在東部合口一等（*tewng）、東在屋部合口三等（*stjewk），二字聲韻俱近；櫜在鐸部開口一等（*t'ək），與東字韻部遠隔，是東當叚東爲之，而非叚櫜也。

〔字根〕二二三 □

《說文》卷八重部：「□ 厚也。从壬東聲。」

案：卜辭無重、而有从重之字，《釋林》云：「甲骨文無重字，而量字从重多作□，也有从□者（詳釋量）。周代金文的中甗和克鼎，量字也均从重作□，與甲骨文同形。……重字的造字本義，係于東字上部附加一個橫劃，作為指事字的標誌，以別於東，而仍因東字以為聲。」（《釋林》四四八頁）卜辭□、□、□（《綜類》四三四以爲同字），于省吾釋量，謂字从口乃日之省形，从□即古重字（《釋林》四一四頁）。考金文量作□（克鼎）、□（大師盧簋）（《金文編》一三八〇），以金證甲，于氏釋量當可從。然則□、□、□皆爲量字，而字或从□（重）、或從□（東）、或从□（東），亦足證重、東、東三字同源。上古音重在東部合口三等(*diewng)，東在東部合口一等(*tewng)，二字幾爲同音。是于氏謂重乃因東字附劃而成之「附劃因聲指事字」，於形於音，皆妥貼無滯，當可從也。

〔孳乳表〕五四

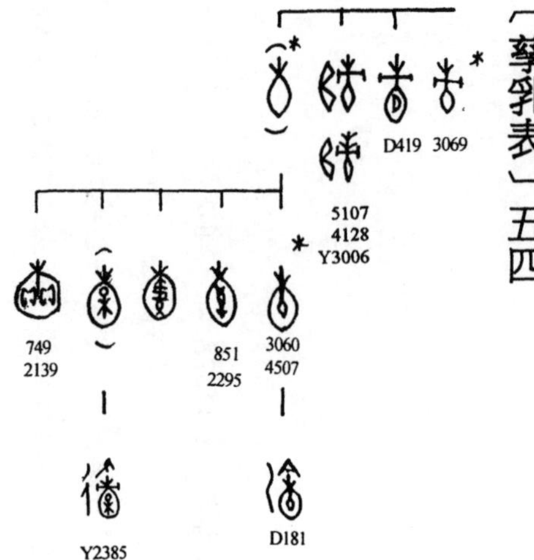
D419
3069
5107
4128
Y3006
749
2139
851
2295
3060
4507
Y2385
D181

〔字根〕二二四　[glyph]　S.3069　G.2921

《說文》卷六𣎳部：「[glyph]　止也。从𣎳盛而一橫止之也。」

案：卜辭[glyph]（以下用△[1]代替），《釋林》釋𣐺：「甲骨文△[1]字屢見，商承祚釋作𣏟。按甲骨文𣏟字作[glyph]或[glyph]，無从作△[1]者。又甲骨文𩛥字習見，作[glyph]、[glyph]、[glyph]、[glyph]等形，羅振玉釋𩛥為餗……，案羅說非是。甲骨文朿字作[glyph]，詳釋朿。周器曶鼎秭字从𣐺作[glyph]，也與朿字判然有別。甲骨文的△[1]與[glyph]應隸定作𣐺或𩛥……石鼓文的「麀鹿趚＝」，趚字从𣐺作[glyph]，並非朿字，而舊均誤釋為趚。」（四一七頁〈釋𣐺𩛥〉）于氏引甲金石鼓，以證卜辭之△為𣐺，可從。據其說，𣐺之字形演變當如下：

甲骨	金文	石鼓	《說文》
[glyph]	[glyph]	[glyph]	[glyph]

甲骨作虛廓者，金文常填實，故△[1]變而為[glyph]。金文之圓點，後常作橫筆，故[glyph]變而為[glyph]；小篆再一變即為[glyph]，此其字形演變之原委也。據《說文》，𣐺从𣎳，𣎳訓艸木盛。卜辭△[1]之形構不詳，然上所从似屮，故亦暫隸屮部。

〔字根〕二二五 □ S.3059 3060 L.4507 G.1383

《說文》卷六橐部：「□ 橐也。从橐省、毄聲。」

案：卜辭□（以下用$\triangle^{1}$表示）□（以下用$\triangle^{2}$表示），魯師實先釋橐：「以愚考之，$\triangle^{2}$乃橐之古文，上有綴纓，以示緘口之紐；下無綴纓、以示有底之形（《詩．公劉》《釋文》引《說文》曰『無底曰囊、有底曰橐』、《國策．秦策》高誘注與此同。《一切經音義》引《倉頡篇》、《史記．陸賈傳》索引引《埤蒼》則以無底為橐、義適相反。案黃以周〈囊橐考〉謂『橐之兩端皆有底，其口在旁；囊之兩耑無底，括其兩耑，故坤曰括囊』，其說是也），其中所从之口乃石之象形，蓋以石置囊橐之中，不在巖厂之下，故省厂存口，既以為聲符，亦以象貯物之形也。」（〈殷契新詮〉之四、十三頁、釋橐）魯先生此文考證詳密，唯有底無底，二說適反，黃以周之說並無實據，難成定論，《集釋》云：「契文橐作□，此作$\triangle^{2}$，从$\triangle^{1}$當為囊橐之象形文；从口雖不知為形符抑聲符，然非石字，則可塙知。蓋契文石作□，未見作□，更未見作口者，則此字應否釋橐，固宜存疑。」（四五一〇頁）據此，$\triangle^{2}$不从石，似未必釋橐。近年出土之馬王堆一號漢墓中有香囊（圖一一一），其狀一端有底、一端以帶結紮，而墓中隨葬之簡文稱此爲熏囊（簡二六九～二七一），與《倉頡篇》說同，常弘〈釋橐和囊〉一文因此主張「無底曰橐、有底曰囊」（《甲骨文與殷商史》一集，二五二頁），即□釋橐、$\triangle^{2}$釋囊，茲從之（卜辭無單字$\triangle^{1}$、魯先生所舉$\triangle^{1}$實當作□、从中从土，釋封）。《綜類》本部列有□（《後》下十八．四　《合》三二八四），《摹釋》釋叀，蓋以爲□字之泐壞，可從。

〔孳乳表〕五五

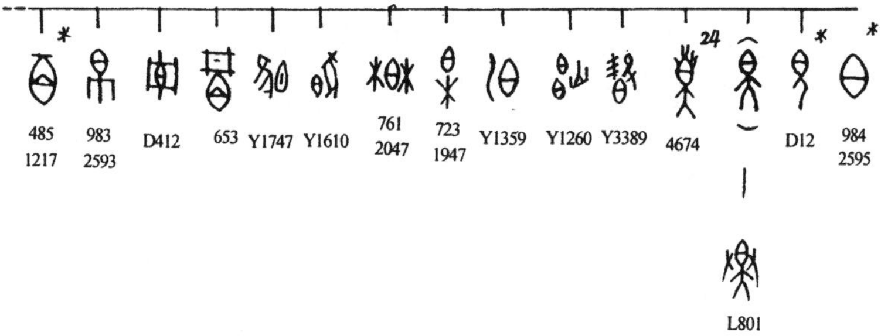

984 2595

D12

L801

4674

Y3389

Y1260

Y1359

723 1947

761 2047

Y1610

Y1747

653

D412

983 2593

485 1217

L195

〔字根〕二二六 S.984 L.2595 G.1095

《說文》卷七白部：「 西方之色也，侌用事物色白。从入合二，二、侌數。 古文白。」

案：卜辭、羅振玉釋白（《增考．中》二五葉上）。郭沫若以爲字象拇指、擘指，並引白侯父盤白作爲證（《金文叢考》一九九下～二〇〇葉上、〈釋白〉）。然此外別無它證。高鴻縉先生以爲「即貌之初文，象人面及束髮之形」（《中國字例》二．九〇）；陳世輝亦云：「白象人頭，證據如下：（1）甲骨文中有　（《乙》上一七四七）字，象人形，人上面的首形作　，即白字。……（2）《說文》：『兜，兜鍪也，从兆从皃省，皃象人頭也。』……更確切一點說，應是白象人頭。（3）甲骨文有　字（《佚存》五八一）字，象一個頭上戴有髮的人形。」（〈釋白〉，《歷史研究》一九五九年第六期）。姚孝遂云：「陳世輝以白象人首，說無可易。人頭骨刻辭皆書『白』字，可爲明證。」（《甲骨文字釋林》一〇二六頁）案：高鴻縉先生釋「即貌之初文，象人面及束髮之形」，其實與釋爲人頭骨接近，釋爲「皃」，可從。字又假爲色稱。

《綜類》於本部錄三文，所从雖亦似白，而實爲𣪕、今改隸皀部。

〔字根〕二二七 S.485 L.1217 G.1097

《說文》卷四白部：「 十十也。从一白。十十爲一百，百、白也。十百爲一貫，貫、章也。 古文百。」

案：卜辭□、羅振玉釋百（《增考．中》二葉下）。字假白爲之而增□以爲區別，亦因白之聲（《釋林》四五〇頁、〈釋古文字中附劃因聲指事字的一例〉）。白百二字上古音皆在鐸部合口二等（白：*brwak，百：*prwak），形音俱近，百假白爲之，猶千假人爲之也。

〔字根〕二二八 □

字不識。

案：卜辭□（以下用△表示）、□，唐蘭釋𡴘，謂象蚸蝪形，字於金文作□（再𡴘父丁觶）、□（再𡴘父乙毁）、□（再𡴘鼎），即卜辭△字（《天壤文釋》四四~四五葉）。唐謂□等即卜辭△，當可從；唯謂即《說文》𡴘，似有可商，《說文》𡴘訓菌𡴘，而甲金文△象節足動物之形，形義不合一也。本書於來部從王襄釋□爲陸，因析□爲𡴘。□△二形相去太遠，似不得並釋爲𡴘，然△當訓何字，似仍有待深考。

〔孳乳表〕五六

*

573 1555	D12	300 800	301 800	574 1557	402 1561	D188	753 1565	Y2839	Y2586

〔字根〕二二九　　S.573 L.1555 G.1910

《說文》卷四角部：「　獸角也。象形，角與刀魚相侶。」

案：卜辭　、　、象獸角形，羅振玉釋角是也（《增考・中》卅一葉上）。字與心近，如：　（《後》上十一・二），从鹿从心釋慶（《集釋》三二五四頁），而《綜類》索引在角部，今正。

〔孳乳表〕五七

*					
842 2271	D504	841 2267	814 2213	843 2273	843 2273

〔字根〕二三〇 [囧] S.842 L.2271 G.3344

說文卷七囧部：「[囧] 窗牖麗廔闓明也。象形，讀若獷，賈侍中說『讀與明同』。」

案：卜辭[囧]，象窗牖之形，郭沫若釋囧是也（《粹考》三七葉下）。

〔孳乳表〕五八

*

749 2139 | 748 2026 | Y2878 | 1617 4075 | 423 | 340 865 | 0205 L2817 581 | Y1920 | 0107 541 | Y2382 | Y1916 | Y1927 | Y1929 | 792 2127

Y1360 | 385 945 | 0205 581 | D314 | 0108

〔字根〕二三一 S.792 L.2127 G.1915

《說文》卷六貝部：「 海介蟲也，居陸名猋、在水名蜬。古者貨貝而寶龜，周而有泉，至秦廢貝行錢。」

案：卜辭、象貝形，羅振玉釋貝是也（《增考．中》四一葉上）。

《綜類》二五三，出自《新》四三四六（《合》二九七一一），當作，《類纂》一九二七不誤。

〔孳乳表〕五九

796 Y1940 515 748 2026 748 2026 1278 3301 1653 4154 4078 0107 0107 541 1477 3710 1475 1085 2857 Y1944 792 2129 *

Y1363

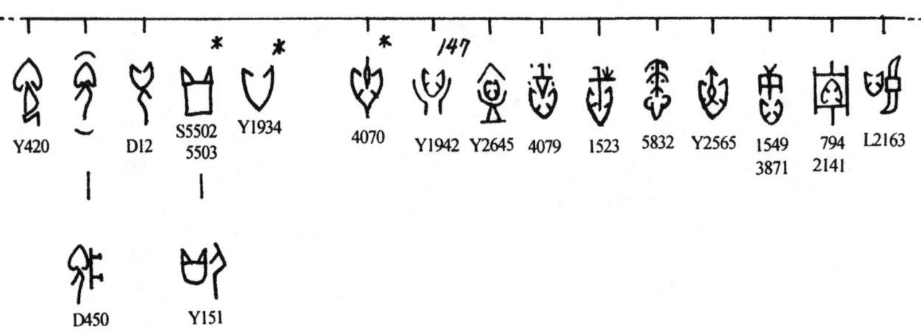

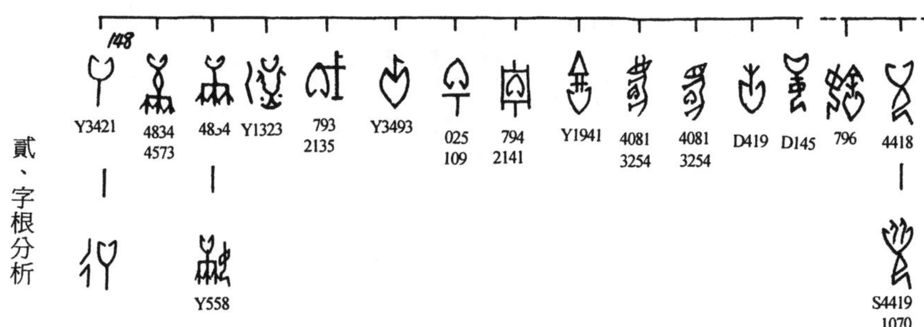
148
Y3421
4834
4573
48>4
Y1323
793
2135
Y3493
025
109
794
2141
Y1941
4081
3254
4081
3254
D419
D145
796
4418
Y558
S4419
1070

〔字根〕二三二 □ S.792 L.2129 G.1934

《說文》卷十心部：「□ 人心土臧也。在身之中。象形。博士說：『㠯爲火臧。』」

案：卜辭□、□（以下用△[1]表示），羅振玉釋貝（《增考．中》四一葉上），至于省吾始知其誤，于氏云：「甲骨文心字作△[1]，正象人心臟的輪廓形。甲骨文心字也省作□，有時倒作□□。商器祖乙爵作□，父己爵作□，……又甲骨文貝字作□，心貝二字截然不同。……甲骨文的寶、㝵、賓等字，均从貝作□，無一从△[1]。甲骨文的文字作□、商器的文簋作□，其所从的□與□即古心字，周代金文的文字从心者常見，無从貝者。這也是从心與从貝有別之證。」（《釋林》三六一頁，〈釋心〉）于說釐分心貝，論證精闢，可從。

《綜類》本部所收□（三二四頁），當作□，見《乙》五八六七。□、□、□重見黽部，□、□、□重見□部，□不从□，今刪。

〔字根〕二三三 S.4070 G.1945

《說文》卷十囪部：「 多遽悤悤也。从囪从心、囪亦聲。」

案：卜辭（《菁》一一・四）、《釋林》釋悤：「甲骨文有字……即悤字之初文，周器克鼎作、番生簋作、宗周鐘作、蔡侯盤作。《說文古籀補》釋總，並謂乃蔥之象形字。《金文編》謂『从在心上，示心之多遽悤悤也。《說文》云从心囪，囪當是之變形。』這是對的。」（《釋林》三六六頁〈釋心〉）于說援金文之已知以證甲骨之未知，可從。若為指事符號，以示心之通耳。

〔孳乳表〕六〇

487 1225
488 1239
488 1239
0129
0154 1243
812 2203
1143
Y3401
Y1885

〔字根〕二三四　S.487 L.1225 G.1908

《說文》卷四羽部：「　鳥長毛也。象形。」

案：卜辭、，象羽形，唐蘭釋羽是也（《文字記》九葉下~十葉下），象羽形。

〔字根〕二三五　G.1885

《說文》卷十囟部：「　毛巤也。象髮在囟上及毛髮巤巤之形也。此與籀文子字同義。」

案：卜辭（《合》一八三九三），一見，《類纂》一八八五未釋。愚桉金文巤作（師寰簋），上象髮在囟上毛髮巤巤之形，下从羽聲，聞一多云：「金文巤从羽。陳夢家云：『羽為聲符，《說文》昱从立聲，卜辭作翌，或直作羽，是羽古一讀如立，而翌中之立則為注音聲符，立巤音同，是知巤本以羽為聲也。』案陳說郅確……」（《聞一多全集》二第五九七頁〈璞堂雜識〉）卜辭與金文巤全同，下所从羽與《乙》七五七七同形，釋巤無可疑也。

〔孳乳表〕六一

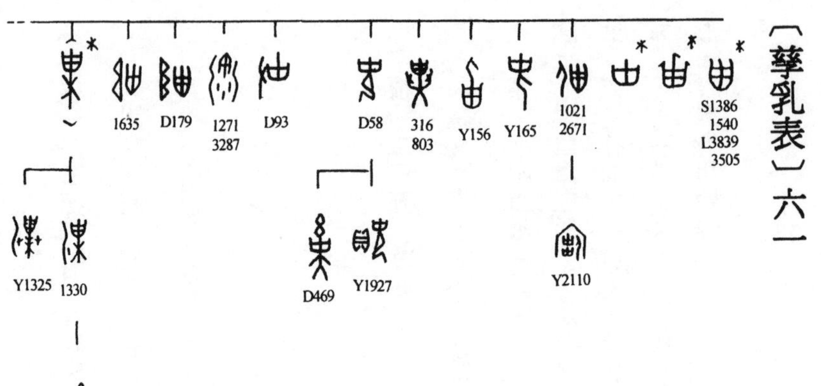
1635
D179
1271
3287
D93
D58
316
803
Y156
Y165
1021
2671
S1386
1540
L3839
3505
Y1325
1330
D469
Y1927
Y2110
L3396

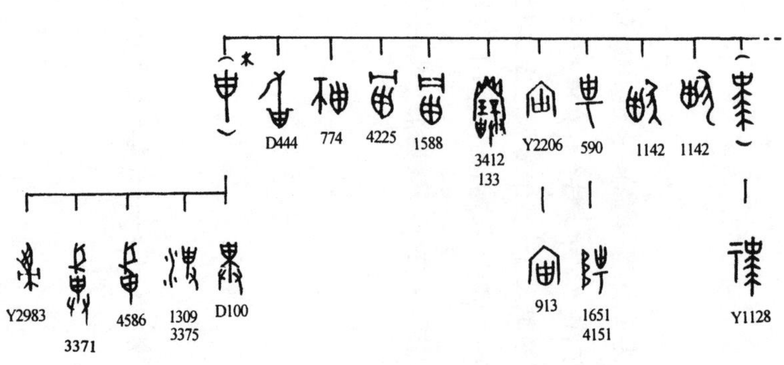
D444
774
4225
1588
3412
133
Y2206
590
1142
1142
Y2983
3371
4586
1309
3375
D100
913
1651
4151
Y1128

〔字根〕二三六 𠙹 S.1386 1540 L.3839 3505 G.1099

《說文》卷十二甾部：「𠙹 東楚名缶曰甾。象形也。𠙹 古文甾。」

案：卜辭 𠙹𠙹、與小篆由形同，于省吾謂皆當釋甾是也（《釋林》六九頁，釋甾），卜辭叚 𠙹 爲西。

〔字根〕二三七 巢

《說文》卷六巢部：「巢 鳥在木上曰巢、在穴曰窠。从木象形。」

案：卜辭無巢，而有从巢之 灤、《釋林》云：「此字从水巢聲，即古灤字。西周器班簋地名的巢字作 巢，和灤之从巢可以互證。……灤字从灤作 巢，只象木上有巢形。」（四一九頁〈釋灤〉）于說釋巢與《說文》合，字从木、上象巢形。

〔字根〕二三八 𠁩

字不識。

案：卜辭 𠁩、𠁩 象持 𠁩 捕豬之形，則 𠁩 當爲工具之一種，上所从似 𠙹 而當非甾字。

〔孳乳表〕六二

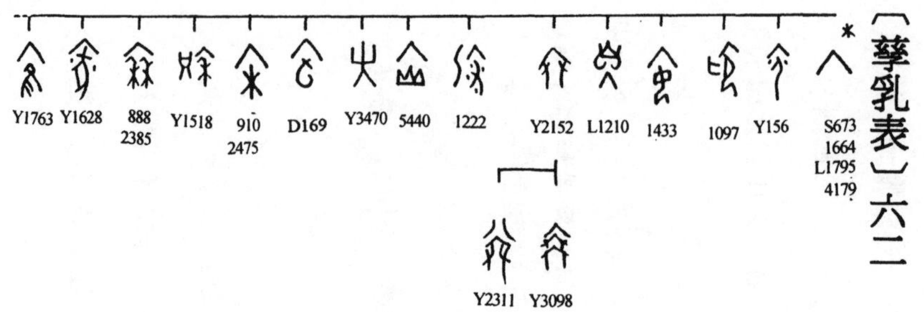
Y1763
Y1628
888 2385
Y1518
910 2475
D169
Y3470
5440
1222
Y2152
L1210
1433
1097
Y156
S673 1664 L1795 4179
Y2311
Y3098

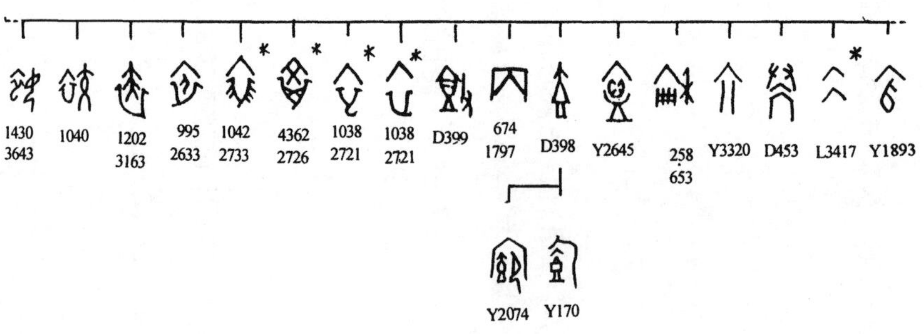
1430 3643
1040
1202 3163
995 2633
1042 2733
4362 2726
1038 2721
1038 2721
D399
674 1797
D398
Y2645
258 653
Y3320
D453
L3417
Y1893
Y2074
Y170

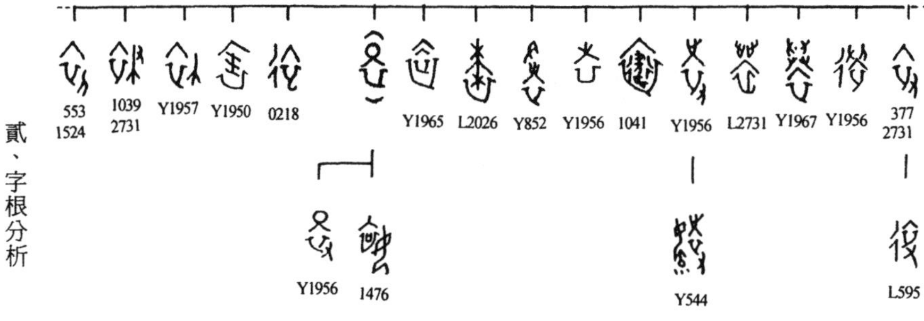
553
1524
1039
2731
Y1957
Y1950
0218
Y1965
L2026
Y852
Y1956
1041
Y1956
L2731
Y1967
Y1956
377
2731
Y1956
1476
Y544
L595

L0595

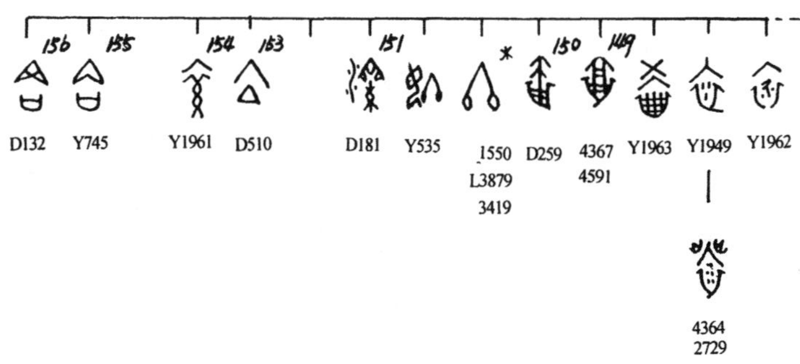
156
155
154
153
151
150
149
D132
Y745
Y1961
D510
D181
Y535
1550
L3879
3419
D259
4367
4591
Y1963
Y1949
Y1962
4364
2729

〔字根〕二三九　∧　S.673,1664 L.1795,4179 G.1947

《說文》卷五入部：「入　內也。象從上俱下也。」

案：卜辭∧、羅振玉釋入（《增考・中》六六葉下）。其構形則眾說紛紜，林義光謂象銳端之形（《文源》）、張日昇謂象箭鏃之銳，爲鏃之本字（《金文詁林》三四二四頁）、白川靜謂象土穴、屋室之戶口（《說文新義・卷五下》一〇六三～一〇六四頁），康殷以爲介（盧省，《文字源流淺說》三三五頁），皆可參。

字卜辭或用爲六、于省吾以爲「契文六字作∧形者，皆為早期兆側之記數字，其應用於文辭中者則作∩∩介介……城子崖圖版拾陸六字作∧。」（《駢三》、三十二頁上）是六、入同形，皆可作∧（唯六、入義皆抽象，本義難知），卜辭文辭中合文亦多作∧，如：[illegible]（六旬，《佚》七六六或釋下旬）。[illegible]（六山，《寧》一・一三五）。

字或用爲下，如[illegible]（下乙）、[illegible]（下己、參《簡明辭典》二四頁，二八頁）。

字亦用爲宀如[illegible]即[illegible]（《文編》九一〇號），方述鑫以爲∧介同字（《四川大學學報》一九八六年二期，〈說甲骨「∧」字〉，可參）。

字亦可爲A之省，如食或作[illegible]（《簠天》一）、侖或作[illegible]（《乙》三〇七、于省吾釋侖、《釋林》一一一頁）。

《綜類》本部有[illegible]（一七七頁、各家釋炎），字當作炎、釋汏，見大部說明，又有[illegible]（一四九頁），采自《前》五・八・一，細查原拓，當作[illegible]、釋教。

《綜類》索引本部所列字多與它部重見，此固爲檢索方便所必須，今本書旨在探索卜辭孳乳，則不當在此部者自當刪除。今以□、□、□、□、□、□、□、□、□、□、□、□入矢部；□□已見大部；□□入八部；□、□入爵部；□入爾部、□入矢部；□、□、□入□部。

〔字根〕二四〇　〈〈　L.3417 G.3532

《說文》卷十一《部：「仌　凍也。象水冰之形。」

案：卜辭〈〈（《簋游》十五）一見，王襄釋《，或是，辭云「……曰坐《」，當爲地名，無義可尋。

〔字根〕二四一 □ S.1038 L.2721 G.1948,1949,1951

《說文》卷八衣部：「□ 依也。上曰衣、下曰常。象覆二人之形。」

案：卜辭□、象領袖襟衽之形，羅振玉釋衣是也（《增考．中》四二葉下）。唯羅氏以□□亦衣，非。□當釋卒，見卒部。□當釋依，見《集釋》二六三三頁。

〔字根〕二四二 □ S.1038 4362 L.2726 G.1948

《說文》卷八衣部：「□ 隸人給事者爲卒，古目染衣爲識，故从衣一。」

案：卜辭□□、王襄釋卒（《簠考．雜事》十三葉下）。象衣有題識。又卜辭□、舊說皆從羅振玉釋衣，近裘錫圭以爲亦當釋卒：「賓組卜辭大量使用寫作□□等形的『卒』字，同時也使用『□』。《合集》9520—9524是五片賓組成套卜甲，9522的『王□賓翌日』一辭、9524作『王□賓翌日』，可證『□』是『卒』的異體。在用作表意偏旁時，『衣』間有作『□』的現象，這跟『人』和『大』作為表意偏旁有時可以通用是同類的現象，不能用作『□』當釋為『衣』之證。出組和何組卜辭不用□一類『卒』，而大量用『□』，何組的『□』往往把『尾巴』拖得很長，作□、□等形，顯然是為了跟一般的『衣』字相區別，其為『卒』字實無可疑。」

（〈釋殷虛卜辭中的卒和褘（摘要）〉）裘說區辨精微，當可從。以聲音言，上古音衣在微部開口三等(*ʔjər)、卒在物部合口一等(*tswət.ts'wət)，二字韻爲陰入對轉，蓋□本即□，而稍異其末筆以資區別，仍因□字以爲聲。唯其形本相叚、音又同源，故偏旁中□□或可通用。

〔字根〕二四三 □ S.1042 L.2733 G.1955

《說文》卷八裘部：「□ 皮衣也。从衣、象形，與衰同意。□ 古文裘。」

案：卜辭□、羅振玉釋裘：「《說文解字》裘古文省衣作□，叉卣作□，此省又作□、象裘形，當為裘之初字。……卜辭中又有□者，王國維謂亦裘字，甚是。蓋□為已製為裘時之形，□則尚為獸皮而未製時之形，字形略屈曲，象其柔委之狀。」（《增考・中》四二葉下～四三葉上）案、羅釋□爲裘，極塙，唯謂□爲□省又，實顛倒歷史，紊亂文字之演變次序。□本象毛在外之皮衣，後以形與衣近，故加又聲作□（見次卣、次尊），後以音同形近，又作□（衛盉）、□類化爲衣，从求聲（此猶鳴本从雞口、後雞形類化爲鳥、此例古文字常見）。至於□（求）則象多足蟲（參求部），非裘之初字。不然如羅說柔委未製爲衣之獸皮亦可名裘，則未削之竹可以名箭、未煣之木可以名輪，恐無是理也。

〔字根〕二四四　S.1550 L.3879 3419 G.3100

《說文》仌部：「　四時盡也。从仌从，、古文終字。　古文冬从日。」

案：卜辭、葉玉森釋冬，以爲象枝垂葉落或殘餘一二敗葉碩果之形（朱芳圃《文字編·十一卷》六葉下引）、郭沫若則謂象二榛實相聯而下垂之形。姚孝遂以爲本象綠絲之器（《小屯南地甲骨考釋》一三五頁），其詳未聞。三說孰是，待考。

〔孳乳表〕六三

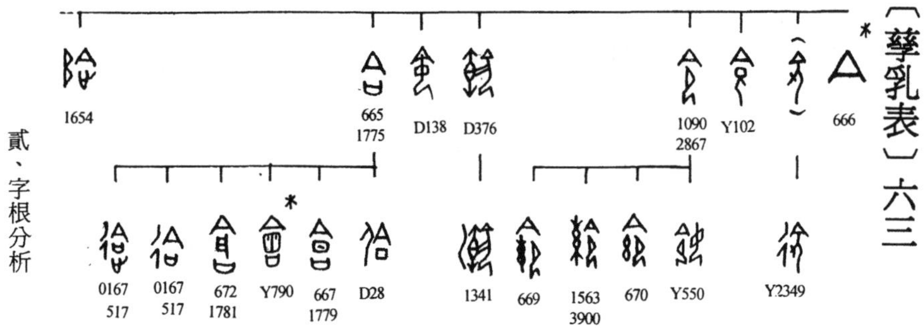
1654
665 1775
D138
D376
1090 2867
Y102
666
0167 517
0167 517
672 1781
Y790
667 1779
D28
1341
669
1563 3900
670
Y550
Y2349

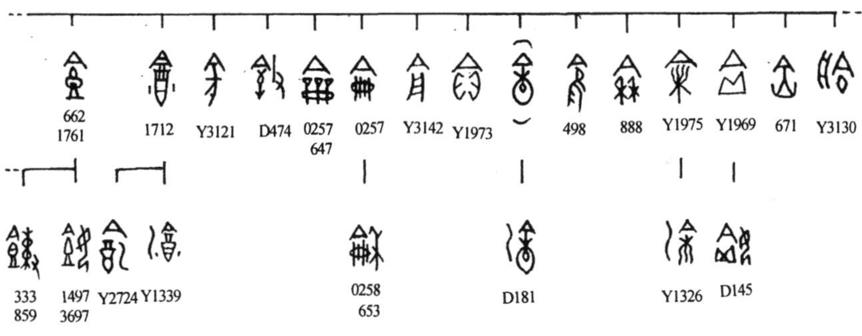
662 1761
1712
Y3121
D474
0257 647
0257
Y3142
Y1973
498
888
Y1975
Y1969
671
Y3130
333 859
1497 3697
Y2724
Y1339
0258 653
D181
Y1326
D145

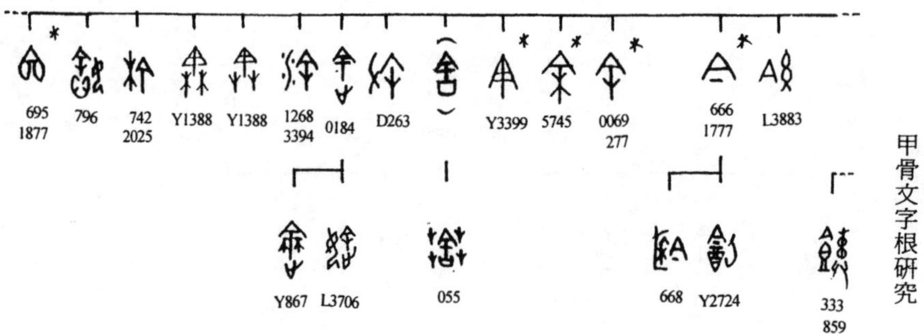
695
1877
796
742
2025
Y1388
Y1388
1268
3394
0184
D263
Y3399
5745
0069
277
666
1777
L3883
Y867
L3706
055
668
Y2724
333
859

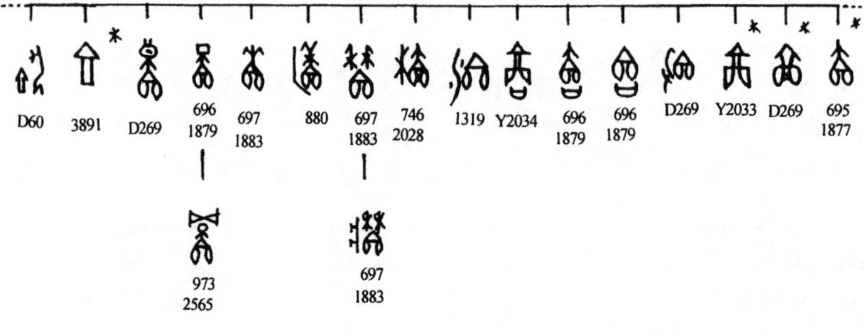
D60
3891
D269
696
1879
697
1883
880
697
1883
746
2028
1319
Y2034
696
1879
696
1879
D269
Y2033
D269
695
1877
973
2565
697
1883

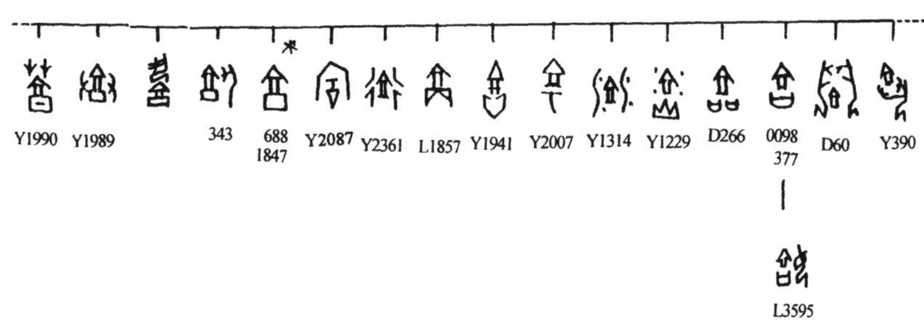
Y1990
Y1989
343
688
1847
Y2087
Y2361
L1857
Y1941
Y2007
Y1314
Y1229
D266
0098
377
D60
Y390
L3595

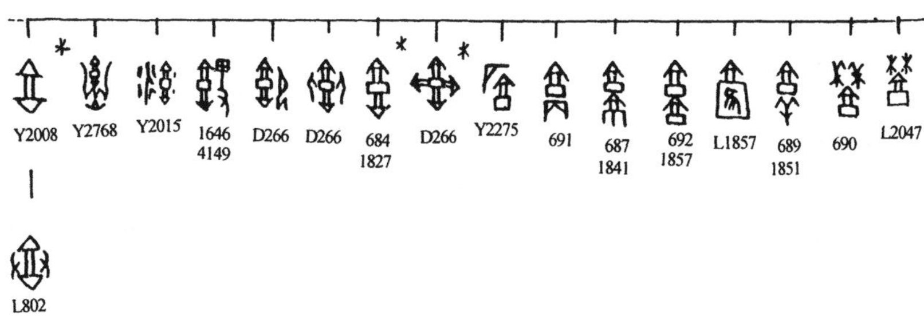
Y2008
Y2768
Y2015
1646
4149
D266
D266
684
1827
D266
Y2275
691
687
1841
692
1857
L1857
689
1851
690
L2047
L802

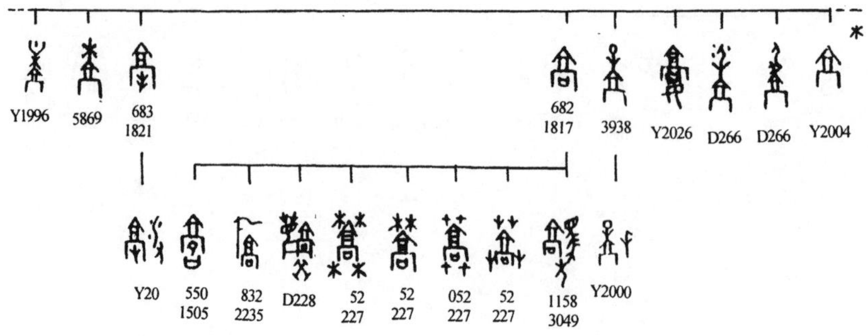
Y1996
5869
683
1821
682
1817
3938
Y2026
D266
D266
Y2004
Y20
550
1505
832
2235
D228
52
227
52
227
052
227
52
227
1158
3049
Y2000

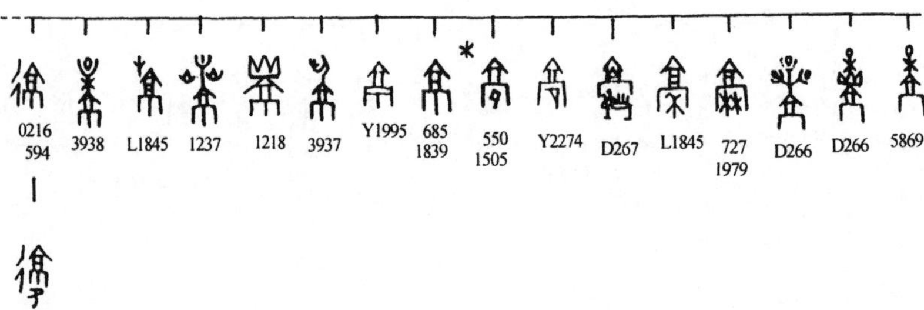
0216
594
3938
L1845
1237
1218
3937
Y1995
685
1839
550
1505
Y2274
D267
L1845
727
1979
D266
D266
5869
D326

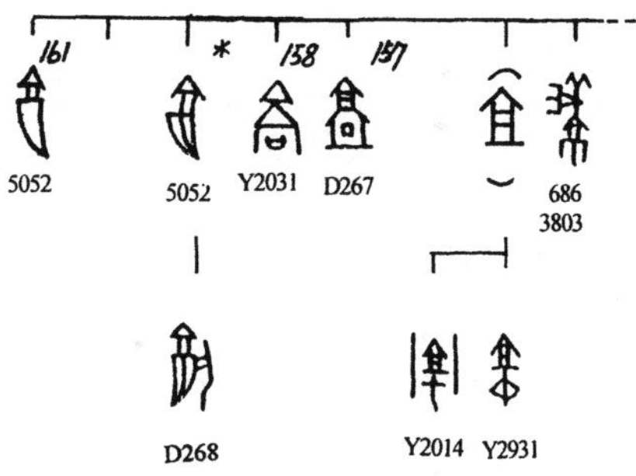
161
*
158
157
5052
5052
Y2031
D267
686
3803
D268
Y2014
Y2931

〔字根〕二四五　亼　S.666

《說文》卷五亼部：「亼　三合也。从入一，象三合之形。」

案：卜辭亼、皆用爲是時之今，無用爲三合之義者，然推其初誼，二者當爲一字，亼象倒口形，以孳乳字爲證：亼口象上下兩口相合，字或作 合（《集釋》一七七五頁亼口合皆釋合，極是）、食 象以口就皀而食（《集釋》一七六一引戴家祥說「上象器蓋，下即簋之初文」，如此仍是簋，如何有「食」意），酓 象以口就酉而歙（《文編》一七一二釋酓，注云「《說文》酓字从歙」）、龠 象以口吹龠，故龢从龠而有和意。以異體字而言，亼口又作 合 已如上述，食又作□（《乙》三二七「隹大□」即大食，《文編》六六二以爲同字）；卜辭侖、自組卜辭多作 □（裘錫圭說，見〈說字小記—說去今〉）。綜上所述，知林義光云亼爲口之倒文，侖、龠、食、令、命皆从倒口（《文源》一·九上，六·二二下~二三上），說不可易。惟林氏以爲亼亦口字，則未達一間，亼與今聲音當極近，《釋林》以爲今假亼爲之，係於亼下附加一橫以示區別，而仍因亼字以爲聲（四五五~四五六頁），極是。周代古音亼在緝部開口三等(*tsjiəp)、今在侵部開口三等(*kiəm)，韻爲陰陽對轉，商代音當更接近（齒音與牙音上古當有互通者，如檢（牙音）而从僉（齒音）聲是也，然今之聲韻學家皆論不及此）。

《綜類》本部所收□□爲竽之初文，當入于部。

〔字根〕二四六 □

《說文》無。

案：卜辭無□，而有从□之□（《合》一〇三〇），《類纂》790釋會，可從。會於金文作□（屭羌鐘）、□（趠亥鼎）、□（鄶始鬲），顧鐵符云：「銅器中有一對和西漢陶器中的合相仿的器物，器成半球形、平底、兩側有橢圓形的環，蓋略平，上面有三個環紐。……《說文》說：『會、合也。』所以會與合意思相通，從器名來說，會也就有可能與合有類似之處，或者合就是會的演化。《儀禮．公食大夫禮》說：『宰夫東面坐，啟簋會，各卻于其西。』〈士喪禮〉說：『敦啟會，卻諸其南。』〈士虞禮〉又說：『祝酌禮、命佐食啟會。』……傳世銅器中⿱石羊氏⿰金會的銘文『⿱石羊氏詹作膳⿰金會』（《貞松堂吉金》圖中三九、《集古遺文》一一．三），既然有器自名為⿰金會，這明明說會是獨立的器。」（《文參》一九五八年一期六頁，〈有關信陽楚墓銅器的幾個問題〉）桉銅器自名爲⿰金會，則⿰金會自是銅器名，⿰金會从會聲（故《儀禮》之會當即⿰金會），會當从合囪聲，然則囪當即⿰金會之初文。屭羌鐘所以與附圖頗接近。傳世⿰金會雖未見商器，然⿰金會之器名必有所受，疑卜辭□即象器形，因與合（器近）近，故又加合爲形符，即《儀禮》之會，至春秋又加金旁而成銅器自名之⿰金會矣（囪無所歸，故附於會所屬之亼部發之）！（《鄴》三四．八有□二一文，《文編》五〇二一號，疑字即□，即會之初文，□下橫線爲蝕痕）。

⿰金會

采自《中國青銅器》167頁

〔字根〕二四七　□　S.666 L.1777 G.1968

《說文》卷五△部：「□　是時也。从△㇏，㇏，古文及。」

案：卜辭□，羅振玉釋今是也（《增考．中》七七葉上）。《集釋》疑今叚△爲之（惟《集釋》無△字），增「一」以示與△有別（一七七八頁），極塙。去來今之意義均屬抽象，無由造字，故皆叚他字爲之。裘錫圭以爲今象倒曰形，爲唫噤之初字（裘說見〈說字小記—說去今〉）。□从△增一，爲合體指事字。

〔字根〕二四八　□　S.69 L.277 G.1978

《說文》卷二八部：「□　語之舒也。從八、舍省聲。」

案：卜辭□、□、□，羅振玉釋余（《增考．中》七一葉下）。至其形構，龍宇純先生以爲螔蜍之象形（《中國文字學》二四〇頁），《字典》謂象以木柱支撐屋頂之房舍（七二頁）。待考。

《合》一三三三　□，《類纂》三三九九未釋，以□亦作□（《乙》三四〇一）例之，當亦余字。金文亦有余字，作□（盂鼎）、□（舀鼎）等，郭沫若以爲即琭之古文（《金文叢考》二五二頁、〈釋非余〉）、聞一多以爲本義指畬刀（《聞一多全集》二、第五五九頁，〈釋余〉），均持之有故，而證據不足。《集釋》云「其義不詳」（二七八頁），最爲矜慎。

〔字根〕二四九　S.695 L.1877 G.2016

《說文》卷五亩部：「　穀所振入也，宗廟粢盛蒼黃亩而取之，故謂之亩。从入、回象屋形，中有戶牖。

　亩或从广禀。」

案：卜辭　，孫詒讓釋亩（《舉例．下》卅六葉下）。陳夢家云：「亩作　，象露天的堆穀之形。」（《綜述》五三六頁）可參。　、　二形《字典》疑爲亩之異文（六一三頁），姑從其說。

〔字根〕二五〇　S.3891 3892

《說文》卷十四矛部：「矠　矛屬。从矛害聲。」

案：卜辭　　近十見，即吉字口上所從，于省吾以爲「象豎起來的句兵」（《駢三》、二八頁），朱芳圃則以爲「黃濬《鄴中片羽初集》（下四）有銅器作　形，題曰『蟠夔古兵』，蓋即此物。當為矠之初文，《說文》矛部：『矠……』……从聲類求之，古文吉从曷从害得聲之字例相通用，如《楚辭．遠遊》『意恣睢以拮矯』，《文選．潘岳射雉賦》『眄箱籠以揭驕』，拮矯即揭驕。《書．泰誓》『予曷敢有越厥志』，敦煌本曷作害，是　之為矠，猶拮之為揭、曷之為害矣！」（《釋叢》五頁，〈釋吉〉）桉傳世矛屬頭端皆作　狀（如附圖），與卜文酷似。吉从　音相通，故後世　之音讀爲矠。

矛
馬承源《中國青銅器》
61、61頁

朱說形音兩洽，又有古器物之證，當可從。

旭昇案：以上爲余舊說。其實此形恐仍爲「斧鉞」類之「王」或「士」字。甲骨文「吉」字作□（鐵一五九・一，以$\triangle_1$代表）、□（戩十・三，以$\triangle_2$代表）、□（戩一六・一，以$\triangle_3$代表。除$\triangle_2$外，餘參甲骨文編第九八號）。此字$\triangle_1$上端所从，葉玉森以爲「甲」字（《說契》第三頁）、于省吾以爲象句兵形（《駢》三第二八頁）、朱芳圃則以爲「秸」之象形（《釋叢》第五頁）、魯師實先以爲「啬」字之古文（《文字析義》第七二二頁）、裘錫圭以爲于說爲是，（《古文字論集・說字小記・說吉》第六四五頁）。旭昇案：以上各家所釋唯限於甲骨文「吉」字之第一形，於第二、三形則闕而不說，然甲骨文「吉」字第二形明明从「王」、第三形明明从「士」，諸家似皆以爲此二形爲第一形之訛變，故均不予討論，然金文「吉」字作□、□等形（第一形見師楇鼎，第二形見毛公厝鼎。參《金文編》第一四四號），口上均从王、从士（甲骨文王、士同形），其與甲骨文第二、三形同，至爲明白，金文未見有與甲骨文第一形同形者，則甲骨文「吉」字第二形从王、第三形从士，與金文同形，蓋無可疑。然而甲骨文「吉」字从王、从士，何所取義乎？蓋取於斧鉞之堅實義耳。甲骨文「吉」字第一形，裘錫圭釋云「**古人是在具有質地堅實這一特點的勾兵的象形符號上加上區別性意符『口』，造成吉字來表示當堅實講的吉這個詞的**」（說字小記），說當可從。惟上部之偏旁僅籠統稱之爲句兵，不夠明確。此形實亦斧鉞之象形，特其方向與$\triangle_2$$\triangle_3$上下相反而已。據此，「吉」字上部所从實爲斧鉞耳。惟此說不敢必，姑與舊說並存以俟世之賢者。（參士部，及拙作〈談甲骨文中「耳、戉、王、士」部中一些待商的字〉，第三屆國際中國古文字學研討會，香港中文大學主辦，一九九七・十・一五至一七）秸部亦姑保留。

八十九年元宵節增訂補記

〔字根〕二五一　□　S.688 L.1847 G.1982

《說文》卷五亯部：「□　獻也。从高省，□象孰物形。《孝經》曰：『祭則鬼亯之。』□　篆文亯。」

案：卜辭□，羅振玉從吳大澂說謂象宗廟之形，釋亯（《增考．中》十七葉上）。

〔字根〕二五二　□　S.684 L.1827 G.1987

《說文》卷五𩫏部：「□　度也，民所度居也。从回象城𩫏之重，兩亭相對也，或但从口。」

案：卜辭□、□，象城𩫏之重，王國維釋𩫏（《觀堂集林．卷三．明堂廟寢通考初本》）是也。

〔字根〕二五三　□

見《合》七〇五六：「己未卜，徒□眔□。」字不識。从之者有□，見《後》下一二．一六：「……亦……王……□……□。」辭殘，義不詳。

〔字根〕二五四　S.682 L.1817 G.2004

《說文》卷五高部：「　崇也。象台觀高之形，从冂口，與倉舍同意。」

案：卜辭　、羅振玉釋高（《增考・中》七三葉下），又有　，《文編》六八二亦釋高。字象台觀高形，　已足表示高狀，加「口」形恐係避免與　、　字混淆。

〔字根〕二五五　S.685 L.1839 G.1995

《說文》卷五京部：「　人所爲絕高丘也。从高省，丨象高形。」

案：卜辭　、　、　，羅振玉釋京（《增考・中》七葉上）。《集釋》云：「古文篆文京高字均略同，當亦與高同意。」（一八三九頁）可從。

字或省作　，从之者有　（《綴合》三〇一）、　（《乙》四五四三）、（《後》上一六・四）从此。

〔字根〕二五六

字不識，　从此。　見《存》二、七五〇。

〔孳乳表〕六四

895 2427 *
1664 4179 * — D444
926
Y2091
Y2066
951
4181
Y2061
935 2488
931 2485
Y2082
Y2066
915 2491
4174 1063
D274
D278

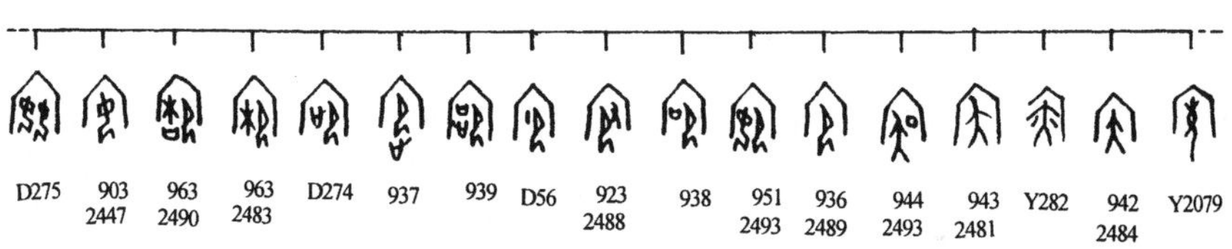

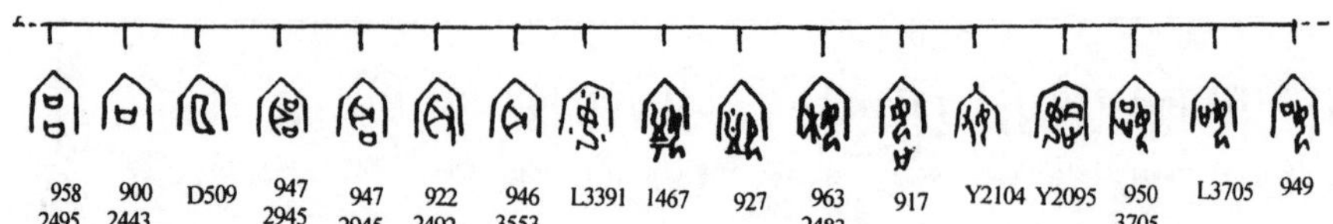
958
2495
900
2443
D509
947
2945
947
2945
922
2492
946
3553
L3391
1467
927
963
2483
917
Y2104
Y2095
950
3705
L3705
949

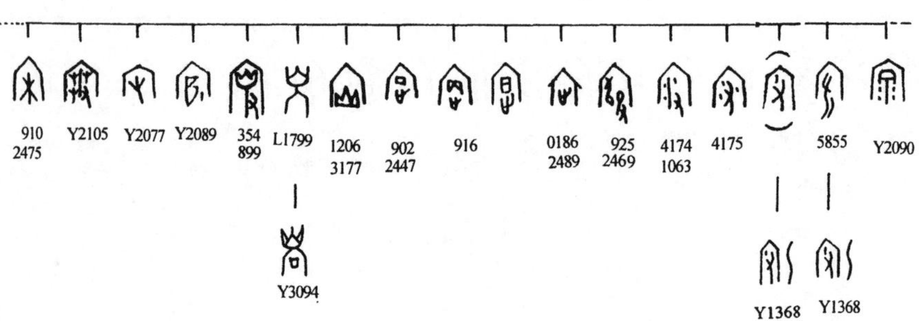
910
2475
Y2105
Y2077
Y2089
354
899
L1799
Y3094
1206
3177
902
2447
916
0186
2489
925
2469
4174
1063
4175
Y1368
5855
Y1368
Y2090

D272 Y1752 D474 941 Y2130 Y2046 896 2429 D277 896 2429 D277 L2492 1046 2943 960 2503 601 2471 Y2093 762

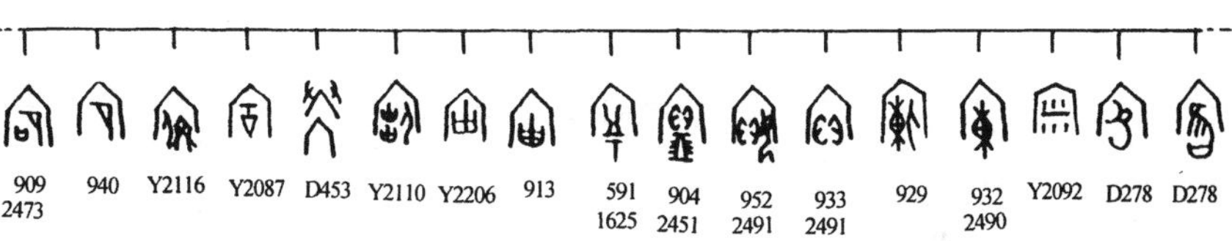

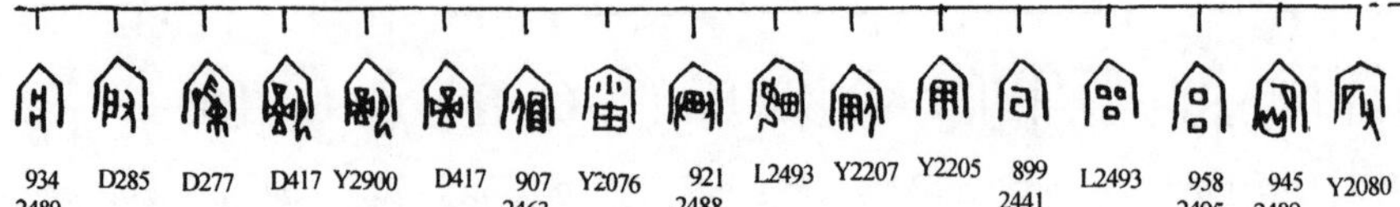
934 2489
D285
D277
D417
Y2900
D417
907 2463
Y2076
921 2488
L2493
Y2207
Y2205
899 2441
L2493
958 2495
945 2489
Y2080

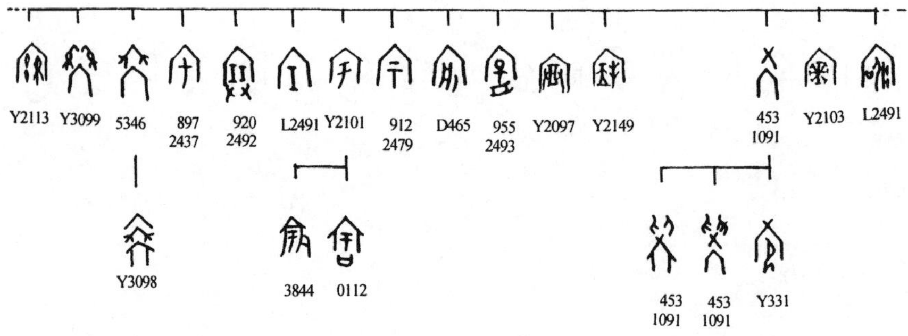
Y2113
Y3099
5346
897 2437
920 2492
L2491
Y2101
912 2479
D465
955 2493
Y2097
Y2149
453 1091
Y2103
L2491
Y3098
3844
0112
453 1091
453 1091
Y331

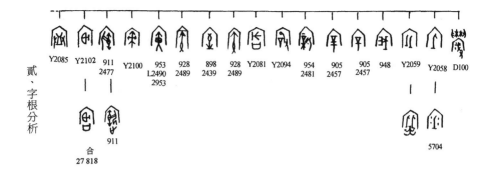

Y2085 Y2102 911 2477 Y2100 953 L2490 2953 928 2489 898 2439 928 2489 Y2081 Y2094 954 2481 905 2457 905 2457 948 Y2059 Y2058 D100

合 27 818 911 5704

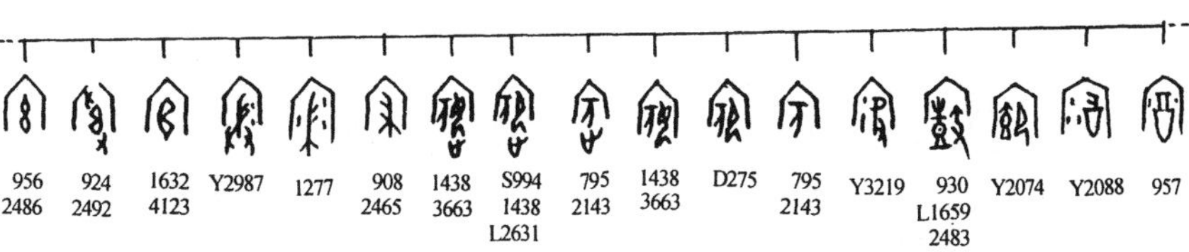

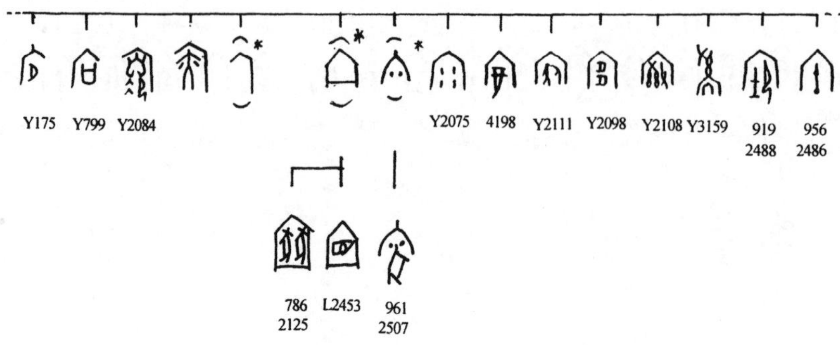
Y175
Y799
Y2084
Y2075
4198
Y2111
Y2098
Y2108
Y3159
919 2488
956 2486
786 2125
L2453
961 2507

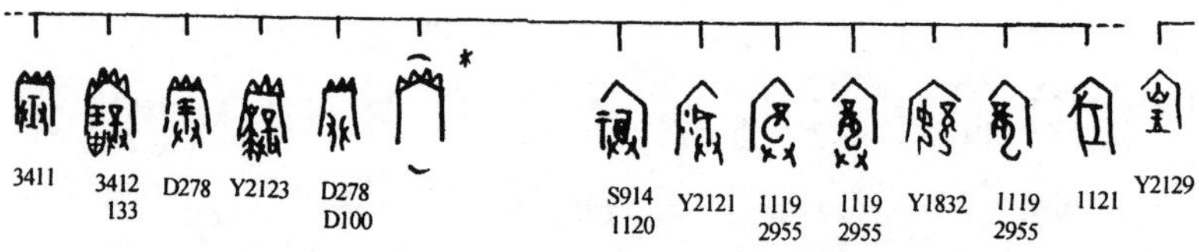
3411
3412 133
D278
Y2123
D278 D100
S914 1120
Y2121
1119 2955
1119 2955
Y1832
1119 2955
1121
Y2129

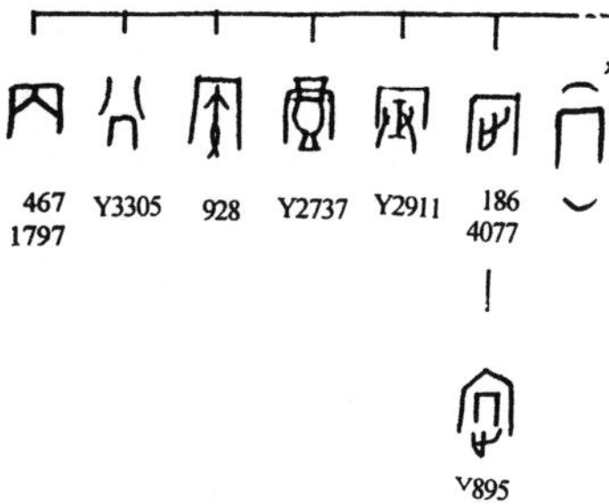
467
1797
Y3305
928
Y2737
Y2911
186
4077
V895

〔字根〕二五七　[glyph]　S.1664 L.4179 G.3679

《說文》卷十四六部：「[glyph]　易之數侌變于六、正于八。从入八。」

案：卜辭[glyph][glyph]《羅振玉釋六（《增考．中》一葉下），丁山以爲六入同字（數名古誼）。《字典》云：「[glyph]象兩壁架有一極兩宇之棚舍正視形，此為田野中臨時寄居之處：即古之所謂廬，《說文》：『廬、寄也。秋冬去、春夏居。』廬六古音近，古[glyph]得叚為數詞六。而作[glyph]形者乃象圓形或方形圍牆上架以屋頂……實為宀之初文。[glyph]與[glyph]形近，故卜辭皆借為數目字六。」（一五二九～一五三〇頁）綜合以上三說，卜辭作 ∧ 者與入同形，故丁山從《說文》以爲六假入爲之，惟卜辭六作 ∧ 皆見於兆序及合文，其餘卜文中皆作 [glyph]。作[glyph]者，徐氏謂即廬，廬六音近故得相假，此說釋形、音最合理，然無佐證。徐氏又釋 [glyph] 爲宀，以爲[glyph]形近，故亦得叚爲六。夫[glyph]本一字，《乙》八八九六「辛未卜乍[glyph]」、《乙》八八一二作「辛未……乍[glyph]」，足證二者無別。于省吾氏嘗疑宀音「武延切」爲漢以後訛音，以爲當讀爲宅（《釋林》三三六頁）。若然，宀可以疑爲宅之初文，亦自可疑爲廬之初文，廬六音近，故得相叚，其作 ∧ 者則只取 [glyph]之上半，叚借而稍易其筆，此卜辭所常見，非从入也。金文入作[glyph]（《金文編》八六〇號），家室所从宀作[glyph]（《金文編》一一八二～一二五〇號），六作[glyph]（二三五〇號），亦从宀，不从入。

〔字根〕二五八　S.895 L.2427 G.2036

《說文》卷七　部：「　交覆深屋也。象形。」

案：卜辭、《續文編》釋宀（七卷十七葉下）。《集釋》謂象房屋正視之形（二四二七頁）。《釋林》以爲象宅形，即宅之初文，後世訛讀武延切（《釋林》三三三～三三七頁）。其釋義與舊說相近，釋音則並無任何證據，恐難成立。

〔字根〕二五九

《說文》卷七穴部：「　土室也。从宀，八聲。」

案：卜辭無單字穴，而有从穴之（《拾》五．七　《佚》七七五），葉玉森、商承祚皆釋突，从穴从犬，當可從。商代一般居室有所謂半穴居者，其作法爲先向地下挖一方形或長方形坑穴，挖出之泥土則堆於坑穴四周，形成土牆，土牆之上覆以茅草以爲屋頂（參《商周考古．第二章第四節二、宮殿建築與貧民窟》），《詩．大雅．綿》「陶復陶穴」，即此之謂。《說文》訓穴爲土室，亦謂此，唯謂穴从八聲，似有可商。卜辭作，从宀下二點，不从八，二點或象通氣孔穴、或爲指事符號，尚難確指。

〔字根〕二六〇　冃

《說文》卷七曰部：「冃　小兒及蠻夷頭衣也。从冂、二其飾也。」

案：卜辭無冃、而有从冃之冑及冑，孫常敘釋冃爲曰：「冑、《合集》拓印分明：冑字所从之冃都是左右側直筆兩腳下垂超過它們所夾的橫筆的。……這段卜辭中的冑㝵兩字，管燮初、楊潛齋、陳邦懷三位先生都釋為冒毋，分別見於《殷虛甲骨刻辭的語法研究》頁三十五和《殷代社會史料徵存．卷上》頁五～六。……殷代青銅冑的盔體正面形象與卜辭冑字所从的冃相同，試比較冑冃……冃形是殷冑盔體用以齊眉覆額護頭部份，左右兩腳下垂的冃，突出它兩側覆耳的部份，從殷虛實物看殷虛文字，可知冑所从之冃正是冑的盔體象形。」（《古文字研究》十五輯二三五～二五一頁，〈釋冑㝵——兼釋各云，般冑〉）孫文以實物證冃即冂若曰，當可從。

安陽殷墟出土青銅冑　據《考古學報》一九七六年第一期圖版三選摹。

〔字根〕二六一　广

《說文》卷九广部：「广　因厂爲屋也。从厂，象對刺高屋之形。讀若儼然之儼。」

案：卜辭無广，唯於偏旁中有之，作广，與冂之別在左右少一堵牆，《說文》謂广「因厂爲屋」，當可信。

〔字根〕二六二

《說文》卷九屵部：「屵 岸高也。从山厂，厂亦聲。」

案：卜辭無，而有从之字，唐蘭釋屵：「卜辭从屵之字有嶭及[illegible]，其偏旁作等形：本象高山之形，眾峰矗峙其上，其衍變殆如次：

則屵（）與屵（）當是一字也。《說文》：『屵……』按《說文》字金文作，是可為，古通，則屵即屵也。」（《文字記》四八頁、〈釋屵〉）唐謂屵屵一字，又謂一字，當可從。惟卜辭已是會意字，後世作岑，猶象形字，只得釋屵，以別于。

〔字根〕二六三　冂

字不識。

案：卜辭無冂，而有从冂之字。[illegible]、羅振玉釋処（《增考》六四葉上）。惟金文處作[illegible]、[illegible]（《金文編》二二七一號），从人處几上，或加虍聲；小篆訛爲几旁止，已失初誼。卜文止在冂下，尤非處意。竊疑冂當釋冂，《說文》：「冂　覆也。从一下垂。」即冪。惟無塙證，姑存此以備考。

〔孳乳表〕六五

*

617 1685 | 1019 2671 | 1019 2671 | Y1244 | D455 | 530 | D455 | Y3109 | 528 1405 | Y3113 | 997 2635 | Y3101

321 | 1595 4008 | 997 | Y2116 | 0198

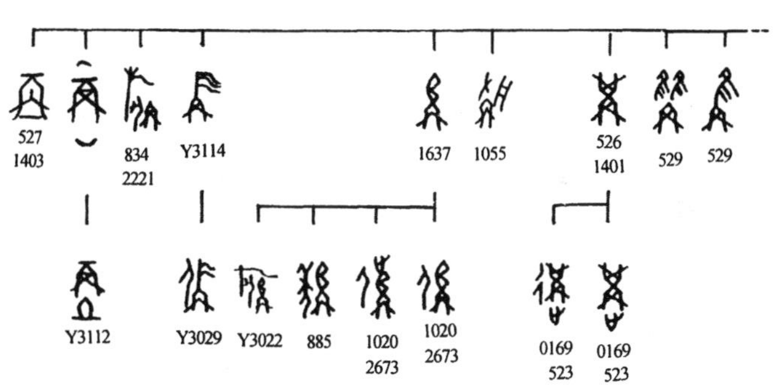

〔字根〕二六四 □

《說文》卷九冉部：「□ 毛冉冉也。象形。」

案：卜辭□，商承祚釋再（《佚考》九九四號），陳邦懷釋舉（《集釋》一四〇六頁引），唐蘭謂从□之□（《前》七・一・三）象覆甾之形、□（《綜類》四五五）象兩甾背疊、□（《綜類》四五四）象以手舉覆甾之形（〈獲白兕考〉）。《集釋》謂□象以手挈物之形，但不能確言所挈何物耳（一四〇八頁）。徐中舒謂□象魚形（《字典》四四四頁），形頗近之，然不知何所據。《類纂》三二〇一隸定□爲冉。以上諸說不同，商氏釋再，而卜辭再作□；陳氏釋舉、無據；唐氏釋甾，而卜辭甾作□（參□部）。以卜辭从□之字諸家皆隸爲从冉言，《類纂》釋□爲冉，似可從。金文从冉之字與卜辭形近，如再作□（《金文編》六四〇）、冓作□（《金文編》六三八），唯冉字作□（《金文編》一五八〇），單字字形與偏旁字形相去較遠，當係訛變已劇，小篆冉當從此出。

〔孳乳表〕六六

*

0185 577 | 421 1085 | 313 | D279 | 482 1209 | 3394 | 3410 | Y2149 | D58 | Y230 | 4730 | 4730 | Y2137 | Y3110 | 1677 4231

436 1086

Y762 | Y1200

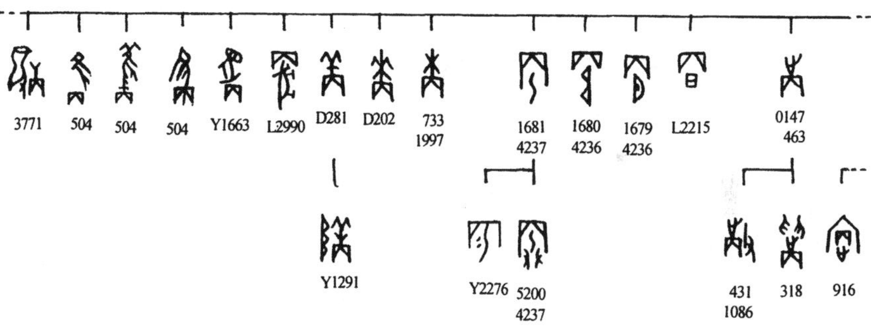

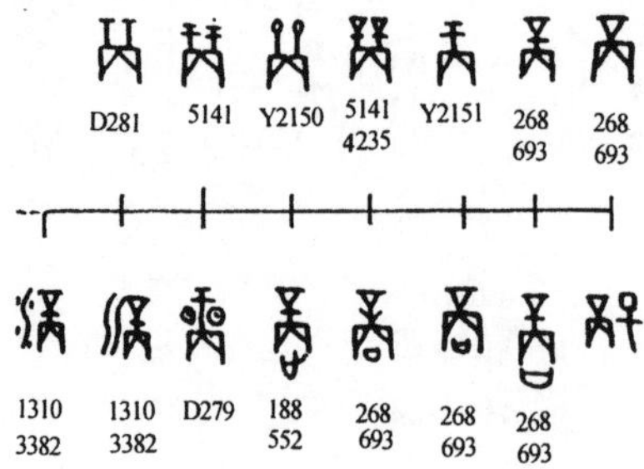

Y2217 | 5149 | 5140 | 267 691 | D279 | 1682 4237 | L1857 | 691 | 1381 3487

Y2034

163 | * | * | *

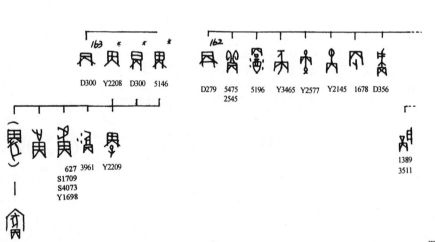

D300 | Y2208 | D300 | 5146

162

D279 | 5475 2545 | 5196 | Y3465 | Y2577 | Y2145 | 1678 | D356

627 S1709 S4073 Y1698 | 3961 | Y2209

1389 3511

Y2130

〔字根〕二六五　丙　S.1677 L.4231 G.2131

《說文》卷十四丙部：「丙位南方，萬物成炳然，侌氣初起，昜氣將虧。从一入冂，一者昜也。丙承乙，象人肩。」

案：卜辭丙、羅振玉釋丙（《增考・中》三葉上）。郭沫若謂象魚尾（《甲研・釋干支》），于省吾謂象底座（《駢枝》三一葉）。《集釋》以為于說頗適切，惜音義無徵（四二三二頁）。

〔字根〕二六六　[glyph]　S.5146 L.1709 G.2208

《說文》卷五皿部：「[glyph] 盧，飯器也。从皿𠧞聲。[glyph] 籀文盧。」

案：卜辭[glyph]、[glyph]、[glyph]、[glyph]，于省吾釋盧，上象鑪之身、下象款足，即盧之初文（《駢續》二十～二三頁，〈釋盧〉。又見《釋林》三〇頁）。

〔孳乳表〕六七*

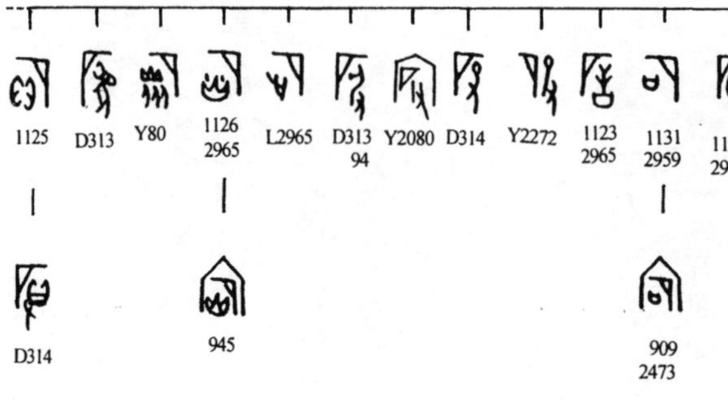
1125
D313
Y80
1126 2965
L2965
D313 94
Y2080
D314
Y2272
1123 2965
1131 2959
1127 2965
Y2259
Y2269
D314
1122 2957
D314
945
909 2473

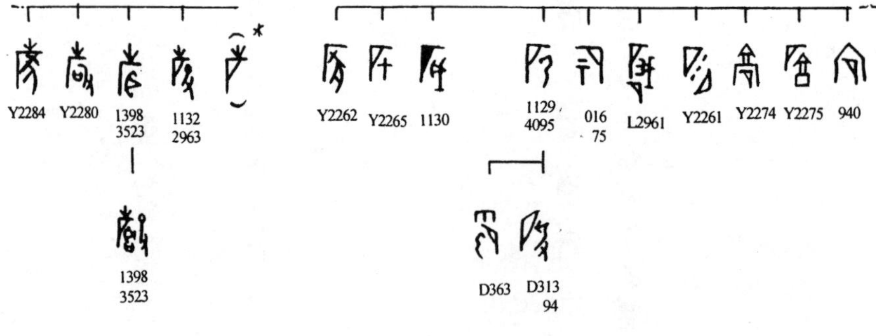
Y2284
Y2280
1398 3523
1132 2963
Y2262
Y2265
1130
1129 4095
016 75
L2961
Y2261
Y2274
Y2275
940
1398 3523
D363
D313 94

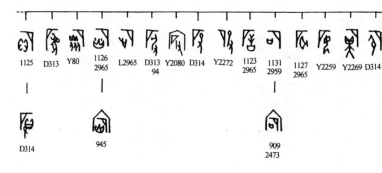

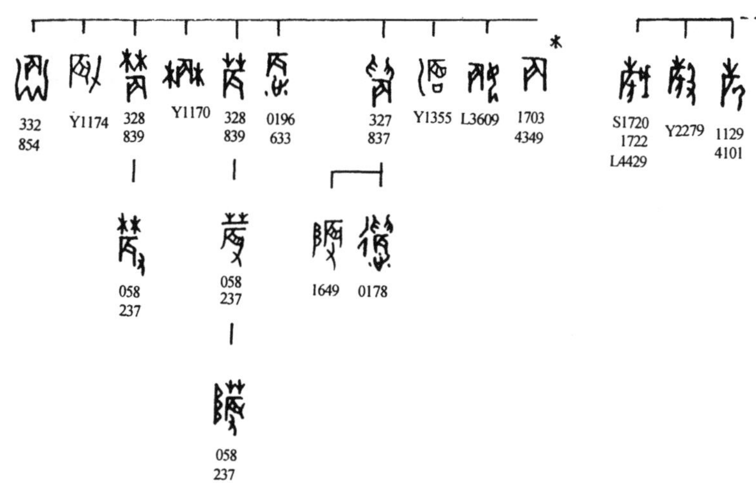
332
854
Y1174
328
839
Y1170
328
839
0196
633
327
837
Y1355
L3609
1703
4349
S1720
1722
L4429
Y2279
1129
4101
058
237
058
237
1649
0178
058
237

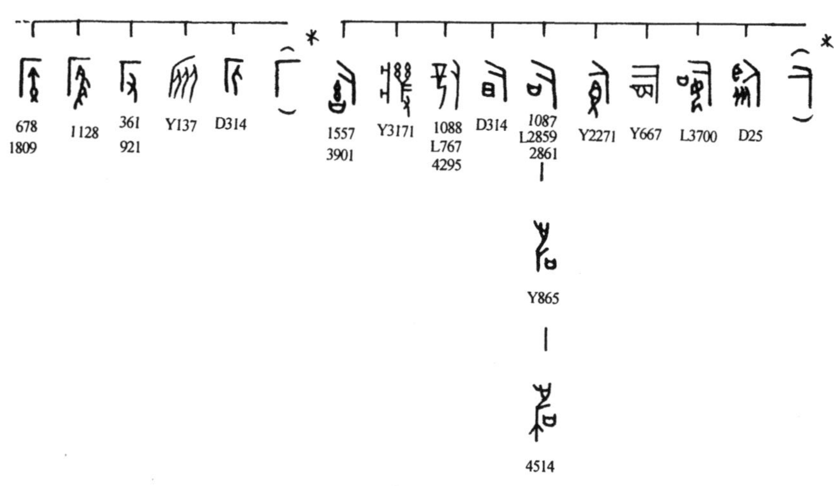
678
1809
1128
361
921
Y137
D314
1557
3901
Y3171
1088
L767
4295
D314
1087
L2859
2861
Y2271
Y667
L3700
D25
Y865
4514

D313
1124
1867
Y2998
908

〔字根〕二六七 □ S.1122 1131 L.2957 2959 G.2151

《說文》卷九石部：「□ 山石也。在厂之下，口象形。」

案：卜辭□即石，此由从石之孳乳字石旁皆作□可以得知，《集釋》亦云□當即石之古文（二九五七頁），然仍囿於小篆形體，遂從《續文編》說以□爲厂，以□爲石。卜辭□當隸定爲□，厂部當作□（參厂部）。

〔字根〕二六八 □

《說文》卷九石部：「□ 石樂也。从石，屵象懸虡之形，殳所以擊之也。古者毋句氏作磬。□ 籀文省。□ 古文从巠。」

案：卜辭無單字□，从之者有殸、□、□等。字从石，上爲磬飾，即磬之初文，王國維云：「□即《說文》屵字，許云『屵、岸上見也』，實則中象磬飾，□象懸磬。」（《古籀疏證》二七葉下），王說□之字形是，唯隸定爲屵則非。字直接隸定當作声。

〔字根〕二六九　S.1703 L.4349 G.1165

《說文》卷十四辰部：「　震也。三月昜氣動，靁電振，民農時也，物皆生。从乙匕。匕象芒達，厂聲。辰、房星，天時也，从二，二、古文上字。　古文辰。」

案：卜辭　，吳紹瑄謂顧鐵僧釋為蜃之初文（〈釋辰〉，《說文詁林》辰字條下引）。葉玉森以為字从厂从手形，厂即山石之厓巖，手摵厓石，會意為振動，即古振字（《前釋》一卷四十三葉上）。胡光煒以為字象人推耒，象人耕之形（《說文古文考》）。裘錫圭以為「有人認為辰象犁，有人認為辰象收割禾穗的蚌刀或石刀，顯然都難以相信」（《古文字論集・甲骨文中所見的商代農業》，頁一六六）。甲骨文中用為十二支之辰。

〔字根〕二七〇

字不識

案：卜辭　，唯見於孳乳字之偏旁中。从之者有　（《文編》一〇八七），羅振玉釋司（《增考・中》二〇葉）；或作　、葉玉森以為亦司字（《前釋・六卷》二五葉上）；《集釋》從《說文》體例定為后字，又謂　與　似為一字（二八六〇頁）。金文司、后與卜辭同形。林義光以為后从口从反人（《文源》）；高田忠周以為后从口从匕（《古籀編・三十六》第二六頁）；金祥恆先生謂《說文》磬之古文作　，从　巠聲，　為后之異文，而后石為一字（《中國文字》十冊四~六頁（〈釋后〉）；張鳳以爲司所从之[字形]、象耜形、亦象織機置紗之叉形（〈安陽武官村出土方鼎銘文考釋〉《上海中央日報文物周刊》第九期）。馬敘倫《六書疏證》（十七、四九）、朱芳圃《釋叢》（一〇二頁），皆以爲司从口从倒匕（七柶）。以上眾說紛紜，莫衷一是。考《說文》司从反后，后从口、象人之形。唯以甲金文字形言，[字形]若[字形]所从之[字形]、[字形]實與人形、反人（林義光說）不相近似。卜辭反人爲匕，作[字形]（參匕部），不作[字形]。其餘从匕、从石、象耜、倒匕，皆乏確證，難成定論。除[字形][字形]外，卜辭其他从[字形]之字亦皆難以確知其本義，姑立以爲字根，其義則從闕待考。

〔字根〕二七一　[字形]

《說文》卷九厂部：「厂　山石之厓巖人可凥。象形。」

案：卜辭無[字形]，而有从[字形]之字，辭云「[字形]……」（《合》二〇〇四三），《類纂》二九八八釋庰，所从之[字形]當即《說文》厂。他如[字形]从又厂（《集釋》九二一頁），[字形]从厂从夆（《文編》一一二八條注），皆以[字形]爲厂。然《集釋》二九五七、《文編》一一二二仍以[字形]（石）爲厂，不可從。

〔孳乳表〕六八

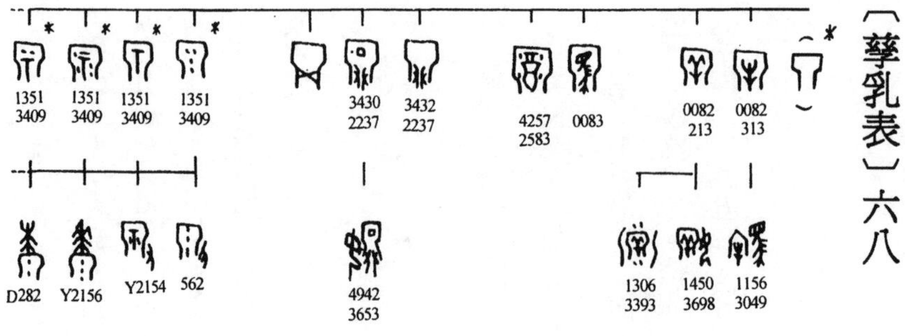
1351
3409
1351
3409
1351
3409
1351
3409
3430
2237
3432
2237
4257
2583
0083
0082
213
0082
313
D282
Y2156
Y2154
562
4942
3653
1306
3393
1450
3698
1156
3049

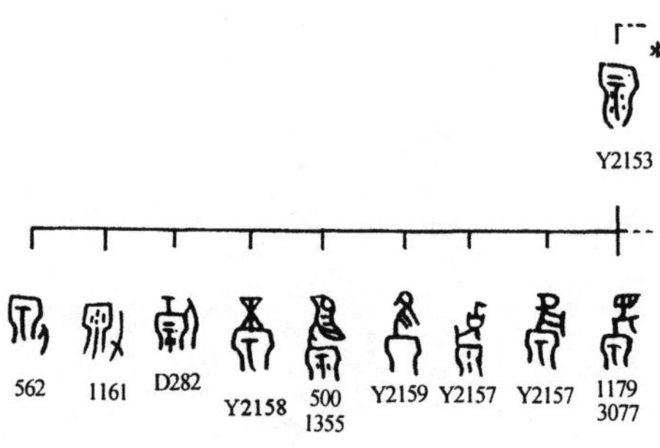
Y2153
562
1161
D282
Y2158
500
1355
Y2159
Y2157
Y2157
1179
3077

〔字根〕二七二

《說文》卷二牛部：「 閑也，養牛馬圈也。从牛、冬省，取其四周帀。」

案：卜辭無單字，偏旁中有之，羅振玉釋爲牢：「牢為獸闌，不限牛，故其字或从羊。」（《增考．中》十二葉下～十三葉上）桉羅說稍誤，卜辭爲經圈養多滌牲，其未經圈養者則但名牛羊耳（《古文字研究》九輯二五～三六頁姚孝遂〈牢窂考辨〉有詳說）、然則所从之當即《說文》牢之初文，字象養牛馬圈。

〔字根〕二七三　S.1351 L.3409 G.2153

《說文》卷十一泉部：「 水原也。象水流出成川形。」

案：卜辭、象泉涓涓流出形，羅振玉釋泉是也（《增考．中》九葉下）。

〔孳乳表〕六九

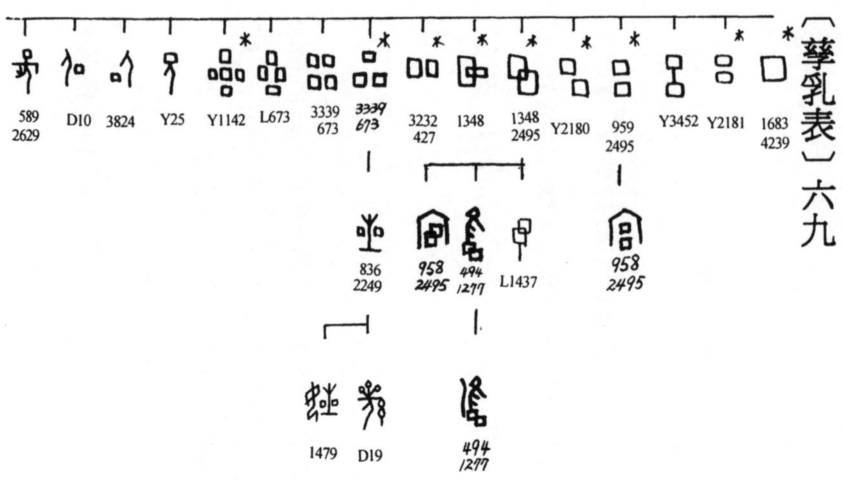

589 2629
D10
3824
Y25
Y1142
L673
3339 673
3339 673
3232 427
1348
1348 2495
Y2180
959 2495
Y3452
Y2181
1683 4239
836 2249
958 2495
494 1277
L1437
958 2495
1479
D19
494 1277

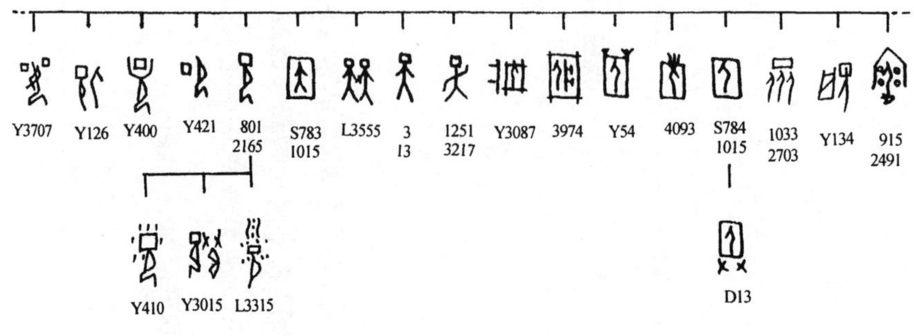

Y3707
Y126
Y400
Y421
801 2165
S783 1015
L3555
3 13
1251 3217
Y3087
3974
Y54
4093
S784 1015
1033 2703
Y134
915 2491
Y410
Y3015
L3315
D13

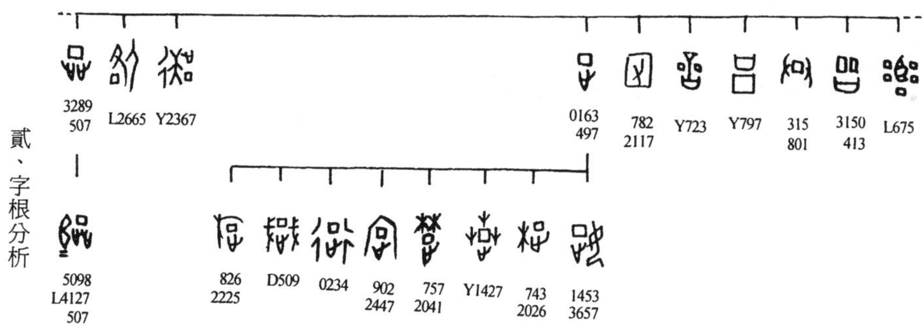
3289 507
L2665
Y2367
0163 497
782 2117
Y723
Y797
315 801
3150 413
L675
5098 L4127 507
826 2225
D509
0234
902 2447
757 2041
Y1427
743 2026
1453 3657

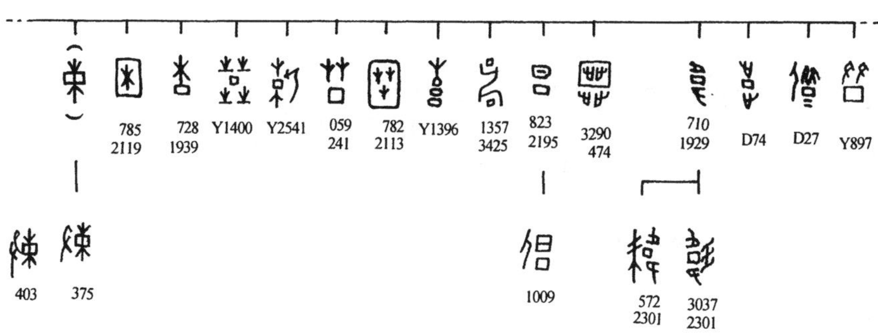
785 2119
728 1939
Y1400
Y2541
059 241
782 2113
Y1396
1357 3425
823 2195
3290 474
710 1929
D74
D27
Y897
403
375
1009
572 2301
3037 2301

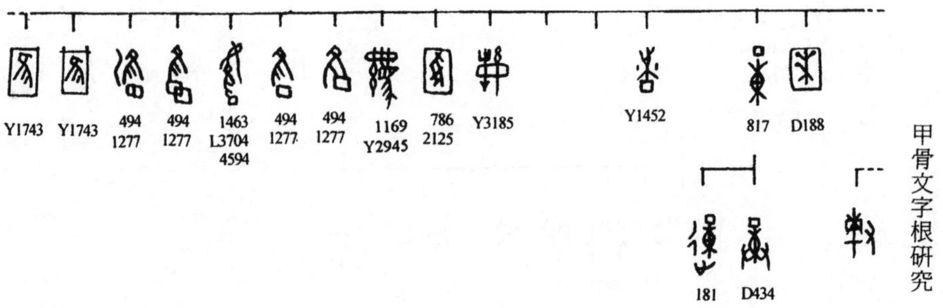
Y1743
Y1743
494
1277
494
1277
1463
L3704
4594
494
1277
494
1277
1169
Y2945
786
2125
Y3185
Y1452
817
D188
181
D434

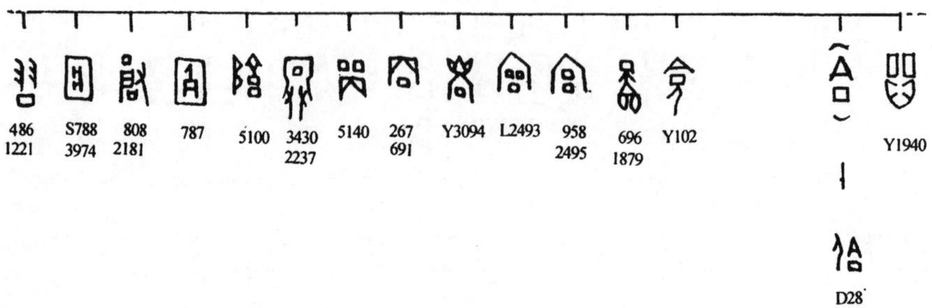
486
1221
S788
3974
808
2181
787
5100
3430
2237
5140
267
691
Y3094
L2493
958
2495
696
1879
Y102
Y1940
D28

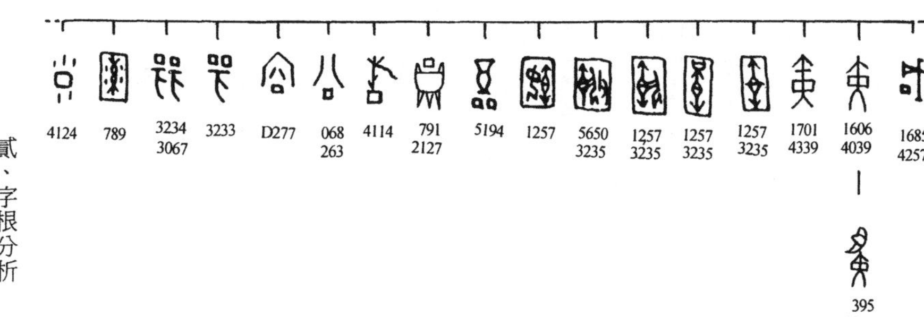
4124
789
3234 3067
3233
D277
068 263
4114
791 2127
5194
1257
5650 3235
1257 3235
1257 3235
1257 3235
1701 4339
1606 4039
1685 4257
395 1055

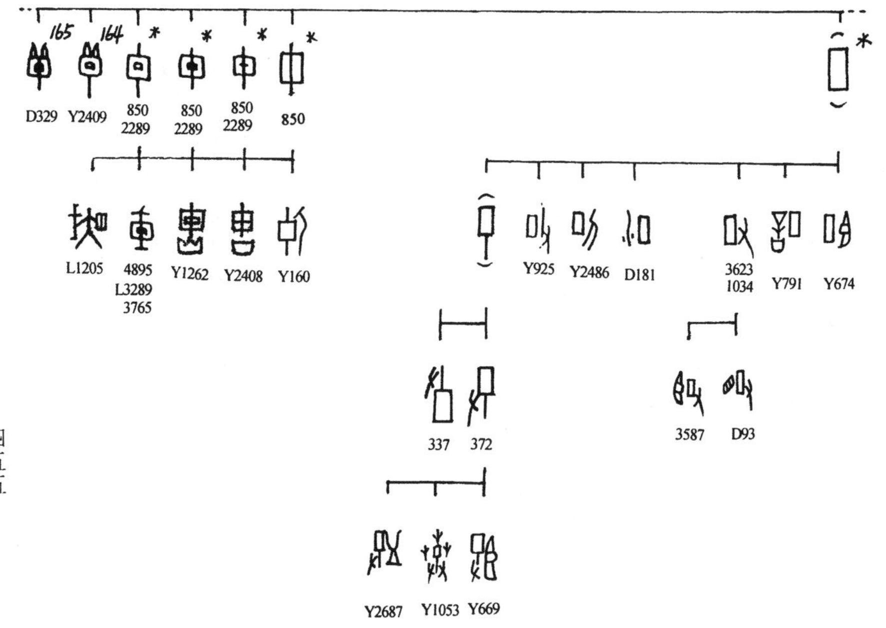
165
164
D329
Y2409
850 2289
850 2289
850 2289
850
L1205
4895 L3289 3765
Y1262
Y2408
Y160
Y925
Y2486
D181
3623 1034
Y791
Y674
337
372
3587
D93
Y2687
Y1053
Y669

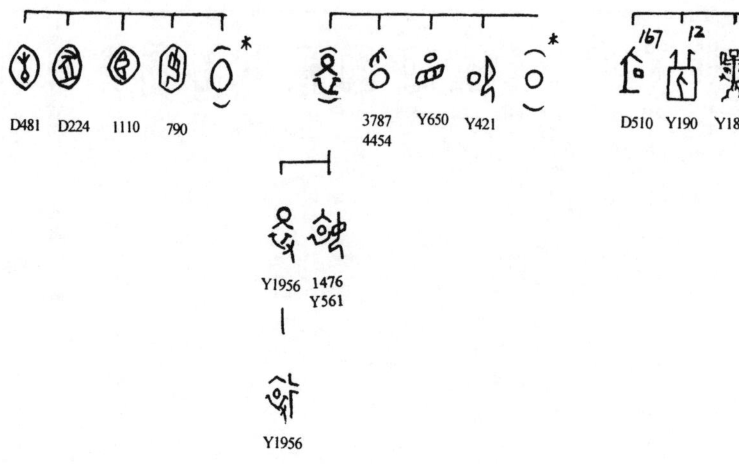
D481 D224 1110 790
3787 4454 Y650 Y421
D510 Y190 Y1874 Y3291
Y1956 1476 Y561
Y1956

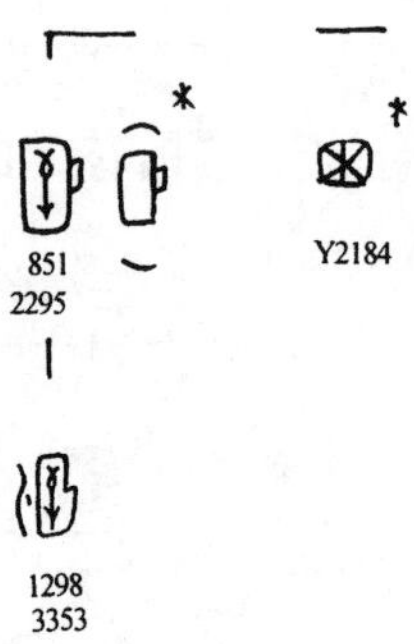
851 2295
Y2184
1298 3353

〔字根〕二七四 □ S.1683 L.4239 G.2179

《說文》卷十四丁部：「个 夏時萬物皆丁實。象形，丁承丙、象人心。」

案：卜辭□、○，羅振玉釋丁（《增考．中》三葉上）。至其形構，說者多歧、郭沫若以為象魚睛（《甲研》一六六頁，〈釋干支〉）、葉玉森以為象人顛頂（《前釋．一卷》四十葉上）、吳其昌引朱駿聲說以為象釘鐕（《金文名象疏證》）、唐蘭以為象金鉼（《文字記》一〇五～一〇八頁、〈釋丁〉），諸家之說形於音均有可采，《集釋》以為象釘形（四二五〇頁）。

與□（丁）形近者有□（圍），大別之，□（丁）字形小、□（圍）字形大；□（丁）無其他偏旁、□（圍）中多有其他偏旁，然二者亦有不易區別處。學者多以□（丁）□（圍）別字，而吳匡先生則以為二者本為一字之分化，其說尚未發表，難以論斷。請與下頁□（圍）字參看。

〔字根〕二七五 □

《說文》卷六□部：「□ 回也。象回帀之形。」

卜辭無單字□，而於偏旁中有之，□、王襄以為从二□相背，从□，□、圍也（《類纂．五卷》二七葉上）；□、羅振玉釋从□（圍）从□（《增考．中》七葉上），凡此□字，諸家皆釋為城邑之象，當可從。

囗與口字形全同，當以字義別之，唯亦有極難分辨者，如：□、羅振玉以爲从口（丁，《增考·中》六三葉下），然以意義言，字象人往城邑，因有征伐義（徐中舒說，《字典》一四六頁），與□从囗同意，釋爲从口（釘）則毫無意義。然則囗與口之關係似有待深入探討也。

〔字根〕二七六　□

《說文》卷七呂部：「□　脊骨也。象形。昔大嶽爲禹心呂之臣，故封呂侯。」

案：卜辭□（《金》五一一　《甲》一六四七），燕耘釋呂：「在帝乙、帝辛時代的王室卜辭有這樣一條：『王其鑄黃呂、奠血，叀今日乙未利』（《金》五一一）……『黃呂』一詞又見于《小屯殷虛文字甲編》第1647版……『丁亥卜大[貞]……其□黃呂……作凡利叀……』。春秋初年有個曾伯霥簠銘文中說：『余擇其吉金黃鏞，余用自作旅簠。』金文中的黃鏞就是甲骨文中提到的『黃呂』，因為古代从膚聲的字和从呂聲的字讀音相通，《說文》指出膚字古代又作臚，而《左傳·定四年》『鑪金初官于子期氏』，據《經典釋文》所說鑪字一本作鑢，《玉篇》中把鋁鑪當作一字……。早期金文中呂字也填實作□，……從文字偏旁來看金文中的『金』字早期都从□，『鈞』字作□或作□，都可作為呂或鏞是金屬的強證。」（《考古》一九七三年五期二九九頁，〈商代卜辭中的冶鑄史料〉）燕說通貫甲金文，形義適洽，當可從。卜辭又有□（《存》一·一四五二），辭殘，義不可知，然字形與小篆呂字同，不知亦是呂字否（呂與□（宮）形近，故加｜作□以別之歟）？

〔字根〕二七七　吕　S.959 1348 L.2495 G.2180

《說文》卷七宮部：「宮　室也。从宀、躳省聲。」

案：卜辭吕、吕、吕，象宮室俯視之形，羅振玉釋宮是也（《增考．中》十一葉下～十二葉上）。于省吾釋雍、亦可通：「雝字小篆作雝、隸變作雍，以契文雍己合文作吕及雝宮从吕聲證之，知金文吕字塙為雍之初文，契文作方形、金文作圜形者，以契刻易為方也。」（《駢三、雙劍誃古文雜識》十葉，〈釋赤吕市〉）周代古音宮在中部開口三等（*kjəwng）、雝在東部合口三等（*ʔjewng），韻俱近，又皆从吕得聲，於殷代本當一字。惟《說文》訓雝為雝渠，形亦小訛，故仍從羅說定吕為宮。

〔字根〕二七八　晶　S.835 L.2245 G.1142,1382

《說文》卷七晶部：「晶　精光也。从三日。」

案：卜辭晶、晶、晶，象眾星羅列之形，屈萬里先生釋星是也（《甲釋》一〇七葉）。惟星从晶生聲，其本字即晶，《集釋》隸定晶字為晶（二二四六葉），可從。又卜辭晶，《字典》疑為星之異體，以星或作晶（《前》七．二六．三）例之，似可從（《字典》二〇八頁）。

〔字根〕二七九 囗

字不識。

案：卜辭單字無囗，惟偏旁中有之，如：□（《綜類》九三頁），郭未釋（《粹考》一五二二片）、唐蘭以爲古文囗或作丨，因釋爲□（《天壤文釋》四十三葉上第三行），然卜辭又有□（《合》一九〇四五 《合》二二四五七），似可證□之非□。裘錫圭以卜辭□或作□（《乙》四八二一），因謂□（《六》中一〇八）即芟，所以□即殳（《古文字研究》四輯一五七頁，〈甲骨文字考釋，釋芟〉），此說證據不多，且縱能成立，囗爲何物何字，仍未能知。孫海波《文編》釋□爲□（三三七號）、釋□爲□（三七二號），然無說明。卜辭工或作□，不做□若□，《文編》580 工下所收□（《後》下一八・八）一文當爲□之誤摹，辭云「乙未卜夏貞今日子入駛□一乙𥡴」，《摹釋》二八一九五作□，不誤。

〔字根〕二八〇 □ S.850 L.2289 G.2407

《說文》卷七毌部：「□ 穿物持之也。从一橫□，□象寶貨之形。讀若冠。」

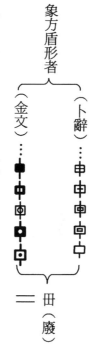

案：卜辭[字形]、[字形]、[字形]，孫詒讓釋田（《舉例・下》三三葉上），郭沫若謂田即盾之象形，後世作干，其字形演變如下（《金文叢考》一八八～二〇二頁，〈釋干鹵〉）

象方盾形者 ｛（卜辭）：[字形] [字形] [字形] [字形] [字形]；（金文）：[字形] [字形] [字形] [字形] [字形]｝＝田（廢）

象圓盾形者—（金文）：[字形] [字形] [字形] ——→ 干

郭釋田爲盾之象形文、極塙。考古發掘之盾正作[字形]形（見下復原圖，參《史語所集刊》二三本，石璋如〈小屯殷代的成套兵器〉）。唯郭說古有圓盾，似有可商。先秦古盾皆作方形，東周楚盾稍變化作[字形]，仍屬方形狀，惟上部配合人首稍作改進耳，先秦未見圓盾（參《考古》一九八九年一期七一頁，成東〈先秦時期的盾〉），郭釋《攈古錄》金文卷一之二第六七葉之[字形]爲田，似亦可再商。

殷墟小屯車馬坑出土戈、盾復原圖

又郭說干象圓盾既屬無稽，則郭謂田干一字，恐亦不然也（參干部）。

〔字根〕二八一　〇

《說文》卷六口部：「[字形] 圜全也。从口員聲，讀若員。」

案：卜辭無單字○，而偏旁中有之，如：□（《前》六・十・五），余永梁釋瑗（《殷虛文字續考》），于省吾謂「袁」從「○」聲，「○」即「圓」之本字（《商周金文錄遺序》），唐蘭亦以○爲圓之本字（《文字記》一○五頁，說明文字第二行），今從于唐二家說定○爲圓之本字。

〔字根〕二八二　□

《說文》卷九勹部：「□　裹也。象人曲形有所包裹。」

案：卜辭無單字□，唯□□□字从此。《文編》七九○釋□爲囟、一一○八釋□爲勹、一一一○釋□爲匍。《集釋》亦釋□爲包：「象人在腹中之形，與孕同意。」（二九○一葉）是□即勹，字形亦相近。

〔字根〕二八三 G.2184

《說文》卷十四車部：「輪 有輻曰輪，無輻曰輇。从車侖聲。」

案：卜辭（《合》一八六四四）字一見，辭云「……曰……」，辭殘，義不曉，金文有（觚），李孝定先生云：「**象車輪之形，當即輪之古象形文。**」（《詁林附錄》六八五頁）甲文與之相似，疑亦輪字。金文圓而甲文方者，刀筆難圓也。

〔字根〕二八四

《說文》卷七马部：「 舌也。舌體马马，从马、象形，马亦聲。」

案：卜辭，王國維釋函，謂象矢在函中（《靜安遺書》十六冊不嬰敦蓋銘考釋七葉下～八葉下）。極塙。《說文》形義兩訛，不可從。既象矢在函中，則即是函矣。金文有（《金文編》一一九〇、釋「宏」），从弓聲。足證甲金文雖未見單字，然皆从之，是當可以立爲字根也。

〔孳乳表〕七〇

5541* 835* 855* Y3417 S1652 5105 D177 Y2126 854 2315 1537 1707 5080

5100

〔字根〕二八五 □ S.855 L.2317 G.2124

《說文》卷七齊部：「□ 禾麥吐穗上平也。象形。」

案：卜辭□、□、□，與《說文》齊上所从同形，《集釋》云：「段注云『从二者、象地有高下也。禾麥隨地之高下為高下，似不齊而實齊。參差其上者，蓋明其不齊而齊也。』其說可從。」（二三一七頁）《文編》所收齊字中，□（《前》七・一四・一）實爲晶（星）字，象衆星之形，與《綜類》二八八□同字，當入晶部。□（《乙》九九二）實爲□（雹）之殘，見《丙》六一自知。

□从三穗，略爲一穗似亦同音義，□（《前》六・三五・四），《集釋》釋□，云「从□為□之省」（一七〇七頁）茲從此說，以□爲□之省。

〔孳乳表〕七一

577 Y671 Y2222 168 D486 166 D486 D439 1539 3831 Y1741 1538 3829 1537 1707 668 880 1536 3819 1536 3819

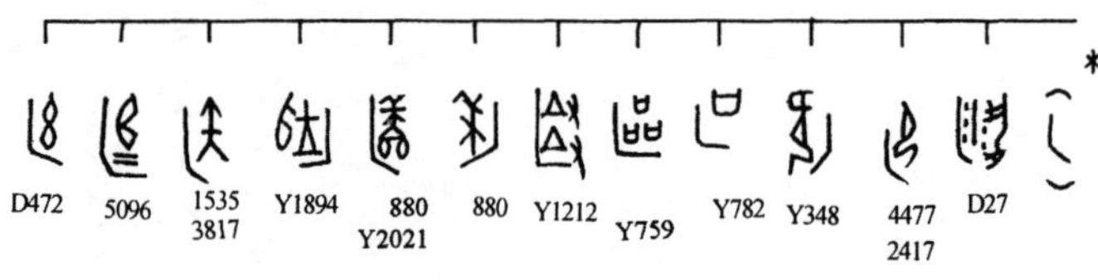

〔字根〕二八六　S.1536 L.3819 G.2247

《說文》卷十二匚部：「 受物之器。象形，讀若方。 籀文匚。」

案：卜辭、、，象受物之器，羅振玉釋匚是也（《增考‧中》三九葉下）。（《前》六‧三五‧四）字所从、與《說文》籀文形近。

〔字根〕二八七　G.2222

《說文》卷十二曲部：「 象器曲受物之形也。或說：曲、蠶薄也。 古文曲。」

案：卜辭（《人》二六八）字一見，《釋林》云：「即曲字的古文，商器曲父丁鼎作，其框內文飾之畫有繁有簡。漢無極山碑的『窈窕隈』，以為曲，而框內已省去文飾。《說文》：『、……』，按乃後起字，乃形之訛。」（四一三頁〈釋曲〉）于說引金石以證甲骨，可從。是卜辭、皆曲字。《續文編》又收（《甲》二六二四）、（《乙》七三八五）二文以為曲（十二卷二六葉下）。《甲》2624 考釋以為習刻字，《乙》七三八五一文與《說文》古文同，似可從。

〔字根〕二八八　乚

《說文》卷十二乚部：「乚　匿也。象迟曲隱蔽形。讀若隱。」

案：卜辭無單字乚，而有从乚之字。[甲骨字形]、《文編》三三三六云「疑區字」；[甲骨字形]、羅振玉釋医（《增考．中》四五葉上），可從。《說文》區、医俱从匸（胡禮切，與府良切之匚不同），《說文》釋匸云「匸　衺徯有所夾藏也。从乚、上有一覆之，讀若徯」，是匸之夾藏之意亦自乚得來，卜辭[甲骨字形]、[甲骨字形]从乚、篆文从匸，義本相同，可知卜辭乚當釋乚。

〔孳乳表〕七二

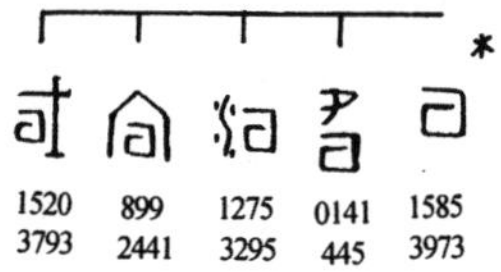

*

1585 3973	0141 445	1275 3295	899 2441	1520 3793

〔字根〕二八九　[glyph]　S.1585 L.3973 G.2285

《說文》卷十三二部：「[glyph]　求回也。从二从[glyph]，[glyph]、古文回，象亘回之形，上下所求物也。」

又：「[glyph]　轉也。从口，中象回轉之形。[glyph]　古文。」

案：卜辭[glyph]、[glyph]，象亘回之狀，孫詒讓釋亘是也（《舉例・上》九葉上）。《甲骨文字詁林》按語：「亘回實本一字，後始分化。」其說可從。《說文》回字古文與甲文字形幾乎全同。

《綜類》本部所收[glyph]歸[glyph]部，[glyph]改歸✕部。

〔孳乳表〕七三

S1112 4529 L2903　1604 4029　316 803　1244　1604 4029　1116 2909　Y325　1112 2903　Y2205　0099 383　Y565　Y2207　0099 383　0099 383　Y2189　1602 4025

Y1916　1114

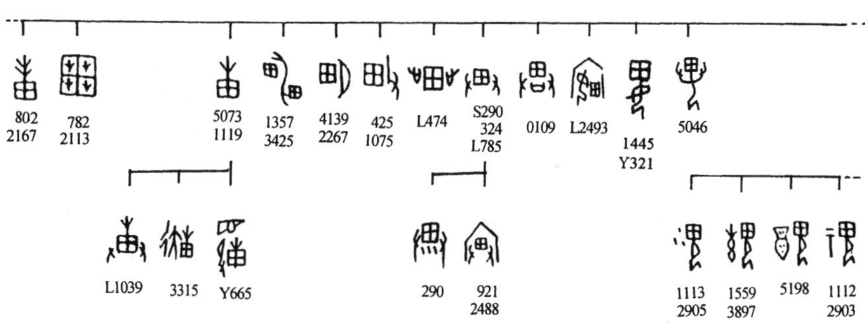

1607 4047 | Y2225 | 1605 4031 | 5079 | 5080 | Y888 | 5039 | 503 1292 | 622 1695 | D298 | 697 1883 | Y1520 | 5079 | 782 2113 | Y2973 | Y2200

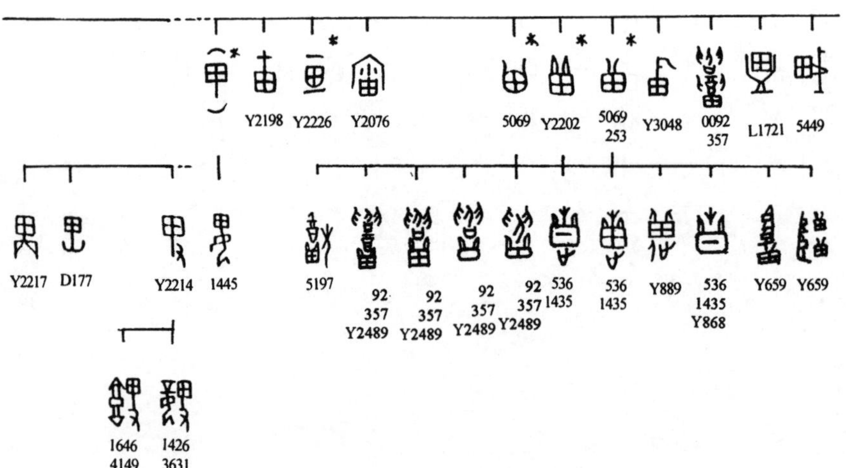

Y2221 5066 D300 1115 D37

Y1047 Y1047 Y1047 D222 Y2227 5160 Y2216 Y798 1117 Y1347 L407 D314 Y2220 Y108 Y108

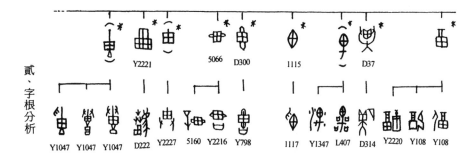

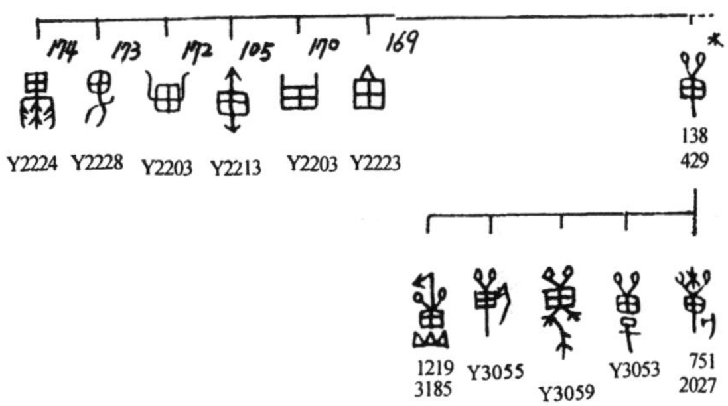

〔字根〕二九〇　田　S.1602　L.4025　G.2189

《說文》卷十三田部：「田　陳也，樹穀曰田。象形，口十，千百之制也。」

卜辭田、田，羅振玉釋田（《增考‧中》七葉下）是也，象阡陌田疇之形。

〔字根〕二九一　田　S.99 L.383　G.2204

《說文》卷二口部：「周　密也。从用口。𠙹　古文周字、从古文及。」

案：卜辭田、用，魯師實先以爲象田疇（《殷契新詮》之三、頁一）、周法高先生亦以爲象田中有種植之物（《金文詁林》六七五頁），可從。唯其田本从田，故於偏旁中可以互通，如：[glyph]（《乙》一七二三）又作[glyph]（《乙》七七一）是也。小篆从口乃後加，字不从用，義亦不釋密。

〔字根〕二九二　[glyph]　S.5069 L.253　G.2202

《說文》卷二八部：「曾　詞之舒也。从八、从曰、四聲。」

案：卜辭[glyph]、[glyph]、[glyph]，《釋林》釋甾：「甲骨文甾作[glyph]、[glyph]、[glyph]、[glyph]……即曾之初文。……《說文》：『曾、……』按古文曾字無从四从曰者。……周代金文曾字多見，曾究伯鼎作[glyph]，曾子中宣鼎作[glyph]。甲骨文甾字與曾究伯鼎曾字上从[glyph]同，是曾字初文上兩畫與田字相連，積漸孳化，離析為二。甲骨文从[glyph]之字亦作[glyph]、……其从田亦作[glyph]者，乃省化。」（一七頁〈釋甾〉）于說於甾字之演變說明清晰，可從。惟於甾之形構取義仍未說明。張政烺以爲甾从田，上所从之[glyph]即く，字即甽若畎，意爲「畝間的溝和壟」，並引《綴合》一三六「令尹作大甾　勿令尹作大甾」，以爲即卜問畎澮之大小（《考古學報》一九七三年一期〈卜辭裒田及其相關諸問題〉）。查《綴合》六又見《丙》三八六，張氏所引兩甾字皆當作田，《綴合》係舊拓片，兩田字上適有龜紋及泐痕，是以張氏誤讀爲甾。《丙編》係新拓，兩田字極清晰，張秉權先生亦隸定爲田。然則甾當非畎可知。朱芳圃以爲曾即甑之初文，上象器耳、下象器體，中有穿（《釋叢》、一〇二頁，〈曾〉）其說形義俱洽，當可從。

〔字根〕二九三　[glyph]　G.2226

《說文》卷十三畕部：「[glyph]　界也。从畕、三其介畫也。[glyph]　畺或从土彊聲。」

案：卜辭[glyph]（《甲》一二六七），說契家皆不釋，考金文疆作[glyph]、[glyph]等形（《金文編》一二〇六），从[glyph]若[glyph]，弓聲。[glyph]、[glyph]則爲从重[glyph]之會意字（其作畺者，中橫共筆耳）。魯師實先嘗謂「凡方名有複體構字之例，《說文》所載衕、兟、覞、[glyph]、[glyph]，亦皆古方名複體之遺。」（〈說文正補〉之四第一頁，〈屾〉）《甲》一二六七辭云

「叀小臣杳翊日克又𢦏?」、亩為方名無疑，重之則作亩亩，簡筆作亩亩。《說文》有畺無亩，訓畺為界，从畕、三其介畫。實則以甲文言，亩已足示界意，字从田、二其界也。重之則作亩亩若亩亩，金文加弓聲作彊，小篆或體又加土旁作疆，此其形構演變之大較也。

〔字根〕二九四　甲

《說文》卷五竹部：「箄　簁箄也。从竹、卑聲。」

案：卜辭無單字甲，唯於偏旁中有之。陴、羅振玉釋陴（《增考．中》十一頁下），《集釋》以為卑象手持甲、甲與田形近，疑即盾之形（四一四九頁）。然婢亦从卑，（婢，屈萬里先生釋婢，見《甲考》八五葉）。婢妾不可執田以事人，然則甲非田類也。夏淥疑甲為箄之初文（〈釋于丂單卑等字〉），《說文》訓箄為「簁箄」，謂小籠。金文卑作卑、卑、卑等形（《金文編》四七〇），與甲文相近。林義光謂卑所从田當為甴之變形（《文源》）。唯金文卑字十餘見，並甲文無一从甴者，林說恐難成立。以上諸說以夏氏釋甲為箄，與卑、婢之字義較配合，姑從之。

〔字根〕二九五　甴　G.2219

《說文》卷五畗部：「畗 滿也。从高省、象高厚之形。讀若伏。」

案：卜辭畐（《新》四二四二）字一見，《文編》、《集釋》、《類纂》皆未收，《字典》收之而云不識（一四七○頁）。卜辭从畐之字，偪、《文編》一○一六釋偪；䮠、《類纂》二二二○釋[畐甫]，畐形與《說文》畗形亦近，然則畐當釋畗。

畐與酉（《文編》六九四）形體不同，《文編》既以偪爲偪，又釋酉爲畐、釋𥙊爲福（《文編》十一），是以畐酉爲一字矣！然卜辭𥙊字多見，未有从畐作者，从畐从酉亦未見相通之例，其非一字可知。羅振玉謂酉象尊形，不釋爲畐；《類纂》隸定酉爲酉，今從之（參酉部）。

〔字根〕二九六 冀

《說文》卷八北部：「冀 北方州也。从北、異聲。」

案：卜辭冀，《釋林》釋冀：「第一期甲骨文稱『貞，王𡆥冀，其疒不龍』（《乙》六八一九），冀字作冀，舊不識。又第一期甲骨文有『于磺』（《乙》四一二一）二字，文已殘缺，磺字作磺，舊也不知其从石从冀。冀字、商器冀簋作冀，周器令鼎作冀。又商器單冀簋的冀字作冀，《攈古錄》（二之一）和《金文編》均誤釋為異。又上引商器冀字上部已變作甾，這和甲骨文甴字也作甾、叀字中从甴也作甾，其例正同。……其造字本義還不可知。」（《釋林》三八九～三九○頁〈釋冀〉）于說釋冀之流變，明白有據，可從。

〔字根〕二九七 □

《說文》卷九甶部：「□ 母猴屬，頭侣鬼，从甶从禸。」

案：卜辭無單字禺，而偏旁中有之。□（《前》二．八．七），唐蘭釋喁（《文字記》卅四葉上）；□（《屯》二二一二等）、《類纂》一三四七釋湡，是□、□即禺也。金文堣作□（史頌簋）、愚作□（中山王譽鼎），所从禺與甲文接近。

〔字根〕二九八 □ S.1115

《說文》卷九囟部：「□ 腦會匘蓋也。」

案：卜辭□、陳夢家以爲可釋由或囟：「上述卜辭某有方□，可有兩種解釋：一可釋作《說文》卷九下鬼頭之由，一可釋為《說文》卷十下之囟，訓為『頭會腦蓋』。卜辭之□象頭殼之形，其義或為首腦、或為腦殼。」（三二七頁）于省吾則釋爲囟：「囟係指羌方與危方首領之頭顱言之。」（〈從甲骨文看商代社會性質〉，《東北人民大學學報》一九五七年二—三期合刊）姚孝遂同于說。（〈商代的俘虜〉，《古文字研究》第一輯第三五五頁）屈萬里先生於《甲考》五〇七片釋爲由。李棪以商代斫頭坑所放置之人頭骨呈現之形狀正與□相同而言，似以釋由爲是，李棪云：「侯家莊西北岡東區的方坑墓，髑髏十具分三行排列，自成一組，不似俯身無首肢體的平放有序。我揣測當時人牲既被斫頭，其肢體則任其仆倒，即行掩埋；惟頭顱則取之另有安排，或竟放在祭器之上，作祭品供奉先祖或神明，祭畢另作方坑以埋之。又據發掘報告，人頭皆頂向上，若從後望之，頗似□形。」（〈殷墟斫頭坑髑髏與人頭骨刻辭〉，《中國語文研究》第八期第三七頁）

以上二說皆持之有故，然周原甲骨有□，釋語詞，後世作「思」，是□當即「思」字所从之「囟」。而「鬼」字甲骨文上部皆作「田」形，與□形似並不相同。

〔字根〕二九九　□

字不識。

案：卜辭□（《卜通・別》二・四・八）字不識。□（《合》六六一四、六六一五）字疑从此。

〔字根〕三〇〇　□　S.5066

字不識。

案：卜辭□（《甲》二九九三）一見，字不識。□、□字从此。

〔字根〕三〇一　由

字不識。

案：卜辭無單字由，而有从由之□（《懷》七〇〇），許進雄先生疑為畁，可從。唯此由字當非甾所訛，或為《說文》繇篆下段補之「□」字，段注云：「古繇由通用，一字也。各本無此篆，全書『由』聲之字皆無根柢，今補。按《詩》、《書》、《論語》及他經傳皆用此字，其象形會意今不可知。或當从田有路可入也。韓《詩》『橫由其畝』，傳曰『東西曰橫，南北曰由』，毛《詩》由作從。」段說雖無確證，不妨存參。

〔字根〕三〇二　□

字不識。

案：卜辭□（《佚》九五一）、□（《屯》二〇六四、二九八六）、□（《合》三〇九一一）字从此，當為一字根。

〔字根〕三〇三　□　S.1602　G.2221

字不識。

案：卜辭□（《拾》五・一三），《文編》一六〇二以為亦田字，夏淥以為畸之初文，象方田以外不規則之畸零地（〈甲骨文食貨小志〉），然均無確據。□（《前》二・一五・一）字似从此，□上从□，則□似為田類。

〔孳乳表〕七四

3358
393

0253

0252
623

0252
623

〔字根〕三〇四 S.252 L.623 G.2237

《說文》卷二齒部：「 口齗骨也。象口齒之形，止聲。 古文齒字。」

案：卜辭 ，从口，象張口見齒形，商承祚釋齒是也， 則齒形簡化爲單筆。

〔孳乳表〕七五

1192 3121　Y891 2387　716 1919　0106　456 1109　Y134　1013　4106　4104　457 L93 1473　457 L93 1473　457 L93 1473　D306

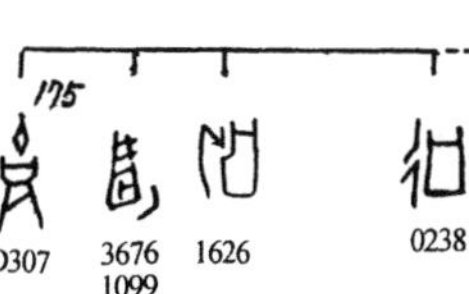

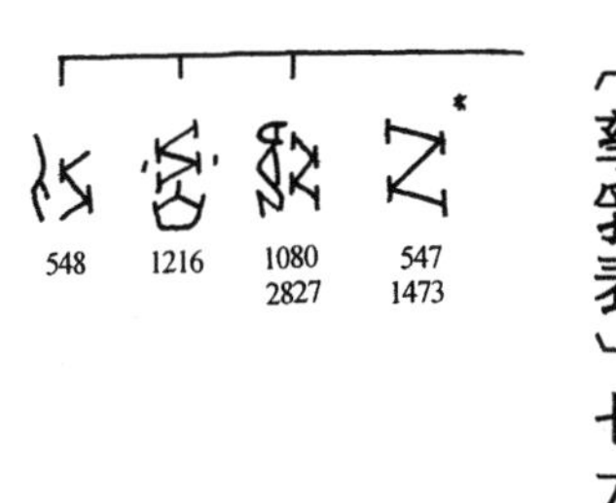

〔字根〕三〇五 ⿴囗卜 S.457 4104 4106 L.1473 G.2240

《說文・卷十二下》:「䌛,隨從也。从系,䚻聲。」

案:卜辭⿴囗卜、⿴囗卜、⿱⿴囗卜口、⿱⿴囗卜口,陳夢家釋爲冎字(《考古社刊》五期十七~二二葉〈釋冎〉),《集釋》從之。唐蘭釋𠧪,讀爲「䌛」,裘錫圭從之云:「殷虛卜辭常見『亡⿴囗卜』、『有⿴囗卜』之語,一般學者多從郭沫若說,釋『⿴囗卜』為『冎』,讀為『禍』。從『⿴囗卜』字與見於占辭的『⿴囗卜』字的關係來看,郭說顯然不足信。……在占辭的開頭,賓組卜辭一般有『王𠧪曰』之文,自組卜辭有時也有此文。出組卜辭有時有『王⿴囗卜曰』之文。歷卜辭有『王⿱⿴囗卜口』之文,『王』下一字亦作『⿱⿴囗卜口』……,黃組卜辭……往往有『王⿴囗卜曰』之文(以上參看《綜類》三〇七至三一一頁)。歷組『亡⿴囗卜』之『⿴囗卜』多作⿴囗卜,所以⿴囗卜字可以隸定為『⿱⿴囗卜口』。黃組的『⿱⿴囗卜口』即此字簡體。……從文例看,『⿴囗卜』、『⿱⿴囗卜口』必為一字。其字必與『⿴囗卜』同音或音近,故出組卜辭逕書作『⿴囗卜』。一般釋『⿴囗卜』為『冎』(禍),釋『𠧪』為『占』,二字讀音毫無共同之處,顯然是有問題的。唐蘭先生在《天壤閣甲骨文存》第五片的考釋裏認為『𠧪』當讀為『䌛』,其說不可易。《左傳・閔公二年》『成風聞成季之䌛』,杜注:『䌛,卦兆之占辭。』郭沫若先生在舊版《甲骨文字研究》的《釋䌛》篇裏曾釋『⿴囗卜』為『䌛』,頗有道理,可惜後來放棄了這個說法。『亡⿴囗卜』、『有⿴囗卜』的⿴囗卜,唐蘭先生及其他一些學者讀為咎,竊疑當讀為『憂』。『憂』與『䌛』古音相近。《爾雅・釋詁》訓『䌛』為『憂』,郝懿行《義疏》謂『䌛蓋傜之假借』。『傜』跟『憂』當是由一語分化的。」(《古文字論集・說⿴囗卜》頁一〇五)

裘先生又從周原甲骨「𠨘」字推出甲骨文之「⿴囗卜」即「兆」之表意初文,「𠧪」、「⿱⿴囗卜口」爲「䌛」之本字:

「我在〈說繇〉一文中曾指出，出現在殷墟卜辭的占辭之首的『王𠧪曰』的『𠧪』字，也可以作『𠯑』，還可以以『⿴囗卜』字之。其字必與『⿴囗卜』同音或音近，『𠧪』應該從唐蘭先生讀為『繇』，……《小屯南地甲骨》二六八八號把『⿴囗卜』字寫作[illegible]，分明象鋸去臼角的肩胛骨上有卜兆之形（ㅂ象徵骨臼），則『⿴囗卜』應是卜兆之『兆』的表意初文，『[illegible]』『[illegible]』皆其後形聲字。『兆』字在金石篆文中寫作[illegible]，並不象卜兆形，用作卜兆之『兆』，當出於假借。『𠧪』『𠯑』从『⿴囗卜』（兆）从『口』，與『占』字从『卜』从『口』同意，應是繇辭之『繇』的本字。繇辭之『繇』與籀書之『籀』通《漢書．文帝紀》：『占曰：「大橫庚庚。」』顏注：『李奇曰：「庚庚，其繇文也。占，謂其繇也。」繇本作籀。』其上古音屬幽部，『兆』則屬宵部。但二部古音相近，而且『繇』字本身除與『猷』『猶』『由』『陶』『籀』等幽部字相通外，就又與『謠』『傜』『徭』等宵部字相通。可見我們說殷墟卜辭有時以『⿴囗卜』（兆）為『𠧪』（繇），於音理並無不合。『𠧪』（繇）有可能就是由『⿴囗卜』（兆）派生的一個詞。」（《第三屆國際中國古文字學研討會論文集．釋西周甲骨文的𠁥字》，第三二至三三頁）。

裘說釋「⿴囗卜」前說主張爲「繇」，義爲卦兆之占辭；後說主張『⿴囗卜』爲「兆」之表意初文，『𠯑』、『𠧪』則爲『繇』之本字，而⿴囗卜、𠧪、𠯑音近，𠧪、𠯑又可以⿴囗卜爲之。其說謹守文獻釋義，其實「兆」與「繇」當爲一義之分化。然則「⿴囗卜」字當釋爲後世何字？今以「兆」字本義與「卜兆」義相去較遠，「繇」則極近，故仍以「⿴囗卜」爲「繇」之初文，本義爲卜兆，後引申爲卦兆之占辭。

〔字根〕三〇六　S.547　G.3361

《說文》卷四冎部：「　剐人肉置其骨也。象形、頭骨隆也。」

案：卜辭　象骨架相支撐之形，唐蘭首先釋出過伯簋之過、魚鼎匕之⿰禾骨、及殷契佚存之　，所从皆爲冎字（《古文字學導論》下二八頁），郭沫若於舊版《大系》考釋五四葉過伯簋下同意其說，于省吾則詳考此字云：「甲骨文冎字作　或　形。晚周器魚鼎匕『⿰禾骨出⿰禾骨入』的⿰禾骨字，舊不識，余在《雙劍誃吉金文選》始隸作⿰禾骨，并謂『⿰禾骨當讀滑同扫，《小爾雅》滑，亂也』。《金文編》曾引用余說。《甲骨文編》又根據《金文編》謂『金文魚鼎匕稱（案本應作⿰禾骨）字骨旁从此，知　為古冎字。』……《說文》：『……。』案許說不盡可據，象形頭隆骨之解尤誤。……甲骨文　字本象骨架相支撐之形，其左右的小豎劃，象骨節轉折處突出形。金文⿰禾骨字从骨作　，係从肉冎聲的形聲字。象形字再加形符變作形聲，乃文字孳乳之慣例。……西周器過伯簋和過伯爵的過字所从的冎，與甲骨文同形。……古璽『陰滑』之滑右从骨作　，為小篆所本。……商器父口斝有W字，舊不識，《金文編》入于附錄。以甲骨文網字作　也作　以及車字縱列橫列無別證之，則字自系冎之橫書者。至于其篆劃稍有繁簡，自是古文字的常例，不足為異。」（《甲骨文字釋林．釋冎》）于說釋冎字之形音義，詳瞻周備，可從。

〔孳乳表〕七七

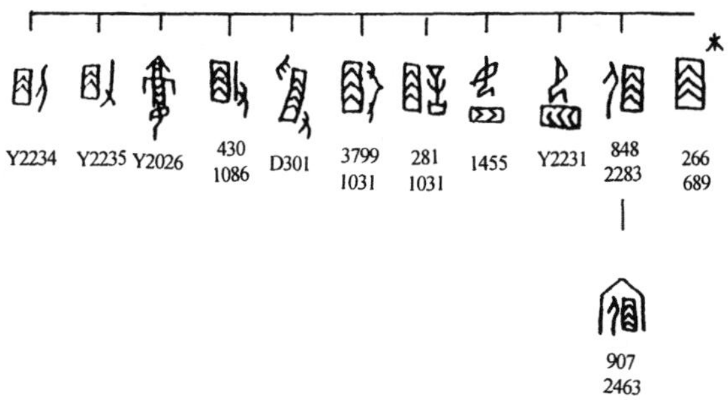

266
689
*

848
2283

907
2463

Y2231

1455

281
1031

3799
1031

D301

430
1086

Y2026

Y2235

Y2234

〔字根〕三〇七　[甲骨字形]　S.266 L.689

《說文》卷三谷部：「㐁　舌皃。从谷省、象形。㐁　古文㐁，讀若三年導服之導。一曰：『竹上皮，讀若沾。』一曰：『讀若誓』。宿字从此。」

案：卜辭[甲骨字形]、唐蘭釋為㐁，象簟形（《導論・下》五八頁五行）。以从[甲骨字形]之[甲骨字形]今作宿斷之，其右下正从㐁，唐說可從。

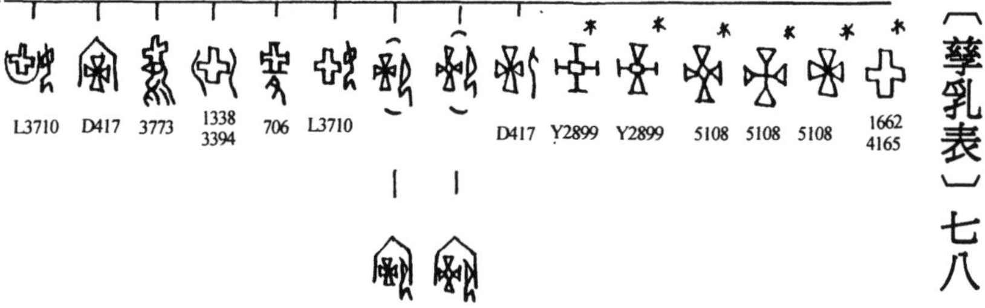
L3710
D417
3773
1338 3394
706
L3710
D417
Y2899
Y2899
5108
5108
5108
1662 4165
Y2900
D417

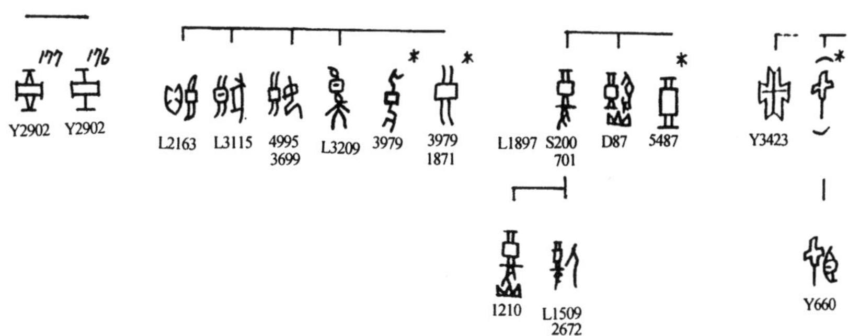
Y2902
Y2902
L2163
L3115
4995 3699
L3209
3979
3979 1871
L1897
S200 701
D87
5487
Y3423
1210
L1509 2672
Y660

〔字根〕三〇八 □ S.1662 5108 L.4165

《說文》卷十四亞部：「□ 醜也。象人局背之形。賈侍中說已爲次第也。」

案：卜辭 □ □，羅振玉釋亞（《增考・中》七三葉下）。至其形構，丁山以爲亞在人則象卒伍成行之形、在田則象尖斜欹側不成方的區田（《甲骨文所見氏族及其制度》五一頁）。《集釋》疑與殷王墓穴有關（四一七二頁）。高田忠周以爲象大室四隅有夾室之區畫（《古籀篇》一・十二～十三頁）。林義光以爲釋宮中道之□从亞、故亞即序廡（《文源》）、朱芳圃以爲象室中火塘（《釋叢》十六頁，〈亞〉），《釋林》以壓些文字角隅作□，因推卜辭亞亦象角隅之形（三三七～三三八頁，〈釋亞〉）。以上諸說雖各自不同，然大多以亞與建築有關，當是。卜辭□（良）、□（旨）象室有二隧之形，亞或作□（《甲》八四四片，從《字典》一五二三頁說），其象四隧歟！此亦無塙證，存之以備考耳。

□□□□諸字，《字典》皆以爲亞字（一五二三頁），姑從之。

□爲廊之初文、與□之關係極密切。《綜類》□在水部，然□所从實非水，亦與水無關，今改置□部，以其皆建築類，□□□字形又相近也。

〔字根〕三〇九 [glyph]

字不識。

案：[glyph]（《續》五・一七・五（《戩》四〇・六）《綜類》注《鐵》二五九・三，未見）字卜辭一見，所从[glyph]似象兵器，上部似亞而當非亞字。以形近廁亞部。

〔字根〕三一〇 [glyph] S.5487 G.869

《說文》卷七穴部：「𥨥 地室也。从穴復聲。《詩》曰：『陶復陶穴』。」

案：卜辭[glyph]，即复字所从之㫗，陳永正以爲即「𥨥」之本字：「复、甲骨文作[glyph]，……《說文》：『复，行故道也。从夊、畗省聲。』……李孝定先生謂『[glyph]从[glyph]，疑象器形，……』亦非。……《詩・大雅・綿》『陶復陶穴』……鄭氏箋云：『復者復于土上；鑿地曰穴。……』土、指指地下掘出來的泥土，復培于穴旁，故稱為復。……復穴之制已為近世考古發掘所證實。一九三三年在安陽殷墟發現大量的窖穴，胡厚宣先生說：『……小而深的窖，兩邊有腳窩可以上下；大而淺的穴、間或有台階。』……殷人建築復穴的情況：先在地下挖個長方形的坑穴，在坑邊培築低牆，兩牆間架上横木，然後把掘出的泥土覆于其上，這便成了中空的窯穴，穴的兩頭通向地面，作為出入口和通氣透光口。……[glyph]所从之夊，乃人腳的象形，表示人從地穴的一端出入。……故曰：『[glyph]、地室也，象形。』後世以复、復、複、𥨥為之，而「㫗」之本義遂湮。爾比盨銘中有『[glyph]』字，……應釋為旨。」(《古文字研究》四輯二五九～二六二頁。〈釋[glyph]〉) 陳說釋[glyph]爲復，字形吻合、考古有徵、經籍有據，不可易也。

〔字根〕三一一　[glyph]　S.3979 L.1871 G.3298,3299

《說文》卷五畐部：「[glyph]　善也。从畐省、亡聲。[glyph]　古文良。[glyph]　亦古文良。[glyph]　亦古文良。」

案：卜辭[glyph]、[glyph]，王襄釋良（《類編．五卷》十七葉上）。唐蘭謂[glyph][glyph]同字，象熟食之香氣（《文字記》五七葉）。《集釋》闕疑（一八七五頁）。高鴻縉先生謂象風箱吹穀留實器（《中國字例．二篇》二〇七頁）。徐中舒云：「象穴居之兩側有孔或台階上出之形，當為廊之本字。□表穴居，[glyph]為側出之孔道。廊為堂下周屋，今稱堂邊屋簷下四周為走廊，其地位恰與穴居側出之孔道相當。良為穴居四周之巖廊，也是穴居最高處，故从良有明朗高爽之意。」（《字典》六〇八頁）徐說良爲穴居之巖廊，《說文》訓善乃良之引伸義，可從。古人居於復穴，[glyph]即象復穴之形，[glyph]與之結體相似，而開其兩端，以示爲復穴出入之巖廊。

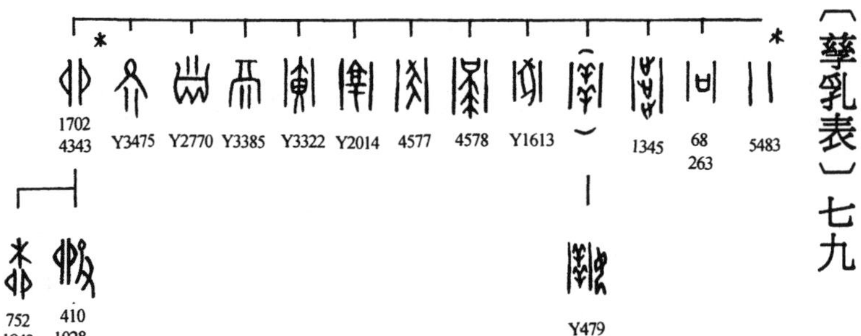
〔孳乳表〕七九
5483
68
263
1345
Y1613
4578
4577
Y2014
Y3322
Y3385
Y2770
Y3475
1702
4343
Y479
410
1028
752
1943

〔字根〕三一二　‖　S.5483 G.3319

字不識。

案：卜辭‖，爲方國地名，說契家皆闕而弗釋，形義俱不可知。白玉崢以爲象穿地之形（《中國文字》三十四冊三六二三頁〈契文舉例校讀〉(一) 第十一頁），唯乏證據。

《綜類》本部所收□（兮）、□（[illegible]）、□（雩），字皆从兮不从‖。又□與爵部近，本部俱不收。

〔字根〕三一三　□　S.1702 L.4343 G.3355

《說文》卷十四卯部：「□ 冒也。二月萬物冒地而出。象開門之形，故二月爲天門。□ 古文卯。」

案：卜辭□，羅振玉釋卯（《增考·中》四葉上）。吳其昌以爲字象雙刀並植形（《清華周刊》文史專號十七卷〈殷代人祭考〉）。林義光以爲象兜鍪（《文源》）、葉玉森謂象門有雙環（《前釋·一卷》三七葉下）。朱芳圃謂象門閉（《釋叢》一一〇～一一二頁）。白玉崢以爲窌之初文，象穿地爲窖（《中國文字》三四冊十一頁〈契文舉例校讀〉），俱乏佐證。字有殺義（《戩考》五葉，王國維說），卜辭从之者有□（《錄》七一〇、七一一），从□从□，似亦與擊殺義近。又有□、《續文編·六卷》一葉上釋柳，爲形聲字。

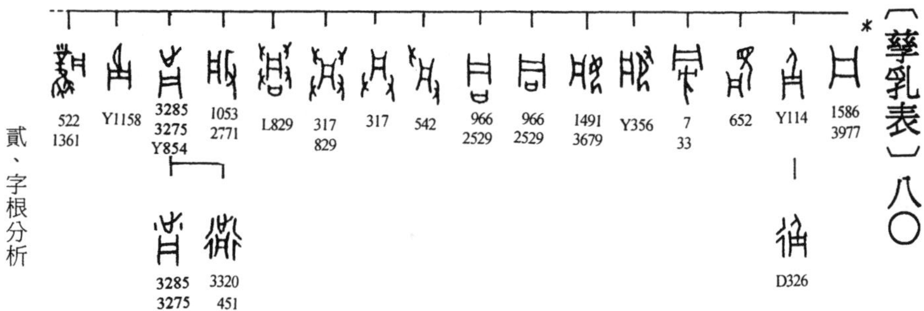

Y2852 D412 1588 1689 3981 Y2510 Y2510 D397 Y2762 5013 3981 Y3507

D416

654 1741 1435 3655 1324 3392 651 1743 Y2877 Y2861

794 2141 | 794 2141 | 3848 | Y2858 | 710 | Y2510 | 1661 4163 *

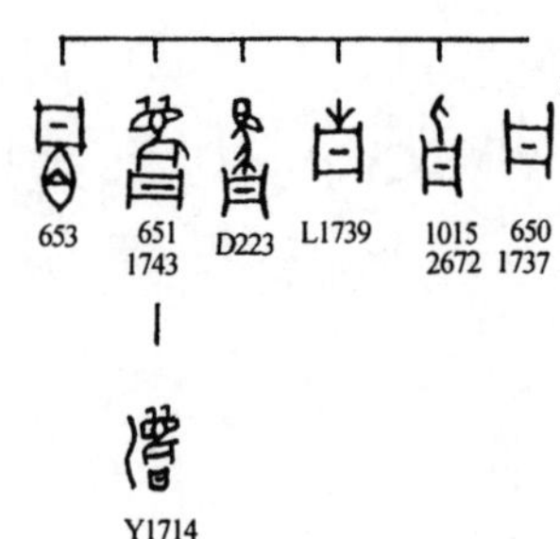

178

Y2889

101 104

D415 Y2857

〔字根〕三一四　凡　S.1586 L.3977 G.2845

《說文》卷十三二部：「凡　冣括而言也。从二，二，耦也。从乃，乃、古文及字。」

案：卜辭凡，羅振玉釋槃（《增考．中》三九葉上）。可從，惟以字形言，實爲《說文》凡字，而爲槃之初文（郭沫若說，《卜通》二九葉下）。凡訛爲舟，並非後代篆隸變訛，卜辭中已自如此，如：□（般），又作□（《後》下二七．一三）；□（般）、又作□（《林》一．七．六），蓋□、□只差一筆，偏旁中自易互作。又凡與用亦有通用者，如：□（湔），又作□（《後》下二八．二），□字于省吾釋用（參用部）。

凡爲槃之初文，然槃究爲何物？前引羅振玉、郭沫若皆以爲即承槃，與《周禮》「六彝皆有舟」之「舟」同；徐中舒則以爲象高圈足槃形（《字典》一四五〇頁），其意當以爲即沃盥之槃。學長沈寶春以爲當象抬槃，即《儀禮．士喪禮》「君設大槃，大夫設夷槃」之「槃」，侯家莊曾有此物之遺痕、北魏畫像石「孝孫原穀」中亦有此物，其長度可以臥人（〈釋凡與冎凡㞢疒〉）。沈說形義兩洽，又有出土文物爲證，當可從。

《綜類》凡部所收字，□、□、□、□、□、□皆从用，當併入用部。□、□當入箙部。□當入鼎部。□當入𦥑部。□、□、□、□、□、□當入庚部。

〔字根〕三一五　井　S.654 L.1741 G.2859

《說文》卷五井部：「井　八家爲一井。象構韓形，●、罋象也。古者伯益初作井。」

案：卜辭井，《文編》釋井（六五四號）是也。字象構韓形。於偏旁中與□（丹）通作，如：□（彝）或作□（《林》二・十四・十六），當以形義俱近故也。

〔字根〕三一六 □ S.650 L.1737 G.2846

《說文》卷五丹部：「□ 巴越之赤石也。象采丹井，●象丹形。□ 古文丹。□ 亦古文丹。」

案：卜辭□，與小篆同形，《續文編》收作丹（五卷十八葉上）是也。字於偏旁中與井或通（參井部），益足證□、井同類（《說文》謂□象采丹井，是亦井類）。

〔字根〕三一七 □ S.1661 L.4163 G.2856

《說文》卷十四宁部：「□ 辨積物也。象形。」

案：卜辭□，羅振玉釋宁（《增考・中》十二葉下）是也。象貯物器之形。□（《甲》一一八八）一形，《文編》疑號（三八四八號），實爲从鼎从虎，當隸定爲⿰鼎虎，自本部刪除，改隸鼎部。□（《英》二五二五）、《類纂》二五一〇以爲同□，據字形，□似近宁，其以□□形近而通作歟？

〔孳乳表〕八一

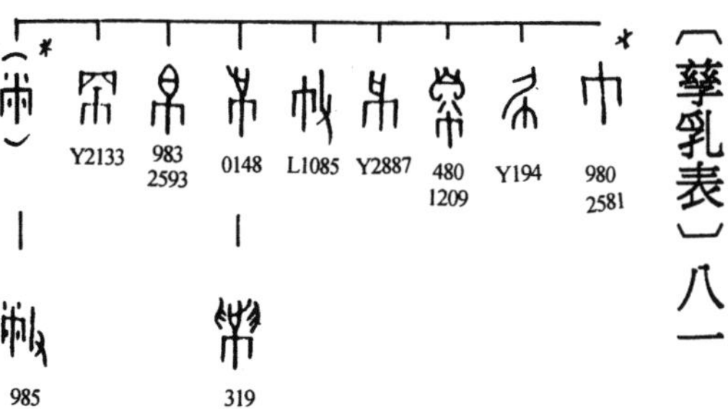
980
2581
Y194
480
1209
Y2887
L1085
0148
983
2593
Y2133
319
985
2603

〔字根〕三一八 巾 S.980 L.2581

《說文》卷七巾部：「巾 佩巾也。从冂，丨象系也。」

案：卜辭巾，象佩巾形，羅振玉釋巾是也（《增考．中》三九葉下）。

〔字根〕三一九 㡀

《說文》卷七㡀部：「㡀 敗衣也。从巾、象衣敗之形。」

案：卜辭無㡀，而有从㡀之敝，羅振玉釋敝（《增考．中》四二葉下）。《集釋》云：「**㡀象敗巾之形，⁝⁝其破敗處也。**」（二六〇三頁）。

〔孳乳表〕八二

72 102 179 *

Y699 Y2888 5154 Y2894 875 2361 Y2896 Y2893 1689 3981 1549 3871 766 2047 381 946 0100 389 5154 3209 Y2897 1688 4267 *

Y2895 D416

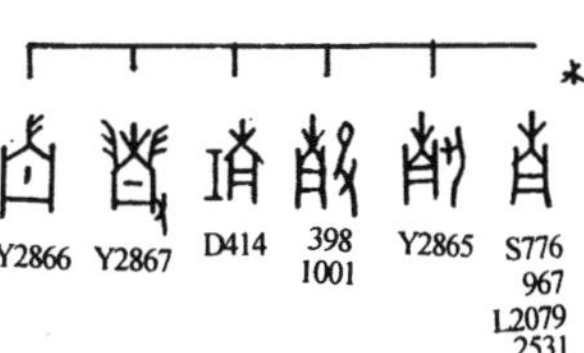

〔字根〕三二〇 [古文字] S.1688 L.4267 G.2891

《說文》卷十四庚部：「[古文字] 位西方。象秋時萬物庚庚有實也。庚承己，象人䯑。」

案：卜辭[古文字]、[古文字]，羅振玉釋庚（《增考·中》二葉上）。郭沫若謂庚於金文作[古文字]（《陶齊續錄》十四葉）者，當是有耳可搖之樂器，以聲類求之，當即鉦。从庚之字有康，訓安樂和靜，亦足證其从康必與樂器有關（《甲研·下·釋干支》一六九～一七一葉）。此說雖乏確證，而學者多樂從之，以其引从庚之孳乳字康訓樂、證明从庚與樂器有關，說極合理故也。惟謂庚即鉦，則似有可商。自來訓鉦皆謂鐃、鐸、似鈴（見《說文》鉦字），其形製如下圖，無耳，柄在下，故鉦上無飾，與[古文字]形絕不相似。以聲音言，庚上古音在陽部開口二等(*krang)、鉦在耕部開口三等(*tjieng)，韻既不同，聲尤懸隔，似難有通叚之可能。竊以為如以形音言，不如謂庚為靑之叚借，靑上古音在東部合口二等(*k'rewk)，與庚聲韻俱近。靑字作[古文字]（《乙》二八三三），其中畫拉長即與庚無異，假借稍易其形以別於本字，此卜辭假借所常見。此說雖亦無十分堅強之證據，然當亦可備一說。

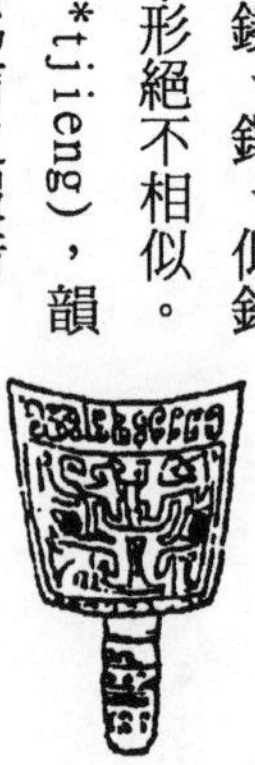

采自馬承源《中國青銅器》二七八頁

〔字根〕三二一　[illegible]　G.2894

字不識。

案：卜辭[illegible]（《合》二七一七一）字一見，[illegible]字从此（《綜類》四一六，《類纂》二八九五）。

〔字根〕三二二　[illegible]　S.776 967　L.2079 2531　G.2836

《說文》卷六米部：「[illegible]　艸木至南方有枝任也。从屮，羊聲。[illegible]　古文。」

案：卜辭[illegible]、[illegible]，孫詒讓釋南（《契文舉例．上》三七葉）。唐蘭謂字即青，象陶樂，卜辭[illegible]（殸）象之，方向之南為其叚借（《文字記》八六頁~九四頁）是也。唯青上古音在屋部合口二等(*krewk)，南在侵部開口一等(*nəm)，聲韻俱遠，如何可以相通？唐氏謂古从㱿得聲之字多轉入侯部，楚人謂乳曰穀，穀有「奴豆」一切，與南音極近（仝上）。唐氏此說於聲稍有裨益（然此楚音能否以釋卜辭，猶有可疑），於韻則侯侵兩部仍相去甚遠，則唐釋似仍有不足也。

〔孳乳表〕八三

0038 163 * | 271 409 | 3038 | Y2927 | 0038 163 | L163 | D420 | D420 | 1281 3309 | S0038 3041 L163 | 1448

Y1927

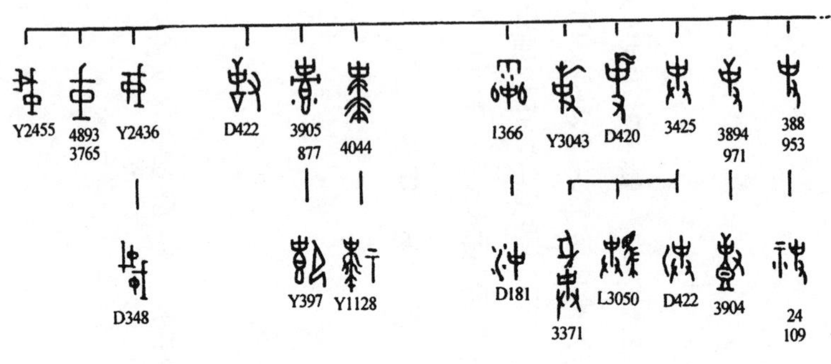

〔字根〕三二三　[字形]　S.38 3041 L.163　G.2925

《說文》卷一丨部：「[字形]　內也。从口，丨下上通也。[字形]　古文中。」

案：卜辭[字形]、羅振玉釋中（《增考．中》十四葉上）、另釋[字形]爲仲（《增考．中》七三葉下），以爲二字不同。唐蘭又釋[字形]爲中，而以爲[字形]、[字形]、[字形]爲一字，皆象旗類（《文字記》四八~五四頁），其說可從。唯中既爲旗類，則與㫃之區別何在？中字中央之口又何所取象？田樹生云：「……中間這個方形或圓形圖象，朱駿聲說它『象矢族形』，謝彥華說『从口以環其中間、則為中字』，唐蘭先生主張『凡垂直之線中間恒加一點，雙鉤寫之』。矢族之說固屬臆測而環中、雙鉤之說亦未必可從。……于省吾先生說『……中字中部之所以从〇，是作為左右把手而設』，這種說法的最大困難在于[字形]下無人形……。[字形]上的斿是附加物而非主體——當然這斿也有其一定意義——因為[字形]後來省作[字形]或[字形]。如果〇是次要成份，理應省去而存主體。……我們認為[字形]是建鼓的象形，……建鼓又稱楹鼓，盛行在殷代，《禮記．明堂位》：『夏后氏之鼓足，殷楹鼓，周縣鼓。』注云：『足謂四足也；楹謂之柱，貫中上出也；縣，縣之簨虡也。』……故宮博物院收藏的宴樂銅壺都有建鼓的圖象（見圖），上為析羽之斿，豎為木杆，中為鼓身，下為鼓跗，跗之圓點為丁宁。銅器雖為戰國時物，但圖象是建鼓則是沒有問題的。甲文和金文中的主體中象建鼓的側面，[字形]則象其正面，[字形]（《粹》一二一八）不只畫出側面，而且用兩個短豎刻畫出了鼓面。」（〈釋中〉，一九八九年安陽國際學會提出論文）田說補足「中」之中央部份，謂象建鼓，頗具參考價值，唯必謂唐說中象旗類爲非，亦恐未必。中又作[字形]（《前》五．六．一　《簠天》十。又見金文），設斿非主體，安可省鼓存斿乎？又《簠．天》十云「……（立）

建鼓

□亡風」，它辭作「立□允亡風」（《金》六七七），立□測風，非旂莫辨，是旂亦中之主體。竊以爲□當有旂有鼓，可以測風、可以聚眾，唐田二說當合觀，至於後世或省旂、或省鼓，此文字演進所致，並無必然之理。

此外，或謂中亦可測日影。蕭良瓊云：「中就是一根垂直地面的杆子，並且附有一些帶狀物，在無風的晴天，測察杆子是否垂直，再以它為中心座標點，作圓形或作一個方形，使它的每一邊表示一個方向，這些都是圭表測景法最簡單而形象的反映。」（《科技史文集》第十輯〈卜辭的立中與商代的圭表測景〉）鍾柏生先生云：「……卜辭中……將易日與亡風條件加在一起占卜，也就是嚴格要求這二項條件的，也唯有『立□』卜辭。……『□』若是旗幟，『立□』時大風固不宜，但也無需完全亡風。唯有在特殊的情況下，才需要無風的環境，蕭釋『□』為『測日景的杆子』，是有其見解。」（〈卜辭中所見的殷代軍禮之二——殷代的戰爭禮〉）

卜辭中與「□」形相近者有「□」，當釋史，而與□爲不同之二字。此外，□形與□（田）、□（甾）皆形近而不同字，當予區別。《綜類》此部所收有□、□、□，實从單；□、□，實从甾；□、□等實从田，唯其字形與□相近，單、甾、田與□、□亦有糾葛不易釐清之處，姑留此以供參考。□、□、□，實當釋必；□、□當釋弋，今分別歸入必、弋等部。

〔字根〕三二四　中　S.3041　G.2924

甲骨文中、《說文》所無，其形與中字相似，然非中字。史字上部从此，阮元以爲象射禮之中：「案：中，射禮所用以賓算者，《儀禮．大射儀》『賓之弓矢與中籌豐』，鄭注：『中、閭中算器也。』〈鄉射禮〉：『君國中射則皮樹中，於郊則閭中，於境則虎中，大夫兕中、士鹿中。』《禮．投壺》『司射奉中』，疏云：『中之形刻木為之，狀如兕鹿而伏，背上立圓圈以盛算。』此銘『中』字旁有旌旂，當是兕鹿背上所立之圜形，凹其上以受算，以手執之，奉中之義。」（《積古．卷五》第十九頁手執中觚）吳大澂則以爲象簡形：「中、記事者也。从又執中，中、正也。按古文『中』作中，無作中者。史頌敦。」（《古籀補》第十五頁）王國維云：「《說文解字》：『史、記事者也。从又持中，中、正也。』其字古文、篆文並作史、从中。案古文中正之字作中、中、中、中、中諸形，伯仲之仲作中，無作中者，篆文始作中，且中正無形之物、德非可手持，然則史所从之中果何物乎？吳氏大澂曰：『史象手執簡形。』然中與簡形殊不類。江氏永《周禮疑義舉要》云：『凡官府簿書謂之中，……猶今之案卷也，此中字之本義，故掌文書者謂之史，其字从又从中，又者、右手，以持簿書也。……』案《周禮．大史職》：『凡射事飾中舍算。』〈大射儀〉：『司射……命釋獲者設中，……大史釋獲，小臣師執中，先首，坐設之，東面退，大史實八算於中。』……是中者盛算之器也。中之制度，〈鄉射．記〉云：『……君國中射則皮樹中，……於郊則閭中，……於竟則虎中，……大夫兕中，……士鹿中。』是周時中制皆作獸形，有首有足，鑿背容八算，亦與中字形不類，余疑中作獸形者乃周末彌文之制，其初當如中形，而於中之上橫鑿空以立算，達於下橫，其中央一直乃所以持之，且可建之於他器者也。考古者簡與算為一物，……古算、筴二字往往互用，……射時舍算既為史事，而他事用算者亦史之所掌，算與簡策本是一物，又皆為史之所執，則盛筭之中蓋亦用以盛簡。簡之多者自當編之為篇，若數在十簡左右者，盛之於中，其用較便，《逸周書・嘗麥》解：『宰乃承王中，升自客階，作筴執筴從中，宰坐，尊中于大大正之前。』是中、筴二物相將，其為盛筴之器無疑。（旭昇案：朱右曾注：『中本盛算器，蓋盛作筴之具、筆及鉛槧也。』）」（《觀堂集林・卷六》第一頁〈釋史〉）

王說論證詳盡，學者翕然從之，然古文字諸家仍有不同意見。李孝定先生以為王氏「凡所稱引，悉皆周制，未可以證造字之本義，且誠如王說，則卜辭所見諸史字應有作〓若〓者矣，而實未一見，此實與象形文字之常例不合」（《集釋》九六九頁），陳夢家以〓方鼎（《總集》第一二二八號作〓〓方鼎）「中」字作中，因謂王國維之說不可從（〈西周銅器斷代〉〓方鼎）；馬敘倫以為史為書之初文聿之異文（《讀金器刻辭》第九頁〈手執中彝〉）；勞幹先生以為史字上部所从為一弓背向下之弓鑽，史字从右持鑽，象鑽龜而卜之事（〈史字的結構及史官的原始職務〉《大陸雜誌》十四卷三期第一頁）；日本人白川靜以為史字上部所从象祭祀告時以𠙵（祝告載書）附著於有叉枝之大神棒，奉之而行。（《說文新義・卷三》下第五八二頁，據《金文詁林補》引）以上諸說，周法高先生以為皆不可從：「陳夢家……據〓方鼎櫨中之中作中，說明中乃中之異體，但此器中作中而不作中，形體尚差一間。勞幹氏以為史象手持鑽之形，然中形與鑽形不類，其說非是。……白川靜……以為史字象收祝告載書之辭於之中而捧持之形，史字所从之中與中字之形音義無關（〈釋史〉，《甲骨金文學論叢初集》一至六六頁），案：史字所从之中是否讀為中、抑讀為甾，今姑不論，然其為盛物之器則無可疑，《周禮》、《儀禮》之中，安知非中字之隸變？然則王國維等引《周禮》、《儀禮》之中為說，不能謂之為誤，而白川氏謂中字之音與甾近，似尚無確證也。」（《金文詁林》一七七二頁）此外，尚有日本人林巳奈夫以為史字所从之中形，與見於圖象之戈銘之旐相同，而以史者乃持其旜之形。此說白川氏以爲旜爲垂飾，倒之而著於旗桿，實爲不自然之形。（據《金文詁林補》七八八頁引）又于省吾以爲中字卜辭屢見，乃史的省文，與事字通，其造字本義待考。（《甲骨文字釋林》第四四六頁）

案：于氏所論頗有見地，然甲骨文作中者共有二十一見，《綜類》、《類纂》皆以爲與中同字，《文編》收在附錄，以爲不識字，其中可確定與「中」同用者如：

其又中宗且乙有羌　《合》三六九三二

以下四條則可以確定爲與「事」同用，其中《合》五四四四條爲饒宗頤先生於《貞卜人物通考》中所指出者：

……辰卜令雀（?），㞢凸王中　一告　《合》五四四四

……酉卜犬……其凸王中　《合》五四七〇（《戩》四六．三，《續》五．二二．八，六　二二．一三重）

……凸朕中于……　《合》五五〇〇（《林》一．七．六，《龜》二四）

……雀……凸中　雨　《前》六．五九．五

于省吾先生於《甲骨文字釋林》末附錄〈釋古文字中附劃因聲指事的一例〉中亦指出：「古文字中與中迥別，中字卜辭屢見，乃史的省文，與事字通。」（四四七頁）與饒說同，惟未舉例。以下三條之前二者，見塚茂樹《京都大學人文科學研究所藏甲骨文字考釋》第二〇〇頁以爲當讀爲「事」：

庚申卜王侯其立朕中人　《人》二六八

庚申卜王侯其立朕中人　《人》二六九

癸酉貞方大出立中于北土　《合》三三〇四九（《存》二・八〇三）

《人》二六八及以下一條，鍾柏生先生〈卜辭中所見的古代軍禮之二——殷代的戰爭禮，附錄一、論立中〉一文以爲也有可能是「[illegible]」的簡寫：

……午卜叀大中[illegible]舟　叀小中[illegible]舟　叀[illegible]令[illegible]舟　《鄴》三・三九・三

以下各條則或爲斷簡殘編，或難以認定：

……中余不潽……　《前》七・九・四

……即中　《合》四六七六（《前》六・五・五）

……比[illegible]……中十二月　《前》六・三二・三

丙……王貞……弓……[illegible]田……中一月　《合》一〇五五〇（《鐵》八二・四）

……辰卜……雀……朕中二月于[illegible]　《合》一〇〇三五

……雀其……ㄩ……中　雨　《鐵》九三・二

……弓……雀……弗……中　《明》二〇一九

丁丑卜……中人…… 《合》五八六二

……亥卜……王……中……㞢龜……若 《合》五三四一（《拾》九・九）

……弗戈……中 《存》一・六四二

己巳卜王貞中其執盧妣壬六月允執 《合》五九四四（《存》二・三二〇）

戊午卜而弗其吕我中母贏 其及 《前》六・五九・七（《鐵》二〇〇・三）

以上各條中，《林》一・七・六、《前》六・五九・五、《鐵》九三・二等片中與𠙵同時出現，已足證明中與𠙵不同字，當亦不同音，可證白川氏以為中讀如甾之不可信。綜合以上甲骨文例及諸家解釋，中字有釋中、釋史二說，旭昇以為此二說實可以並存，蓋中字當如于省吾說釋為「史」之初文，其上如王國維說，為史官所執盛簡策之器，故「史」字簡寫可以作中，此猶「年」字簡寫可以作「禾」。以其與中央之中形近，故偶可借用為中宗且乙之中；《合》一〇一四八「己巳卜穷貞叀年[illegible]用」，字从示从丮，丮上所从與中同，而其中所盛簡策共有三道，似即中之本字。

〔孳乳表〕八四

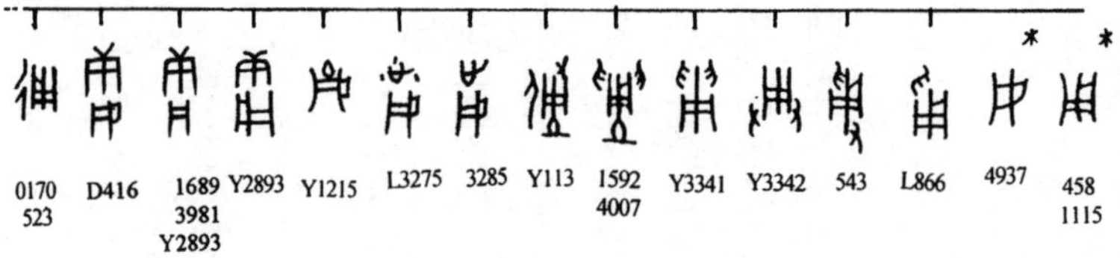

*458 1115
*4937
L866
543
Y3342
Y3341
1592 4007
Y113
3285
L3275
Y1215
Y2893
1689 3981 Y2893
D416
0170 523

0170 523

〔字根〕三二五 用 S.458 4937 L.1115 G.3338

《說文》卷三用部：「用 可施行也。从卜中，衛宏說。 用 古文用。」

案：卜辭用，羅振玉釋用（《增考．中》七四葉上）。《集釋》引徐灝《說文段注箋》之說，以爲象鏞鐘之形（一一一七～一一一八頁），可從。《釋林》又以用亦爲用：「用乃用的初文，甲骨文稱『用羌』（《京津》三〇九二）、『乙未卜，王㞢兄戊羊，用』（《甲》一八二）、『丁酉卜，𠂤，用羊豕匕□』（《善齋》拓本），均以用為用。又不用二字合文作𤰃（《京津》三一一〇），……用字初文作用，象甬（今作桶）形，左象甬體、右象其把手，近年出土的雲夢秦簡還以用為桶。……至于第二期甲骨文凡（盤）字偶有作片者（《前》五．二七．五），和用的初文顯然有別。」（三五九～三六一頁）于說釋用爲用，協于卜辭，可從。唯謂用爲桶之初文，似乏塙證，雲夢秦簡以用爲桶，此箇體假借，不足爲證。（用可視爲甬或筩之初文，《說文》訓筩爲斷竹，古者斷竹以爲器，以盛水則爲桶，以敲擊則爲庸鏞鐘（參唐蘭〈古樂器小記〉、郭沫若《大系考釋》二三七葉，李純一〈試釋用、庸、甬並試論鐘名之演變〉）。

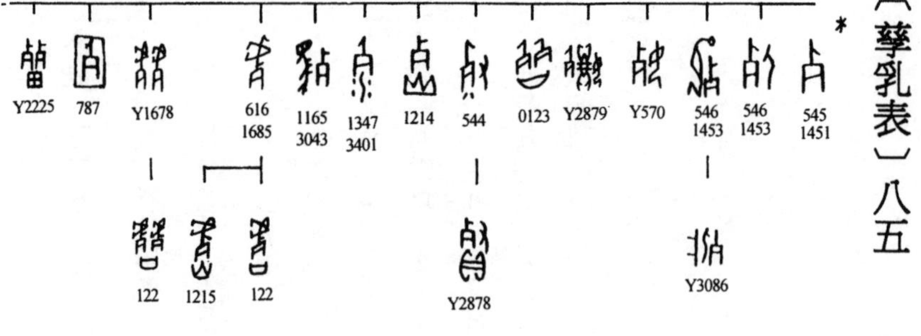
〔孳乳表〕八五
Y2225
787
Y1678
616 1685
1165 3043
1347 3401
1214
544
0123
Y2879
Y570
546 1453
546 1453
545 1451
122
1215
122
Y2878
Y3086

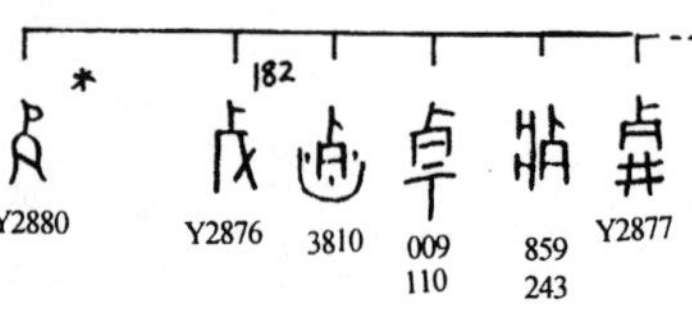
Y2880
182
Y2876
3810
009 110
859 243
Y2877

〔字根〕三二六　S.545　L.1451　G.2868

《說文》卷四歺部：「　𡿥骨之殘也。从半冎。讀若櫱岸之櫱。　古文歺。」

案：卜辭　、羅振玉釋歺（《增考．中》五四葉上）。《集釋》云：「契文骨作　、而此作　，正从半冎，與許說合。」（一四五一頁）。（案：釋骨形不可從。）

〔字根〕三二七　G.2880

《說文》卷十四車部：「軶　轅耑也。从車厄聲。」

案：卜辭　（《合》一八二六七）字一見，舊不識。愚以為即厄、軶之初文，轅前扼馬處也。金文軶作　（彔伯簋），正象軶形（參附圖）。《說文》軶从厄聲，厄訓「隘也，从戶乙聲」，實則厄本獨體象形，不从戶乙聲，訓「隘」乃其引伸義。甲文與金文形近，亦當釋厄。惜原片殘，僅存一字，用法不可知。

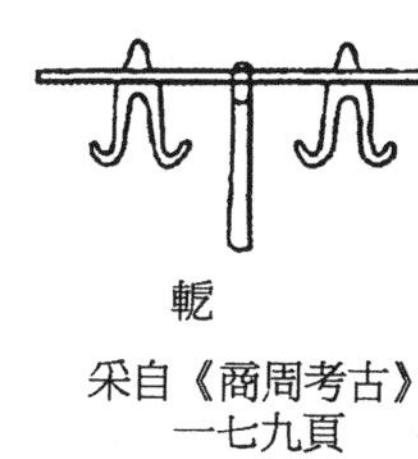

軶

采自《商周考古》一七九頁

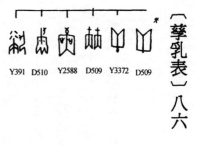

〔孳乳表〕八六

Y391 D510 Y2588 D509 Y3372 D509*

〔字根〕三二八　S.3781 3782

字不識。

案：《綜類》本部所列六字，全部不識。

〔孳乳表〕八七

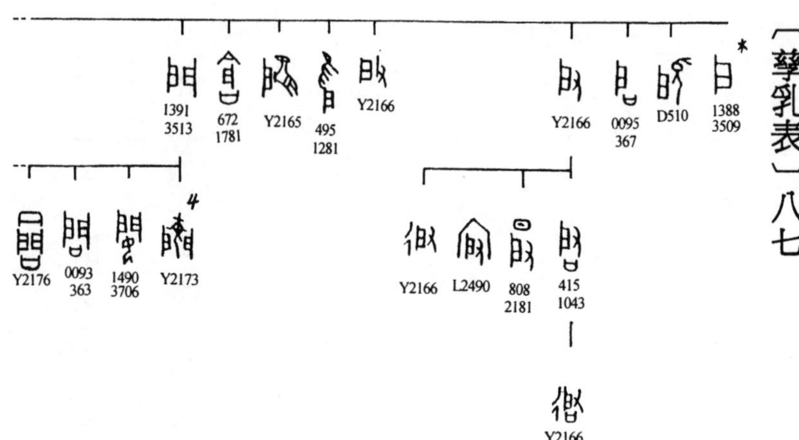
1388
3509
D510
0095
367
Y2166
Y2166
495
1281
Y2165
672
1781
1391
3513
415
1043
808
2181
L2490
Y2166
Y2166
Y2173
1490
3706
0093
363
Y2176

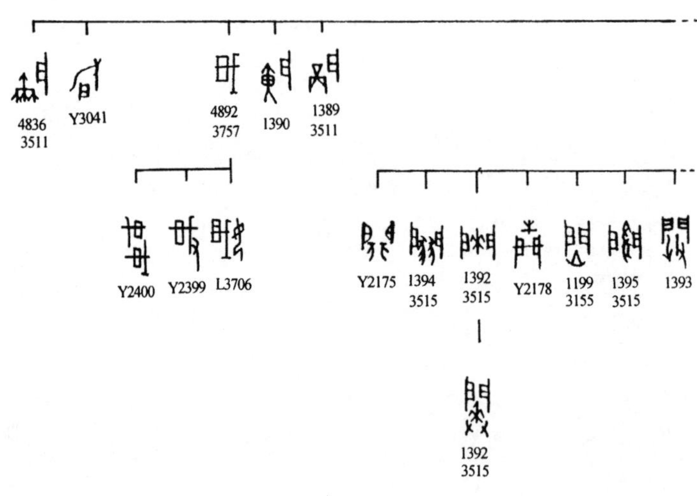
1389
3511
1390
4892
3757
Y3041
4836
3511
L3706
Y2399
Y2400
1393
1395
3515
1199
3155
Y2178
1392
3515
1394
3515
Y2175
1392
3515

〔字根〕三二九 𢩢 S.1388 L.3509 G.2161

《說文》卷十二戶部：「戶 護也。半門曰戶，象形。戹 古文戶，从木。」

案：卜辭𢩢，《文編》釋戶（初版十二卷四葉上）是也，象戶形。

〔孳乳表〕八八

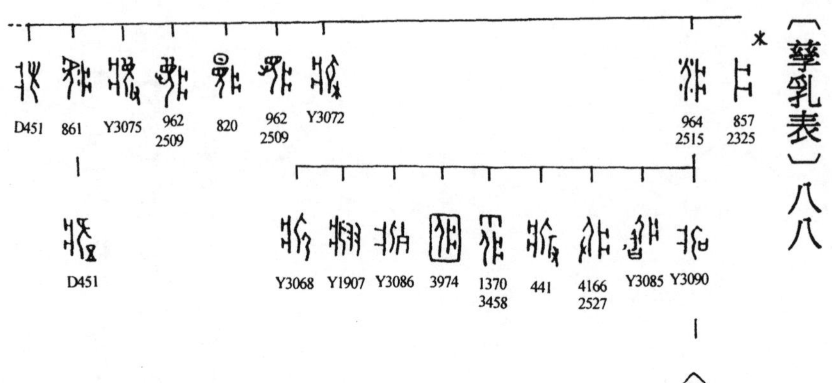

D451
861
Y3075
962 2509
820
962 2509
Y3072
964 2515
857 2325
D451
Y3068
Y1907
Y3086
3974
1370 3458
441
4166 2527
Y3085
Y3090
L2491

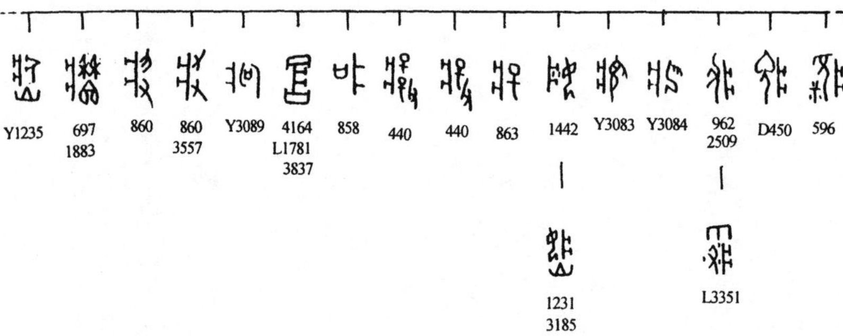

Y1235
697 1883
860
860 3557
Y3089
4164 L1781 3837
858
440
440
863
1442
Y3083
Y3084
962 2509
D450
596
1231 3185
L3351

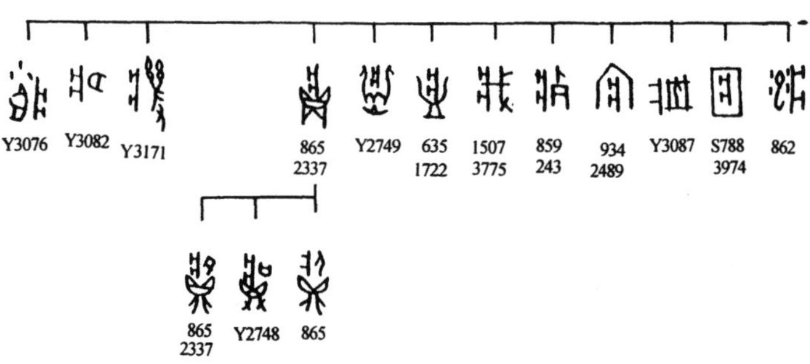
Y3076
Y3082
Y3171
865
2337
Y2749
635
1722
1507
3775
859
243
934
2489
Y3087
S788
3974
862
865
2337
Y2748
865

〔字根〕三三〇 □ S.857 L.2325 G.3062

《說文》失收。

案：卜辭□，□，象牀形之側書者，《集釋》釋爿，以爲牀之初文是也（二三一八～二三三一頁）。《說文》木部：「牀，安身之几坐也。从木，爿聲。」《說文》無爿，當偶失耳。卜辭偏旁中或簡化作□，與□同，如：□或作□（《甲》三〇七八）是也。

《綜類》四五一有□，見《前》四．三七．五，實□之字誤，左不从□。

〔孳乳表〕八九

0164 503　0235　Y2343　3322　0237　S3328 5644　0239 531　Y2317　Y2304　Y2319　D324　0240 609　Y2310　0231 609

L853　D324　Y2310

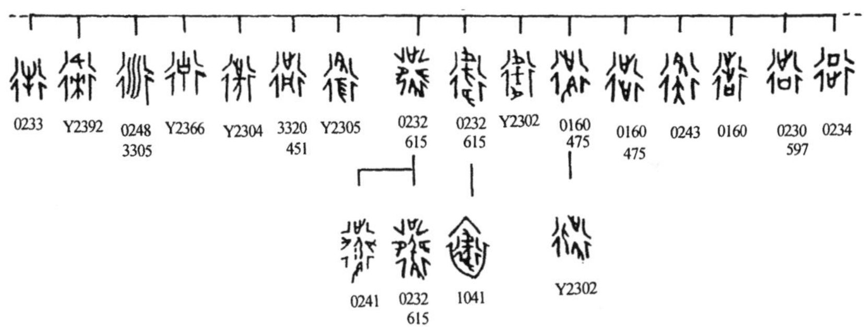

Y2393 0207 583 251 Y2325 0232 615 0242 575 0246 0247 620 Y2380 Y2390 0250 620 0245 619 Y2360 Y2361 0174 0244 619 0236 0236

Y2300 0249 509

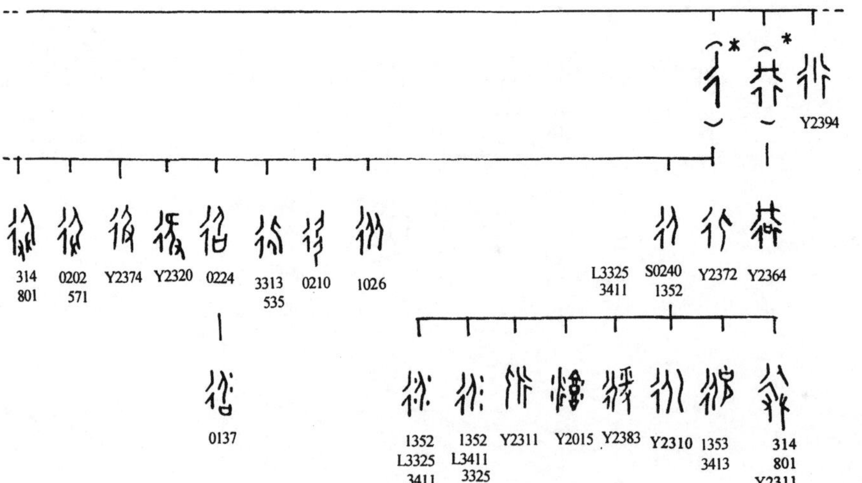

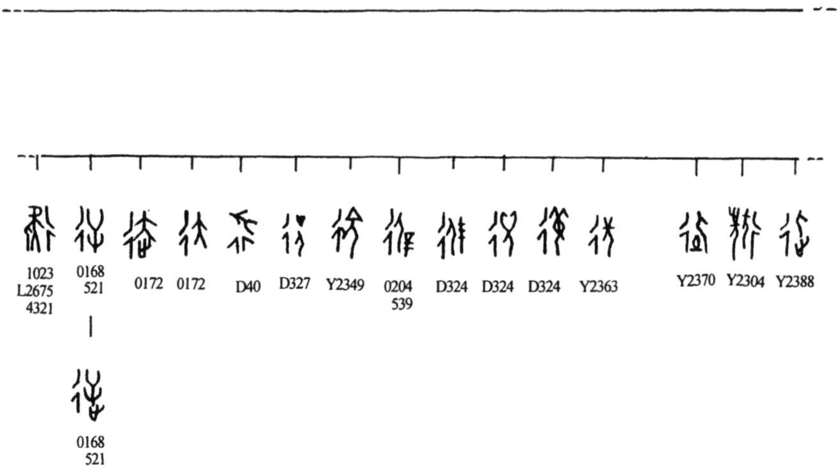

1023 L2675 4321 | 0168 521 | 0172 | 0172 | D40 | D327 | Y2349 | 0204 539 | D324 | D324 | D324 | Y2363 | Y2370 | Y2304 | Y2388

0168 521

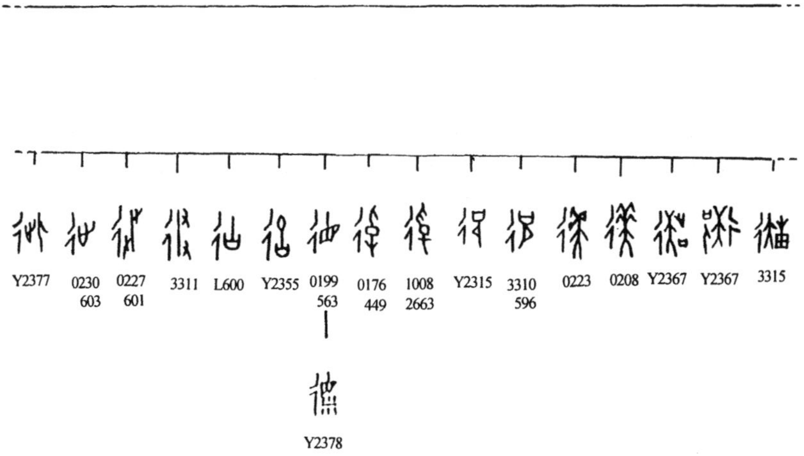

Y2377 | 0230 603 | 0227 601 | 3311 | L600 | Y2355 | 0199 563 | 0176 449 | 1008 2663 | Y2315 | 3310 596 | 0223 | 0208 | Y2367 | Y2367 | 3315

Y2378

D327	Y2375	Y2363	0228	0230 603	0229 600	0160 475	0160 529	0232	0103 399	0221 598	0230	0230 597	0219 595	Y2296	0165

Y2351	0181	Y2389	0213 599	Y849	0215	0217 595	0203 L573 525	0248	S0248 1349 L3305	0248 3305	0248 3305	S0225 157 L471	Y2354	0222	0180

Y2382 0205 581 Y2385 0211 596 Y2347 1576 3933 D222 D326 0175 549 0214 593 428 0080 Y2330 0212 598 428 1081 Y2352 Y2373

0175 549 214 593 428 1081

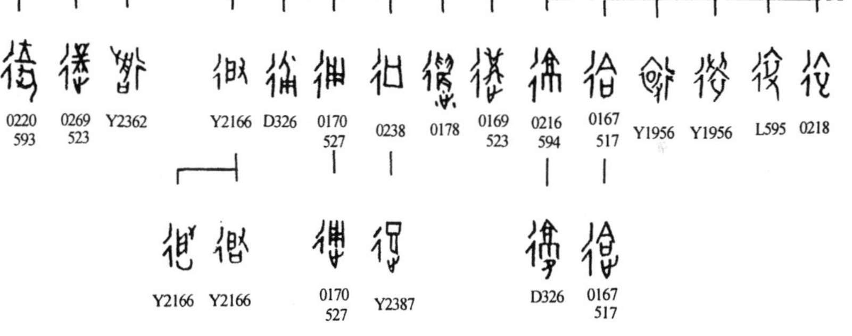

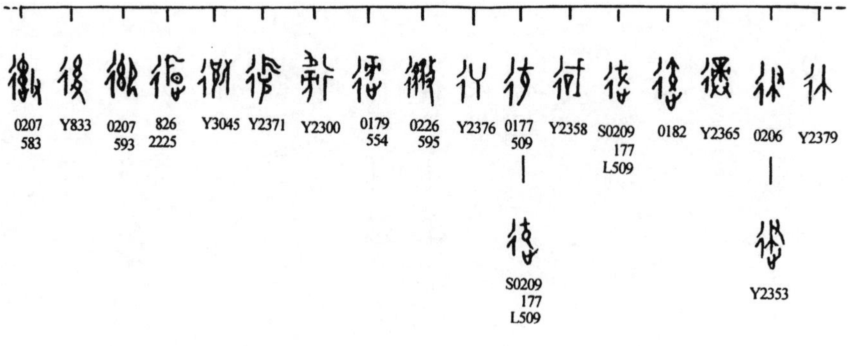

0207 583 | Y833 | 0207 593 | 826 2225 | Y3045 | Y2371 | Y2300 | 0179 554 | 0226 595 | Y2376 | 0177 509 | Y2358 | S0209 177 L509 | 0182 | Y2365 | 0206 | Y2379

S0209 177 L509

Y2353

Y2311 Y2357

〔字根〕三三一　[illegible]　S.231 L.609　G.2289

《說文》卷二行部：「行　人之步趨也。从彳亍。」

案：卜辭[illegible]，象四達之衢，人所行也。羅振玉釋行是也（《增考‧中》七葉下）。行本爲名詞，引伸而爲步趨，《說文》訓解即爲此引伸義。行省而爲彳，意義似無不同，如：[illegible]（《粹》一九六）或作[illegible]（《明》七一六）；[illegible]（《甲》五九八）或作[illegible]（《戩》三九‧六）；[illegible]（《甲》三〇四九）或作[illegible]（《甲》三二九一），其例甚多，《說文》訓彳爲「小步也，象人脛三屬相連也」，釋義乃行之引伸，釋形則並無依據。

[illegible]可以省爲彳，亦可以省爲亍，如：[illegible]（《佚》二三四），商承祚釋[illegible]。

《綜類》三二六[illegible]，采自《綴合》七九（《乙》一八＋《乙》四二五），本片收在《合集》二一〇一三，《摹釋》、《類纂》均摹作[illegible]，不知何所據？《乙》一八明作[illegible]，字不識，卜辭此字只一見，亦無從比較。《綜類》三二七[illegible]，檢字索引作[illegible]，當正。

〔字根〕三三二　[illegible]

字不識。

案：卜辭無單字[illegible]，然有从[illegible]之[illegible]（《乙》一八＝《綴合》七九＝《合》二一〇一三），字不識（《摹釋》、《類纂》摹作行，不知何所依據）。

〔字根〕三三三 彳

《說文》卷二彳部：「彳　小步也。象人脛三屬相連也。」

案：卜辭無單字彳，而有其孳乳字。以字形言，彳實爲从行省，《說文》訓小步，謂象人脛三屬相連，恐非。行省爲彳，猶虎省爲虍、鹿省爲庙是也。今以後世有獨立形音、卜辭又單獨作偏旁，故立爲字根。

〔孳乳表〕九〇

1050 2757
Y3131
Y3132
Y3134
4389 4490
955 2493
Y3144
1056
0104
Y2362
539 1443
Y795
D464
1052 2765
732 1993
1337 3380

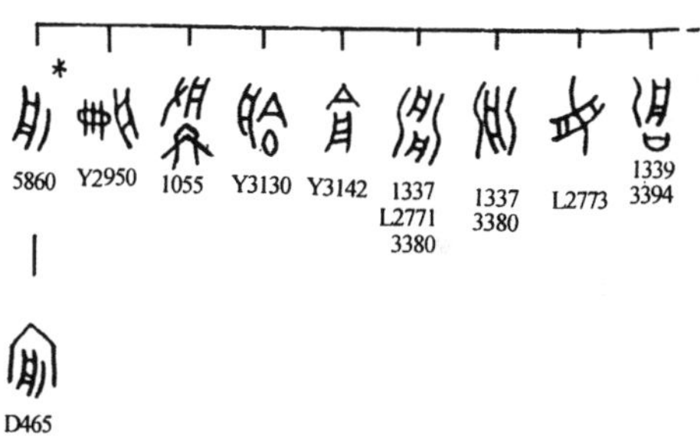
1339 3394
L2773
1337 3380
1337 L2771 3380
Y3142
Y3130
1055
Y2950
5860
D465

〔字根〕三三四　□　S.1050 L.2757　G.3126

《說文》卷八舟部：「□　船也，古者共鼓、貨狄刳木爲舟，剡木爲楫，以濟不通。象形。」

案：卜辭□、羅振玉釋舟，謂象舟形（《增考．中》四六葉下）是也

□、□（凡）形近，故卜辭偶有互作者，舟、凡聲韻懸隔，不應通叚，當係形近掍用故耳（例見□部）。

《綜類》本部收有□、□二文，皆从□，亦以形近闌入本部，今正。

〔字根〕三三五　□　S.5860 1337　G.3139

案：卜辭□，《文編》列在附錄第五八六〇號，以爲不識字。甲骨、金文同類字有：甲、从□者：一、□（《京都》二二四六、《屯南》二九二三、卬簋、麥尊等）；二、□（白□父鼎）；三、□（《簠徵》三八、麥尊、井侯簋、□匜等）；四、□（矢令簋）；五、□（中甗）；乙、从舟从水者：六、□（《合》二〇二七二、《粹》八四三）；七、□（《英藏》二二六四）；八、□（《合》二四四二一）；九、□（叔趩父卣器、蓋）；十、□（《合》一二四七八）；十一、□（《合》三三六九一）；十二、□（《合》一一四七七）等；丙、从第一形又从水者：十三、□（戉箙啓尊，《金文總集》第四八五九號，《商周青銅器銘文選》第二八四號）；丁、僅从舟者：十四、□（白者父簋）。以麥尊「逆□」與叔趩父卣「逆□」同辭例視之，甲類之□與乙類之□似爲同字。

以上諸家，各家考釋不一，第十二形之□，羅振玉釋爲「疑即舟字」（《待問》十六，據《釋林》第九三頁轉引）；余永梁從王國維說釋「方舟之方」（《殷虛文字續考》）商承祚釋洀，「疑即舟字變」；于省吾《釋林》第九三頁釋洀，引《管子·小問》尹注以爲古盤字，字又作□、□；第一、三形之□、□，郭沫若《金文叢考》三〇六頁釋爲造，以爲「□从出省（出古作□）、舟聲」；第六形之□，郭沫若《粹編》第八四三片考釋「疑爲般之古字」，所从之□正殳之象形；第一形之□，貝塚茂樹《京都大學人文社會科學研究所藏甲骨文字考釋》釋爲舟之異構，第十一形之□，何琳儀〈釋洀〉以爲即般與汎、氾同；吳匡、蔡哲茂〈釋金文□、□、□諸字〉以爲當讀爲《周禮》「復逆」之「復」，字从舟，舟旁之小撇爲指事符號，湯餘惠〈洀字別議〉以爲上列字形除第十三種外皆當釋洀，即氾舟於河之氾字，字从舟从水，或別彳、辵、宀、廾等。第一形之□字舟旁之小撇爲水形之省，字象舟船浮行水上。旭昇案：湯說頗爲合理，然第一形舟旁之小撇是否即水形之省，尚乏確證，古文字中似尚未見水形省作一小撇者。且第十三形之□字既从□，又从水，此字一般均釋爲洀字，當與前十二形同字，然則□字舟旁之小撇似不得釋爲水形之省。疑此小撇當如郭沫若說爲殳楫之像，其甲類字形之□从舟與楫，乙類所从之□省楫从水，丙類之□則楫、水兼具，丁類之□則水、楫俱省，唯从辵，四形皆爲氾之象意字。若是，則□爲从舟，□象殳楫之形而不成文，故□字仍當列爲字根，爲合體象形文。

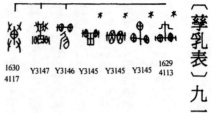

〔孳乳表〕九一

1629 4113	Y3145	Y3145	Y3145	Y3146	Y3147	1630 4117

〔字根〕三三六 S.1629 L.4113 G.3145

《說文》卷十四車部：「車 輿輪之總名也，夏后時奚仲所造，象形。 籀文車。」

案：卜辭，象輪、輈、衡、軛之形，孫詒讓釋車是也。其作者，中象輿服，唯《存》七四三作，最爲完全，酷肖車形，惜輈折爲二耳。《丙》一作形者，張秉權考釋、甲骨文編均釋爲車字，《詁林》則謂「不可據。此與車形有別」。

〔孳乳表〕九二

Y2842　Y2843　Y2838　Y2837　371　0126 2577　974 2463　974　972 2577　976　3712 2579　4245 2569　Y2841　D410　Y2829　969 2553

1377 3469

554 1523　L1542　979 2578　Y2833　D253　799 2157　Y2839　D410　973 2565　970 1289　975　977 2575　977 L3087 2575　977 L3087 2575　978 2576　Y1367　Y2840

Y2833　0079 301　559 1539

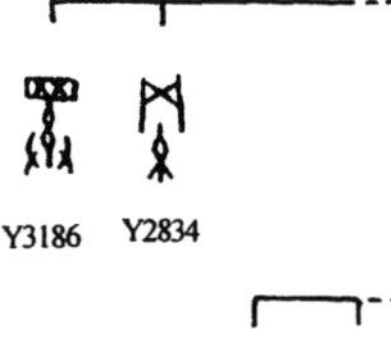
Y3186
Y2834

559
1539
L1539

〔字根〕三三七　S.969　L.2553　G.2829

《說文》卷七网部：「庖犧氏所結繩，㠯田㠯漁也。从冂、下象网交文。网或加亡。或从系。古文网，从冂、亡聲。籀文从口。」

案：卜辭，象網形，羅振玉釋网是也（《增考》中四九葉上），或作、，网文多少無別，後一文與《說文》籀文同形，是皆网字。至其於偏旁中之變化，如：（《燕》四一三）、（《乙》二〇〇）、（《粹》一二二一）、（《合》二二〇四四）、（《屯》四二八一），所从皆网也。

《文編》釋字爲罬（九七八號），是以爲网，似非。當爲（罕）之倒書，不得釋网（參罕部）。

〔孳乳表〕九三

D407 Y2827 384 949 Y396 D407 1668 2579 D245 1667 L2555 4191 Y2757 D403 Y414 L2421 D404

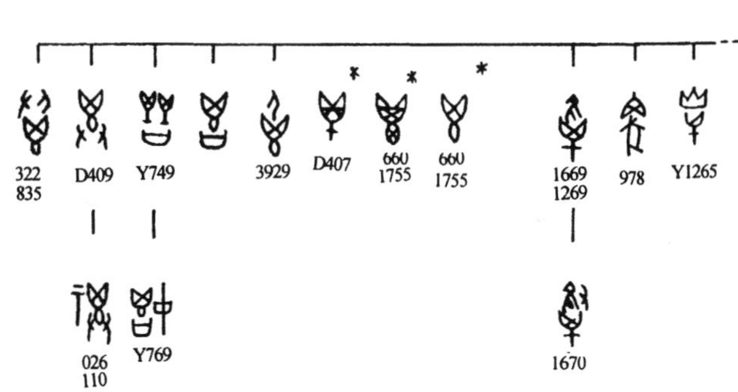

〔字根〕三三八　⊠

字不識。

案：卜辭⊠字二見（或一見），《佚》八一一「其⊠𢀛……」，商承祚未釋。《甲》二九三四「……行𢦏益于南」，𢦏、《綜類》四〇四讀爲⊠𢦏二字，《甲考》讀爲一字，而云字不識。徐中舒以爲象華（⊠干）之形（《字典》四一四頁），唯無塙證。

从⊠之字唯兇（《合》二七二七九）字，《類纂》四一四釋兇，其說未聞。以字形言，⊠與小篆凶接近，《說文》：「凶　惡也，象地穿交陷其中也。」又：「兇　擾恐也，从儿在凶下。《春秋傳》曰：『曹人兇懼』。」據《類纂》釋兇爲兇，則其意似以爲⊠當釋凶也。

《綜類》本部㤅（四〇九頁），采自《人》二〇六二，細審原拓，當作㤅，下从心，不从⊠，今正。

〔字根〕三三九　⊠干　S.1667 L.2555　**G.2824**

《說文》卷七网部：「罕　网也。从网、干聲。」

案：卜辭⊠干，孫詒讓據金文禽作禽，謂似即禽之省（《舉例・下》四一），得之。羅振玉釋畢（《增考・中》四八頁下），實無確據，而學者多從之。唐蘭謂釋⊠干爲畢，以讀卜辭，多不可通，⊠干當釋干，象「罕」

形，爲禽之本字，蓋後世音讀差異，遂加今聲耳（《天壤考釋》五七葉下～五八葉下）。《集釋》以爲唐氏釋□爲罕，讀爲禽，以讀諸卜辭，無不允當，其說塙不可易。惟唐氏謂罕爲干之蛻變，則有可商。干爲盾之別名，與田、單諸字同源，與訓网之罕截然二物（二五六〇頁）。李說從唐氏而正其所失，釋□爲罕，即禽之初文，與金文禽之字形密合無間，當可從（惟謂干爲盾之別名，與田同字，則似有可商，參干部說）。

《綜類》二四五頁□，采自《戩》三七・一〇，查拓本此字模糊難辨，而王國維考釋隸定作畢，是王氏以爲□字，今從其字形而釋爲罕。

〔字根〕三四〇 □ S.660 L.1755 G.2828

《說文》卷五鬯部：「□ 㠯𩰪釀鬱艸芬芳條服㠯降神也。从凵，凵、器也。中象米，匕所㠯扱之。《易》曰：『不喪匕鬯』。」

案：卜辭□、□、□、□，羅振玉釋鬯（《增考・中》三七葉下）是也。凵象器形，中象秬及鬱，下从凵象器座（《集釋》一七五六頁），《說文》謂从匕，非也。

鬯之作□者，如「丁酉卜貞王賓文武丁伐十人卯六牢□六卣」（《前》一・十八・四）以文例知其當爲鬯，然其字與□之作□形（《文編》一三八六）者全同，此則唯有以文義別之。

〔孳乳表〕九四

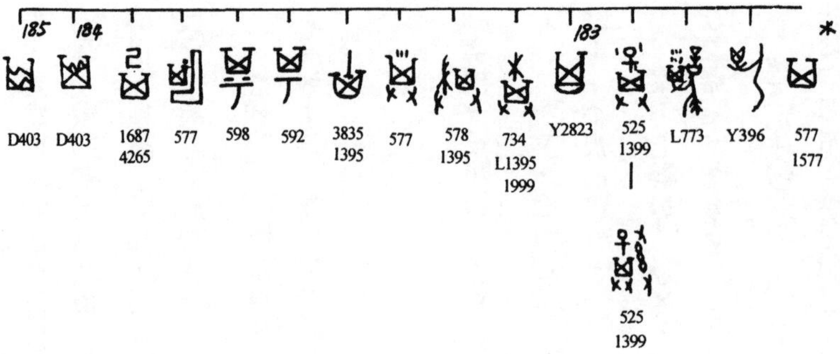

185 184 183 *

D403 D403 1687 4265 577 598 592 3835 1395 577 578 1395 734 L1395 1999 Y2823 525 1399 L773 Y396 577 1577

525 1399

〔字根〕三四一 [glyph] S.577 L.1577 G.2817

《說文》卷五箕部：「[glyph] 所以簸者也。从竹，[glyph]象形，丌其下也。[glyph] 古文箕。[glyph] 亦古文箕。[glyph] 亦古文箕。[glyph] 籀文箕。[glyph] 籀文箕。」

案：卜辭[glyph]、[glyph]，象箕形，羅振玉釋[glyph]是也（《增考・中》四七葉下）箕爲[glyph]之後起字。《綜類》四〇三頁[glyph]字，采自《續》三・三〇・六，同片又見《合》三六九五六，《類纂》、《摹釋》摹爲[glyph]、釋㠱，細按拓本，《類纂》、《摹釋》是也。

〔孳乳表〕九五

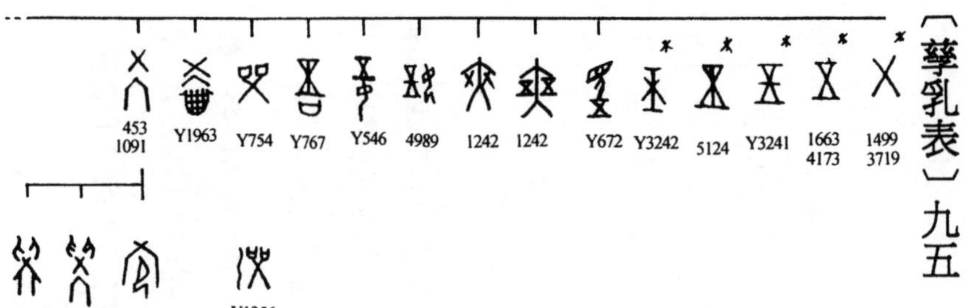
453 1091
Y1963
Y754
Y767
Y546
4989
1242
1242
Y672
Y3242
5124
Y3241
1663 4173
1499 3719
453 1091
453 1091
Y331
Y1356

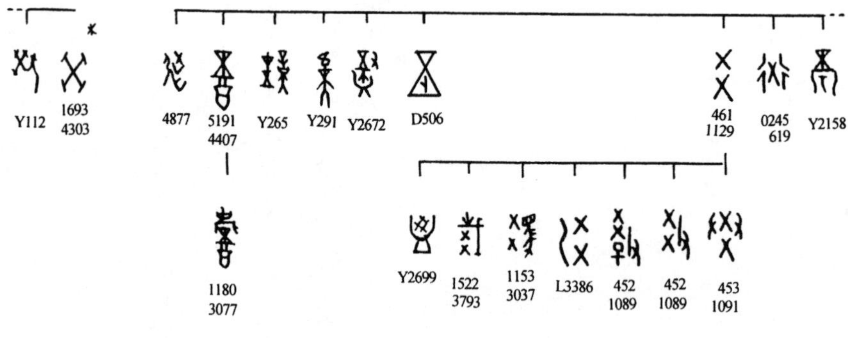
Y112
1693 4303
4877
5191 4407
Y265
Y291
Y2672
D506
461 1129
0245 619
Y2158
1180 3077
Y2699
1522 3793
1153 3037
L3386
452 1089
452 1089
453 1091

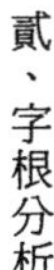

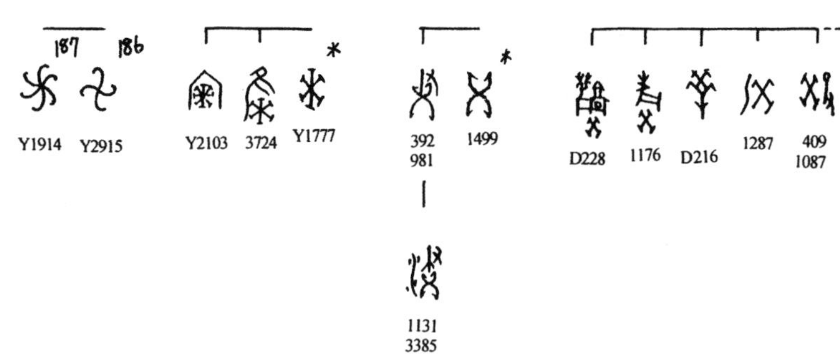
187
186
Y1914
Y2915
Y2103
3724
Y1777
392
981
1499
1131
3385
D228
1176
D216
1287
409
1087

〔字根〕三四二　⧖　S.1663 1499 5124　L.4173 1499　G.3230

《說文》卷十四五部：「⧖　五行也。从二，陰陽在天地間交午也。ㄨ　古文五如此。」

案：卜辭⧖、羅振玉釋五（《增考》中一葉下）是也。卜辭又有ㄨ，王襄釋乂（《類纂》正編十二、五五葉上），⧖、⧖，各家闕釋，劉釗以為皆當釋五：「『ㄨ』就是『五』字的最初寫法，《說文》五字古文即作『ㄨ』，在早期八卦記數符號和甲骨文骨端記數字上，五字就經常寫作『ㄨ』。……卜辭『五』字又經常加飾筆作『⧖』，是一個特殊的例子：『⧖鹿隻四鹿隻』（《佚》二四四）。……卜辭『五』字又可以加豎式飾筆寫作『⧖』：『弜引若亞⧖一牢』（《屯南》二九五）、『叀新⧖用』（《合》三四一二四（《佚》二一一））……『⧖』就是『五』的異體，不過『⧖』從不用作數字的『五』，這是因為甲骨文經常用一字的不同異體代表不同的意義的緣故，『⧖』字加口又孳乳出『⧖口』字……『⧖口』即『吾』字，金文吾字作『⧖口』（商尊）、『⧖口』（沈子它簋），與甲骨文結構相同。……卜辭有『[illegible]』（《合》四一七七三）字，又可寫作『[illegible]』（《合》四一七七〇），也可證『⧖』字可寫作『⧖』。……卜辭『[illegible]』又可以寫作『[illegible]』，中間兩斜筆沒有刻到位。『……曰矣自在⧖　癸巳卜……矣自在⧖』（《合》一三五一七（《綴合》二九五））……由上揭『[illegible]』可作『[illegible]』知道，……『⧖』就應該是『⧖』字，也即是『五』字，字在卜辭用為地名，與……『ㄨ』可能為一地。」（〈甲骨文字考釋十篇〉——九、釋五）

劉說以八卦刻辭、甲骨文例、異體、金文，證明「ㄨ」、「⧖」、「⧖」、「⧖」皆當釋「五」，論說有據，可從。

《前》一・四四・五「貞王弓獸于㐅」，《前釋》釋「㐅」爲「乂」，《集釋》從之（三七一九頁），據劉釗說則當釋「五」，爲地名。又《林》一・十八・十三之「☰」亦「五」，由其積畫可知（《集釋》四一七七頁）。

五之構形，丁山謂與笠同字，爲收繩之器（《史語所集刊》一本一分九一~九二頁，〈數名古誼〉）然無塙證，存疑爲是。

〔字根〕三四三 ✕ S.461 L.1129

《說文》卷十四癸部：「✕ 冬時水土平可揆度也。象水從四方流入地中之形。✕承壬、象人足。𤼭 籀文，从癶从矢。」

案：卜辭✕、羅振玉釋癸，謂乃✣之變形，✣字上象三鋒，下象著物之柄，即戣之本字（初版《金文編・十四卷》十七葉✣字條下引）。葉玉森引饒炯說謂癸爲葵之古文，象四葉對生形（《前釋・一卷》一葉）。吳其昌謂象雙矢交揆（《武大文哲季刊》六卷一期二一四~二一八頁〈金文名象疏證〉）。高鴻縉先生謂象桂花四蕊形（《中國字例・二篇》四五~四六頁）。白川靜以从癸之字有闋，釋閉門，故癸當爲用於門闋之柎足器（《說文新義・卷十四下》二九七六、二九七八頁）。以上諸說，以羅釋爲戣，信從者最多。然✕✣形體、用法各別，葉玉森《前釋》已言之矣！于省吾又指出✣當釋束（參束部），然則✕當非✣之象形。其餘諸說，各持一端，似皆難成定說，姑存疑。

〔字根〕三四四　[glyph]　S.1499　G.3091

《說文》卷十夫部：「[glyph]　規巨有法度也。从夫見。」

案：卜辭[glyph]、王國維以爲象錯畫之形（《戩考》二四葉），王襄以爲即乂字（《類纂．正編三》第十三葉下）。从之者有[glyph]，郭沫若釋規：「妻實古規字也，《周金文存》及《愙齋集古錄》有龜生毀者，其銘云：『龜生蔑爯曆，用作季日乙妻，子＝孫＝永寶用。』《攈古錄》之季日彝亦同是爯所作之器。……依金文通例，妻字當是器名，二器為簋而名之以妻，可知妻音必與簋音相近，參以字形，則為規字無疑，規簋同屬見紐，故假妻為簋也。」（《甲研》二冊後記一葉）張日昇云：「郭沫若謂當是規之古文，其說是也。字所从乂，非即《說文》訓芟艸之乂。芟艸之農具乂作丿乀相交，象剪刀之形，與正圓之規形狀相近易混，必當加義符以為區別。剪刀之乂或从刀作刈；正圓之規乃从聿作妻。畫金文作畫，从周从妻，妻亦聲。規畫古音並在佳部合口，規 kiweg、畫ɣwek。爯毀云『用乍季日乙妻』，妻毀作規也。」（《金文詁林》一八〇九頁）郭張二氏釋妻爲規，[glyph]即正圓之規，論說詳盡，形音俱洽，當可從。卜辭另有乂，作[glyph]（裘錫圭說、參[glyph]部），與[glyph]有別，則[glyph]不當釋乂也明矣！金文有[glyph]（子[glyph]觚，《金文編》附錄上二九一），當與卜文[glyph]同字。

〔字根〕三四五　□　G.1777

字不識。

案：卜辭□、□（《綜類》四一八），字不識。从之者有□（《屯》二四三六、《屯南考釋》摹作□、非），亦不識。□（《綜類》二三五），嚴一萍釋鵜（《中國文字》新十期一二二頁，〈釋□〉），雖別無確證，然□□形近，□誤爲鵜，有此可能。然終不能謂□即來也，姑存疑。

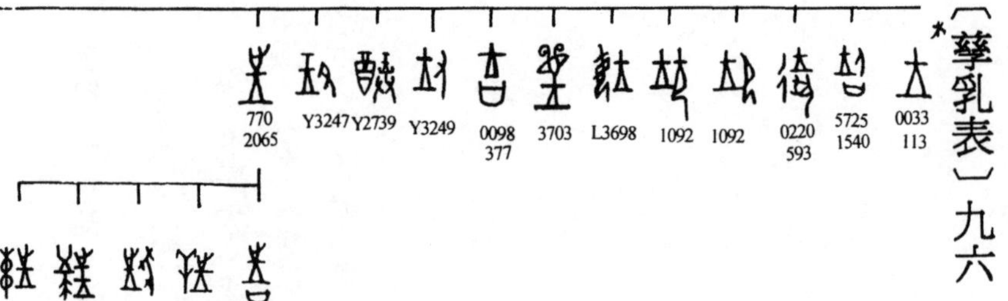
〔孳乳表〕九六
0033 113
5725 1540
0220 593
1092
1092
L3698
3703
0098 377
Y3249
Y2739
Y3247
770 2065
D80
Y1582
1189 3107
Y2670
771

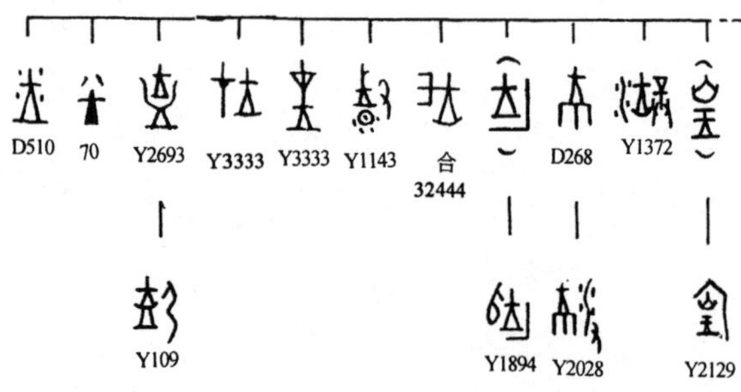
Y1372
D268
合 32444
Y1143
Y3333
Y3333
Y2693
70
D510
Y109
Y1894
Y2028
Y2129

〔字根〕三四六　□　S.33 L.113 G.3246

《說文》卷一王部：「王　天下所歸往也。董仲舒曰：『古之造文者三畫而連其中謂之王，三者、天地人也；而參通之者王也。』孔子曰：『一貫三爲王。』□　古文王。」

案：卜辭□、□、□、□，羅振玉釋王，謂象地中有火（《增考．中》十九葉，羅氏以□、□亦王字，非。字當釋士）。郭沫若謂士且王土同係牡器之象形（《甲研．釋祖妣》十七葉）。徐中舒謂士王皇三字均象人端而坐之形（《史語所集刊》四本四分四四一～四四六頁〈士王皇三字探源〉）。葉玉森謂象王者之峨冠（《前釋．一卷》八葉）。吳其昌謂字象斧形（《武大文哲季刊》五卷三期四九八～五〇九頁〈金文名象疏證〉）。林澐足之，謂字象斧鉞之刀鋒向下者，斧鉞爲軍事統率權之象徵，因以稱王（《考古》一九六五年六期三一一～三一二頁，〈說王〉）。以上諸說皆持之有故，然以斧鉞說最合理。卜辭王字形體變化頗多，歸納之可有以下七類：(A)□（《乙》七七九五）、(B)□（《佚》一〇四）、(C)□（《後》下三一、五）、(D)□（《甲》三三五八），(E)□（《佚》四二七），(F)□（《前》五、一五、五）(G)□（《佚》三八三）。以上各體與火、牡器、人形、峨冠諸形均不肖，唯與鉞形差似。王上古音在陽部合口一等(*ɣjwaŋ)，鉞在月部合口三等(*ɣjwat)，聲韻俱近，可以通段，則王或爲假借鉞字而稍易其形，亦以鉞象徵其爲作威作福之辟王也。

〔字根〕三四七

《說文》卷一上士部：「事也。數始於一，終於十，孔子曰：『推十合一爲士。』凡士之屬皆從士。」

案：卜辭無士字，而有從士之「在」，字作（《乙》四五一六、《合》三七一正，反）、（《英》一九八九），《文編》、《集釋》均未收，《甲骨文字典》第六七三頁、《殷墟甲骨刻辭類纂》第三三三號均釋爲從才從王，非是。此字與《金文編》附錄下第六四七號字同形，實從才從士，即「在」字。《說文》云：「在：存也。從土，才聲。」其說有誤。金文在字多見，作（盂鼎）、（杕氏壺），《金文編》收在第二一七二號，又作（燮簋），《金文編》收在附錄下第六四七號，龍宇純先生以爲當釋才，用爲載（《中國文字學》第一七二頁）。其「才」旁所從皆爲士，無從土者。金文士作，戰國始作士，參《金文編》第二一六一號。又甲骨文「吉」字作（《鐵》一五九・一）、（《戩》十・三）、（《戩》一六・一）（除第二形外，餘參《甲骨文編》第九八號）。此字第一形上端所從，葉玉森以爲「甲」字（《說契》第三頁）、于省吾以爲象句兵形（《駢》三第二八頁）、朱芳圃則以爲「秸」之象形（《釋叢》第五頁）、魯師實先以爲「啚」字（《文字析義》第二一頁）、裘錫圭以爲于說爲是（《古文字論集・說字小記・說吉》第六四五頁）。

旭昇案：以上各家所釋唯限於甲骨文「吉」字之第一形，於第二、三形則闕而不說，然甲骨文「吉」字第二形明明從「王」、第三形明明從「士」，諸家似皆以爲此二形爲第一形之訛變，故均不予討論，然金文「吉」字作、等形（參金文編第一四四號），口上從王、從士，其與甲骨文第二、三形同，至爲明白，金文未見有與甲骨文第一形同形者，則甲骨文「吉」字第二形從王、第三形從士，與金文同形，蓋無可疑。然而甲骨文「吉」字從王、從士，何所取義乎？甲骨文「吉」字第一形裘錫圭釋云「古人是在具有質地堅實這一特點的勾兵的象形符號上加上區別性意符『口』，造成吉字來表示當堅實講的吉這個詞的」（〈說字小記〉），說當可從。據此，「吉」字本取義於兵器之質地堅實，其所取者爲何種兵器則並不重要，故甲文第一形取象於句兵，第二形取象於王（王即鉞之分化字），第三形則取象於士（士爲大斧頭，說見下）所取象雖有異，其所表義則無別，皆足以表示質地堅實之涵義也。

以上「在」字字形中，卜辭所從士形，與金文盂鼎、燮簋之士形，皆與甲金文王字幾乎全同。故徐中舒以爲王士同形，皆象人端拱而坐之形（《史語所集刊》第四本四分〈士王皇三字之探原〉）；吳其昌以爲工、士、壬、皇本爲一字，皆斧之象形（《武大文哲季刊》五卷三期〈金文名象疏證〉）。以字形言之，似以吳說爲長，然士聲與王聲相去太遠，釋爲一字，似有困難。意者士字爲鎡錤之象形。《說文・木部》：「欘、斫也。齊謂之鎡錤。一曰：斤柄性自曲者。從木屬聲。」段注易鎡錤爲茲其，且謂：「各本作鎡錤，今依《爾雅》正。……〈釋器〉曰：『斪斸謂之定。』……《考工記》注引《爾雅》作句欘。……句欘者，李巡云：『鉏也。』郭璞云：『鉏屬。』蓋似鉏而健於鉏，似斤而不以斫木，專以斫田，其首如鉏，然句於矩，故謂句欘也。」據此，欘即句斸，爲斤屬，齊謂之鎡錤。士字之形近於斧斤，或即鎡錤之初文。士、鎡、錤古音同屬之部，士、鎡聲母同在齒音，則「士」與「鎡錤」爲同一音義之分化，或不無可能。卜辭「王」字借「鉞」之形義表示，士字借「鎡錤」之音義表示，二者取象之法類似；而鉞爲王權之象徵，故以示王者；鎡錤爲勞動之工具，故以示士人，二者字形雖近，然取象不同，故可以代表不同之二階級也。

以上本文內容曾於民國八十三年八月二十一日東莞「紀念容庚先生百年誕辰暨第十屆中國古文字學學術研討會」發表，同會適有林澐先生發表〈王士二字同形分化說〉，力主王士爲同形分化，而音義有別，其結論與拙文相近，而立說基礎不同。

王輝據一九八五年發掘之殷墟玉璋朱書「𢦏」字即「圭」字，因謂「吉」字上部所从「土」形即爲「圭」字之原始象形（吉林大學．《于省吾教授誕辰一百周年紀念論文集》頁六四〈殷墟玉璋朱書𢦏字解〉。惟甲金文「吉」字上部所从與「圭」實物之形相去太遠，故「𢦏」字應釋爲从士从戈，从士爲義符，表示「𢦏」爲類似斧鉞之器物，从戈表示「𢦏」與戈同形（王輝亦稱戈即圭）。

〔孳乳表〕九七

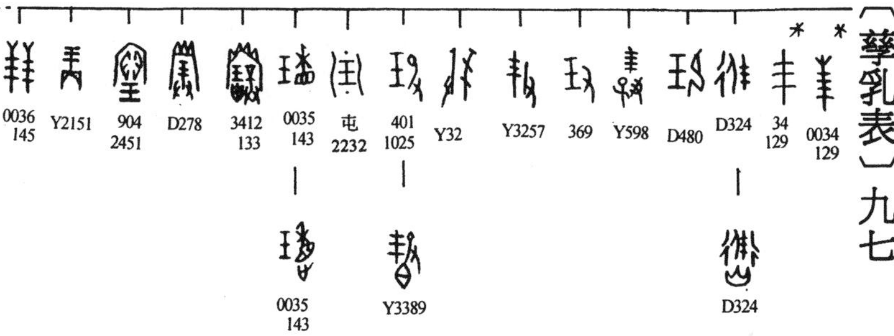
0036 145
Y2151
904 2451
D278
3412 133
0035 143
屯 2232
401 1025
Y32
Y3257
369
Y598
D480
D324
34 129
0034 129
0035 143
Y3389
D324

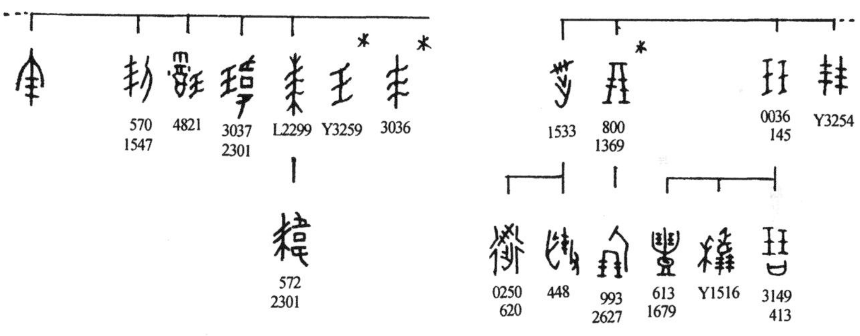
570 1547
4821
3037 2301
L2299
Y3259
3036
572 2301
1533
800 1369
0036 145
Y3254
0250 620
448
993 2627
613 1679
Y1516
3149 413

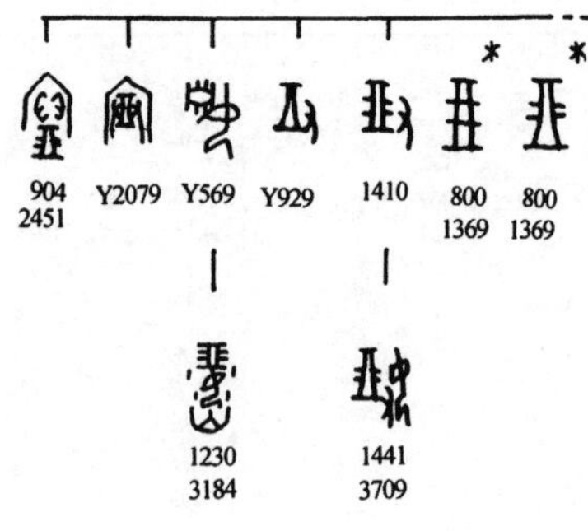
904
2451
Y2079
Y569
Y929
1410
800
1369
800
1369
1230
3184
1441
3709

〔字根〕三四八　丰　S.34 L.129 G.3253

《說文》卷一玉部：「王　石之美有五德者：潤澤㠯溫，仁之方也；䚡理自外，可㠯知中，義之方也；其聲舒揚，專㠯遠聞，智之方也；不撓而折，勇之方也；銳廉而不忮，絜之方也。象三玉之連，丨其貫也。𤣩古文玉。」

案：卜辭丰、丰、𡈼，象玉之連，玉數自三至五（參玨部），丨其系，羅振玉釋玉（《增考．中》四十葉下）是也。字於偏旁中皆作王，略之也。

《綜類》以丰、王為二部首，卜辭無王字，偏旁中所从王皆丰之首略，是此二部實無由分立，今合併。王部𩰫（四八一頁），採自《摭續》二七五，辭云「……卜新異𩰫……」，《釋林》釋為「異」下為「鼎」（二二五頁〈釋新異鼎〉），此字下象鼎足，非从玨也。又玨已獨自為部，本部不宜再列，今刪。

〔字根〕三四九　玨　S.800 L.1369 G.3255

《說文》無。

案：卜辭玨（以△1為代表）、玨王國維釋朋（《觀堂集林．三卷》二十頁，〈說玨朋〉），謂玉貝之系，玉謂之玨、貝謂之朋，二者於古實爲一字。又謂古者貝玉皆五枚爲一系，二系爲一朋（仝上）。以字形言，卜辭有□、△1而無朋，从□之字有□（《文編》六一三）、□（《合》三七四一一）、□（《文編》三一四九）；从△1之字唯有□（《文編》四八一），□△1於偏旁中未有互通者、□△1之字形亦不同。以辭例言，卜辭□爲名詞而非量詞，《乙》八三五四云：「三玨五人卯十牛」（本片又見《丙》四二五，張秉權先生以「二」爲兆序，讀爲「酉于玨㞢五人卯十牛」），《鄴》三·四二六云：「戊辰貞□于大甲□玨三牛」，可證。而□則爲計貝之量詞，《南坊》三·八一云：「……显不□易貝二□」，據此，△1當象系貝之形，經籍隸定皆作朋；玨則象二玉之形，隸定作玨。每朋之貝數，郭沫若以爲本無定數，五貝、三貝皆可（《甲研·釋朋》二葉下～三葉上），《集釋》亦以濬縣辛村古墓出土之朋貝每系十三枚，以證朋貝原無定數（一三七七頁），然通觀考古發現之朋貝雖枚數無定，然究以五及五之倍數爲多，且朋貝果爲貨幣，似亦當有定數，故《商周考古》云：「多少貝玉為一朋？……若作為裝飾，郭沫若之說比較近於事實。……但作為賞賜或交換的貨幣單位，或者以五貝為一朋較近於事實。」（一七八頁）。據此，朋之數目似可無定數，亦可以五爲倍數。

此字學者隸定作朋，可從。《說文》字頭無「朋」有倗。《說文》以「朋」爲「鳳」之古文，作「□」，學者皆知其誤。古文字有「□」字（以△2爲代表）（《文編》九九三號），學者或釋倗，可商。此字實亦「朋」字，與△1爲一字。其實後世隸楷之「朋」實爲古文「倗」，《熹平石經·易經》「朋」字作「□」，即外框即人形之訛變，其內部部件即古文字之「□」字（《秦漢魏晉篆隸字形表》五五二頁有「倗」字，裘錫圭〈秦漢魏晉篆隸字形表讀後記〉以爲舊或釋「倫」，宜入附錄，作爲存疑，見《古文字論集》五〇五頁）。是隸楷之「朋」字，實即古文字中之「倗」字，象人持繫貝之形，以象意字聲化例推之，「□」即「朋」之初文，加意符「人」則作「倗」耳（人所以持玉貝。何琳儀以爲「人」形當爲「勹」字，作聲符用）。戰國文字「朋」作□，人形類化爲與玉貝形相近，下加土爲飾；「倗」作□，在「朋」形左側加「人」形。可證△1當釋爲「朋」，不得釋爲「倗」。

〔字根〕三五〇 丯

《說文》卷四丯部：「丯 艸蔡也。象艸生之散亂也。讀若介。」

案：卜辭無單字丯，惟於單字㓞中有之。舊說或以之與□、□同釋丯《釋林》云：「甲骨文□、□、□、□等形，在偏旁中則省作□或□……《說文》訛變作丯，並謂：『丯，艸蔡也……』《說文》的音讀是對的，而訓為艸蔡，則純屬臆說。戴侗《六書故》：『丯即契也，又作㓞，加刀，刀所以契也。又作契，大聲。古未有書先有契，契刻竹木以為識，丯象所刻之齒。』按戴說甚是……刻木為契之事，典籍習見（詳桂氏《說文義證》契字下）。在未有文字的時代，初民往往刻木為齒以記事。……甲骨文的□字，就其構形來說，中劃直，三邪劃作彎環之勢，象以木刻齒形。」（三五三~三五九頁〈釋丯〉）案：于氏釋丯之本義可從，惟釋□□爲丯，則有可商，字當爲束之省體（參束部）。卜辭無獨體丯字，惟見於「㓞」之偏旁，《甲》一一七〇辭云：「……卯丁帝，其降囚，其□。」字从丯从刀，《甲釋》四〇五葉謂爲「雕」之初文，一一七〇片釋文則逕釋爲㓞，《集釋》從之。《詁林》二四九〇號按語謂「其㓞」當讀作「其害」。然則「㓞」所从即「丯」字也。

〔字根〕三五一　□　S.800 L.1369 L.4751 G.3262

《說文》卷一玉部：「琮　瑞玉，大八寸，似車釭。从玉宗聲。」

案：卜辭□、□、葉玉森釋玨（《前釋．五卷》五頁），郭沫若釋朋（《甲研．釋朋》一葉下）。或釋朋（《集釋》一三六九頁），或列爲待考字（《集釋》四七五一頁）。沈之瑜以爲當釋琮：「此字甲骨文作□（《乙》六七三八），或作□（《前》五．四七）、□（《鄴》三．四五．一二）、□（《粹》四四二），其形與□、□迥異。前者上下平横，中空牙外，後者二繫分明，下部不連（前者）決非朋字、亦非玨字。……□□兩字不僅構形判然有別，而且在甲骨文中用法也不相同，前者每『爯□』連用，例如：『庚午貞王其爯□于且乙尞三宰卯……』（《鄴》三．四五．一二）……辭中。『爯□』當為舉□以行尞祭的一種儀式，□當是一件禮器。……一九七三年在江蘇吳縣草鞋山，一九七七年在吳縣張陵山……都有玉琮的發現，安陽殷虛侯家莊西北崗的大墓和一九七六年的婦好墓中也有玉琮出土，其形外方有節，內圓有孔……與《白虎通．瑞贄》引《周禮》『圓中牙外曰琮』之琮相同，亦與□字字形相似。」（《上海博物館館刊》二期三~六頁。〈釋□〉）沈說□爲琮，協於卜辭字形文例，合於實物器形，當可從。

上海博物館藏琮（摹自沈文附圖）

〔孳乳表〕九八

*

0031
0259 1581
0259
D425
585 1605
262
261 669
260 669
262
262
0259 663

0259 1581
0031
D425
259 Y2939
262
262

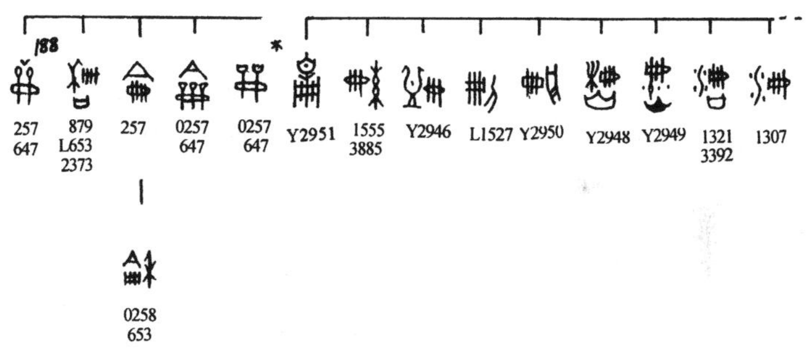

〔字根〕三五二　□　S.259 L.663 G.2935

《說文》卷二冊部：「冊　符命也，諸侯進受於王者也。象其札，一長一短，中有二編之形。□　古文冊，从竹。」

案：卜辭□、□、羅振玉釋冊（《增考．中》四十葉下），象編札之形。

《綜類》本部列有□，《字典》以為□之省，惟□與冊形毫不接近，茲改入□部（在酉部），□近於□，亦入□部。又□不从冊，已見□部及口部，本部刪。

〔字根〕三五三　□　S.257 L.647 G.751

《說文》卷二龠部：「龠　樂之竹管、三孔，㠯和眾聲也。从品侖，侖，理也。」

案：卜辭□、□、陳邦福釋龠（《辨疑》四頁上），郭沫若謂象編管之樂器（《甲研．釋龢言》一頁）。契文不从亼，□象竹管、上為吹口，□以束之。或增亼作□（《簠．人》四二，《集釋》疑為偽刻（六五一頁說）），亼象倒口（參亼部）以吹之。簡寫則作□（《存》一、四七七），亦象倒口吹龠，所从□即龠，非冊；□（《前》二．四五．二　《新》四八三二）字从此可證。□（《鐵》二五．二）字《集釋》以為亦龢字（六五三頁），所从龠作□。

〔孳乳表〕九九

*	*	*							
839 2259	839	Y3350	3002 1825	386	386	1376 3467	1382	Y2360	534

〔字根〕三五四　屮　S.839 L.2259 G.3350

《說文》無。

案：卜辭屮、屮、屮孫詒讓釋之（《舉例·上》十七葉），非是。黃錫全以爲字象牛頭形，即「牛」字，段爲有無之「有」：「綜觀全部甲骨卜辭，『屮』字的形體大致可分為下列幾種：

（一）屮（《甲》2902）　屮（《佚》383）　屮（《佚》392）　屮（《甲》209）　屮（《甲》182）

（二）屮（《乙》1444）　屮（《乙》777）　屮（《鐵》189.3）　屮（《乙》6665反）　屮（《青》5·1）

（三）屮（《前》4·4·2）　屮（《前》1·30·3）　屮（《乙》3290）　屮（《乙》4887）　屮（《乙》1916）

（四）屮（《前》7·40·2）屮（《甲》3）　屮（《鐵》117·2）屮（《甲》2809）　屮（《甲》140）

我們認為上舉『屮』字的基本形體就是人們熟知的牛頭象形字，商代的牛首鼎文，殷墟出土的牛頭形飾與現實生活牛頭形飾作：

（鼎文）　（玉牛首）　（鼎文）　（牛頭形飾）

就是上舉二·三種形體的原始圖形。……據以上分析，我們認為屮、屮、屮字象牛頭形，其演變序列應該是：屮→屮→屮→屮。……還有一個現象值得注意，即在一組卜辭中，每有當屮字上部表示牛角的部份作彎筆『凵』時，牛字變作直筆『凵』，而當㞢字上部作直筆『凵』時，牛字又作彎筆『∪』，這種現象恰好說明了它們之間的關係。……『㞢』、『又』、『有』三字音同義通，與『牛』字音近可通。『又』、『有』屬喻母三等字、『牛』屬疑母字，疑母字與喻母三等字可以相通。……『牛』與『又』、『有』古韻又同屬『之』部。所以，從聲韻上講，『牛』與『又』、『有』讀者可通，與『㞢』字讀音亦通應是沒有多大疑問的。那麼，為什麼以區別於牛的牛頭象形字來表示『㞢』即有無之『有』呢？……牛是一種大牲畜，以牛這類牲畜表示『有』或『富有』，這從古代典籍中可以窺見一斑。如《禮記．曲禮》：『問庶人之富，數畜以對。』……再從甲骨文『㞢』字本身的材料看，它的基本含義的塙等於有無之有的『有』字，而『㞢』字我們已認定為表示『牛』的牛頭象形字，而『牛』與『有』又具有密切的關係，所以，我們說殷民族以區別於『牛』的牛頭象形字來表示『㞢』即有無之『有』是不足為怪的。」（《古文字研究》六輯一九五～二〇六頁〈甲骨文「㞢」字試探〉）黃說論證詳贍，謂「㞢」爲區別於「牛」之牛頭象形字以示「有」，易言之，即叚借「牛」爲「有」而稍易其形，因作「㞢」，說當可從。

卜辭[illegible]（《合》二三二二四），《類纂》三三五〇釋「㞢」，辭云「戊辰卜其[illegible]匕庚[illegible]友牡」，與《懷》1588「丁卯卜[illegible]雈牡母家」相近，釋「㞢」即「侑」當可從。

〔孳乳表〕一〇〇

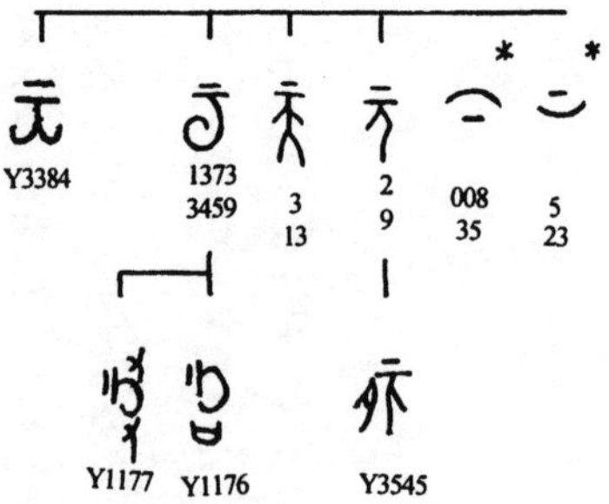

5 23 *
008 35 *
2 9
Y3545
3 13
1373 3459
Y1176
Y1177
Y3384

〔字根〕三五五　丄　S.5 L.23 G.1116

《說文》卷一丄部：「丄　高也。此古文上。指事也。　𠄞　篆文丄。」

案：卜辭二、二，羅振玉釋上（《增考．中》十三葉下）是也。此字段氏改字頭作二，改小篆作丄，羅振玉以爲「**段君未嘗肆力於古金文，而冥與古合，其精思至可驚矣**」。其實出土古文字材料所見，「上」字字形除商承祚《先秦貨幣文編》收二形作丄外，其餘均作𠄞形。至於段氏改古文字頭作二形，雖合於《說文》之內證，然春秋戰或之考古文字材料中，此形僅一見於秦公鎛鐘。則段氏之改字形，似仍有可商。

《綜類》本部所收□，採自《乙》五二六八，原書作□，从兮从山，不从二，今正。又元字，採自《乙》七二七四，原書作元，从上从火（山），卜辭□（《甲》一二五九）、□（《金》一八九）、□（《佚》四三六）字所从火皆如此作，可以爲證。

〔字根〕三五六　丅　S.8 L.35 G.1117

《說文》卷一丅部：「丅　底也。指事也。𠄟　篆文下。」

案：卜辭二、二，羅振玉釋下（《增考．中》十三葉下）是也。段氏改《說文》字形，其誤與改「上」字同，不可盡信。

〔孳乳表〕一〇一

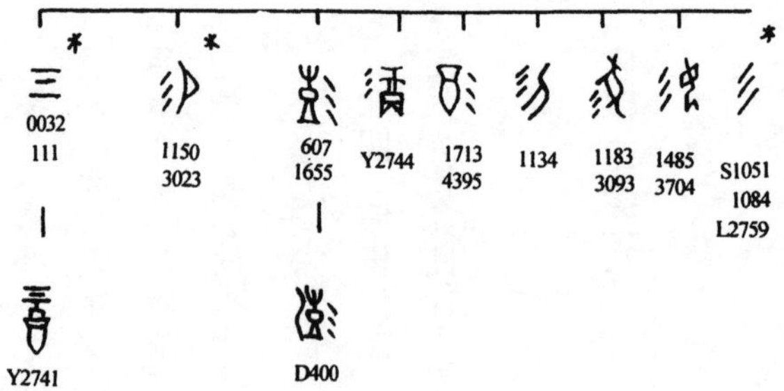

S1051 1084 L2759

1485 3704

1183 3093

1134

1713 4395

Y2744

607 1655 — D400

1150 3023

0032 111 — Y2741

〔字根〕三五七　彡　S.1051 1084 L.2759 G.3327

《說文》卷九彡部：「彡　毛飾畫文也、象形。」

案：卜辭彡、彡，羅振玉釋彡：「《書》肜日之肜，不見許書，段先生謂即彤字。《公羊．宣八年傳》注：『肜者，肜肜不絕。』是肜之義為不絕。卜辭有彡日，或作彡、彡諸形，正象相續不絕，殆為肜日之本字，彭字蓋从此得聲，故卜辭中彭字或从彡，其明證也。」（《增考．中》十六葉下）董作賓先生云：「以彡為相續不絕，似是後起之義，在殷代當是伐鼓而祭之義，祖庚時卜辭有『辛亥卜出貞其鼓彡告於唐□牛一月』，言鼓彡、可知彡與鼓有關。侯家莊西北崗殷代陵墓中曾出土一鼓，與他器並陳，此殷人祭祀用鼓之實證也。彡之義殆為鼓聲，此可於鼓字證之，彭字作彭，左為鼓形、右象其聲即彡字也。彭之初字殆擬鼓聲之彭彭，故伐鼓而祭，即謂之彡矣。」（《殷曆譜．上卷．三祀與年》十四葉下）《集釋》亦云：「彭、肜、彤所从得聲之彡，實即契文之彡、彡、乃彭之古文，所以象鼓聲者、董先生所說是也。字實非訓『象毛飾畫文』而讀『所咸切』之『彡』，其形雖同、音義各別也。」（二七六三～二七六四頁）據董、李之說，卜辭彡象鼓聲，乃彭之古文，殷代彡爲伐鼓之祭，故名彡（彭），後世作彤、作肜，均爲同音叚借。然彡（所咸切）上古音在侵部開口三等(*siəm)，「彤」《說文》从彡聲，則亦與彡同韻(*tiəm)，然段注謂「音以戎切」，則上古音在中部開口三等(*ɣiəwng)。而彭上古音在陽部合口一等(*bwang)，與所咸切之彡或以融切之肜聲韻俱遠，似難相通。且彭《說文》「从壴（鼓）从彡」，不云「彡聲」，則鼓本从彡（所咸切），以尋繹不絕會彭彭不絕之意耳。謂彡爲彭之古文，實亦無據。殷人祭祀用鼓，不待考古爲證，經典自有明徵，《商頌．那》「猗與那與，置我鞉鼓，奏鼓簡簡，衎我烈祖，湯孫奏假，綏我思成。　鞉鼓淵淵，嘒嘒管聲，既和且平，依我磬聲，於赫湯孫，穆穆厥聲。　庸鼓有斁，萬舞有奕，我有嘉客，亦不夷懌……顧予烝嘗，湯孫之將。」此雖或係宋詩，然當承自殷商，其衎祖以鼓，與卜辭彡祭同，然鼓以外尚有管、磬、萬舞，卜辭彡祭亦然，島邦男《殷虛卜辭研究》一篇四章一節四項所列彡祭之祭儀共四十四項，鼓爲其中之一，因謂彡爲伐鼓之祭，似嫌證據不足。且《前》五・一・一云「貞其酌彡弓鼓十月」，彡果爲伐鼓之祭，勿鼓即勿彡，卜辭當但卜勿彡，不當卜彡而勿鼓也。羅振玉釋彡爲肜，以爲肜肜不絕，與卜辭彡祀以「彡夕、彡日、彡龠」三祀相連、肜肜不絕之情形相似，然羅氏又誤謂彭从彡聲，遂啓董氏彡爲伐鼓之祭之說。按之聲韻及卜辭祭儀，其說疑點尚多。茲仍以彡當《說文》之彡，彡祭後世作肜祭、彤祭，《說文》彤从彡聲而後世音以戎切者、音變也（然所咸切與以戎切二音之主要元音仍然相同）。

〔字根〕三五八 □ S.1150 L.3023 G.3328

《說文》卷九易部：「□ 蜥易、蝘蜓、守宮也。秘書說：日月爲易、象侌昜也。一曰：从勿。」

案：卜辭□、□，孫詒讓釋易（《舉例・上》四葉上）。郭沫若以爲字在金文或作□，可見易（□）爲益（□）之簡化（《文物》一九五九年七期一頁〈由周初四德器的考釋談到殷代已在進行文字簡化〉）。勞榦先生以爲易即錫，□象坩鍋傾斜使錫汁流出狀，且謂益易聲母不同，未可相通（《史語所集刊》四十本上四一～四三頁，〈古文字試釋〉）。高鴻縉先生以為易為暘之本字，本義為日覆雲暫見、乍陰乍晴（《字例·二篇》二五八頁）。徐中舒則以為原字當作[glyph]（《綜類》三八六），象兩酒器相傾注承受之形，故會賜與之義，引伸之而有更易之義，後省為[glyph]，乃截取[glyph]之部份而成，金文作[glyph]（史噩尊）、或省作[glyph]（德簋）、[glyph]（辛巳簋），形義皆與甲骨文略同（《字典》一六三頁）。綜覈以上諸說，郭釋易，得之；然謂易為益之簡化，則又謬以千里。易益二字音形俱異，不可通。徐謂[glyph]為易之本字，形義妥貼，當可信。卜辭益作[glyph]（見《綜類》三八五及《文編》六二八），而[glyph]（《前》六·四三·一）或象傾注之形、[glyph]（《前》六·四二·八）或加奴以示意、[glyph]（《錄》七六八）或一皿大一皿小以示瓶罍相注，其與[glyph]之形構有別，而為傾注、給予、更易之義，當無可疑也。

[glyph]左形似彡，故置彡部，[glyph]从皿，故置皿部，各以形从也。

〔字根〕三五九 [glyph] S.37 L.151 G.3326

《說文》卷一气部：「[glyph] 雲气也。象形。」

案：卜辭[glyph]，象雲气之形，與《說文》[glyph]形近，于省吾釋气（《駢枝》五五～五八頁〈釋气〉）是也。其與數字三之區別在卜辭「[glyph]」之三劃等長，而「[glyph]」則中劃略短。气或假作乞，乞有「與」義（請參拙作〈說气〉，紀念甲骨文發現百周年文字學研討會，台中·沙鹿·靜宜大學中文系 一九九九·一二·一八）。

〔孳乳表〕一〇二

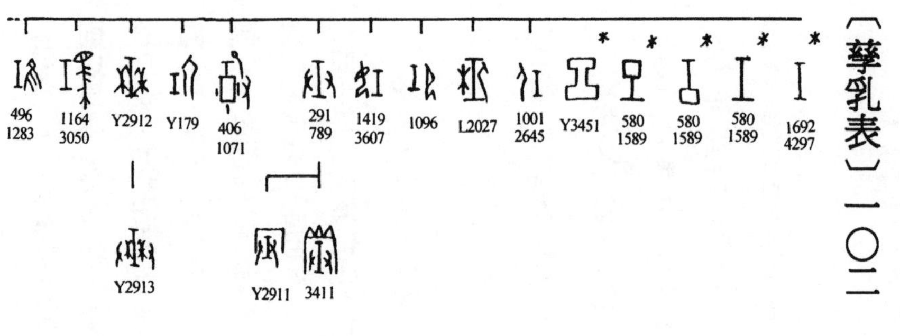
496 1283
1164 3050
Y2912
Y179
406 1071
291 789
1419 3607
1096
L2027
1001 2645
Y3451
580 1589
580 1589
580 1589
1692 4297
Y2913
Y2911
3411

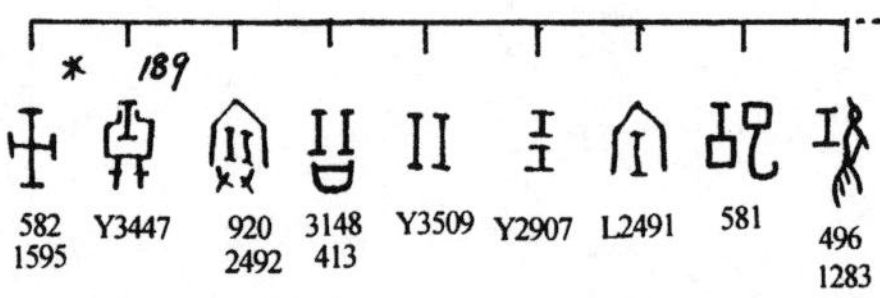
189
582 1595
Y3447
920 2492
3148 413
Y3509
Y2907
L2491
581
496 1283

〔字根〕三六〇　工　S.1692 L.4297

《說文》卷十四壬部：「壬　位北方也，陰極昜主，故《易》曰：『龍戰於野。』戰者，接也。象人褢妊之形。承亥壬吕子生之敘也。壬與巫同意。壬承辛、象人脛，脛任體也。」

案：卜辭工、孫詒讓釋壬（《舉例・上》一葉上）。林義光謂即滕之古文，機持經者也，滕（蒸韻）壬（侵韻）雙聲旁轉，故《禮記》戴勝、《爾雅》作戴鵀，亦作戴縈（見《釋文》），巠爲經之古文，古作巠（虢季子白盤經字偏旁），正象滕持經形，从壬（《文源・卷一》第二十六葉）。郭沫若以爲即[illegible]之變，工壬同源而異音，以聲類求之當即鑱（《甲研・下・釋干支》十七葉上）。葉玉森疑爲軫之古文（《前釋・一卷》五葉）。吳其昌以爲工壬王同字，壬象兩刃斧（〈金文名象疏證・兵器篇〉）。以上諸家之說紛陳，各持一端以爭勝，惟皆無確證、難成定說。卜辭通例，干支皆叚借，壬自不應例外。以形而言，壬與工最近，偏旁中幾不可分（工或作[illegible]，工當即爲避免與壬雷同）。其聲韻關係，工上古音在東部、壬在侵部，東侵相諧，周代文獻不乏其例，《詩・大雅・思齊》三章以雝（東）與臨（侵）韻、《易・恒象傳》以深禽（侵）韻容凶功、《楚辭・天問》以沈（侵）韻封（東）、《九辯》以湛（侵）韻豐（東）、《素問・生氣通天論》以陰（侵）韻通同從（東）。然則卜辭壬叚工爲之，或然也。

〔字根〕三六一 [字] S.580 L.1589 G.2905

《說文》卷五工部：「工 巧飾也。象人有規榘，與巫同意。[字] 古文工、从彡。」

案：卜辭工作[字]、工、工等形。王襄釋工爲工（《類纂》五．二二葉下），葉玉森謂[字]、[字]竝工之異體（《前釋．二卷》六九葉）。孫海波謂象玉連之形，引伸則治玉之人爲工（〈考工社刊〉考古三期七二頁）。吳其昌謂爲伐木之斧之遺形（〈金文名象疏證〉）。高鴻縉先生引徐灝說，謂工象爲方之器，即矩（《字例．二篇》一六〇頁）。《集釋》亦以爲《說文》訓「巨」爲「从工、象手持之」，是許君明謂工乃巨（矩）之象形字（一五九四頁），以聲韻言，工巨雙聲，上古音工在東部，巨在魚部，《魯頌．閟宮》二章以功韻武緒野虞女旅父魯宇輔，是東魚二韻相去亦不遠，然則工爲巨之象形，於形音義俱優有可說，當可從也。

[字]（《甲》三六一三）字，《字典》謂似工字雙鉤（四九四頁），或然。

卜辭工之作工者，與壬形近（參壬部）。又與示形近（參《文編》九、如《戩》一、九示作工，案此片拓本模糊，《文編》此例可疑，又《文編》以《甲》二七六四[字]爲示辛合文、《甲考釋》壬辛。《字典》一〇頁以《京津》一九一八工爲示，本片又見《外》九八、董作賓先生釋壬，是示字是否可作工形，實可再商）。又與必形近，如[字]或作[字]（《綜類》三八七，參必部）。

文編五八〇工字條下收有[字]（《前》四．二八．七）、[字]（《後》下一八．八）二文，以爲工之異文。查《前》四．二八．七當作[字]、《文編》誤摹。《後》下一八．八則當作⊥，《文編》亦誤（已於□部下辨之，此不贅述）。

《綜類》本部收有□（二二五頁），採自《乙》二六六一，原拓作□，當釋虢（參《丙》一八七），今正。□、□、□重見戌部，□□重見矢部，□重見弔部，□重見㐅部，今刪。又□、□、□皆从必，不从工，本部刪。□當釋示，移示部。

補記：許進雄先生〈工字是何象形〉一文主張：「工字的最初創意既然最有可能取自樂器。商代遺物有可懸吊的長方形之有孔石磬。磬的音高要用棰敲打試驗，然後以銼磨去磬體某部的厚度慢慢去調整校正音高，則磬、棰、石屑都是創造『工』字所必需的。」（《中國文字》新廿三期五九至七二頁）其說舉證清晰，可以考慮。

〔字根〕三六二　□　S.582 1.1595 G.2909

《說文》卷五巫部：「□　巫祝也，女能事無形吕舞降神者也。象人兩褎舞形，與工同意。古者巫咸初作巫。　□　古文巫。」

案：卜辭□，與金文、詛楚文巫同形，唐蘭釋巫（《天壤文釋》四八葉上）。其構形不明，《集釋》疑象巫所用之道具（一五九八頁），張日昇疑象布策爲筮之形，乃筮之本字（《金文詁林》二八九三頁）。以聲韻言，巫上古音在魚部合口三等(*mjwar)，筮在祭部開口三等(*djiar)，韻極接近，張說似可採。

〔孳乳表〕一〇三

Y781 L3' 1112 2903 Y115 Y385 1069 Y373 018 83 018 83 Y118 Y118 Y1119 3014 D153 009 37 S009 3222 L37

018 83

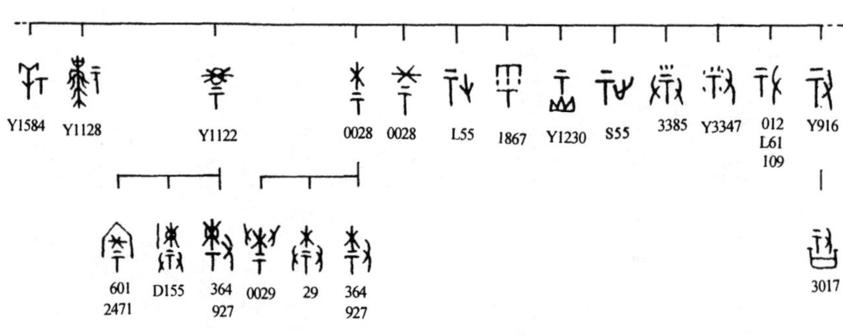

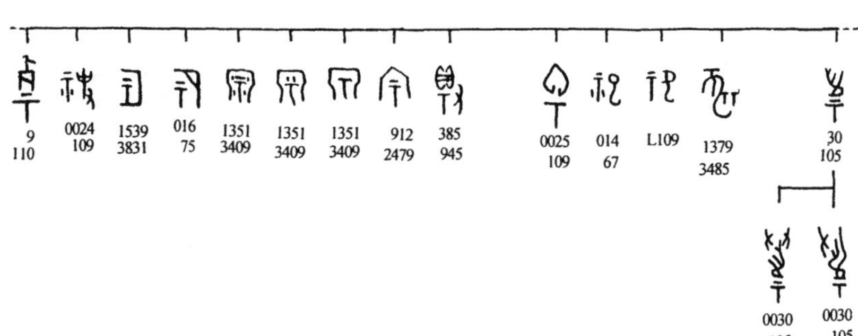
9
110
0024
109
1539
3831
016
75
1351
3409
1351
3409
1351
3409
912
2479
385
945
0025
109
014
67
L109
1379
3485
30
105
0030
105
0030
105

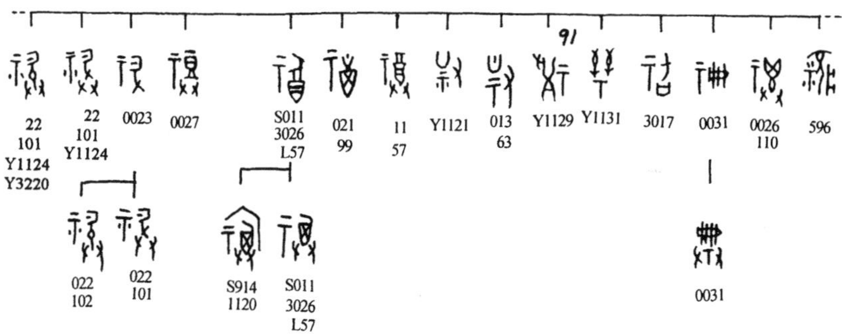
22
101
Y1124
Y3220
22
101
Y1124
0023
0027
S011
3026
L57
021
99
11
57
Y1121
013
63
Y1129
Y1131
3017
0031
0026
110
596
022
102
022
101
S914
1120
S011
3026
L57
0031

Y3165 S020 207 L91 583 S0023 22 L101

〔字根〕三六三　丅　S.3222 L.37 G.1118

《說文》卷一示部：「示　天垂象見吉凶、所以示人也。从二，三垂、日月星也，觀乎天文，以察時變，示、神事也。　𥘅　古文示。」又丶部：「主　鐙中火主也。主，象形，从丶，丶亦聲。」

案：卜辭示、示、亍、丅、亍、工，羅振玉釋示（《增考．中》十四葉下、末一形工羅氏亦釋示，待商。說工部）。郭沫若謂示亦示字，且謂示之初意爲生殖器之側象（《甲研．釋祖妣》十二頁）。丁山謂設杆祭天之象徵（《甲骨文所見氏族及其制度》三~四頁）。唐蘭謂示即主，示宗主實爲一字（《考古》六期三二八~三三二頁，〈釋示宗及主〉）。陳夢家力主唐說，並謂𠂤、亞亦示字，爲石主之象形（《綜述》四四〇頁）。《集釋》云：「**乃神主之象形字，唐陳之說是也。示主宗宔宕諸字謂其同出一源則可，謂其即為一字則不可。**」（四三頁）。案：甲骨文同一字形表示義近而語音絕不相干之例，不在少數。如女母，帚婦，士王，豐豊，東棘，鳳凰等，是示主同形同源，爲異字同形，當可從也。

字或作示、示（《輔仁》三八，同版互見，二者當爲同字），《甲考》四八九號以示爲示，姑從之。

字與丅（丂）形近，故《文編》三〇一四以示、示爲同字，其實前者从丅（示）、後者从丅（丂），當不同字。丅（示）之橫豎二筆皆平正，作垂直相交。丅（丂）則橫筆微傾、豎筆微彎，相交不完全垂直，此其區別之大要也。《文編》〇二五有㡀字作「㡀」（《集釋》一〇九），或以爲「隶示」之省（李宗焜〈甲骨文字編〉芻議，一七八頁），依其說，則此字當刪。

〔孳乳表〕一〇四

Y1977 Y2101 1364 L1641 3451 1364 L1641 3451 0183 1411 35 5822 484 1215 1241 Y271 600 1637 600 1637 3844 3844

0112 Y1357 262 262

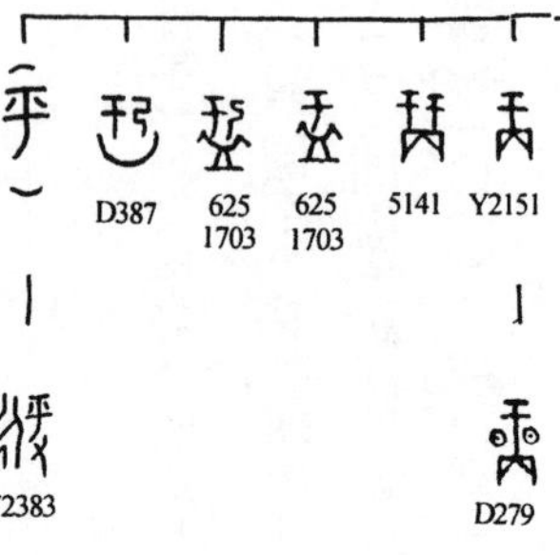
D387 625 1703 625 1703 5141 Y2151

Y2383 D279

〔字根〕三六四　于　S.600 3844 L.1637 G.3354

《說文》卷五亏部：「亏 於也。象气之舒亏，从丂从一，一者、其气平也。」

案：卜辭于、□，羅振玉釋于（《增考．中》七七頁下）。徐中舒謂字與弋同，均象弩形（《史語所集刊》四本四分四二二～四二三頁，〈弋射與弩之溯原及關於此類名物之考釋〉）。夏淥以為即塗牆之杇槾，二象杇槾之平板刮面、丨象柄、丂象泥土灰漿（〈釋于丂單卑等字〉），惟均乏確據。郭沫若謂□乃竽之初文，象形，二象竽管、丨其吹也，其从丂作者乃管外之匏（《粹考》一一三頁）。裘錫圭申之云：「甲骨文裏有一個寫作以下各形的奇字：□□□□□（《文編》七四〇頁）。……甲金文『于』字繁體作□□等形，很象是由上引奇字簡化而成的分化字，如果把這個奇字的頂部和左直畫去掉，剩下來的部份就跟『于』字繁體非常相似了。這跟由□（益）字分化出□（易），是同出一轍的。……會不會上引奇字就是『竽』的象形初文呢？」（〈甲骨文中的幾種樂器名稱─釋庸豐鞀〉《中華文史論叢》第二輯）。唐健垣云：「□字象笙之側視，右『□』為吹嘴，上『△』象何物未詳，有可能為大笙之部份，今者雲南少數民族之笙竹管上有設共鳴蓋者，然『△』亦有可能為意符，猶□之△，或示編集之意。其中之『于』則聲符也。」（〈商代樂器（中）〉中文提要十一頁 Asian Music vol.-1，1984）。卜辭中□多出現於樂舞場合，文例與「庸」同，裘唐二氏皆有論證，則釋□為竽當可從。唯郭、裘、唐三家雖皆釋竽，而又說各不同。郭氏逕釋□為竽，字形相去稍遠。裘氏疑□為竽之象形初文，字形酷似，由□簡化為□、再簡化則為于，過程亦頗合理。唐氏釋□之字形頗明白，然謂□从于聲，則似有可商。甲骨文於中國文字之發展屬早期，象形字頗多，其中較難辨認、易與它字混淆者乃逐漸加注聲符，如：雞、一期作

□（《前》七・二三・一）、三期从奚聲作□（《人》二〇一八）；裘、一期卜辭作□（《前》七・六・三），周代中期金文从又聲作□（叉卣），其例多不勝舉。□果从亏聲，則當有不从亏聲之□，然卜辭似未之見。且□果从亏聲，則□不得象笙竽，于之形義仍不可知。以竽从于聲推之，于當即竽之初文，則裘氏謂亏爲□之省寫，而□又疑爲竽之象形初文，說最合理。

〔孳乳表〕一〇五

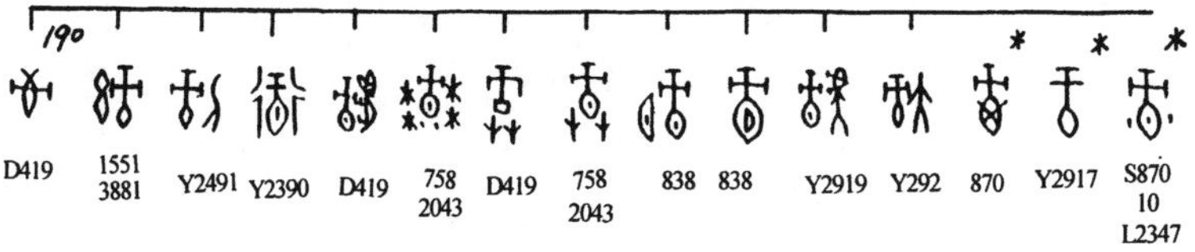

190

D419 | 1551 3881 | Y2491 | Y2390 | D419 | 758 2043 | D419 | 758 2043 | 838 | 838 | Y2919 | Y292 | 870* | Y2917* | S870 10 L2347*

〔字根〕三六五 □ S.870 L. 2347 G.2917

《說文》卷七彔部：「□ 刻木彔彔也。象形。」

案：卜辭□，羅振玉謂即彔之古文（《增考．中》九葉上）。高田忠周謂字原謂牖之刻文，轉爲凡雕木鏤版之偁（《古籀篇》七十四第三五～三六頁）。林義光謂爲剝之古文，□即所剝之物，象果形（《文源》）。葉玉森謂象懸兵於架，預爲之防，所以守也（《枝譚》一葉二四行）。馬敘倫引沈兼士說，謂□象桔槔之形，□象汲水之具，□爲外溢之水，即淥之本字（《讀金器刻詞》一三八頁～一三九頁，〈彔敦〉）。《集釋》亦主此說，而謂疑爲井鹿盧之初字（二三四七頁）。

《綜類》本部所收□、□、□三字，重見矢部，今刪。

〔孳乳表〕一〇六

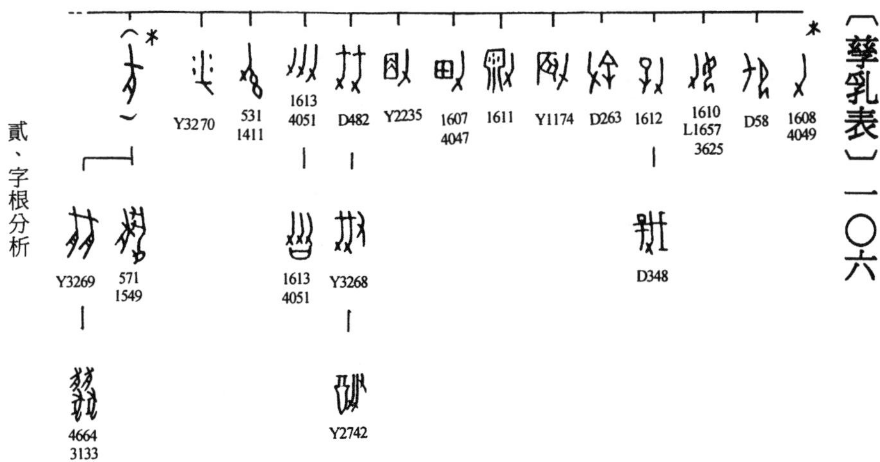
1608
4049
D58
1610
L1657
3625
1612
D263
Y1174
1611
1607
4047
Y2235
D482
1613
4051
531
1411
Y3270
D348
Y3268
1613
4051
571
1549
Y3269
Y2742
4664
3133

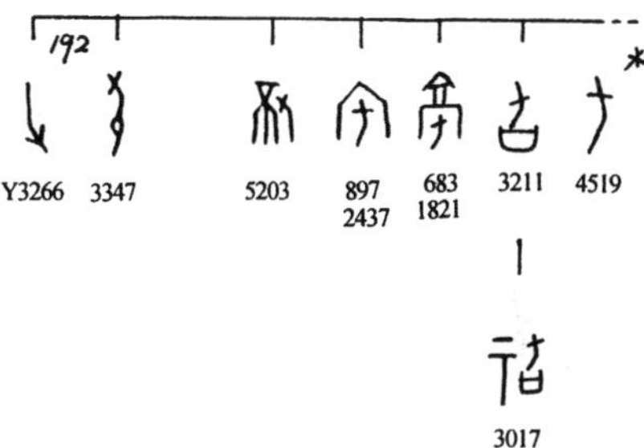
192
4519
3211
683
1821
897
2437
5203
3347
Y3266
3017

〔字根〕三六六 □　S.1608 L.4049 G.3267

《說文》卷十三力部：「□筋也。象人筋之形。治功曰力，能禦大災。」

案：卜辭□，早期研契家俱不識，郭沫若於《粹》三六八之「□□」闕釋，而釋《粹》一〇九之「□」爲主（案：□當釋乇）。然从力孳乳之字，諸家皆能辨識，如：□，郭沫若釋[女力]（《粹考》一二三三片）；□，商承祚知爲从力从田（《類編．十三卷》八葉下）。其單字□辨識無誤者，最早似屬胡厚宣（《六》中11釋文）。至於力之形構，徐中舒謂象耒形（《上古史論．耒耜考》二〇七～二〇八頁）力上古音在職部開口三等（*liak）、耒在微部合口（一等*lwar，三等*liwar），聲同韻近，宜若可信。然詳考其實，則尚有可疑。卜辭耒字作□，下端二歧；力形作□，下皆一刃，無兩歧者，與耒之形制並不十分相同。

裘錫圭以爲力字爲耜之象形字：「晚近治農業史的同志，多認為力是由原始農業中挖掘植物或點種用的尖頭木棒發展而成的一種發土工具，字形裡的短畫象踏腳的橫木。這應該是可信的。……晚近治農業史的同志，又多認為耜由力形農具發展而成。力形農具改窄尖為寬刃，就成為木耜了。這也應該是可信的。商代實際使用的力，無疑已經發展到了木耜的階段。後來，耜加上了金屬的刃套，逐漸演變成為戰國、秦漢時代最常用的發土工具——臿。從語音上看，力跟耜的關係也十分密切。耜字在《說文》裡作梠，並有異體作梩：『梠……或从里。』《方言．五》：『臿、……齊東謂之梩』，跟《說文》訓梠為臿並以梠、梩為一字相合。梩从里聲。里跟耜古音都屬之部。《考

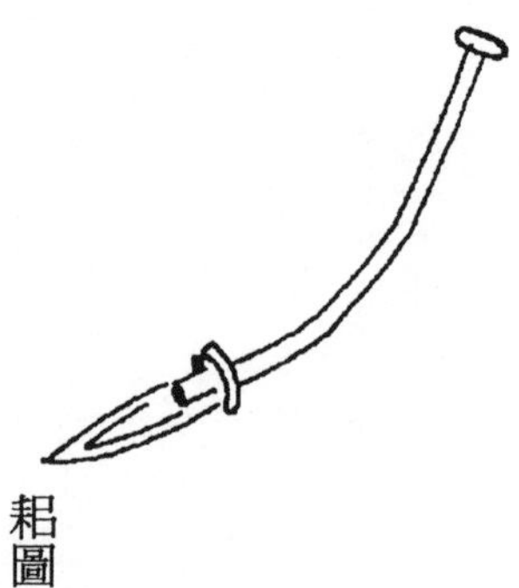
耜圖

工記・匠人》：『凡溝防，必一日先深之以為式。里為式，然後可以傅眾力』，鄭玄注：『里讀為已，聲之誤也。』《釋文》在已字下注『音以』。里讀為已（旭昇案：已似當作以），跟从㠯聲的耜或从里聲而作梩，是同類的現象。里跟力的聲母相同。里字古韻屬之部，力字屬職部，即之部入聲。這兩個字還都是開口三等字。它們的古音無疑極為相近。力跟耜（梩）應該是由一語分化的。……耒跟力的性質相近，因此有時作為表意符號可以通用。……這並不足以證明耒力是一個字。……從形制上看，力、耒、臿為一系，由木棒式農具發展而成；耒則應由用樹杈做的原始農具發展而成。……徐先生在〈耒耜考〉裡說：『耒與耜為兩種不同的農具。耒下歧頭，耜下一刃，耒為仿效樹枝式的農具，耜為仿效木棒式的農具。』這是很精闢的見解。……徐先生又認為力象耒形，㠯為耜的象形字，則是有問題的。治農業史的同志往往混力於耒，把力形農具稱為單齒耒，認為雙齒耒和耜都是由它發展而成的。這恐怕是由於受了徐先生後一種意見的影響。」（《古文字論集・甲骨文中所見的商代農業》，第一六二頁）。裘說形義俱優，當可從。

〔字根〕三六七

《說文》卷四耒部：「耕曲木也。从木推丯。古者垂作耒耜，㠯振民也。」

案：卜辭無單字耒，而有从耒之字：（《文編》五七一）、陳邦懷釋耤，以爲人手所持握者即耒（《拾遺》四葉）。（《文編》四六六四）、徐中舒釋麗、从兩耒兩犬（〈耒耜考〉），所从與東漢武梁祠刻石神農圖神農所持者全同，其爲耒字無疑（見下圖）。

《文編》五七二[glyph]（《粹》一二八一），釋韓，注云「从耒从韋，《說文》所無」，非也。字當釋韎，左从東不从耒，卜辭耒不作[glyph]。

〔字根〕三六八　[glyph]　S.4519

《說文》卷六乇部：「[glyph]　艸葉也。垂采、上毌一、下有根，象形字。」

案：卜辭[glyph]，《釋林》釋乇：「甲骨文[glyph]字也作[glyph]，舊釋為力，[glyph]字舊釋為[glyph]。…按舊釋均誤。甲骨文力字作[glyph]，劦㽞男劫等字从之，絕無从[glyph]者。[glyph]與[glyph]分明是兩個字，[glyph]或[glyph]所从之[glyph]，乃乇之初文，甲骨文宅字習見，其从乇均作[glyph]或[glyph]。又甲骨文亳字所从之乇，與宅字从乇形同（後來亳字則變作从[glyph]或[glyph]。）晚周貨幣庑陽之庑从乇作[glyph]者常見，猶存初形。然則[glyph]或[glyph]之為乇字的初文，昭然若揭。又春秋時器晉邦盦的宅字从乇作[glyph]，中劃彎環，乃《說文》乇字作[glyph]的先導。《說文》：『乇，…』按許說臆測無據，…乇字的造字本義，只有存以待考。甲骨文的乇字孳乳為舌、話，均應讀為矺，…典籍通作磔，是就割裂祭牲的肢體言之。」（一六七—一七二頁，〈釋乇舌話〉）于說釋[glyph]為乇，形義洽適、協于卜辭，當可從，然其字形本義則無說。唐蘭云：「[glyph][glyph][glyph]義均相近。乇、草葉也，和坼聲相近。」（《導論．下》六十七葉上）其意當以乇亦象植物坼甲有葉之形。

武梁祠石刻

〔孳乳表〕一〇七

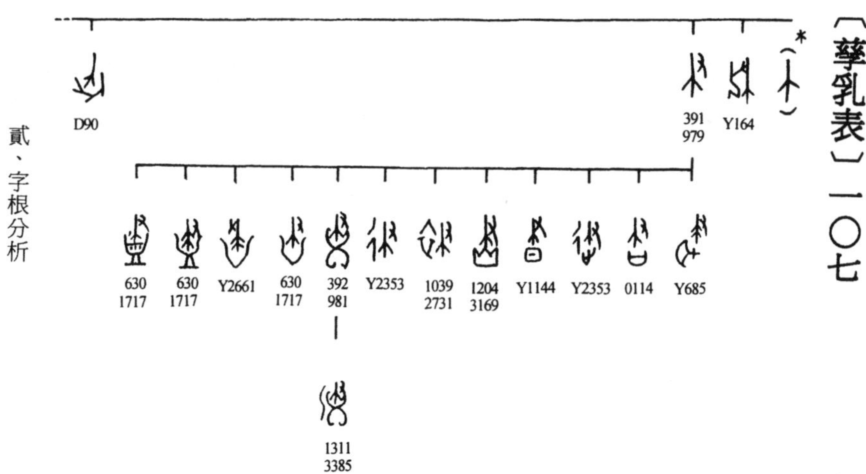

D90
391
979
Y164
630
1717
630
1717
Y2661
630
1717
392
981
Y2353
1039
2731
1204
3169
Y1144
Y2353
0114
Y685
1311
3385

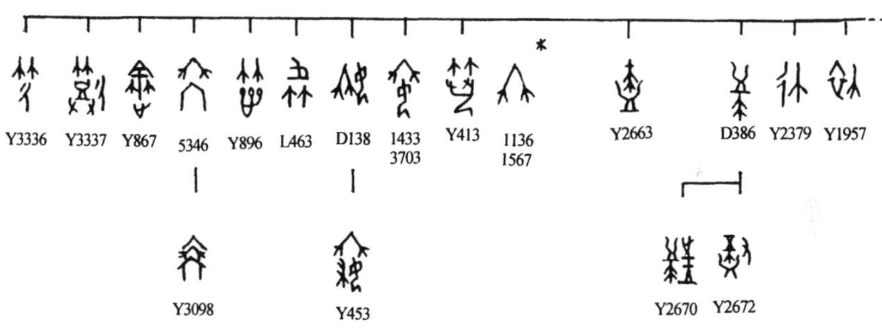

Y3336
Y3337
Y867
5346
Y896
L463
D138
1433
3703
Y413
1136
1567
Y2663
D386
Y2379
Y1957
Y3098
Y453
Y2670
Y2672

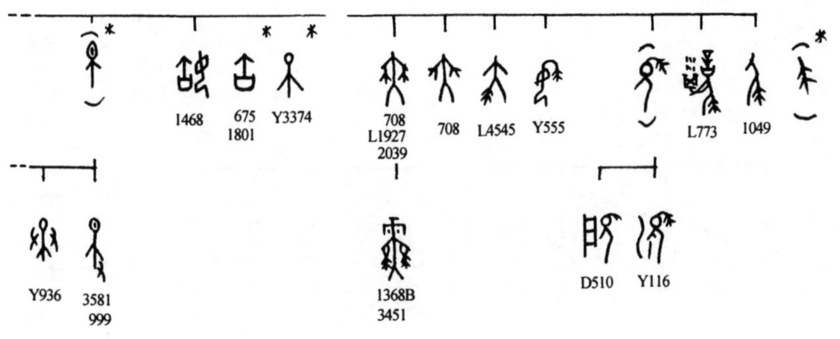
1468
675
1801
Y3374
708
L1927
2039
708
L4545
Y555
L773
1049
Y936
3581
999
1368B
3451
D510
Y116

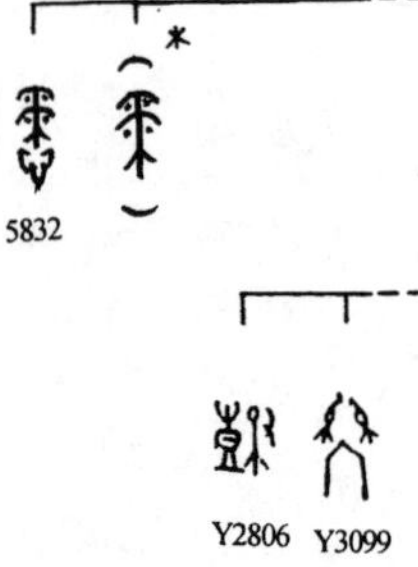
5832
Y2806
Y3099

〔字根〕三六九　□

《說文》卷三聿部：「聿　所吕書也。楚謂之聿、吳謂之不律、燕謂之弗。从聿一。」

案：卜辭□（《文編》三九一）、羅振玉釋聿，以爲象手持筆形（《增考．中》四十葉下）。據羅說，□象以手持筆形，然則□即筆。《說文》□當釋「从又持□，□、筆也」，唯《說文》無□篆，又以聿爲「所吕書」，本論文亦權從《說文》，以聿名□。

《綜類》本部所收字，□、□所从形非聿，當歸女部；□當歸帀部；□、□當歸京部、中部、乇部，今正。

〔字根〕三七〇　□　S.1136 L.1567

《說文》卷五竹部：「竹　冬生艸也。象形，下𠂹者箁箬也。」

案：卜辭□，葉玉森釋竹（《前釋．二卷》六五葉上）。商承祚《類編》釋冉（九卷五葉下）。《集釋》云：「金文竹字偏旁作□、□、□諸形，冉則作□、□、□，契文□字與金文竹字偏旁全同，惟契文象二枝相連，金文分列為二為異耳。」（一五六七～一五六八頁）本編已定□爲冉，則□不當再釋冉（參冉部）。且卜辭偏旁中竹亦作□，如：□（《綜類》八八，《釋林》四六一頁釋笹，可從）；□（《集釋》四六三頁釋笓），□（《類纂》四一三釋𥫗）

所从□皆與金文同形，是卜辭□釋竹當可信從。

增訂案：□疑从□从□（蚰），與蚩（害）或係同字。

〔字根〕三七一 □

《說文》卷八尾部：「□ 微也。从到毛在尸後，古人或飾系尾，西南夷皆然。」

案：卜辭尾作□（《乙》四二九三），从人飾系尾，然則□即尾之象形，非到毛也。又有□（《後》下二〇・一〇），羅振玉釋僕（《增考・中》二四葉上），其後飾系尾，與□同。又卜辭舞作□（《文編》七〇八），王襄謂象人執牛尾而舞之形（《簠考・天象》七葉上），所从□亦象尾形。準此，□（《合》一八九五三）當象女頭後飾系尾之形；□（《續》三・三〇・五）字所从之□當象人頭後飾系尾也。

又《汗簡》尾作□（三・四八下），郭氏自注：「見《古尚書》。」字即尾之象形文，乃鄭珍箋注云：「□从到毛在尸後，此形不別从尸，以上曲即尸也。」黃錫全云：「尾字古本作□（《乙》四二九三）、□（楚屈弔沱戈□旁），省作□（曾侯乙墓二十八宿漆匫），此形省訛更甚。」（《汗簡注釋》三〇五頁）旭昇案：以初文言，《汗簡》□即尾字之象形文，鄭珍謂此字「上曲即尸」，黃錫全謂「此形省訛更甚」，說皆非是。《汗簡》書雖晚出，保存古形頗多，此其例證也。

〔字根〕三七二　　S.675 L.1801

《說文》卷五缶部：「　瓦器，所吕盛酒漿，秦人鼓之吕節歌。象形。」

案：《釋林》以所从之爲缶：「寚字作，其中所从的，為什麼釋為缶？我的解答是：商代金文寶字所从之缶，作父丁卣作，輦卣和宊甗均作。不僅如此，商代金文的寶字所从之，也有不从口者，例如：作父乙卣作、𠭯尊作、是其證。至於周代金文寶字所从缶作者也數見不鮮（詳《金文編》）。」（三四四~三四六頁）據于說，金文缶之全形當作、略下不从口則作、略上則作、上下均略則作，此數形金文偏旁中皆可見（从者最常見，本文例證從略），當可信。卜辭則唯見、二形，見《合》一八九五〇，《類纂》未釋（三三七四號），辭云「…卜…貞…㞢……人…」，義不詳。（《綜類》一二五），陳夢家釋缶（《綜述》二九三頁），从者有（《綜類》一四三）。

〔字根〕三七三

《說文》卷三殳部：「　吕杖殊人也。《周禮》：『殳以積竹，八觚，長丈二尺，建於兵車，旅賁吕先驅。』从又乙聲。」

又同部：「　殳也。从殳，示聲。或說城郭市里高縣羊皮有不當入而欲入者，暫下吕驚牛馬曰祋。《詩》

曰：『何戈與祋。』」（音丁外切）

案：卜辭無殳、而有从殳之[glyph]（《文編》三五八一），《續文編》釋殳（三卷二五葉上），《集釋》云：「揆諸契文字形，似為有刃刺兵，與許說不合。而契文从殳諸文，如殸投均作[glyph]，與此相近，金說應可從。」（九九九頁）[glyph]既釋殳，則其初文當即[glyph]。一九七七年九月湖北隨縣擂鼓墩一號墓出土銳殳七支（圖1、2），殳頭作三棱矛形，柲爲積竹，八棱形，即《說文》之八觚。其中一件箭部作刺球狀，柲之中部亦作刺球狀。又晉殳十四件，殳頭呈八角筒狀，柲爲不規則之八棱形。是殳本有兩種，其銳殳有矛狀刃，晉殳頭則爲筒狀無刃。（參《曾侯乙墓》上第二九三頁）卜辭殳爲獨體象形文，而《說文》以殳爲从乙聲，考乙部云：「乙，鳥之短羽飛乙乙也。象形。讀若殊。」是小篆殳字上部已由象形聲化爲从乙矣。其殺字則又加示爲聲耳。

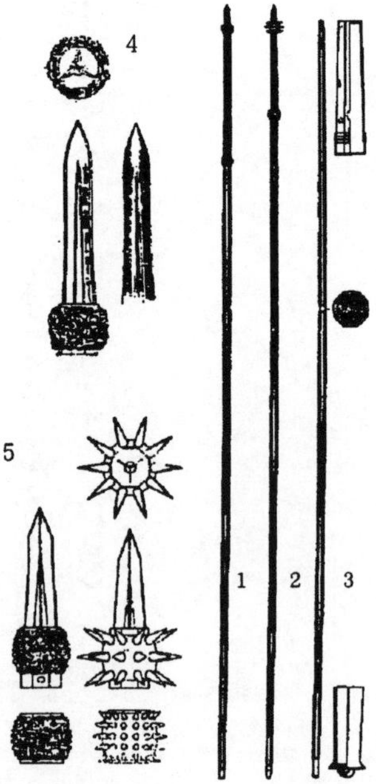

附圖：曾侯乙墓銳殳及晉殳（1.2.銳殳 3.晉殳 4.5.銳殳頭）

裘錫圭先生〈甲骨文字考釋〉以爲甲骨文[glyph]字象以殳除草，肯定[glyph]就是「殳」的異體（《古文字研究》第四輯第一五七至一五八頁）。唯以字形而言，[glyph]字爲除草之殳，而[glyph]爲兵器，雖同釋爲殳，然二者當非一字，待考。

〔字根〕三七四 □

《說文》卷十四矛部：「□ 酋矛也，建於兵車，長二丈。象形。□ 古文矛、从戈。」

案：卜辭無矛，而有从矛之□（《人》二〇六二），《釋林》釋⿱矛心：「甲骨文稱『叀⿱矛心甲劦，受又』（《京都》二〇六二），⿱矛心作□，《甲骨文編》附錄誤摹作□。按⿱矛心字从矛作□，商器敄觶的敄从矛作□、周器毛公鼎的敄字从矛作□、《說文》矛之古文作𢦒，左从矛作□，因此可知，矛字前後演化之迹宛然可尋。」（三六三～三六四頁）于氏從金文偏旁釋出矛字，當可從。唯謂《文編》誤摹爲□，非是，細查原拓，《文編》實不誤，貝塚《考釋》亦摹作□。竊以爲卜辭矛作□者，下飾二系也，此商矛之形制（參附圖矛一）。至周矛則惟一系（矛二），故周代金文矛多作□，下飾一系（唯論起源，商矛當已有飾一系者，故敄觶矛作□，唯考古實物未之見耳），其實皆矛字。

（一矛）（二矛）

摹自馬承源《中國青銅器》63、64頁（矛柲爲筆者所加）

〔孳乳表〕一〇八

S1185 1673 L3097 4199 | Y3059 | 1208 | Y1051 | 1406 | Y3053 | Y295 | 751 2027 | Y3058 | Y3057 | 0138 429 | 0138 429 | 0138 429 | 264 683 | L683

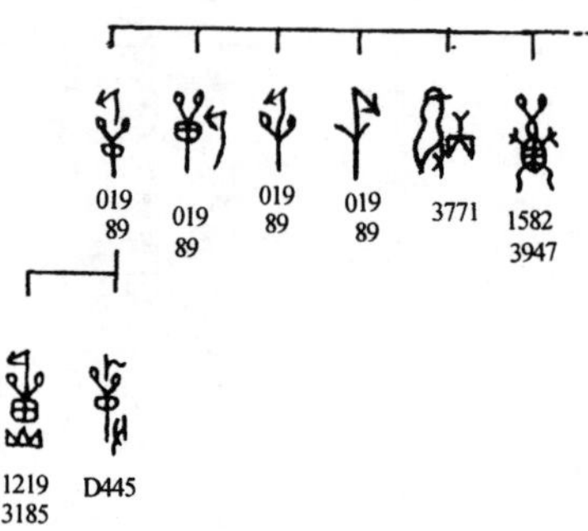

〔字根〕三七五　□　S.264 L.683 G.3061

《說文》卷三干部：「□　犯也。从一、从反入。」

案：卜辭□，《文編》釋干（二六四號）。□、《類纂》釋干（三〇六一號），字與《說文》□同形，說皆可從。郭沫若謂干毌同字，干象圓盾，毌象方盾，干之字形演變當爲□→□→□→干（《金文叢考》一八八～二〇二頁，〈釋干鹵〉）。《集釋》從之，因釋□（毌）爲干（六八三頁，然不收□□諸形）。惟據考古資料，先秦無圓盾，郭說無據，干毌當非一字（參毌部說）。丁山謂單干疊韻，二者爲古今字，皆象盾形，並舉甲金文單干互作之例以爲證，如獸，金文作□（辛邦敦）、卜辭作□（《前》六．三九）、又作□（《前》一二九）。是也（《說文闕義箋》三～八頁）。按丁氏謂單干一字，以獸字偏旁單干互作言，其說可從。惟謂單干皆象盾形，則或有可商。單似爲捕鳥狩獵器之象形（參單部說），干亦近之。

干單雖當爲一字，然其後各自演化，形音義俱別，則判然二字矣！今從孫姚二家，以形近於□之□，□爲干字。

《綜類》本部所收□當从□、□當从壘，俱不當在本部，今正。

〔字根〕三七六 □ S.138 L.429 G.3051

《說文》卷二吅部：「單 大也。从吅甲、吅亦聲，闕。」

案：卜辭□、□，羅振玉釋單（《增考．中》六九葉上）。郭沫若云：「單字之見于單□諸器者均作□，單尊文作□，今存世古器銘中之單字及从單之字如獸、如戰、如□等，大抵均如是作。……此字一見即可知其為象形文。……然單所象者究為何形耶？觀□若□文，知單乃捕鳥之器，……以聲類求之，則單乃罕之初文也。」（《金文叢考》三一五～三一六頁，〈壴卣〉釋文）丁山則謂單干同字，象盾形（《說文闕義箋》三～八頁）。徐中舒則謂字象捕獸之干，本作□形，後於兩歧之端縛石塊而成□形，更於歧下縛以繩索使之牢固，遂成□形。……□本為狩獵之具，故狩獵之初文从□作□。（《字典》一二二頁）以上三說中，丁說謂象盾，恐不可從，蓋先秦無圓盾，此考古已經證實者（參毌部說），而金文□中部皆作圓形，其非象盾形明矣（甲文單中部多作方筆者，契刻難圓也），且甲金文狩獵字作□，从犬从單，狩獸果以犬與盾，不知其將如何逐捕禽獸邪？郭徐二說均釋單為狩獵用具，惟唐蘭已釋□為罕，□與□構形不同，自不得再釋罕。然則□即單、象狩獸之具，徐說似得之。

〔孳乳表〕一〇九

456 1109 | Y574 | 454 1093

226 595 | Y1692 | Y1513 | Y1498 | 426 1077 Y1859 | 428 1081 Y1555 | 5002 | D132 | Y159 | 422 1055 | D359 | 456 1109

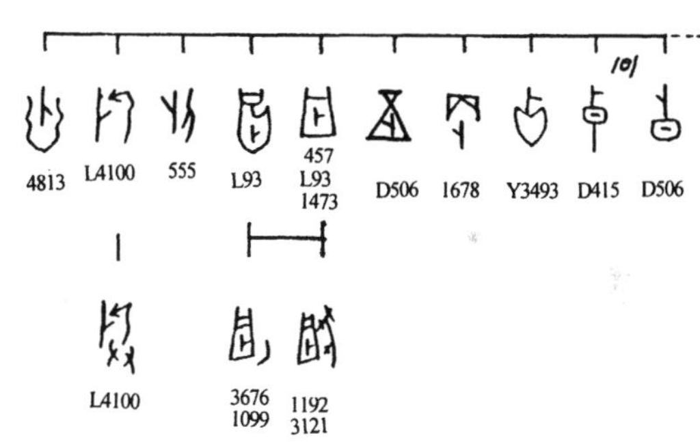

〔字根〕三七七　卜　**S.454 L.1093 G.3348**

《說文》卷三卜部：「卜　灼剝龜也。一曰：象龜兆之縱衡也。卜　古文卜。」

案：卜辭卜、羅振玉釋卜，謂象卜兆（《增考・中》十七葉下），可從。唐蘭謂卜字本象箠楚之類，或即籌策，古人用為占卜之具，後世承之為一切占卜之公名，本與龜兆無涉（《天壤文釋》七～八葉）。唐氏雖為古文字學名家，然此說實無據，《集釋》評云「唐氏徒好為異說耳」。

《綜類》本部所收[glyph]、[glyph]重見歺部；[glyph]、[glyph]、[glyph]、[glyph]當歸弋部，今正。

〔孳乳表〕一一〇

*	*	*											
487 939	487	487 939	Y1906	486 1221	1365 3435	1154	1154 3039	Y1754	Y1886	Y2867	Y1907	Y1905	1314

〔字根〕三七八　S.487 L.939 G.1903

《說文》卷三又部：「彗　埽竹也。从又持甡。篲　彗或从竹。䇺　古文彗，从竹習。」

案：卜辭，唐蘭釋彗，象埽竹之形（《文字記》二十頁）是也，小篆从又乃後加。

〔孳乳表〕二二*

1503 3753
1505 3771
1484 3710
1007 2657
L3793
D334
Y2412
D334
1509 3779
589 2629
509 1307
S1488 4966 L3699
1519
Y2473
Y2413
4719
1007 885

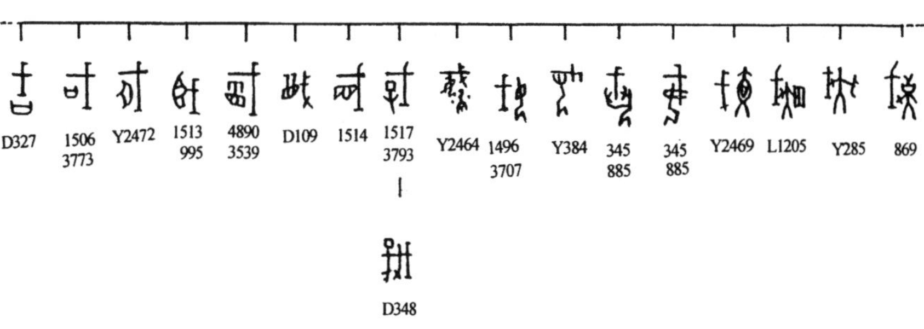

793 2135
Y2438
Y2468
Y1764
621 3794
1508 3777
1508 3777
Y2471
Y2302
D85
1508
1510 3781
1510 3781
293 793
380

L3924
1326 1695
1522 3792
1523
209 509
0249 509
Y1683
L4409
D100

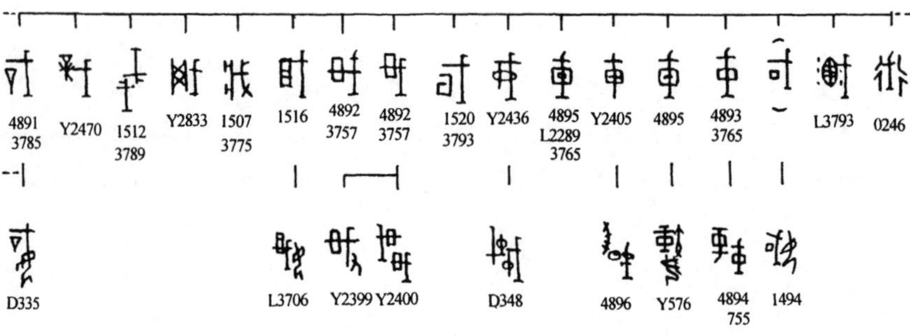

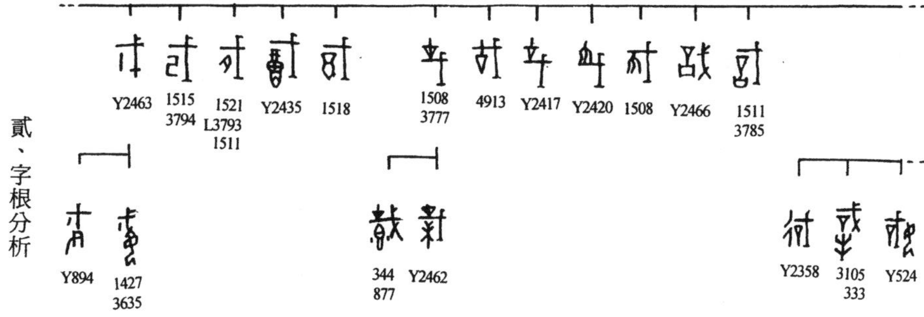
Y2463
1515
3794
1521
L3793
1511
Y2435
1518
1508
3777
4913
Y2417
Y2420
1508
Y2466
1511
3785
Y894
1427
3635
344
877
Y2462
Y2358
3105
333
Y524

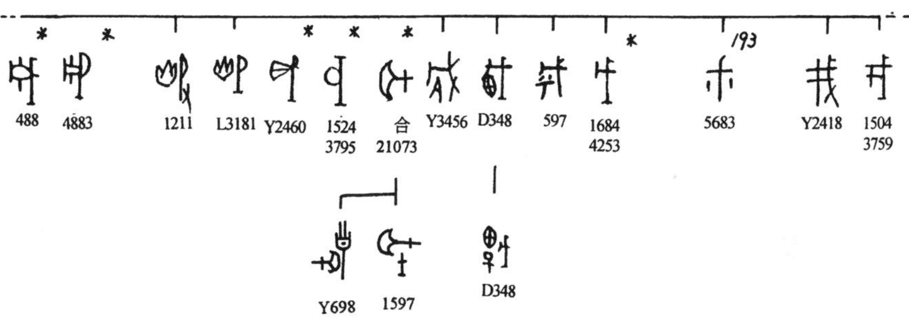
488
4883
1211
L3181
Y2460
1524
3795
合
21073
Y3456
D348
597
1684
4253
193
5683
Y2418
1504
3759
Y698
1597
D348

									196	*195*	*194*	*	*
Y455	S1099 4495	1096	1099	1099	D420	1692	S3040 4919	S1034 4281 4897	1525	161 479	Y2427	D341	D341	0161 479	0161 479

4813	4813	4813	Y3363	1512 3789	L4581	Y3509	Y2058	1164 3050	Y1477	Y1148	Y2307	Y865	Y3085	D145

Y2059	D509

安明
2674

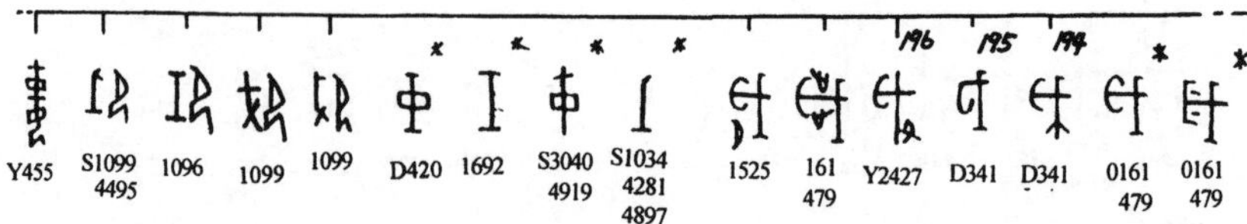

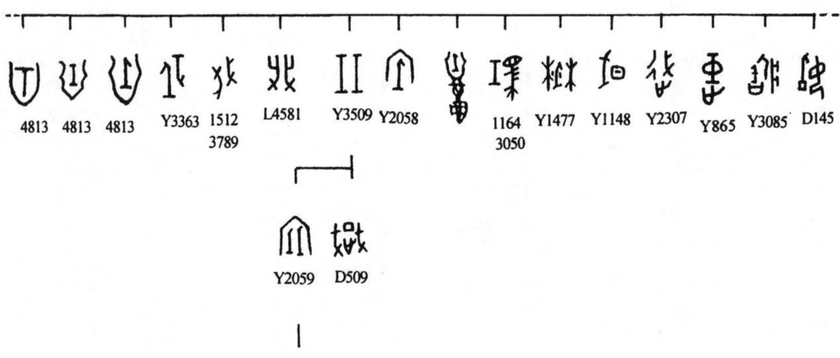

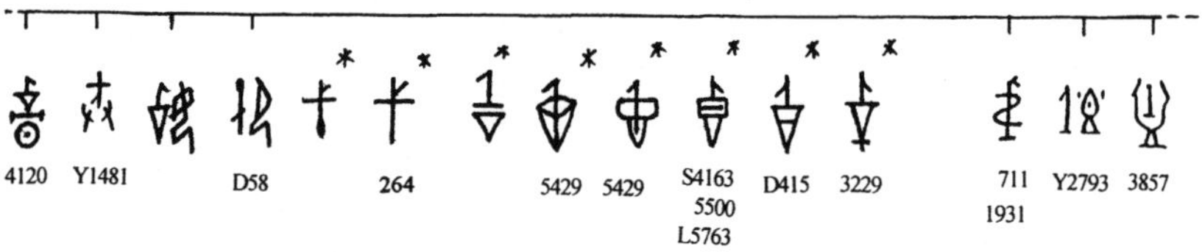

4120 Y1481 D58 264 5429 5429 S4163 5500 L5763 D415 3229 711 1931 Y2793 3857

〔字根〕三七九　S.1503 L.3753 G.2395

《說文》卷十二戈部：「　平頭戟也。从弋，一橫之。象形。」

案：卜辭　，羅振玉釋戈，以爲一象戈柲，一象戈，字不从弋（《增考・中》四六葉下）。　、　等形，羅振玉釋戈（仝前），以金文戈亦作　也。于省吾釋𢦏，以卜辭戈　（同　）同版異辭，當非同字也（《駢三》五葉上〈釋四戈〉）。《集釋》從羅說，以爲仍當釋戈（三七五五～三七五六頁）。管燮初以爲當釋捷（《中國語文》一九七八年三期）。夏淥則以爲字象砍斷樹木之形，當釋「戡」，即西伯戡黎之「戡」，《菁》二「　二邑」謂戡二邑（《古文字研究》四輯一四七頁〈學習古文字散記、釋戡〉）。郭沫若以爲即綏、吳振武以爲「彤沙」之象形，可從（參綏字條下）。

戈、必、弋三字關係密切，舊說頗多糾纏，今將弋、必附於戈部，以利比觀。

《綜類》本部所收　當从斤、　與戌較近，本部刪。

〔字根〕三八〇　S.1508 L.3753 G.2420

《說文》卷十三糸部：「　系冠纓者。从糸委聲。」

□、□等形、羅振玉釋戈（增考・中・四六葉下），以金文戈亦作□也。于省吾釋戈，以卜辭戈字與□（同□）同版異辭，當非同字也（《駢三》五葉上〈釋四戈〉）。《集釋》從羅說，以爲仍當釋戈（三七五五～三七五六頁）。管燮初以爲當釋捷（《中國語文》一九七八年三期）。夏淥則以爲字象砍斷樹木之形，當釋「戠」，即西伯戡黎之「戡」，《菁》二「□二邑」謂戡二邑（《古文字研究》四輯一四七頁〈學習古文字散記・釋戡〉）。郭沫若以爲戈下所垂即沙、緌，戈纓也：「今人之槍矛每有纓，殷人之象形文字，其見於卜辭者，戈或作□（後編・上・二十二葉一片）……，其見於彝銘者，僅就金文編附錄所搜者有下列數事：□（戈辛觶）……，戈內之端所懸垂之□□□諸形即戈之纓也。今人之纓乃赤色，古人當亦宜然。因悟所謂彤沙實即紅綏也。沙綏古本同音字，蓋古人借沙為之者，後人則作綏也。……字亦作緌。……綏緌亦古今字耳。緌從委得聲，委從禾得聲，禾聲與綏、沙古音同在歌部。歌部音漢初已多轉入支，故乃讀如蕤，然而等是一物之名，等是一音之轉耳。戈纓謂之沙，旗纓謂之綏，或之緌，冠纓謂之蕤。或則周人謂之沙，亦謂之綏者，漢人則謂之緌，亦謂之蕤也。」（青研・一七九頁至一八三頁戈琱戜眩必彤沙說）。吳振武以爲「彤沙」之象形：「在甲骨學者所劃分的『𠂤組』、『𠂤歷間組』和『歷組』卜辭中，都可見到一個寫作下揭諸形的字：□𠂤組；□𠂤歷間組；□歷組。……我們把它隸作「㦰」。「㦰」字的用法與「□」字基本一樣，……過去大多數研究者認為，「㦰」與「□」(案：吳振武釋『殺』)是同一個字的不同寫法。也曾有學者單釋為「戈」或「戠」。實際上，細覈字形可知，「㦰」與「□」有三點不同，很難說是同一個字的不同寫法。第一，「㦰」从□，而「□」从□，兩者所从有正倒之不同。第二，「㦰」字所从之□或作□，而「□」字所从之□則从未見有寫作□形的，是知兩者所从有取象上之不同。第三，觀察下揭族名金文中的

「戈」：[金文字形]《金文編》820-821頁。可知「𢦏」字所从之[字形]均在戈頭之內部，而「𢦔」字所从之[字形]均在戈頭之援部，兩者所从有書寫位置之不同。如果說，[字形]、[字形]二旁在書寫時可以正倒無別的話，那末「𢦔」、「𢦏」二字應有作[字形]、[字形]形的；但事實上，這兩種寫法在可靠的辭例中從未出現過。過去不少研究者在討論時往往將「𢦏」字寫作[字形]，實在是未作細緻觀察造成的。因此，視「𢦏」為「𢦔」字異體，在字形上是很難說得通的。至于釋「戈」或釋「戠」，亦難令人相信。雖然照上引族名金文「戈」字看，釋「𢦏」為「戈」似有一定道理；但在上引第41片卜辭中（案：即合三三〇八一），「𢦏」與當攻伐講的「戈」字四次並出，足見「𢦏」字絕無可能再釋「戈」。我們認為，「𢦏」字很可能是彤沙之「沙」的象形寫法。熟悉銅器銘文的學者都知道，古代繫在戈上的紅色纓子，在西周金文中稱「彤沙」。其形象與繫縛位置，可從前引寫得比較原始的族名「戈」上窺知一二。根據「𢦏」字本身的寫法和它在卜辭中與「𢦔」字用法相同這一點，我們有理由推測「𢦏」可能就是彤沙之「沙」的象形初文。也就是說，「𢦏」字所从的[字形]，實為纓絡之象形，其讀音即如「沙」。上古「沙」和「殺」都是心母字。「沙」屬歌部，「殺」屬月部，歌、月陰入對轉。故早期卜辭可借彤沙之「沙」的象形初文來當「𢦔」(殺)用。這從卜辭的用字情況來看，是一點也不奇怪的。」郭、吳二家之說相近，金文族氏名之字內部所懸，郭以爲即彤沙，其實以甲文𢦏對比金文[字形]，金文此字極可能亦釋爲沙、緌，蓋金文此字爲族氏名，不必釋爲「戈」也。此字金文或假「沙」字爲之，然「沙」字《說文》釋爲「水散石也」，郭以爲沙綏古本同音字，綏緌又古今字。今從其說，姑隸定此字爲緌。字從戈，象戈內部所綴之彤沙。

〔字根〕三八一 S.1684 L.4253 G.2424

《說文》卷十四戊部：「 中宮也。象六甲五龍相拘絞也。戊承丁、象人脅。」

案：卜辭、、、羅振玉釋戊（《增考．中》三葉上）。吳其昌謂字象斧形（〈金文名象疏證〉）。郭沫若謂象斧鉞之形（《甲研》下冊〈釋干支〉九葉下）。以字形言，吳郭之說可從。

〔字根〕三八二 S.1524 L.3795 G.2448

《說文》卷十二戉部：「 大斧也。从戈乚聲。《司馬灋》曰：『夏執玄戉，殷執白戚，周ナ仗黃鉞、又把白髦。』」

案：卜辭、，羅振玉釋戉（《增考．中》四六葉下）是也。據今考古所示，戉之形制可分十一類，卜辭似與圖七酷似（如以之象戉之穿孔，則與圖一～三酷似）；卜辭（歲）則與圖八、九酷似。據此，戉歲當為一字。又卜辭戉或作（《乙》五二九六），从之者有（从戉从士，參士部），當釋戉；又有，从戉煌聲，當釋皇（參煌部。以上二字，請參拙作〈說皇〉）

，《類纂》二六四〇釋戉，姑從之。

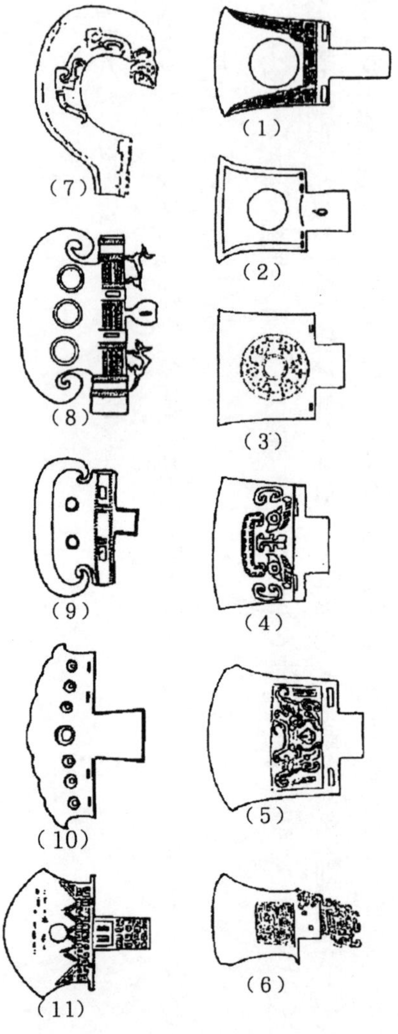

先秦鉞圖

（《中國青銅器》66、69頁）

〔字根〕三八三 [glyph] S.4883 G.2447

《說文》卷十二戉部：「[glyph] 戉也。从戉尗聲。」

案：卜辭[glyph]、[glyph]，金祥恒先生釋戚：「近婦好墓出土之玉戚（圖一），與《鄴中片羽初集》[glyph]（圖二）形之玉戚頗似，惟與美國 Mineapolis Institute of Art 藏之玉戚（圖三），安陽侯家莊一〇〇一古墓出土之玉戚（圖四）形狀略異，前者刃兩側之稜作鋸齒形，後者作牙齒狀，日本學者林巳奈夫名之為鉏戚，並舉甲骨文[glyph]（《摭續》二〇、《寧滬》一．五九二）、金文[glyph]（父乙簋，《三代》六．二〇．六）作比較說明。據考：其形狀確與侯家莊出土之玉戚相近，因刃兩側有鉏牙，故謂鉏戚。戚之結構與戉、戈同，[glyph]象器柄，[glyph]象刃形，刃兩側有棘狀，為圖象記號，象徵社會集團之族徽，故[glyph]為國族名（詳《中國殷周時代的兵器》第三章）。……古代兵器戚、戉無銘文，難以據證，惟以出土戚戉器物之形制，與古文字形相近者考之而已。」（《中研院第二屆國際漢學會議論文．甲骨文字考釋三則～二．釋戚》），金先生謂[glyph]爲戚，然其所謂戚皆無銘文，無法證明[glyph]必爲戚，僅能謂古器物之[glyph]即[glyph]而已。且金文戚作[glyph]（戚姬簋）、小篆作[glyph]，皆爲形聲字，與[glyph]之關係如何，皆無法說明。今查《秦漢魏晉篆隸字形表》所錄「戚」

圖1

婦好墓　式玉戚
圖版115

圖3

邢志良《古文論文集》493頁，玉戚

圖2

《鄴中片羽初集》河南安陽殷墟出土之商代碧玉圭式斧戚（《中國兵器史稿》）圖九

圖4

安陽侯家莊1001墓

字作：[glyph]（《老子甲後》一九一）、[glyph]（《老子甲後》一八八）、[glyph]（《孫臏》二〇〇）（九〇一頁），與卜辭[glyph]字形極近。而同書「叔」字作[glyph]（《老子甲後》四三一），所从「尗」作[glyph]（一九七頁），可證[glyph]不从尗，而當爲承自卜辭[glyph]之戚字之象形文。西漢隸書保存古形而爲金文所不見者，此又添一例矣！《字形表》所錄西漢「戚」之另一字形作[glyph]（《春秋事語》九四）、楊統碑作[glyph]、禮器碑陰作[glyph]，柄部逐漸與刃體分離，刃體部份亦漸與「尗」形接近（禮器碑陰叔作[glyph]），兼之戚尗音近（《詩・小明》以戚叶奧蹙菽宿覆，可證），遂訛爲从戉尗聲矣！其字形演變如下：

[glyph]（《屯》二一九四）—[glyph]（《老子甲後》一九一）—[glyph]（楊統碑，从人）—[glyph]（禮器碑陰、从人）—[glyph]（戚姬簋）—[glyph]（《說文》）

※本文草成後，收到《古文字研究》十七輯，刊載林澐〈說戚我〉（一九八頁）一文，所補漢代「戚」字字形與拙文大致相同，爲免掠美之嫌，特此說明。

〔字根〕三八四　[glyph]　S.161 L.479 G.2429

《說文》卷二步部：「歲　木星也，越歷二十八宿，宣徧陰陽，十二月一次。从步、戌聲，《律厤書》名五星爲五步。」

案：卜辭[glyph]、[glyph]，象斧鉞之形，郭沫若以爲歲戉本一字，古音同部，故歲象戉（鉞形），後世訛作歲，止形係二小點之訛變，歲不从步（《甲研．釋歲》）。于省吾所藏周斧作□形，因謂此即歲，契文□所从二小點即此斧刃尾端迴曲中之透空處，其作□者乃省文（《駢續》一~二頁，〈釋戉〉）。勞榦先生則謂歲本象石鐮刀，史語所於安陽發掘之石鐮全形為□，□所从兩小點即鐮刀上所鑽之二小孔，以便穿繩繫柄。鐮所以割艸，故歲及所孳乳之劌有割義；禾一年一割，故歲有年義；□从兩止、示收割時行偏田野也（《史語所集刊》四十本上四七~五〇頁，〈古文字試釋〉）。以上三說中，郭于二家實當合一，郭謂歲戉一字，形音義俱有徵；于氏所舉石斧，據圖似當即鉞，古者鉞戚皆相類似，鉞大戚小，鉞為權力之象徵，戚則或用以舞，故其形制較複雜。斧則為日用器，造型較單純。今考古所得之鉞多有孔，與□形酷似（參戉部附圖）。是歲戉本一字，歲假戉為之，故字形與戉稍異。

〔字根〕三八五 □ S.1034,1692,4281,4897

《說文》卷六木部：「□ 欑也。从木，必聲。」

案：卜辭□、□、□，及偏旁□，裘錫圭以為即「柲」之初文：「甲骨文裡有一個寫作□、□、□等形的字，在《甲骨文編》裡，它們有的被釋作『壬』字，有的被當作未識字收在附錄裡，我們認為這個字是『柲』的象形初文。古代戈、戟、矛等武器的柄稱『柲』，『柲』字从木『必』聲。金文無『柲』字、『必』字作□、□等形。……金文、小篆『戈』字作□、□等形，如果去掉象戈頭的一橫，剩下來的象戈柲的部份，正與金文『必』字所从的□□同形。郭沫若……說：『必即柲也，弋象柲形、八聲。然形聲之字後於象形，『必』其後起者矣！』（《金文叢考》二二八頁）這是很精闢的見解，但是《說文》認為「必」字所从的就是「弋」字，是有問題的，這一點郭氏卻沒有察覺。《說文》說『必』字从『弋』聲，『弋』、『必』二字古韻不同部，聲母又遠隔，無從相諧。《說文》『弋』字篆文作，與金文『必』字所从的比較接近。但是金文『弋』字作、等形，秦漢金石篆文『弋』字作、等形，金文和秦漢金石篆文中用作偏旁的『弋』字作、等形，都跟『必』字所从的有相當明顯的區別，可見『弋』和『柲』的象形初文是兩個字，《說文》『弋』字篆形以及『必』字从『弋』的說法是有問題的。……在第五期甲骨文裡，『戈』字通常寫作等形，柲形向右傾斜，或者下部向右傾斜，柲形下端短畫上升。……五期的（柲）旁作、等形，作風與五期『戈』字相同。……第五期卜辭裡常見一個寫作等形的字……這個字的成問題的偏旁也應該是『柲』的象形初文。在這個偏旁的各種寫法裡，和顯然是『柲』的象形文，當是字加指示符號的繁體。……在甲骨文裡有一個寫作等形的字，又有一個以它為偏旁的寫作、等形的字。从『𨑨』字所从的或作的現象來看，前者有可能是字加指示符號的繁體，後者可能跟『𨑨』是一個字。」（《古文字研究》三輯七～二三頁〈釋柲〉）裘氏分辨柲弋之別極詳明，說當可從。據裘說，、爲戈字略去刃形，所餘即柲，故當爲省體象形；偏旁、中畫右傾，已有訛變；、、、、、及偏旁、則在柲之中央加注指示符號，當爲指事字。

卜辭有（《乙》六三九〇），疑亦从（柲）从八，隸定可作「必」，惟無確證，姑存此以俟考。

〔字根〕三八六 □ S.3226 3229 4163 5429 5500

《說文》卷十二丿部：「□ 橛也。象折木衺銳者形，厂象物掛之也。」

案：卜辭□、□、□、□、□、□諸形，裘錫圭釋弋：「甲骨文第一期卜辭裡有□、□、□、□、□、□等字，……這些字的字形和用法都很相近，應該是一字的異體。……從上引□□等形來看，這個字所象的當是一種尖頭的柲狀物。……□□和□的關係，跟□和□的關係相似。□又變作□□等形，這跟□字也可以寫作□、□字也可以寫作□、□字也可以寫作□□□等形，是同類的現象。這個字《甲骨文編》當作未識字收在附錄裡，其實就是橛杙之杙的本字『弋』。……金文『弋』字一般寫作□，這是簡化的形式，甲骨文第五期卜辭有□字：『戊戌王卜鼎，田□，生（往）來亡（無）□（災）……』（《前》二．二七．五）郭沫若、葉玉森都把這個字釋作『弋』，……可見『弋』字簡體在商代就已經出現。……《說文》厂部：『弋，……』，所錄篆體是訛變的形體，《說文》還把『弋』跟『柲』的象形文□混為一談。」（《古文字研究》三輯二三～二七頁，〈釋柲．附錄．釋弋〉）裘氏釋□等形為弋，形義兩洽，當可從。據裘說，□（《庫》一六一九）字左旁所从，當亦弋字。

〔孳乳表〕一一二

*

1719 4415 | 4360 | 3965 2839 | 3965 2839 | Y288 | 4699 | Y243 | D469 | D469 | Y52 | Y2445 | Y3153 | Y3153 | Y2591 | 0096 369

Y2121 | 1343 | Y2474 | Y1748 | Y2444 | 1130 | S1720 1722 L4429 | 1685 4257 | 5449 | 979 2578 | D349 | 626 1705 | D349 | 5204 | Y2444 | 1685

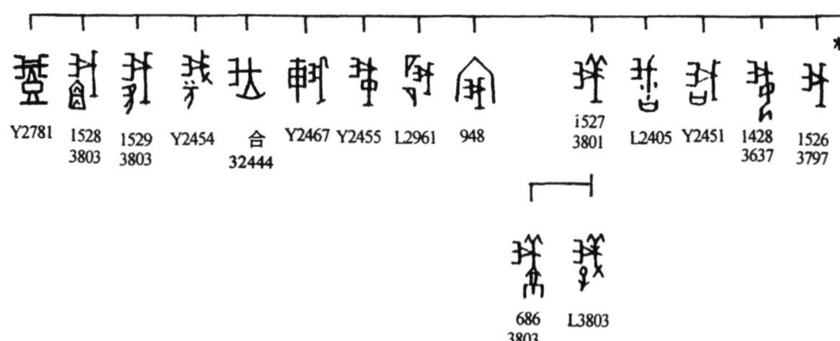
Y2781
1528 3803
1529 3803
Y2454
合 32444
Y2467
Y2455
L2961
948
1527 3801
L2405
Y2451
1428 3637
1526 3797
686 3803
L3803

197
D356
5632
5632

〔字根〕三八七　　S.1719 L.4415 G.2439

《說文》卷十四戌部：「戌　威也。九月昜气微，萬物畢成，昜下入地也。五行土生於戊，盛於戌，从戊一，一亦聲。」

案：卜辭　、　，羅振玉釋戌，以爲字象戉形，與戉爲一字（《增考．中》四葉下）。葉玉森以爲戉戌字形不同，疑戌爲古戚字（《前釋．一卷》七葉上）。商承祚謂戊戌戉古爲一字（《佚考》三葉下）。吳其昌謂戊戌戉戌一字，皆象斧形（〈金文名象疏證〉）。以上各家皆以戌爲斧類，當是，唯謂即戉、戚、戊字，聲韻似皆稍隔，此四字之上古音如下：戌（物合三*sjiwət）、戉（月合三*xjwat）、戚（覺開四*ts'eəwk）、戊（幽合一*mwəw）。張日昇云：「**戌與戊戉歲等皆為廣刃兵器，形制大同小異，然不宜混為一也。**」（《金文詁林》八四三九頁）可從。

〔字根〕三八八　　S.1526 L.3797 G.2449

《說文》卷十二我部：「我　施身自謂也。或說：我，頃頓也。从戈手。手、古文垂也；一曰：古文殺字。　古文我。」

案：卜辭　、羅振玉釋我（《增考．中》七一葉下）。葉玉森推測我爲戈形兵器而刃部象趾形（《前釋．一卷》

六五葉上）。商承祚謂爲多刺兵（《說文中之古文考》二五一頁），郭沫若謂我即〈豳風〉「既破我斧，又缺我錡」之錡，《說文》釋錡爲「鉏 」，即今人所謂之鋸，鋸在古代本戈之別名，燕昭王戈銘云「郾王戠作五牧鋸」（《周金文存》六・二〇），器爲戈而銘作鋸，可證（《粹考》一九七頁）。朱芳圃亦以我即錡，象長柄而有三齒之器，原爲兵器（《釋叢》一七三～一七五頁，〈釋我〉）。綜合以上諸家說，「我」當爲似戈而有三齒之兵器，《陝西出土商周青銅器》（二）圖 112 之兵器正作此形（如圖），與《粹》一四六九之[glyph]字酷似。惟郭沫若謂即鋸，則有可商。先秦鋸有二種：其一爲刑具、爲日用器、齒多而密、與「我」不同（參鋸部）；其二爲戈屬，燕器名戈援胡刃曲成三鋒者爲鋸，形如[glyph]（《金文總集》（十）四三六三頁附圖極清楚），亦與「我」不同，似不宜混而爲一。

采自《陝西出土商周青銅器》(二)圖 112

本文草成後，收到《古文字研究》十七輯，內刊林澐〈說戚我〉一文，亦主我即錡，爲齒刃鉞形器，然與[glyph][glyph]所从之[glyph][glyph]（鋸，參鋸部）爲不同字，此與鄙見相同，唯林文所附「我」之器形（見下圖），與拙文所採用之「我」器形不同。

〔字根〕三八九

《說文》卷十四金部：「鋸 槍唐也。从金居聲。」

案：卜辭無單字、，而有从之之、，胡厚宣云：「殷武丁時甲骨文卜辭中，有字作（《乙》二七三〇）、（《續補》一五六〇）、（《前》六・五五・五）、（《前》七・十・一）、（《前》六・三〇・六）、（《續補》一七二・六八九九）、（《粹》二五七等）、（《前》六・二〇・一）、（《人》三三四）等形，字的一旁象鋸、或以手持鋸。象鋸形，表示鋸形而屬於刀類。所从之又即手，象以手持鋸之形。一旁从正面人形『大』，一足長、一足短，有的僅長足有趾，另一短足的趾沒有了。……整個字象用鋸或以手持鋸，截斷人的一足之形。……《國語・魯語》說：『中刑用刀鋸，』《司馬法》說：『中辠刖之。』韋昭說：『割劓用刀、斷截用鋸。』……甲骨文字，用鋸或以手持鋸，斷去人之一足，正是刖刑的象形字。」（《文史論叢》七三～一〇三頁，〈殷代的刖刑〉）據胡說，象鋸形、正與考古發現之鋸形相同（參附圖），是即鋸之象形初文。

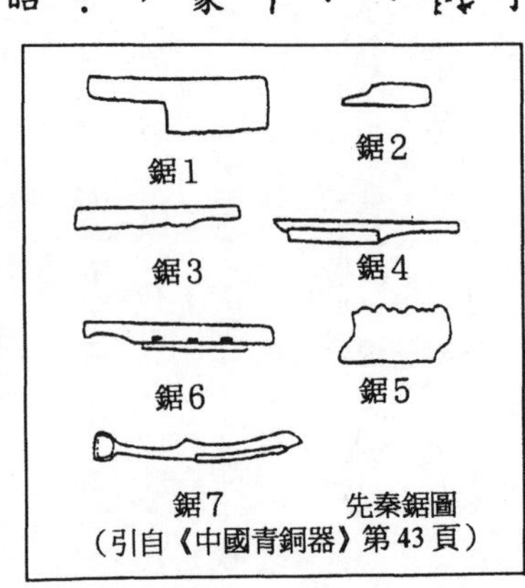

先秦鋸圖
（引自《中國青銅器》第43頁）

〔孳乳表〕一一三

Y310 Y377 Y261 Y265 3003 L757 L4595 Y528 L773 Y103 283 Y163 282 757 Y2514 1690 4273

204 539

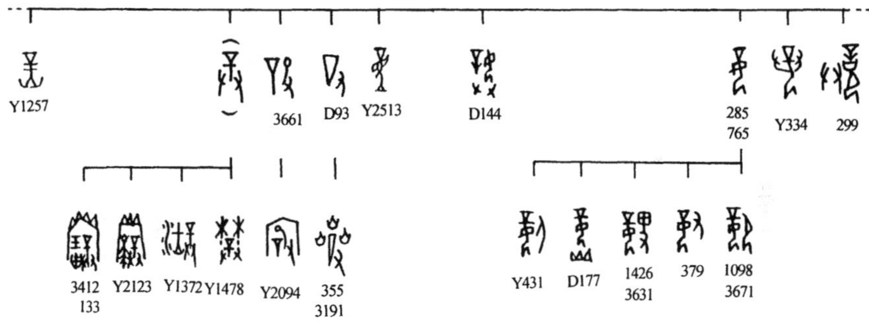

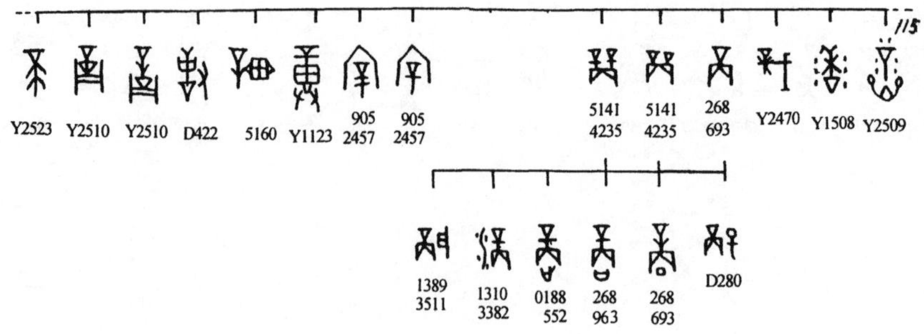
115
Y2523
Y2510
Y2510
D422
5160
Y1123
905 2457
905 2457
5141 4235
5141 4235
268 693
Y2470
Y1508
Y2509
1389 3511
1310 3382
0188 552
268 963
268 693
D280

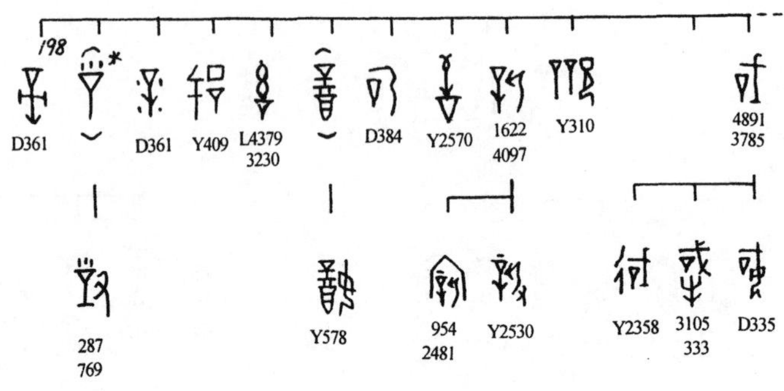
198
D361
D361
Y409
L4379 3230
D384
Y2570
1622 4097
Y310
4891 3785
287 769
Y578
954 2481
Y2530
Y2358
3105 333
D335

〔字根〕三九〇 □ S.1690 L.4273 G.2511

《說文》卷十四辛部：「䇂 秋時萬物成而孰，金剛味辛，辛痛即泣出。从一辛，辛，辠也。辛承庚，象人股。」

案：卜辭□，孫詒讓釋辛（《舉例・上》一葉）。羅振玉初謂□□（辛）一字（舊版《考釋》），郭沫若從之，謂□□一字，皆剞劂之象形，□象正面，□象側面（《甲研・下・釋干支》十一葉下～十七葉上）。吳其昌謂□爲由石斧演化而成之刃面向上之兵刑器（《金文名象疏證》）。以上諸說有可辨者二：□當讀如「孽」，而爲「乂」之初文（參□部說），羅氏謂□即《說文》之辛，實誤。《說文》辛䇂本一字，以辛段爲干支字，故與䇂別，形音亦小異（參徐灝《說文段注箋》），而與□則釐然二字。故羅郭說辛䇂一字，可從；謂□□一字則可商，而郭說□□象剞劂之正、側面亦因之頓失憑據，此其一。□象剞劂，既失憑據；吳氏謂由石斧演化成刃面向上之兵刑具，實亦蹈空，甲文□□□皆从辛，刃面向上，將何所施用乎？此其二。考□偏旁或作□，如：□或作□（《文編》二七七）、□或作□（《文編》二六八）可證。吳匡先生謂辛本象錐形器，其初形即□，考古發掘之骨錐正作此形（如圖，採自《商周考古》十九頁）。以字形言，吳說可從（吳說尚未發表，本文獲其惠允，先行引用）。

骨錐

《綜類》本部所收龍鳳字，上象冠形，而非辛，故不當从辛（已見龍部隹部）、□當入戌部、□□□當入□部，今正。又□（言）及其孳乳字从□（舌）不从辛，當在口部。

〔字根〕三九一 □

《說文》卷三丵部：「丵 叢生艸也。象丵嶽並出也。讀若浞。」

案：卜辭無單字□，而有从□之□（《文編》二八七），羅振玉釋對（《增考．中》五九葉下）。《說文》對作□，从丵口寸，或體作□，《說文》以爲从士，驗之卜辭，實爲从土。《集釋》云：「疑與『封』之構造法同，封作□，象一手持丰，樹於土上之形。……對字从丵，丵許訓叢生艸，與封字从丰同意，字亦象以手持丵樹之之形，其下亦从土。」（七七〇～七七一葉）高鴻縉先生謂「丵」爲上有齒之兵器，如後世之九股叉（《中國字例．二篇》一七二～一七四頁）。張日昇謂「□」所从「丵」爲符節，▲爲座（《金文詁林》一三九三頁）。以上三說中，高、張二說於字形較近，然缺乏根據；李說據《說文》，然於字形又似不甚吻合。據《文編》，對共有三體：□（《甲》七四〇）、□（《林》二．二五．一〇）、□（《佚》六五七），其左旁所从實未見若何「叢生艸」之狀。以歷史分析法言，□即對，从丵土寸，然則□即丵無疑。詹鄞鑫以爲「辛」、「丵」本皆鑿具，丵是鑿柄經錘擊後，柄頭木質順理撕裂爲細絲的反映（〈釋辛及與辛有關的幾個字〉，《中國語文》一九八三年五期，頁三六九至三七四），陳昭容同意其說，並舉甲金文从丵之宰、僕、璞、鑿、對、業等字證成其說（〈釋古文字中的丵及从丵諸字〉，《中國文字》新二十二期，一二二頁至一五〇頁），當可從也。

〔孳乳表〕一一四

S284 3357 L761 3719

284 761

284

S4936 5617 L1307

1105 2891

1105 2891

4966

Y595

Y2515

0101 393

101 393

Y2500

D359

3359 4287

Y533

Y1351

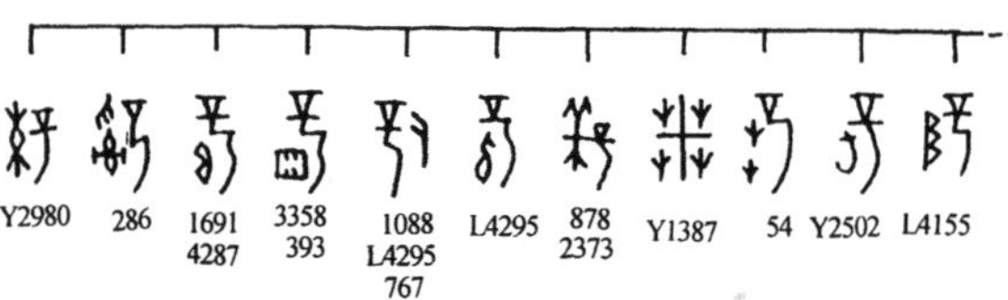

〔字根〕三九二　S.284 3357 L.761 3719 G.2496

《說文》卷十二丿部：「乂　芟草也。从丿乀相交。　乂或从刀。」

案：卜辭、，王國維釋爲孼之本字，亦即經典中乂，艾之本字（《觀堂集林．卷六．釋辥》）。裘錫圭從之云：「䇂之音如『孼』，甲骨文裡往往把䇂字寫作、、等形，下部从刀，可知『䇂』本象一種刀類工具。根據它的音義推測，『䇂』應是『乂』的初文。『乂』、『孼』都是疑母祭部字，古音極近。乂字繁體作『刈』（見《說文》），《國語．齊語》韋注：『刈、鎌也。』字義也與䇂相合。甲骨文的啇有寫作的、蔑字異體薎有寫作或的，𥝤字有寫作的，所从的䇂簡化成了、等形，這種簡寫的䇂、尤其不帶刀形的那種寫法，只要稍加整齊化就會變成小篆的（乂）。」（《古文字研究》四輯一五三頁〈甲骨文文字考釋—釋𥝤〉）。王裘二家釋爲孼、乂，形音義俱洽適，極確。唯《集釋》仍從郭沫若說，釋爲辛，以爲與辛同字（七六一頁）；而於卷十二釋㐅（五）、爲乂（三七一九頁），俱非。彭邦炯則以爲爲鎛之象形，當釋鎛（《甲骨文與殷商史》二輯三〇三頁、〈從甲骨文的𥝤字說到商代農作物的收割法〉），唯並無確證。

裘文又以（《乙》四九六）所从十亦乂，當可從。

〔孳乳表〕一一五

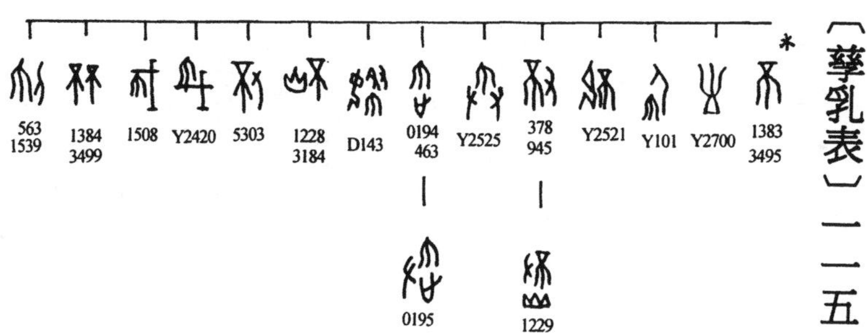

*
1383 3495
Y2700
Y101
Y2521
378 945
1229
Y2525
0194 463
0195
D143
1228 3184
5303
Y2420
1508
1384 3499
563 1539

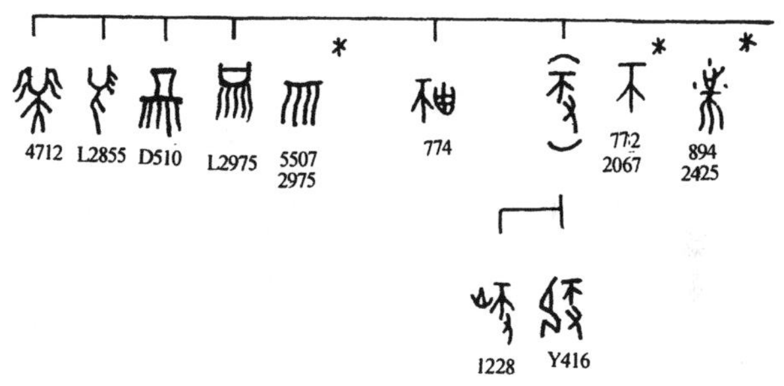

*
894 2425
*
772 2067
1228
Y416
774
*
5507 2975
L2975
D510
L2855
4712

〔字根〕三九三　S.1383 L.3495 G.2516

《說文》卷十二不部：「　鳥飛上翔不下來也。从一，一猶天也，象形。」

案：卜辭　、　、　、　，羅振玉釋不，謂象花不形（《增考．中》三五葉下）。王國維謂「帝者蒂也，不者柎也，古文或作　、　，但象花萼全形」（《觀堂集林．六卷》十～十一頁〈釋天〉）。郭沫若以為　之▽若▽象子房，ㄧ象萼，　象花蕊，不字象花之子房猶帶餘蕊（《甲研．釋祖妣》十八～十九頁）。《集釋》以為王氏謂不即柎，其說至塙，郭說尤精當，或作　者，但象殘蕊萎敗之狀（三四九七頁）。以上諸說，其實皆從《詩經．小雅．棠棣》「鄂不韡韡」鄭《箋》「承華者曰鄂。不當作柎，柎、鄂足也」一說推演而來，此外並無確據。故陳世輝以為「不」當象根荄形：「耑的下體是植物的根形，它所从的　、　即不字。……有人以為不是花柎的柎的本字，這都是靠不住的。『不』象植物之根，乃芨字的初文，《說文》：『芨，草根也。从艸犮聲。』《方言》：『荄，根也，東齊曰杜或芨。』芨就是『不』字的後起形聲字。」（《古文字研究》十輯四〇頁，〈釋𢧐—兼說甲骨文不字〉），陳說以耑字从不為證據（參耑部），謂不象根荄形，即芨之初文，雖亦無其他確據，然說字形較合理，可參（甲文無華字，殷人不為華造字，而為華之柎足造字，頗不合理，金文「不」作　（《詁林》一四八二號），「華」作　（《詁林》八〇〇號），二字未見有若何相似處）。

〔字根〕三九四　S.894 L.2425 G.844

《說文》卷七耑部：「　物初生之題也。上象生形、下象根也。」

案：卜辭□、羅振玉釋耑，謂字从⺌象水形，水可養植物者也；从□象植物初茁漸生歧葉之狀，形似止字而稍異（《增考・中》三五葉下）。《集釋》以耑上从□（之），而《說文》謂「象生形」，疑卜辭生（□）之（□）同源，下象其根（二四二五頁）。陳世輝以爲耑上从之（□），象草卉初生向上；下从不（□），象植物之根形；小點表示土塊（《古文字研究》十輯三七頁〈釋戠—兼說甲骨文不字〉）。以上三說中，李陳皆以耑上从□，然植物初生形與从「止」之□實未見有若何關係，羅氏謂「似止字而稍異」，較爲合理，此猶龍字當爲獨體象形，而龍首所戴多作□，與辛字無別，然龍實不从辛，其例一也。

〔字根〕三九五　□　S.772 L.2067 G.2522

《說文》卷六帀部：「帀　匊也。从反㞢而帀也。周盛說。」

案：卜辭□，說契家多誤以爲與□（不）同字，《文編》七七二釋帀，《集釋》從之，以爲與金文帀同形（二〇六七頁）。字不从反㞢，其形義皆待考。

《綜類》三六一頁將□羼在不字條內，又錄《甲》七五二「□□□□□□　□□□□」，弜不二見，一作□、一作□，似可證□□同字。然細察原書，二辭皆作□□，《綜類》誤摹。□□連用，尤足證□不得釋不。蓋卜辭「弜」表意願（即「不要…」）、「不」表可能（即「不會…」），「弜狩？不獲？」不得稱「不狩？弜獲」（裘錫圭說，《古文字研究》四輯一二一頁，〈釋弜〉）。「弜不」連用則不詞矣！故卜辭「弜」數百見（《綜類》三六一），未見「弜不」連用者。《甲考》七五二片釋「弜不」，不可從。

〔字根〕三九六 [glyph] S.5507 L.2975

《說文》卷九而部：「[glyph] 須也。象形。《周禮》曰：『作其鱗之而』。」又耳部：「[glyph] 軍戰斷耳也。《春秋傳》曰：『以爲俘聝。』从耳或聲。[glyph]，聝或从首。」

案：卜辭[glyph]，（以下甲金文類似此形，不需細別者均用△代表）唐蘭謂「是而字，作[glyph]者即△之變」（《天壤文釋》五八頁下）。《釋林》云：「而即古須。……承培元《說文引經證例》謂：『須而同為頤頰之毛，……須而聲本相近也。』……商器句須簋句須二字合文作[glyph]，下部所从之[glyph]和甲骨文而字形同。……總之，而象須形，而與須初本同文，後來加頁為須，遂分化為二，周器筍伯盨，盨从須作[glyph]，左从而，還可以見其分化的迹象」（一四四頁〈釋而〉，又四四一頁說同）。據于說，卜辭[glyph]（《綜類》四〇）、[glyph]（《綜類》一二一，《續文編·九卷》一葉下釋須）所从當亦而（須）字，从大者象正面之形，故須形完整；从人者象側面之形，故須形只著一邊。唯其說釋△爲而，其實並無確證。

據金文，此字似當釋馘。金文馘字从此形而加「或」聲。李圃云：「△，馘（聝）。舊釋而，今釋為馘。△象倒首長髮形，正首長髮則為[glyph]。當為古代戰爭割敵首以計戰之舉。金文多友鼎『多友迺獻俘馘訊于公』中之馘加聲素或作[glyph]。取首為馘，取耳則為聝，取手則為[glyph]，取首髮代首則為△、[glyph]。《詩經》每言『折首執訊』，金文虢季子白盤亦曰『折首五百，執訊五十』。卜辭△當與折首同義。」（甲骨文選注一六八頁）金文此字又見盂鼎、㦴鼎、虢季子白盤（參《金文編》一九二八號），虢季子白盤一形作[glyph]，从△从戈（或省聲），仍是馘字，△形筆畫較直，學者或誤以爲爪字，乃有「取手則為[glyph]」之說，其實非也。

△象斷首髮，而形與之相近，究爲形近，或一字分化，難以肯定。存之以待考。

〔孳乳表〕一一六

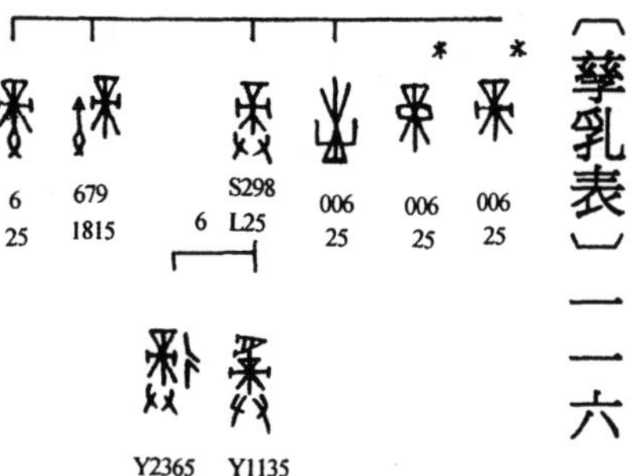

〔字根〕三九七 □ S.6 L.25 G.1132

《說文》卷一上部：「□ 諦也，王天下之號。从二朿聲。□ 古文帝。古文諸丄字皆从一，篆文皆从二，二、古文上字。辛、示、辰、龍、童、音、章，皆从古文上。」

案：卜辭□、□，羅振玉釋帝。鄭樵謂字象華蒂之形（《通志一·象形第一·草木之形》）。吳大澂謂與「鄂不」之「不」同意，象華蒂之形（《字說一》），羅振玉、王國維從之，郭沫若謂□象子房、工象萼、□象花蕊之雄雌，即蒂之初字（《甲研·釋祖妣》十八～十九頁）。高鴻縉先生謂鄭樵華蒂之蒂即瓜蒂，□爲萼柎、工爲蒂形（《中國字例·二篇》二一五～二一六頁）。張日昇以爲帝作□、□、□諸形，□象花，中有花蕊，《粹》1311□蕊之柱頭□清晰可見，□象枝莖，□口工則爲指事符號，所以指示花萼與枝葉相連之部位，即蒂（《詁林》五七頁）。以上諸家謂□即蒂，最爲人所信從。然細審之，不過由鄭樵啓之，並無若何堅強之證據，以字形言，郭謂工象萼、高謂工象蒂，均嫌不肖，謂□口工爲指示符號，亦乏佐證（卜辭指示符號多作一，如□□、或作□，如□，未見作□口工者），《說文》無蒂有蔕，釋瓜當，蒂爲蔕之俗字，見《康熙字典》，皆爲形聲字。卜辭未見華（花）字，而謂殷人特爲花蒂微物造字，似亦於理不合。故葉玉森不從羅王諸家說，而謂□从□爲□省，从工口象束薪、架形，从一象天，字象□祭禘天之形（《前釋·一卷》八二～八三葉）。明義士（《柏根考釋》四四）、朱芳圃（《釋叢》三八～四〇頁，〈釋帝〉）亦從此說。此說雖亦證據不足，然卜辭□所从□誠與□之作□者（《文編》一一九八）同形，葉說亦不無參考價值。

〔孳乳表〕一一七

* 767 2049　Y142　316　D40　1473 3704　Y3334　3365　Y1264　1349 3403　1332 3394　Y3333　Y3333　1508 3777　Y2417

Y265　Y2462　34 4 877

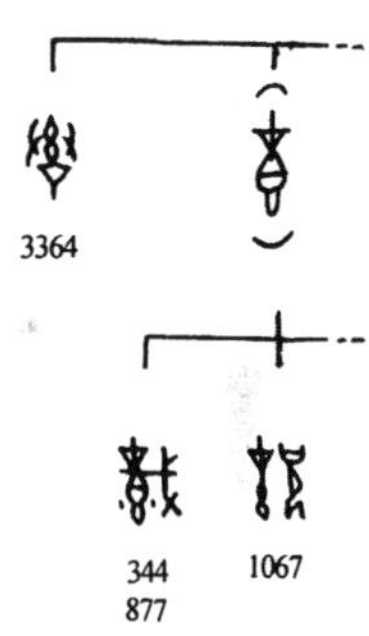

〔字根〕三九八　□　S.767 L.2049 G.3332

《說文》卷六才部：「才　艸木之初也。从丨上貫一，將生枝葉也，一、地也。」

案：卜辭□、王襄釋才，謂字與在通（《類纂・正編》六二九葉上）。《集釋》謂字「象□在地下初出地上之形」（二〇四九頁）其字變體頗多，或作□（《前》一・四一・一　《前釋》隸定）、□（《前》七・三三・一　《前釋》隸定）、□（《前》一・四二・一　《前釋》隸定）。

《綜類》本部所收□（《前》一・五一・一），當釋才巴二字，今正。

〔孳乳表〕二一八

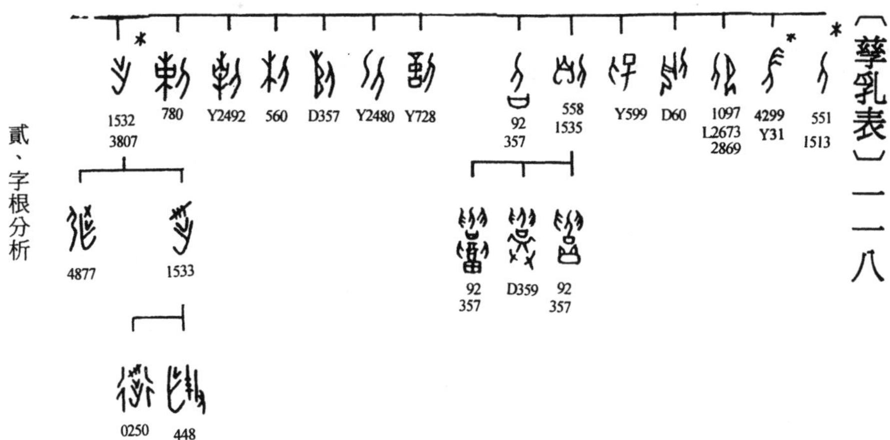
551
1513
4299
Y31
1097
L2673
2869
D60
Y599
558
1535
92
357
Y728
Y2480
D357
560
Y2492
780
1532
3807
92
357
D359
92
357
1533
4877
448
0250
620

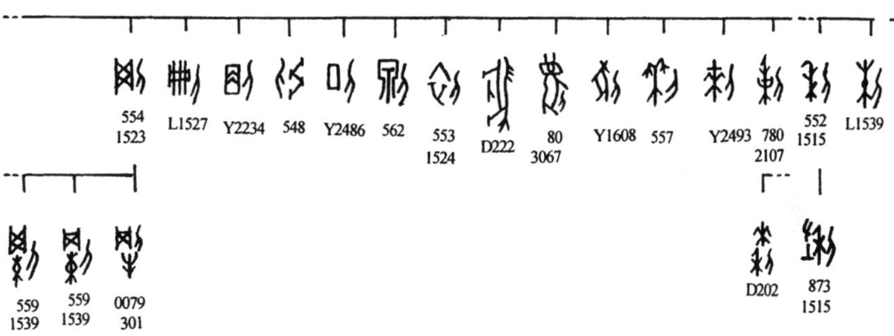
L1539
552
1515
780
2107
Y2493
557
Y1608
80
3067
D222
553
1524
562
Y2486
548
Y2234
L1527
554
1523
873
1515
D202
0079
301
559
1539
559
1539

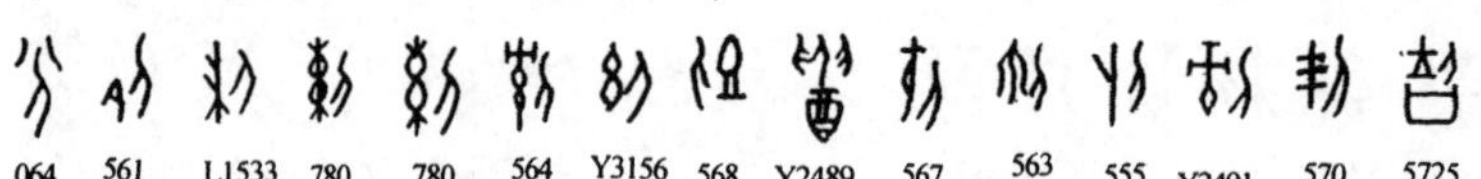

064 251 | 561 1529 | L1533 | 780 | 780 3873 | 564 1540 | Y3156 | 568 | Y2489 | 567 | 563 1539 | 555 | Y2491 | 570 1547 | 5725 1540

L1539 | Y2833

* | * | 201 | 200 | * | *

3814 | 1531 3805 | 5010 | 5010 | 1134 | 569 1545 | 556 1531 | 3819 | 3819 | 566 1541 | 565 1541 | 1534 3813

729 1983 | Y1350 | 1558 3899 | 0083 317 | 552 1515 | Y135

1157 3035 | Y1487

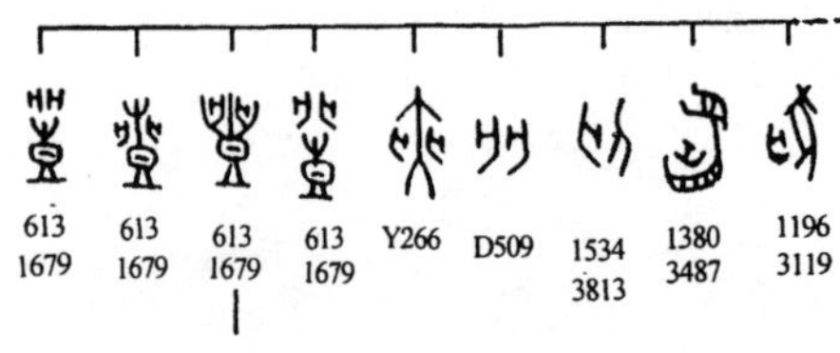

613 1679 | 613 1679 | 613 1679 | 613 1679 | Y266 | D509 | 1534 3813 | 1380 3487 | 1196 3119

1461 3704

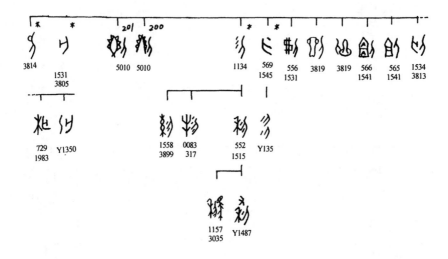

〔字根〕三九九　S.551 L.1513 G.2476

《說文》卷四刀部：「　兵也。象形。」

案：卜辭，王襄釋刀（《類纂．正編》四二一葉上）是也。

〔字根〕四〇〇　S.4299 G.31

《說文》卷八壬部：「　召也。从壬、从微省，壬微爲徵，行於微而聞達者即徵也。　古文。」

案：甲骨文字，《文編》列在四二九九號，當作不識字。字當釋𡍼，裘錫圭云：「△（字）見于《金文編》九三三頁（旭昇案，四訂《金文編》之一一七八頁），……這個字也見於殷墟甲骨文，第一期作、、、等形（見《甲骨文編》七九四頁、《殷墟卜辭綜類》十一頁、《乙》四九一二、《合》六〇六八正），三、四期作（《粹》一五八八、一一五五，《屯南》四六三）；第五期作（《前》二．八．三，《珠》四一七），……殷墟第一期甲骨裡還有一個寫作、等形國族名，甲骨學者大都認為跟字指同一個國族。……日本學者林巳奈夫在〈殷周時代之圖象記號〉一文中，已經指出甲骨文字就是圖式族名金文中的字（《東方學報》京都，三九冊四十頁）。……字下部本是刀形的一部份，……這個字的字形特別出刀背的腓子（參看于省吾《甲骨文字釋林》三五八頁），跟象一般刀形的刀字不可能是一個字。……最近，劉楚堂在〈牆盤新釋〉裡把『[glyph]伐』釋為『懲伐』，認為[glyph]字『當為門字之右半』，『應系懲之古作，隸定為𡵂，从彳、攴、心為後來增繁』（《殷都學刊》一九八五年第二期二一頁）。劉氏認為[glyph]是門之右半，不確；認為這個字就是徵所从的𡵂，並把『[glyph]伐』讀為『懲伐』，則極有見地。……徵字小篆所从的[glyph]，應該是由[glyph]字的[glyph]、[glyph]、[glyph]一類寫法演變出來的，……甲骨文[glyph]字可以隸定為𡵂，金文△字可以隸定為⿺辶𡵂。徵跟𡵂的關係也可能有兩種，它有可能是𡵂的後起繁體，也有可能是一個由𡵂得聲的字，……如果不求精確，可以把𡵂、⿺辶𡵂等字都看作徵的古字。」（《徐中舒先生九十壽辰紀念論文集．古文字釋讀三則．釋寓⿺辶𡵂》，第十三頁）

裘氏釋𡵂，信而有徵，當可從。𡵂字象背部有腓子之𡵂刀，當爲獨體象形文。其字形與光字相近，然光字上象髮，下从人，與𡵂字雖形近實不同。

〔字根〕四〇一　[glyph]　S.1532 L.3807 G.3227

《說文》卷十二亾部：「[glyph]　止亾詞也。从亾一，一、有所礙也。」

案：卜辭[glyph]，（以下以△1爲代表）當爲「作」之本字。金祥恆先生云：「王襄《簠室殷契徵文》……考釋云『古文辰字倒文』，非是。楊樹達《卜辭求義》云：『[glyph]殸貞洹其乍茲邑[glyph]，乍讀為作，為也。』是也。葉玉森〈說契〉云：『[glyph][glyph][glyph][glyph]，孫籀廎釋△1為乍，即古文作。諸家疑之。』首釋△1為乍者，孫詒讓也。其或作[glyph]者，葉玉森云：『有增丰[glyph]者，予認為繁文，如《前編．卷四》第十葉「余其[glyph]邑」，即卜作邑也。……』葉氏之說是也。……魯實先〈卜辭姓氏通釋〉之一『……⿰王乍則从玉乍聲，⿰王乍之與乍，聲義相同。……』……金文多作[glyph][glyph]……非如許說从亾一，其字之構造如何？於六書為何？朔義難言，後加丰或丰，……余疑丰丰為

《說文》丯，…音讀若介，故卜辭乍或从丯，或从□，以示耕作之誼。諺云『日出而作，日入而息』，蓋其義也。」（《中國文字》十九冊二一七九頁（釋□□□□□□））據金說，乍有耕作之誼，故字或从丯（丯當亦聲，乍上古音在魚部（*dzrar），丯在祭部（*kriar），音頗接近，古魚祭二部可通，如「最」从「取」聲是其證，已得「乍」之義類矣）。徐中舒云：「□□象作衣之初僅成領襟之形，或又作□□□，其丯丯十等形象縫紉之線迹。」（《字典》八八七頁），其說形義俱無徵（惟《鄭風》「緇衣之席兮，敝，予又改作兮」，此「作」與衣稍有關係，然此詩之「作」與「爲」、「造」同義，鄭箋「作、爲也」，其本義亦非作衣也），似難遽信。吳其昌以爲字本从刀从木，爲工作之意：「『乍』字初文實作『□』，見潘祖蔭所藏量侯簋甚明，从木，从刀匕……以刀匕砍木，……是工作也。」（《殷虛書契解詁》二九九至三〇二頁）裘錫圭以爲「乍」當爲「柞（除木）」之初文：「古代稱除木為柞（《詩．周頌．載芟》毛傳：『除木曰柞。』）。《周禮．秋官》有柞氏之官，其主要任務是伐除樹木開闢田地。……在甲骨文裏，屬於第一期偏早的《乙》八五〇二有如下兩條卜辭：『乙丑，王：□□方。乙丑，王：蓐□方。』□方是方國名。第一條『王』下一字疑當釋『柞』。甲骨文字的寫法正反多無別，此字所从的□即『乍』的省寫□。甲骨文□字或作□（《甲骨文編》四九九頁）、『攸』字作□（同上一四六頁），《前》四．二七．三『□冊』即『乍冊』《珠》三二六『□圉』即『乍圉』，……《商周金文錄遺》二七一商代卣銘中的『□彝』即『乍彝』，這些都是『乍』可省作『□』的明證。西周時代的量侯簋把『乍寶尊簋』的『乍』寫作『□』（《三代》六．四七），這應該是當除講的『柞』的初文。上引卜辭□字所从的□顯然象草木之形，所以也應該釋為『柞』。上引兩條卜辭以『柞』與『蓐』為對文，『蓐』讀為『農』或『耨』，『柞』正應該當『除木』講。」（《古文字論集》一七〇頁）裘說於字形、文例均有證據，當可從。是「乍」之初形當作「□」，象以刀除木之形，後省作「□」，初誼遂不顯耳。

〔字根〕四〇二 S.569 L.1545

《說文》卷四刃部：「 刀鋻也。象刀有刃之形。」

案：卜辭、《文編》釋刃（五六九號），或可從。《合》二八八二四有字，似从此，惜字上部殘泐，不能肯定，此據《類》一三五所摹錄。

《類纂》二四七八以為刃，似非，疑當釋刅（參部）。

〔字根〕四〇三 S.1134 L.317 G.2488

《說文》卷九勿部：「 州里所建旗。象其柄、有三游，雜帛，幅半異，所㠯趣民，故遽偁勿勿。 勿、或从㫃。」

案：卜辭、王國維釋勿（《觀堂集林・卷六・釋勿》）。董作賓先生謂為黎之初文（《佚考》三二葉上引）。裘錫圭以為王說可從：「甲骨文中有一個寫作等形的字（以下隸定為刅），又有一個以它為偏旁的寫作等形的字，這兩個字在卜辭裏通常都用來指用作犧牲的牛的毛色。……但是用作否定詞的例子也不是沒有：『貞：其乍豐，乎伊。　貞：乎。九月。』（《粹》五四〇）……如果把上引這些卜辭所用的『刅』字釋為『犁』或『黎』，辭義都很難講通；如果釋為『勿』，就都文從字順了。……從『刅』字字形表示的意義來看，把它釋為『勿』也是很合理的。『刅』是一個从刀的字，它所从的與甲骨文中常見的『刀』字和『刀』旁毫無區別。有些信從郭說的學者把它說成象耒形或犁形，是沒有根據的，刀不是起土工具，『刅』字刀刃旁的小點不可能是『象起土之形』，而應該與分（分）字『刀』形兩側的筆畫相類，是代表刀所從切割的東西的。所以從字形上看，『刅』字的本義應該是分割、切斷，在古書中，从『刀』『勿』聲的『刎』字正好具有這種意義：『刅』字从刀、『刎』字也从刀，『刎』應該就是表示『勿』字本義的後起加旁字。『勿』和『刎』的關係，與『或』和『國』，『益』和『溢』的關係相同，《說文》把『勿』字看作『㫃』的初文，認為字象旗形，是錯誤的。」（《中國語文研究》二期三五~四五頁，〈釋勿發〉）據裘說，刅為刎之初文，本義為割斷、分別、物色，又叚借為否定詞。至於舊亦釋為「勿」之刅及弜刅，裘氏釋為發之初文（參刅部）。其說釐清刅刅犁物之淆亂，而所釋形義，協于卜辭，當可從。

〔字根〕四〇四 亡 S.1531 L.3805 G.3367

《說文》卷十二亾部：「亾 逃也。从入乚。」

案：卜辭亡，羅振玉釋亡（《增考·中》七四葉上）。馬敘倫謂亡為街巷之巷之本字（〈原流與傾向〉，《馬氏學術論文集》四二頁）。郭沫若謂即肓之初文。乚象橫隔膜之切面，人示與心囊相連（《金考》二〇二至二〇三頁《金文餘釋》、〈釋亡乍〉）。高鴻縉先生謂字从卜，畫其兆向邊之形，卜兆向邊即落空亡，乚為甲殼之邊形（《字例·二篇》三一五頁）。白玉崢承之，以為色兆向外，為錯誤之兆，遂廢而勿用，故「亡」之本義為「誤」（《契文舉例校讀》），《中國文字》八卷卅四冊三六二頁）。林潔明以為字从刀，一點以示刀口鋒芒之所在，為「鋒芒」之本字（《金文詁林》一六一九號案語）。以上諸說，均乏確據，仍以存疑爲是。

〔字根〕四〇五　S.3814 G.2478

《說文》卷四刀部：「[缶刂] 刀握也。从刀缶聲。」

案：卜辭，《類纂》二四七八釋刃，唯以商代刀之形制言，刃部不當於該處。《說文》「[缶刂]」字訓刀握，當即[缶刂]。[缶刂]从刀缶聲，無所取義，其初文當即，字从刀，而以指示刀握處，與、、从同意。字於卜辭皆用爲人名，如：「辛酉卜貞不凡」（《前》六・六五・一），無義可說。

（錄自《中國青銅器》72頁）

〔孳乳表〕一一九

738 2015 | Y2541 | Y2534 | 050 225 | L4155 | 1232 3185 | L4100 | 294 795 | 383 3848 | 1621 4093 | 382 | D363 | D363 | Y2461 * | Y3393 * | 1620 4091 *

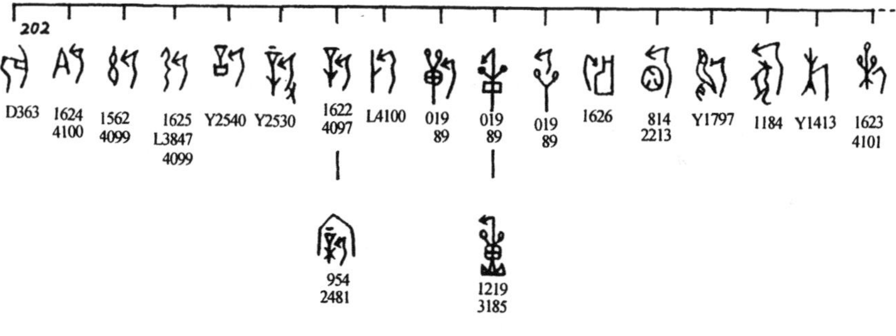

〔字根〕四〇六　□　S.1620 L.4091

《說文》卷十四斤部：「□　斫木斧也。象形。」

案：卜辭□、唐蘭釋斤（《導論．下》卅葉下），以从斤之孳乳字，如：新斲斧斫兵等所从斤均作□，可證唐說極塙。字象斫木斧形，一九五七年河南信陽長台關楚墓出土一銅斤，長方銎，銎中安置一曲木髹漆之柄，與卜辭字形完全，乃現存最完整之古斤。

《釋林》三三九頁謂《人》三〇四三之□爲折，因謂斤之初文當作□，甲文新字所从之□爲□之訛變，卜辭斤之作□又爲□之省化，由斤本作□可知斤之納柲（柄）與戈鉞（斧）同。案：于氏此說當可商，卜辭折通作□，其作□者乃增□形而已，此猶新作□，亦从又作□（《文編》一六二二），□或从又作□（《集釋》一四〇八頁以爲同字），于氏乃謂□爲斤，□爲訛省，頗不可解，今從于氏釋□爲折，則□當亦斤字，□爲曲柄、□爲直柄，其異同待考。

《綜類》本部所列□、□、□、□、□、□諸字所从□與□形不同，而近於□（乃）部，今改隸□部。又□字，《簋考》地五摹作□（尋），似是，今正。

〔孳乳表〕一二〇

S676 1701 L1803 4339 * | L1803 * | Y186 | Y2592 | 965 2525 | D37 | 681 | 262 | Y2591 | 467 1149 | L4339 | 373 945 | Y21 | 418 1047 | D474

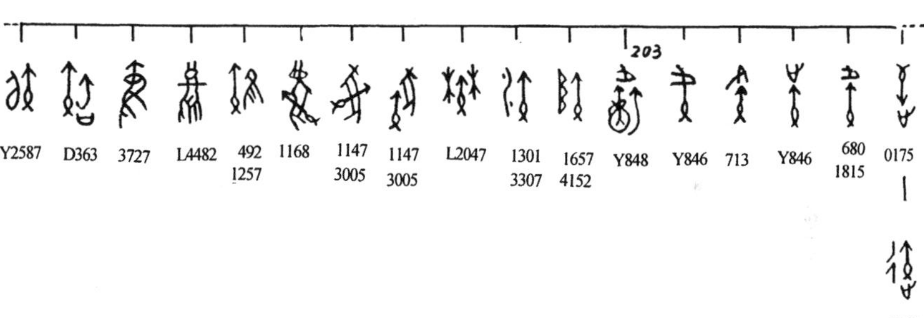

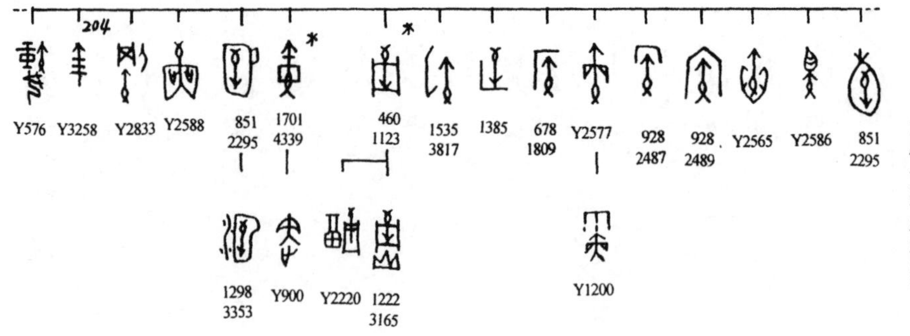
204
Y576
Y3258
Y2833
Y2588
851 2295
1701 4339
460 1123
1535 3817
1385
678 1809
Y2577
928 2487
928 2489
Y2565
Y2586
851 2295
1298 3353
Y900
Y2220
1222 3165
Y1200

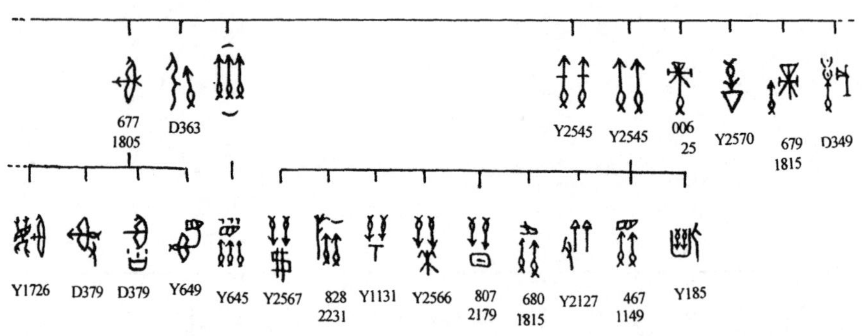
677 1805
D363
Y2545
Y2545
006 25
Y2570
679 1815
D349
Y1726
D379
D379
Y649
Y645
Y2567
828 2231
Y1131
Y2566
807 2179
680 1815
Y2127
467 1149
Y185

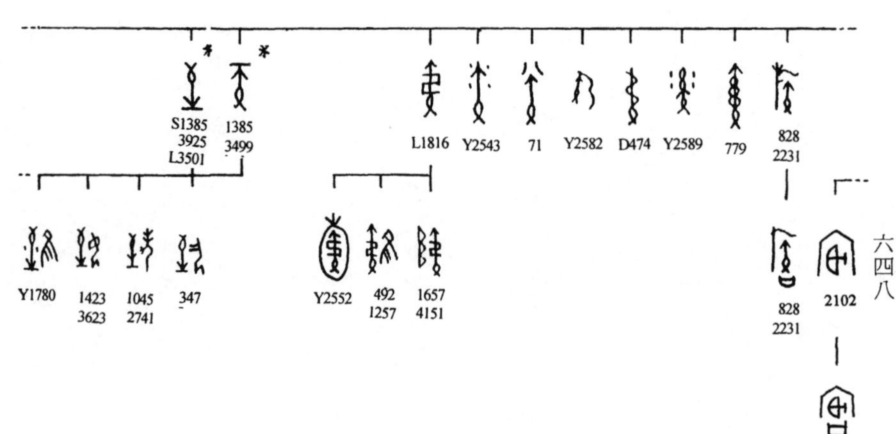
S1385 3925 L3501
1385 3499
L1816
Y2543
71
Y2582
D474
Y2589
779
828 2231
Y1780
1423 3623
1045 2741
347
Y2552
492 1257
1657 4151
828 2231
2102

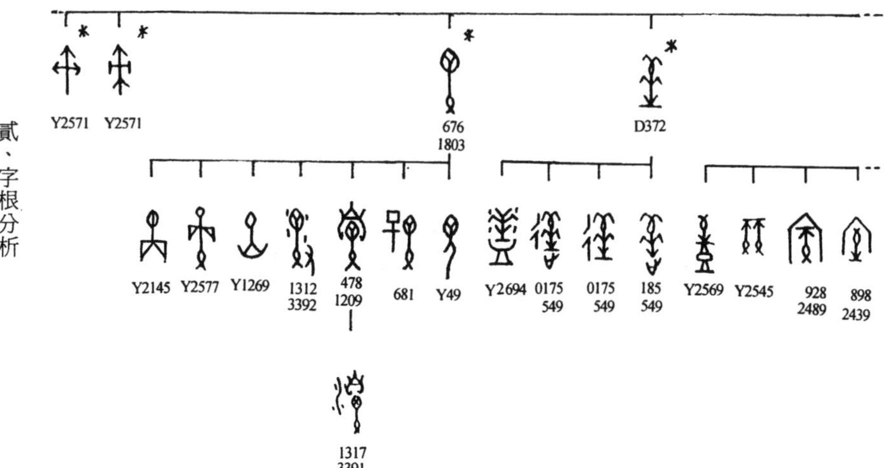
Y2571
Y2571
676
1803
D372
Y2145
Y2577
Y1269
1312
3392
478
1209
681
Y49
Y2694
0175
549
0175
549
185
549
Y2569
Y2545
928
2489
898
2439
1317
3391

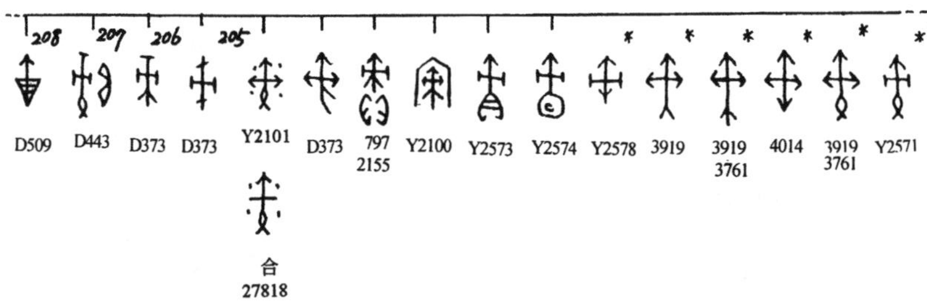
208
207
206
205
D509
D443
D373
D373
Y2101
D373
797
2155
Y2100
Y2573
Y2574
Y2578
3919
3919
3761
4014
3919
3761
Y2571
合
27818

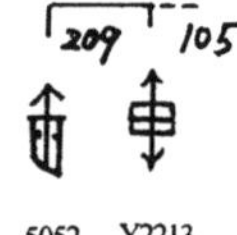
209
105
5052
Y2213

〔字根〕四〇七　S.676 L.1803 G.2542

《說文》卷五矢部：「　弓弩矢也。从入、象鏑栝羽之形，古者夷牟初作矢。」

案：卜辭　，象矢形，然自羅振玉以來之說契家皆誤以　同爲矢字，至唐蘭始別　爲矢、　爲畀（參畀部）。　上象鏑，即鏃（圖一）、中象箭桿、下象羽栝（全形見圖二），字不从入，《說文》微誤。

字於偏旁中或作　、　、　如：　（《後》下二、十六）、　（《乙》七六六一）、　（《寧》二．三七）。

《綜類》本部所收　（黃）及其孳乳字當入大部；　（黑）又作　，亦見大部；　（交）　（文）　（大）及其孳乳字均當在大部，今正。

（圖一）箭鏃

見《中國青銅器》八十頁

《全國基本建設工程中出土文物展覽圖錄》圖版一六八

箭　長沙左家公山出土

（《全國基本建設工程中出土文物展覽圖錄》圖版一六八）

戰國漆矢箙

〔字根〕四〇八　S.460 L.1123 G.2561

《說文》卷三用部：「　具也。从用苟省。」

案：卜辭，孫詒讓釋葡，即箙（《舉例・上》三八葉上）是也。字與（函）之別當在材質，《考工記》函人爲甲，足證函甲同質，皆當爲革製。葡（箙）當爲竹木製，《說文》箙从竹已足資證，《全國基本建設工程中出土文物展覽圖錄》圖版第一六八爲湖南長沙左家公山出土之箙，器長七七公分，上寬十三公分，下寬七・五公分，器形與同（如下圖）。《說文》篆形作，釋義爲「具也」，形義俱訛。

〔字根〕四〇九　　S.1701 L.4339 G.2544

《說文》卷十四寅部：「　髕也。正月昜气動，去黃泉欲上出，侌尚強也。象宀不達於髕，寅於下也。　古文寅。」

案：卜辭、、等，羅振玉釋寅（《增考・中》三葉下）。郭沫若謂字象矢形、弓矢形若雙手奉矢形，即古之引字（《甲研・下・釋干支》二三葉下）。朱芳圃謂寅早期作、晚期作，口爲附加之形符，所以別兵器之矢於干支之寅也。矢與寅古讀透紐雙聲，脂真對轉（《釋叢》四五頁・〈寅〉）。于省吾謂寅叚矢，於矢之中部加一方框，作爲指事字之標志，以別于矢，而仍因矢字以爲聲（《釋林》四五二頁）。以上三說大同小異，可從。唯郭謂即古之引字，乃就已訛爲之甲金文爲說（甲金文引作，參部），不如于氏謂爲叚借造字之明確直捷也。

〔字根〕四一〇　[甲骨文]　S.1385 L.3501 G.2560

《說文》卷十二至部：「[篆文] 鳥飛從高下至地也。从一，一猶地也，象形，『不』上去而『至』下來也。

[古文] 古文至。」

案：卜辭[甲骨文]，羅振玉釋至（《增考．中》七十六葉下）。又云从[甲骨文]象矢形，一象地，字象矢遠來降至地之形（〈雪堂金石文字跋尾〉），其說是也。

《文編》收[甲骨文]（《甲》八四一）一形，以爲亦至字。考《甲》八四一辭云「[甲骨文]……」，《甲考》云：「甲申酒小丁，自報甲穴至于多□▨。……至字作[甲骨文]，頗罕見。」《綜類》三六七置于[甲骨文]字條中，當係以爲矦之到書。《類纂》三二三七二「[甲骨文]……」，釋爲「甲申酻宗自上甲盞至于多……」（二二七頁），唯拓本明明作[甲骨文]、不作[甲骨文]。以文例言，「[甲骨文]」（《合》三二〇二八「[甲骨文]」（《屯》六三六），「[甲骨文]……[甲骨文]……」（《屯》一〇八九），皆爲自上甲至于……，然則《甲》八四一之[甲骨文]當釋至無疑。然則此字似爲手民偶誤歟？林義光《文源》以爲至「从矢射一，一象正鵠」，惟从矢射正鵠，應爲矦字。卜辭[甲骨文]或到書作[甲骨文]（如《新》四七七七，《金》三六八），與[甲骨文]形近，《甲》841[甲骨文]當以此故致訛。

〔字根〕四一一　□

《說文》無。

案：卜辭□（《人》三一四九），貝塚未釋。从之者有□字，王襄定爲邐（《簠》二．八），作□形者，唐蘭（《殷虛文字記》四七）、商承祚（《佚考》二九二）釋爲；作□形者，商承祚又釋作逕（《佚考》九四〇）。于省吾《釋林》以爲字从二至，或从辵、或从彳，其義則相當於後世之馹，傳車也。（二七七～二八〇頁）金祥恆先生以爲上舉諸字皆當釋「邐」：「許慎《說文解字》無逕而有邐，訓『邐，近也。从辵臺聲。』……《廣韻》上平六脂有逕，訓『走貌』，雖不知其所本，抑或《說文》邐之省，亦未可知，而訓『走貌』，顯然與《說文》迥異。《說文》『走，趨也』，段注云：『《釋名》曰：徐行曰步，疾行曰趨曰走。』綜合以上諸書而觀之，逕从辵至，至亦聲。其義當有疾而至之意。故《佚存》九四〇『大史其逕』者，『大史其疾來也』。二九二片『丙寅卜，犾貞：盂田，其逕楸，朝又雨』者，『丙寅日卜，貞人犾問：往盂田獵，疾至楸，晨有雨？』」（《中國文字》十六期〈釋□□□□〉）裘錫圭先生以爲此字與遲對貞，當釋爲「迅」：「邐應該當迅速講（『臺』即『臸』。『晉』字本作『□』，當從『臸』得聲。『晉』、『迅』皆真部字，頗疑『邐』即『迅』字）。金祥恆認為『邐』有『疾行而至』之意，近是。」（《古文字論集．甲骨文中所見的商代農業》一七三至一七四頁）。或以爲金文師湯父鼎有「易□弓、象弭、矢臺、彤欮」句，「矢臺」對比其它金文文例當釋「矢束」，甲文此字既與「遲」對貞，則「遲」、「速」相對亦甚合理，而包山楚簡已有「迅」字，字形與《說文》合，而與「邐」不合，因主此字當釋「速」。（〈釋殷卜辭的速字〉）案：《包山楚簡》有「迅」字，與《說文》字形相合，與卜辭此字不同；然亦有「速」字，作「□」，从辵从二朱，（朱爲束之分化字。參曾憲通〈包山卜筮簡考釋（七篇）〉．第二屆國際中國古文字學研討會論文集．香港中文大學，1993 年。拙作〈說朱〉．《甲骨文發現一百周年學術研討會論文集》九三至一一〇頁），然則此字亦不能逕釋爲「速」也。以聲音而言，「至」、「銍（人質切）」、「馹」、「疾」皆在質部，「迅」在真部，聲音可以通；「速」在屋部，聲音與「至」系較遠，似難相通。金文師湯父鼎「𨑉」字究當釋爲何字，待商。甲骨文此字則與「遲」對貞，其音義當與「迅疾」之「疾」字最近。或即爲「迅疾」之「疾」字之本字，後世廢而不用，假借「疾病」之「疾」爲之歟？

〔字根〕四一二 □　S.676 L.1803 G.2575

《說文》卷五丌部：「□　相付与之物在閣上也。从丌由聲。」

案：卜辭□字，羅振玉《增考》釋矢（《增考．中》四四葉下），諸家從之，唯唐蘭以爲當釋畀，即《周禮》司弓矢所掌「痺矢」之本字。唐氏〈永盂銘文解釋〉云：「銘中錫畀的畀字像一支箭，但是比一般的箭頭大，是弩上用的，在《周禮》司弓矢裏的庳矢，故書（舊抄本）作痹矢，畀就是痹矢之痹的原始象形字。……畀字象痹矢形，小篆分成兩截，許慎已不知道，在《說文解字》裡說成从丌由聲，解為『相付与之物在閣上也』。……在金文裡還有羿字，就是《說文》的箅字，用以蓋蒸飯的甑底的，从草从竹都通用，算可以用草做。甲骨文有鼻字和濞字，過去因把畀釋成矢，這些字就都不認識了。」（《文物》一九七二年一期六〇頁）唐氏釋□爲畀，可從。卜辭从□之字，除唐氏所舉之□、□外，尚有□、□，另□似爲从□省，又□所从之□似亦爲□省，唯無他證。

〔字根〕四一三　朿　S.3919 4014 L.3761 G.2571

《說文》卷七朿部：「朿　木芒也。象形，讀若刺。」

案：卜辭朿、朿，羅振玉釋戣（初版《金文編．十四卷》十七葉上引）。《釋林》則與朿朿朿同釋朿：「甲骨文朿字通常作朿，……也作朿、朿、朿、朿、朿、朿、朿等形。……甲骨文稱『凡牛朿羊』（《乙》三四二八），……即判牛朿羊。……甲骨文的『朿小宰』（《乙》八八一五）即朿小宰，『朿豕』（《乙》八八九七）也作『朿豕』（《乙》三四二八），即朿豕。又甲骨文的『叀朿人……』（《前》四．一一．五）、『□叀朿人以𠀠』（《南明》四七九），朿人之例僅此二見。早期金文朿字作朿也作朿、朿、朿，《金文編》都誤入于附錄。羅振玉謂：『〈顧命〉鄭注戣瞿蓋今三鋒矛。今朿字上正象三鋒，下象箸地之柄，與鄭誼合。朿為戣之本字，後人加戈耳。』（〈唐風樓金石文字跋尾癸父乙卣跋〉）按羅氏謂朿為戣之本字，非是。甲骨文朿字有一鋒、三鋒、四鋒等形，乃刺殺人和物的一種利器。」（一七四～一七六頁）于說釋朿，形義俱協，以釋卜辭皆可通，當優於舊說。

〔孳乳表〕一二一

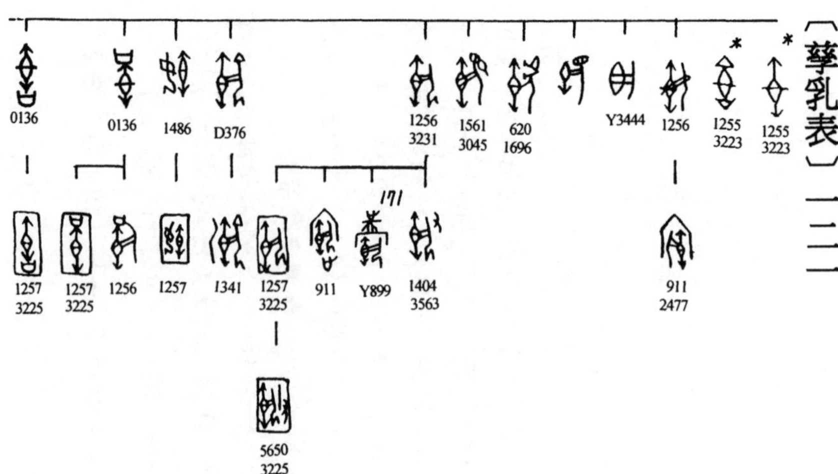
0136
0136
1486
D376
1256 3231
1561 3045
620 1696
Y3444
1256
1255 3223
1255 3223
1257 3225
1257 3225
1256
1257
1341
1257 3225
911
171
Y899
1404 3563
911 2477
5650 3225

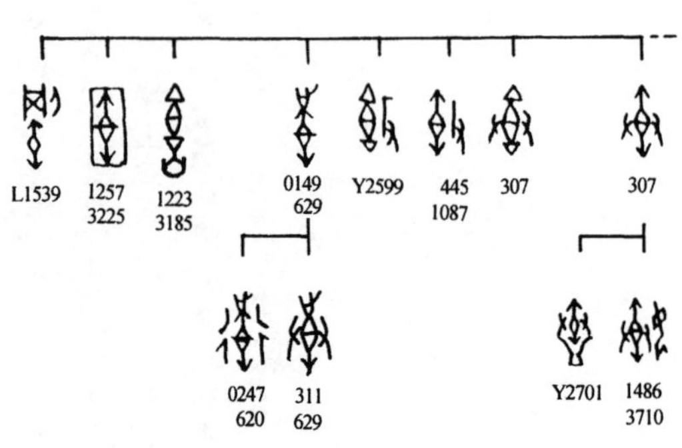
L1539
1257 3225
1223 3185
0149 629
Y2599
445 1087
307
307
0247 620
311 629
Y2701
1486 3710

〔字根〕四一四 S.1255 L.3233 G.2593

《說文》卷十㚔部：「㚔 所吕驚人也。从大、从干。一曰：大聲也。凡㚔之屬皆从㚔，一曰：讀若瓠。一曰：俗語吕盜不止爲㚔。讀若籋。」

案：卜辭、，葉玉森釋幸，旁注「執」（《前釋》二三葉上第一行），尋其意，或以爲字通執。董作賓先生釋㚔，謂即手械（《殷曆譜．下編．卷九．日譜一》三八葉上）。葉氏釋字是，董氏說義亦是，合之兩美。殷虛第十五次挖掘（民國二十六年）於小屯窖穴YH三五八掘得商代囚俑三個，其手部之刑具正作形，與卜辭酷似（郭寶鈞《中國青銅器時代》二一六頁）。

〔孳乳表〕一二二

D162 Y3276 53 227 053 229 053 229 D482 Y1436 053 229 53 227 Y1436 053 229 53 229 Y3274 040 171

567 S177 209 L509 S177 209 L509 177 509 3347

〔孳乳表〕一二三

Y3273 Y3272 3228 4550

〔字根〕四一五　S.40 L.171 G.3275

《說文》卷一中部：「難也。屯、象艸木之生屯然而難。从屮貫一，屈曲之也；一、地也。《易》曰：『屯、剛柔始交而難生。』」

案：卜辭、，于省吾釋屯，謂字在金文作、、、、，爲純之初字，絲識品一束一疋曰一純，卜辭「示×屯」謂「舍帛×疋」也（案：此《駢枝》舊說，《釋林》則謂「多屯」、「示屯」、「乞屯」之屯，舊說均不可據，存以待考）；又爲春之初字，「今屯」、「來屯」謂「今春」、「來春」也（《駢枝》一～四葉〈釋屯〉，又見《釋林》一～二頁）。《集釋》謂于說「於字形、於卜辭从之字、於辭例、於文義，無不兼賅，然於卜辭『幾又一（或一）』之語，仍無從索解為憾耳」（一八七頁）胡厚宣謂無㠱𣪕匹作，與極相似，疑即匹字，匹即對，牛胛骨、龜背甲皆二片爲一對，即一屯（《甲骨學商史論叢》初輯五九六頁〈武丁時五種記事刻辭考〉）。唯金文匹字多見（《金文編》二〇六五號），與相去甚遠。張秉權先生引周法高先生說，謂「屯」、「對」古音相近，可以通用，《漢字古今音彙》董同龢擬音屯爲 dwən，對爲 dwəd，故幾屯即幾對（《漢學研究》二卷二期四八一～五〇九頁，〈甲橋刻辭探微〉）。

或作（《綜類》四八三頁），故（《乙》八〇一一）上所从當亦此字。唯與似有別（參部）。

〔字根〕四一六 [glyph] S.3347

字不識。

案：卜辭[glyph]、[glyph]，裘錫圭疑爲「必」之異體，然尚不能確定：「三、四期卜辭裡有一個寫作[glyph][glyph]等形的字（《文編》一七七），用法跟五期的『[辶+必]』很相似。…這個字也有可能是『[辶+必]』字，由此可知甲骨文裡的[glyph][glyph]等字也有是[glyph]（必）字異體的可能。據《丙編》拼合的一塊一期卜甲，[glyph]和[glyph]似乎是一個字：『鼎（貞）：且乙若，王不[glyph]。鼎：且乙若，王不[glyph]。鼎：且乙（弗）若，王不[glyph]。』（《丙》四二七）看來[glyph][glyph]等字都是[glyph]字異體的可能性是相當大的。……『𠦪父己、父庚，叀邲[glyph]圭[glyph]』（《粹》三一五），前面講過三、四期的[glyph]可能是『[辶+必]』字，上引卜辭最後一字很像它的偏旁，但是如果釋為[glyph]（必），辭義難以講通，並且同辭『邲』字所从的『[glyph]』作[glyph]，[glyph]的字形跟它相差太遠，釋作一字似乎不太合理。我們不敢完全肯定[glyph][glyph]等字是『[辶+必]』字，就由於卜辭裡的[glyph][glyph]字有一些似乎不能釋作[glyph]字。」（《古文字研究》三輯七～二三頁，〈釋柲〉）據裘說，卜辭之[glyph][glyph]尚有部份不能釋爲「必」，故寧闕疑，茲從之。

〔字根〕四一七 [glyph] S.3228 L.4550 G.3272

《說文》卷九厂部：「厃 仰也。从人在厂上。一曰：屋梠也，秦謂之楣，齊謂之厃。」

案：卜辭[glyph]，于省吾釋厃，即危：「甲骨文[glyph]乃厃字的初文，厃字孳乳為危，戴侗《六書故》謂厃即危字。……[glyph]字本象攲器之形，……甲骨文又有[glyph]字（《佚》三八〇），象兩手捧[glyph]形，其為象攲器尤顯而易見。甲骨文厃字作[glyph]，商器𠭯厃卣作[glyph]，晚周璽文變作[glyph]、[glyph]、[glyph]、[glyph]等形（《璽徵》附三二），晚周孝經古文危作[glyph]（《古文四聲韻》五支），可以與古璽文相驗證。此字自漢以來又訛變為厃，孳乳為危，於是厃字之初文與本義，遂湮沒失傳。」（《釋林》十七～十九頁〈釋厃〉（《駢枝》二二頁））。于氏釋厃，證據尚非十分確鑿（故《集釋》置於存疑），且逕謂即攲器，亦恐未必，《荀子．宥坐篇》謂攲器一名宥坐之器，注水焉，中而正，滿而覆，虛而攲。以物理學言，此殆加水於器改變其重心所致，並不神奇，然卜辭[glyph]字象銳底之器，加水半滿亦不可能「中而正」。且「宥坐」非日用之器，生民罕見，先哲為造專字，似無此必要。于氏釋[glyph]為危，字形尚可徵信，謂即宥坐之器，則似有可商，待考。

〔孳乳表〕一二四

1584 L3969 3847 | Y2638 | 309 799 | Y2636 | 0117 3847 | 0117 3847 | 0117 412 | Y131 | Y408 | Y252 | 1248 L3847 3207 | Y3068 | Y2311 | D5* | D378* | 1541 3843*

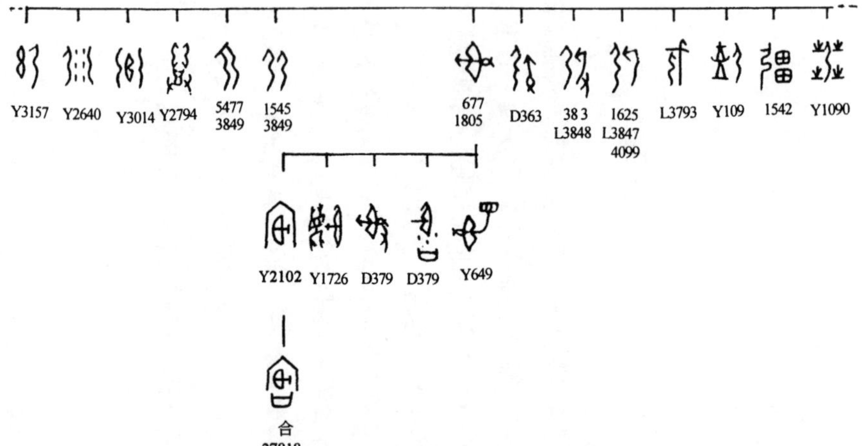

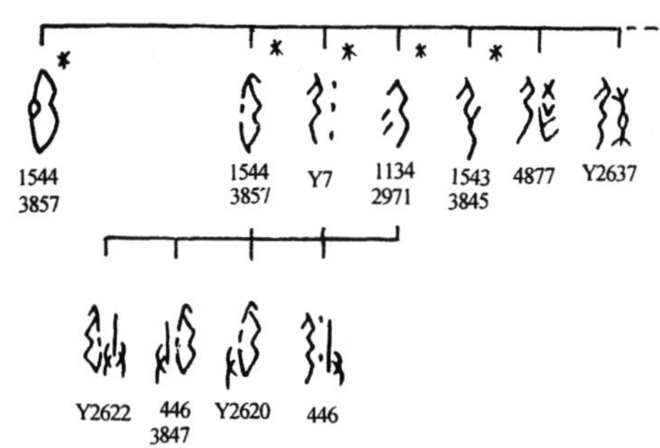
1544
3857
1544
3857
Y7
1134
2971
1543
3845
4877
Y2637
Y2622
446
3847
Y2620
446

〔字根〕四一八　S.1541 L.3843 G.2613

《說文》卷十二弓部：「　窮也，吕近窮遠者。象形。古者揮作弓，《周禮》六弓：『王弓、弧弓，吕䠶甲革，甚質；夾弓、庾弓，吕䠶干侯鳥獸；唐弓、大弓，吕授學䠶者。』」

案：卜辭　、　，羅振玉釋弓（《增考．中》四三葉上）。其作　者，唐蘭以為當釋从弓从丨，應是引字（《導論．下》二五葉上），《集釋》以為唐說有理，且卜辭　均為人名，不能證其為弓抑為引字（三八四三頁）。唯以六書言，引當為指事或會意字，而卜辭　皆作獨體象形，不可分解，唐氏謂　當釋引，毫無證據，不可從（卜辭別有引字（參引部））。其作　者，《集釋》云「象弓弦之弛」，當可從。

《綜類》頁五所收　字諸條，尸弓混雜，恐須詳考細分。又《綜類》三七八　（《七》P 九六），重見《綜類》三七九　條下，《綜類》殆以二者同字。考本片又見《合》二〇一一七，字當作　，《七》P 九六摹作　，《綜類》作　、稍失真。唯其字形與　實不相同，《摹釋》釋弓，較合理（以字形言，亦可能為　之泐損），姑從之釋弓。

《綜類》分　、　為二部，其實皆當屬弓部，　為全形、　為省形耳，二部所屬字亦不可分，如　　皆當釋發（參發部），不當分屬二部，今併。

〔字根〕四一九　□　S.1543 L.3845 G.2624

《說文》卷十二弓部：「引　開弓也。从弓丨。」

案：卜辭□、羅振玉釋弘（《增考・中》四四葉下），《集釋》以爲字象弓上有附件（三八四五頁），《釋林》以爲□从弓，斜劃以指示弓背穹隆處，故弘有高大之意，而□亦因弓以爲聲（三五一頁、四五二頁）。于豪亮則以爲字當釋引：「雲夢睡虎地秦簡辛81簡『輕車、趀張、引強』，引字寫作□。長沙馬王堆《帛書周易・萃》『引吉』，引寫作□；《帛書經法》『法者、引得失以繩』的引字，和導引圖中的引字，則與《周易》中的引字寫法完全相同。…這個引字，常見於金文和甲骨文之中，秦簡的寫法同甲骨文、金文的寫法相同，帛書的寫法也同甲骨文、金文的寫法極相近。在甲骨文和金文中，以前都將這個字釋為弘，根據秦簡和帛書，可以肯定這個字是引字，不是弘字，因為『引強』不可釋為『弘強』、《周易・萃》的『引吉』又有今本對照，導引圖中引字多次出現，更不可釋為弘吉。……甲骨文常見『引吉』，以前釋為『弘吉』。……但是，在甲骨文中，在同一時期，同一字體的卜辭中，我們既看到了使用『□吉』這個詞，又看到了使用『大吉』這個詞。例如：

乙巳卜，貞王田稌，往來亡𡿧？王𠕁曰□吉，在三月。（《前》二・三六・七）

戊戌王卜，貞田弋，往來亡𡿧？王𠕁曰大吉，兹御獲犷十又三。（《前》二・二七・五）

這兩條是帝乙時的卜辭，筆迹相同，是同一個人的手筆，所卜也同是田獵的事，然而在卜辭中卻既有『□吉』又有『大吉』，如果像前人那樣釋『□吉』為『弘吉』，而『弘吉』又是『大吉』，為什麼不乾脆統統寫成『大吉』？而要有的寫成『吉』，有的寫成『大吉』？把『吉』釋為『引吉』，問題就可以迎刃而解了，《爾雅．釋詁》『引，長也』，〈釋訓〉『子子孫孫，引無極也』，『引吉』就是『長吉』，和『大吉』的含義並不相同。因此，對同一時期、同一卜人、所卜的事也相同，而用詞有『引吉』和『大吉』之分，也就容易理解了。卜辭『引吉』又有『大吉』，同《周易》頗為一致。《周易．萃》之六二『引吉，旡咎』，〈萃〉之九四『大吉，旡咎』，也是既有『引吉』又有『大吉』，這樣看來，《周易》實在是殷代占卜的繼承和發展。如果釋為『弘吉』，就與《周易》不合，因為《周易》並沒有『弘吉』一詞。所以，從《周易》我們也可以推知，此字必然是『引』，不是『弘』。」（《于豪亮學術文存》七四～七六頁、〈說引字〉），于文又釋金文諸銘之爲引，以其論辨已不出上引于文所述，故不贅引。于文以簡帛「引」之字形及《周易》之「引吉」證明卜辭之當釋「引」，不當釋「弘」，證據確鑿，說不可易。旭昇案：于氏釋甲骨金文中前人釋「弘」之爲「引」，然則甲骨金文中遂無弘字乎？曰：有。卜辭（《綜類》三七九）、、（《綜類》三七七），即卜辭「弘」字，其義則皆用爲人名，如「甲寅卜爭貞王事」（《綴合》一一二）、「貞王曰來」（《金》四八一）、「……白……」（《前》六．六七．六），前人於此之三字但逕依形隸定爲从弓从口，而不悟其即「弘」字。金文「弘」作（《金文編》二〇八七號）容庚釋⿰弓口，注「《說文》所無」，字於金文亦爲人名，如「盄弘作寶隮彝」（盄弘卣），無義可說。西漢馬王堆帛書《老子甲後》三四六「弘」字作，辭云「不得如散宜生、弘夭者也」，其爲弘字無疑。迄東漢孔彪碑「弘」字始作（《篆隸表》九一二頁），从弓从厶，與《說文》同形。戰國文字⿰弓口可釋爲弘、亦可釋爲強，蓋古人欲造「弘強」義之字，遂取最能代表「弘強」意義之「弓」，而加指事符號「口」形，以分化出弘強字，又因弓字以爲聲耳。此義戰國文字學者言之已多，特綴於此，以補強引字之考釋。

〔字根〕四二〇 □ S.1134 1544 L.2971 3857 G.7,2614,2645

《說文》卷十二弓部：「發 䠶發也。从弓癹聲。」

案：卜辭□，胡光煒釋勿（《甲骨文例．下卷》二七葉上），郭沫若以爲笏之初文（《粹考》三葉下、六六葉上）。又卜辭□，羅振玉釋彈（《增考．中》四三葉下）。裘錫圭以爲□、□與□皆當釋爲發：「三期卜辭的『⿴弓二』字大都寫作□□等形，……第一期中……一般寫作□，……商代青銅器中有□鼎、□觥，這兩件銅器銘文的『⿴弓二』字，也是用作人名的。……從上面所舉的資料來看，『⿴弓二』應該是『發』的初文。『⿴弓二』字比較原始的寫法顯然象弓弦被撥後不斷顫動之形，『弢』字應該是『⿴弓二』的繁體。……『⿴弓二』字加上攴旁以後，就是不再畫出弓弦顫動之形，發射之意也已能夠表明，因此就出現了把『⿴弓二』旁簡化為『弓』旁的『弢』字。後來『弢』字所从的『攴』又被加上『𣥠』旁而改造成聲旁『癹』（癹）。這樣，表意字『弢』就被轉化成形聲字『發』了。」（《中國語文研究》二期三五~四五頁，〈釋勿發〉）裘氏謂□象發後弓弦顫動之形，□爲簡體，於卜辭作人名用，又叚爲否定詞。其說形說義，均優於舊解，當可從。唯其所舉□形，僅列金文，不引甲骨，微爲小疵，卜辭□二見，《京》三〇三〇、二六四六，辭云「丙戌卜□令□」（《京》三〇三〇），亦人名，與金文同，字亦當釋「發」。

〔字根〕四二一 S.1544 L.3857 G.2615

《說文》卷十二弓部：「彈 行丸也。从弓單聲。 或說彈从弓持丸如此。」

案：卜辭、，羅振玉釋彈（《增考・中》四三葉下），以爲與同字。唐蘭以爲當釋弦字象形（《燕考》三三葉下）《集釋》云：「猶可謂彈在弦上之形，作則不得謂為象形矣！蓋从者均指事字，以示弦之所在。」（三八五八頁）羅氏釋爲彈固非（今從裘錫圭釋發（參發部）），唐氏謂爲弦，亦無據。《汗簡》、《佩觿》、《集韻》皆有弖字，釋彈，段氏據以改《說文》彈之或體弙爲弖，羅振玉據以釋卜辭爲彈，當可從。

〔孳乳表〕一二五

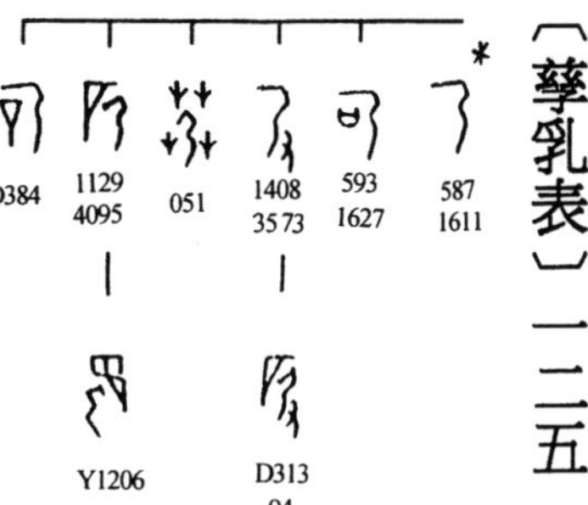

〔字根〕四二二　□　S.587 L.1611 G.2632

《說文》卷五乃部：「□　曳詞之難也。象气之出難也。□　古文乃。□　籀文乃。」

案：卜辭□，羅振玉釋乃（《增考．中》七八葉上）。林義光以爲字象曳引之形，即《老子》「攘臂而扔之」之「扔」之初文（《文源》）。郭沫若以爲字象人側立，胸部有乳房突出，蓋奶之初文（《金文叢考》三二一頁下）。朱芳圃謂爲繩之初文，繩乃古音可通（《釋叢》八〇～八一頁、〈乃〉）。以上三家，朱說稍迂曲，林郭二氏皆有孳乳字爲據，然以造字之原則言，曳引之形，事涉抽象，難以具體之文象之；奶則人體所有，「近取諸身」，易於造字，較爲可從。惟除此之外，別無確證。

《綜類》本部所收□（河）當从丂；□字右旁已歸入人部，似不从乃，今正。

〔孳乳表〕一二六

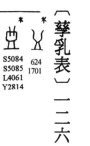

1465 3709
1304
1037 2715
1304 3363
Y2669
1242 1161
D389
634 213
1721
3868 855
3867
D389
632 L3277 1721
647
S5084 S5085 L4061 Y2814
624 1701
Y2072

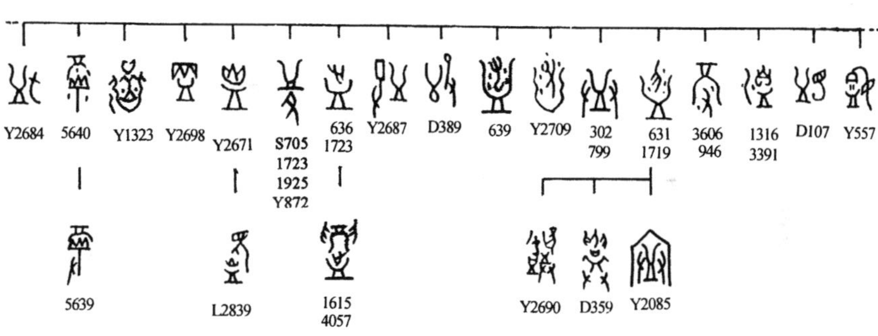

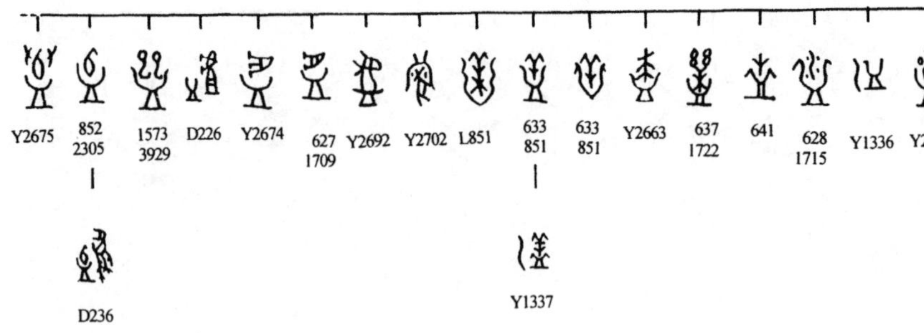

Y2675
852 2305
1573 3929
D226
Y2674
627 1709
Y2692
Y2702
L851
633 851
633 851
Y2663
637 1722
641
628 1715
Y1336
Y2686
D236
Y1337

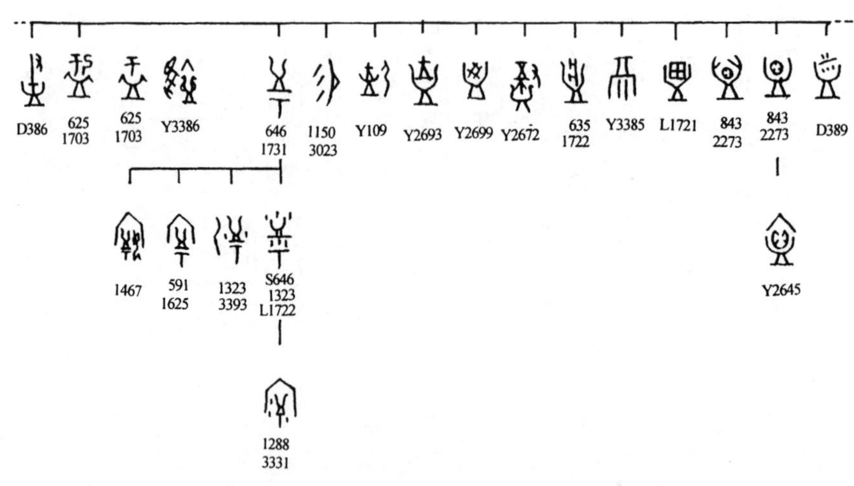

D386
625 1703
625 1703
Y3386
646 1731
1150 3023
Y109
Y2693
Y2699
Y2672
635 1722
Y3385
L1721
843 2273
843 2273
D389
1467
591 1625
1323 3393
S646 1323 L1722
Y2645
1288 3331

* 628 1715 | Y2695 | 638 | D443 | 643 | D386 | 326 357 | 629 | Y2694 | Y2701 | 626 1705 | Y2653 | 3857 | 4813 | Y2670 | 630 1717 | 630 1717

Y2946 | 3866 | Y2665

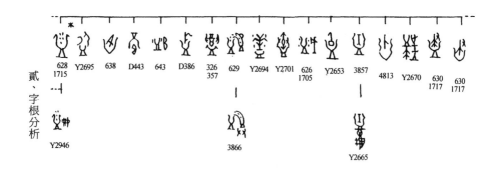

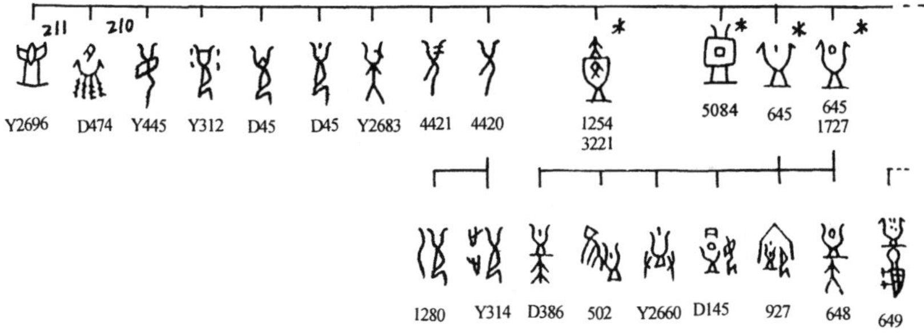

〔字根〕四二三　□　S.624 5085 5522 L.1701 4061 G.2642

《說文》卷五皿部：「□　飯食之用器也。象形，與豆同意。讀若猛。」

案：卜辭□，羅振玉釋皿（《增考．中》三九葉上）是也，象飯食之用器形。又賓組卜辭中有□、□、□、□等字（見《文編》五○八五、五五二二號，《合集》一六九○B），于省吾先生釋盟（《駢續》二七頁），龍宇純先生釋盧，即後世之犧（《中國文字學》二三六頁）。裘錫圭先生以爲當釋皿，象鉶形，字於卜辭多讀爲鄉（嚮），即《詩經》「夜如何其?夜鄉晨」之「鄉」（〈釋殷虛卜辭中的□□等字〉）銅器銘文中有自名爲皿若鉶者，皿方彝：「隹子丌舌鑄皿。」器形未見，然名爲方彝，則器形當與之相近。廿七年寧鉶：「廿七年寧鑄鉶。」（《西清續鑑乙編．卷十六》），器在台北故宮，器形如附圖，與卜辭□、□、□諸文頗相似。裘錫圭先生云：「A類字形（□、□、□、□）所象的，似乎是後人稱為尊、瓿的那類容器。……不過『尊』也是後人所加的名稱。這類容器在當時也許就稱為皿。已發現的自稱為皿的銅器，只有戰國時代的一件寧皿。其形狀正與時代較早的所謂瓿相近。在殷至西周早期銅器中，父辛鼎銘有族名□（《總集》四二○號）作父丁鼎有族名□（《總集》二三一七），父癸爵有族名□（《總集》四○九七），似乎都應該釋為皿。不過從卜辭的A有□□的寫法來看，皿所指的器物應該是包括那些高頸侈口的所謂尊的。」（〈釋殷虛卜辭中的□□等字〉）至於一般釋爲皿之□一形，似乎是侈口而往下部漸細之一種容器，與廿七年寧鉶又不相同。然無論爲何種器形，皿字爲獨體象形文，當無可疑。

廿七年寧鉶

《綜類》本部所收□（《甲》一五一六）當作□（从兮）、□（《甲》二一二三）當作□，今正。

〔字根〕四二四　□　S.628 645 5084 L.1727

《說文》卷五血部：「□　祭所薦牲血也。从皿、一象血形。」

案：卜辭□、□，羅振玉釋血（《增考·中》三二葉上），像血在皿中之形。葉玉森以卜辭□□通用，因謂□亦盟字（《前釋·四卷》四七葉上）。《集釋》謂□字形不同，□仍應釋血（一七二九頁）。又卜辭□、□、□、□、□，葉玉森疑爲盟字（《鉤沈》乙），郭沫若釋蝕（《甲研·上冊·釋蝕》），唐蘭釋良（《文字記》五四葉），于省吾以爲字當釋盟：「綜覈□字諸形，似簋之从□，似豆之作□，而其不同之徵則上端無蓋，當即小篆盟字，《說文》：『盟，酒器也……。』壺字如去其蓋，則作□，稍變則為□，其為契文□或□之所孳衍，灼然明白矣！……今以出土之彝器形制考之，當即罍壺之無蓋者。」（《駢續》二七~三〇頁）于氏此文考釋形義，頗爲詳瞻，西漢《天文雜占》盟字作□（《中國文物》一期、《篆隸表》一〇一七頁），右所从盟形與卜辭□相近，似足爲于說之佐證。唯龍宇純先生以爲于氏此說牽強塗附，只因形近，便定□與盟同字，說不可從（《中國文字學》第二三四頁）于氏後將其考釋甲骨文諸作輯爲《甲骨文字釋林》一書，書中已將〈釋盟〉一文刪去，是于氏亦已放棄此說矣。于氏弟子姚孝遂等所編之《殷墟甲骨刻辭類纂》第二八一四號亦以此爲不識字。《古文字研究》第十六輯連劭名之〈甲骨刻辭中的血祭〉一文以爲□、□依辭例當釋血。裘錫圭先生以爲其說雖不正確，然頗富啓發性，以字形言□當釋皿、□可釋血；以文例言，□當釋衁（〈釋殷虛卜辭中的□、□等字〉，有關衁字請參下文（衁字條））卜辭又有□、□等字（見《文編》第六二八號），舊釋益，連劭名以爲亦血字（〈甲骨刻辭中的血祭〉），裘錫圭先生以爲其說可從，以甲骨文例言，釋血亦較合理（同上裘文）。

〔字根〕四二五　□　S.5084 5085 G.2814

《說文》卷五血部：「衁　血也。从血、亡聲。《春秋傳》曰：『士刲羊，亦無衁也。』」

案：卜辭□字（見《乙》三〇〇七、三三八三）、□字（見《乙》二〇二三、《續存》三五五），舊多列爲不識字。後一字于省吾與□字同釋爲盟（參盟字條下），連劭名釋爲血，以爲盟（盟）、皿、血皆從同一來源派生出來，於使用上往往不加區分（〈甲骨刻辭中的血祭〉）。裘錫圭先生以爲連說可從：「從字形和用法兩方面看，連文認為賓組卜辭的AB（旭昇案：即□、□、□），相當於他組卜辭的『皿』、『血（實為『衁』的表意字）』、『盟』諸字的意見，的確是有道理的。我認為A（旭昇案：即□）相當於□，應釋為『血』；B（旭昇案：即□）在A的字形上加一或口，相當於□或□，應釋為『衁』的表意字。」（〈釋殷虛卜辭中的□、□等字〉，第八十四頁）「血」、「衁」二字音韻有別，何以字形可以讀爲「血」、「衁」二字？裘氏釋云：「『血』、『衁』同義，可能是古代不同方言稱名之異。殷虛卜辭裏被很多人釋為『血』的那些字本象皿中有血，既可看作『血』的表意字，也可看作『衁』的表意字。」（〈釋殷虛卜辭中的□、□等字〉，第八十頁）旭昇案：徵之卜辭文例，連、裘之說當可從。異字同形本爲上古文字自圖畫演進至文字之孑遺，卜辭中不乏其例，如月夕同字、女母同字、帚婦同字等，其例多不備舉。唯「血」、「衁」雖形義俱近，然於卜辭中二者用法有別，「衁」字於卜辭中多介於相連接之二干支之中，上引裘文以爲此一用法當讀爲「鄉（嚮）」，甲日衁乙日意謂「甲日將結束、乙日將開始之時」，與《詩經．小雅．庭燎》第三章「夜如何其？夜『鄉』晨」之「鄉」同意；而一般釋爲「血」之字則未見此一用法。其次，「衁」與「血」之字形亦復不同，似於商代已開始有意將此二字區別分化，故本書將「衁」、「血」二字列爲不同之二條，不予合併。

〔字根〕四二六 S.1254 L.3221 G.2732

《說文》卷十壺部：「 昆吾、圜器也。象形，从大、象其蓋也。」

案：卜辭，羅振玉釋壺（《增考．中》三六葉下），上有蓋，旁有耳，壺之象也。《乙》三八六四，中从心，《集釋》亦釋壺，以爲象壺腹文飾；《庫》一五〇六（《英》二六七四），陳夢家釋壹（《綜述》四九九頁），金祥恆先生以爲《庫》一五〇六係僞片，係仿自《後》下二八．一二之及《乙》三八六四之，字皆當釋壺，壺腹之筆劃皆象文飾（〈庫方二氏甲骨卜辭第一五〇六片辨僞兼論陳氏兒家譜說〉）。（有關《庫》一五〇六之真僞尚可參《古文字研究》四輯一一五～一四六頁胡厚宣，于省吾論文。竊以爲即便該片爲僞刻，亦當有所本，所刻字體亦合於卜辭通則，就古文字學研究字體之需，亦不妨採用）。商周壺之形製變化甚多，茲擇商制六種，圖列於下，以資參考。

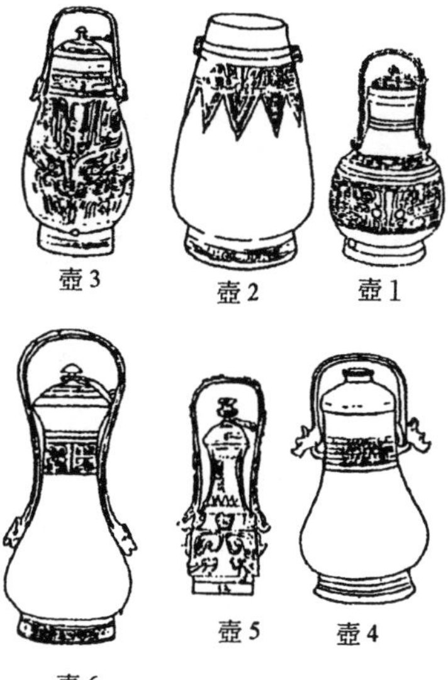

壺1 壺2 壺3

壺4 壺5 壺6

商壺
（采自《中國青銅器》213頁）

〔孳乳表〕一二七

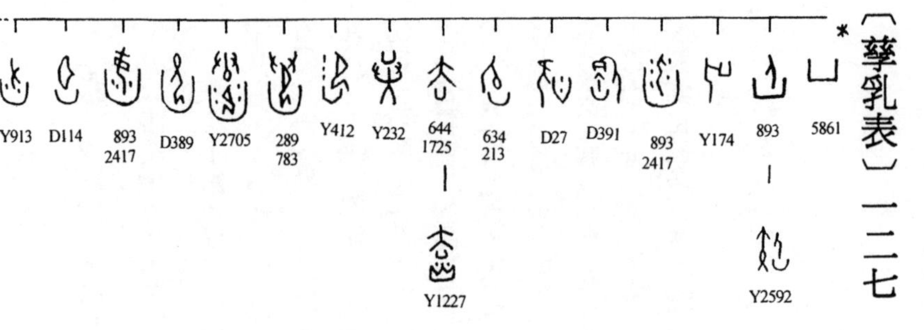
*
5861
893
Y2592
Y174
893
2417
D391
D27
634
213
644
1725
Y1227
Y232
Y412
289
783
Y2705
D389
893
2417
D114
Y913

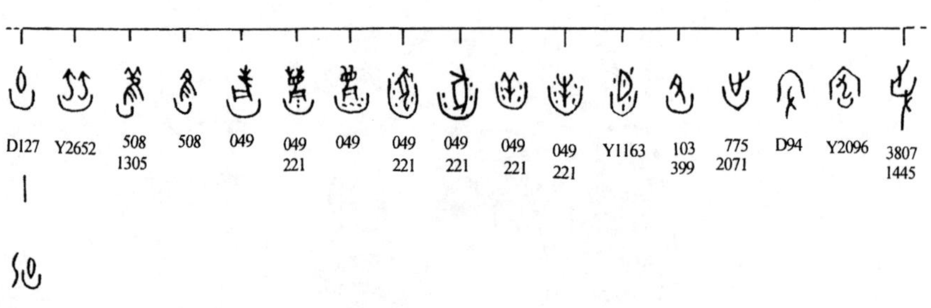
3807
1445
Y2096
D94
775
2071
103
399
Y1163
049
221
049
221
049
221
049
221
049
049
221
049
508
508
1305
Y2652
D127
D127

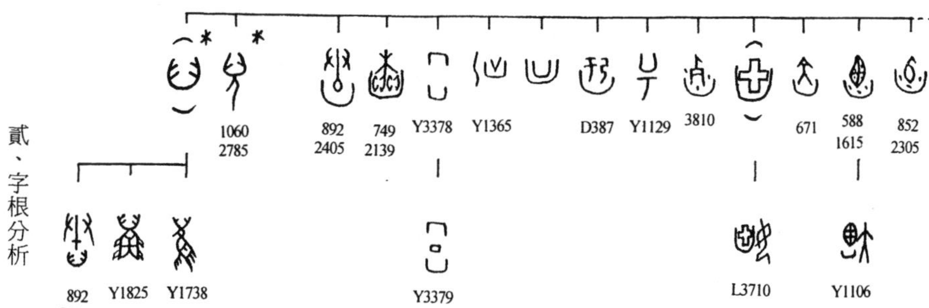
1060
2785
892
2405
749
2139
Y3378
Y1365
D387
Y1129
3810
671
588
1615
852
2305
892
2405
Y1825
Y1738
Y3379
L3710
Y1106

〔字根〕四二七　凵　S.5861

《說文》卷二凵部：「凵　張口也。象形。」

案：卜辭凵（《人》二〇五二），貝塚《考釋》以爲出之略體。夏淥以爲字當釋凵：「《甲骨文編》將凵字作為未識字置于附錄中，《殷虛卜辭綜類》雖把从凵的字歸於一類加以排列，並於索引中將凵作為部首，但是正文中卻失收凵字及有關卜辭。……《京都》二〇五二『叀又西焚、亡𢦏畢？王凵？叀兇田，亡𢦏畢？弜田其每？』，『王凵』是殷王設陷阱捕獸之意，凵當讀坎，……《易傳．序卦》：『坎者，陷也。……』《說文解字》二上：『凵，張口也。……』不知『凵』是『坎』的象形初文，『坎』是『凵』的後起形聲字，誤訓為『張口也』。」（《古文字研究》十輯一〇一～一〇八〈學習古文字瑣記二則〉）夏氏釋凵爲坎，可從。唯謂《說文》訓凵爲張口乃「誤訓」，或有可商。卜辭凵或有部份與口有關，如：[glyph]（《綜類》五一〇），《字典》一一五疑爲[glyph]之異體，可參。[glyph]（《綜類》三九一），與[glyph]、[glyph]（《綜類》三九一）同意，所从凵當爲容器而非坎，唯自字形實無從區別之，故仍置本部。

其作[glyph]、[glyph]形者當爲皿省，不當在凵部，今正。

〔字根〕四二八　[glyph]　S.1060 L.2785 G.48

《說文》卷八儿部：「兒　孺子也。从儿，象小兒頭囟未合。」

案：卜辭□、□，羅振玉釋兒（《增考・中》二三葉上），《集釋》云：「契金文兒字殊不象頭囟未合之形，《禮記・內則》云：『三月之末，擇日剪髮為鬌，男角女羈。』角者，總角也。……《王篇》引《倉頡篇》曰：『男曰兒、女曰嬰。』嬰者頸飾，蓋男則總角，女則配頸飾也。」（二七八五頁）張日昇云：「三月之末擇日剪髮為鬌，乃指嬰孩產後三月而言。總角者，收髮結之也。三月之嬰孩自無結髮之理，〈內則〉云『男角女羈，否則男左女右』，注云『夾囟曰角，即夾囟兩鬌也。中頂達前後曰羈』，此言嬰孩剪髮鬌之位置男女有別，非如李氏謂男則總角，女則佩頸飾也。許君舊說仍可從。」（《金文詁林》五三七七頁）張氏謂嬰兒三月毛髮尙短，無法總角，以證兒仍當象小兒頭囟未合，所論甚是，可從。

〔字根〕四二九 □

《說文》卷七臼部：「□ 舂臼也。古者掘地爲臼，其後穿木石。象形，中象米也。」

案：卜辭無單字臼，而於偏旁中有之，□（《鄴三》下・四三・六）、□（《懷》一三九八）、□（《合》一八三五九）所从，當即臼。《說文》謂「古者掘地爲臼」，卜辭凵正象掘地之形，卜辭从凵之字後多有从臼者，如：□（《綜類》三八九），于省吾釋舂（《駢三》第二七葉）；□（《綜類》二三二），羅振玉釋舊（《增考・中》三二葉下），似可爲《說文》作證。頗疑凵臼本爲一字，皆作凵，掘地爲坎，亦以舂米。其後穿木石爲之，臼凵遂分化爲二字，故於卜辭中从凵之字後世得从臼也。

〔孳乳表〕一二八*

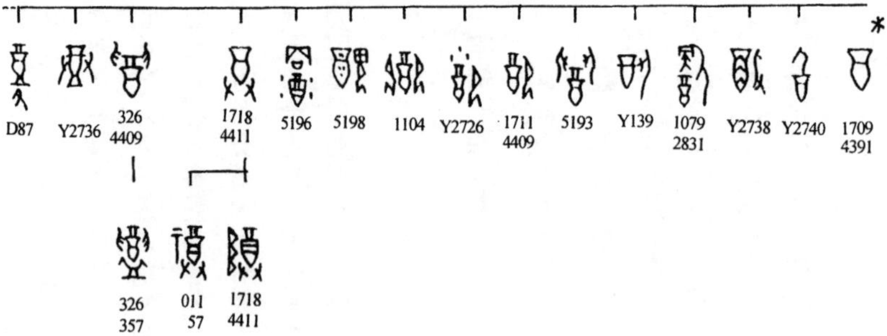

1709 4391 | Y2740 | Y2738 | 1079 2831 | Y139 | 5193 | 1711 4409 | Y2726 | 1104 | 5198 | 5196 | 1718 4411 | 326 4409 | Y2736 | D87

1718 4411 | 011 57 | 326 357

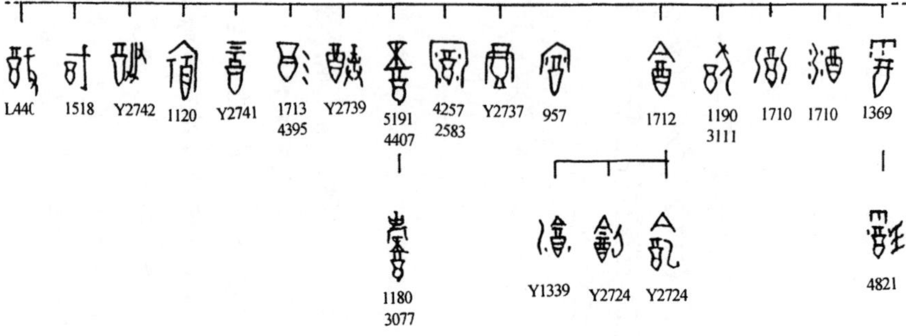

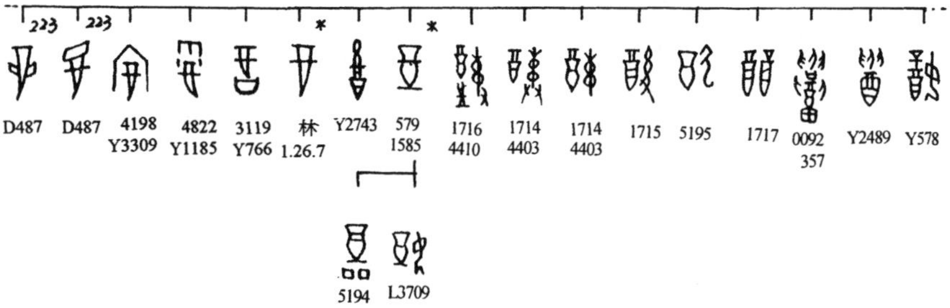

223 223
D487 D487 4198 Y3309 4822 Y1185 3119 Y766 林 1.26.7 Y2743 579 1585 1716 4410 1714 4403 1714 4403 1715 5195 1717 0092 357 Y2489 Y578
5194 L3709

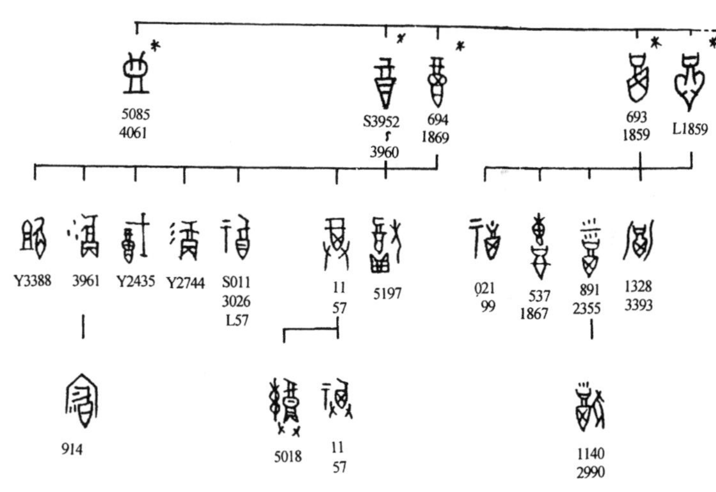

〔字根〕四三〇 [glyph]　S.1079 L.4391 G.2715

《說文》卷十四酉部：「[glyph] 就也。八月黍成可爲酎酒，象古文酉之形也。[glyph] 古文酉，从丣，丣爲春門、萬物已出；丣爲秋門，萬物已入；一、閉門象也。」

案：卜辭[glyph]，羅振玉釋酉（《增考．中》四葉下）。林義光謂本義即爲酒，象釀器形（《文源．二卷》十二頁），可從。

卜辭別有[glyph]，王襄釋爰（《類纂．正編》二〇頁），商承祚釋酌（《佚考》三三六片），郭沫若釋于（《粹考》五三三片）。魯師實先以爲[glyph]與[glyph]并爲夸，即篆文之辛，於卜辭或用爲[glyph]禍之義，或用爲方名（《殷契新詮》之六第十三頁〈釋辛〉）。金祥恒先生則從商說釋酉（用爲酒，即酌）：「林泰輔《龜甲獸骨文字》上冊第二十六頁第七片：『丁酉卜[glyph]貞：小犳先，佳口缶？八月。』其酉正作[glyph]。酉、《說文》：『就也，八月黍成，可為酎酒。象古文酉之形也。』馬氏《六書疏證》云：『按酉是器名，……甲文作[glyph][glyph][glyph][glyph]，皆象器形，……其底作圜銳形者，疑古之盛器，因解角或見瓠及蠡與蜃而發明，故塞浦拉斯文中瓶字作[glyph]，亦銳底，甲文中之[glyph]字明象角形而為之者。……』馬氏不知甲骨文有[glyph]，正象角形，以為盛酒之器。」（《中國文字》十四冊一五九五頁〈釋[glyph]〉）金說有《林》一．二六．七爲佐證，自較其他諸說可信。（《綜類》本部所收[glyph]（《戩》三六．一五），《摹釋》七〇九九片釋冊其，茲從《摹釋》）。

《林》1.26.7

〔字根〕四三一 奠 S.579 L.1585 G.2716

《說文》卷五丌部：「奠 置祭也。从酋，酋，酒也；丌其下也。禮有奠祭。」

案：卜辭奠，羅振玉釋奠：「从酋从丌，並省，象尊有薦，乃奠字也。从酋之字古金文多从酉，如隫从酋，鄭作奠之類。从丌之字古金文或省从一，如其字作其从一（虢叔鐘邿遣敦）之類。」（《增考・中》七十三葉下）唐蘭謂古文字字末常加一，一下又加八或八，如奠、奠、奠（《導論・下》四十七葉下）。唐氏謂酉奠一字，恐有可商，酉奠於卜辭用法不同，當非一字。奠象置酉於一上以行奠祭，一爲地形？丌形？薦形？均難確指，然一非丌之省，羅說非。卜辭奠未有作奠形者，周金文作奠，乃文字之增繁現象，唐說是也。

〔字根〕四三二 㫗 S.693 L.1859 G.3427

《說文》卷五㫗部：「㫗 厚也。从反亯。」

案：卜辭㫗（《後》下三二・十一），唐蘭釋㫗：「此字習見，金文作㫗（《殷文存》上三、㫗父丁鼎）、㫗（又下三四，父戊㫗盤）、㫗（又下一、㫗爵）、㫗（又上四、㫗父癸鼎）、㫗（又上廿、㫗尊）等形，舊亦不識。又𣪘字偏旁作㫗（《殷文存》上十一，𣪘父己𣪘）；覃字偏旁作㫗（又下廿、覃父丁爵）、㫗（又上三三、覃父乙卣）、㫗（《嘯堂》上八、晉姜鼎）等形；厚字偏旁作㫗（《愙》五・一三、趠鼎）、㫗（《愙》十六・十六，魯伯厚父盤）、㫗（《貞松》五一、戈厚𣪘）、㫗（《薛氏款識》尸鎛）、㫗（又尸鐘）、㫗（《愙》一・二十，井人妄鐘）等形，俱與此字相近，據《說文》覃厚並从㫗，其字實當作𣆪，則此字當釋𣆪也。……其字本象巨口狹頸之容器，故蕈象米在𠦝中，覃象[glyph]在𠦝中，而簟字毛公鼎作[glyph]，變𠦝从皿，更可證𠦝亦容器矣！」（《文字記》三一頁）唐氏以金文及偏旁分析法釋[glyph]爲𠦝，證據確鑿，當可從。卜辭別有[glyph]（《懷》三四七，許進雄先生未釋），與唐氏所列金文[glyph]同形，當亦𠦝字，辭云「翌日□豕□羔[glyph]□水□」，殘辭，文義難曉。

〔字根〕四三三　[glyph]　S.694　3952　3960 L.1869 G.1123

《說文》無。

案：卜辭[glyph]，孫海波釋畐（《文編》六九四），《集釋》從之云：「此與畐當為形製相近之容器。」（一八六九頁）以孳乳字而言，从[glyph]之字有[glyph]、[glyph]（《文編十一》），羅振玉釋福：「从兩手奉尊於示前，或省廾、或並省示，即後世之福字，在商則為祭名，祭象持肉，福象奉尊，……故福字从酉，胙字从肉矣！許君謂福畐聲，非也。古金文中父辛爵福作[glyph]、弭仲簠福字亦从[glyph]，均象尊形。」（《增考·中》十七葉上）卜辭畐作[glyph]（《新》四二四一，參畐部），與[glyph]形不同，羅氏謂卜辭[glyph]所从[glyph]象尊形，非从畐聲，似可從。《類纂》一一二三將[glyph]隸定爲酉，當即從羅說。唯[glyph][glyph]二形似於金文已混同，金文福或作[glyph]（㝬鐘），似从[glyph]；[glyph]（國差𦉜），似从[glyph]。故《說文》以爲福从畐聲，《文編》則逕釋[glyph]爲畐，《集釋》反謂畐當象容器，《說文》釋畐曰「象高厚之形」爲誤（一八六九頁），皆以金文[glyph][glyph]混同之故也。

卜辭福字所从或作[glyph]（《鐵》三四·四）、[glyph]（《錄》四一七）、[glyph]（《前》四·二·八）、[glyph]（《誠》一九）、[glyph]（《甲》三〇七二）、[glyph]（《甲》二六八四）、[glyph]（《甲》二六九八），其字形變化繁多如此。

〔孳乳表〕一二九

330 843 *
330 843 *
L854
Y1262
Y2772
1188 3103
330 849
791 2127
329 843 *
Y2759 *
D27
Y1118
L853
L3186
Y2774
Y345

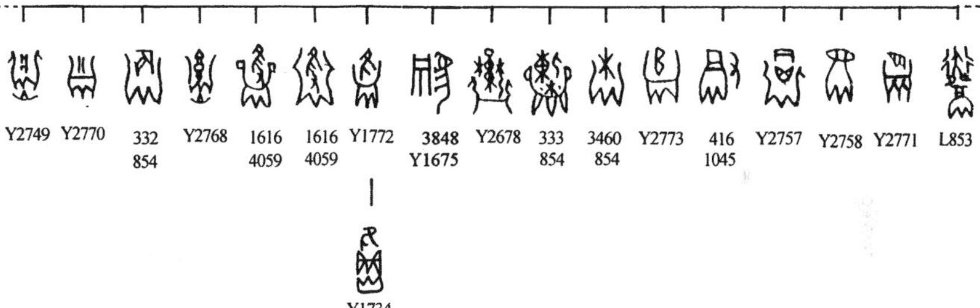

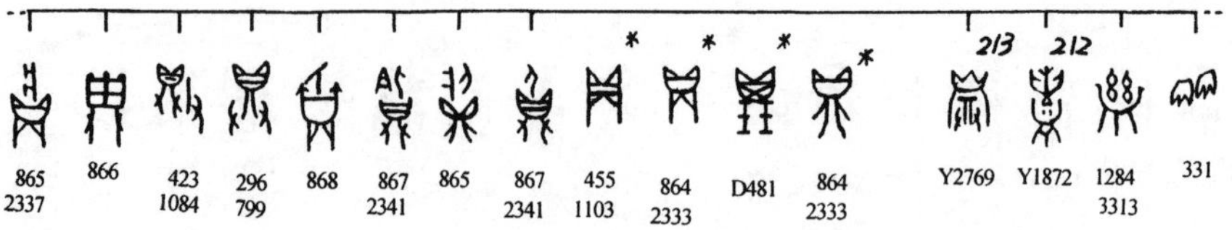

865 2337	866	423 1084	296 799	868	867 2341	865	867 2341	455 1103 *	864 2333 *	D481 *	864 2333 *	213 Y2769	212 Y1872	1284 3313	331

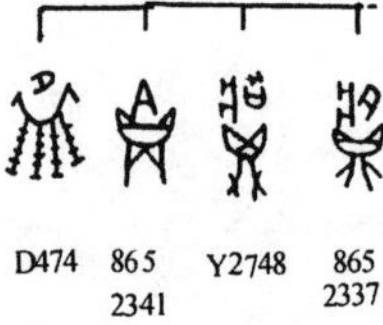

〔字根〕四三四 □ S.330 L.843 G.2745

《說文》卷十二瓦部：「□ 甑也，一穿。从瓦鬳聲，讀右言。」

案：卜辭□、□、□，羅振玉釋甗：「上形如鼎，下形如鬲，是甗也。古金文加犬於旁，已失其形，許書从瓦，益為晚出。」（《增考·中》三八葉下）其說甚是。存世銅器甗不爲少見，《博古圖錄》（一八：二五）甗錠總說：「甗之為器，上若甑而足以炊物，下若鬲而足以飪物，蓋兼二器而有之。」甗或甑鬲連體（如圖一），或甑鬲分體（如圖二），甑以盛飪物，鬲以盛水，甑鬲間有穿以便蒸汽上出蒸熟飪物，故鬲所以煮食物，甗所以蒸食物，二者功能、形制皆不同，區別極爲明顯。孫詒讓以□（甗）□（鬲）皆爲鬲字（《名原》二三葉）；郭沫若以□（鬲）爲甗（《粹考》二六葉下），皆非。金文甗作□（鬳戈）、□（見甗）、□（王孫壽甗）、□（子邦父甗）（《金文編》四三六號），第一形與甲骨文同，第二、三形下所从猶爲甗形。

《綜類》本部所收□（《後》下七六）當作□，□（《後》下一九·一）當作□，又《集釋》八五四 □（《丙》六〇〇）當作□，今正。

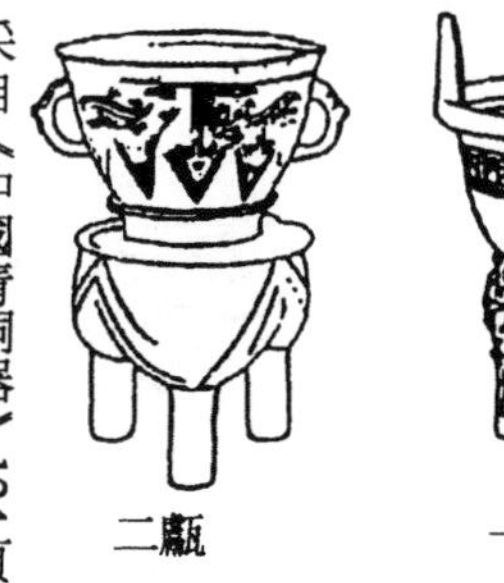

一甗　二甗

采自《中國青銅器》124頁

〔字根〕四三五　S.329 L.843 G.2759

《說文》卷三鬲部：「　鼎屬也。實五穀，斗二升曰㲉。象腹交文，三足。　鬲或从瓦。　漢令鬲，或从瓦厤聲。」

案：卜辭　、　、　，《文編》三二九釋鬲，可從。銅器中之鬲（如下圖），形近於鼎，與《說文》合，三足中空，以利受熱烹煮食物，《漢書・郊祀志》謂「空足曰鬲」，與傳世銅器形合，可從。卜辭　之特徵即在款中之三足，釋鬲無可疑。字於金文作　（盂鼎）、　（鄭羌伯鬲）（《金文編》四三四），第一形與卜文同，故知郭沫若釋《粹》一五四三之　為甗，不確。

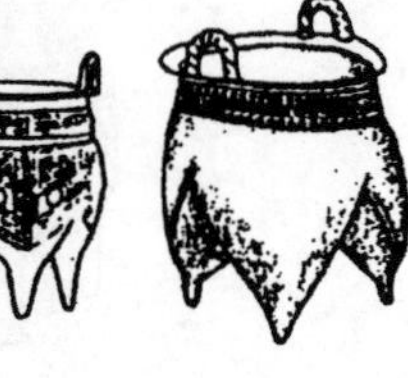

鬲

采自《中國青銅器》116頁

〔字根〕四三六　S.864 L.2333 G.2746

《說文》卷七鼎部：「　三足兩耳，和五味之寶器也。象析木㠯炊，貞省聲。昔禹收九牧之金，鑄鼎荊山之下，入山林川澤者，离魅蝄蜽莫能逢之，㠯協承天體。《易卦》巽木於下者為鼎，古文㠯貞為鼎，籀文㠯鼎為貞。」

案：卜辭[glyph]、[glyph]，羅振玉釋鼎（《增考．中》三八葉上），象兩耳腹足之形。王國維謂甲金文貞鼎二字通用（《靜安遺書》十七冊〈史籀疏證〉二十三葉下），故《說文》謂「古文㠯貞爲鼎，籀文㠯鼎爲貞」（段注改貞爲貝，亦是。然《說文》既不誤，則不得改易）蓋卜辭叚鼎爲貞，貞即作鼎形，上不从卜。《文編》四五五，《集釋》一一〇三均收[glyph]（《鐵》四五．二）一文，金祥恒先生謂上所从[glyph]乃泐痕，細察《鐵雲藏龜》新編一九四頁，金說可從。从卜之貞首見周原甲骨（H11 167），係由「[glyph]卜」二字合書演變而成（《上海博物館集刊》二期七頁，濮茅左〈貞字探原〉）。

卜辭[glyph]（《摭續》二七五），于省吾釋鼎（《釋林》二一五頁、〈釋新異鼎〉），字與作冊大方鼎「異鼎」之鼎字同形。于說可從。

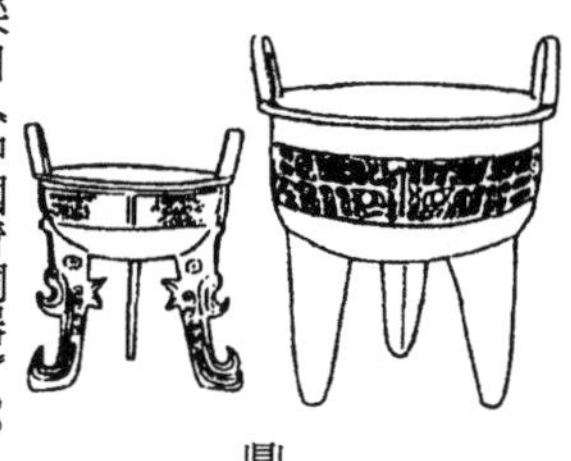

鼎

采自《中國青銅器》98、103頁

〔孳乳表〕一三〇

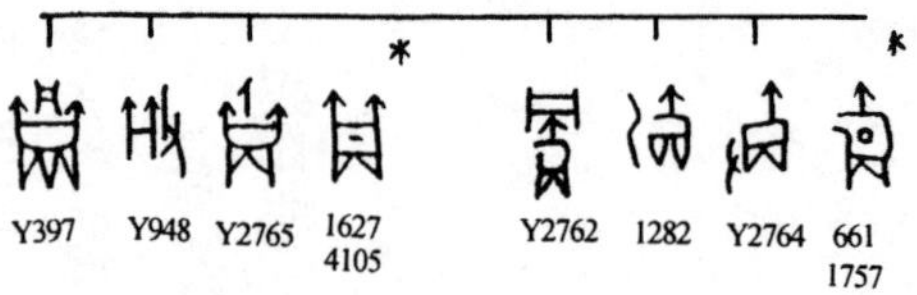

661 1757 *

Y2764

1282

Y2762

1627 4105 *

Y2765

Y948

Y397

〔字根〕四三七 □ S.661 L.1757 G.2760

《說文》卷五鬯部：「□ 禮器也。□象雀之形，中有鬯酒，又持之也。所㠯飲器象雀者，取其鳴節節足足也。 □ 古文爵如此，象形。」

案：卜辭□，羅振玉釋爵（《增考．中》三六葉下），象柱、流、鋬、足之形。《集釋》云：「爵兩柱，側視之但見一柱，故字祇象一柱。」（一七五八頁）傳世爵之形制多爲兩柱（如爵一），然亦時見單柱者（如爵二），卜辭□未必爲側視之故，恐爲有意以爵單柱別於斝雙柱也。

《增考》以□（《鐵》八九．三（《後》下七．六））亦爵字，似可商，此字从□（鬲），無柱無流；从□（目），不象鋬，隸定可作曧，非爵字，辭云「…□帝…專□…」，亦未見其非釋爵不可也，此字《綜類》三九七誤摹爲□，然其索引歸□部則不誤。又《文編》爵字條下收□（《後》下七．八）一文，細察原拓，當作□，中不从目。

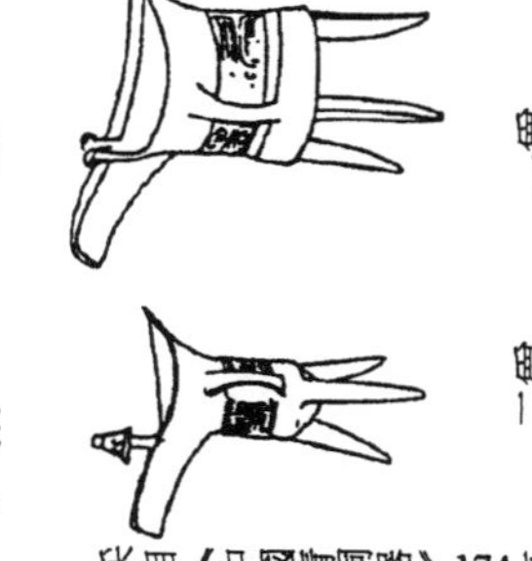

一爵 二爵

采自《中國青銅器》174頁

〔字根〕四三八 □ S.1627 L.4105 G.2767

《說文》卷十四斗部：「□ 玉爵也。夏曰醆，殷曰斝，周曰爵。从斗；□象形，與爵同意。或說斝受六升。」

案：卜辭□，羅振玉釋斝：「《說文解字》斝从吅从斗，冂象形，與爵同意。案：斝从吅不見與爵同之狀，从冂亦不能象斝形。今卜辭斝字从□，上象柱，下象足，而腹加碩，甚得斝狀，知許書从□作者乃由□而訛，卜辭从□象手持之，許書所从之斗，殆又由此轉訛者也。……又古散字作□，與□字頗相似，故後人誤認斝為散，……故諸經中散字疑皆斝字之訛。」（《增考．中》三七葉）存世斝與爵形近，二柱三足大腹，而無流與尾，□形似之，釋可從，唯斝从斗乃後加形符，非由□之□變來（《集釋》四一〇八頁說）。

斝

采自《中國青銅器》191頁

〔孳乳表〕一三一

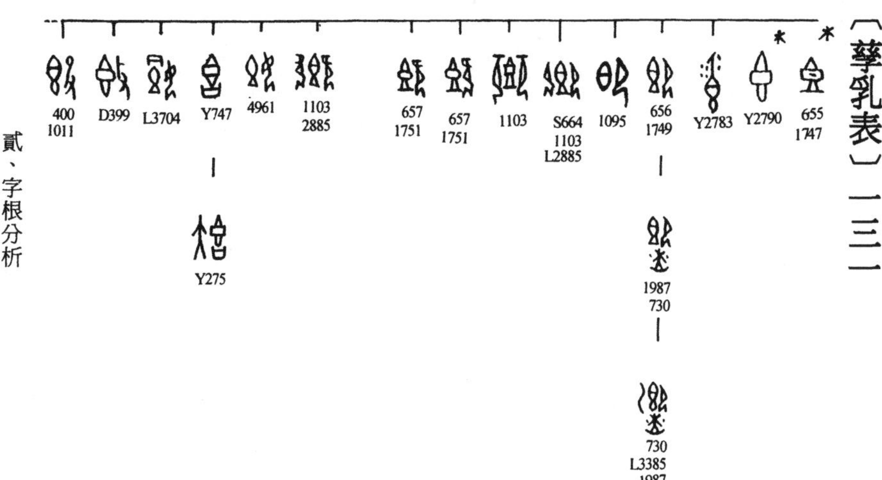
400 1011
D399
L3704
Y747
4961
1103 2885
657 1751
657 1751
1103
S664 1103 L2885
1095
656 1749
Y2783
Y2790
655 1747
Y275
1987 730
730 L3385 1987

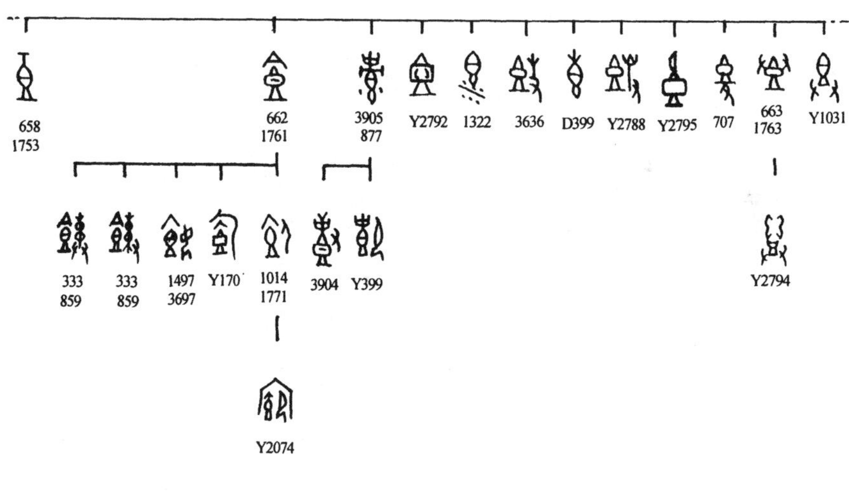
658 1753
662 1761
3905 877
Y2792
1322
3636
D399
Y2788
Y2795
707
663 1763
Y1031
333 859
333 859
1497 3697
Y170
1014 1771
3904
Y399
Y2794
Y2074

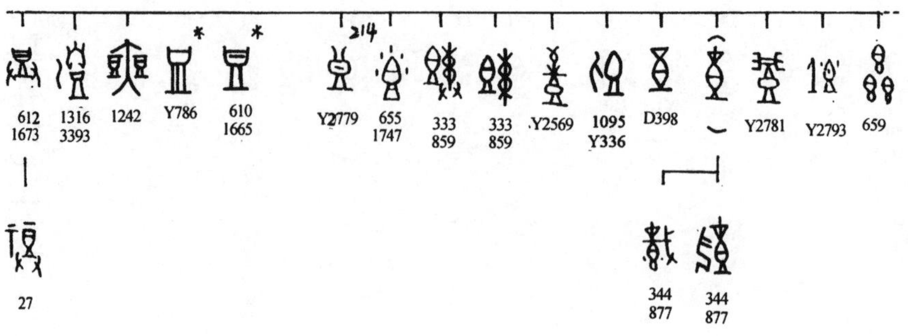
214
612
1673
1316
3393
1242
Y786
610
1665
Y2779
655
1747
333
859
333
859
Y2569
1095
Y336
D398
Y2781
Y2793
659
27
344
877
344
877

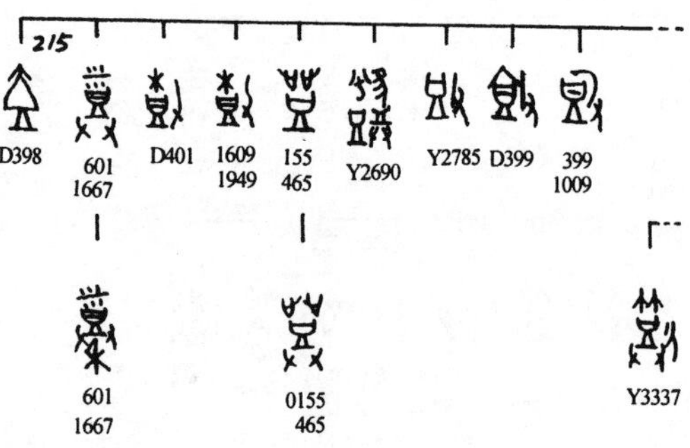
215
D398
601
1667
D401
1609
1949
155
465
Y2690
Y2785
D399
399
1009
601
1667
0155
465
Y3337

〔字根〕四三九 皀 S.655 L.1747 G.2775

《說文》卷五皀部：「[glyph] 穀之馨香也。象嘉穀在裹中之形，匕所㠯扱之。或曰：皀，一粒也。又讀若香。」

案：卜辭皀，屈萬里先生釋皀（《甲釋》一三六頁），《集釋》云：「字象粢盛豐腆之形，下所从即簋也。……此字與豆字略同，蓋豆象器形，皀則𣪘豆之屬之有實者也。」（一七四七頁）戴家祥云：「細考商周古文偏旁，从皀之即，宣、食、𣪘、鄉，及从食之饎、饔、餳、饋、饗、饉、饌等字，偏旁皀皆作皀，實非从[glyph]从[glyph]，……今以金文卜辭證之，皀殆為古人盛飯器、日用饔飧之具也，字本象形，故即、既、饗、食等字偏旁从之。……金文作[glyph]，上象器之蓋形、下形與[glyph]字相似；卜辭作皀，下形與豆字古文相似，是古器物之形明矣！……皀之初誼，殆即簋之象形字也。」（《清華研究院國學論叢》一卷四期、〈釋皀〉），以偏旁分析法言，戴釋皀爲簋之初文，極合理，字形與古器物亦吻合（《中國青銅器》所摹商𣪘無蓋，然周初簋即有蓋，周因於殷禮，則𣪘簋可以有蓋無疑），可從。

𣪘

采自《中國青銅器》135頁

《綜類》本部所收[glyph]（《寧》一．一七〇）當釋[glyph]皀二字，[glyph]（《甲》二一二三）當作[glyph]，[glyph]（《後》上十二．十二，十三．二）當作[glyph]，[glyph]當釋壺，歸皿部，今正。

〔字根〕四四〇　豆　S.610 L.1665 G.2789

《說文》卷五豆部：「豆　古食肉器也。从〇象形。　豆　古文豆。」

案：卜辭豆，《文編》釋豆（六一〇號），金文作豆豆（《金文編》七六四號），並與小篆相似，象豆器之形（如下圖）。

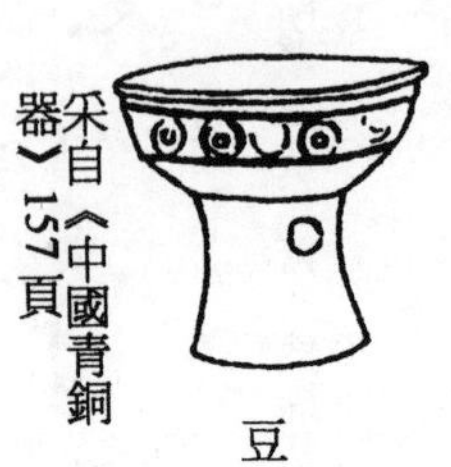

豆

采自《中國青銅器》157頁

〔孳乳表〕一三二

*

606 1649

996

1600 4019

996 2823

996 3681

605 1645

1470 3681

608

609 1069

609

L1069

609 1659 — 930 L1659 2483

Y2806

1201 3161

1325 3381

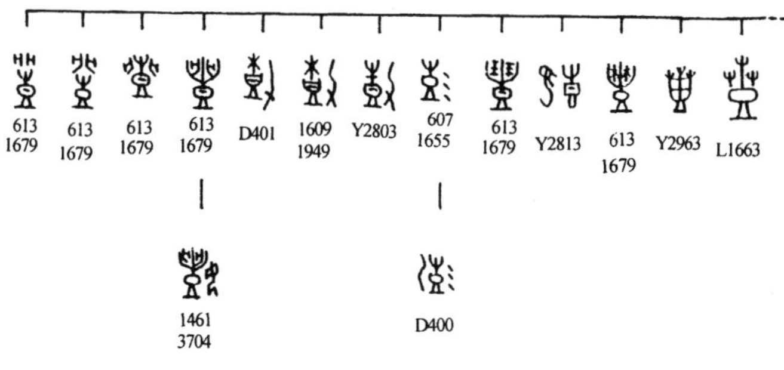

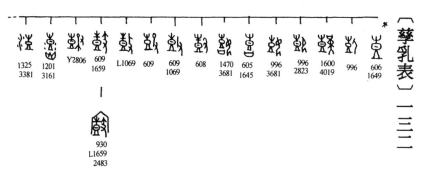

〔字根〕四四一　壴　S.606 L.1649 G.2997

《說文》卷五壴部：「壴　陳樂立而上見也。从中豆。」

案：卜辭壴，郭沫若釋壴，謂即鼓之初文，象形（《卜通》五四葉），上象設業崇牙之形，中象鼓形，下象虡，郭說可從。鼓爲木製蒙皮，不能久存。今存世之殷鼓爲銅質（如左圖），與卜辭壴形仍極接近。

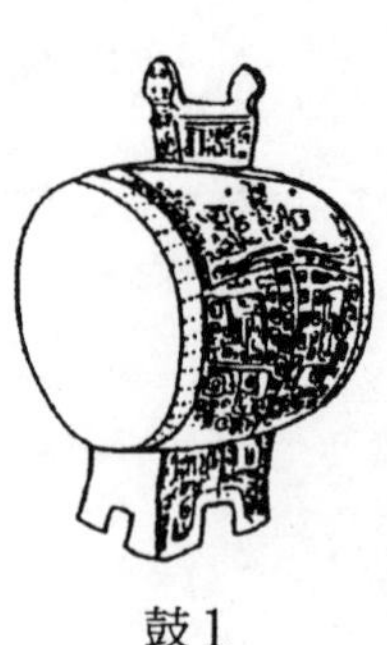

鼓1

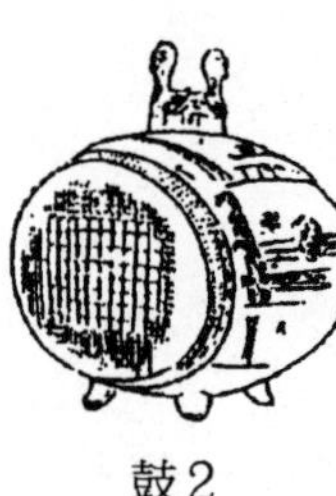

鼓2

采自《中國青銅器》294頁

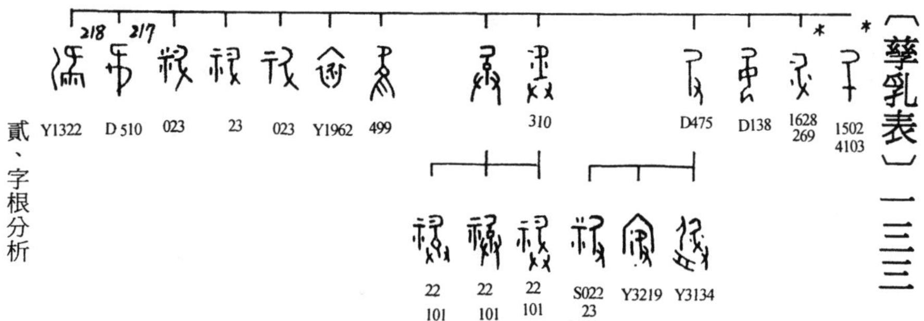
218
217
Y1322
D 510
023
23
023
Y1962
499
310
D475
D138
1628
269
1502
4103
22
101
22
101
22
101
S022
23
L101
Y3219
Y3134

〔字根〕四四二 □ S.1502 L.4103 G.3217

《說文》卷十四斗部：「□ 十升也。象形，有柄。」

案：卜辭□、屈萬里先生釋斗（《甲釋》四一五頁）。高鴻縉先生云：「斗原非量名，乃挹注之器，有長柄，似杓而深，並如北斗七星之形。…後以其器為木製，故加木旁作枓。至於升斗之斗乃後世叚借之義，非其朔也。」（《字例．二篇》一二九頁）張光裕云：「在契文中，斗字作□、□等形，就像一個有柄的杓子，它和在卜辭中往往用作祭名的□字很相似，或者在當日就是用法相當的同一類器物，它們的分別也可能只是大小的差異。而□和□到了戰國年間的金文（如眉脒鼎、秦公𣪘刻款，邵宮盉等）作為量器單位的升斗專用字以後，才把它們嚴格的分開，因此用後代的字形隸定為準則，把契文的□釋作斗，大概是可以成立的。斗在假借為升斗字以前，它只是一種挹酒的器物，《詩經》裡的記載可替我們做最好的證明：…酌以大斗（〈大雅．行葦〉）…維北有斗…在其他先秦文獻裡出現的斗字，我們也找不出有《說文》所謂十升為斗的意義，西周的金文中，我們更看不到斗字的蹤影，可見它正式假借為稱量單位的時間是相當晚的。而從彝器銘文的證明，升斗字的興起是在春秋末期以後的事。」（《中國文字》三五冊三九九三頁〈先秦泉幣文字辨疑〉一五頁），高張二氏謂□象挹酒器（如圖），甚是。《說文》訓斗爲「十升」，此春秋以後斗假借爲量詞以後之用法，與斗之本義無涉。量器之斗無柄，而《說文》釋斗云「象

斗（枓）

采自《中國青銅器》259頁

形，有柄」，王筠《說文句讀》云：「特言之者，蓋今斗無柄，自漢而然。」王氏已知斗有柄與漢以來之斗不合，惜其不知斗本非量器也。春秋以後借斗爲量詞，挹酒之斗遂加木旁作枓，《說文》卷六木部：「[glyph] 勺也。从木斗聲。」故《詩・行葦》「酌以大斗」《釋文》「斗字又作枓」，以後造字釋本字也。

《綜類》分[glyph][glyph]爲二部，然[glyph]實从[glyph]，且偏旁中[glyph][glyph]或互作，如：[glyph]（《綜類》四七五）或作[glyph]（《前》一・一六・四），今合[glyph][glyph]爲一部，以便稽覽。

《文編》一五〇二以此字與[glyph]同釋斗，當非。

〔字根〕四四三 [illegible] S.1628 L.269 G.3220

《說文》卷十四斗部：「[illegible] 十合也。从斗，象形，合龠為合，龠容千二百黍。」

案：卜辭[illegible]、[illegible]，王國維釋勺（《戩考》二五、十），葉玉森釋升（《鉤沈》六葉），于省吾釋必，以為金文「必」作[illegible]，即[illegible]之演化（《駢三》第二〇～二二頁，以為即「柲」之初文，《釋林》三八～四〇頁則謂「必」字之本義待考）。以上三說，于說雖最晚出，然實不可從，卜辭柲之初文作[illegible]，象戈柲之形，後一文加八聲作[illegible]，即金文小篆之必字（參必部）。王氏釋勺，其誤于氏已辨之矣！茲不贅。葉氏釋升，合於甲金篆隸，可從。秦公簋升作[illegible]，辭云「□一斗七升大半升蓋」（蓋銘），睡虎地秦簡作[illegible]（一三、一四），辭云「不盈二升到一升」，釋升字無可疑，其字形亦與卜辭[illegible]（《鄴》三、五〇、一四）全同。新嘉量作[illegible]，與小篆極相近。是升之字形演化當如下：

[illegible]（《甲》五五〇）—[illegible]（《鄴》三、五〇、一四）—[illegible]（秦公簋）—[illegible]（《說文》）

升之本義尚難確定，然先秦典籍升多訓成，無訓十合者，升借為量詞，當在春秋之際（參斗部，張光裕說），高鴻縉先生云：「此升起之升字，倚斗畫其已挹取有物而升上傾注之形。……後世借為十合之名，非本意也。」（《字例．二篇》三〇九頁）其說謂[illegible]从[illegible]，象挹物升起傾注之形，說形妥帖、協于經訓，當可從。

〔孳乳表〕一三四

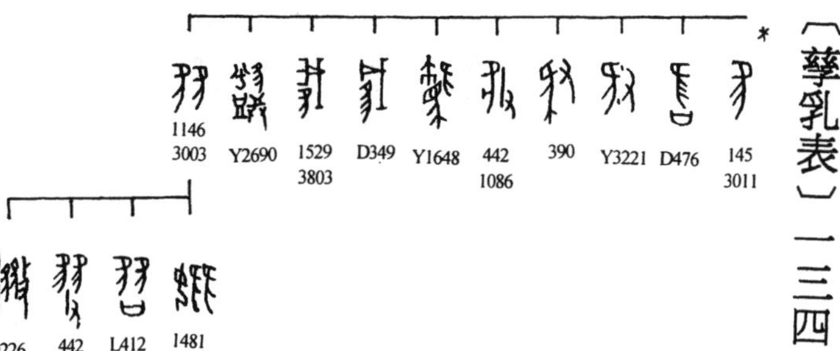
*
145
3011
D476
Y3221
390
442
1086
Y1648
D349
1529
3803
Y2690
1146
3003
1481
L412
442
1086
0226
595

〔字根〕四四四　□　S.1145 L.3011 G.3224

《說文》卷九豸部：「□　獸長脊行豸豸然欲有所司殺形。」

案：卜辭□，《文編》初版釋豸（九卷九葉下）、修訂版釋豸（一一四五號）。朱芳圃釋豸（《文字編》九卷七葉下）。《集釋》云：「字上象獸頭張口見牙、四足長尾之形。……金文貉字偏旁从豸，字作□（貉子卣）、□（己侯簋）、□（伯貉卣），並與此近。」（三〇一一頁）《釋林》則以□、□爲䝟若㨾，則係以□爲彖：「商器亞形父丁角（《攈》一之三．一四）器文有□字、蓋文作□，即甲骨文䝟字。……晚周行氣玉銘有墜字，其从彖作□，晚周璽文亦有墜字，其从彖作□，均由甲骨文□之从□所演化。」（四九～五一頁〈釋䝟𢽤〉）于說謂□所从□爲彖，然所舉例之□、□與卜辭□相去甚遠，似難謂爲一字。《篆隸表》所錄豹作□（六七三頁，《睡虎地簡》二九．二六），貉作□（六七三頁，《睡虎地簡》四二．一九五），貍作□（六七四頁，《睡虎地簡》三三、二八），所从豸與卜辭□（《前》四．五三．一）形近，朱氏釋□爲豸，當可從。

《綜類》四七頁本部所收□（《鄴》一．三二．八），下从人，上似張口兒，似當釋欠，改隸口部。

〔孳乳表〕一三五

1057 2777　1057 2777　1057 2777　594 1629　4348 3489　Y3124　Y3465　S505 1722 L4409　Y2046　1046 2943　Y2305　3233　1721 4419

Y2310　111　0239 531　Y2304　Y2454　Y520　3429 L3553 3489　3234 3067

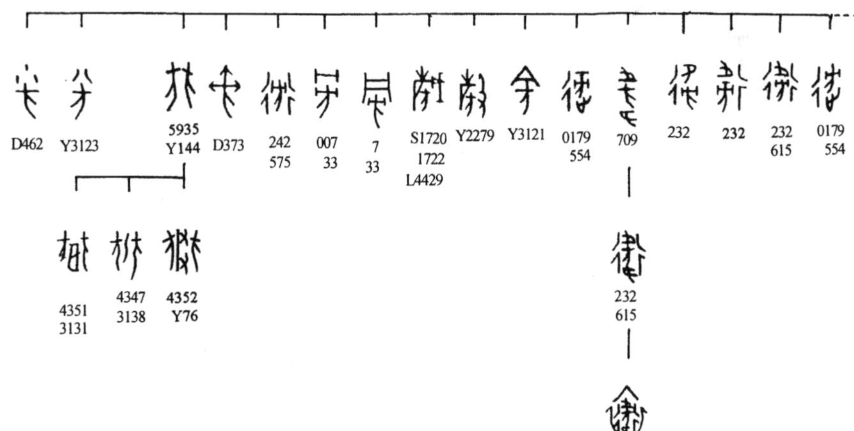

〔字根〕四四五 □ S.1721 L.4419 G.3690

《說文》卷十四亥部：「□ 荄也。十月微昜起，接盛侌。从二，二、古文上字也；一人男、一人女也；从乚，象裹子咳咳之形也。《春秋傳》曰：『亥有二首六身。』 □ 古文亥，亥爲豕，與豕同。亥而生子，復從一起。」

案：卜辭□、□，羅振玉釋亥（《增考・中》四葉下）。林義光從《說文》，以爲一象地，□象根荄形（《文源》）。郭沫若以爲亥爲怪獸，相當於射手座（《甲研・釋干支》六〇葉）。吳其昌以爲亥字原始之初誼爲豕之象形（〈金文名象疏證〉）。以上三說中，郭說遠涉悠謬，葉玉森已評其非（《前釋・一卷》一葉下），林吳二說俱出《說文》，然亦無他證，存疑爲是。

□與□（兀）形近，偏旁中或不分，如□（《文編》三四二九）或作□（《燕》七三〇），亥上古音在之部開一（*gər），兀在物部合一（*ngwət），聲音相去不遠，則亥或係兀之假借，其作□乃加□以別於兀。此說雖無他證，然卜辭干支皆借字，以形音而言，兀最爲近之也（故孳乳字中有不能定其爲从亥或从兀者，則兩部並見），姑存此以備考。

〔字根〕四四六 □ S.1057 L.2777 G.3119

《說文》卷八方部：「□ 併船也。象兩舟省，總頭形。□ 方或从水。」

案：卜辭□、□、□，羅振玉釋方（《增考・中》十三葉上）。徐中舒以爲字象耒：「方象耒之形製，故當釋為一番土謂之坺之坺。……方之象耒，上短橫象柄首橫木，下長橫即足之所蹈履處，旁兩短畫或即飾文，小篆力作□，即其遺形。古者秉耒而耕，刺土曰推，起土曰方，方或借伐、發、墢等字為之。」（〈耒耜考〉）葉玉森謂字象架上懸刀形（《說契》三頁十行）。高鴻縉先生謂字原意爲旁邊之旁，倚刀畫其靠架工形，故有旁邊之意（《字例・二篇》三〇七頁）。朱芳圃謂字从刀，一指握持之處（變形作工），即枋柄把之初文（《釋叢》一五九頁）。以上諸說中，徐氏〈耒耜考〉謂方象耒形，方即墢，其說最不可信，何以故？以字形言，卜辭耒作□（耤，蓺所从（參耒部）），金文同，未有作□形者；卜辭□及从□之字逾百，未有作□者（卜辭□、□舊或釋犂，本文從裘錫圭說釋勿、从刀，請參勿部）。徐氏以□上短橫象柄、次長橫象足蹈處，其實方字與□形相去太遠，難以服人。又引小篆□以說明□之兩短豎爲飾文，益覺無理，甲骨文力作□（參力部），金文作□（《金文編》二二一〇），小篆□乃由金文演化，與□無關，且耒爲蒼頭農夫所持用，飾文何所施乎？以音而言，上古音方在陽部，發墢在月部，韻部懸隔，古籍未見方發通段之例。以義言，方果象耒形，亦與墢義有別，況經傳方字未見可訓爲耒若墢者，徐氏謂「起土曰方，方或借伐、發、墢等字為之」，實爲附會之說，並無任何根據。徐說既不可據，其餘葉、高、朱三氏謂方从刀，較合卜辭字形，然此外亦別無確證。方之本形本義，恐仍有待深考也。

□（《文編》四三五一），王襄釋獄（《類纂・正編十》第四六頁上），《集釋》從之（三一三一頁），唯其字所从與□（犬）毫不相似，而近於方，茲改隸方部。

〔孳乳表〕一三六

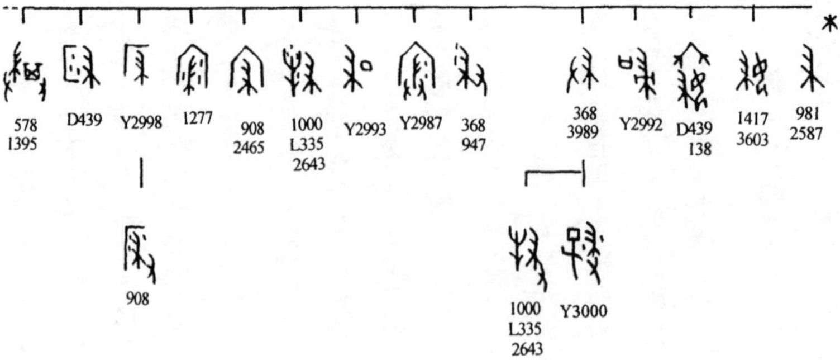

*

981 2587 | 1417 3603 | D439 138 | Y2992 | 368 3989 | 368 947 | Y2987 | Y2993 | 1000 L335 2643 | 908 2465 | 1277 | Y2998 | D439 | 578 1395

Y3000 | 1000 L335 2643

908

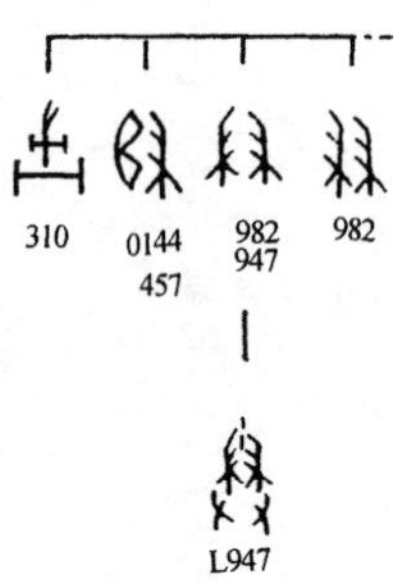

〔字根〕四四七 [glyph] S.981 L.2587 G.2983

《說文》卷七巾部：「[glyph] 所㠯糞也。从又持巾埽冂內。古者少康初作箕帚、秫酒，少康、杜康也，葬長垣。」

案：卜辭[glyph]、[glyph]，羅振玉釋帚，以爲字象帚形（《增考．中》四八葉上）。唐蘭謂[glyph]爲帚之初文，象王帚類之植物，以其可以爲埽彗，引伸之遂以帚爲埽彗之稱。或作[glyph]者，爲緐畫耳（《文字記》二四頁）。

〔孳乳表〕一三七

*

824 2217
Y3026
827 2227
Y3047
Y3027
D444
Y3044
Y3018
831
523 1385
834 2221 — Y3022
828 2235
Y3032
Y3045
Y2371

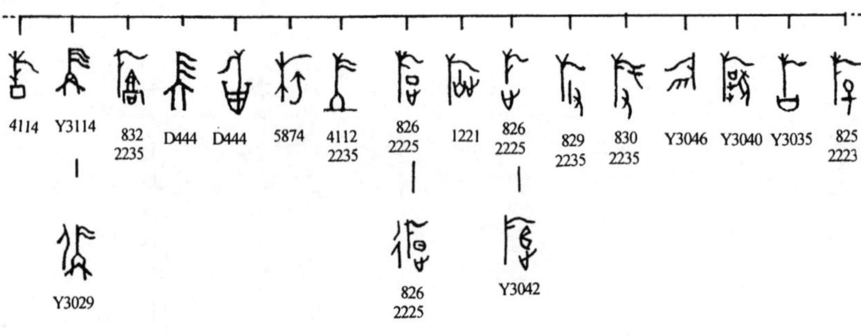

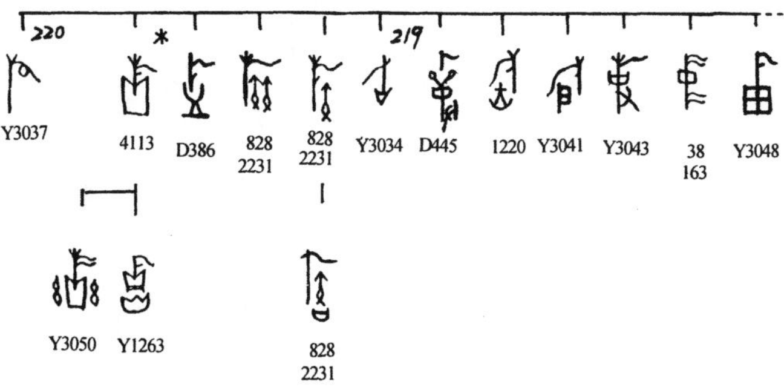
220
219
Y3037
4113
D386
828
2231
828
2231
Y3034
D445
1220
Y3041
Y3043
38
163
Y3048
Y3050
Y1263
828
2231

〔字根〕四四八　S.824 L.2217 G.3016

《說文》卷七㫃部：「旌旗之游㫃蹇之皃。从中曲而垂，㫃相出入也。讀若偃，古人名偃、字子游。古文㫃字，象旌旗之游及㫃之形。」

案：卜辭、，象旌旗之杠、首飾、游，羅振玉釋㫃是也（《增考・中》四五葉下）。惟羅氏謂亦㫃字，非是，字當從唐蘭釋中（參中部）。

《綜類》本部所收（四四四頁），當爲（《金》四六二（《英》一九六九），《合》二五六二八），（《粹》一二二五，从㫃从六，郭釋長，當非）卜辭未見字。又（四四五頁）字，當爲（《前》二、八、三）之訛，今正。

又《綜類》所收（四四五頁），拓本作（唯稍模糊，難以確認）（《前》二・四四・六（《合》三七六二二）），左似从木，右似斤似，《摹釋》以此字漫漶而不錄，茲從之。

〔字根〕四四九　S.4113 G.3049

字不識。

案：卜辭、上从，下所从不可識，於卜辭皆用爲方國侯名，、字从此。

〔孳乳表〕一三八

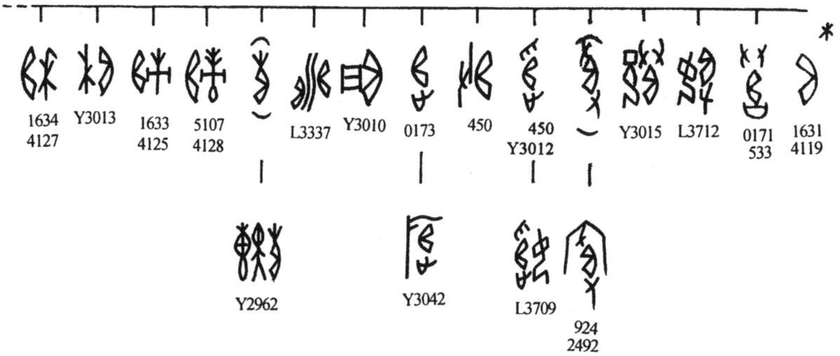

1631 4119
0171 533
L3712
Y3015
924 2492
450 Y3012
L3709
450
0173
Y3042
Y3010
L3337
Y2962
5107 4128
1633 4125
Y3013
1634 4127

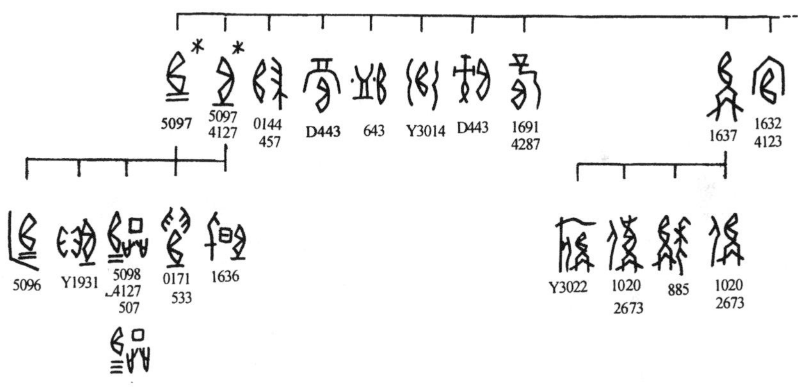

〔字根〕四五〇　S.1631 L.4119 G.3001

《說文》卷六帀部：「師　二千五百人爲師。从帀从𠂤，、四帀衆意也。　古文師。」

案：卜辭，孫詒讓釋𠂤，疑叚爲師（《舉例．下》廿六葉下）。又謂𠂤𠂤象土山陂陀衺側之形，與山丘字從橫相變。金文散氏盤陟降字竝从，則正以形直書之。亞形立旂彝有字，當即𠂤之正字（舊釋爲阜，誤），甲文多作，尙不相遠（《名原．上》二十頁），又謂𠂤爲師之省體（《說文古籀補》）。商承祚謂與爲一字，即古師字（《佚考》十五葉上）。郭沫若云：「𠂤字習見，多于師旅有關，舊釋為師，然有師𠂤同見于一辭者（叡觶、遇甗、稽卣等是），知其非是。古追歸字以此得聲，師餗字从此會意，𠂤即《說文》『𠂤、小阜也』，又『𠂤猶衆也』之𠂤（古文阜作象險峻之連峰，𠂤作，象圜頭之小阜，與豕兔兕象字同意，橫觀之即得），𠂤之後起字為堆，古或叚追為之（〈士冠禮〉「毋追」鄭注「追，猶堆也」《文選．七發》「踰岸出追」李善注「追亦堆字」）…又叚屯為之（《莊子．至樂篇》「生于陵屯」《釋文》引司馬注「屯、阜也」），本銘𠂤字當即屯聚之屯，師戍所在處也。」（《大系考釋》二～三頁〈小臣單觶〉）張與仁以爲象蛇形，後叚爲師字（《中國文字》十九冊〈己巳文字與彝器畫文考釋〉頁三）。白川靜以爲乃胾之初文，象純肉之形（《甲骨金文學論叢》三輯十一頁）。加藤常賢以爲𠂤象臀尻之形（《漢字之起源》六五六～六五八頁）。以上諸說，象臀象蛇，實乏典據；白川氏𠂤爲胾之初文之說，周法高先生亦已指出𠂤胾二字韻部相去懸遠，不可能爲一字（《詁林》七七八二頁），皆可以弗論，自餘諸家皆以即《說文》訓「小阜也」之𠂤，其與「師」之關係，或以爲𠂤叚爲師、或以𠂤爲師省、或以爲𠂤師同字，或以爲𠂤師必不同字，紛紛紜紜、莫衷一是。而夷考其實，則衆說皆誤，其所以然者，皆因誤以𠂤即《說文》訓「小阜」之𠂤，故與「師」之關係無法釐清。今案：𠂤即師之初文，與「小阜」之𠂤爲二字，魯師實先云：「《說文》𠂤部云：『𠂤、小阜也，象形。』案許氏以小𨸏釋𠂤，而以為象形，其說乃以𠂤為𨸏之省體，𨸏義為大陸，故謂𠂤為小𨸏。徐鉉曰：『𠂤今俗作堆，都回切。』考《儀禮．士冠禮》鄭注曰：『追猶堆也。』又《文選．七發》李善注曰：『追、古堆字。』徐鉉蓋見追从𠂤聲，又見李善之說以追為古堆字，而𠂤適有小𨸏之義，與《玉篇》以聚土訓堆之義相合，故以𠂤為堆之本字也。是未知追乃从𠂤會意，非如許氏之說為从𠂤諧聲，而徐氏乃據此以𠂤為堆之本字，其謬一也。……後之說者，於𠂤之釋義，皆引申許徐之謬說，故無一得其通解。自宋迄清之釋金文者，於𠂤并釋為阜，說尤剌謬。唯吳大澂據盂鼎、靜𣪘之𠂤，以為師之省體，其說近是。而未明𠂤字構體之義，乃以為師之省體，是亦未為得也。以愚考之，𠂤于卜辭作𠂤，於金文作𠂤，並與篆文同體，義皆為師，見于卜辭者，如云…𠂤之見于彝銘者，如……。據此可知凡卜辭彝銘所見𠂤字，無一不為師之初文。𠂤之結體當从二厶、厶亦聲。……𠂤从二厶者，乃《韓非子．五蠹篇》所謂自環為義，良以師旅為邦族之環衛，師之行止亦以環衛自警，故其字从厶也。作厶者乃示一人之自環、作𠂤者乃示眾人之自環，故其字从二厶會意。以𠂤為眾人之自環，故𠂤有眾意，《說文》帀部云：『師从帀从𠂤，𠂤、四帀眾意也。』又《說文》𠂤部：『官、从宀𠂤，𠂤猶眾也。』是許氏于師官二字之釋義，并得𠂤之本恉，此蓋相承之古訓。其以小𨸏釋𠂤者，乃許氏之臆說。夫𠂤既以環帀為義，而篆文復从帀作師者，乃後世重形之俗體也。推類言之，若逐敵曰追，以𠂤止辠曰辥，字并从𠂤以見師旅之義，此以字形字義證之，可知𠂤為師之初文也。考𠂤从厶聲，厶與師古音同為衣攝心紐，此以字音證之，可知𠂤為師之初文也。」」（《大陸雜誌》三七卷十一、十二期合刊〈說文正補〉一．九頁．𠂤）魯先生謂𠂤爲師之初文，本義爲師旅，而非「小阜」，其說一埽前人「師旅」、「小阜」之重重糾葛，極具卓識，當可從。唯許氏訓𠂤爲小𠂤，亦前有所承，非蹈空立說，卜辭𠂤、象阜之省，《說文》既訓阜爲大陸，自當釋小𠂤（參阜部）。卜辭𠂤於《說文》中已消失，其孳乳字如：官、辥，所从𠂤皆已類化爲𠂤，此則《說文》之失也。又甲金文無厶字，後世从厶之字甲金文皆不从厶，是𠂤之从二厶，似尚有待其他旁證以足成之也。

〔字根〕四五一　𦣹　S.5097 L.4127 G.3002

《說文》無。

案：卜辭𦣹、𦣹，楊樹達謂爲𠂤之繁文，當讀爲師（《卜辭求義》四二葉下）。《集釋》云：「从𠂤从一、或从二，《說文》所無，疑餗之異構，作餗者為名詞，此則動詞也。」（四一二七頁），劉釗云：「卜辭𦣹作𦣹、𦣹等形，乃𠂤之孳乳字，加一橫以示區別，用作動詞，義為『次』，謂軍旅駐紮。《春秋穀梁傳·昭公七年》：『次、止也。』《周禮·掌次》疏謂『言次者、謂止息也』，《左傳·莊公三年》『凡師，一宿為舍，再宿為信，過信為次』，卜辭𦣹的概念沒有《左傳》所釋之專門化，凡軍旅駐紮皆可稱𦣹。」（〈卜辭所見殷代的軍事活動〉，《古文字研究》十六輯一三一頁）《說文》：「次　不前不精也。从欠、二聲。　古文次。」𦣹與次字形相去太遠，金文次作𣄡（《金文編》一四五七），亦與𦣹形迥別，尚難遽認二者即一字。

〔孳乳表〕一三九

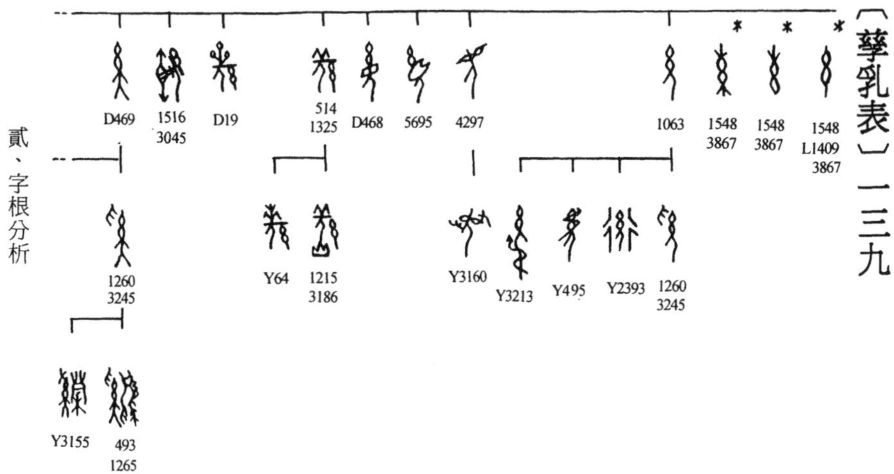
D469
1516 3045
D19
514 1325
D468
5695
4297
1063
1548 3867
1548 3867
1548 L1409 3867
1260 3245
Y64
1215 3186
Y3160
Y3213
Y495
Y2393
1260 3245
Y3155
493 1265

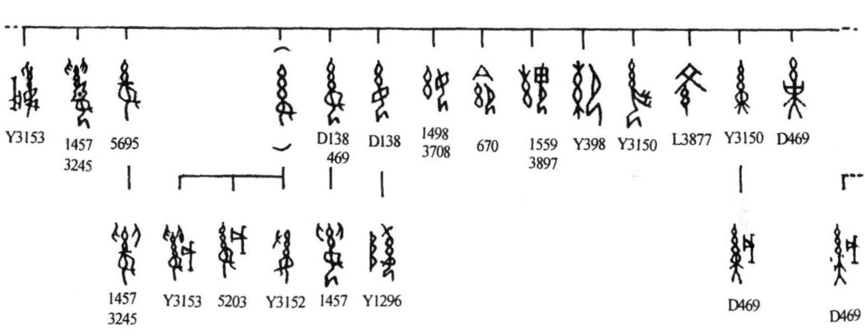
Y3153
1457 3245
5695
D138 469
D138
1498 3708
670
1559 3897
Y398
Y3150
L3877
Y3150
D469
1457 3245
Y3153
5203
Y3152
1457
Y1296
D469
D469

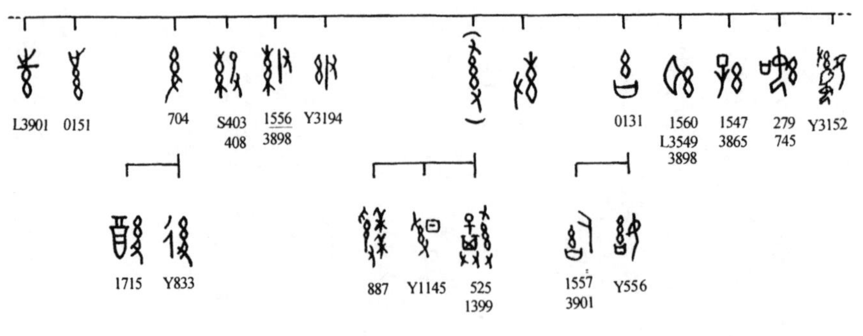
L3901
0151
704
S403
408
1556
3898
Y3194
0131
1560
L3549
3898
1547
3865
279
745
Y3152
1715
Y833
887
Y1145
525
1399
1557
3901
Y556

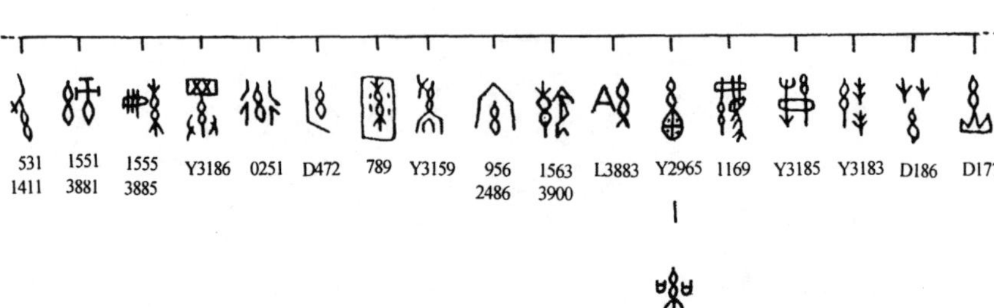
531
1411
1551
3881
1555
3885
Y3186
0251
D472
789
Y3159
956
2486
1563
3900
L3883
Y2965
1169
Y3185
Y3183
D186
D177
Y2966

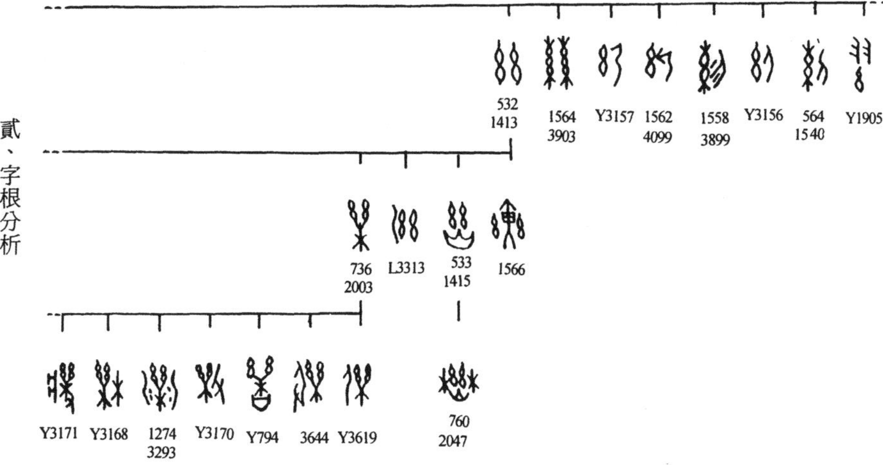
532 1413
1564 3903
Y3157
1562 4099
1558 3899
Y3156
564 1540
Y1905
736 2003
L3313
533 1415
1566
Y3171
Y3168
1274 3293
Y3170
Y794
3644
Y3619
760 2047

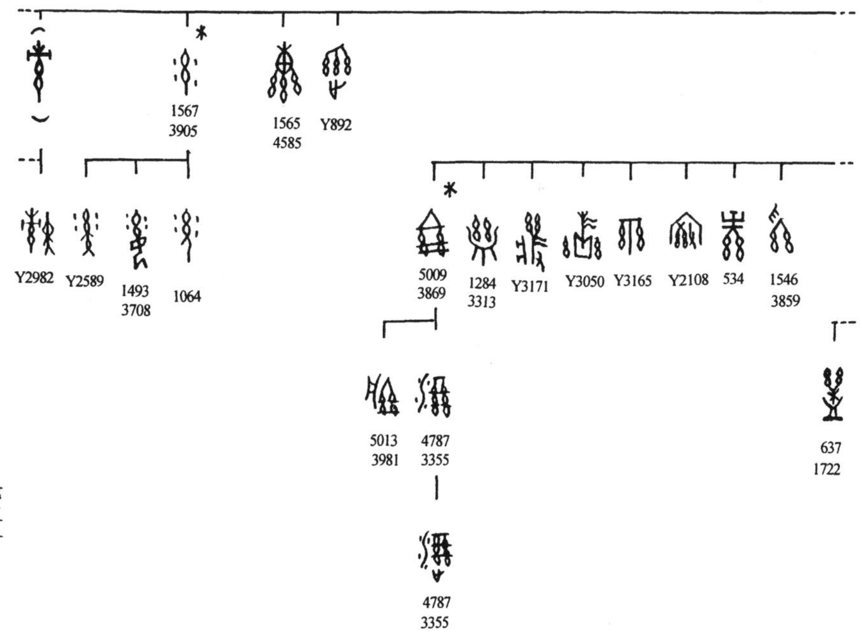
*
1567 3905
1565 4585
Y892
Y2982
Y2589
1493 3708
1064
*
5009 3869
1284 3313
Y3171
Y3050
Y3165
Y2108
534
1546 3859
5013 3981
4787 3355
637 1722
4787 3355

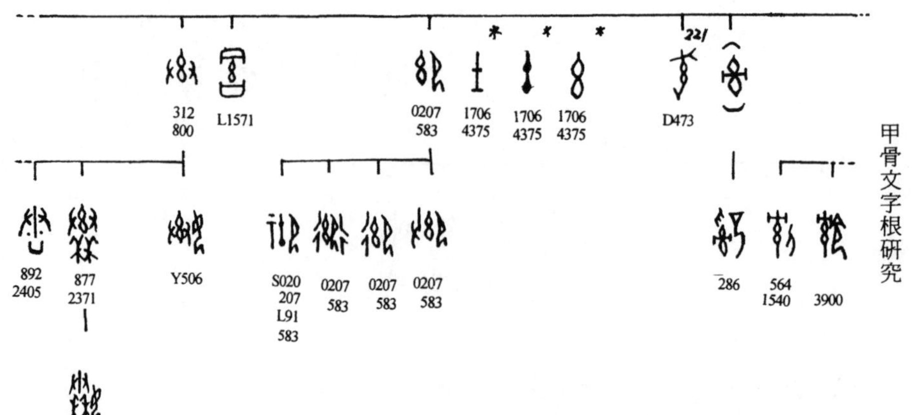

221
312
800
L1571
0207
583
1706
4375
1706
4375
1706
4375
D473
892
2405
877
2371
1483
3711
Y506
S020
207
L91
583
0207
583
0207
583
0207
583
286
564
1540
3900

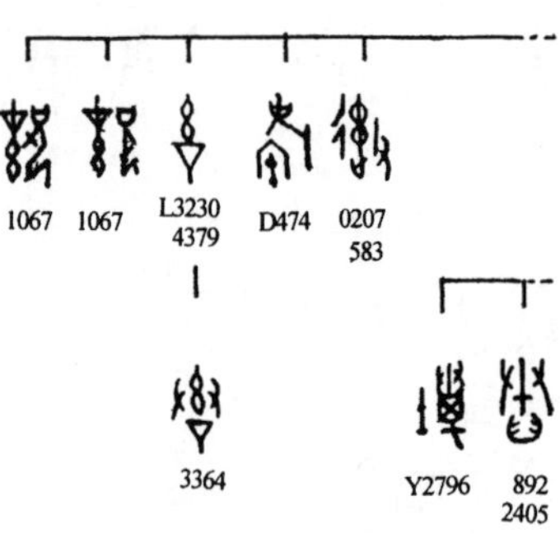

1067
1067
L3230
4379
D474
0207
583
3364
Y2796
892
2405

〔字根〕四五二　　S.1548 L.3867 G.3191

《說文》卷十三系部：「　細絲也。象束絲之形，讀若硯。　古文系。」

案：卜辭，羅振玉釋系（《增考·中》四二葉上）。又作、、、、等形，《集釋》云：「所从或在上端，或兩端俱有，未見但在下端者。」（三八六八頁）其作形者，與「午」字幾無法分別，唯「午」字首劃多較長，作「」，其餘則唯有借文例別之。字或釋玄，《合》三三二七六「乙子（巳）貞桒禾于三」，《摹釋》釋玄牛，可從。金文玄作（師至父鼎），高鴻縉先生以爲假繩索之爲玄黑之意（《字例·二篇》一四二頁），當是。字或釋幺，《集釋》謂「古系幺當為一字」（三八六八頁），當可從，唯所引《粹》八一六「不雨乙幺雨少」之例，「乙幺雨少」原拓作「」，當釋「丝雨少」，丝字末筆漏刻耳（《古文字學會第七屆年會論文》黃波〈甲骨字形正誤三十例〉說）。

《綜類》有部，而無字，當係失收。又《綜類》本部與部列字多重覆，今以从、諸字皆歸部。又、兩字已重見部，今刪。

〔字根〕四五三　　S.5009 L.3869 G.3172

《說文》卷十三系部：「　斷絲也。从刀系、卩聲。　古文絕，象不連體，絕二絲。」

又：「　續也。从系𢇍。　繼或作㡭，反𢇍爲㡭。」（案：原作从糸㡭，此從段注。）

案：卜辭㡭，葉玉森釋𢇍（《前釋．卷五》十四葉上），从系，三橫畫示斷絕之意，即絕之古文。中山王𠑭壺「內絕召公之業」，絕字作𢇍，从刀斷絲，當即卜辭㡭字，然變指事字爲會意字。《類纂》三一七二釋𢇍繼，以字形言，𢇍𢇍於卜辭當爲同形，其義則相反，然古漢語一義往往涵有正反兩義，如「亂」兼有治亂兩義是也。據此，卜辭絕字，後世分化爲𢇍𢇍（絕繼）二字歟？

〔字根〕四五四　率　S.1567 L.3905 G.3149

《說文》卷十三率部：「率　捕鳥畢也。象絲网，上下其竿柄也。」

案：卜辭率，羅振玉釋率，謂象絲网形（《增考．中》四九葉下）。金文率作率（盂鼎），與甲文同形。高鴻縉先生以爲字从繩索𢆶，旁著動象⺌，本義爲牽引（《字例．三篇》五八頁）。陳鐵凡云：「《爾雅．釋水》有繂，郭璞訓『索』，孫炎以為『大索』。繂即率之孳乳，郭孫訓索，其本義也。宋育仁逕以為索率一字。……甲骨文率作率、盂鼎作率，皆似索形，并上下糾具而無之，郭孫訓率為索，殆必有所本。」（《中國文字》二六冊二九二〇頁〈率與亂〉）考上古音率在物部合口三等（*liwət）、又讀微部合口三等（*siwər）；索在鐸部開口一等（*sak），韻部相去甚遠，當非一字，經籍未見相通之例，郭孫訓繂爲索，非謂率即是索也，卜辭另有索字作索，與率字顯然不同（索見𦃃（《合》二八一七一），𦃃（《綜類》四七二），象於工上編索爲索之形）。

〔字根〕四五五　□　S.1706 L.4375

《說文》卷十四午部：「□　啎也。五月侌气啎屰，昜冒地而出也。象形，此與矢同意。」

案：卜辭□、□、□，羅振玉釋午（《增考．中》四葉上）。又謂□字所从□與午字同形，殆象馬策（七十葉上）。林義光以爲字象杵形，即杵之初文（《文源》）。郭沫若則以爲御所从午當是索形，殆馭馬之轡（《甲研．下冊．釋干支》）。吳其昌引金文午作□，因謂午象矢形（《金文名象疏證》）。以上諸說，象矢、象索、象馬策，皆就形爲訓，不能於音義證明，蓋御之从午，不過以爲聲符，且御之本義爲迎迓，與駕馭無關，故御所从□不必訓爲馬策、轡索也。午之本義當以林義光說爲杵，最爲可取，高鴻縉先生云：「『斷木為午，所以舂也，亦作杵，借為子午之午，所以知其為午臼之杵者，□从午从臼，此其明證也。』按，午杵古今字，……午之初形直象杵，兩端粗壯，中央細小。」（《字例．二篇》一七五頁）舂於卜辭或作□（《鄴三》下四六．七），杵形省作丨。卜辭又有□字，見《前》六．二二．六，《後》下十二．十，葉玉森釋御（《前釋．六卷》二四葉下），《集釋》（五八三頁），《文編》（二〇七號）均從之，然則□亦午之變體。

〔孳乳表〕一四〇

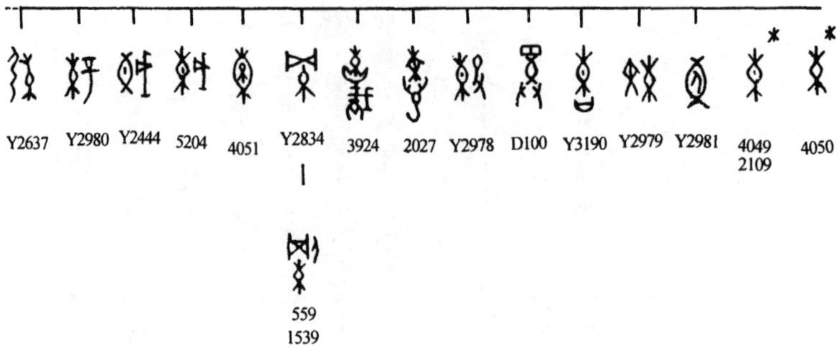

Y2637 Y2980 Y2444 5204 4051 Y2834 3924 2027 Y2978 D100 Y3190 Y2979 Y2981 4049 2109 4050

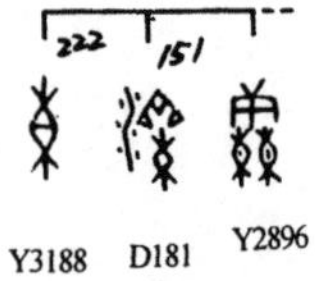

559 1539

222 151

Y3188 D181 Y2896

 □　S.4049 4050 L.2109 G.3187

《說文》卷六橐部：「□　囊也。从𣎆省，石聲。」

案：卜辭□、□，丁山初釋前一形爲囊：「毛公鼎有□字、散氏盤有□，諸家竝釋為櫜。櫜、許君謂从橐省，實則所从之□即囊字，《易》爻所謂括囊者也。」（《說文闕義箋》二八頁）後改釋□□爲橐：「□象樹木中空形，正是橐之本字。……甲骨文所見□（《前》五·十·七）、□（《後》下二三·十四）、□（《善齋》藏片），空木之中所从雖或不同，我認為都是橐字。」（《殷商氏族方國志》九〇~九一頁）于省吾則以爲甲骨文橐字作□或□，後來加□（缶）爲音符，遂變成外形內聲的形聲字。此外，甲骨文以□字爲祭名者習見，左从□也作□或□□，乃偏旁中的異構。□或□乃象形字，上下象以繩爲結，中部大腹以盛物，這和甲骨文束字作□或□，從不混同（《釋林》三四四頁〈釋橐〉）。常弘以爲于氏釋□爲橐可從，□則仍應釋橐，从□之□則當釋蠹：「橐字在甲骨文中字形作□或□，同時卜辭裡還有□字，有人把它和□並釋為橐或橐，但是兩種字形並沒有出現在同一組對貞卜辭中，也不見用作同一字的偏旁。……所以橐字異構雖多，卻不包括□字。橐、□二者形雖略似，但在武丁時卜辭中卻分別代表兩個不同的地名（或族名），不能同釋為一個字。……□……其形狀像一個結紮了兩端、中間突出便于貯物的大腹，此種工具當為橐。《說文》：『橐、囊也。』『囊、橐也。』二字互訓，實則兩種工具是不一樣的。對於二者的區別，……以『無底曰橐、有底曰囊』（《埤蒼》）之說為長。鮑本《戰國策·秦策一》高誘注、《一切經音義》引《倉頡篇》、《漢書·趙充國傳》引師古說、《廣韻》等都是這個主張。近年馬王堆一號漢墓隨葬的香囊，一端有底、一端以帶結紮，墓內的竹簡稱它為熏囊，這就從實物上證明了『無底曰橐、有底曰囊』的論斷是正確的。」（《甲骨文與殷商史》初集二五二頁〈釋橐和蠹〉）常說釋□爲橐，有馬王堆出土實物「熏囊」爲證，說無可易。唯謂□爲蠹，可商。字當釋鼀，參拙作〈說朱〉。又，無底之□既訓橐，則有底之□自應訓囊（參囊部）。

《綜類》本部所收□、□、□、□、□、□、□、□、□、□、□、□、□、□、□、□實从東；□从東，已重見東部。□、□、□、□、□、□、□（見《粹》一二二五、《甲》九一四，《綜類》四七四誤摹作□）、□、□當入糸部。□、□當入□部。又□（四七三頁），采自《林》一·八·五，片斷字殘，《摹釋》不錄。□（四七四頁），采自《存》二·五九八，本片又見《綴合》四二，實當作□，《續存》摹本誤。

〔孳乳表〕一四一

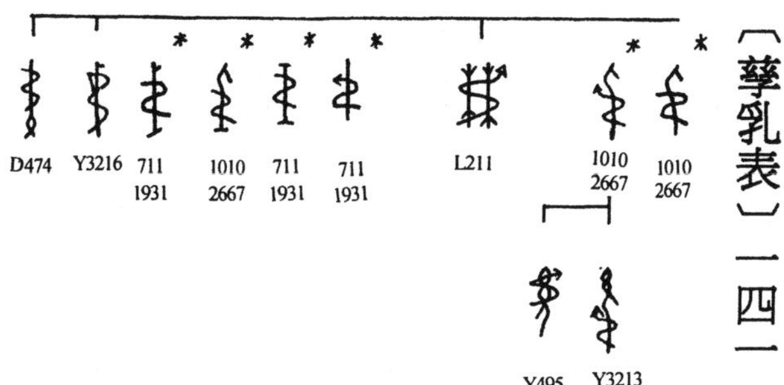
D474
Y3216
711 1931
1010 2667
711 1931
711 1931
L211
1010 2667
1010 2667
Y495
Y3213

〔字根〕四五七　□　S.1010 L.2667 G.3215

《說文》卷八人部：「□　問終也。从人弓，古之葬者厚衣之以薪，故人持弓會敺禽也。弓蓋往復弔問之意。」

案：卜辭□□，羅振玉釋叔，以爲或即隿之本字（《增考．中》四四葉上）。林義光以爲當釋弔，□象弓形（《文源》）。唐蘭亦釋弔，金文另有「□」字釋叔，以「弔」後世讀爲「叔」，故假叔爲弔（《導論．下》二十頁）。吳其昌釋叔，謂象矰繳卷施于矢䈙（〈金文名象疏證〉）。楊樹達釋弔，以爲蓋繳之初字（《小學》九四～九五頁〈釋弔〉）。周法高先生云：「弔字象人持矰繳之形，非弓矢形也，乃繳之本字，《說文》：『繳、生絲縷也。从糸敫聲。』段注據李善〈文賦〉注引增『謂縷系矰矢而㠯隿射也』十字，之若切，古音 tjawk；弔、多嘯切、又都歷切，古音 teaw 及 teawk，繳弔二字皆隸藥部。」（《詁林》五〇九四頁）。周氏綜結前人之說，釋形釋音俱合理可從。

弔與弟形近易混，其別在弔从人，弟从柲（參弟部）。

〔字根〕四五八　□　S.711 L.1931 G.3215

《說文》卷五弟部：「□　韋束之次弟也。从古文之象。□　古文弟，从古文韋省，丿聲。」

案：卜辭□，《燕釋》釋弟而無說（二四葉上一二八片）。考弟字於金文多見，作□、□、□（《金文編》三八六號）等形，林義光以爲从弋、□以束之，束杙亦有次第也（《文源》）。吳其昌以爲弟字明爲叔字之湝變，同象矰繳纏繞於蔛藁之形（〈金文名象疏證〉）。徐中舒以爲弟从弋从己，凡弋射之繳必有條理次第而後始能及遠，从己有次弟義（〈弋射與弩之溯原及關於此類名物之考釋〉）。張日昇云：「弋，金文作□，…其縱畫直、其橫畫近斜枝；弟所从□，其縱畫下半向右曲、其橫畫靠近縱畫末端，與戈字所从□，必字所从□相同，此實柲之象形，《說文》『柲，欑也』、『欑，積竹杖也。』，聚竹為柲，縛以繩、韜以帛而油桼之，弟从S蓋即以繩縛竹，與弗所从同意，《說文》云『弗，撟也』，竹雖直、然首尾不能如一，又或竹柔韌可揉，故曲之以示別於木柲也。」（《詁林》三六五三頁）以上諸說釋弟从弋者皆誤，唯張氏釋从柲，塙切可從。柲於卜辭作□、□、□，第五期作□與金文同，弋於卜辭作□、□、□、□，第五期作□，二字顯然不同（參柲部，弋部），金文弟所从□、□、□，甲文所从□爲柲而非弋，毫無可疑。據此，《文編》七一一弟字條下所收□、□、□、□諸字所从皆柲，釋弟亦無可疑。唯張說謂弟象以繩縛竹，竹不正需撟直、竹性柔韌可揉，故曲之作□以示別於木柲。此說可商，甲金文弟字所从柲直者甚多，如：□（《乙》八八一八）、□（《燕》一二八）、□（沈子它簋）、□（執馭觥），未見其必曲之作□以示別於木柲也。夫柲由□變爲□，不過文字之訛化耳，實與材質無關。

《燕》一二八「…□□□□…□□□□□」，《金》六一六「□□□□□□□□」（《英》八二四），文句全同，則□似亦當釋弟。準此，《後》下一三．二之□、《存》一〇八〇之□似均當釋弟（《文編》一〇一〇釋弔，非，弔當从人），柲形省爲□，□形作□耳。

《綜類》四七四所列□（《乙》八七二二、八八一八），實爲□之誤摹，亦弟字。又同頁□（《佚》一五二），拓本上部稍漫漶，依其構形，疑亦弟字。

〔孳乳表〕一四二

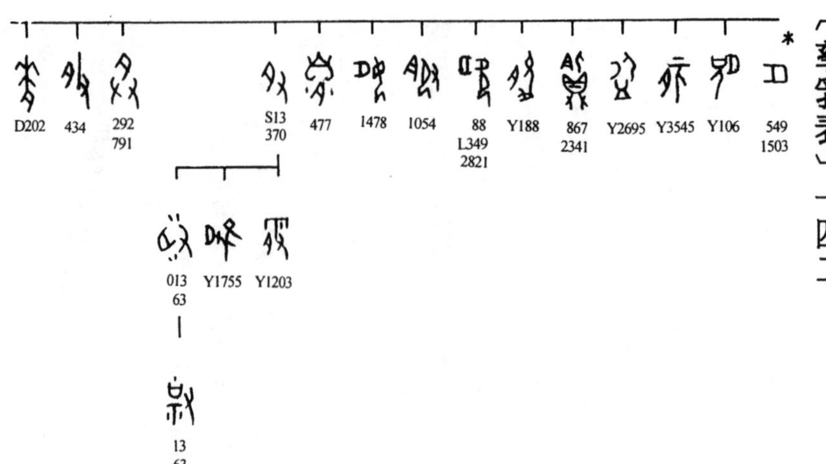
D202
434
292 791
S13 370
477
1478
1054
88 L349 2821
Y188
867 2341
Y2695
Y3545
Y106
549 1503
013 63
Y1755
Y1203
13 63

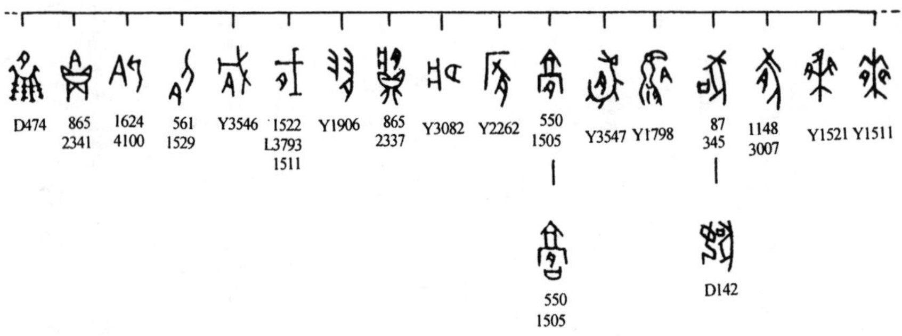
D474
865 2341
1624 4100
561 1529
Y3546
1522 L3793 1511
Y1906
865 2337
Y3082
Y2262
550 1505
Y3547
Y1798
87 345
1148 3007
Y1521
Y1511
550 1505
D142

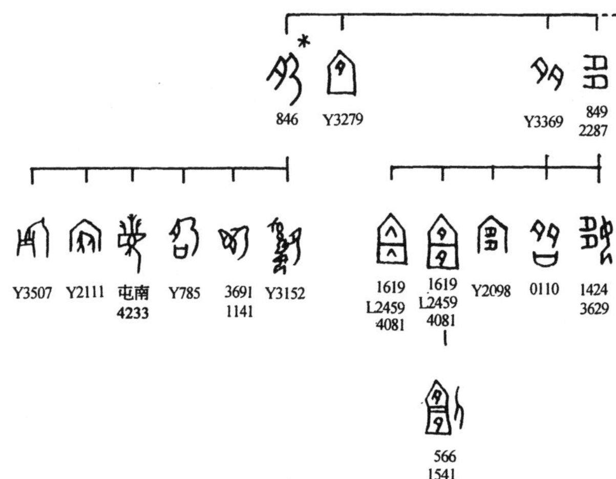

846
Y3279
Y3369
849
2287
Y3507
Y2111
屯南
4233
Y785
3691
1141
Y3152
1619
L2459
4081
1619
L2459
4081
Y2098
0110
1424
3629
566
1541

〔字根〕四五九　[glyph]　S.549 L.1503 G.3277

《說文》卷四肉部：「[glyph] 胾肉。象形。」

案：卜辭[glyph]，屈萬里先生釋肉：「以卜辭膏字作[glyph]及[glyph]鼎胤字作[glyph]證之，當是肉字。」（《甲釋》二三四頁一八二三片）其作[glyph]（《佚》一一．九一五）者，《佚考》不識，以祭字作[glyph]（《錄》三一九），[glyph]（《鄴》三．四一．一〇）證之，當亦肉字，《文編》五四九收於肉下是也。又字於偏旁中或作[glyph]，與口形全同，如祭或作[glyph]（《前》二．三八．二）。據此，卜辭[glyph]（《佚》三五九），《佚考》釋豚，當可從。

〔字根〕四六〇　[glyph]　S.846

《說文》卷七夕部：「[glyph] 轉臥也。从夕卪、臥有卪也。」

案：卜辭[glyph]，《文編》八四六釋夗而無說，又有从夗之[glyph]（《綜類》一〇二），于省吾釋智，以為所从之[glyph]即夗：「甲骨文有[glyph]字，亦作[glyph][glyph]等形，唐蘭云：『[glyph][glyph]即盾之本字，當讀為循。』（《天考》六四）按唐說誤。[glyph]字从夗、从目，即智字。周代金文[illegible]字常見，其所从之夗，臣辰卣作[glyph]，臣辰盉作[glyph]，寧鼎作[glyph]，呂鼎作[glyph]，[glyph]盨『迺乍余一人[glyph]』，[glyph]字舊不識，即夗，應讀為怨。東周器右里[glyph]，[glyph]字从夗作[glyph]，形已稍有訛變，《說文》以夗為从夕从卪，失其朔矣！」（《釋林》四〇頁〈釋智〉）。于氏所舉夗形之演變，頗為詳明，釋夗當無可疑。唯其構形尚不可知，左旁所从似肉似口，然不从夕；右旁所从宛委之狀，不知象何形，然不从卪。卜辭从之孳乳之字有[glyph]、[glyph]、[glyph]、[glyph]、[glyph]、[glyph]等六文，姑視為字根。又[glyph]、[glyph]《類纂》六〇四號皆隸定作智，是以右旁之[glyph]亦夗字。

〔孳乳表〕一四三

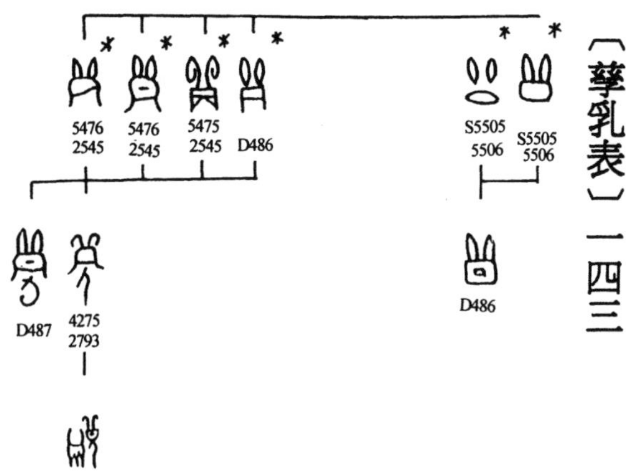
S5505
5506
S5505
5506
D486
5476
2545
5476
2545
5475
2545
D486
D487
4275
2793
Y2774

〔字根〕四六一　□　S.5505 L.5506 G3293

字不識。

案：卜辭□、□，字不識，於卜辭約十餘見，似皆為方名，如：「貞弜令□□□由取舟不若」（《乙》五六八九（《綴合》三〇三　《丙》四〇〇）），《丙釋》以□、□、□、由四者並列，以為係人名或族名。「其作□于□□」（《甲》四二七），《甲釋》以為□□皆地名。□見《珠》一〇一七，拓本稍漫漶，姑亦置於此部。

□《綜類》四八六，或釋囟（〈釋稷〉）一文，即□□之異構，當可從（參□部），茲改隸□□部。

〔字根〕四六二 □ S.5475 5476 L.2545 G.3296

《說文》無。

案：卜辭□、□，于省吾釋苜，以爲象以羊角爲飾之帽形，當係古代蠻夷所戴帽形（《駢續》十七葉下〈釋苜〉）。《釋林》則稍事修正，不謂爲蠻夷之帽：「甲骨文芇字常見，作□、□、□、□、□形，王襄釋羌（《簠征》三四）、葉玉森謂疑即蒙字（《前釋》四・六一）、唐蘭謂□則即《說文》死字古文之□（《天考》四〇）。按以上各說均屬臆測，……□字本象人戴羊角形之帽，古代狩獵，往往戴羊角帽并披其皮毛，以接近野獸而射擊之，甲骨文芇字之作□，即象此形。」（一五頁〈釋芇〉）綜合于氏此二文，□、□、□當象某種帽形（未必是戴羊角）（《集釋》二五四五頁逕以爲曰，似非）。

《綜類》四八七□，實當釋□□二字（于省吾說，見《駢續》十八葉下），辭云「甲子卜貞王賓□□旬尤」（《前》六・六一・二），以辭例言，□□決是二字，《綜類》誤。

〔孳乳表〕一四四

0075 3467
0073
S72 3089 L279
65 279
Y2690
3099 2407
872 2353
0068 263
L1209
1062 2789
Y146
Y138
* S0063 3085 L249
* S0063 3085 L249

501 1381
D277
Y2296

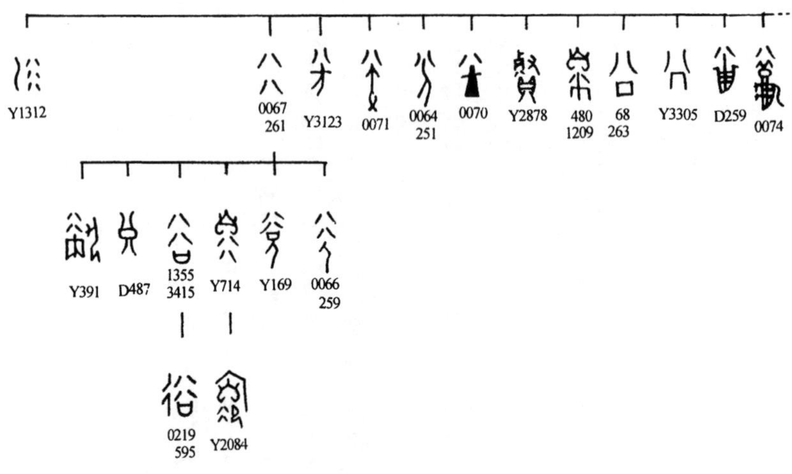

〔字根〕四六三　八　S.63 3085 L.249 G.3300

《說文》卷二八部：「八　別也。象分別相背之形。」

案：卜辭八，羅振玉釋八（《增考．中》二葉上）。于省吾云：「《說文》：『八，別也，象分別相背之形。』就形言之，與初文之意當不相違。」（《駢三》第三二葉下）。

卜辭別有八（《綜類》四八七），魯師實先釋八：「八乃方名與姓氏，肁栔者並無論釋，蓋以其結體雖與《說文》訓別之八相同，而體勢稍衺，且其義為方名，而經傳未見山水方域在九州之內以八為名者，故未遽斷其為紀數之八也。以愚考之，八即紀數之八字，結體偏衺，亦卜辭恆見之例。以八為八字，故方名之八有作八者，如云八㞢咎（《明氏》一八〇〇片）是也。帚八有作帚八者，如云帚八☐矛　爭（《粹編》一四八五片骨臼）是也。紀數之八亦有作八者，如云其八禱王受又（《粹編》五四四片，案禱乃邑之繁文），是也。即此可證八八二字為義無別，其為一字之異體，斷無可疑。」（《殷契新詮》之六第六五頁），魯師所舉第一例「八㞢咎」，八當爲方名若人名，與八同用（第二例帚八實爲帚井），然則八當亦可釋八（卜辭常以同一字之異體表不同之用法，如：[glyph]爲先祖、[glyph]爲獸名；☒×爲數名、☒爲某種祭祀場所（參五部）。皆其例也）。

〔孳乳表〕一四五

*	*			*
5479	5478 4109	Y3336	Y3337	1502 3731

〔字根〕四六四 □ S.5478 5479 L.4109 G.3335

《說文》卷五久部：「久 從後灸之也。象人兩脛後有歫也。《周禮》曰：『久諸牆以觀其橈。』」

案：卜辭□、柯昌濟釋升（《殷虛書契補釋》），陳邦福從之（《殷契辨疑》五葉）。葉玉森以《簠帝》一四三□□同見一辭，葉氏已釋□為升，因疑□非升（《前釋．一卷》廿一葉下）。《集釋》從柯說釋升，以爲□當釋斗（惟《集釋》二六九頁釋□爲必，四一〇三頁釋□爲斗，與本條說法鉏鋙）而□當釋□，爲□之孳乳字（四一〇九頁）。詹鄞鑫云：「□上部的短畫與曲畫相連，即成為小篆的久（久）字。雲夢出土的秦木牘文『久』寫作久（M4：11），與甲骨文和小篆都相似。久與灸是古今字，《說文》……，以灸釋久；……灸正是久的加旁分化字。……從訓詁看，久和灸都有灼烙義，《說文》『灸、灼也』、『烙、灼也』。……進一步結合考古實物對照字形，可知久的甲骨文正是炮烙的銅格的象形，……一九七八年在湖北隨縣出土的曾侯乙墓戰國古禮器中，正好有一套炮烙牲肉的用具，……把它燒紅之後，可以炮毛而灸肉，用于刑法，則可以在人體上烙出許多格子來，根據實物可知，甲骨文的□正是銅格的側面象形（如下圖）。」（《中國語文》一九八五年五期，〈釋甲骨文久字〉）詹氏釋□爲久，即炮烙所用之銅格之側形，字形肖似，字義有徵，當可從。

〔字根〕四六五 [glyph] S.1502 L.3731

《說文》卷十二氏部：「[glyph] 木本也。从氏丅、本大於末也，讀若厥。」

案：卜辭[glyph]、[glyph]，王襄釋氒（《類纂·正十二》五五葉下）。郭沫若以爲氒即矢栝字之初文，《說文》：「栝，檃也。从木、昏聲。一曰：矢栝、檃弦處。」栝从昏聲，昏又从氒省聲，故栝氒同音，矢栝檃絃處之栝，此氒字也。《貞松堂集古遺文》（卷十二、二十七）著錄矢栝三器，其第二器如次（見下圖），請圖前器而橫置之，非即古氒字所象之形耶（《金文叢考》二三八頁，〈釋氒氏〉）。郭說以氒爲栝之初文，與《說文》栝之釋形合，又有古器物之證，當可從。

[glyph] 栝

〔孳乳表〕一四六

66 259　Y6　66 259　0062 247 *　D462　4837　491 1255　4651 4553　Y1231　Y3076　1001 2751　0061 245 *

D5　L2819　Y2473　L3395

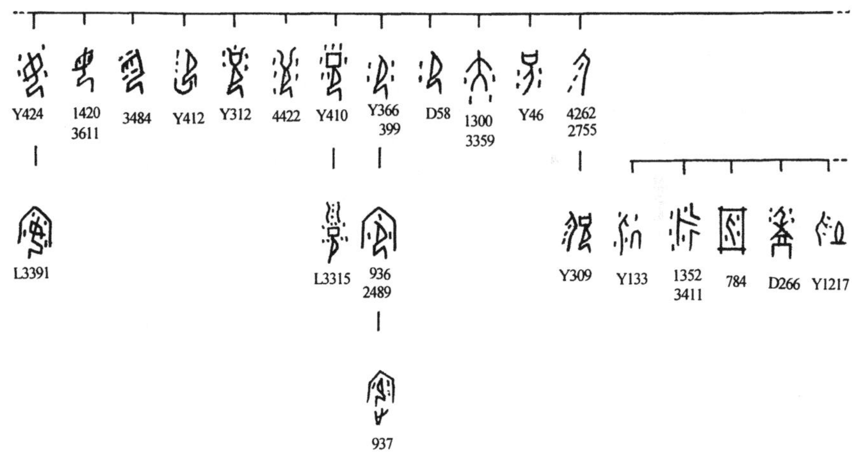

351 895 | D379 | 1078 | Y3331 | Y342 | 1077 2829 | 3199 677 | Y776 | 1299 | D101 | 464 1135 | 464 1135 | 1698 | 1291 3339

1094 | Y612 | 1477 3710 | 1698 4325 | 525 1399

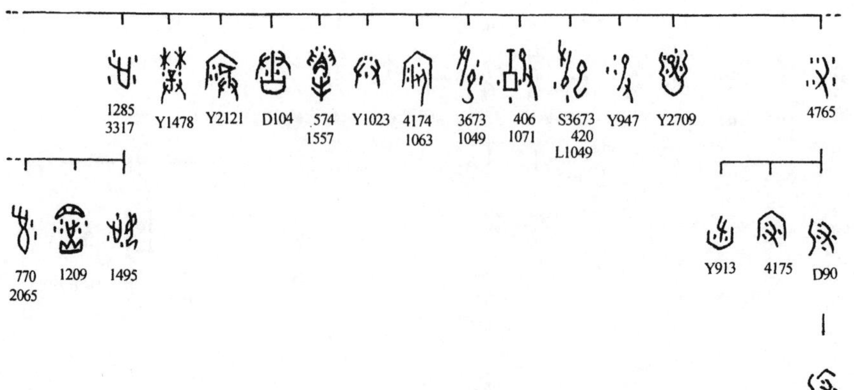

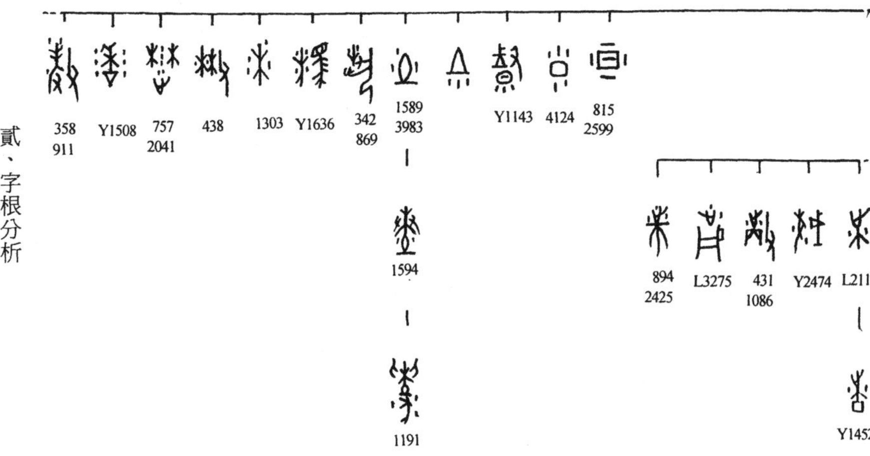
358
911
Y1508
757
2041
438
1303
Y1636
342
869
1589
3983
Y1143
4124
815
2599
1594
1191
894
2425
L3275
431
1086
Y2474
L2119
Y1452

290
S4529
1112
L2903
D439
Y2962
Y2076
Y2075
4364
2729
L3793
522
1361
1295
3345
651
961
2507
Y1628
D221
633
1155
D211
889
2387

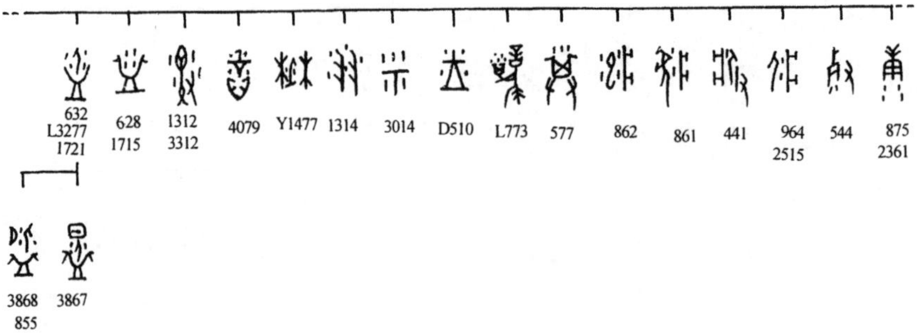

632 L3277 1721 | 628 1715 | 1312 3312 | 4079 | Y1477 | 1314 | 3014 | D510 | L773 | 577 | 862 | 861 | 441 | 964 2515 | 544 | 875 2361

3868 855 | 3867

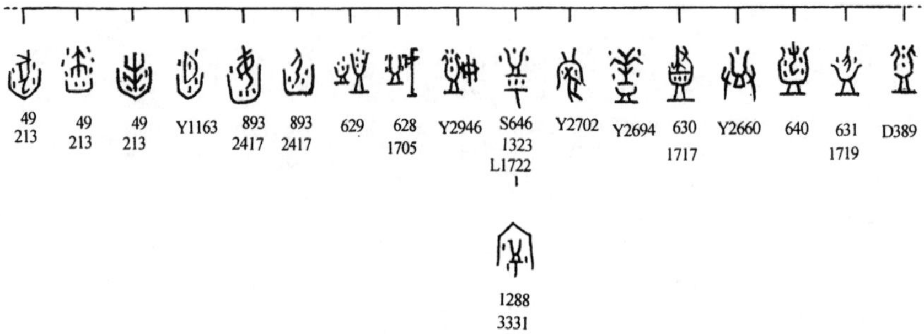

49 213 | 49 213 | 49 213 | Y1163 | 893 2417 | 893 2417 | 629 | 628 1705 | Y2946 | S646 1323 L1722 | Y2702 | Y2694 | 630 1717 | Y2660 | 640 | 631 1719 | D389

1288 3331

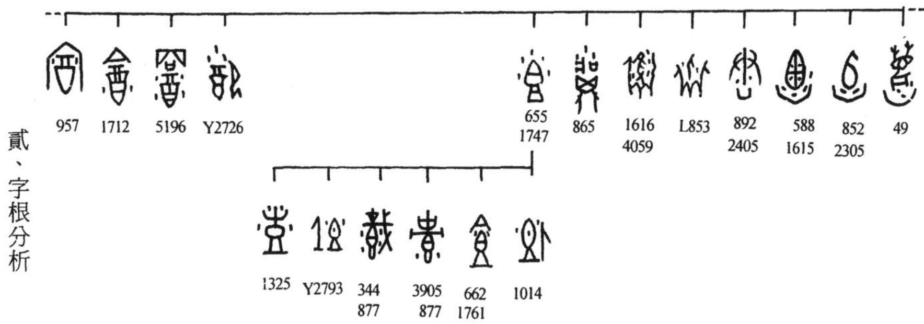
957
1712
5196
Y2726
655 1747
865
1616 4059
L853
892 2405
588 1615
852 2305
49
1325
Y2793
344 877
3905 877
662 1761
1014

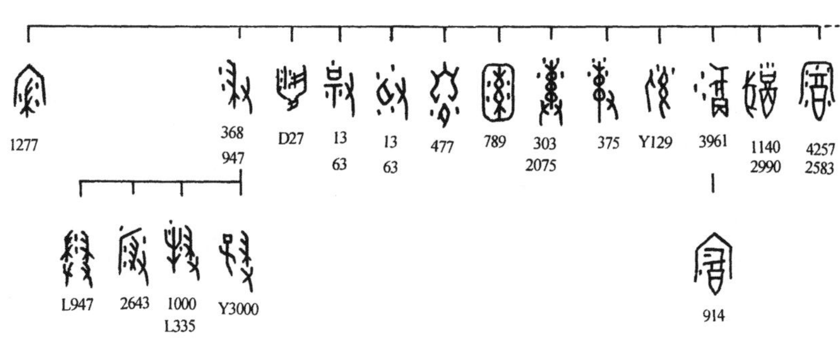
1277
368 947
D27
13 63
13 63
477
789
303 2075
375
Y129
3961
1140 2990
4257 2583
L947
2643
1000 L335
Y3000
914

〔字根〕四六六　S.61 L.245 G.3329

《說文》卷一小部：「小　物之微也。从八、丨見而八分之。」

案：卜辭，羅振玉釋小（《增考．中》七四葉上）。《集釋》云：「象物微細之形。」（二四六頁）。《綜類》本部所列十三字中，从「小」者約七字，其餘如、等所从之並非「小」字。康殷嘗就古文字形中之小點予以分析歸類，以爲其功能表現有十六類：（一）微細小物、（二）塊狀物、（三）液狀物、（四）聲波、（五）色彩、（六）光芒、（七）氣味、（八）風、（九）雲處、（十）病、（十一）器官、（十二）重覆、（十三）孔穴、（十四）某些複雜內容、（十五）其它雜物之形、（十六）繁文（《古文字學新論》六〇九頁〈古文字形中的小點〉），其說雖頗有可議者（如（五）、（八）、（十）），然已足見古文字中小點所含意義之複雜，絕非「小」字所能盡賅。故本書本部除《綜類》所收十三字外，另將甲骨文中帶有小點之文字全部收入（爲免過於龐雜，以帶點爲常之及其孳乳字不列入），全部共計一百八十七字，藉供研契之參考。

甲骨文小、少多不分，从小之合文，除見于《文編》者外，另有小甲作（方靜若說，據下裘文引），小母作（徐中舒〈甲骨文字典序〉，頁三），小且乙作（姚孝遂〈契文考釋辨正舉例〉，《古文字研究》一、一七八頁），小辛作（《合》四一四一〇，《南坊》五、五九），十小宰作宰（《英》二二一九）小父丁作（《合》三二八三四），（裘錫圭〈殷墟甲骨文字考釋七篇—小與他字的合文〉，《湖北大學學報》一九九〇．一，五〇頁）準上例，《文》八七八之或係十父乙之合文。

〔字根〕四六七 [glyph] S.62 L.247 G.3330

《說文》卷二小部：「[glyph] 不多也。从小丿聲。」

案：卜辭[glyph]，羅振玉釋少（《增考・中》七四葉上）。葉玉森云：「《殷虛卜辭》四〇一版『己巳卜込[glyph]臣其斧』……小臣之小正作[glyph]，知[glyph][glyph]同字。……篆文之[glyph]即由[glyph]變，衰盤形沙之沙作[glyph]，仍从[glyph]，知古本無少字。」（《集釋》二四六頁引）《集釋》云：「古文小少每不分，以其形近、義復相因也。」（二四六頁）唯以字形言，[glyph][glyph]究為二形，二字雖偶見通用，然大體區別仍極分明，小示、小王、小子之類，似未見通用「少」者。其於狀雨，少小互見，然多言小雨，雨少；較少言雨小、少雨，足見二字確有不同。以音言二字上古音皆在宵部開口三等，（小：*sjiaw 少：*stjiaw），二字聲母相近而不同。以義而言，小以狀其勢，少以言其量，亦相近而不同，小雨而綿延多時則未必雨少；驟雨而歇則雨少，然未必為小雨。據此，少小雖或通用，然形音義各別，已釐然二字矣！

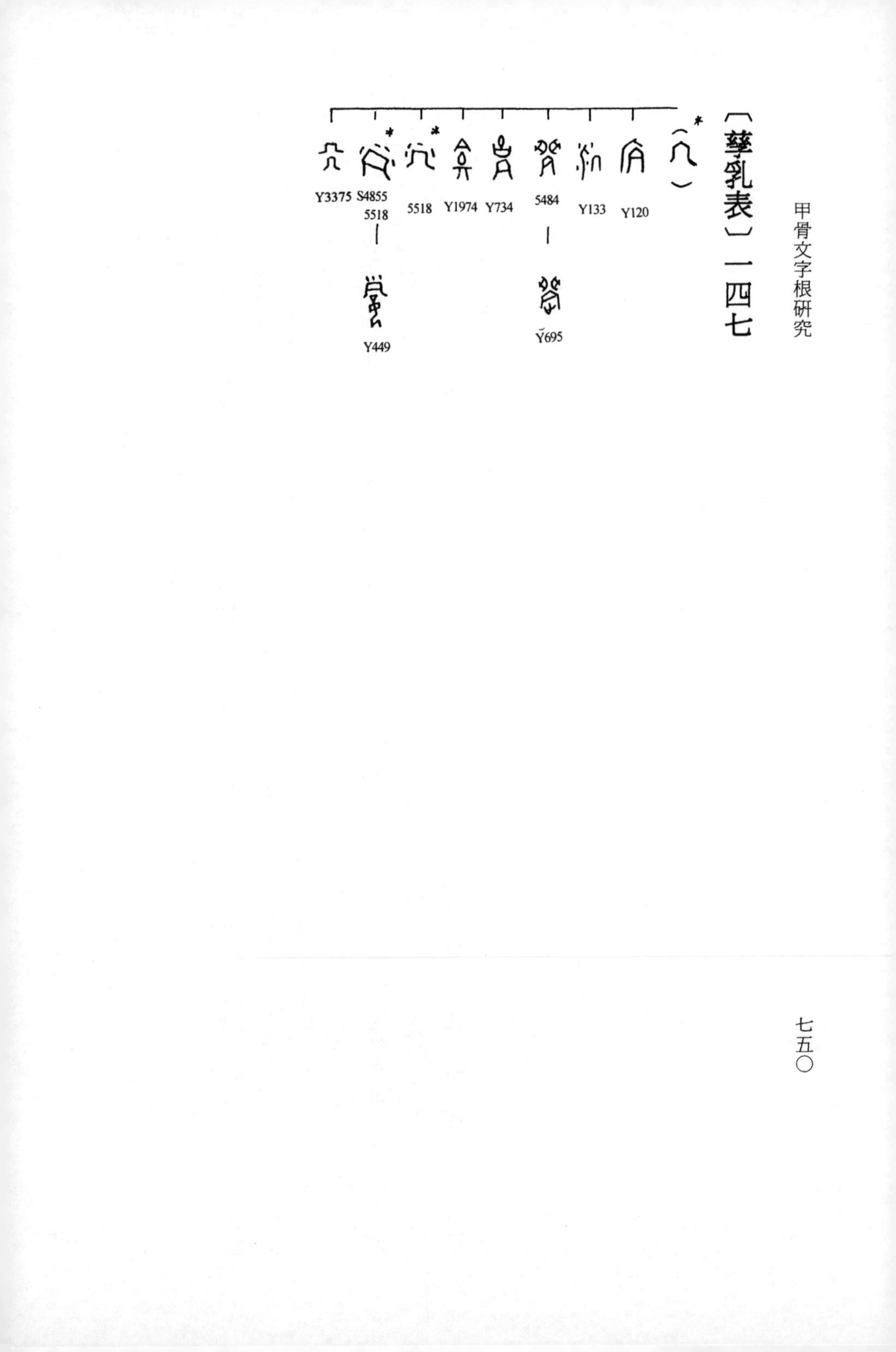

〔孳乳表〕一四七

（*）

Y120 Y133 5484 Y734 Y1974 5518 S4855 5518 Y3375

Y695 Y449

〔字根〕四六八　几

《說文》卷十四几部：「□ 凥几也。象形，《周禮》五几：玉几、彫几、彤几、鬃几、素几。」

案：卜辭無獨體几，而於偏旁中有之，□、□，于省吾釋凥，通釁：「甲骨文于用牲每言凥，其字作□□□□□□等形，……即《說文》釁之初文，……凥字所从之□□□□，均象几案形，其或一足高一足低者，邪視之則前足高後足低，其有橫者，象橫距之形，今俗稱為橫撐。《禮記·明堂位》：『俎，……夏后氏以嶡』，鄭注：『中足為橫距之象』，周代金文處字从几，宗周鐘作□、弓鎛作□、蚰匕作□，均象几形。近年長沙出土之漆几作□，尤其明徵。又漢代鏡銘飢字从几作□或□，猶存古文遺風。」（《釋林》二二一頁，〈釋釁〉）于說釋几字字形之演變，頗爲詳明，□之从几，應無可疑。

□字下所从應爲曰（依《說文》），□字應爲□（祇）之省形（《古文字研究》六輯，一六七頁張亞初說，參本文□部）。唯以字形與几無別，仍列此部以備參。

〔字根〕四六九　□　S.4855,5518 L.4498 G.3284

《說文》卷五血部：「釁 㠯血有所刏涂祭也。从血，幾聲。」

案：卜辭□、□，商承祚疑祭之省文，楊樹達釋爲貴，李亞農釋衅（均參《詁林》），于省吾釋凥，通釁：「甲骨文于用牲每言凥，其字作□□□□□□等形，……即《說文》釁之初文，……凥字所从之□□□□，均象几案形，……凥从數點象血滴形，與釁之从血同義。」（《釋林》二二一頁，〈釋凥〉）于說釋釁字字形，頗爲合理。雖李孝定先生以爲與後世文字遞嬗之迹不明，以存疑爲適。然不妨姑依此說。

〔孳乳表〕一四八

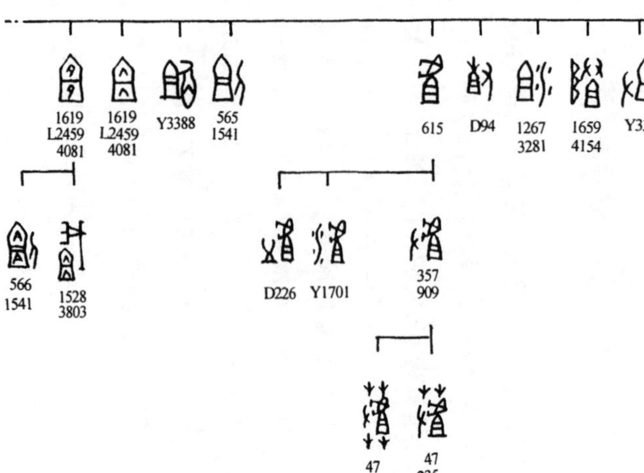
S015 1618 L71 4079
Y418
Y765
Y3387
1659 4154
1267 3281
D94
615
565 1541
Y3388
1619 L2459 4081
1619 L2459 4081
357 909
Y1701
D226
1528 3803
566 1541
47 235
47 235

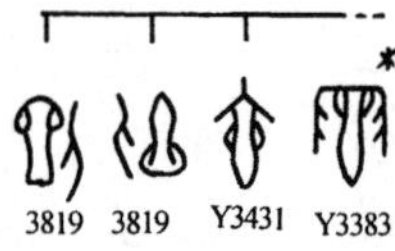
Y3383
Y3431
3819
3819

〔字根〕四七〇 □ S.1618 L.4079 G.3627

《說文》卷十四且部：「且 所㠯薦也。从几，足有二橫，一，其下地也。□ 古文㠯爲且、又㠯爲几字。」

案：卜辭□□，羅振玉逕釋爲祖（《增考．中》十四葉下）。郭沫若以爲「牡器」之象形（《甲骨文字研究》三三至三四頁〈釋祖妣〉）。高田忠周以爲象古廟形（《古籀篇》一、六頁）。《集釋》云：「□象神主形，□（宜）則象禮俎之形，二物皆屬長方，於文難以為別，然俎所以存肉，故於文从二肉作□以別之耳，□□非一字也。」（四〇七九頁）唐蘭云：「且…非牡器之象形，牡器之形自作⊥（士），而且字自象盛肉之俎形。…字本當作□，象俎形，其作□或□者，蓋象房俎，於俎上施橫格也。且既俎之本字，則何以用為祖妣之義耶？余謂此當求之於聲音、假借，而不當於形意求之。…且俎一字，卜辭金文俎作□□等形，然後世則誤析為俎宜，二字。…容庚《金文編》刱俎宜一字之說，…然容又引王國維曰：『俎宜不能合為一字，以聲絕不同也。』…余按王氏以韻部相隔，遂謂聲絕不同，非也。『且』、『宜』古音本屬舌頭，與『多』相近，其後變而為齒頭正齒之音，獨用為宜適義仍保存其舌頭音，後人遂誤以為从『多』聲矣！」（〈殷虛文字二記〉，《古文字研究》一輯五五～六二頁）以上諸說中，郭說無徵，卜辭自有牡器字（參□部）。高田說亦無據。《集釋》謂□象神主，□象俎形，二者別字，然卜辭□（且）□（俎）所从之□實毫無區別。唐蘭謂且俎一字，俱象俎形，□假爲祖妣字。說最可從。唯謂後世誤析□爲俎宜二字，則非。且俎宜三字當同出一源，其初或即作□，後以□假爲祖妣義，於是樽俎義乃別加□作□（多俎音近，□爲義符兼聲符），□又分化爲俎宜二形二義（非誤析），西周器三年𤼷壺俎作□，已與宜開始分化。上古音且俎俱在魚部開口三等，且音*tsjar *tsjiar、俎音*tsiar，宜在歌部開口三等（*ngia），多在魚部開口一等（*ta），聲音相近，殷代同出一源，當無可疑（于豪亮以為□釋俎，□釋宜，俎宜非一字（〈說俎〉，《中國語文研究》二輯四七頁，又《于豪亮文存》第七七頁），說非，□字出現于西周，甲骨文俎宜尚未分化，皆作□，唐說為是。）

〔字根〕四七一　□

疑為卯（□）字。

案：卜辭□（《新》二八四四），陳漢平釋卯（□）：「甲骨文有字作□，舊未釋。按此字从□，象體毛形。……而□字所象，即為陽具。……《說文》□字即□之局部截取，故甲骨文此字當釋卯，□。長沙馬王堆漢墓出土帛書《五十二病方》有『穜（腫）□』病方，後一字从□、□聲。李學勤先生整理帛書時將此字隸定為橐，說即男子卵字。」（〈古文字釋叢—三，釋卯□凡〉，《國際商史會議論文》）卜辭又有□字（《文編》三八一九），張政烺釋斀，劅：「□象用刀把男子的生殖器割下來，即古代所謂宮刑。《說文》：『斀，去陰之刑也。』古書上也寫作劅，或即此字。」（《古文字研究》十二輯七六頁一行，〈釋因蘊〉）□从刀从□，象以刀割□之形，則□當即牡器。

〔孳乳表〕一四九

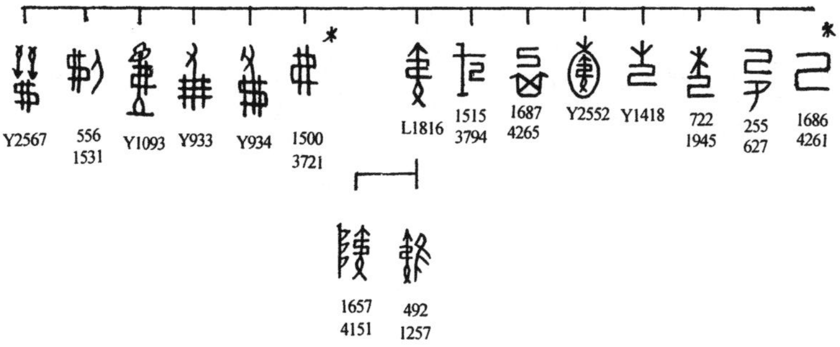

1686 4261 *
255 627
722 1945
Y1418
Y2552
1687 4265
1515 3794
L1816
492 1257
1657 4151
1500 3721 *
Y934
Y933
Y1093
556 1531
Y2567

〔字根〕四七二　己　S.1868 L.4261 G.3694

《說文》卷十四己部：「己　中宮也。象萬物辟藏詘形也，己承戊，象人腹。　己　古文己。」

案：卜辭己，羅振玉釋己（《增考．中》三葉上）。郭沫若以爲己者隿之繳也（《甲研．下．釋干支》九葉下）。葉玉森謂己所以示約束之誼，其物當如綸索類，不必定爲隿射之繳（《前釋．一卷》五一葉上）。高鴻縉先生引朱駿聲說，以己爲紀之本字，象縱橫絲縷有紀之形（《字例．二篇》一〇二頁）。張與仁謂象龍之形（〈巳己文字與彝器畫紋考釋〉）。蔣鴻禮謂己者跽之初文（《說文月刊》三卷十二期八六頁〈讀字肊記〉）。隿繳之說，推求太過，葉玉森已駁之矣！象龍、象跽，字形無徵，可以弗論。葉謂象綸索，高謂象縱橫絲縷，說蓋近之，唯不能確指耳。

〔字根〕四七三　弗　S.1500 L.3721 G.3366

《說文》卷十二丿部：「弗　撟也。从丿㇏，韋省。」

案：卜辭弗、弗、弗，羅振玉釋弗（《增考．中》七六頁下）。林義光以爲‖象物之直，己拂戾之（《文源》）。吳其昌以爲弗之最初本字作弗（《前》七．二二，昇案當在六．一一．八），象雙矢下向，繳帶繞附之狀（〈金文名象疏證〉）。高鴻縉先生以爲‖象不平直之兩物，而以繩索己束之使平，故有撟枉拂正之意（《字例．三篇》五二頁）。吳說無確據，林說似爲適反，高說平正可從。

弗所从之己與己形近，《綜類》未收己字，故本書以己弗形近合爲一部，非謂弗字所从即是己字也。

〔孳乳表〕一五〇

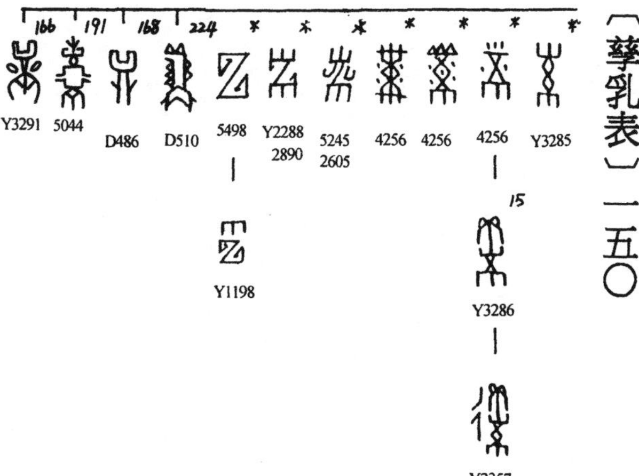

166
191
168
224
Y3291
5044
D486
D510
5498
Y2288
2890
5245
2605
4256
4256
4256
Y3285
Y1198
15
Y3286
Y2357

〔字根〕四七四 □ S.4256 L.2605 G.3285

《說文》巾部：「□ 紳也。男子鞶帶，婦人帶絲。象繫佩之形。佩必有巾，从重巾。」

案：卜辭□、□、□、□，舊或不識，或釋黹。《粹》一二四三「…卯卜帚□出子」（《新》二○一○、《合》一三九三五），郭氏照摹未釋。《庫》一二三一「…卜…□妨」（《合》二○五○二）。《人》二一○○「叀戍□又□」（《合》二八○三六），貝塚《考釋》以爲與殷金文中之□、□、□同，爲部族名。《寧》一、五○八「戍□其□…」（《合》二八○三五）。《合》三五二四二「□□…」。以上各片所見□、□皆方國人名，貝塚以爲同□（□、李孝定先生疑爲鹵字，唯从□不知何義。參《詁林附錄》八○二頁），然□與□字形並不相同。徐中舒謂□、□、□與黹形近，疑爲黹之異構（《字典》八七二頁）。唯黹爲象兩已相背之飾紋，甲金文黹作□、□形，中所从□、□猶依稀兩已相背形，□等所从並無此特徵，當非黹字。

臺北故宮新收「子犯編鐘」有□字，裘錫圭先生釋帶：「（此字）中从巾，兩側的兩個偏旁，寫法基本相同，顯然是同一個字。這個字有點像『黹』字，……其實這個字的中段作『五』字形，與甲金文的『黹』字有明顯區別。……這個字的上段和中段，與六國文字的『帶』字的上部則極為相似。六國文字的『帶』一般加『糸』旁而作『□』……2（□）．3（□）．4（□）三字，皆見六國璽印。……2無疑是『□』字，3也有可能是『□』字。4是一個从『帶』之字，究為何字，待考。2、4兩字『帶』旁的上部和3的右旁的上部，其寫法都與鐘銘『市』上之字兩側所从之字的上、中段相合。……所以我們將這個字釋為『帶』。」（〈也談子犯編鐘〉，《故宮文物月刊》一四九期）裘先生釋帶之字形，極爲明析。甲骨文□字與子犯編鐘及戰國文字之「帶」字顯然爲一字，其爲「帶」字，當無可疑。其餘□、□、□等字，與□字惟中間不同，然皆爲組狀物，當亦爲「帶」字。爲「帶」之獨體象形文。

〔字根〕四七五　黹　S.5245 L.2605 G.3285

《說文》卷七下黹部：「黹　箴縷所紩衣也。从㡀、丵省，象刺文也。」

案：卜辭□、□，王國維釋黻（《類編．七卷》十七葉引）。《文編》初版釋黹（七卷二十葉上），新版刪去此字，收入附錄（五二四五號）。《集釋》從孫說釋黹，謂字象所刺圖案之形，即黻之初字（二六〇五頁）。金文作□、□、□、□（《金文編》一三〇四號），孫詒讓釋黹（《拾遺》上二四頁〈宰辟父敦〉）。屈萬里先生云：「黹當是某種花紋的象形字，這從甲骨文和金文中黹的字形看來，當可斷定。後來加上甫、犮、處這些注音的偏旁之後，本來是表示同一花紋的不同顏色，但是後世解說的人卻把黼黻說成兩種不同形狀也不同顏色的花紋。把黻字說成『兩己相背之形』，還保持了原義，…殷周時的席子和衣服，由於質料易朽，現今已無法看到。但那時代的陶器和銅器，有些還保持著『兩己相背之形』的花紋。…像李濟之先生《殷虛器物甲編》中所著錄一件殘陶（圖一），這一陶片的花紋，可以一望而知是『兩己相背之形』。稍微把花紋變得活潑一些的，如□簋（圖二）。這是一般人所謂『雲紋』的，而實際上是略帶波磔的兩己相背之形。…

圖一（見原書圖版伍拾參頁之一八）

圖二（見容庚《武英殿彝器圖錄》六一頁）

圖三（見原書卷二十八第六頁）

彝器中的花紋，也有做兩己相向之形的，如《西清古鑑》所著錄的周仲姬敦（圖三）。…黹黹黹黹等字形中間的花紋，顯然地是象徵兩己相背，或互相鉤連之形，但它們上下的四直筆或三直筆是象徵什麼呢？我以為那是象徵上下邊緣之外的飾紋。…《西清古鑑》中周盤虺瓿的花紋是這樣的（圖四），…邊緣上下的尖形飾紋，似乎就是黹字上下三出或四出之形所象徵的物事，所以我認為黹字是這種花紋的象形字。…石璋如先生告訴我，…在侯家莊發掘所得的器物中，有一個殘破的石人立雕，它衣服上的花紋很象兩己相背之形，並承他把即將出版的〈小屯殷代的跪葬〉一文給我看，文中附有這件殘石雕的插圖（圖五），…這給鄙說添了一個強有力的佐證。」

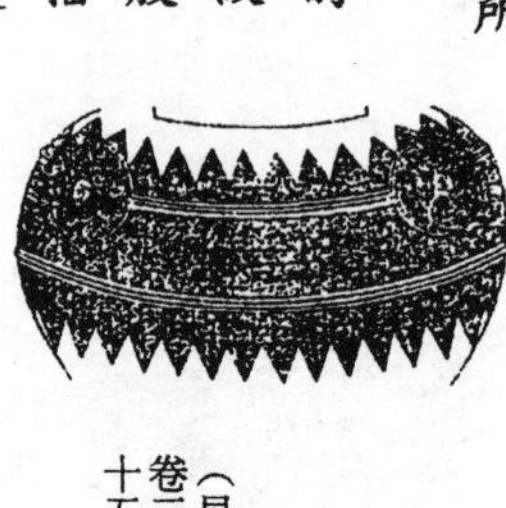

圖四

（見原書卷三四第十五葉）

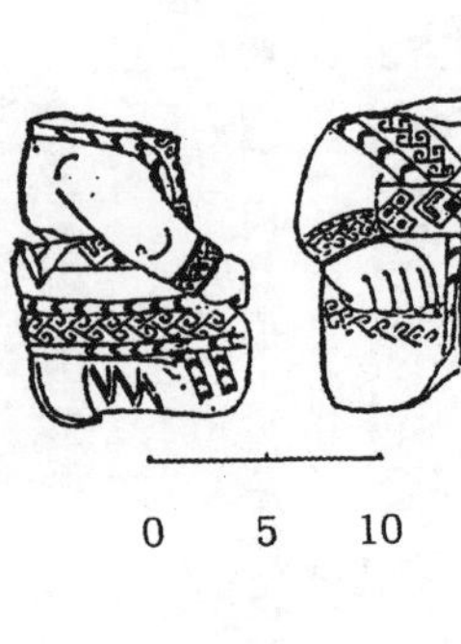

圖五

（〈釋黹屯〉，《史語所集刊》三七本，又《書傭論學集》三三三~三五一頁）屈說釋黹之初形本義，最爲詳明，當可從。

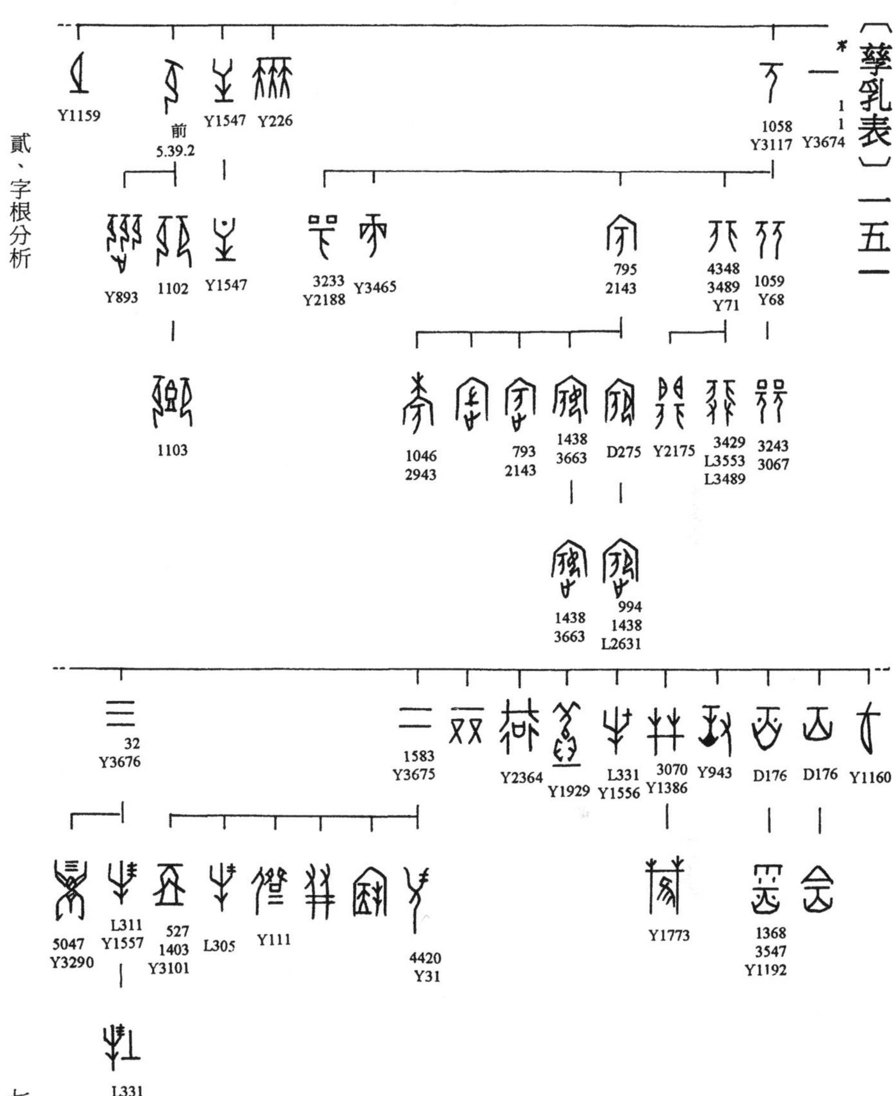
*
Y1159
前
5.39.2
Y1547
Y226
1058
Y3117
1
1
Y3674
Y893
1102
Y1547
3233
Y2188
Y3465
795
2143
4348
3489
Y71
1059
Y68
1103
1046
2943
793
2143
1438
3663
D275
Y2175
3429
L3553
L3489
3243
3067
1438
3663
994
1438
L2631
32
Y3676
1583
Y3675
Y2364
Y1929
L331
Y1556
3070
Y1386
Y943
D176
D176
Y1160
5047
Y3290
L311
Y1557
527
1403
Y3101
L305
Y111
4420
Y31
Y1773
1368
3547
Y1192
L331
Y1558

〔孳乳表〕一五六

*

272 711 Y3548

274 723 Y3549

275 735

276 737

Y534

S4475 S207 L583

D56

4389 4490 Y3131

1023 2675

1023 2675 Y2324

1046 2743 Y640

Y116

1046 Y39

D27

Y128

Y143

D391

D391

Y148

Y3131

4174 1063 Y2053

Y128

D509 Y143

D509

D45

1685

Y894

1427 3635 Y451

Y2463

Y2311

Y2394

Y660

148

Y3421

Y1739

D206

Y1531

Y2366

Y957

Y2356

Y370

Y779

3196 L701 L4435

1530 1199

199 563 Y2306

Y2378

〔孳乳表〕一六一

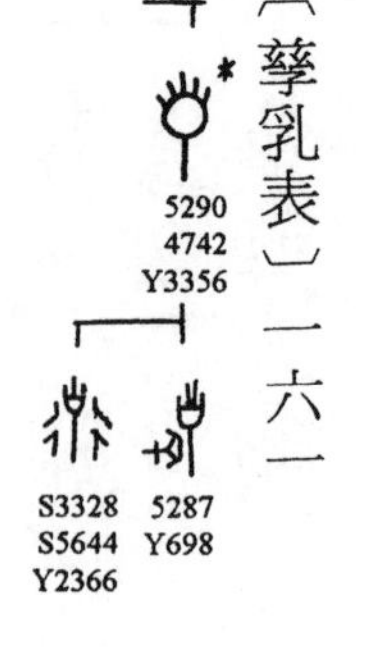

〔孳乳表〕一五八

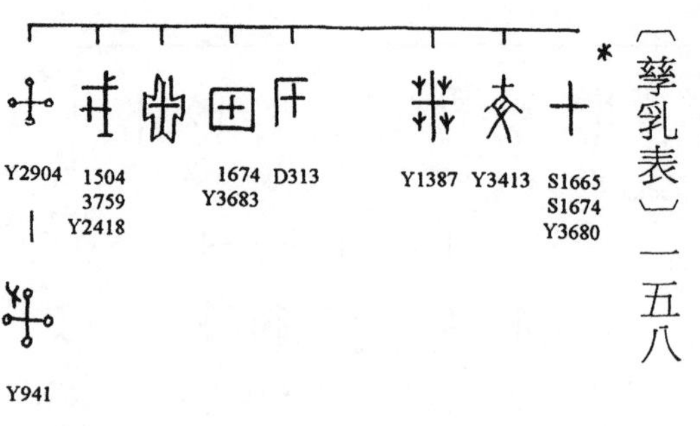

〔孳乳表〕一五一

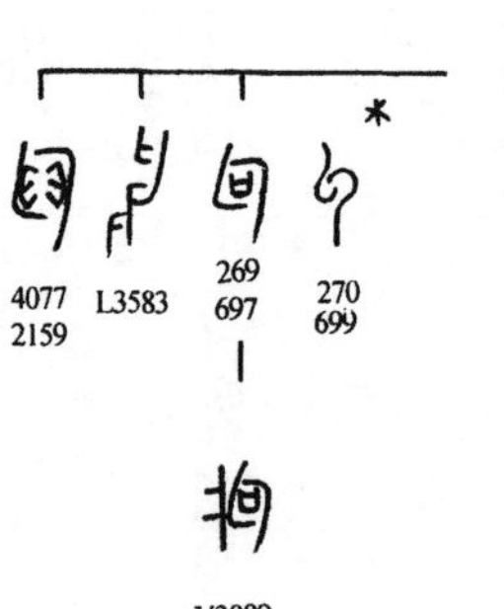

〔孳乳表〕一五四

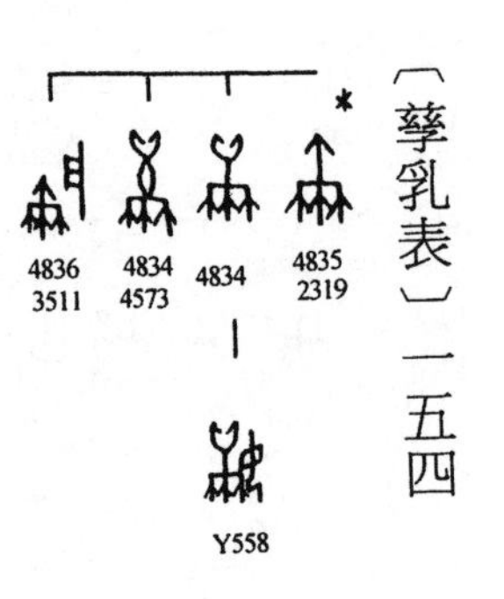

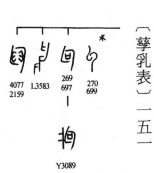

〔孳乳表〕一五九

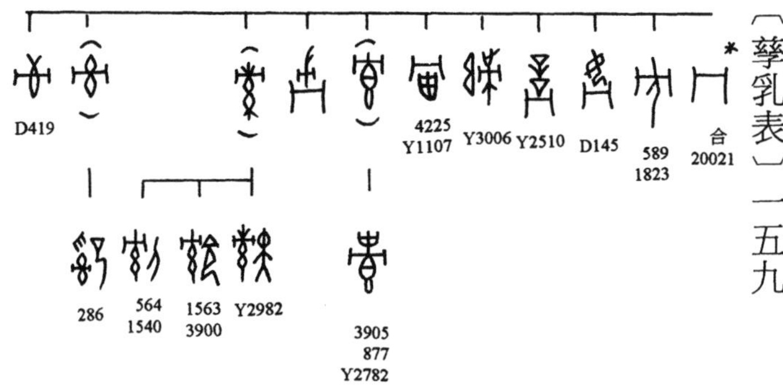

〔孳乳表〕一五三

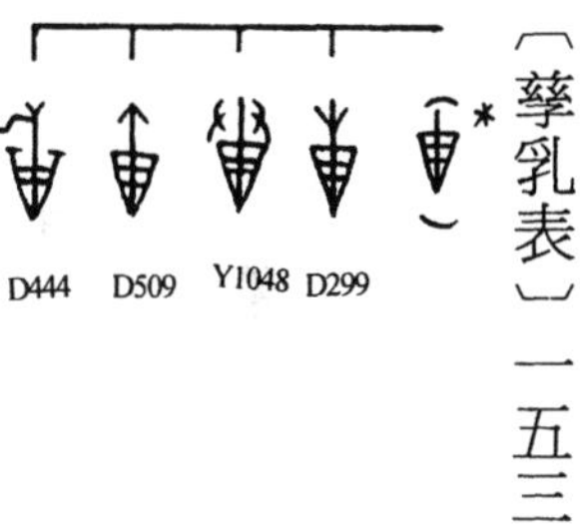

〔孳乳表〕一六〇

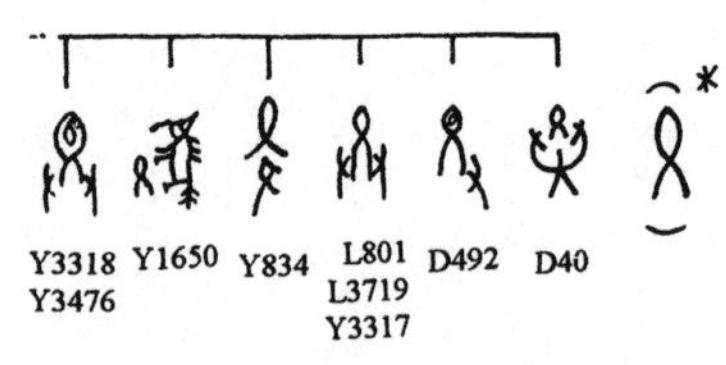
D40
D492
L801
L3719
Y3317
Y834
Y1650
Y3318
Y3476

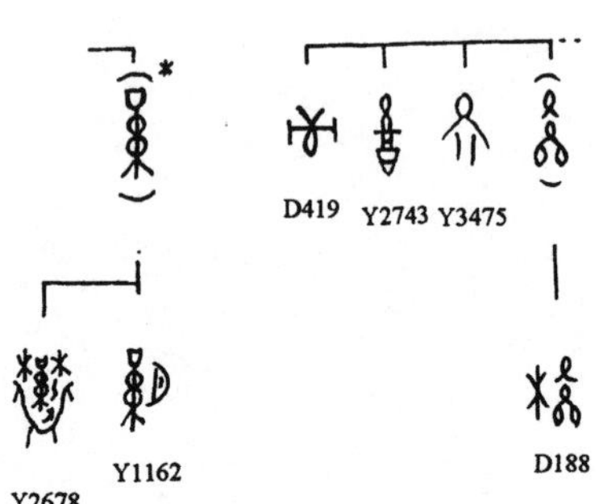
Y3475
Y2743
D419
D188
Y1162
Y2678

〔字根〕四七六　一　S.1 L.1

《說文》卷一一部：「一　惟初大極，道立於一，造分天地，化成萬物。弌　古文一。」

案：卜辭一，羅振玉釋一（《增考・中》一葉上），可從。一可以象天，[illegible]是也；可以象地，[illegible]是也，其字形與數字之一無別。故除必需列爲字根者外，其餘从一形之字皆列爲一部，以供參考。

〔字根〕四七七　丨　S.272 L.711 G.3549

《說文》卷三十部：「十　數之具也。一爲東西，丨爲南北，則四方中央備矣。」

案：卜辭丨，羅振玉釋十（《增考・中》二葉上）。林義光謂字象結形（《文源》）。丁山以爲縱「一」爲「丨」（〈數名古誼〉）。郭沫若謂一掌爲十（《甲研・釋五十》）。朱芳圃謂丨爲梲之初文，象大杖之形（《釋叢》七十八頁，〈十〉）。以上諸說，林氏謂象結形，係自金文[illegible]爲說，甲文不如是作也。丁、郭之說皆有可能。朱說謂爲梲之初文，聲音相去太遠，然謂丨象杖形，則卜辭誠有之，唯不能確知象杖形之丨與釋爲十之丨於上古是否一字耳。又《說文》卷一：「丨　下上通也。引而上行讀若囟，引而下行讀若退。」其字形與卜辭「十」同形，然二字當無若何關聯。

卜辭从丨之字，無論其是否从「十」，均列在本部，以利參考。

〔字根〕四七八 □　S.5290 L.4742 G.3356

《說文》卷十火部：「煌　煌煌、煇也。从火、皇聲。」

案：古文字中有□、□二字，前賢大抵以爲皆皇字。其說似有待商榷，蓋自甲骨文觀之，□當爲「煌」之初文，而□則爲「皇」字，字於甲骨文本作□。

卜辭□字，《甲骨文編》列在附錄五二九○號，島邦男《殷墟卜辭綜類》列在第五○八頁，徐中舒《甲骨文字典》列在第一五七九頁，姚孝遂《殷墟甲骨刻辭類纂》列在第三三五六號，皆以爲不識字，李孝定先生《甲骨文字集釋》列在待考（第四七四二頁），亦以爲不識字。《金文編》收在附錄上第三四一號，《金文詁林附錄》收在第六八一頁，第二二九八號，均以爲不識字。此字依目前所知，最早似由唐蘭釋爲「皇」，其見顧頡剛說〈三皇考〉（收在三十五年一月《燕京學報》專號之八，又收在《古史辨》第七冊）所引，顧氏云：「我們現在所看見的中國文字，當以甲骨文為最古了，其中雖沒有發現單獨的『皇』字，卻有『□』這樣一個字，這個字是不認得的，但右旁的『□』字，唐立庵先生說就是『皇』字的初形，由文字的演進歷史來看，知道下从『丨』的字，往往變為『土』，所以金文裏的从『土』，有从『王』的是錯誤了。它象是太陽剛地下出來光燄上射的景象，以後的用法是這裏演變出來的。」唐氏釋「□」爲「皇」，甚具創獲，雖其說仍未達一間。此文（顧氏引唐說不知共幾句，以下不可區分處一律以此文爲稱）以爲「□」字「象是太陽剛地下出來光燄上射的景象」，亦有待商榷，卜辭「土」字本作「□」，作「⊥」者爲簡化之形（見《甲骨文編》第一五八九號），上象土塊，下象平地，此文以爲甲骨文「⊥」字从「丨」爲「土」形，自不可從。又早期金文「皇」字多半作「□」，其下明顯不从「土」，此文說「皇」字从「土」不从「王」，益不可信。

其後拱辰釋卜辭「凡□」爲「凡皇」，即「徘徊」（〈釋呂方方皇于土〉，見《文史哲》一九五五年第九期）。王獻堂釋「□」字爲「之」，以爲即「皇」字上部所从：

《金璋所藏甲骨文存》內一片有字作□，其同文一片作□（六七三），亦見《遹鼎》作□，……。鼎為周初器，其餘類屬商器，皆用為氏族或人名。與卜辭筆畫有繁簡，統為一字，皆象火把植立，上作燭光射出火燄者也。所以知此為火把者，金文《白椃毁》皇作□，……所从均為此字，惟燭跋與下合書耳。字亦作□（《白𣪕父毁》等）、作□（《仲師父鼎》等）、作□（《系白毁》），……等，中又加點為繁文。或作□（《叔皮父毁》等），火燄上迸不聯，皆一事。周代器銘，此字甚多。大抵春秋以前書體，多相承未變。入戰國後，又每次於火燄上再作繁文，如□（《沇兒鐘》），如□（《王孫鐘》），體系仍自可見。《說文》：「皇、大也。从自，自、始也。始皇者三皇、大君也。自讀若鼻，今俗以始生子為鼻子。」證以金文，字不从自，商周帝王皆稱王，皇亦不作帝王用，許君此解昉於秦政稱皇之時，前時周器無从自之體，秦器如《秦公簋》亦然，祇《秦右遇弩》遑字从□，□即自也。徵以弩文書體，乃戰國末年器，約在始皇定天下前。殆秦書自此時訛變為自，定天下後，金石刻辭沿之。說字者以自訓始，皇从自王，猶始王，傅會為始皇，其迹象可見也。至皇字本訓，當如後出煌字。《尚書刑德放》：「皇者煌煌也。」《春秋元命苞》：「皇者煌煌。」《白虎通》：「號之為皇者，煌煌人莫敢違也。」《獨斷》：「皇者煌也。」…皇从王聲（金文或作士，乃士之變，仍王字），从□會意，其為火把亦甚明。…火大而勢盛，因引申訓大訓盛。盛大為美，復引申訓美，在在可通。但就字體言之，□形亦似日光（林義光《文源》如此說），古日字未見有中不作點者，《白椃毁》各體，即無從說。日形不能下作柄，其同類之□形，亦無從說。最重要者，仍為音。凡輝煌諸義，雖可通於日光，其語根皆由火出。日有光而無聲，赫皇諸名，無從起於日也。皇从[illegible]會意，[illegible]為火把，本字仍當讀燭。音轉之部，即《說文》㞢字，亦即今之之字。（《古文字中所見之火燭》，齊魯書社，一九七九年七月，一〇七至一一〇頁）

王說「[illegible]」字之初形爲象「火把植立，上作燭光射出火焰者也」；本義爲煌，甚是。然以此字仍當讀「燭」，音轉而爲「之」，則屬岔出正途，歧路亡羊。「之」字在甲骨文中作「㞢」，「字象人足在地上之形，有所之也」，其本義爲往，學者之間已有定論，王氏釋形義是而釋字則非，無怪乎人莫之從。

王氏之後，劉釗與拱辰相同，亦釋「[illegible]」爲「皇」，以爲象冠冕之形：

> 卜辭的𠮷方是一個地位較為特殊的方國，從未與殷建立過同盟關係，對殷之侵伐次數最多，方式最廣。卜辭有「凡皇」一辭，反映出𠮷方對[illegible]方的侵擾行動。卜辭「皇」字作「[illegible]」，本象冠冕之形，《禮記．王制》「有虞氏皇而祭」即用其本義。金文作「[illegible]」，後加王聲作「[illegible]」、「[illegible]」。卜辭「凡皇」應讀作「彷徨」或「徘徊」。「彷徨」、「徘徊」皆連綿詞，卜辭以往還不曾發現有連綿詞。但從卜辭詞匯的豐富程度、語法的成熟狀況看，出現連綿詞是不足怪的。……「凡皇于土、允其𦎫」謂𠮷方徘徊騷擾于「土」附近，並對[illegible]方進行敦伐。（〈卜辭所見殷代的軍事活動〉，《古文字研究》第十六輯，一九八九年，一〇六頁）

案：有虞氏時代距今久遠，其時有無冠冕，無法證實，自字形言，「[illegible]」字不像冠冕（冠冕下端不應有一豎）。劉說皇象冠冕當係受金文家釋皇之影響，金文「皇」字，舊說多以爲下从王（或王聲），其上則有象太陽、冠冕、鐙光等三說，詳見《金文詁林》第三十五號所引。冠冕說創自汪榮寶，徐中舒、郭沫若等推闡之，然皆嫌證據不足。李學勤先生〈論新出大汶口文化陶器符號〉（《文物》一九八七年第十二期）以爲大汶口陶器符號之一種即冠冕之象形：「原始的『皇』或許就是一種用羽毛裝飾的冠。大汶口陶器符號丁象這一類冠。」（見附圖）《文物》一九九四年第七期杜金鵬〈說皇〉一文歷舉良渚文化玉器（河姆渡陶器刻劃圖像見附圖）、大汶口文化陶符、龍山至商周時期玉器（龍山文化玉器見附圖）、商周銅器饕餮紋等器物上之飾羽冠冕，以為即是皇字。旭昇案：李杜二文所舉證之飾羽冠冕，古代多見，然未見其必為皇字也，以字形而言，似更象甲骨文之[glyph]字（《佚》二六六）、[glyph]右半所从（《文編》三六五〇），金文之[glyph]（《金文編》附上五〇〇號），冠冕與「皇」字之間並無任何必然關聯。

學者主張「皇」為冠冕者，多受「皇」有「帝王」義觀念之影響，夫「皇」有帝王義，起源甚晚（見顧頡剛〈三皇考〉），更有進者，「皇」之本義為征伐、匡正，而非輝煌、帝王，故「皇」字與冠冕根本無關。甲骨文「皇」字作[glyph]（見《甲骨文編》附錄下第五二八七號）从戉、[glyph]（煌）聲，其右旁與甲金文「[glyph]」字完全同形，左旁則為「戉」字。「戉」字為鉞之初文，故此字和征伐有關，《合》六九六〇（《後》二·一九·三）云：「壬子卜，王令雀[glyph]伐[glyph]，十月。」[glyph]與伐當為義意相近之二詞。《詩經·豳風·破斧》首章：「既破我斧，又缺我斨，周公東征，四國是皇。」毛傳：「皇、匡也。」蓋征伐之引申義。《國語·晉語二》：「夫齊侯將施惠如出責，是之不果奉，暇晉是皇？」《穆天子傳》：「嗟我公侯，百辟冢卿，皇我萬民，旦夕勿忘。」二皇字亦釋為匡。是皇（[glyph]）之本義當為征伐、匡正，與帝王、冠冕均無關。金文皇字下半變从「王」，蓋為聲化作用，其義則假為煌，亦與帝王、冠冕義無關。（參拙作〈說皇〉，《第六屆中國文字學全國學術研討會論文》，民國八十四年四月廿九日，台中，中興大學）

[glyph]字既不得象日光，亦不得象冠冕，則朱芳圃以為象鐙光似為得之，然朱說以[glyph]之下部象鐙座，施之[glyph]字則不得其倫，故其說亦不可從；王說以為[glyph]象火把，說較得之，稍加補充，則[glyph]字象火炬燭光類之

物光芒四射，而爲「煌」之初文。甲骨文「凡煌」有征伐義，蓋爲「皇」字之假借。[glyph]（皇）字从戉、煌聲，甲文用爲征伐義，《詩經》、《國語》、《穆天子傳》引申爲匡正義；金文則復假爲煌，有顯赫義、大義，戰國以後又假爲帝王義。其字形、字義之糾纏繚繞，不易理清，有如此者。

煌（[glyph]）義爲火把燭光類，故與[glyph]（《前》二・二七・四，各家多釋爇）字所从之[glyph]形（各家均以爲象火炬形）可以互作，如叟字《前》四・二八・七作[glyph]，所从炬形上端爲火形；而《前》四・二九・一作[glyph]，所从炬形上端爲煌字。又《明》二二二七有徨字作[glyph]，右炬形上从火；而《明》一六六有[glyph]字，當亦釋徨，中炬形上从煌。凡此均可見上从火之炬形與上象火把之「煌」形義俱近，故可以互用也。

《懷》一七〇八：「……[glyph]皇……王其祝……帝至……今日壬……王羿……。」本片許進雄先生定爲第五期，皇字从从皇作[glyph]，所从皇字上與火形相近，下已从王聲矣。金文皇字作[glyph]，當由此而來。

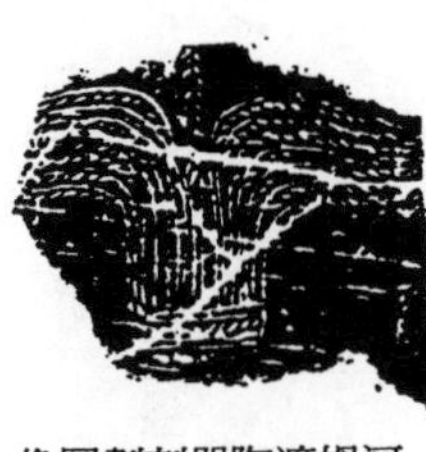

河姆渡陶器刻劃圖像

大汶口文化陶符號

龍山文化玉器徽像

〔字根〕四七九　十　S.1665 1674 L.4183 4203

《說文》卷十四七部：「七　昜之正也。从一，微侌从中衺出也。」

又甲部：「甲　東方之孟昜气萌動。从木戴孚甲之象。《大一經》曰：『人頭空爲甲。』　古文甲。始於一，見於十，歲成於木之象。」

案：卜辭十、羅振玉釋七（《增考．中》一葉下）。林義光謂即切之古文（《文源》）。《集釋》云：「切之作十乃是指事，十乃切之初文，切則七假為紀數專名後之後起形聲字也。」（四一八五頁）。

又：卜辭十，羅振玉釋甲（《增考．中》三葉上）。林義光云：「甲者、皮開裂也，十象其裂紋。」（《文源》）郭沫若云：「魚鱗謂之甲，此義今猶活。…骨文魚字作□若□，均以十為魚鱗之象形。…又甲之別義，如草木之孚甲，戎器之甲冑，皆得由魚鱗引申。」（《甲研．釋干支》）。

以上各家釋七、釋甲，似七與甲毫無關係，然二字字形皆作十，幾完全相同，趙誠云：「甲骨文另有兩個字，和十（七）字可能產生誤會，一是『甲』字，寫作十，仔細觀察可以發現十（甲）字的橫畫和豎畫基本上一樣長。」（《簡明詞典》二五五頁）趙說以卜辭十（七）橫長豎短，十（甲）橫豎等長，謂二字有別。然驗之卜辭，實未必然，卜辭七字或作十（《燕》三七八），或作十（《前》五．二八．五），未見其必橫長豎短也。驗之金文亦然（《金文編》二三五一、二三五八號），二字之字形實無明顯之區別，故高鴻縉先生云：「十為切斷之切之初文，…後世（殷代已然）借用為數目六七之七，又借為天干第一名，乃加刀為意符作切，以還其原。…而天干第一名，則商代已另造田為專字，似从□，十聲。」（《字例．三篇》七〇頁）于省吾亦云：「契文、金文七字均作十，與甲字同形。」（《駢三》．三十二葉上）高說謂商代另造田為天干專字，說非（詳見後文），然謂七、甲同字，則頗有見地，惟七、甲二字後世聲韻相去甚遠，其於殷代關係若何，尚有待學者之探索也。

卜辭又有田，羅振玉亦釋甲：「田即小篆甲所從出，卜辭於十外加□，所以示別，與[匚乙][匚丙][匚丁]之加匚同例，而小篆以甲代十者，蓋因古文甲作十，與數名之十相混也。……此字初以嫌於數名之十，而以田代十；既又嫌於田疇之田，而申長其直畫以示別；既又變□為冂，更由冂訛冂，由十訛丁，而初形遂晦矣！」（〈雪堂金石文字跋尾〉）吉城曰：「殷人稱上甲微甲，報以祭天之禮，古者祭天於圜丘，故加甲以□識之；乙丙丁之報禮次于甲，加匚者，方澤祭地也。□、匚古圜方字。」（《說文小箋》吉序）于省吾則以爲田象首甲形：「朱駿聲《說文通訓定聲》：『甲，鎧也。象戴甲于首之形。……《周禮．夏官》司甲次于弁師之下，知古先有護首之甲，後製護身之甲，因復名甲為冑。《易》說卦傳離為甲冑、《禮記．曲禮》獻甲者執冑，乃兼言護身者。《考工記》函人為甲、〈晉語〉殪以為大甲，乃專言護身者。』按朱說甚是，……分別言之，則首鎧為冑、身鎧為甲，泛言之則統稱為甲。……商器比作伯婦簋（《三代》六、三九）有[字形]字，象武士右手執戈、左手執盾，首戴盔甲形，這是田為首甲的有力驗證。……近年來的殷虛發掘，曾屢次出現圓形的銅盔，頂上有孔，用以插羽或係纓，即商代武士所戴的首甲。依據上述，則甲之作田，象首甲形，昭然若揭。」（《釋林》三四七頁）按朱氏爲有清樸學大師，然釋甲爲首甲，實不可從，所引經傳諸甲字均當鎧，無一而爲必釋首甲者。朱氏受《大一經》「人頭空爲甲」之影響，因謂甲爲首甲。于氏乃引朱說，又謂金文[字形]象人戴首甲。夫金文氏族徽號、多有以其特徵冠於頭部者，如：[字形]（簋文）首文爲鐙（《詁林附錄》二二二頁引高田忠周釋皃，似非），[字形]（父己鬲）首文爲鹵、[字形]象人首戴山也。準此，[字形]之从田不過彰顯其身份特徵耳，不可逕謂田即首甲也。是釋田爲首甲，其實無據。田仍當從羅說，从十从□，猶[匚乙][匚丙][匚丁]之从匚然。

〔字根〕四八〇 S.270 L.699 G.3343

《說文》卷三丩部：「 相糾繚也。一曰瓜瓠結丩起。象形」。

案：卜辭，孫海波釋丩（《考古》四期，〈卜辭文字小記〉）是也。字於偏旁中或作，如：（《前》八・四・八），王襄釋句（《類纂・三卷》十葉上）。

《綜類》本部所收（《續》三・二七・六（《合》三六七五三）），當作。

《綜類》原列有㠯部，而丩部併在㠯部，今將㠯部歸入人部，是以丩部以字少歸入其他類。

〔字根〕四八一 S.4835 L.2319 G.3282

《說文》卷三㸚部：「 麗爾、猶靡麗也。从冂㸚，㸚、其孔㸚㸚，从尒聲。此與爽同意。」

案：卜辭、于省吾初釋束，以為字上下均象木有芒刺之形，簡化之則作（《駢枝》三六～三八葉、〈釋束〉）。及歌尊出，其爾字作，與卜辭同形，說契家因悟亦當釋爾。于省吾之《釋林》仍存〈釋束〉（一七四頁），唯刪除形（唯由于氏弟子姚孝遂等編製之《類纂》三二八二號仍釋為束，甚可異也）。爾之構形不詳，然非「从冂，尒聲」。《詩・采薇》「彼爾維何？維常之華」，毛傳：「爾，華盛貌。」與《說文》「靡麗」之訓合，或即爾之初義。

〔字根〕四八二　冂

《說文》卷五冂部：「冂　邑外謂之郊，郊外謂之野，野外謂之林，林外謂之冂。象遠介也。　囘　古文冂。从口，象國邑也。　坰　囘或从土。」

案：卜辭冂（《明》七五四，《合》二〇〇二二），《釋林》釋冂：「甲骨文的『貞，勿冂』（《明》七五四），冂字作冂，舊不識。《說文》作冂，並謂：『冂、…』，按商器冂戈爵作冂，…又周代金文同字常見，均作囘、从日，可以糾正《說文》从口之誤。勿冂之勿即古物字，…章炳麟《文始》：『冂象遠界，又有遠義，故孳乳為迥、遠也。』…物迥，是說自然界的物色遙遠。」（四一一頁）同文又釋卜辭〔甲骨文〕為冋，即《說文》詗；釋〔甲骨文〕，〔甲骨文〕俱从冂。按，以字形言，于釋爲冂，當可從，卜辭另有〔甲骨文〕（《前》七・一・四），《集釋》從楊樹達釋冘，即儋之初文，以爲與〔甲骨文〕（何，从人荷柯）別字（一八二四頁）。《說文》冘从人出冂，楊李之說當可從。

除上述諸字外，卜辭偏旁中所从工似皆庋架之義，如：〔甲骨文〕（帝），葉玉森以爲象積薪置架形（《前釋・卷一》八二頁）；〔甲骨文〕（方），葉玉森以爲象架上懸刀形（《前釋・一卷》三二葉）；〔甲骨文〕（帚），羅振玉以爲象置帚於架上倒卓之（《增考・中》四八頁）。餘如〔甲骨文〕所从〔甲骨文〕（索），當象於架上編索之形；〔甲骨文〕所从〔甲骨文〕（𤔔），象於架上亂治絲線之形。凡此所从象庋架之工，與《說文》訓遠介之冂同形，當爲一字。《說文》訓冂爲林外遠介，字形難徵，其說可疑。楊樹達云：「愚謂冂乃扃之初文也。知者，冂左右二畫象門左右柱，橫畫象門扃之形，此以字形證之者一也。七篇上鼎部云：『鼏、以木橫貫鼎耳而舉之。从鼎、冂聲。』按戶扃之形橫，故橫貫鼎耳之鼏於冂受其聲義，若冂為林外遠界，鼏字何所取義乎？此以从冂得聲之字證之者二也。冂部云：『央、中也。从介在冂之內，介，人也。』按人依扃而立，頭在冂兩端之正中，故央有中義。若冂為遠介，則央从冂之義不明矣！七篇下巾部云：『帚、冀也。从又持巾埽冂內。』按持巾埽冂、謂以巾拂拭關扃也。若扃為遠界，掃者何由以巾掃之乎？十篇下焱部云：『熒、屋下燈燭之光也。从焱冂。』按燈燭之光在屋下，故从冂。若冂為遠界，於義又無所取矣！此以从冂為義諸字證之，知其不然者三也。蓋冂為象形字，扃則形聲字也。」（《小學》四九頁，〈釋冂〉）楊說冂為扃，可以釋扃，帚从冂之義，然於同、冘諸字何以从冂，又不可解矣！以上三說，象遠介、象庋架、象關扃，各得一端，似可並存，孰為本義，目前尚難斷言。

〔字根〕四八三 [glyph]

字不識。

案：《綜類》本部所收[glyph]、[glyph]、[glyph]、[glyph]四字，均不識。島氏以[glyph]為本部部首，卜辭無[glyph]字。

《綜類》本部所收[glyph]、[glyph]、[glyph]、[glyph]，均釋弋，當入弋部。

〔字根〕四八四 [glyph]

字不識。

案：卜辭無單字[glyph]，而有从[glyph]之字。[glyph]（《綜類》四九二頁），丁山釋[illegible]：「字有本象實物，許書不得其誼而強作解人者，乂字是也。其說曰：『[glyph]芟艸也。从丿乀相交。[glyph]或从刀。』按『丿乀相交』，語殊不辭，山謂[glyph]之初形當作[glyph]，實象剪刀形。《詩．葛覃》『是刈是濩』、《大戴禮．用兵》『以刈百姓』刈，皆當如盧植注云：『剪也。』《管子．小匡》『時雨既至，挾其槍刈耨鎛從事于田野』，舊注：『刈、鐮也。』非是。此刈正謂除艸之剪刀。剪刀之形作，恐與交字形混，故甲骨文特从㕚作。」（《殷商氏族方國志》一五二頁、〈𣪊〉）《集釋》從之（八〇一頁），又與乂（《前》一．四四．七（當釋五）），乂（《後》上二二．一（冓之省體））同釋乂（三七一九頁）。卜辭又有字（《綜類》四五二頁），丁山釋㚸，以爲乂之古寫（《殷商氏族方國志》七七頁〈㚸氏〉），《集釋》從之（九八一頁）。夫、乂、形構不同，並釋爲乂，其間之矛盾不問可知。徐中舒以爲未見商代有形之剪，存疑（《字典》二四五頁），較爲可取（旭昇案：《周禮．夏官．射鳥氏》「射則取矢，矢在侯高，則以并夾取之」，鄭司農云：「并夾、鍼箭具。」黃以周《禮書通故．名物三》第卅二頁所附并夾圖，形狀與卜辭字全同（如下圖），唯黃氏此圖未注出處，又商代有無射禮并夾，均不可知，姑存此，以爲研契之參考）。

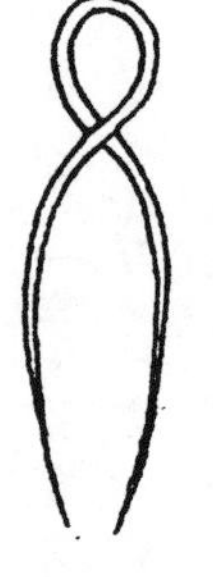

夾并

〔字根〕四八五

《說文》卷三革部：「革　獸皮治去其毛曰革。革，更也。象古文革之形。　古文革，从卅。」

案：甲文無單字革，唯偏旁中有之。《屯南》八七三霸字作，劉釗以爲从革从月（《古文字構形研究》頁一二六）。金文霸字多見，作（參《金文編》一一二四號），多加義符「雨」耳，其右下亦从革。金文革作（康鼎）（《金文編》四二六號），與甲骨文革字形猶極接近。至其初誼，林義光謂獸頭角足尾之形，臼以治之；楊樹達以爲象鳥口、身、尾及翅，爲鞹之初文（參《金文詁林》引）。自甲文觀之，皆乏確證，待考。

附錄一、參考書籍、論文及其簡稱

一、甲骨著錄（書名下括號內即其簡稱，依出版時排序）

劉　鶚　1903　《鐵雲藏龜》（鐵）　一九〇三年，抱殘守缺齋石印本；民國四八年，臺北・藝文印書館重印本；民國六三年，臺北・藝文印書館以見於它書之較佳拓片取代原書之模糊者重印，易名爲《鐵雲藏龜新編》

羅振玉　1911　《殷虛書契》（前編）（前）　一九一一年，國學叢刊石印本；民國五九年，臺北・藝文印書館重印本

羅振玉　1914　《殷虛書契菁華》（菁）　一九一四年影印本

羅振玉　1915　《鐵雲藏龜之餘》（餘）　一九一五年，砉古叢編影印本；一九七二年，香港・香港書店重印本

羅振玉　1916　《殷虛書契後編》（後）　一九一六年影印本；民國五九年，臺北・藝文印書館重印本

明義士　1917　《殷虛卜辭》（明）　一九一七年，上海別發洋行石印本；民國六一年，臺北・藝文印書館重印本

姬佛佗　1916　《戩壽堂所藏殷虛文字》（戩）　一九一七年，藝術叢編石印本，單行本與王國維考釋合印

林泰輔　1921　《龜甲獸骨文字》（林）　一九二一年，日本商周遺文會影印本；民國六二年，臺北・藝文印書館重印本

葉玉森　1925　《鐵雲藏龜拾遺》（拾）　一九二五年影印本；一九七二年，香港・香港書店重印本

王襄　1925　《簠室殷契徵文》（附考釋）（簠）　一九二五年，天津博物院石印本

王襄　1933　《福氏所藏甲骨文字》（附考釋）(福)　一九三三年，金陵大學中國文化研究所出版；一九七三年，香港・香港書店重印

容庚、瞿潤緡　1933　《燕京大學藏殷契卜辭》（附考釋）(燕)　一九三三年，哈佛燕京學社影印本；民國五九年，臺北・藝文印書館重印本

郭沫若　1933　《卜辭通纂》(通)　一九三三年，東京文求堂石印本；民國六五年，臺北・大通書局重印本

羅振玉　1933　《殷虛書契續編》(續)　一九三三年影印本；民國五九年，臺北・藝文印書館重印本

商承祚　1933　《殷契佚存》(佚)　一九三三年，金陵大學中國文化研究所影印本

黃　濬　1935　《鄴中片羽》(鄴)　初集、一九三五年北平尊古齋影印本　二集、一九三七年　三集、一九四二年；民國六一年，臺北・藝文印書館三集合併重印

方法斂、白瑞華　1935　《庫方二氏藏甲骨卜辭》(庫)　一九三五年，商務印書館；民國五五年，臺北・藝文印書館重印，與《甲骨七集》、《金璋所藏甲骨卜辭》合名《方法斂摹甲骨卜辭三種》（Three Treatises on Inscribed Oracle Bones Drawn by Frank H. Chalfant）

郭沫若　1937　《殷契粹編》（附考釋）(粹)　一九三七年，東京・文求堂石印本；一九六五年，科學出版社重印

孫海波　1938　《甲骨文錄》（附考釋）(錄)　一九三八年，河南通志館；民國四七年，臺北・藝文印書館重印

方法斂、白瑞華　1938　《甲骨卜辭七集》(七)　一九三八年紐約影印本；民國五五年，臺北・藝文印書館重印，與《庫方二氏藏甲骨卜辭》、《金璋所藏甲骨卜辭》合名《方法斂摹甲骨卜辭三種》

唐　蘭　1939　《天壤閣甲骨文存》（附考釋）(天)　一九三九年，北京・輔仁大學

金祖同　1939　《殷契遺珠》(珠)　一九三九年，上海中法委員會

方法斂、白瑞華　1939　《金璋所藏甲骨》(金)　一九三九年紐約影印本；民國五五年，臺北·藝文印書館重印

李旦丘　1941　殷契摭佚(摭)　一九四一年，北平·來薰閣書店影印本

胡厚宣　1945　甲骨六錄(六)　一九四五年齊魯大學國研究所專刊　又收入《甲骨學商史論叢》三集（一九八三年臺北大通書局重印本）

董作賓、屈萬里　1948　《殷虛文字甲編》(甲)　一九四八年商務印書館　民國六五年史語所重印；屈萬里《考釋》，民國五〇年史語所

董作賓　1949　《殷虛文字乙編》(乙)　上輯、一九四八年；中輯、一九四九年商務印書館；下輯、民國四二年史語所

李旦丘　1950　《殷契摭佚續編》(摭續)　一九五〇年，中國科學院

曾毅公　1950　《甲骨綴合編》(綴)　一九五〇年，修文堂書店

胡厚宣　1951　《戰後寧滬新獲甲骨集》(寧)　一九五一年，北京·來薰閣書店

胡厚宣　1951　《戰後南北所見甲骨錄》(南)　一九五一年，北京·來薰閣書店

胡厚宣　1954　《戰後京津新獲甲骨集》(新)（京津）　一九五四年，群聯出版社

郭若愚、曾毅公、李學勤　1955　《殷虛文字綴合》(綴合)　一九五五年，科學出版社

胡厚宣　1955　《甲骨續存》(存)　一九五五年，群聯出版社

董作賓　1956　《殷虛文字外編》(外)　民國四五年，臺北·藝文印書館

張秉權 1957 《殷虛文字丙編》(丙) 上輯（一）民國四六年、（二）民國四八年；中輯（一）民國五一年、（二）民國五四年；下輯（一）民國五六年、（二）民國六一年，中研院史語所

貝塚茂樹 1959 《京都大學人文科學研究所藏甲骨文字》(人) 一九五九年京都大學人文科學研究所；（《考釋》、一九六〇年；《索引》、一九六八年）

劉體智 1970 《善齋藏契萃編》(善) 民國五九年，臺北·藝文印書館

許進雄 1972 《殷虛卜辭後編》(明續) 民國六一年，臺北·藝文印書館

許進雄 1979 《懷特氏等收藏甲骨文集》(附考釋)(懷) 一九七九年，加拿大皇家安大略博物館

考古研究所 1980 《小屯南地甲骨》(屯) 上冊、一九八〇年，下冊、一九八三年，北京·中華書局

郭沫若主編 1978-1982 《甲骨文合集》(合) （一）一九八二年，（二）一九七八年，（三）一九七八年，（四）一九七九年，（五）一九七九年，（六）一九七九年，（七）一九八〇年，（八）一九八一年，（九）一九八一年，（十）一九八一年，（十一）一九八二年，（十二）一九八二年，（十三）一九八二年，北京·中華書局

松丸道雄 1983 《東京大學東洋文化研究所藏甲骨文字》(東大) 一九八三年，東京大學東洋文化研究所

姚孝遂、蕭丁 1985 《小屯南地甲骨考釋》 一九八五年，北京·中華書局

李學勤、齊文心、艾蘭 1986 《英國所藏甲骨集》(英) 一九八六年，北京·中華書局

二、一般書籍（括號內即其簡稱，依著者排序）

丁山 ---- 《殷商氏族方國志》 臺灣翻印《卜辭綜述》後附，不著出版社

丁　山　1956　《甲骨文所見氏族及其制度》　科學出版社

丁　山　1988　《商周史料考證》　北京・中華書局

丁福保　1928　《說文解字詁林》　上海醫學書局，一九二八　臺北・鼎文書局民國七二年影印再版

于省吾　1940　《雙劍誃殷契駢枝》（駢）　北京・大業印刷局石印本，一九四〇　《續編》、一九四一　《三編》、一九四四。臺北・藝文印書館併爲《殷契駢枝全編》，民國六四年再版

于省吾　1979　《甲骨文字釋林》（釋林）　北京・中華書局

于省吾主編　1996　《甲骨文字詁林》　北京・中華書局

不著名　1954　《全國基本建設工程中出土文物展覽圖錄》

王宇信　1984　《西周甲骨探論》　北京・中國社會科學出版社

王國維　1968　《王觀堂先生全集》　臺北・文華出版公司

王獻唐　1979　《古文字中所見之火燭》　山東・齊魯書社

北大中國中古史研究中心　1989　《紀念陳寅恪先生誕辰百年學術論文集》　北京大學出版社

北大歷史系　1978　《商周考古》

田倩君　1968　《中國文字叢釋》　臺北商務印書館

白川靜著　溫天河、蔡哲茂譯　1989　《金文的世界》　臺北・聯經出版事業公司

朱芳圃　1962　《殷商文字釋叢》（釋叢）　北京・中華書局

吳浩坤、潘悠　1985　《中國甲骨學史》　上海人民出版社

李　圃　1981　《甲骨文選讀》　上海・華東師大出版社

李孝定　1965　《甲骨文字集釋》（集釋）　中央研究院專刊

何琳儀　1996　《古幣叢考》　臺北・文史哲出版社

周汎、高春明　1988　《中國歷代婦女妝飾》　香港三聯書局

周法高　1981　《金文詁林》（詁林）　日本・京都中文出版社

周師一田　1983　《中文字根孳乳表稿》　國立中央圖書館

金祥恆　1959　《續甲骨文編》　臺北・藝文印書館

金祥恆　1964　《陶文編》　臺北・藝文印書館

姚孝遂　1988　《殷墟甲骨刻辭摹釋總集》（摹釋）　北京・中華書局

姚孝遂　1989　《殷墟甲骨刻辭類纂》（類纂）　北京・中華書局

胡光煒　1928　《甲骨文例》　中山大學語言歷史研究所考古叢書

胡厚宣　1944　《甲骨學商史論叢》（一）~（三）　齊魯大學國學研究所　（一）一九四四，（二）、（三）一九四五

香港中文大學　1993　《第二屆國際中國古文字學研討會論文集》　香港中文大學

唐　蘭　1934　《殷虛文字記》（文字記）　一九七八年中國社會科學院據一九三四年石印本翻印

唐　蘭　1935　《古文字學導論》（導論）　北大講義，一九三五　中國社會科學院一九五七年翻印

孫海波　1965　《甲骨文編》（文編）　北京・中華書局

孫詒讓　1888　《古籀拾遺》（拾遺）　自刻本，一八八八；香港崇基書店一九六八年影印本；又收在臺北・藝文印書館《孫籀廎先生集》(1)

孫詒讓 1917《契文舉例》 蟫隱廬石印本，一九一七；又收在臺北・藝文印書館《孫籀廎先生集》(1)
容　庚 1984《金文編》(修訂四版) 北京・中華書局
島邦男 1958《殷虛卜辭研究》 日本・弘前大學文理學部中國學研究會
島邦男 1967《殷墟卜辭綜類》(綜類) 日本汲古書院・一九六七；臺北・大通書局民國五九年翻印
徐中舒 1980《漢語古文字字形表》 四川人民出版社
徐中舒 1985《秦漢魏晉篆隸字形表》(篆隸表) 四川辭書出版社
徐中舒 1988《甲骨文字典》(字典) 四川辭書出版社
馬承源 1988《中國青銅器》 上海古籍出版社
馬敘倫 1962《讀金器刻詞》 北京・中華書局
高　明 1980《古文字類編》(類編) 北京・中華書局
高田忠周 1925《古籀篇》 日本古籀篇刊行會
高鴻縉 1960《中國字例》 臺北・廣文書局
商承祚 1923《殷虛文字類編》 決定不移軒刻本
康　殷 1983《古文字學新論》 榮寶齋
張日昇、林潔明 1973《周法高上古音韻表》 臺北・三民書局
張世彬 1975《中國音樂史論述稿》 香港・友聯出版社
張秉權 1988《甲骨文與甲骨學》 臺北・國立編譯館
張博智、成東 1990《中國古代兵器圖集》 北京・解放軍出版社

郭沫若　1932　《金文叢考》　北京・人民出版社

郭沫若　1952　《甲骨文字研究》（甲研）　北京・人民出版社

陳子展　1975　《詩經直解》　上海・復旦大學出版社

陳師新雄　1972　《古音學發微》　臺灣師大博士論文

陳夢家　1956　《殷墟卜辭綜述》（綜述）　北京・科學出版社

陳漢平　1989　《屠龍絕緒》　黑龍江教育出版社

黃錫全　1990　《汗簡注釋》　武漢大學出版社

楊樹達　1954　《耐林廎甲文說、卜辭求義》　上海・群聯出版社

楊樹達　1954　《積微居小學述林》（小學）　北京・中國科學院

楊樹達　1954　《積微居甲文說、卜辭瑣記》　北京・中國科學院

葉玉森　1934　《殷虛書契前編集釋》　上海大東書局、一九三四；臺北・藝文印書館民國五五年重印

董作賓　1945　《殷曆譜》　臺北・中研院史語所專刊

裘錫圭　1992　《古文字論集》　北京・中華書局

趙　誠　1988　《甲骨文簡明詞典》　北京・中華書局

劉　釗　1991　《古文字構形研究》　吉林大學博士論文

魯師實先　1973　《假借溯源》　臺北・文史哲出版社

魯師實先　1976　《轉注釋義》　臺北・洙泗出版社

魯師實先　1993　《文字析義》　魯實先全集編輯委員會影印一百部

龍宇純 1968 《中國文字學》 臺北・學生書局經銷 民國五七年初版，民國七六年五版

羅振玉 1927 《殷虛書契考釋》 增訂本，東方學會，一九二七 臺北・藝文印書館一九八一年影印本

羅振玉 1968- 《羅雪堂先生全集》 文華出版社，（初）民國五七年，（二）民國五八年，（三）民國五九年，臺灣大通書局，（四）民國六一年，（五）民國六二年，（六）、（七）民國六五年

羅福頤 1981 《古璽文編》 北京・文物出版社

嚴一萍 1978 《殷虛書契續編研究》 臺北・藝文印書館

嚴一萍 1983 《金文總集》 臺北・藝文印書館

三、單篇論文（依著者排序）

丁　山 1928 〈殷契亡[illegible](尢)說〉 《史語所集刊》一本一分

丁　山 1928 〈數名古誼〉 《中研院史語所集刊》一本一分

丁　山 1930 〈釋[illegible](夢)〉 《中研院史語所集刊》一本二分

于省吾 1957 〈從甲骨文看商代社會性質〉 《東北人民大學學報》一九五七年二～三期合刊

于省吾 1983 〈釋能和𣎆以及从𣎆的字〉 《古文字研究》八輯

于省吾 1986 〈釋从天从大从人的一些古文字〉） 《古文字研究》十五輯

于豪亮 1977 〈說引字〉 《考古》一九七七年五期

于豪亮 1981 〈說俎〉 《中國語文研究》二輯

王恩田 1988 〈《金文編》附錄中所見的複合族徽〉 《中國古文字學會成立十周年紀念會論文》

王恩田 1993 〈釋匕示氏〉 《香港中文大學第二屆國際中國古文字學研討會論文集》

加藤常賢 1956 〈關於[illegible]字〉 甲骨學第四、五號合 一九五六年十月

田樹生 1989 〈釋中〉 安陽國際學會殷墟甲骨發現九十周年紀念活動會議

白玉崢 1969 〈契文舉例校讀〉 《中國文字》卅四冊

石璋如 1951 〈小屯殷代的成套兵器〉 《史語所集刊》二十二本

成　東 1989 〈先秦時期的盾〉 《考古》一九八九年一期

朱鳳翰 2000 〈說殷墟甲骨文中的「龍」及相關諸問題〉 《故宮博物院院刊》二〇〇〇年第六期

何琳儀 1993 〈句吳王劍補釋〉 香港中文大學．《第二屆國際中國古文字學研討會論文集》

余永梁 1926 〈殷虛文字考〉 《國學論叢》一卷一號

余永梁 1928 〈殷虛文字續考〉 《國學論叢》一卷四號

吳匡、蔡哲茂 1989 〈釋稷〉 安陽國際學會殷墟甲骨發現九十周年紀念活動會議

吳匡．蔡哲茂 1989 〈釋稷〉 殷虛甲骨文發現九十周年國際學術研討會．安陽

吳匡、蔡哲茂 1996 〈釋金文[illegible]、[illegible]、[illegible]、[illegible]諸字〉 慶祝張政烺先生八十大壽論文 中國社會科學出版社 太倉．中國古文字第八屆年會發表

吳其昌 1932 〈殷代人祭考〉 《清華周刊文史專號》十七卷

吳其昌 1936 〈金文名象疏證〉 《武大文哲季刊》六卷一期

李　棪 1986 〈殷墟斫頭坑髑髏與人頭骨刻辭〉 《中國語文研究》第八期第三七頁

李宗焜 1998 〈《甲骨文字編》芻議〉 甲骨文發現一百周年學術研討會 臺北．臺灣師大國文系．中研院

歷史語言研究所
李純一　1964　〈試釋用庸甬並試論鐘名之演變〉　《考古》一九六四年六期
杜忠誥　1991　〈古文字形體研究五則〉　臺灣師大國文系《國文學報》第二十期
沈之瑜　1983　〈釋琮〉　《上海博物館集刊》二期
沈建華　1981　〈甲骨文釋文二則—釋雹〉　《古文字研究》六輯
沈寶春　1993　〈釋凡與冎凡㞢疒〉　《香港中文大學第二屆國際中國古文字學研討會論文集》
季旭昇　1991　〈說引〉　《慶祝莆田黃天成先生七秩誕辰論文集》　臺北・文史哲出版社
季旭昇　1993　〈說皇〉　第六屆中國文字學全國學術研討會　臺中・中興大學
季旭昇　1999　〈說气〉　紀念甲骨文發現百周年文字學研討會　臺中・沙鹿・靜宜大學中文系　民國八八年十二月十八日
季旭昇　1999　〈說朱〉　甲骨文發現一百周年學術研討會・臺灣師範大學國文系・中央研究院歷史語言研究所
屈萬里　1966　〈釋黹屯〉　《史語所集刊》三七本
林　澐　1989　〈說戚我〉　《古文字研究》十七輯
林　澐　1996　〈說飄風〉　《于省吾教授百年誕辰紀念文集》　長春・吉林大學出版社
林　澐　1998　〈王、士同源及其相關問題〉　《容庚先生百年誕辰紀念文集》　廣州・廣東人民出版社
林　澐　1994　〈釋史墻盤銘中的「逖虘髟」〉　《陝西歷史博物館館刊》第一輯），陝西・三秦出版社
林　澐　1965　〈說王〉　《考古》一九六五年六期

林　澐　1988　〈先秦古文字中待索的偏旁〉　《中國古文字學會成立十周年紀念會論文》

金祥恆　1962　〈庫方二氏甲骨卜辭第一五〇六片辨僞兼論陳氏兒家譜說〉　《大陸雜誌特刊》第二輯

金祥恆　1962　〈說吕〉　《中國文字》第八冊

金祥恆　1962　〈釋后〉　《中國文字》第十冊

金祥恆　1964　〈釋[glyph]（酉）〉　《中國文字》十四冊

金祥恆　1965　〈釋[glyph][glyph][glyph][glyph]〉《中國文字》十六期

金祥恆　1965　〈釋臺〉　《中國文字》第一六冊　民國五四年　又《金祥恆先生全集》三冊

金祥恆　1966　〈釋[glyph][glyph][glyph][glyph][glyph]（乍）〉　《中國文字》十九冊

金祥恆　1986　〈甲骨文字考釋三則〉　中研院第二屆國際漢學會議論文

姚孝遂　1979　〈契文考釋辨證舉例〉　《古文字研究》一輯

姚孝遂　1979　〈商代的俘虜〉　《古文字研究》一輯

姚孝遂　1980　〈《殷虛卜辭綜類》簡評〉　《古文字研究》三輯

姚孝遂　1980　〈古漢字的形體結構及其發展階段〉　《古文字研究》四輯

姚孝遂　1983　〈古文字的符號化問題〉　《香港中文大學古文字學論集初編》

胡厚宣　1973　〈殷代的刖刑〉　《考古》一九七三年二期

唐　蘭　1933　〈古樂器小記〉　《燕京學報》十四期

唐　蘭　1932　〈獲白兕考〉　《史學年報》四期

唐　蘭　1935　〈釋四方之名〉　《考古（社刊）四期》

唐　蘭　1937〈釋示宗及主〉　考古（社刊）六期
唐　蘭　1961〈毛公鼎朱戠蔥衡玉環玉瑹新解〉　《光明日報》一九六一年五月九日
唐　蘭　1972〈永盂銘文解釋〉　《文物》一九七二年一期
唐　蘭　1976〈陝西省岐縣董家村新出西周重要銅器銘辭的釋文和注釋〉《文物》一九七六年五期
唐　蘭　1979〈殷虛文字二記〉　中華書局　《古文字研究》一輯
唐健垣　1984〈商代樂器（英文）〉　Asian Music Vol.XV-1
夏　淥　1988〈釋于丂單卑等字〉　《中國古文字學會成立十周年紀念會論文》
夏　淥　1989〈甲骨文食貨小志〉　安陽國際學會殷墟甲骨發現九十周年紀念活動會議論文
夏　淥　1980〈學習古文字散記（戩蚪）〉　《古文字研究》四輯
孫海波　1935〈卜辭文字小記〉　《考古（社刊）》四期
孫常敘　1986〈釋冒母〉　《古文字研究》十五輯
徐中舒　1930〈耒耜考〉　《史語所集刊》二本一分
徐中舒　1934〈士王皇三字探源〉　《史語所集刊》四本四分
徐中舒　1934〈弋射及弩之溯源及關於此類名物之考釋〉　《史語所集刊》四本四分
高　明　1980〈古文字的形旁及其演變〉　《古文字研究》四輯
高鴻縉　1956〈毛公鼎集釋〉　《師大學報》一期
商承祚　1928〈釋朱〉　《史語所集刊》一本一分
常　弘　1983〈釋槖和蠹〉　《甲骨文與殷商史》

張光裕　1970　〈先秦泉幣文字辨疑〉　《中國文字》三五冊
張亞初　1981　〈甲骨文金文零釋（釋訊、[illegible]（祁））〉　〈古文字研究〉第六輯
張秉權　1958　〈卜辭䀁Ⅱ化說〉　《史語所集刊》二九本
張秉權　1984　〈甲橋刻辭探微〉　《漢學研究》二卷二期
張政烺　1965　〈釋甲骨文俄、隸、蘊三字〉　《中國語文》一九六五年四期
張政烺　1979　〈釋它示—論卜辭中沒有蠶神〉　《古文字研究》一輯
張政烺　1985　〈釋因蘊〉　《古文字研究》十二輯
張與仁　1966　〈己巳文字與彝器畫文考釋〉　《中國文字》十九冊
許進雄　1997　〈工字是何象形〉　《中國文字》新廿三期
連劭名　1989　〈甲骨刻辭中的血祭〉　《古文字研究》十六輯
郭沫若　1959　〈由周初四德器的考釋談到殷代已在進行文字簡化〉　《文物》一九五九年七期
陳　劍　1999　〈柞伯簋銘補釋〉　《傳統文化與現代化》一九九九年第一期
陳世輝　1980　〈墻盤銘文解釋〉　《考古》一九八〇年五期
陳世輝　1983　〈釋戠—兼說甲骨文不字〉　《古文字研究》十輯
陳永正　1980　〈釋旨〉　《古文字研究》四輯
陳昭容　1997　〈釋古文字中的丵及从丵諸字〉　《中國文字》新二十二期，民國八六年十二月
陳夢家　1936　〈釋冎〉　《考古（社刊）》五期
陳漢平　1987　〈古文字釋叢--三、釋卵𨘋凡〉　《國際商史會議論文》

陳鐵凡 1967 〈率與亂〉《中國文字》二六冊
勞　榦 1969 〈古文字試釋〉《史語所集刊》四十本
彭邦炯 1986 〈從甲骨文的秎字說到商代農作物的收割法〉《甲骨文與殷商史》二輯
曾憲通 1993 〈包山卜筮簡考釋（七篇）〉 第二屆國際中國古文字學研討會論文集 香港中文大學
湯餘惠 1986 〈略論戰國文字形體研究中的幾個問題〉《古文字研究》十五輯
黃　波 1988 〈甲骨文字形正誤三十例〉 古文字學會第七屆年會
黃錫全 1981 〈甲骨文「㞢」字試探〉《古文字研究》六輯
裘錫圭 1980 〈甲骨文中的幾種樂器名稱〉《中華文史論》二輯
裘錫圭 1980 〈甲骨文字考釋（釋[牜亏][禾亏](刈)）〉《古文字研究》四輯
裘錫圭 1980 〈釋柲〉《古文字研究》三輯
裘錫圭 1980 〈釋弜〉《古文字研究》四輯
裘錫圭 1981 〈釋勿發〉《中國語文研究》二期
裘錫圭 1983 〈說卜辭的焚巫尫與作土龍〉《甲骨文與殷商史》
裘錫圭 1983 〈釋娣〉《香港中文大學古文字學論集初編》
裘錫圭 1985 〈釋殷墟甲骨文的「遠」「𤞷」及有關諸字〉《古文字研究》十二輯
裘錫圭 1986 〈釋求〉《古文字研究》十五輯
裘錫圭 1988 〈說字小記〉《北京師院學報》二期
裘錫圭 1988 〈釋殷虛卜辭中的卒和律〉《中國古文字學會成立十周年紀念會論文》，一九八八；全文發

表在《中原文物》一九九〇・三〈殷墟甲骨文發現九十周年國際學術研討會專輯〉

裘錫圭　1989　〈釋建〉　《古文字研究》十七輯　又收在《古文字論集》三五三至三五六頁

裘錫圭　1993　〈釋殷虛卜辭中的□□□等字〉　《香港中文大學第二屆國際中國古文字學研討會論文集》

裘錫圭　1972　〈讀安陽新出土的牛胛骨及其刻辭〉　《考古》一九七二年五期

裘錫圭　1989　〈釋殷墟卜辭中與建築有關的兩個詞——門塾與自〉《出土文獻研究》續集　文物出版社　一九八九・十二　又收在《古文字學論集》第一九〇至一九五頁

裘錫圭　1995　〈也談子犯編鐘〉　《故宮文物月刊》一四九期　民國八四年八月號

詹鄞鑫　1983　〈釋辛及與辛有關的幾個字〉　《中國語文》一九八三年五期

詹鄞鑫　1985　〈釋甲骨文「久」字〉　《中國語文》一九八五年五期

雷煥章　1983　〈兕試釋〉　《中國文字》新八期

聞一多　1937　〈釋豕〉　《考古社刊》六期

劉　釗　1989　〈卜辭所見殷代的軍事活動〉　《古文字研究》十六輯

劉　釗　1989　〈甲骨文字考釋十篇〉　安陽國際學會殷墟甲骨文發現九十周年紀念活動會議

劉　釗　1986　〈釋□(者)〉　《古文字研究》十五輯

蔡哲茂　1987　〈殷卜辭伊尹□氏考〉　《史語所集刊》五八本四分

蔡哲茂　1994　〈釋殷卜辭的速字〉　第五屆中國文字學學術研討會論文集

魯師實先　1958-　〈卜辭姓氏通釋〉　《東海學報》一卷一期~二卷一期　國國四七~四八年

魯師實先　1960-　〈殷契新詮〉　（一）~（三）《東海學報》三卷一期，四卷一、二期　（四）、（五）《幼

獅學誌》一卷二、三期 （六）新興書局 民國四九~五二年

魯師實先 1968- 〈說文正補〉 《大陸雜誌》三十六卷十一期~三十九卷二期 民國五七~五八年

燕 耘 1975 〈商代卜辭中的冶鑄史料〉 《考古》一九七五年五期

戴家祥 1928 〈釋千〉 《國學論叢》一卷四期

戴家祥 1928 〈釋皀〉 《清華研究院、國學論叢》一卷四期

濮茅左 1983 〈「貞」字探源〉 《上海博物館集刊》二期

鍾柏生 1993 〈釋[illegible]〉 《中國文字》新十七期 臺北・藝文印書館

嚴一萍 1985 〈釋鶆〉 《中國文字》新十期 臺北・藝文印書館

饒宗頤 1969 〈楚繒書集證〉 《史語所集刊》四十本

顧鐵符 1958 〈有關信陽楚墓銅器的幾個問題〉 《文物參考資料》一五八年一期

何琳儀、黃德寬 1998 〈說蔡〉，《徐中舒先生百年誕辰紀念論文集》 四川・巴蜀書社一九九八年十月

劉 釗 1995 〈談史密簋銘文中的「眉」字〉，《考古》一九九五年第五期頁四三四

附錄二 筆畫索引

一四九	朱	二九〇
一五九	㞢	三〇二
一六五	羊	三一三
一八六	虍	三三六
二〇四	虫	三五八
二一三	米	三七一
二一九	西	三八一
二二七	百	三九二
二三四	羽	四〇五
二四一	衣	四一二
二四八	余	四二二
二八七	曲	四六七
二八九	回	四七〇
二八九	亘	四七〇
二九八	囟	四七八
三〇六	冎	四八六
三〇七	襾	四八八
三一〇	旨	四九一
三三一	行	五二九
三三四	舟	五三二
三三七	网	五三八
三六七	耒	五八七

三六九	聿	五九一
三七〇	竹	五九一
三七二	缶	五九三
三八七	戌	六二〇
三九二	亏	六二八
三九六	而	六三二
四一〇	至	六五二
四一三	朿	六五五
四一七	危	六六一
四二四	血	六七五
四二九	臼	六八一
四四五	亥	七〇八
四四八	㫃	七一四
四五〇	𠂤（師）	七一六
四五二	糸	七二三
四五九	肉	七三四
四六五	乑	七四二
七畫		
〇一一	身	〇五二
〇五三	每	一一四
〇六四	罗	一三一
〇六六	凷	一三三

〇七〇	臣	一三八
〇七一	耴	一三九
〇七五	言	一五八
〇八六	肘	一九〇
一〇二	夋	二〇四
一〇六	足	二一七
一四六	東	二八八
一六三	求	三〇七
一七〇	豕	三一七
一八八	庙	三三九
二一八	卣	三七八
二二九	角	三九五
二三〇	囧	三九七
二三一	貝	三九九
二六九	辰	四四八
二七二	牢	四五一
二七六	呂	四五八
二九二	甾	四七四
三一一	良	四九二
三三六	車	五三五
三三九	罕	五四〇
三六二	巫	五七五

三七一	尾	五九二
三八八	我	六二〇
三九〇	辛	六二五
四三〇	酉	六八四
四三九	皀	六九七
四四〇	豆	六九八
四四四	豸	七〇六
四五一	𠂤	七一八
四五八	弟	七三〇
四七一	卵	七五四
八畫		
〇一二	屍	〇五三
〇二一	長	〇六〇
〇三八	叕	〇八三
〇五六	卓	一一九
〇九〇	爭	一九三
〇九二	𦣻	一九四
一一七	岳	二三九
一一九	阜	二四三
一二五	雨	二五三
一三八	者	二八一
一四三	𣏟	二八四

一五七	來	三〇〇
一六九	芈	三一四
一七一	彖	三一七
一七三	豖	三一八
一七七	兕	三二六
一八一	兔	三三一
一八四	虎	三三五
一九二	隹	三四五
二二一	叀	三八四
二二二	東	三八六
二三六	甾	四〇七
二四二	卒	四一二
二四九	㐭	四二三
二五五	京	四二六
二六二	岸	四三七
二八四	函	四六三
二九一	周	四七四
三〇八	亞	四九〇
三一九	㡀	五〇〇
三二〇	庚	五〇二
三四一	其	五四三
三四九	朋	五五七

三五八	易	五七〇
三六五	彖	五八四
四〇〇	豈	六三九
四〇五	制	六四四
四一二	畀	六五四
四一四	幸	六五七
四二八	兒	六八〇
四三三	酋	六八六
四四七	帚	七一一
四六二	肖	七三七
九畫		
〇五八	首	一二二
〇六三	眉	一三一
〇六七	面	一三三
〇九一	爰	一九四
〇九四	臿	一九六
一一八	苣	二四〇
一二四	啚	二五〇
一三五	亩	二七一
一四五	枼	二八七
一四七	垂	二八九
一五八	乘	三〇〇

一六一	祈	三〇四
二〇三	虹	三五五
二二三	重	三八七
二五一	亯	四二五
二七三	泉	四五一
二九五	畐	四七六
二九七	禺	四七八
三一〇	复	四九一
三二二	南	五〇三
三三五	洀	五三三
三四三	癸	五四七
三八五	祕	六一五
三九四	耑	六三〇
三九七	帝	六三四
四二五	盅	六七六
四四一	壴	七〇〇
四八五	革	七七八
十畫		
〇〇七	彭	〇四八
〇三六	衰	〇八一
〇四九	晏	一〇二
一三一	[illegible]	二六五

一四一	桑	二八三
一四四	栗	二八六
一五二	東	二九三
一六〇	華	三〇四
一七六	馬	三二四
一八五	虒	三三五
二〇二	能	三五四
三四〇	[illegible]	五四一
二五四	高	四二六
二七七	宮	四五九
三九一	羋	六二六
四三二	阜	六八五
四三五	鬲	六九〇
十一畫		
〇一〇	脰	〇五一
〇三四	爽	〇七九
一一一	省	二二四
一五一	桼	二九二
一八二	兔	三三二
一八七	鹿	三三九
一九五	鳥	三四八
一九九	魚	三五一

二二〇	鹵	三八二
二三三	悤	四〇三
二三七	巢	四〇七
二五二	郭	四二五
三四四	規	五四八
三七八	彗	六〇二
三八三	戚	六一三
四〇八	葡	六五一
四〇九	寅	六五二
四三九	殷	六九七
四五四	率	七二四
四七四	帶	七五八
十二畫		
〇三七	無	〇八二
〇四三	黑	〇八八
〇四四	黃	〇八九
〇九三	尋	一九五
一〇一	掔	二〇二
一五〇	奐	二九〇
一五五	黍	二九七
一六二	棗	三〇五
一七五	猳	三二二

一七八	象	三二八
一九八	舄	三四九
二〇九	蛛	三六六
二七五	圍	四五七
二七八	晶	四五九
三五一	琮	五六〇
三七六	單	五九八
四一一	壘	六五三
四二〇	發	六六七
四二六	壺	六七七
四三一	奠	六八五
四三八	畁	六九四
四五三	絕	七二三
四七五	黹	七五九
十三畫		
一一〇	量	二二三
一二六	雹	二五四
一四五	葉	二八七
一八三	鼠	三三二
一八九	鳫	三三九
二〇七	萬	三六三
二〇八	黽	三六五

二四三	裘	四一三
二四六	會	四二一
二八一	圓	四六一
二九三	畺	四七五
三八四	歲	六一四
四三六	鼎	六九〇
四七八	煌	七六八
十四畫		
〇二二	夢	〇六一
〇三九	彝	〇八五
一七一	豪	三一七
一九三	鳳	三四五
二五二	墉	四二五
二八五	齊	四六五
二九四	箄	四七六
三八〇	緌	六〇八
四〇八	箙	六五一
四五三	盬	七二三
四八一	爾	七七五
十五畫		
〇一三	膝	〇五四
一七九	豢	三二八
一八〇	蒙	三二九
二三五	鼠	四〇五
二五〇	稭	四二四
二八三	輪	四六三
三〇四	齒	四八二
四二一	彈	六六八
四五三	幽	七二三
十六畫		
〇一七	毀	〇五六
〇三三	髭	〇七八
一五四	穆	二九六
一七二	豭	三一八
一九〇	橐	三四〇
一九七	燕	三四九
二〇〇	龍	三五三
二〇一	嬴	三五三
二一〇	龜	三六八
二六六	盧	四四三
二六八	磬	四四七
二九六	冀	四七七
三八九	鋸	六二二
四三九	篕	六九七
十七畫		
〇三二	顛	〇七五
一九四	膺	三四六
二五二	韋	四二五
三〇五	繇	四八四
三五三	龠	五六二
三九六	馘	六三二
四三七	爵	六九三
四五六	櫜	七二七
十八畫		
〇三二	魌	〇七七
一〇二	鞭	二〇四
一九六	雞	三四八
二一一	鼅	三六八
二一二	蟬	三六九
四六九	𢇍	七五一
十九畫以下		
〇五九	夒	一一三
一五六	穧	二九七
〇六〇	夔	一一四
四三四	甗	六八九
二二五	囊	三九〇
〇二三	鬚	〇六二
一九一	麟	三四一
二〇九	龕	三六六
二三九	櫼	三八二
二五二	韓	三九三
未隸定字		
〇〇五	[illegible]	〇四六
〇〇六	[illegible]	〇四七
〇二九	[illegible]	〇七五
〇六五	戠	一三二
一三三	[illegible]	二七〇
一四八	[illegible]	二九〇
一六六	[illegible]	三一三
一六八	[illegible]	三一四
二一七	[illegible]	三七六
二一八	[illegible]	三九三
二三八	甲	四〇七
二五三	[illegible]	四二五
二五六	[illegible]	四二六
二七九	[illegible]	四六〇
二九九	[illegible]	四七九
三〇〇	[illegible]	四七九
三〇一	由	四七九
三〇二	[illegible]	四八〇
三〇三	[illegible]	四八〇
三〇九	[illegible]	四九一
三二一	[illegible]	五〇三
三二四	中	五〇七
三二八	[illegible]	五一七
三三二	[illegible]	五二九
三三八	[illegible]	五四〇
三四五	[illegible]	五四九
四一六	[illegible]	六六〇
四四九	[illegible]	七一四
四六一	[illegible]	七三六
四八三	[illegible]	七七七
四八四	[illegible]	七七八